教育部　财政部职业院校教师素质提高计划职教师资培养资源开发项目
财务管理专业职教师资培养资源开发（VTNE074）成果系列丛书

审计原理与实务

李　雪　房巧玲　等编著

中国财经出版传媒集团
中国财政经济出版社

图书在版编目（CIP）数据

审计原理与实务／李雪等编著．—北京：中国财政经济出版社，2016.12
（财务管理专业职教师资培养资源开发（VTNE074）成果系列丛书）
教育部、财政部职业院校教师素质提高计划职教师资培养资源开发项目
ISBN 978－7－5095－7027－2

Ⅰ.①审…　Ⅱ.①李…　Ⅲ.①审计学　Ⅳ.①F239.0

中国版本图书馆 CIP 数据核字（2016）第 247246 号

责任编辑：杨　骁　　　　责任校对：刘　靖
封面设计：智点创意

中国财政经济出版社 出版
URL：http：//ckfz.cfeph.cn
E－mail：ckfz@cfeph.cn

社址：北京市海淀区阜成路甲 28 号　邮政编码：100142
营销中心电话：88190406
天猫网店：中国财政经济出版社旗舰店
网址：https：//zgczjjcbs.tmall.com
北京京华虎彩印刷有限公司印刷　各地新华书店经销
710×1000 毫米　16 开　29 印张　600 000 字
2016 年 12 月第 1 版　2016 年 12 月北京第 1 次印刷
定价：68.00 元
ISBN 978－7－5095－7027－2/F·5626
（图书出现印装问题，本社负责调换）
本社质量投诉电话：010－88190744
打击盗版举报热线：010－88190492、QQ：634579818

项目牵头单位：中国海洋大学

项目负责人：王竹泉

项目专家指导委员会：

主　任：刘来泉

副主任：王宪成　郭春鸣

成　员：（按姓氏笔画排列）

刁哲军　王继平　王乐夫　邓泽民　石伟平　卢双盈

汤生玲　米　靖　刘正安　刘君义　孟庆国　沈　希

李仲阳　李栋学　李梦卿　吴全全　张元利　张建荣

周泽扬　姜大源　郭杰忠　夏金星　徐　流　徐　朔

曹　晔　崔世钢　韩亚兰

出版说明

《国家中长期教育改革和发展规划纲要（2010～2020年）》颁布实施以来，我国职业教育进入到加快构建现代职业教育体系、全面提高技能型人才培养质量的新阶段。加快发展现代职业教育，实现职业教育改革发展新跨越，对职业学校“双师型”教师队伍建设提出了更高的要求。为此，教育部明确提出，要以推动教师专业化为引领，以加强“双师型”教师队伍建设为重点，以创新制度和机制为动力，以完善培养培训体系为保障，以实施素质提高计划为抓手，统筹规划，突出重点，改革创新，狠抓落实，切实提升职业院校教师队伍整体素质和建设水平，加快建成一支师德高尚、素质优良、技艺精湛、结构合理、专兼结合的高素质、专业化的“双师型”教师队伍，为建设具有中国特色、世界水平的现代职业教育体系提供强有力的师资保障。

目前，我国共有60余所高校正在开展职教师资培养，但由于教师培养标准的缺失和培养课程资源的匮乏，制约了“双师型”教师培养质量的提高。为完善教师培养标准和课程体系，教育部、财政部在“职业院校教师素质提高计划”框架内专门设置了职教师资培养资源开发项目，中央财政划拨1.5亿元，系统开发用于本科专业职教师资培养标准、培养方案、核心课程和特色教材等系列资源。其中，包括88个专业项目，12个资格考试制度开发等公共项目。该项目由42家开设职业技术师范专业的高等学校牵头，组织近千家科研院所、职业学校、行业企业共同研发，一大批专家学者、优秀校长、一线教师、企业工程技术人员参与其中。

经过三年的努力，培养资源开发项目取得了丰硕成果。一是开发了中等职业学校88个专业（类）职教师资本科培养资源项目，内容包括专业教师标准、专业教师培养标准、评价方案，以及一系列专业课程大纲、主干课程教材及数字化资源；二是取得了6项公共基础研究成果，内容包括职教师资培养模式、国际职教师资培养、教育理论课程、质量保障体系、教学资源中心建设和学习平台开发等；三是完成了18个专业大类职教师资资格标准及认证考试标准开发。上述成果，共计800多本正式出版物。总体来说，培养资源开发项目实现了高效益：形成了一大批资源，填补了相关标准和资源的空白；凝聚了一支研发队伍，强化了教师培养的“校—

企—校”协同；引领了一批高校的教学改革，带动了“双师型”教师的专业化培养。职教师资培养资源开发项目是支撑专业化培养的一项系统化、基础性工程，是加强职教教师培养培训一体化建设的关键环节，也是对职教师资培养培训基地教师专业化培养实践、教师教育研究能力的系统检阅。

自2013年项目立项开题以来，各项目承担单位、项目负责人及全体开发人员做了大量深入细致的工作，结合职教教师培养实践，研发出很多填补空白、体现科学性和前瞻性的成果，有力推进了“双师型”教师专门化培养向更深层次发展。同时，专家指导委员会的各位专家以及项目管理办公室的各位同志，克服了许多困难，按照两部对项目开发工作的总体要求，为实施项目管理、研发、检查等投入了大量时间和心血，也为各个项目提供了专业的咨询和指导，有力地保障了项目实施和成果质量。在此，我们一并表示衷心的感谢。

编写委员会

2016年3月

总序

2012年，中央财政设立专项资金1.5亿元，组织具备条件的全国重点建设职业教育师资培养培训基地，用三年时间（2013~2015年）开发100个职教师资本科专业的培养标准、培养方案、核心课程和特色教材，具体包括：88个专业项目（项目编号为VTNE001至VTNE088）和12个公共项目（项目编号为VTNE089至VTNE100）的成果，每个项目资助150万元。项目以加强"双师型"职教师资培养为目标，遵循职教师资培养的规律和特点，突出职业学校对专业师资的能力要求，开发覆盖职教师资培养过程的系列成果，促进职教师资培养工作的科学化、规范化，提升职教师资培养的整体水平。在88个专业项目中，中国海洋大学王竹泉教授申报的"财务管理专业职教师资培养资源开发（VTNE074）"获得立项。2013年以来，项目负责人王竹泉教授组织中国海洋大学、中国石油大学（华东）、青岛大学、青岛科技大学、青岛农业大学、淄博职业学院、山东外贸职业学院、青岛职业技术学院、青岛酒店管理学院、青岛华夏职业教育中心等院校的专家学者40多人历时三年开发完成了包括本系列丛书在内的全套研发成果，在2015年12月教育部、财政部组织的课题验收中，该项目的开发成果得到了专家组的高度肯定：研究开发逻辑性强，结构完整。培养质量评价方案体系、课程大纲设计合理；核心教材体系三性融合，有整体设计；数字化资源开发体现了现代数字化资源的特征和要求；全部完成项目成果，研究扎实，有创新，质量达标。现将开发成果中的教师标准、培养标准、培养质量评价标准、专业课程大纲和特色系列教材正式出版并接受使用单位和读者的检验。

该开发项目承担单位中国海洋大学是全国重点建设职教师资培养培训基地，2012年以来连续承担了多期教育部、财政部"十二五"职教师资素质提高计划"中等职业学院会计学专业骨干教师或专业带头人培训"项目，积累了较为丰富的财会职教师资培养的经验。中国海洋大学2006年获得会计学专业博士学位授予权，是山东省首个会计学专业博士学位授权点，2007年获得会计硕士（MPAcc）专业学位授予权，是全国第二批获得授权的四所高校之一。中国海洋大学会计学专业2008年被批准为国家特色专业，2012年起作为教育部专业综合改革试点专业，2015年被批准为新一轮专业综合试点专业，2016年会计硕士专业学位研究生教育项目也被学校列为专业学位研究生教育综合改革试点。王竹泉教授作为上述各类专业建设和综合改革项目的负责人，主导并推动了财会职教师资培养与会计学专业普通高等教育以及会计硕士专业学位研究生教育的有机融合。经过多年的改革和建设，中国海洋大学会计学专业本科层次已形成了财会职教师资的特色培养方向，并首创了财会职教师资本硕连读的特色人才培养模式，为我国会计硕士专业学位研究生教育的拓展以及财会职教师资培养的改革提供了示范和借鉴。

“十三五”期间，财会职业教育将继续围绕加强基础能力建设、提升师资队伍素质等加强建设。作为该领域的国家级标准和示范成果，期望该套成果资源能够为我国财会专业职教师资的培养质量和培养水平的提高发挥重要的支撑作用。

本项成果是集体智慧的结晶。教育部、财政部职业院校教师素质提高计划项目专家指导委员会以及项目管理办公室对项目开发工作给予了指导和帮助，本项目全体开发人员的密切合作和辛勤付出使本项成果得以顺利完成，中国财经出版传媒集团中国财政经济出版社对本项成果出版给予了重要的支持，在此一并表示衷心的感谢！由于时间和能力所限，本项成果中难免存在不妥和纰漏，恳请读者批评指正。

王竹泉

2016年6月27日

总序

2012年，中央财政设立专项资金1.5亿元，组织具备条件的全国重点建设职业教育师资培养培训基地，用三年时间（2013~2015年）开发100个职教师资本科专业的培养标准、培养方案、核心课程和特色教材，具体包括：88个专业项目（项目编号为VTNE001至VTNE088）和12个公共项目（项目编号为VTNE089至VTNE100）的成果，每个项目资助150万元。项目以加强“双师型”职教师资培养为目标，遵循职教师资培养的规律和特点，突出职业学校对专业师资的能力要求，开发覆盖职教师资培养过程的系列成果，促进职教师资培养工作的科学化、规范化，提升职教师资培养的整体水平。在88个专业项目中，中国海洋大学王竹泉教授申报的“财务管理专业职教师资培养资源开发（VTNE074）”获得立项。2013年以来，项目负责人王竹泉教授组织中国海洋大学、中国石油大学（华东）、青岛大学、青岛科技大学、青岛农业大学、淄博职业学院、山东外贸职业学院、青岛职业技术学院、青岛酒店管理学院、青岛华夏职业教育中心等院校的专家学者40多人历时三年开发完成了包括本系列丛书在内的全套研发成果，在2015年12月教育部、财政部组织的课题验收中，该项目的开发成果得到了专家组的高度肯定：研究开发逻辑性强，结构完整。培养质量评价方案体系、课程大纲设计合理；核心教材体系三性融合，有整体设计；数字化资源开发体现了现代数字化资源的特征和要求；全部完成项目成果，研究扎实，有创新，质量达标。现将开发成果中的教师标准、培养标准、培养质量评价标准、专业课程大纲和特色系列教材正式出版并接受使用单位和读者的检验。

该开发项目承担单位中国海洋大学是全国重点建设职教师资培养培训基地，2012年以来连续承担了多期教育部、财政部“十二五”职教师资素质提高计划“中等职业学院会计学专业骨干教师或专业带头人培训”项目，积累了较为丰富的财会职教师资培养的经验。中国海洋大学2006年获得会计学专业博士学位授予权，是山东省首个会计学专业博士学位授权点，2007年获得会计硕士（MPAcc）专业学位授予权，是全国第二批获得授权的四所高校之一。中国海洋大学会计学专业2008年被批准为国家特色专业，2012年起作为教育部专业综合改革试点专业，2015年被批准为新一轮专业综合试点专业，2016年会计硕士专业学位研究生教育项目也被学校列为专业学位研究生教育综合改革试点。王竹泉教授作为上述各类专业建设和综合改革项目的负责人，主导并推动了财会职教师资培养与会计学专业普通高等教育以及会计硕士专业学位研究生教育的有机融合。经过多年的改革和建设，中国海洋大学会计学专业本科层次已形成了财会职教师资的特色培养方向，并首创了财会职教师资本硕连读的特色人才培养模式，为我国会计硕士专业学位研究生教育的拓展以及财会职教师资培养的改革提供了示范和借鉴。

"十三五"期间，财会职业教育将继续围绕加强基础能力建设、提升师资队伍素质等加强建设。作为该领域的国家级标准和示范成果，期望该套成果资源能够为我国财会专业职教师资的培养质量和培养水平的提高发挥重要的支撑作用。

本项成果是集体智慧的结晶。教育部、财政部职业院校教师素质提高计划项目专家指导委员会以及项目管理办公室对项目开发工作给予了指导和帮助，本项目全体开发人员的密切合作和辛勤付出使本项成果得以顺利完成，中国财经出版传媒集团中国财政经济出版社对本项成果出版给予了重要的支持，在此一并表示衷心的感谢！由于时间和能力所限，本项成果中难免存在不妥和纰漏，恳请读者批评指正。

王竹泉

2016 年 6 月 27 日

前 言

《审计原理与实务》是教育部 财政部职业院校教师素质提高计划委托开发的财务管理专业职教师资培养资源开发（VTNE074）成果系列丛书之一，内容涵盖了审计学的基本理论、程序和方法。本教材内容立足于我国审计准则，围绕审计人员进行审计决策的过程，全面系统地阐述了审计原理与实务。本教材的内容是先进的，与国际审计教学的内容趋同，符合科学性、先进性和财务管理职教人才的培养规律，适用于新形势下财务管理职教人才培养中审计学课程的教学。

本教材力图体现以下特点：

1. 突出职业教育的特点。课程设计采用“过程导向、任务驱动”模式，实现与职业岗位的自然衔接。本课程的设计以财务管理职教师资岗位的社会需求为导向、以财务管理职教师资本科专业人才培养目标及培养标准为基础，突出专业知识的传授和专业技能的培养。根据岗位能力的需要设计教学内容、安排教学环节，灵活采用各种教学方法和手段组织教学活动，充分利用校内教学资源和校外实训基地开展教学实践，体现职业性、实践性和开放性的要求，旨在提高学生的实践动手能力。在内容设计上，本课程增加了实训和案例教学环节，体现理实一体化的要求，贴近审计实务工作，同时注意本课程与《财务会计》和《内部审计》在内容上的衔接与协调。

2. 结构合理。每一章设置了“任务内容”、“任务目标”、“适用的准则和规范”、“导入案例”、“任务结构”、“同步思考”、“小资料”、“同步案例”、“审计工作底稿”、“任务回顾”、“思考与案例分析题”、“专业技能和训练”、“教学设计与实践”等内容，对于学生综合掌握和理解审计学的基本理论、程序和方法大有裨益。

3. 国际化与本土化并重。一方面，本教材大量借鉴了以英美为代表的发达国家先进审计理论与实务，系统地介绍了国际审计准则、质量控制准则、职业道德准则和法律责任以及有关审计理论和方法；另一方面，全书始终注重立足国情，严格按照我国最新的审计法规、审计准则阐述审计问题，有利于提高学生的实际工作水平。

4. 体现了最新审计准则和企业内部控制规范的要求。2010 年以来，财政部正式发布了修订后的38项审计准则，审计署公布了修订后的《中华人民共和国国家审计准则》，财政部等五部委联合发布了《企业内部控制配套指引》。本教材适时全面地反映了以上变化，有助于学生及时了解新的规范对审计的影响和要求。

5. 内容新颖，形式灵活。从内容上看，本教材吸收并参考了截至2015年10月我国发布的所有审计准则和相关规范，还吸收了作者及中外众多审计学者的最新研究成果；以介绍民间审计为主线，也相应介绍了政府审计和内部审计的相关内容；主要讲述财务报表审计的原理和实务。从形式上看，本教材列示了各种重要观点、流程图和审计报告，便于学生理解。

本教材共分两个单元、五个项目、十四个任务。第一单元为理论单元，包含了项目一“理解基础理论与框架”（包括任务一“认识审计”、任务二“认识审计职业”）和项目二“掌握应用理念与工具”（包括任务三“掌握审计目标与审计流程”、任务四“掌握审计证据的收集和审计工作底稿的编制”、任务五“理解重要性与审计风险”）。第二单元为实操单元，包含了项目三“审计计划阶段的工作”（包括任务六“掌握审计计划的编制”、任务七“掌握风险评估的内容和方法”、任务八“掌握风险应对的内容和方法”）、项目四“审计实施阶段的工作”（包括任务九“销售与收款循环审计”、任务十“采购与付款循环审计”、任务十一“生产与存货循环审计”、任务十二“货币资金审计”）和项目五“审计报告阶段的工作”（包括任务十三“完成审计工作”、任务十四“审计报告的编制”）。

本教材由中国海洋大学管理学院会计学系常年从事审计学教学和研究的教授和博士编写。教材主编为李雪教授，副主编为房巧玲教授，编者为柏春红博士、付代红博士、张园园博士、杨华博士和程六兵博士。其中，任务一、任务七和任务九由李雪教授编写，任务二和任务三由房巧玲教授编写，任务四和任务十四由柏春红博士编写，任务五和任务六由付代红博士编写，任务八和任务十二由张园园博士编写，任务十和任务十一由杨华博士编写，任务十三由程六兵博士编写。全书由李雪教授负责整体规划、审核和修订初稿、总纂并定稿。

由于我国正处于变革时期，新的情况会随着市场经济体制的逐步完善而不断出现。因此，本书的编写只能就目前所能预料到的审计情况进行适当的前瞻，而无法全面预料。加之客观条件和作者水平有限，本书仍然存在许多不足甚至错误之处，恳请各位读者多加指正，以使我们获得更多的收益。

李 雪

2016年3月

目录

第一单元　理论单元

第二单元　实操单元

第一单元　理论单元

项目一

理解基础理论与框架

任务一　认识审计

任务内容

- 经济生活对审计的需求
- 审计的产生和发展历程；
- 审计的定义和特征；
- 审计的职能和分类；

任务目标

- 了解审计的产生和发展历程；
- 理解审计的概念；
- 理解会计与审计的区别和联系；
- 理解审计的基本特征；
- 熟悉审计的分类；

导入案例

英国南海公司审计案例

1711 年，英国成立了南海股份有限公司。由于经营无方，公司效益一直不理想。公司董事会为了使股票达到预期价格，不惜采取散布谣言等手法，使股票价格直线上升。事情败露后，英国议会聘请了一位懂会计的人，审计了该公司的账簿，然后据此查处了该公司的主要负责人。于是，审核该公司账簿的人开创了世界注册会计师行业的先河，民间审计从此在英国拉开了序幕。

1. 大肆造假

1711年，英国政府为偿还因参与西班牙王位继承战争而欠下的大笔债务创立了南海股份公司。经过近10年的经营，该公司业绩依然平平。1719年尾，南海公司向英国政府提出一个名为“南海计划”的大型换股计划，通过该计划，南海公司以自身股票购买市场上的英国政府债券。该年底，公司的董事们开始对外散布各种所谓的好消息，即南海公司在年底将有大量利润可实现，并煞有其事地预计，在1720年的圣诞节，公司可能要按面值的60%支付股利。这一消息的宣布，加上公众对股价上扬的预期，促进了债券转换，进而带动了股价上升。1719年中，南海公司股价为114英镑，1720年3月，股价劲升至300英镑以上，到了1720年7月，股票价格已高达1 050英镑。此时，南海公司老板布伦特又想出了新主意：以数倍于面额的价格，发行可分期付款的新股。同时，南海公司将获取的现金，转贷给购买股票的公众。这样，随着南海股价的扶摇直上，一场投机浪潮席卷全国。由此，170多家新成立的股份公司股票以及原有的公司股票，都成了投机对象。

1720年6月，英国国会通过了《泡沫公司取缔法》，该法对股份公司的成立进行了严格的限制，只有取得国王的御批，才能得到公司的经营执照。事实上，股份公司的形式基本上名存实亡。自此，许多公司被解散，公众开始清醒过来，对一些公司的怀疑逐渐扩展到南海公司身上。从7月份开始，外国投资者首先抛出南海公司股票，撤回资金。随着投机热潮的冷却，南海公司股价一落千丈，到1720年12月份最终仅为124英镑。当年底，政府对南海公司资产进行清理，发现其实际资本已所剩无几。

2. 一朝梦醒

“南海公司”倒闭的消息传来，犹如晴天霹雳，惊呆了正陶醉在黄金美梦中的债权人和投资者。迫于舆论的压力，1720年9月，英国议会组织了一个由13人参加的特别委员会，对“南海泡沫”事件进行秘密查证。在调查过程中，特别委员会发现该公司的会计记录严重失实，明显存在蓄意篡改数据的舞弊行为，于是特邀了一名叫查尔斯·斯内尔的资深会计师，对南海公司的分公司“索布里奇商社”的会计账目进行检查。查尔斯·斯内尔通过对南海公司账目的查询、审核，于1721年提交了一份对索布里奇商社的会计账簿进行检查的意见。在该份报告中，查尔斯指出了公司存在舞弊行为、会计记录严重不实等问题。

议会根据这份查账报告，将南海公司董事之一的雅各希·布伦特以及他的合伙人的不动产全部予以没收。其中一位叫乔治·卡斯韦尔的爵士，被关进了著名的伦敦塔监狱。直到1828年，英国政府在充分认识到股份有限公司利弊的基础上，通过设立民间审计的方式，将股份公司中因所有权与经营权分离所产生的不足予以制约，才完善了这一现代化的企业制度。据此，英国政府撤销了《泡沫公司取缔法》，重新恢复了股份公司这一现代企业制度的形式。

英国南海公司的舞弊案例，对世界民间审计史具有里程碑式的影响。尽管在1720年之前，就有人认为已有了民间审计这一行业，但世界上绝大多数的审计理论工作者都认为，查尔斯·斯内尔是世界上第一位民间注册会计师，他所撰写的查账报告，是世界上第一份民间审计报告。而英国南海公司的舞弊案例，也被列为世界上第一起比较正式的民间审计案例。由此可见，该案例对注册会计师行业来说，具有举足轻重的影响。

案例思考

究竟审计是怎样产生和发展起来的，注册会计师又有什么样的职能和作用？

任务结构

一、经济生活对审计的需求

审计（Auditing）可以为社会带来许多经济上的利益。投资者存在对公司的财务信息和其他活动提供独立鉴证的需求，特别是上市公司更需要年度财务报表审计，因为如果没有财务报表审计，这些公司就无法通过证券市场筹得资本。除投资者以外的其他利害关系人也需要财务报表审计报告，如许多非上市公司为了从银行或其他金融机构取得和存续贷款，需要接受年度财务报表审计。审计人员要提供包括年度财务报表审计在内的财务和非财务信息的保证服务。同时，他们还帮助公司改善经营和内部控制，或者提供通过降低成本、减少错弊和提高经营效率来增加盈利的建议。审计服务已经为企业、政府和非营利组织所广泛利用。因此，需要研究审计产生的经济原因，这既有利于理解审计为什么如此必要，也有助于理解审计所面临的一些法律责任。

为了说明对审计对需要，我们以某银行经理制定对某企业的贷款决策为例。这个决策取决于这样几个因素，如银行以前和企业的关系、企业财务报表反映的财务状况等。如果银行发放这笔贷款，那么所收取的利息率主要由以下三个因素决定：

（1）无风险利息率。该利息率大致相当于银行投资于和企业贷款期限相同的国库券所能获取的利息率。

（2）客户的经营风险。这一风险反映了企业因经济衰退、管理部门决策不当、出现意外的行业竞争等经济及经营上的原因，而无法归还贷款的可能性。

（3）信息风险（Information Risk）。这一风险反映了制定经营风险决策所依据的信息不正确的可能性。导致信息风险的原因之一，即是财务报表不正确的可能性。

审计对无风险利率或经营风险没有影响，但对信息风险有重大影响。如果银行经理认为，借款人的财务报表已经审计，信息风险不存在，那么信息风险就可以排除，对借款人对利率就可以降低；即使信息风险不能完全排除，它的降低也会对借款人以合理的成本取得资金的能力产生重大影响。例如，假设某大型公司有总计月150亿元的带息债务，即使这笔债务的利率只降低一个百分点，每年就可以节约利息支出1.5

亿元。而如果借款人的财务报表未经审计，从而无法判断其是否存在信息风险，则该贷款决策就应格外慎重，要么采用额外保证措施以确保贷款能够收回，要么就取消该笔贷款以规避贷款风险。由此可以看出，降低信息风险已成为十分重要的因素。

（一）信息风险产生的原因

随着社会生活的日益复杂，决策者被提供不可靠信息的可能性也与日俱增。其原因有：

（1）信息的距离。在现代社会，决策者几乎不可能大量获取他所在单位的第一手资料，而是必须依赖他人提供的信息。信息一旦由他人提供，被有意或无意错报及漏报的可能性就增大。

（2）信息提供者的偏见和动机。如果信息由目标不同于决策者的人提供，就有可能出现有利于提供者的偏差。其原因可能是对未来事项的盲目乐观，或是有意以某种方式对信息使用者施加影响。无论何种情况，都将导致信息的错报或漏报。仍以贷款决策为例，在借款人提交给贷款人的财务报表中就很有可能存在有利于借款人提高其贷款机会的偏差。错报或漏报的形式可能是直接的金额错误，也可能是信息揭示的不充分或不完整。

（3）信息量过大。随着组织规模的扩大，组织的业务量在增加，这就增加了记录不当信息的可能性，而这种不当信息很容易被大量的信息所掩盖。如某大型政府部门向供应商开支票付款时多付了 300 元，那么除非该部门设立了较为复杂的程序能够发现这种错误，否则不能发现这一错误的可能性就非常大。如果大量的小额错报或漏报没有被及时发现，其合计金额就会相当可观。

（4）复杂的交易业务。随着经济的发展，各组织之间的业务日趋复杂，从而加大了正确记录的难度。如某家企业收购另一家企业的正确会计处理就是一个相当困难和重要的问题；再如，处于不同行业的子公司经营成果的正确合并与揭示、衍生金融工具的恰当揭示等。

（二）降低信息风险的途径

企业管理部门和财务报表使用者可能认为，对付信息风险的最好办法是简单地将其维持在一个合理的水平上。小公司也许会发现，支付较高的利息费用比为降低信息风险而增加的成本要合算一些。而大企业经常要通过增加成本来降低信息风险，其主要途径有：

（1）由使用者自行验证信息。使用者可以亲自去企业办公室检查相关记录以获取有关报表可靠性的信息。但是由于成本太高，通常这种方法并不可行。另外，由所有使用者都自行去验证信息，这在经济上也不合算。但这种情况不是没有，如税务部门就要对企业和个人的纳税申报单进行大量的验证，以确保其申报税额与实际应交纳的税额相符。再如，某企业准备收购另一家企业，并购方通常会派遣一个特别审计小组去独立验证和评价被并购方的关键信息。

（2）由使用者和管理部门分担信息风险。管理层有责任向使用者提供可靠信息。如果使用者依赖了不正确的财务报表并因此遭受了财务损失，就可以对管理层起诉，让管理层分担这些信息风险。但分担信息风险的难处是，使用者可能无法挽回损失。如果公司因破产而进入清算程序，管理层就不可能有足够的资金归还贷款。尽管如此，使用者仍然会评价与管理层分担信息风险损失的可能性。

（3）提供审定的财务报表。使用者获取可靠信息的最普遍的方法是实施独立审计。审定信息之所以可以用于决策过程，是因为假定它们具有合理的完整性、正确性和无偏性。在一种信息同时为多个信息使用者所利用时，由一个人为所有的使用者实施审计，通常比每个使用者都各自验证要合算。由于大多数公司的财务报表都拥有大量的使用者，因此对审计有相当大的需求。一般来说，审计人员由管理层聘用，为使用者提供财务报表可靠性的保证。如果最终发现财务报表不正确，使用者和管理层都可以起诉审计人员。使用者起诉的原因是审计人员对保证财务信息的可靠性负有职业责任。管理层起诉审计人员是因为审计人员作为其代理，对管理层承担保证信息可靠的责任。显然，审计人员要对其工作承担相当大的法律责任。

在实际工作中，以上三种方法都可以用来降低信息风险。随着社会生活的日益复杂，依靠审计人员来降低信息风险的做法越来越普遍。

二、审计的产生和发展

（一）注册会计师审计的产生与发展

1. 国外注册会计师审计的产生与发展

注册会计师审计起源于企业所有权和经营权的分离，是市场经济发展到一定阶段的产物。从国外注册会计师审计发展的历程看，它最早起源于意大利合伙企业，在英国股份公司出现后得以形成，伴随着美国资本主义市场的发展而逐步完善起来。

西方国家的注册会计师审计起源于16世纪的意大利。当时，地中海沿岸商品贸易已经比较繁荣，威尼斯是这一地区的中心，商业经营规模不断扩大。由于单个的业主难以满足投入巨额资金的需求，为了筹集所需的大量资金，合伙企业便由此产生。合伙企业不仅提出了会计主体的概念，促进了复式簿记的产生和发展，也产生了对注册会计师审计的最初需求。由于部分合伙人仅仅对合伙企业出资而不参与经营管理，便出现了所有权与经营权的分离。出资的合伙人希望对经营者进行监督，经营者也希望向出资合伙人证明其认真履行了合伙契约，正确计算分配了企业的利润，因此，产生了对独立第三方鉴证的客观需求，开始聘请会计专家来担任查账和公证工作。这样，在16世纪意大利的商业城市中出现了一批具有良好的会计知识、专门从事这种查账和公证工作的专业人员，并于1581年在威尼斯创立了威尼斯会计协会。这便是注册会计师审计的萌芽。

随着经济重心的转移，英国在注册会计师审计的形成和发展过程中发挥了重要作用。英国工业革命（18世纪）以后，产业规模日益扩大，以发行股票筹集资金为特征的股份公司大量涌现，公司所有权与经营权进一步分离，绝大多数股东不再直接参与经营管理，但出于自身的利益，非常关心公司的经营成果。潜在投资者也十分关注公司经营情况，以便进行投资决策。这些需求，只能通过独立的会计师对财务报表进行审计加以满足。现代注册会计师审计产生的“催化剂”是1721年英国“南海公司事件”。南海公司以虚假信息诱骗投资者，最终走向破产，议会聘请查尔斯·斯奈尔对南海公司进行审计，斯奈尔以会计师名义出具了“查账报告书”，从而宣告了注册会计师的诞生。1844年，英国颁布《公司法》，规定股份公司必须设监察人，负责公司账目的审查；1853年，苏格兰爱丁堡创立了第一个注册会计师的专业团体——爱丁堡会计师协会，标志着注册会计师职业的诞生。

从1844年到20世纪初，是注册会计师审计的形成时期。这一时期，法律规定股份公司和银行必须聘请注册会计师审计，使得英国注册会计师审计得到迅速发展，然而，尚缺乏系统的理论依据和方法体系，只是根据查错防弊的审计目的，对大量的账簿记录进行逐笔审查，即采用详细审计方法，后来人们称之为英式详细审计。其主要特点有：注册会计师的法律地位得到了法律的确认；审计的主要目的是查错防弊，保护企业资产的安全与完整；审计的方法是对会计账目进行详细审计；审计报告使用人主要为企业股东。

19世纪后半叶，英国的巨额资本开始流入美国，英国注册会计师也随之进入美国开展审计业务。20世纪初，美国逐渐成为世界经济的重心，美国的注册会计师审计取得了迅速发展。1887年，美国公共会计师协会成立，1916年改组为美国注册会计师协会，后来成为世界最大的注册会计师职业团体。注册会计师渗透到社会经济领域的不同层面。由于金融资本对产业资本更为广泛的渗透，企业同银行的关系愈加紧密，银行逐渐把企业的资产负债表作为了解企业信用的主要依据。于是，以资产负债表审计为特征的美国式注册会计师审计产生了。审计方法也从单纯的详细审计过渡到初期的抽样审计。在这一时期，美国式注册会计师审计的主要特点有：审计对象由会计账目扩大到资产负债表；审计的主要是通过对资产负债表数据的检查，判断企业信用状况；审计方法从详细审计初步转向抽样审计；审计报告使用人除股东外，扩大了债权人。

1929年到1933年，资本主义世界经历了历史上最严重的经济危机，大批企业倒闭，投资者和债权人蒙受了巨大的经济损失。在客观上促使企业利益相关者从只关心企业财务状况转变到更加关心企业盈利能力，产生了对损益表进行审计的要求。美国1933年《证券法》规定，在证券交易所上市的企业的财务报表必须接受注册会计师审计，向社会公众公布注册会计师出具的审计报告。注册会计师审计体现出新的特征：审计对象涵盖以资产负债表、利润表为中心的全部会计报表；审计主要目的是对会计报表发表审计意见，以确定其可信性；审计范围扩大到控制测试，并广泛采用抽样审计；审计报告使用人扩大到企业的利益相关者；审计准则开始修订，审计工作向标准化、规范化方向发展。

第二次世界大战后，经济发达国家通过各种渠道推动本国企业向海外拓展，跨国公司得到空前发展。国际资本的流动带动了注册会计师审计的跨国界发展，形成了一大批国际会计师事务所。随着会计师事务所规模的扩大，产生了“八大”国际会计师事务所，后来合并为“六大”，之后又合并为“五大”，时至今日，尚有“四大”国际会计师事务所，即普华永道（Pricewaterhouse Coopers）、德勤（Deloitte

Touche Tohmatsu)、安永（Ernst & Young)、毕马威（KPMG)。2011～2014 财年"四大"国际会计师事务所全球收入情况如表 1-1 所示：

小资料

表 1-1　"四大"国际会计师事务所全球收入情况　单位：美元

事务所名称	2011 财年	2012 财年	2013 财年	2014 财年
普华永道	292 亿	315 亿	321 亿	339.5 亿
德勤	288 亿	313 亿	324 亿	342 亿
安永	229 亿	244 亿	258 亿	274 亿
毕马威	227 亿	230 亿	234 亿	248 亿

2. 我国注册会计师审计的产生与发展

我国注册会计师审计的历史比西方国家要短得多，旧中国的注册会计师审计始于辛亥革命之后。1918 年，北洋政府颁布了我国第一部注册会计师审计法规——《会计师暂行章程》，并于同年批准谢霖先生为我国第一位注册会计师。谢霖先生创办了我国第一家会计师事务所——正则会计师事务所，与后来潘序伦创办的潘序伦会计师事务所（后改称立信会计师事务所)、徐永祚创办的正明会计师事务所、奚玉书创办的正信会计师事务所被誉为旧中国的"四大"会计师事务所。1925 年，在上海成立了"全国会计师公会"，1930 年，国民政府颁布《会计师条例》，确立了会计师的法律地位。至 1947 年，我国已有注册会计师 2 619 人，并建立了一批会计师事务所。但是，在半封建、半殖民地的旧中国，会计师事务所主要集中于沿海大城市，业务较为单一，注册会计师审计未能得到很大的发展。

新中国成立初期，注册会计师审计在经济恢复工作中发挥了重要作用。当时负责财经工作的陈云同志大胆雇用注册会计师，依法对工商企业进行查账，对平抑物价、保证国家税收、争取国家财经状况好转作出了突出贡献。在社会主义改造中，私有制的会计师事务所也是改造的对象，注册会计师悄然退出了历史的舞台。

改革开放以后，商品经济得到迅速发展，注册会计师审计也随之恢复。1980 年财政部发布《关于成立会计顾问处的暂行规定》，标志我国注册会计师职业开始重建，主要业务是为外商投资企业进行审计并提供会计咨询服务。1981 年 1 月 1 日，上海会计师事务所成立，成为新中国第一家由财政部批准独立承办注册会计师业务的会计师事务所。1986 年 7 月，国务院颁布《中华人民共和国注册会计师条例》，确立了注册会计师行业的法律地位。1988 年 11 月 15 日，中国注册会计师协会成立，我国注册会计师行业开始步入政府监督和指导、行业协会自我管理的轨道。1993 年 10 月，第八届全国人大常委会第四次会议审议通过《中华人民共和国注册会计师法》，是对注册会计师行业进行规范的专门法律。

在国家法律法规的规范下，我国注册会计师行业得到了快速发展。一是不断拓展服务领域。从最初的主要为外商投资企业提供查账、验资等服务，发展到为所有企业提供财务报表审计等鉴证服务，并向非鉴证服务拓展，执业范围得到扩展和延伸。二是不断加强人才培养。自1991年设立注册会计师全国统一考试以来，全国具有注册会计师资质的人员超过25万人。中国注册会计师考试于2006年首次在欧洲地区开设考场。同时，行业建立了继续教育制度，制定发布行业人才培养“三十条”，明确提出了加强行业人才培养的指导思想和总体思路，大力推行行业人才培养战略。三是不断深化执业标准建设。根据国际审计准则的发展趋势和审计环境的巨大变化，大力推行审计准则国际趋同战略。2006年初实现与国际审计准则的趋同，建立起一套既适应社会主义市场经济建设要求又与国际准则相接轨的审计准则体系。2010年11月，又对38项审计准则进行了修订，保持了与国际准则持续全面的趋同。四是不断完善监管制度建设。2004年创立了事务所执业质量检查制度，从以往的以专案、专项检查为主要方式向五年一个周期的制度性、全面性检查转变，并开展全国性的事务所执业质量检查工作。五是不断推动事务所健康发展。开展事务所脱钩改制，推动事务所做大做强。2009年10月3日，国务院办公厅发布《国务院办公厅转发财政部关于加快发展我国注册会计师行业若干意见的通知》（简称“国办发56号文”），引导促进注册会计师行业又好又快发展，财政部连出三项新举措，即《会计师事务所财务管理暂行办法》、《关于科学引导小型会计师事务所规范发展的暂行规定》、《关于推动大中型会计师事务所采用特殊普通合伙组织形式的暂行规定》，力推会计师事务所做大做强。六是不断密切国际合作。先后加入亚太会计师联合会和国际会计师联合会，向国际审计与鉴证准则理事会等国际组织选派代表，与30多个国家和地区的50多个会计师执业组织建立了交往和合作关系，国际影响力和国际地位日益提高。

小资料

表1-2　2014、2015年我国会计师事务所十强排名

名次	2014年				2015年			
	名称	收入/亿元	注册会计师人数	综合评价	名称	收入/亿元	注册会计师人数	综合评价
1	普华永道中天	33.51	959	3 101.68	普华永道中天	37.13	1 007	1 710.96
2	德勤华永	28.81	800	2 676.32	德勤华永	31.31	849	1 663.51
3	瑞华	27.76	2 335	2 624.26	安永华明	28.33	910	1 657.16
4	立信	25.09	1 811	2 368.65	瑞华	30.62	2 357	1 649.29
5	安永华明	23.64	911	2 209.42	立信	30.44	1 920	1 648.38
6	毕马威华振	23.47	616	2 189.67	毕马威华振	23.51	646	1 614.94
7	天健	13.41	1 389	1 283.37	天健	15.06	1 399	1 541.13
8	大华	12.38	976	1 195.53	信永中和	12.83	1 186	1 504.78
9	信永中和	11.75	1 096	1 131.10	天职国际	12.17	835	1 483.71
10	大信	11.00	1 032	1 074.81	致同	11.96	831	1 479.80

【同步思考 1-1】

如何实现我国本土会计师事务所做大做强的目标？

（二）政府审计的产生与发展

1. 国外政府审计的产生与发展

西方国家，随着生产力的发展和受托经济责任的出现，早期的政府审计也应运而生。据考证，早在奴隶制度下的古埃及，以及古罗马和古希腊，已出现建立官厅审计机构和实施政府审计的史实。古埃及早在公元前 3500 年左右，奴隶主阶级的统治者就设置一种有较强独立性的监督官，负责对政府的会计账簿和谷物税的征收进行审查和监督工作。监督官的职责实际上就是审计。古罗马在公元前 443 年，也设立监督官，与元老院和财务官共同组成古罗马国家政权的主干，监督官也就是当时的审计官。古希腊的雅典城邦，在 2000 多年前就建立了官吏卸任经济责任审计制度，由审计官执行这种审计。那时，这些古国的审计官员以“听证”方式，对掌管国家财物和赋税的官吏进行审查和考核，成为具有审计性质的经济监督工作。

到中世纪，西方国家的封建王朝中大都设置审计机构和审计官员，对国家财政收支进行审计监督。例如，法国资产阶级革命前，当时的政府就设有审计厅，实施政府审计。资产阶级革命后，拿破仑一世创建的审计法院至今仍是法国政府实施事后审计的最高机关。但是，中世纪的西方政府审计，在组织上、体制上、方法上，都还处于很不完善的初始状态。

在资本主义时期，随着社会经济的高度发展和资产阶级国家政权组织形式的日臻完善，审计逐渐成为推行民主政治的重要手段，政府审计得到进一步的发展。欧洲的许多国家于 19 世纪都在《宪法》或特别法令中规定了审计的法律地位，确立政府审计机关的职权、地位和审计范围，并授权独立地对财政财务收支进行审计监督。现代资本主义国家，大多实行议会制的政治制度，即立法、行政、司法三权分立的国家政权组织形式，议会为国家的最高立法机关，并对政府行使包括财政监督在内的监督权。为了监督政府的财政收支，切实执行财政预算法案，以维护统治阶级的利益，西方国家大多在议会下设立专门的审计机构，由议会或国会授权，对政府及公营企业、事业单位的财政财务收支进行独立的审计监督。比如，美国早年没有独立的财政监督机构，只在财政部设审计官进行财政审计，直到 1919 年经参、众两院建议组成预算特别委员会后才把政府的账目审计从财政部的业务中分离出来。1921 年，美国公布了《预算和会计法》，并根据该法建立了美国的最高审计机关——总会计局，受理政府账目审计，以寻求经济而有效的方式来管理美国政府的公共款项。美国的总会计局，其审计监督权力很大，除中央情报局和总统办公室不能审计外，凡与公共开支有关的事项都有权进行审查，但其重要的职责则是向国会提供信息和参考意见，以利于国会委员会开展工作。美国的总会计局是世界上最典型的隶属于国会的审计机关，其审计长由国会提名，经参议院同意，由总统任命。但总会计局和审计长则置总统管辖之外，独立行使审计监督权。

值得介绍的还有英国政府审计的产生和演进情况。英国的政府审计也隶属于立法系统。它有着悠久的历史，是近代审计的重要发源地。英国的王室财政审计制度源于13世纪，至今已有770多年。11世纪和12世纪，英王一直控制国家的财政大权，威廉一世和亨利一世的封建统治者在财政部内设置审计监督部门，即上院（收支监督局）和下院（收支局）执行审计监督。1215年英国《大宪章》的颁布，使英王的权力受到制约，奠定了英国政府审计产生和发展的政治基础。1785年，根据《更好检查和审计国王公共账目的法案》，取消国库审计官一职，组建五人审计委员会，执行政府审计监督。1834年颁布了修订审计制度的法案，改建国库审计部，设审计长负责国库公款的监督，审计长为终身职务。之后，英国的政府审计得以长期持续发展。1983年1月1日通过了一项名为《政府审计法》的新法案，并于1984年1月1日生效，取消国库审计部，从此英国的国家最高审计机关正式定名为政府审计署，最高审计长官为主计审计长。英国的政府审计署独立于行政部门，代表议会对政府实行审计监督，向议会报告工作。除英、美之外，加拿大的审计长公署，西班牙的审计法院等都是隶属于国家立法部门的独立审计机关，其审计结果向议会报告，享有独立审计监督权。

西方还有一些国家的政府审计机关归属于司法系统，即所谓司法型的审计体制，以及行政型的审计体制。比如，前述的法国审计法院就是独立于立法系统（议会）与行政部门（内阁政府）的一个司法机构。法国审计法院的院长由总统任命，为终身制，审计法院的裁决为终审判决，有很强的法律效力。至于日本则是另外一种类型，它的最高审计机关是会计检查院，既不属立法系统，也不属行政系统，而是直接对日本天皇负责的特殊类型，具有很强的独立性和权威性。

第二次世界大战以后，科学技术的进步，促使世界经济得到迅速发展，这就推动了许多西方国家的政府审计不仅在审计体制上更加完善，而且在审计理论和实务方面有了许多重大突破。人们把经济监督与经济管理相互结合起来，从传统的财务审计向着现代效益性审计方面开拓。在政府审计领域出现了效益审计、环境审计、三E审计等现代审计类型，并在审计手段上实现科学化和现代化。

2. 我国政府审计的产生与发展

我国也是世界上最早产生审计的国家之一，据史料记载，早在三千多年前的西周就已经设立负责审计的官员，称之为宰夫。周王朝对财政收支有“以参互考日成，以月要考月成，以岁会考岁成”的要求，《周礼》记载，“宰夫岁终，则令群吏正岁会；月终，则令正月要；旬终，则令正日成，而以考其治，治不以时举者，以造而诛之”。又说：“宰夫考其出入，而定刑赏”。即按日、按月、按年考核、审查经营成果，制定刑赏，并定期向周王报告。周王也可亲自听审，这种做法在当时称为“受计”，后来将其形成制度，叫作“上计”制度。这一制度对以后历代王朝产生了深远的影响，是我国政府审计制度的雏形。

秦汉时期是我国审计的确立阶段，主要表现在三个方面：一是初步形成了统一的审计模式。秦朝，中央设“三公”、“九卿”辅佐政务。御史大夫作为“三公”之一，是最高监察官，执掌弹劾、纠察之权，专司监察全国的民政、财政以及财务审计事项，并协助丞相处理政事。汉承秦制，西汉初中央仍设“三公”、“九卿”，仍由御史大夫执掌监督审计大权。二是“上计”制度日趋完善。秦朝继承了周朝的“上计”制度，到了汉代，汉武帝在原来“上计”制度的基础上制定了“上计律”，使审计与法律联系起来，成为我国审计立法的开端。三是审计地位提高，职权扩大。御史制度是秦汉时代审计建制的重要组成部分，秦汉时代的御史大夫不仅行使政治、军事的监察之权，还行使经济的监督之权，控制和监督财政收支活动，勾稽总考财政收入情况。由此可见，秦汉时期的审计比西周时期取得了更大的发展，但这个时期仍然属于审计初步发展的时期。

隋唐及宋，中央集权不断加强，官僚系统进一步完善，审计制度也随之健全。宋代设立“审计司”和“审计院”，是我国审计定名之始。

元明清各朝代，君主专制日益强化，审计工作没有专门机构和专职人员管理，审计有所削弱。

辛亥革命后，北洋政府于1912年在国务院下设审计处，到1914年，将审计处改为审计院，同年颁布了《审计法》。1920年南京国民政府设立审计院，后改为隶属于监察部的审计部。

新中国成立以后，我国审计步入现代阶段。中华人民共和国成立初期，全国学习苏联的经验，以会计检查取代了审计，国家未设立独立的审计机构。一方面赋予会计人员以监督财政、财务收支的职权，另一方面实行由主管部门对所属单位进行不定期的会计检查，财政、税务、银行进行业务监督。但这些检查监督，既不能自行监督，也不能互相监督，更不能适应经济发展的需要。在实行经济体制改革过程中，人们开始认识到建立社会主义的审计制度、完善社会主义的经济监督体系的必要性。这种必要性主要出于健全民主与法制，为宏观调控服务，维护经济秩序，保障所有者权益，促进廉政建设，提高经济效益的需要。1982年12月，第五届全国人民代表大会第五次会议通过了《中华人民共和国宪法》，规定了在我国建立审计机构，实行审计监督制度。1983年9月在国务院设立了审计署，县以上的各级人民政府也相继成立了审计局，独立行使审计监督权。审计机关独立行使审计监督权，不受其他行政机关、社会团体和个人的干涉。1984年12月17日，中国审计学会成立。1985年8月公布了《审计工作试行程序》。1988年12月，国务院发布了《中华人民共和国审计条例》。1994年八届全国人大常委会第九次会议通过了《中华人民共和国审计法》，对审计监督的基本原则、审计机关和注册会计师、审计机关职责、审计机关权限、审计程序、法律责任等做了全面规定。1997年国务院又发布了《中华人民共和国审计法实施条例》，并于2010年进行了修订，修订后的《中华人民共和国审计法实施条例》自2010年5月1日起施行。2009年审计署又对《中华人民共和国国家审计准则》进行修订，并经审计长会议审议通过，2011年1月1日起施行。

（三）内部审计的产生与发展

1. 国外内部审计的产生与发展

在西方国家，内部审计的起源可以追溯到古代和中世纪。史料记载的庄园审计、宫廷审计、行会审计和寺院审计都属于内部审计范畴。它们也是因受托经济责任关系的出现、组织内部需要经济监督而形成的。

20 世纪前后，资本主义经济的发展，使生产和资本高度集中，托拉斯式的大型企业大量出现，企业只能采取分级、分散管理体制。这就导致了大型企业内部要设立专门的机构和人员，由最高管理当局授权，对其所属分支机构的经营业绩进行独立的内部审计监督，近代内部审计也就应运而生。早在 1875 年，德国的克虏伯公司就实行了内部审计制度。20 世纪初，美国的铁道部门开始对本系统实行内部财务审计和经营审计。经过一个时期的实践，到 1941 年内部审计有了初步发展，其成效为社会所认可，维克多·布瑞克出版《内部审计学》，这是内部审计的第一部专著，宣告内部审计学的诞生。同年，“内部审计师协会”在纽约成立，即今天的国际内部审计师协会。该协会制定了《内部审计师职责条例》、《内部审计实务标准》，对内部注册会计师的职责、范围和执业标准作出规定。该协会成立时仅有会员 24 人，但它标志着内部审计已成为一支社会力量，内部审计在理论与实务方面已颇具影响，以致后来人们把 1941 年誉为内部审计的奠基年。从此，揭开了现代内部审计的序幕。

第二次世界大战以后，资本主义经济的空前发展，使竞争更加激烈。企业为了增加竞争实力，在控制理论的指导下，许多企业都十分重视加强内部经济监督，实行事前预防性控制，现代内部审计随着内部控制的加强而蓬勃发展起来。现代内部审计成型的主要标志：一是它出于经济预测和事前控制的需要，实行事前审计制度；二是审计领域的拓宽，由财务审计扩展到经营审计、管理和效益性方面的审计。

在西方的许多国家，不仅企业设置内部审计机构，实行内部审计制度，而且政府部门也开展内部审计。比如，美国联邦政府各部门和地方政府都设有稽核长办公室，执行内部审计职责。当今，西方国家内部审计事业已经成为企业单位内部审计机构和内部审计师，通过经营管理的评价、建议，日益成为企业最高决策人的得力助手而为社会所关注；内部审计师正在成为西方社会最为向往的职业之一。

2. 我国内部审计的产生与发展

在我国封建社会，“普天之下，莫非王土，率土之滨，莫非王臣”，随着政府审计的产生和发展，内部审计也随之形成。据史料记载，早在西周时期就有了内部审计的雏形，当时设置“司会”一职，除了负责财政经济的全面核算以外，还同时行使内部审计之权，对王朝内的财务收支按日、按月、按年考核，监督王朝财务在各部门各环节的动态，并定期向周王报告，以维护统治阶级的利益。这种做法可称之为原始意义上的内部审计，在审计范围、方法和人员配备上只处于起步阶段，谈不上系统的审计理论和完善的审计制度。

我国现在的内部审计是伴随政府审计的恢复和重建而产生和发展的。

党的十一届三中全会以后，为了适应社会主义市场经济的新形势，强化各部门、各单位内部控制及管理，完善审计监督体系，中华人民共和国审计署于 1984 年提出在部门、单位内部成立专职的审计机构、配备专职的审计人员实施内部审计。1985

年10月国家审计署颁布了《审计署关于内部审计工作的若干规定》，随后陆续颁布了相关法规。1987年4月，中国内部审计学会成立，2002年5月经民政部批准，更名为中国内部审计协会，是对内部审计进行行业自律管理的行业全国性组织。各业务主管部门都针对本行业、本系统的情况制定内部审计的具体办法，内部审计日趋规范化，对促进企业改善经营管理发挥了积极作用。根据《中华人民共和国审计法》的有关规定，1995年7月审计署颁布了《审计署关于内部审计工作的规定》，就我国内部审计的任务、职责、权限、机构设置、审计范围、工作程序，以及职业道德标准等作出了明确规定，进一步规范了我国内部审计工作。目前，由于我国各部门、各单位领导的重视，广大内部审计工作者的辛勤劳动，我国内部审计事业在强化内部控制、深化企业改革，以及建立现代企业制度诸多方面正在作出自己应有的贡献。

三、审计的定义和特征

（一）审计的定义

1. 审计的经典定义

“审”，繁体为“審”。上面是宝盖表示住房；中间象兽爪分开之形，即通过兽爪遗留下来的足迹，辨别是何种动物；下面是个田字；其本意是田里种的庄稼被践踏了，可以通过兽爪留下来的足迹加以辨认，进而判断是何种动物所为。后来本意消失，被用作“详知、明悉”之意。“计”为会计账目。审计就是审查会计账目的意思。

审计发展至今，已经超越了查账的范畴，涉及对各项工作的经济性、效率性和效果性的查核。随着审计的不断完善和发展，人们对审计的概念也进行了深入的研究。我国具有代表性的是1989年中国审计学会审计基本理论研究组对审计的定义：审计是由专职机构和人员，依法对被审计单位的财政、财务收支及其有关经济活动的真实性、合法性、效益性进行审查，评价其经济责任，用以维护财经法纪，改善经营管理，提高经济效益，促进宏观调控的独立性的经济监督活动。

国外最具代表性的是美国会计学会（AAA）的基本审计概念委员会于1972年发布的《基本审计概念说明》中的定义：“审计是一个客观地获取和评价与经济活动和经济事项的认定有关的证据，以确认这些认定与既定标准之间的符合程度，并把审计结果传达给利害关系人的系统过程。”

这一定义涉及六个方面的主要内容：

一是经济活动和经济事项的认定。引起被审计单位的资产、负债、所有者权益及收入和费用发生增减变化的活动就是经济活动或交易事项。被审计单位有关经济活动和经济事项的认定是审计的对象。如财务报表列示应收账款10 000元，管理层的认定表明这些应收账款是存在的，计价是准确的。

二是客观地获取和评价证据。客观意味着没有偏见，这不仅是对信息获取方法的质量要求，也是对注册会计师的道德要求。证据是注册会计师用来确定被审计单位的认定与既定标准是否一致的资料。获取和评价证据是审计的中心环节，确定证据的类型和必要的证据数量，并且评价其与既定标准是否相符，是每一次审计的关键。客观地获取和评价证据要求对被审计单位有关认定的形成基础加以审查，并对其结果加以公正地评估，不偏不倚。

三是认定与既定标准之间的符合程度。既定的标准是指判断认定时所使用的衡量标准，这些标准既可能是立法机关制定的特殊规则、管理层制定的预算或绩效衡量标准，也可能是财务会计委员会或其他权威机构发布的一般公认会计原则。选择哪种标准取决于所审计的信息。符合程度是指注册会计师确认管理层认定与既定标准的接近程度。这种符合程度既可以用数量表示，如现金短缺金额，也可以用质量方法表示，如财务报表的公允性。

四是审计结果。审计结果是基于对证据的分析和评价而得出的对认定与结果的一致程度的评价。传达审计结果可以提高被审计单位作出的认定的可靠性。审计结果的传达一般采用书面报告形式，如有关财务报表审计的报告。

五是利害关系人。利害关系人是指所有使用或依赖审计报告的单位和个人。审计服务的对象不仅限于被审计单位或审计的委托人，还包括所有与被审计单位有利害关系的用户，如股东、管理层、债权人、政府机构和一般社会公众等。

六是系统的过程。系统的过程指的是合理的、有序的、有组织的步骤或程序，审计是一种遵循顺序、逻辑严密的活动。这就要求审计人员在制定审计计划、执行审计程序、获取审计证据和形成审计结论时要通盘考虑，以实现审计目标。

这一定义可通过图 1－1 简明地表示：

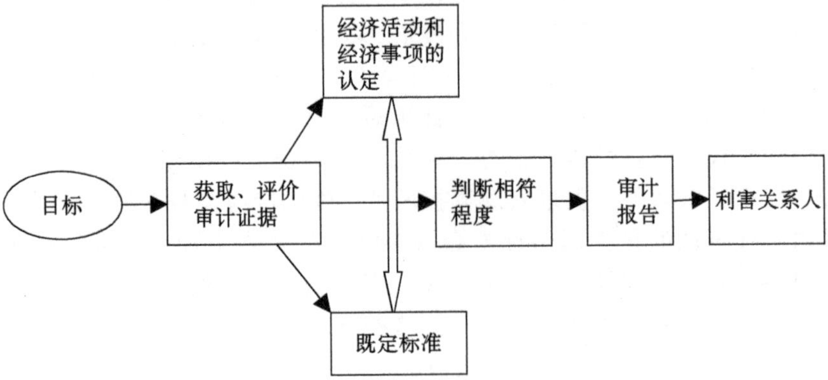

图 1－1　审计是一个系统化的过程

2. 审计与会计的区别

许多财务报表使用者和一般公众将审计与会计混为一谈，其原因是大多数审计都与会计信息相关，同时许多审计师又是会计专家。此外，将多数从事审计业务的人称为“注册会计师”更是加剧了这种混淆。

会计师以逻辑方式对经济事项进行记录、分类和汇总，其目的是为决策提供所需的财务信息。为了提高相关的信息，会计人员必须全面掌握表述会计信息所应遵循的原则和规则。此外，会计人员应制定一套会计处理系统，以确保能以合理的成本，及时、恰当地记录单位所发生的经济事项。

在审计会计数据时，审计师应关注所记录的信息是否恰当地反映了会计期间内所发生的经济事项。由于公认会计原则是评价会计信息是否恰当记录的标准，因此，审计师必须全面掌握公认会计原则。

除了懂得会计之外，审计师必须拥有收集和解释审计证据的专业能力，这种专业能力正是审计师与会计人员的区别所在。确定适当的审计程序、所测试项目的数量和类型以及评价结果等，都是审计所特有的工作。

具体而言，会计和审计的区别如表 1 - 3 所示：

表 1 - 3　　会计与审计的区别

项目	会计	审计
产生前提	加强经济管理	加强经济监督
性质	经营管理的组成部分	经济监督的组成部分
对象	资金运动过程	经济活动
方法程序	核算、分析、检查	规划方法、实施方法、管理方法
职能	记录、计算、反映、监督	监督、评价、鉴证

【同步思考 1 - 2】

你将怎样向一个非财经专业的人解释审计是什么？

（二）审计的特征

审计的特征是指审计区别于其他管理活动的独特之处。审计的本质是一种独立的经济监督、评价、鉴证活动。其特征集中体现在独立性和权威性方面。

1. 审计的独立性

独立性是审计的灵魂。审计可以提高财务报表等信息的可信任程度，如果审计人员与被审计单位在经济上或其他方面存在紧密联系，丧失了独立性，那么，审计人员就不可能对被审计单位的经济事项发表公正的意见，所以，独立性是审计的最本质特征。为了充分体现这一本质特征，在审计机构的设置和审计工作过程中必须遵循独立性原则，做到实质上的独立和形式上的独立。主要体现在三个方面：

（1）组织机构的独立。这是保证审计工作独立性的关键。其主要内容为审计机构不能受制于其他部门和单位，尤其是不能成为国家财政部门和各机构财务部门的下属机构，否则，对财政、财务收支进行审计就会失去意义。组织机构的独立性还表现为审计应独立于被审计单位之外，与被审计单位没有任何组织上的行政隶属关系。

（2）业务工作的独立。这里首先指审计工作不能受任何部门、单位和个人的干涉，应独立地对被审查的事项作出评价和鉴定。其次又指注册会计师要保持精神上的独立，自觉抵制各种干扰，对被审计事项作出客观公正的结论。

（3）经济来源的独立。这是保证审计组织独立和业务工作独立的物质基础。如果审计机构没有一定的经费或收入，其业务活动就无法展开，但若其经费或收入受制于被审计单位或与其相关的其他单位，审计的独立性就难以保证。这一方面要求各级审计机构的经费要有一定的标准，不得随意变更；另一方面要求会计师事务的收入要受国家法律的保护，使其公正、合理。

2. 审计的权威性

审计组织的权威性是审计监督正常发挥作用的重要保证。一方面，各国法律对实行审计制度、建立审计组织以及审计机构的地位和权力都有明确规定，同时，一些国际组织也通过协调各国审计制度、准则以及制定统一的标准，使审计成为一项世界性的专业服务，保证了审计的权威性；另一方面，审计组织的独立性决定了它的权威性。审计人员以独立于被审计单位的第三方身份进行工作，任何组织不得拒绝、阻碍审计人员依法执行审计业务，不得打击报复审计人员；而且审计人员取得职业资格必须通过国家统一规定的考核或考试，因而他们具有较高的专业知识，这就保证了其所从事的审计工作具有准确性、科学性。正因为如此，审计人员的审计报告具有一定的社会权威性，经济利益不同的使用者乐于接受。

四、审计的职能和分类

（一）审计的职能

审计职能是指审计本身所固有的内在功能。它是审计能够适应社会经济生活需要所必须具备的能力，并且随着社会经济条件和经济发展的客观需要而变化。一般而言，审计具有经济监督、经济评价和经济鉴证职能。其中，经济监督是基本职能，经济鉴证和经济评价是以经济监督为基础而派生出的职能。

1. 经济监督

经济监督是指通过对被审计单位的财政、财务收支及有关经济活动真实性、合法性和效益性的审查，指出错弊，监督被审计单位或个人遵守财经法纪，履行经济责任，以保证被审计单位的经济活动和会计核算按规定的轨道运行的职能。它是审计最基本的职能。综观审计产生和发展的历史，审计无不表现为经济监督活动，履行着经济监督的职能。政府审计财政收支情况进行检查，作出审计处理处罚决定并监督执行；内部审计对单位内部的经济活动进行检查，对效益进行考评；注册会计师审计对被审计单位的财务收支的公允性和合法性进行审查来实施经济监督，都体现了审计的经济监督职能。

2. 经济评价

经济评价是指审计机构或审计人员在对被审计单位的财政、财务收支及其有关经济活动进行审查核实的基础上，对被审计单位经营决策、计划、预算是否确实可行，经济活动及其结果是否按照既定方针运行，经济效益的高低优劣，以及内部控制制度是否健全有效等作出评价，从而有针对性地提出意见和建议，以促使改善经营管理，提高经济效益。经济效益审计最能体现审计的评价职能。

3. 经济鉴证

经济鉴证是指审计机构或审计人员通过对被审计单位的财务报表和其他相关资料进行检查和验证，确定其财务状况和经验成果的公允性、合法性，并出具书面报告，以取得审计委托人或社会公众的信任。例如，注册会计师接受委托，通过对财务报表审计出具审计报告，就体现了审计的经济鉴证职能。各国法律均规定，企业的财务报表必须经过审计人员的审查鉴证，审计的经济鉴证职能在经济生活中发挥着越来越重要的作用。

审计机构和人员在发挥审计职能、达成审计目标过程中所产生的社会效果就是审计的作用。体现在制约性和促进性两方面。

一方面，审计发挥经济监督的职能，揭示错误进而纠正错误，提高会计工作质量，揭露舞弊，保护财产安全，防止损失；在审查取证的基础上，对违法违纪行为进行查处，维护财经法纪的权威。

另一方面，审计机构和人员通过审核和检查，对被审计单位的财务收支和有关经营管理活动及其经营管理制度进行评价，既指出其合理的方面，以便继续推广，也指出其不合理方面，并提出建议，促进被审计单位加强经营管理。不仅如此，审计机构和人员对于经济活动所实现的经济效益还进行评价，指出潜力所在，以提高经济效益和社会效益。

【同步思考 1－3】

注册会计师在现代经济社会中的作用是什么？

【同步案例 1－1】

张华和李强是好朋友，两人共同开了一家餐厅。张华因有工作单位，不能离职参与经营，经协商，由李强来经营管理。双方约定，李强每月工资 3 500 元，年终利润平分。到了年底，李强告诉张华，餐厅生意冷淡，没有利润可分。而张华的朋友告诉他，餐厅的生意很是火爆。张华很是郁闷，到底是谁的话可信呢？有人提议，请一个注册会计师来查查账，不就清楚了？要求：请根据材料论述注册会计师有什么作用，并说明注册会计师能否解决张华的疑问。

（二）审计的分类

审计可以从不同的角度作出不同的分类。对审计进行科学分类，可以帮助我们从不同的角度加深对审计的认识，以便有效地组织和运用各种类型的审计，更好地发挥审计的职能作用，建立完善我国审计的监督体系。

1. 审计的基本分类

审计的基本分类，有按审计主体分类与按审计的内容和目的分类两种。

（1）按审计主体分类。审计的主体，指的是审计的执行者。审计按其主体不同，可分为政府审计、民间审计和内部审计。

政府审计是由国家审计机关依法实施的审计，又称国家审计。政府审计的主体是中央政府一级和地方政府各级的审计机关。审计机关是国家为了依法对财政、财务收支等进行审计监督而专门设立的国家机关。政府审计监督范围包括：国务院各部门和地方各级人民政府及其各部门的财政收支；国有金融机构和企事业组织的财务收支；国有资本占控股或主导地位的企业及金融机构；其他应当接受审计的财政、财务收支。政府审计的目的是保证财政资金的依法合理使用，防止国有资产的损失浪费，维护国家财经法纪，提高财政资金使用效益，促进廉政建设，保障国民经济的健康发展。

民间审计是指由经政府有关主管部门审核批准的由注册会计师组成的会计师事务进行的独立审计，又称为注册会计师审计、独立审计和社会审计。民间审计的委托人或授权人通常是各类资源财产的所有人或主管人，包括政府审计机关、国家行政机关、企业、事业单位和个人等，民间审计组织接受他们的委托或经其授权，代表他们依法对被审计单位的经济活动进行审计。民间审计组织的业务范围十分广泛，包括审计、审阅、非鉴证业务等。

内部审计是组织内部专职审计机构或人员实施的审计，是组织内部的一种独立客观的监督和评价活动，它通过审查和评价经营活动及内部控制的适当性、合法性和有效性来促进组织目标实现。内部审计的主体是组织内部专职审计机构或人员。国家机关、金融机构、企事业组织、社会团体及其他单位，应按国家规定设立专职的内部审计机构。内部审计的范围是组织的经营活动和内部控制，包括各种业务活动、管理活动及相关内部控制、风险管理与控制，也包括财政财务收支活动与控制。审计目的是监督和评价本单位及所属单位财政收支、财务收支及经济活动的真实性、合法性和效益性，内部控制及风险管理的有效性。

政府审计、民间审计与内部审计的区别如表 1－4 所示：

表 1－4　　政府审计、民间审计与内部审计的区别

类别项目	政府审计	民间审计	内部审计
审计主体	政府审计机关	会计师事务所	内部审计机关
审计目标	财政收支情况	财务报表合法性、公允性	内部控制运行情况
审计独立性	单向独立	双向独立	单向独立
审计方式	强制审计	受托审计	自行安排
审计报告对象	政府机关	社会公众	单位负责人
审计标准	国家审计准则	注册会计师审计准则	内部审计准则

（2）按审计的内容和目的分类。审计按其内容和目的分类，可分为财务报表审计、经营审计和合规性审计。

财务报表审计是注册会计师通过执行审计工作，对财务报表是否按照规定的标准编制发表审计意见。规定的标准通常是企业会计准则和相关会计制度。当然，对按照计税基础、收付实现制基础或监管机构的报告要求编制的财务报表，注册会计师进行审计也较普遍。财务报表通常包括资产负债表、利润表、现金流量表、所有者权益（或股东权益）变动表以及财务报表附注。一般来说，经注册会计师审计的财务报表通常由被审计单位管理层进行内部决策。尽管财务报表审计在大多数情况下由注册会计师完成，以独立第三者的身份对财务报表发表意见，但政府审计和内部审计有时也会对企业财务报表进行审计。

经营审计是注册会计师为了评价被审计单位经营活动的效率和效果，而对其经营程序和方法进行的审计。从事经营审计业务，在完成审计工作后，一般要向被审计单位管理层提出经营管理建议。在经营审计中，审计对象不限于会计，还包括组织机构、计算机信息系统、生产方法、市场营销以及注册会计师能够胜任的其他领域。在某种意义上，经营审计更像是管理咨询。

合规性审计的目的是确定被审计单位是否遵循了特定的法律、法规、程序或规则，或者是否遵守将影响经营或报告的合同的要求。例如：确定会计人员是否遵守了财务主管规定的手续，检查工薪率是否符合工薪法规定的最低限额，或者审查与银行签订的合同，以确信被审计单位遵守了法定要求。合规性审计的结果通常报送给被审计单位管理层或外部特定使用者。表 1-5 总结了这三种类型的审计，并为每种类型分别举了一个范例：

表 1-5　　三种类型审计的实例

审计类型	实例	信息	既定标准	可用证据
财务报表审计	通用汽车公司的年度财务报表审计	该公司的财务报表	公认会计原则	凭证、记录和来源与外部证据
经营审计	评价某分部处理工资的电算系统的效率和效果	每月处理的工资记录数，该分部的工资成本和出现错误的数量	公司为工资部门工作效率性和效果性所制定的标准	错误报告、工资记录和工资处理成本
合规性审计	确定贷款存续期是否符合银行要求	公司记录	贷款协议条款	财务报表和审计师的计算

2. 审计的其他分类

（1）按审计范围分类。审计按其范围，可以分为全面审计、局部审计和专项审计。全面审计又称全部审计，是指对被审计单位一定期间的财政财务收支及有关经济活动的各个方面及其资料进行全面的审计；局部审计又称部分审计，是指对被审计单位一定期间的财务收支或经营管理活动的某些方面及其资料进行部分、有目的、重点的审计；专项审计又称专题审计，是指对某一特定项目所进行的审计。

（2）按审计实施时间分类。审计按其实施时间分类，可以分为事前审计、事中审计和事后审计。事前审计是指在被审计单位经济业务发生以前所进行的审计。对预算或计划的编制和对经济事项的预测及决策进行的审计，均属于事前审计；事中审计是指在被审计单位经济业务执行过程中进行的审计；事后审计是指在被审计单位经济业务完成以后所进行的审计。财务报表审计这类传统的审计均属事后审计。

（3）按审计执行地点分类。审计按其执行地点分类，可以分为报送审计和实地审计。报送审计又称送达审计，是指审计机构按照审计法规的规定，对被审计单位按期报送来的凭证、账簿和财务报表及有关账证等资料进行的审计；实地审计是指审计机构委派审计人员到被审计单位所在地进行的审计。

（4）按审计动机分类。审计按其动机分类，可以分为强制审计和任意审计。强制审计是指审计机构根据法律、法规规定对被审计单位行使审计监督权而进行的审计。这种审计是按照审计机关的审计计划进行的，不管被审计单位是否愿意接受审计，都应依法进行；任意审计是根据被审计单位自身的需要，要求审计组织对其进行的审计。

（5）按审计是否通知被审计单位分类。审计按其是否通知被审计单位分类，可以分为预告审计和突击审计。预告审计是指在进行审计以前，把审计的目的、主要内容和日期预先通知被审计单位的审计方式；突击审计是指在被审计单位实施审计之前，不预先把审计的目的、内容和日期通知被审计单位而进行的审计，这种审计方式主要用于对贪污盗窃和违法乱纪行为进行的财经法纪审计。

（6）按审计方法分类。审计按其适用的技术和方法分类，可分为账项基础审计、制度基础审计和风险导向审计。账项基础审计又称详细审计，围绕着会计凭证、会计账簿和财务报表的编制过程进行，通过对账表上的数字进行详细核实来判断是否存在舞弊行为和技术上的错误。它是在审计发展的早期形成的，适用于组织结构简单，业务性质单一的企业。制度基础审计是以内部控制为基础的审计方法，强调对内部控制的测试和评价。如果测试结果表明内部控制运行有效，那么审计人员对财务报表相关项目的审计只需抽取少量样本便可得出审计结论；如果测试结果表明内部控制运行无效，那么内部控制就不值得信任，审计人员对财务报表相关项目的审计需要视情况扩大审计范围，检查足够数量的样本，才能得出审计结论。企业规模的扩大、统计抽样技术的应用以及内部控制的普及，推进了制度基础审计的产生和发展。风险导向审计围绕重大错报风险的识别、评估和应对进行审计工作。要求审计人员从对企业环境和企业经营进行全面的风险评估出发，使用风险导向模型，积极采用分析程序，制定总体审计策略和具体审计计划，以确保审计工作的效率和效果。风险导向审计是当今主流的审计方法。

【同步思考1－4】

如果一个执行财务报表审计的审计师未能通晓会计，将是一种严重的失职，然而许多胜任的会计人员却并不了解审计过程，试述产生这种差异的原因。

任务回顾

本任务主要讲述了审计产生的动因，审计产生和发展的过程，审计的定义和特征，审计的职能和分类。

（1）审计产生的动因。信息风险产生的原因包括信息的间接性、信息提供者的偏见和动机、信息量过大和复杂的交易业务。随着社会生活的日益复杂，依靠注册会计师来降低信息风险的做法越来越普遍。

（2）审计产生和发展的过程。注册会计师审计、政府审计、内部审计均随着社会经济的发展逐步发展起来。

（3）审计的定义和特征。审计是一个客观地获取和评价与经济活动和经济事项的认定有关的证据，以确认这些认定与既定标准之间的符合程度，并把审计结果传达给利害关系人的系统过程。审计和会计具有明显的区别。审计的特征集中体现在独立性和权威性方面。

（4）审计的职能和分类。审计具有经济监督、经济评价和经济鉴证职能。审计的基本分类，有按审计主体分类和按审计的内容及目的分类两种。审计按其主体不同，可分为政府审计、民间审计和内部审计。审计按其内容和目的分类，可分为财务报表审计、经营审计和合规性审计。审计还有其他分类。

思考与案例分析题

1. 思考题

（1）与60年前相比，当今社会对独立审计的需求大大增加了，产生这种现象的主要原因是什么？

（2）如何理解审计的定义？如何评价这些观点？

（3）审计与会计有何区别和联系？区分会计和审计有何重要意义？

（4）如何区分财务报表审计、合规性审计和经营审计？

（5）如何理解审计的独立性？

（6）影响民间审计独立性的因素有哪些？通过民间审计独立性的途径有哪些？

2. 案例分析题

资料：A会计师事务所接受了华兴股份有限公司的委托，对华兴股份有限公司2015年的财务报表进行审计。华兴股份有限公司是国有大型上市公司，目前承担了兴建大型水电站的项目。A会计师事务所接受委托后，即刻派注册会计师前往华兴股份有限公司开展2015年度的财务报表审计业务。注册会计师到达公司后，了解到如下一些情况：华兴股份有限公司审计委员会安排内部审计人员对该公司的主要业务进行专项审计，审计署委派的某特派办对华兴股份有限公司正在兴建的大电站工程资金运用情况进行审计。

要求：

（1）以上三种审计活动是否可以相互替代？

（2）对比分析以上三种审计业务，其相同及其不同的地方。

（3）注册会计师能否利用内部审计工作？如果可以的话，如何利用？

专业技能训练

1. 实训目的

熟悉审计产生的动因，并理解审计的本质。

2. 实训资料

请详见导入案例：英国南海公司审计案例。

3. 实训要求

针对该审计案例，组织学生分组讨论审计产生的背景，帮助学生深入理解审计发展的动因和审计的本质及特征。

教学设计与实践

1. 教学重点

（1）审计产生的动因；

（2）审计的定义；

（3）审计的分类。

2. 教学难点

（1）审计的定义和特征；

（2）审计的职能；

（3）审计的分类。

3. 建议教学课时

理论教学 2 学时，实践教学 2 学时。

4. 教学实践

（1）请制作本任务的授课教案；

（2）选取部分内容进行 1 小节课程的试讲。

任务二 认识审计职业

任务内容

- 注册会计师的业务范围
- 执业准则和职业道德准则
- 注册会计师
- 会计师事务所
- 注册会计师协会
- 内部审计
- 政府审计

任务目标

- 熟悉注册会计师的业务范围；

- 掌握注册会计师在执行审计业务时应遵守的执业准则和职业道德守则；
- 了解注册会计师的资格取得和注册；
- 熟悉会计师事务所的组织形式和设立条件；
- 了解我国注册会计师协会的职责以及专门（业）委员会的职责；
- 了解我国审计准则的国际趋同；
- 了解我国内部审计业务程序；
- 了解我国政府审计业务程序。

适用的准则和规范

- 《注册会计师业务指导目录》
- 《中国注册会计师鉴证业务准则》
- 《中国注册会计师相关服务准则》
- 《质量控制准则第 5101 号——会计师事务所对执行财务报表审计和审阅、其他鉴证和相关服务业务实施的质量控制》
- 《中国注册会计师职业道德守则》
- 《中华人民共和国注册会计师法》
- 《会计师事务所审批和监督暂行办法》
- 《大中型会计师事务所转制为特殊普通合伙组织形式实施细则》
- 《中国内部审计准则》
- 《中华人民共和国国家审计准则》
- 《中华人民共和国审计法》
- 《中华人民共和国审计法实施条例》

导入案例

美国山登公司审计失败案例①

山登公司是由 CUC 公司与 HFS 公司在 1997 年 12 月合并而成的。合并后，山登公司主要从事旅游服务、房地产服务和联盟营销（Alliance Marketing）三大业务。舞弊丑闻曝光前，山登公司拥有 35 000 名员工，经营业务遍布 100 多个国家和地区，年度营业收入 50 多亿美元。

根据 CUC 公司与 HFS 公司签署的“对等合并协议”，山登公司成立后的第一届经营班子由合并双方的原高管人员组成，第一任首席执行官和首席财务官由 HFS 公司的 Silverman 和 Monaco 出任。为了实现合并的协同效应，以 Silverman 为首席执行官的经营班子在山登公司成立后，立即对 CUC 公司和 HFS 公司的经营业务和管理架构进行整合，其中包括对财务报告体系实行一体化管理。

① 摘编自：黄世忠、李树华：“山登公司审计失败案例剖析”，《中国注册会计师》，2003 年第 10 期。

1998年2月下旬，Silverman决定，财务报告的编制改由HFS公司的首席会计官Scott Forbes负责合并报表的编制。在双方共同商讨1997年度合并报表的编制事宜时，Shelton要求将CUC公司与HFS公司合并中所计提的5.56亿美元“重组准备”中的1.65亿美元转回，作为1997年度的利润，并声明这种做法是CUC公司沿用已久的惯例，且安永的注册会计师一直认可这种做法。这一明显有悖于公认会计准则的做法使Scott对CUC公司过去的经营业绩产生怀疑，因为在合并前，CUC公司并没有披露以往年度有许多利润来自重组准备的转回。Silverman对CUC公司没有告知以前年度采用一些有违会计准则的做法，从而误导了HFS公司对CUC公司盈利能力的判断表示强烈不满和抗议，并责成立即对重组准备账户展开全面调查，并聘请德勤会计师事务所协助调查。经过四个月的调查取证，特别调查组在8月28日向SEC提交了一份长达280页的调查报告，详细说明了CUC公司的财务舞弊手法及其影响。调查结果表明，为了迎合华尔街的盈利预期，CUC公司主要通过6种伎俩进行财务舞弊：利用“高层调整”，大肆篡改季度报表；无端转回合并准备，虚构当期收益；任意注销资产，减少折旧和摊销；随意改变收入确认标准，夸大会员费收入；蓄意隐瞒会员退会情况，低估会员资格准备；综合运用其他舞弊伎俩，编造虚假会计信息。通过上述造假手段，CUC公司在1995至1997年期间，共虚构了15.77亿美元的营业收入、超过5亿美元的利润总额和4.39亿美元的净利润，虚假净利润占对外报告净利润的56%。

1999年12月7日，美国新泽西州法官William H. Walls判令山登（Cendant）公司向其股东支付28.3亿美元的赔款。这项判决创下了证券欺诈赔偿金额的世界纪录，比1994年培基（Prudential）证券公司向投资者支付的15亿美元赔款几乎翻了一番。12月17日，负责山登公司审计的安永会计师事务所同意向山登公司的股东支付3.35亿美元的赔款，也创下了迄今为止审计失败的最高赔偿纪录。至此，卷入舞弊丑闻的山登公司及其审计师共向投资者赔偿了近32亿美元。

山登舞弊案不仅因赔偿金额巨大而闻名于世，随之而来的刑事责任追究也令人侧目。2000年6月，山登舞弊案的三名直接责任人Cosmo Corigliano（前首席财务官，加入山登公司前曾任安永的注册会计师）、Anne Pember（前主计长，加入山登公司前曾任安永的注册会计师）和Casper Sabatino（会计报告部副总裁，会计师）对财务舞弊供认不讳，同意协助司法部门和SEC的调查，并作为“污点证人”，以将功赎罪。2001年2月，新泽西州联邦大陪审团除了对他们三人提出舞弊起诉外，还对山登公司的前董事长兼首席执行Walter Forbes和前首席运营官Kirk Shelton提出证券舞弊、财务舞弊、电信舞弊、邮政舞弊、虚假陈述和内幕交易等多项指控，若罪名成立，Forbes和Shelton将面临着10至20年的铁窗生涯。2002年11月，新泽西州检察官Christopher Christie宣布对安永的两名主审合伙人Marc Rabinowitz和Ken Wilchfort以及一位审计经理提出舞弊起诉，指控他们严重渎职，对舞弊视而不见，并为山登公司的舞弊行径提供了便利。2003 年 4 月 24 日，SEC 对安永的这两名主审合伙人作出禁入裁决，禁止他们在 4 年内为上市公司提供审计服务。迄今，在山登舞弊案中被正式提出刑事指控的人员多达 8 人，被传唤的其他相关人员更是不计其数，这在安然事件之前是极为罕见的，显示出美国司法部门惩治舞弊的决心早已有之。

案例思考

山登公司审计失败案例带给我们哪些启示？会计师事务所与被审计客户之间的密切关联会对双方产生哪些有利和不利的影响？会计师事务所应当采取哪些措施，以保证注册会计师在审计过程中严格遵循执业准则和职业道德准则？

任务结构

一、注册会计师的业务范围

长期以来，提供财务报表审计服务一直是注册会计师职业的主要业务内容。然而随着信息时代的到来和知识经济的崛起，决策者需要更多的其他信息和服务，注册会计师为了满足客户的需要，积极开拓新型的服务领域，逐步转型为全方位的专业服务人员。

根据中国注册会计师协会发布的《注册会计师业务指导目录（2014 年）》，注册会计师可以依法承办鉴证业务（271 项）和相关咨询服务业务（149 项）。这些业务项目，既包括审计业务，也包括非审计业务；既包括已经开展的业务，也包括需要进一步拓展和开发的新业务。

（一）鉴证业务

鉴证业务是指注册会计师对鉴证对象信息提出结论，以增强除责任方之外的预期使用者对鉴证对象信息信任程度的业务。按照鉴证对象信息和保证程度的不同，将鉴证业务分为历史财务信息审计、历史财务信息审阅和其他鉴证业务。

1. 历史财务信息审计

历史财务信息审计是指鉴证对象信息为历史财务信息的合理保证鉴证业务。在历史财务信息审计业务中，注册会计师作为独立第三方，运用专业知识、技能和经验对历史财务信息进行审计并以积极方式发表专业意见，旨在提高财务报表的可信赖程度。

财务报表审计业务即为一种典型的历史财务信息审计业务，注册会计师针对财务报表是否在所有重大方面按照财务报告编制基础编制并实现公允反映发表审计意见。

2. 历史财务信息审阅

历史财务信息审阅是指鉴证对象信息为历史财务信息的有限保证鉴证业务。在历史财务信息审阅业务中，注册会计师作为独立第三方，运用专业知识、技能和经验对历史财务信息进行审阅并以消极方式发表专业意见，旨在提高财务报表的可信赖程度。传统的财务报表审阅业务即为一种典型的历史财务信息审阅业务。财务报表审阅的目标，是注册会计师在实施审阅程序的基础上，说明是否注意到某些事项，使其相信财务报表没有按照适用的会计准则和相关会计制度的规定编制，未能在所有重大方面公允反映被审阅单位的财务状况、经营成果和现金流量。在财务报表审阅业务中，要求注册会计师将审阅风险降至该业务环境下可接受的水平（高于财务报表审计中可接受的低水平），对审阅后的财务报表提供低于高水平的保证（即有限保证），在审阅报告中对财务报表采用消极方式提出结论。

表 2－1 列示了合理保证与有限保证的区别。

表 2－1　　合理保证与有限保证的区别

业务类型／区别	合理保证（财务报表审计）	有限保证（财务报表审阅）
目标	在可接受的低审计风险下，以积极方式对财务报表整体发表审计意见，提供高水平的保证	在可接受的审阅风险下，以消极方式对财务报表整体发表审阅意见，提供有意义水平的保证。该保证水平低于审计业务的保证水平
证据收集程序	通过一个不断修正的、系统化的执业过程，获取充分、适当的证据，证据收集程序包括检查记录或文件、检查有形资产、观察、询问、函证、重新计算、重新执行、分析程序等	通过一个不断修正的、系统化的执业过程，获取充分、适当的证据，证据收集程序受到有意识的限制，主要采用询问和分析程序获取证据
所需证据数量	较多	较少
检查风险	较低	较高
财务报表的可信性	较高	较低
提出结论的方式	以积极方式提出结论。例如："我们认为，ABC 公司财务报表在所有重大方面按照企业会计准则和《××会计制度》的规定编制，公允反映了 ABC 公司 20×1 年 12 月 31 日的财务状况以及 20×1 年度的经营成果和现金流量"	以消极方式提出结论。例如："根据我们的审阅，我们没有注意到任何事项使我们相信，ABC 公司财务报表没有按照企业会计准则和《××会计制度》的规定编制，未能在所有重大方面公允反映被审阅单位的财务状况、经营成果和现金流量"

3. 其他鉴证业务

其他鉴证业务是指除历史财务信息审计和审阅业务以外的鉴证业务，如预测性财务信息审核、内部控制审计、网域认证等。其他鉴证业务的保证程度分为合理保证和有限保证。有限保证的其他鉴证业务的风险水平高于合理保证的其他鉴证业务的风险水平。

表2－2给出了《注册会计师业务指导目录（2014年）》中列举的部分其他鉴证业务。

表2－2　　其他鉴证业务举例

业务类型	业务内容
预测性财务信息的审核	针对企业编制的预测性财务信息进行审核
内部控制审计	对内部控制的有效性发表意见
银行业金融机构履行环境和社会责任评估	针对银行业金融机构履行环境和社会责任情况进行评估
风险管理审计	针对企业风险管理过程及其效率进行鉴证
江河湖泊生态环境保护项目资金专项检查	对江河湖泊生态环境保护项目资金进行专项检查，以协助财政部门等部门进行监督管理
信息系统可靠性的鉴证（SysTrust）	利用IT专家的工作对企业信息系统可靠性进行鉴证

（二）相关咨询服务业务

1. 管理咨询业务

管理咨询服务是注册会计师与非注册会计师激烈竞争的一个领域。从20世纪50年代起，注册会计师的管理咨询服务收入开始增长，并保持了强劲的增长势头。最近几年，大型会计师事务所越来越明显地成为管理咨询服务的主要提供者。

管理咨询业务范围很广，主要包括：

（1）为政府及其职能部门提供的管理咨询服务。例如，预算绩效管理咨询服务；为制定行政事业性收费标准提供成本审核资料业务；参与社会组织评估工作；参与政府及其职能部门政策制定及其政策实施调查研究；等等。

（2）与企业日常经营管理相关的管理咨询服务。例如，协助企业制定经营发展战略并帮助实施；帮助企业重构组织架构、业务流程、内部控制与风险管理；协助企业绩效评价；协助企业在信息系统中建立分析、决策模型；协助企业设计职工福利计划；企业人力资源管理的咨询；协助企业建立激励约束机制；协助企业选择和实施企业资源计划；顾客关系管理咨询；企业财务转型咨询；企业信息化咨询；财务顾问；企业公共关系管理；企业无形资产清查与优化管理咨询服务；等等。

（3）涉及企业购并重组的管理咨询服务。例如，帮助企业选择并购对象；财务、税务与经营尽职调查；协助并购重组交易价格确定；参与企业合同与信贷谈判；帮助企业设计收购、融资、重组、改制方案；股权方案优化设计服务；购并重组中税务与会计问题咨询；企业购并重组中特殊问题解决方案咨询；企业购并重组后商业再生的咨询；企业并购后的整合咨询；破产顾问服务、托管人与接管人服务；破产诉讼与赔偿管理咨询；企业危机管理；境外企业并购的咨询服务；国企改制架构重组复杂交易咨询服务；中小企业重组管理咨询服务；上市公司并购重组财务顾问业务；SOX 法案内控测试咨询服务；等等。

（4）涉及企业争端分析与调查的管理咨询服务。例如，反洗钱法庭调查；反垄断法庭调查；反倾销专业服务；反商业贿赂专业服务；资产追踪与恢复咨询服务；商业保险索赔咨询服务；购买价格纠纷咨询服务；海损事故纠纷咨询服务；特许权与收入恢复咨询服务；证券纠纷咨询服务；建筑纠纷咨询服务；股东纠纷咨询服务；债权债务纠纷咨询服务；税收纠纷咨询服务；企业声誉风险管理服务；等等。

（5）企业的风险管理咨询服务。例如，提高企业风险和价值的洞察力咨询服务；设计优化程序和结构的咨询服务；创造风险和价值管理能力的咨询服务；战略风险管理咨询服务；流程风险管理咨询服务；技术创新风险管理咨询服务；业绩改善咨询服务；决策变化咨询服务；企业海外拓展的咨询服务；其他特殊领域的风险管理咨询服务；等等。

（6）工程造价、资产评估咨询服务。例如，设计概算服务；编制工程预算等资料的服务；编制工程结算等资料的服务；施工阶段全过程造价控制服务；资产评估服务；等等。

（7）其他代理咨询服务。例如，代理工商登记；代编投标标书并代理招投标；代理招募财务经理；公司秘书服务；个人财务顾问服务；等等。

（8）其他及其特定领域的管理咨询业务。例如，破产管理人服务；为外商投资企业代办外汇年检信息申报业务；为农村集体经济提供管理咨询；资产价值相关的咨询业务；个人理财服务；金融资产证券化服务；国际金融衍生品合同相关服务；尽职调查；资信调查；等等。

2. 会计服务业务

注册会计师执行的会计服务业务是所有具备条件的中介机构乃至个人都能够从事的非法定业务，主要包括：

（1）开业时会计服务业务。例如，代理开业事宜，如工商、税务、外汇登记、开设账户等；设计会计运作模式及系统；代购账簿及记账凭证；设置账套、会计科目、记账规则；设计成本核算制度；建立资金管理、库存管理、固定资产管理等管理会计制度；设计预算管理制度；等等。

（2）日常的会计服务业务。例如，提供簿记及电脑记账服务；提供出纳服务；代编财务报表；帮助解决复杂的会计问题；现金管理；固定资产管理；无形资产管理；工资薪酬及其福利管理；资产损失管理；担保抵押管理；长期股权投资管理；税务管理；银行贷款管理；对子公司及其分支机构会计管理；提供财务分析；会计、财务及其内部控制的培训；等等。

（3）结业时会计服务业务。例如，帮助企业清产核资；提供企业结业的工商、税务、外汇、银行等注销业务；帮助企业处置资产；提供清账业务；等等。

（4）特定领域或其他形式的会计服务业务。例如，为农村集体经济提供会计及其簿记服务业务；会计外包业务；业主委员会财务培训服务；等等。

3. 税务服务业务

注册会计师利用专业知识及其积累的经验和声誉，集中事务所优势资源为企事业单位、个人各种税务活动提供专业化或代理服务，可以提高运作效率。注册会计师提供的税务服务主要包括：

（1）日常税务咨询业务。例如，关税服务咨询；电子商务税收服务咨询；个人税务服务咨询；购并、重组服务咨询；公司税服务咨询；国际税服务咨询；财产税服务咨询；转移价格税制咨询；关联纳税制度咨询；海外企业、合并企业组建等国际税务支持；税前扣除咨询；税收优惠咨询；退税咨询；税务筹划等等。

（2）特定领域或其他事项税务咨询。例如，税务代理；为农村集体经济提供税务咨询；向非营利团体提供税务指导和税务申报；向自然人提供税务指导和税务申报；集团公司统一纳税咨询；分支机构及其办事处纳税方案；并购中的税务安排；解决税务争论的方案；跨境投资税务结构筹划；“营改增”试点咨询；等等。

4. 信息系统相关的其他服务

包括：企业信息化战略规划；企业 IT 治理体系设计；企业信息系统架构设计与管理；企业信息安全和技术风险管理；企业信息化转型服务；整合企业信息平台；企业信息系统实施服务；网站平台交流服务；信息数据库建设和维护服务；信息数据挖掘和利用服务；Webtrust 电子认证及增强验证服务；可拓展商业报告语言 XBRL 相关服务；提供智能文档管理与搜索引擎系统相关服务；等等。

5. 执行商定程序业务

执行商定程序业务是指注册会计师利用专业知识及其积累的经验和声誉对财务信息执行与委托人或其相关利益人商定的程序，并报告其结果。该类业务要求注册会计师精通企业商定的流程与控制；熟悉与执行商定程序的事项相关的法律、法规和政策规定。

（三）鉴证业务与相关咨询服务业务的区别

1. 业务涉及的关系人不同

相关咨询服务通常只涉及两方关系人，即客户和提供相关咨询服务的注册会计师；而鉴证业务通常涉及三方关系人，即责任方、预期使用者及提供鉴证业务的注册会计师。

2. 业务关注的焦点不同

相关咨询服务关注的焦点主要是信息的生成、编制或对如何利用信息作出决策提供建议；而鉴证业务关注的焦点是适当保证和提高鉴证对象信息的质量，通常不涉及信息的利用。

3. 工作结果不同

鉴证业务的工作结果是注册会计师以书面形式提出结论，该结论能对鉴证对象信息提供某种程度的可信性保证。与鉴证业务相比，相关咨询服务的一个显著特点是注册会计师并不提供任何鉴证结论。

以对财务信息执行商定程序和代编财务信息业务为例，相关准则规定：注册会计师执行商定程序业务，仅报告执行的商定程序及其结果，并不提出鉴证结论，报告使用者自行对注册会计师执行的商定程序及其结果作出评价，并根据注册会计师的工作得出自己的结论；注册会计师执行代编业务使用的程序并不旨在、也不能对财务信息提出任何鉴证结论。

4. 独立性要求不同

注册会计师在执行鉴证业务时，一个重要的要求是保持独立性。但在执行相关咨询服务业务时，通常不提出独立性要求。仍然以对财务信息执行商定程序为例，相关准则规定：不对商定程序业务提出独立性要求；但如果业务约定书或委托人对注册会计师的独立性提出要求，注册会计师应当从其规定；如果注册会计师不具有独立性，应当在商定程序业务报告中说明这一事实。

5. 应用的程序性质不同

注册会计师在执行鉴证业务时，要通过实施严格的鉴证程序获取充分、适当的证据，以为提出鉴证结论提供基础。但在执行相关咨询服务业务时，注册会计师可能并不采取鉴证性质的程序或采取相对比较简单、灵活的程序。例如在代编财务信息业务中，注册会计师运用的是会计而非审计的专业知识和技能，而在执行商定程序业务中，注册会计师运用的程序是与特定主体商定的程序，通常限于询问和分析；重新计算、比较和其他核对方法；观察；检查以及函证等。

二、执业准则和职业道德准则

（一）注册会计师执业准则的制定历程

执业准则作为规范注册会计师执行业务的权威性标准，对提高注册会计师执业质量，降低执业风险，维护社会公众利益具有重要的作用。我国注册会计师执业准则的建设经历了三个阶段。

1. 起步阶段（1980～1993 年）

1980 年我国注册会计师行业恢复重建后不久，针对当时的审计验资业务，启动了执业标准的制定工作，并陆续出台了相关执业规定。随着中国注册会计师协会（以下简称“中注协”）的成立，专业标准建设工作得到了高度重视，进入了快速发展时期。中注协设立了专业标准部，负责专业标准的研究制定工作。从 1991 年到 1993 年，先后发布了《注册会计师检查验证会计报表规则（试行）》等 7 个执业规则。这些执业规则对我国注册会计师行业走向正规化、法制化和专业化起到了积极作用。

2. 制定准则阶段（1994～2004 年）

1993 年 10 月 31 日，第八届全国人民代表大会常务委员会第四次会议通过《注册会计师法》，赋予中注协依法拟订执业准则、规则的职能。经财政部批准同意，中注协自 1994 年 5 月开始起草独立审计准则。到 2004 年，中注协先后分 6 批制定了审计准则，共计 41 个项目，基本建立起了我国审计准则体系框架。

3. 国际趋同阶段（2005 年至今）

随着审计环境的变化和公司财务舞弊事件的频繁发生，以及国际审计准则的大规模修改，迫切要求我国大力改进审计准则，增加审计的有效性，防范和化解审计风险，维护市场经济的稳定有序运行。在此背景下，财政部于2005年初提出了我国会计审计准则国际趋同的主张和中国会计审计准则体系建设目标。根据这一目标，遵循科学、民主、透明和公开的准则制定程序，2006年2月15日，包括48项审计准则的新审计准则体系正式发布，审计准则体系实现了国际趋同的历史性突破。2009年，根据国际审计准则明晰项目，启动了对38项审计准则的修订，2010年11月正式发布，2012年1月1日实施。

（二）我国注册会计师执业准则的体系构成

我国注册会计师执业准则体系受注册会计师职业道德守则统驭，包括注册会计师业务准则和会计师事务所质量控制准则，如图2－1所示。注册会计师业务准则又包括鉴证业务准则和相关服务准则两个部分，如图2－2所示。

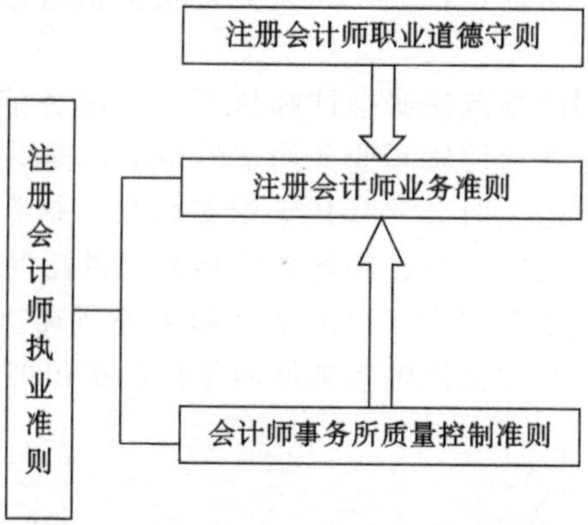

图2－1 注册会计师执业准则体系①

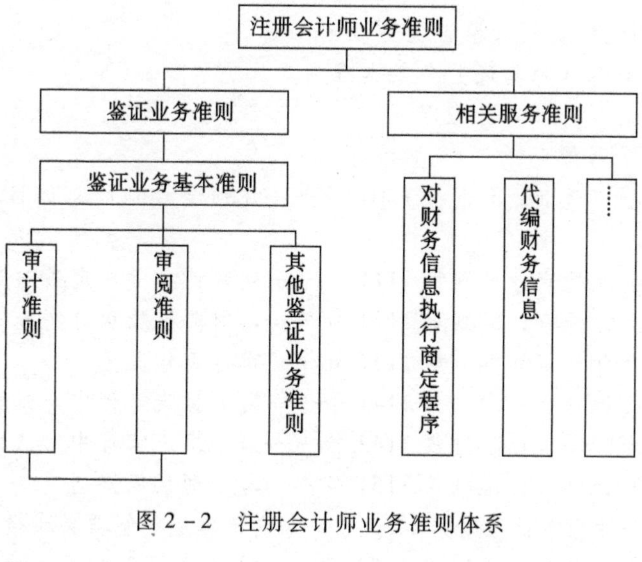

图2－2 注册会计师业务准则体系

① 图2－1、图2－2均引自：中国注册会计师协会：《审计》，经济科学出版社2011年版。

鉴证业务准则由鉴证业务基本准则统领，按照鉴证业务提供的保证程度和鉴证对象的不同，分为审计准则、审阅准则和其他鉴证业务准则。其中，审计准则是整个执业准则体系的核心。

鉴证业务基本准则是鉴证业务准则概念框架，旨在规范注册会计师执行鉴证业务，明确鉴证业务的目标和要素，确定审计准则、审阅准则、其他鉴证业务准则适用的鉴证业务类型。

审计准则用以规范注册会计师执行历史财务信息的审计业务。在提供审计服务时，注册会计师对所审计信息是否不存在重大错报提供合理保证，并以积极方式提出结论。

审阅准则用以规范注册会计师执行历史财务信息的审阅业务。在提供审阅服务时，注册会计师对所审阅信息是否不存在重大错报提供有限保证，并以消极方式提出结论。

其他鉴证业务准则用以规范注册会计师执行历史财务信息审计或审阅以外的其他鉴证业务，根据鉴证业务的性质和业务约定的要求，提供有限保证或合理保证。

相关服务准则用以规范注册会计师代编财务信息、执行商定程序、提供管理咨询等其他服务。在提供相关服务时，注册会计师不提供任何程度的保证。

会计师事务所质量控制准则用以规范会计师事务所在执行各类业务时应当遵守的质量控制政策和程序，是对会计师事务所质量控制提出的制度要求。

小资料

中国注册会计师执业准则体系的具体构成

（一）中国注册会计师鉴证业务准则

1. 中国注册会计师鉴证业务基本准则

2. 中国注册会计师审计准则

(1) 一般原则与责任

中国注册会计师审计准则第 1101 号——注册会计师的总体目标和审计工作的基本要求

中国注册会计师审计准则第 1111 号——就审计业务约定条款达成一致意见

中国注册会计师审计准则第 1121 号——对财务报表审计实施的质量控制

中国注册会计师审计准则第 1131 号——审计工作底稿

中国注册会计师审计准则第 1141 号——财务报表审计中与舞弊相关的责任

中国注册会计师审计准则第 1142 号——财务报表审计中对法律法规的考虑

中国注册会计师审计准则第 1151 号——与治理层的沟通

中国注册会计师审计准则第 1152 号——向治理层和管理层通报内部控制缺陷

中国注册会计师审计准则第 1153 号——前任注册会计师和后任注册会计师的沟通

（2）风险评估与风险应对

中国注册会计师审计准则第 1201 号——计划审计工作

中国注册会计师审计准则第 1211 号——通过了解被审计单位及其环境识别和评估重大错报风险

中国注册会计师审计准则第 1221 号——计划和执行审计工作时的重要性

中国注册会计师审计准则第 1231 号——针对评估的重大错报风险采取的应对措施

中国注册会计师审计准则第 1241 号——对被审计单位使用服务机构的考虑

中国注册会计师审计准则第 1251 号——评价审计过程中识别出的错报

（3）审计证据

中国注册会计师审计准则第 1301 号——审计证据

中国注册会计师审计准则第 1311 号——对存货等特定项目获取审计证据的具体考虑

中国注册会计师审计准则第 1312 号——函证

中国注册会计师审计准则第 1313 号——分析程序

中国注册会计师审计准则第 1314 号——审计抽样

中国注册会计师审计准则第 1321 号——审计会计估计（包括公允价值会计估计）和相关披露

中国注册会计师审计准则第 1323 号——关联方

中国注册会计师审计准则第 1324 号——持续经营

中国注册会计师审计准则第 1331 号——首次审计业务涉及的期初余额

中国注册会计师审计准则第 1332 号——期后事项

中国注册会计师审计准则第 1341 号——书面声明

（4）利用其他主体的工作

中国注册会计师审计准则第 1401 号——对集团财务报表审计的特殊考虑

中国注册会计师审计准则第 1411 号——利用内部审计人员的工作

中国注册会计师审计准则第 1421 号——利用专家的工作

（5）审计结论与报告

中国注册会计师审计准则第 1501 号——对财务报表形成审计意见和出具审计报告

中国注册会计师审计准则第 1502 号——在审计报告中发表非无保留意见

中国注册会计师审计准则第 1503 号——在审计报告中增加强调事项段和其他事项段

中国注册会计师审计准则第 1511 号——比较信息：对应数据和比较财务报表

中国注册会计师审计准则第 1521 号——注册会计师对含有已审计财务报表的文件中的其他信息的责任

(6) 特殊领域

中国注册会计师审计准则第1601号——对按照特殊目的编制基础编制的财务报表审计的特殊考虑

中国注册会计师审计准则第1603号——对单一财务报表和财务报表特定要素审计的特殊考虑

中国注册会计师审计准则第1604号——对简要财务报表出具报告的业务

3. 中国注册会计师审阅业务准则

中国注册会计师审阅准则第2101号——财务报表审阅

4. 中国注册会计师其他鉴证业务准则

中国注册会计师其他鉴证准则第3101号——历史财务信息审计或审阅以外的鉴证业务

中国注册会计师其他鉴证准则第3111号——预测性财务信息的审核

(二) 中国注册会计师相关服务准则

中国注册会计师相关服务准则第4101号——对财务信息执行商定程序

中国注册会计师相关服务准则第4111号——代编财务信息

(三) 会计师事务所质量控制准则

质量控制准则第5101号——会计师事务所对执行财务报表审计和审阅、其他鉴证和相关服务业务实施的质量控制

【同步案例2-1】

"麦克逊·罗宾斯公司"破产案：注册会计师审计准则的催产剂

20世纪30年代，美国上市公司自愿委托外部审计师实施审计已经形成风气。通过审计，有效帮助了投资者的决策，维护了资本市场的稳定。在这样的背景下，1938年美国发生了一桩令人震惊的"麦克逊·罗宾斯公司破产案"，引起了全美各界人士的关注。

1938年初，麦克逊·罗宾斯药材公司（以下简称麦克逊公司）的债权人米利安·汤普森在与麦克逊公司的经济往来业务中，发现了该公司的财务资料有异常之处，其一，该公司制药原材料部门是盈利较高的经营部门，但公司经营者却直接对其重新投资，而该部门还没有资金积累；其二，公司账面制药原材料存货的保险金额较少。前任公司董事会决定减少存货余额，并要求现任经理菲利普·科斯特仍执行这一决定，但1938年末，公司存货却增加了100万美元。米利安·汤普森对上述问题产生疑惑，向公司管理人员要求提供有关制药原材料实际存货的证明，如果未能取得该证据，则其拒绝认购公司300万美元的债券。此后，美国证券交易委员会开始对麦克逊公司立案调查。

美国证券交易委员会对麦克逊公司的调查结果如下：

（1）麦克逊公司的有价证券在纽约交易所公开上市，并已依法在证券交易所注册登记。

（2）该公司及其子公司10多年来的会计报表均由美国一流的Price Waterhouse会计公司执行审计，Price Waterhouse会计公司一直对麦克逊公司财务状况和经营成果发表"正确、适当"的审计意见。

（3）1937年12月31日麦克逊公司的合并资产负债表中总资产8 700万美元，其中1 907.5万美元属虚假资产（存货1 000万美元，销售收入900万美元，银行存款7.5万美元）。1937年度该公司合并损益表中虚假销售收入1 820万美元，虚假毛利180万美元。

（4）公司现任总经理菲利普·科斯特使用化名并有诈骗犯罪前科，其三位兄弟均使用化名在公司任要职。菲利普·科斯特与其三位兄弟串通舞弊，利用公司内部控制薄弱，贪污巨款。

美国证券交易委员会核实上述事实后，召开了听证会，宣布了调查结果。此后，美国证券交易委员会颁布了新的规定，要求对审计程序加以修改，增加了关于对应收账款函证，对存货进行实地检查，对内部控制系统进行详细评价的条款，同时强调了审计人员对公共持股人的责任以及对发表审计意见的具体要求。

美国注册会计师协会对此也作出了积极反应，建立了"审计程序委员会"，并于1939年制定了《审计程序扩展》，对审计程序的完善从以下四方面提出了更加具体的要求，包括：（1）对存货检查，通过实地盘存确认存货数量，并将之作为必须的审计程序；（2）对应收账款检查，应积极采用函询法，对债务人直接询证；（3）对审计报告格式及内容加以规范，将其分为范围段和意见段；等等。

1947年10月，美国注册会计师协会的审计程序委员会颁布了《审计标准草案——公认的意见和范围》，1954年对其修改，改名为《公认审计标准——其意义和范围》。从此，民间审计有了一套公认的执业标准。

小资料

注册会计师执业准则体系构成中，涉及质量控制的准则包括：《中国注册会计师审计准则第1121号——对财务报表审计实施的质量控制》以及《质量控制准则第5101号——会计师事务所对执行财务报表审计和审阅、其他鉴证和相关服务业务实施的质量控制》。其中第5101号准则的目的是为了规范会计师事务所建立并保持有关财务报表审计和审阅、其他鉴证和相关服务业务的质量控制制度，而第1121号准则则是为了规范注册会计师对财务报表审计实施质量控制程序的具体责任，以及项目质量控制复核人员的责任，第5101号准则的实施是第1121号准则实施的前提。

（三）注册会计师职业道德守则

1. 制定注册会计师职业道德守则的必要性

从审计的历史进程来看，审计学家一直在争论是否要制定职业道德规范。反对的人们认为，职业道德主要是精神上的一种崇高追求，不能由法律或准则形式规范。一旦写成法律或准则，这些条文将成为最低的要求。一方面，法律、准则在制定过程中必然经过利益集团的斗争和妥协，妥协的过程也就是降低要求的过程；另一方面，法律和准则的本身性质也决定了它们是行为的最低标准，宽泛的精神要求没有约束力，而详细的条文只能从反面限制某些不当行为，从而使职业人员认为只要自己的行为达到了法律或准则制定的要求就是道德的行为，抱着这样的最终目的，他们将放弃对更高道德标准的追求。这一观点在 20 世纪初以前较为流行。另一种观点则认为，职业道德这个概念比较抽象，每个人在理解和执行过程中可能会有偏差，为了保证职业人员能够有统一的职业道德行为，职业团体必须以文字形式明确道德行为标准。后来，随着经济环境的逐渐复杂和职业人员不道德行为的增加，人们逐渐意识到光靠职业人员个人的觉悟来避免注册会计师的不道德行为明显是不够的，因此，在美国和英国等民间审计发展较早的国家，自 20 世纪初起便陆续制定了一些大众认可的职业道德准则。

制定注册会计师职业道德守则的必要性主要表现在以下几个方面：

（1）制定职业道德守则是由审计职业的特殊性所决定的。审计职业的特殊性表现在以下三个方面：

①审计的服务对象。审计的服务对象有别于医生对病人、售货员对顾客那种一对一的社会职业关系。考虑审计服务结果（即审计报告）的使用者，我们就会发现，审计服务的结果不仅仅对被审计单位产生影响，它还对成千上万使用被审计单位审计报告的团体或个人产生影响。因此，西方审计职业界流行的一句话是“社会公众是注册会计师的唯一委托人”。

②现代复杂的审计技术。现代信息技术的发展，不仅提高了审计对象的难度，也促进了审计技术的深化。不通过系统的、较长时间的培训，根本无法理解和判断注册会计师是否恪尽了应有的职守。

③审计服务结果的使用方式。对比会计师事务所与律师事务所提供的服务可以发现，两者虽有相似之处，即同为中介机构、同为公众服务。但是，注册会计师提供的审计服务与律师提供的辩护服务，其服务的结果对社会产生的影响却大不相同。律师的最终答辩还需法院作出判决，即其服务的结果还需要通过法官的评判才能对社会产生影响，然而，注册会计师的服务结果（即审计报告）一经产生就可以直接为社会所引用。可见，由于审计职业本身的这些特殊性，审计职业界非常有必要制定一套完整的职业道德准则，从道德思想上约束注册会计师，并以此提高审计服务质量。

（2）制定职业道德守则能够使公众对审计工作产生信任感。建立一套高水准的职业道德守则，最深层次的原因在于要使公众对执业人员提供服务的质量产生信任感。在注册会计师提供了审计服务及其他服务后，客户以及财务报表外部使用者对这些服务的质量信任与否对注册会计师而言是至关重要的。如果客户或其他使用者对注册会计师或审计结果不信任的话，那么，审计这一职业的存在也就没有什么意义了。

（3）审计职业道德守则是对注册会计师的自我约束。现代公司结构日趋复杂，经济活动日益频繁，信息使用者受制于信息不对称以及其自身专业知识的局限性，要求信息使用者或其他外部人员去评价审计所提供的服务质量如何是不现实的。特别是现代审计本身就存在可容许的失误风险。如何分清注册会计师是在恪尽职守的情况下出现了可容许误差，还是故意利用审计技术的复杂性犯了不容许的错误，非执业人员是无法加以判断的。而且信息使用者也没有时间和精力去评价注册会计师是否尽责，是否独立、客观、公正等。因此，社会公众期望审计职业界能有一系列的道德规范，对注册会计师实行自我约束。

（4）社会竞争日益激烈使注册会计师面临更大的压力。现代社会竞争日益激烈，在审计职业界也是如此。有时，激烈的竞争会迫使注册会计师更关注于拉拢客户或谋求客观利润，而忽视了对服务质量的保证。比如，注册会计师由于不想失去客户而作出让步，从而丧失独立性和客观性；又或为了争夺客户而采用压低收费的方式，在收费较低的情况下，出于成本效益的考虑而不得不压缩审计程序，偷工减料等等。这些情况都会使审计服务的质量大打折扣，从而影响到服务使用者的利益。然而，激烈的竞争又是行业面临的客观现实，因此，审计职业界有必要自己制定出一套职业道德规范体系，以在适应日益激烈的职业竞争同时又能保证审计服务质量。

小资料

《中国注册会计师职业道德守则》具体包括《中国注册会计师职业道德守则第 1 号——职业道德基本原则》、《中国注册会计师职业道德守则第 2 号——职业道德概念框架》、《中国注册会计师职业道德守则第 3 号——提供专业服务的具体要求》、《中国注册会计师职业道德守则第 4 号——审计和审阅业务对独立性的要求》和《中国注册会计师职业道德守则第 5 号——其他鉴证业务对独立性的要求》。

2. 职业道德基本原则

注册会计师为实现执业目标，必须遵守一系列前提或一般原则，即注册会计师职业道德基本原则，包括：诚信、独立、客观和公正、专业胜任能力和应有的关注、保密、良好职业行为。

（1）诚信。诚信，是指诚实、守信。也就是说，一个人言行与内心思想一致，不虚假；能够履行与别人的约定而取得对方的信任。诚信原则要求注册会计师应当在所有的职业关系和商业关系中保持正直和诚实，秉公处事、实事求是。当注册会计师在执行业务时认为报告、申报资料或其他信息存在下列情形时，不应在明知的情况下与其发生牵联：①含有严重虚假或误导性陈述；②含有缺少充分依据的陈述或信息；③存在遗漏或含糊其辞的信息。如果注册会计师注意到其已经与上述信息发生牵联，则应当采取措施消除与该信息的牵联。

（2）独立性。独立，是指不受外来力量控制、支配，按照一定之规行事。独立原则通常是对注册会计师而非非执业会员提出的要求。在执行鉴证业务时，注册会计师必须保持独立性。在市场经济条件下，投资者主要依赖财务报表判断投资风险，在投资机会中作出选择。如果注册会计师不能与客户保持独立，而是存在经济利益、关联关系，或屈从于外界压力，就很难取信于社会公众。注册会计师执行审计和审阅业务以及其他鉴证业务时，应当从实质上和形式上保持独立性，不得因任何利害关系影响其客观性。会计师事务所在承办审计和审阅业务以及其他鉴证业务时，应当从整体层面和具体业务层面采取措施，以保持会计师事务所和项目组的独立性。

小资料

关于什么是独立性，较早给出权威解释的是美国注册会计师协会。美国注册会计师协会在1947年发布的《审计暂行标准》(The Tentative Statement of Auditing Standards) 中指出："独立性的含义相当于完全诚实、公正无私、无偏见、客观认识事实、不偏袒。"传统观点认为，注册会计师的独立性包括两个方面——实质上的独立和形式上的独立。美国注册会计师协会在职业行为守则中要求："在公共业务领域中的会员（执业注册会计师），在提供审计和其他鉴证业务时应当保持实质上与形式上的独立。"国际会计师联合会职业道德守则也要求执行公共业务的职业会计师（执业注册会计师）保持实质上的独立和形式上的独立。

实质上的独立性是一种内心状态，要求注册会计师在提出结论时不受有损于职业判断的因素影响，能够诚实公正行事，并保持客观和职业怀疑态度；形式上的独立性要求注册会计师避免出现重大的事实和情况，使得一个理性且掌握充分信息的第三方在权衡这些事实和情况后，很可能推定会计师事务所或项目组成员的诚信、客观或职业怀疑态度已经受到损害。

(3) 客观和公正。客观，是指按照事物的本来面目去考察，不添加个人的偏见。公正，是指公平，正直，不偏袒。客观和公正原则要求注册会计师应当公正处事、实事求是，不得由于偏见、利益冲突或他人的不当影响而损害自己的职业判断。如果存在导致职业判断出现偏差，或对职业判断产生不当影响的情形，注册会计师不得提供相关专业服务。

(4) 专业胜任能力和应有的关注。专业胜任能力和应有的关注原则要求注册会计师应当保持专业胜任能力，将专业知识和技能始终保持在应有的水平之上，以适应当前实务、法律和技术的发展，确保为客户提供具有专业水准的服务。同时，在提供专业服务时，注册会计师应当保持应有的关注，遵守职业准则和技术规范，勤勉尽责。①专业胜任能力。专业胜任能力是指注册会计师具有专业知识、技能和经验，能够经济、有效地完成客户委托的业务。会员如果不能保持和提高专业胜任能力，就难以完成客户委托的业务。注册会计师在运用专业知识和技能提供服务时应合理运用职业判断。专业胜任能力可分为两个独立阶段：一是专业胜任能力的获取，二是专业胜任能力的保持。注册会计师应当持续了解和掌握相关的专业技术和业务的发展，以保持专业胜任能力。②应有的关注。应有的关注要求注册会计师遵守执业准则和职业道德规范要求，勤勉尽责，认真、全面、及时地完成工作任务。在审计过程中，注册会计师应当保持职业怀疑态度，运用专业知识、技能和经验，获取和评价审计证据。同时，注册会计师应当采取措施以确保在其授权下工作的人员得到适当的培训和督导。在适当情况下，注册会计师应当使客户、雇佣单位和专业服务的其他使用者了解专业服务的固有局限性。

【同步案例 2－2】

长征公司急于成立一个注册资金为500万元的装饰公司，有关办事人员找到大兴会计师事务所验资，并提供了一张经过涂改的银行进账单复印件。大兴会计师事务所的注册会计师张某并未提出任何疑问，就出具了验资报告。在这一案例中，注册会计师没有索要进账单原件，也未向银行函证，没有保持应有的职业谨慎。

（5）保密。注册会计师能否与客户维持正常的关系，有赖于双方能否自愿而又充分地进行沟通和交流，不掩盖任何重要的事实和情况。只有这样，注册会计师才能有效地完成工作。注册会计师与客户的沟通，必须建立在为客户信息保密的基础上。这里所说的客户信息，通常是指涉密信息。一旦涉密信息被泄露或被利用，往往会给客户造成损失。因此，许多国家规定，在公众领域执业的注册会计师，在没有取得客户同意的情况下，不能泄露任何客户的涉密信息。

保密原则要求注册会计师应当对执业活动中获知的涉密信息保密，不得有出现下列行为：①未经客户授权或法律法规允许，向会计师事务所以外的第三方披露其所获知的涉密信息；②利用所获知的涉密信息为自己或第三方谋取利益。注册会计师在社会交往中应当遵循保密原则，应当警惕无意泄密的可能性，特别是警惕无意中向近亲属以及关系密切的人员泄密的可能性。近亲属是指配偶、父母、子女、兄弟姐妹、祖父母、外祖父母、孙子女、外孙子女等。

另外，注册会计师应当对拟接受的客户或拟受雇的工作单位向其披露的涉密信息保密。在终止与客户或雇佣单位的关系之后，注册会计师仍然应当对在职业关系和商业关系中获知的信息保密。如果变更雇佣单位或获得新客户，注册会计师可以利用以前的经验，但不应利用或披露任何由于职业关系和商业关系获得的涉密信息。注册会计师应当明确在会计师事务所内部保密的必要性．采取有效措施，确保其下级员工以及为其提供建议和帮助的人员遵循保密义务。

注册会计师在下列情况下可以披露客户的涉密信息：①法律法规允许披露，并且取得客户的授权；②根据法律法规的要求，为法律诉讼、仲裁准备文件或提供证据，以及向有关监管机构报告所发现的违法行为；③法律法规允许的情况下，在法律诉讼、仲裁中维护自己的合法权益；④接受注册会计师协会或监管机构的执业质量检查，答复其询问和调查；⑤法律法规、执业准则和职业道德规范规定的其他情形。

（6）良好职业行为。职业行为原则要求注册会计师应当遵守相关法律法规，避免发生任何损害职业声誉的行为。如果一个理性且掌握充分信息的第三方，在权衡注册会计师当时所获得的所有具体事实和情况后，有可能认定某一行为将对职业声誉产生负面影响，注册会计师应当避免这种行为。在推介自身和工作时，注册会计师不应损害职业形象，应当诚实、实事求是，不应存在下列行为：①夸大宣传提供的服务、拥有的资质或获得的经验；②贬低或无根据地比较其他注册会计师的工作。

3. 职业道德概念框架

（1）职业道德概念框架的内涵。中国注册会计师职业道德守则提出职业道德概念框架，以帮助注册会计师遵循职业道德基本原则，履行维护公众利益的职责。职业道德概念框架是指解决职业道德问题的思路和方法，用以指导注册会计师：①识别对职业道德基本原则的不利影响；②评价不利影响的严重程度；③必要时采取防范措施消除不利影响或将其降低至可接受的水平。在运用职业道德概念框架时，注册会计师应当运用职业判断。如果发现存在可能违反职业道德基本原则的情形，注册会计师应当评价其对职业道德基本原则的不利影响。在评价不利影响的严重程度时，注册会计师应当从性质和数量两个方面予以考虑。如果认为对职业道德基本原则的不利影响超出可接受的水平，注册会计师应当确定是否能够采取防范措施消除不利影响或将其降低至可接受的水平。在运用职业道德概念框架时，如果某些不利影响是重大的，或者合理的防范措施不可行或无法实施，注册会计师可能面临不能消除不利影响或将其降至可接受水平的情形。如果无法采取适当的防范措施，注册会计师应当拒绝或终止所从事的特定专业服务，必要时与客户解除合约关系，或向其工作单位辞职。

（2）对遵循职业道德基本原则产生不利影响的因素。注册会计师对职业道德基本原则的遵循可能受到多种因素的不利影响。不利影响的性质和严重程度因注册会计师提供服务类型的不同而不同。可能对遵循职业道德基本原则产生不利影响的因素包括自身利益、自我评价、过度推介、密切关系和外在压力。①自身利益导致的不利影响。如果经济利益或其他利益对注册会计师的职业判断或行为产生不当影响，将产生自身利益导致的不利影响。②自我评价导致的不利影响。如果注册会计师对其（或者其所在会计师事务所或工作单位的其他人员）以前的判断或服务结果作出不恰当的评价，并且将据此形成的判断作为当前服务的组成部分，将产生自我评价导致的不利影响。③过度推介导致的不利影响。如果注册会计师过度推介客户或工作单位的某种立场或意见，使其客观性受到损害，将产生过度推介导致的不利影响。④密切关系导致的不利影响。如果注册会计师与客户或工作单位存在长期或亲密的关系，而过于倾向他们的利益，或认可他们的工作，将产生密切关系导致的不利影响。⑤外在压力导致的不利影响。如果注册会计师受到实际的压力或感受到压力（包括对注册会计师实施不当影响的意图）而无法客观行事，将产生外在压力导致的不利影响。

（3）应对不利影响的防范措施。注册会计师应当运用判断，确定如何应对超出可接受水平的不利影响，包括采取防范措施消除不利影响或将其降低至可接受的水平，或者终止业务约定或拒绝接受业务委托。在运用判断时，注册会计师应当考虑：一个理性且掌握充分信息的第三方，在权衡注册会计师当时可获得的所有具体事实和情况后，是否很可能认为这些防范措施能够消除不利影响或将其降低至可接受的水平，以使职业道德基本原则不受损害。应对不利影响的防范措施包括以下两类：

①法律法规和职业规范规定的防范措施。主要包括：取得注册会计师资格必需的教育、培训和经验要求；持续的职业发展要求；公司治理方面的规定；执业准则和职业道德规范的要求；监管机构或注册会计师协会的监控和惩戒程序；由依法授权的第三方对注册会计师编制的业务报告、申报资料或其他信息进行外部复核。

②在具体工作中采取的防范措施。在具体工作中，应对不利影响的防范措施包括会计师事务所层面的防范措施和具体业务层面的防范措施。

会计师事务所层面的防范措施主要包括：领导层强调遵循职业道德基本原则的重要性；领导层强调鉴证业务项目组成员应当维护公众利益；制定有关政策和程序，实施项目质量控制，监督业务质量；制定有关政策和程序，识别对职业道德基本原则的不利影响，评价不利影响的严重程度，采取防范措施消除不利影响或将其降低至可接受的水平；制定有关政策和程序，确保遵循职业道德基本原则；制定有关政策和程序，识别会计师事务所或项目组成员与客户之间的利益或关系；制定有关政策和程序，监控对某一客户收费的依赖程度；向鉴证客户提供非鉴证服务时，指派鉴证业务项目组以外的其他合伙人和项目组，并确保鉴证业务项目组和非鉴证业务项目组分别向各自的业务主管报告工作；制定有关政策和程序，防止项目组以外的人员对业务结果施加不当影响；及时向所有合伙人和专业人员传达会计师事务所的政策和程序及其变化情况，并就这些政策和程序进行适当的培训；指定高级管理人员负责监督质量控制系统是否有效运行；向合伙人和专业人员提供鉴证客户及其关联实体的名单，并要求合伙人和专业人员与之保持独立；制定有关政策和程序，鼓励员工就遵循职业道德基本原则方面的问题与领导层沟通；建立惩戒机制，保障相关政策和程序得到遵守。

具体业务层面的防范措施主要包括：对已执行的非鉴证业务，由未参与该业务的注册会计师进行复核，或在必要时提供建议；对已执行的鉴证业务，由鉴证业务项目组以外的注册会计师进行复核，或在必要时提供建议；向客户审计委员会、监管机构或注册会计师协会咨询；与客户治理层讨论有关的职业道德问题；向客户治理层说明提供服务的性质和收费的范围；由其他会计师事务所执行或重新执行部分业务；轮换鉴证业务项目组合伙人和高级员工。

下列防范措施也有助于识别或制止违反职业道德基本原则的行为，包括：监管机构、注册会计师协会或会计师事务所建立有效的公开投诉系统，使会计师事务所合伙人和员工以及公众能够注意到违反职业道德基本原则的行为；法律法规、职业规范或会计师事务所政策明确规定，注册会计师有义务报告违反职业道德基本原则的行为。

（4）道德冲突问题的解决。在遵循职业道德基本原则时，注册会计师应当解决遇到的道德冲突问题。在解决道德冲突问题时，注册会计师应当考虑下列因素：①与道德冲突问题有关的事实；②涉及的道德问题；③道德冲突问题涉及的职业道德基本原则；④会计师事务所制定的解决道德冲突问题的程序；⑤可供选择的措施。在考虑上述因素并权衡可供选择措施的后果后，注册会计师应当确定适当的措施。如果道德冲突问题仍无法解决，注册会计师应当考虑向会计师事务所内部的适当人员咨询。如果与所在会计师事务所或外部单位存在道德冲突，注册会计师应当确定是否与会计师事务所领导层或外部单位治理层讨论。注册会计师应当考虑记录涉及的道德冲突问题、解决问题的过程，以及作出的相关决策。如果某项重大道德冲突问题未能解决，注册会计师可以考虑向注册会计师协会或法律顾问咨询。如果所有可能采取的措施都无法解决道德冲突问题，注册会计师应当在可能的情况下拒绝继续与产生道德冲突问题的事项发生关联。在这种情况下，注册会计师应当确定是否退出项目组或不再承担相关任务，或者向会计师事务所提出辞职。

【同步案例 2－3】

注册会计师张东负责达华公司的审计工作，在审计工作中他了解到该公司有一位 50 岁的女出纳员，负责管理公司的备用金。由于该出纳员的能力不高，有时会出现资金的余缺，该出纳员往往通过伪造凭证的方式来平衡账实之间的差异。根据张东的计算，涉及伪造凭证的金额为 300 元。该出纳员有个儿子仍在大学求学，家庭开支紧张。达华公司的总经理是一个不能容忍下属犯错误的人。对从事会计工作的员工更是要求严格，不容有半点闪失。如果他了解了出纳员的行为，那么该出纳员肯定会被开除。现在，总经理向张东询问审计结果。张东是否应当报告他的审计发现呢？

在上面的案例中，张东必须作出的决策是：是否向客户公司的总经理报告他所获得的审计证据。如果他把事情告诉了总经理，那么那位出纳员就可能因为制作假凭证的行为而被开除；如果他不把审计结果告诉总经理，那他的行为从性质上看就是对客户说谎，不但没有履行合约、对客户负责任，而且连最起码的“不能说谎”的基本道德准则都没能遵守。但张东纠结的是：由于出纳员并不是通过制作假凭证故意贪污钱财，而且整个事件涉及的金额很小，如果张东对出纳员说明问题的严重性，并要求她以后不要再犯，有可能也可以解决公司的备用金管理隐患问题。那么张东最终是应当动恻隐之心、隐瞒事实，还是尽注册会计师之职、报告事实呢？这确实很难作出选择。

思考：如果你是张东，你认为应该怎么做？

答案提示：道德两难问题在现实生活中可能经常遇到，那么究竟应该如何去作出选择呢？我们不妨来看一下美国审计职业界的做法，可以称之为“道德两难的解决六步法”。

（1）获取相关的事实：在本案例中，注册会计师发现出纳员为了掩盖记账错误，故意制造假凭证以使备用金的余额与账面余额相等。

（2）明确相关事实中的道德问题：在本案例中，注册会计师张东需要判断：不向客户公司总经理披露出纳员的不当行为是否道德。

(3) 确定谁将受到道德两难问题结果的影响，以及每个人或每个群体受到怎样的影响：在本案例中，对出纳员而言：如果总经理得知事情真相，她将可能被开除，家庭的经济情况将要恶化，儿子的学业可能受到影响；对总经理而言：如果他不能了解事情真相，公司的管理可能出现漏洞，而且他本人也可能因为管理不善而被解职；对公司股东而言：可能因为公司职员的不当行为或违法行为受到经济上的损失。

(4) 明确处理道德两难问题的当事人可以采用的各种方法：在本案例中，张东可以采取的方法包括：①直接将事实向总经理报告；②隐瞒事实，但是将事件的严重性告知出纳员，防止同样的事件再次发生；③将事实向总经理报告，并说明出纳员的具体情况，建议总经理将其换至合适的岗位。

(5) 确定每一种方法可能产生的后果：在本案例中，上述三种方案对应的后果分别是：①出纳员被开除；②出纳员未被开除，但是公司的备用金管理仍然存在隐患；③出纳员可能被开除，也可能被转至其他岗位。

(6) 决定合适的行动：往往只有当事人才能作出选择，注册会计师要权衡种种现实因素的影响作出他认为合理的决定。

三、注册会计师

（一）注册会计师的专业素质要求

大多数国家将达到合格水平的民间审计人员称为注册会计师（Certified Public Accountant，CPA）或执业会计师、特许会计师（Chartered Accountant，CA）、特许注册会计师（Chartered Certified Accountant，CCA），也有的称为公认会计师。尽管称呼不同，但均是指依法取得执业资格证书、接受委托从事审计及其他业务的执业人员。

注册会计师的执业行为对投资者及其他人员具有重要的影响，因此各国都规定注册会计师必须具备较高的专业素质。一般而言，注册会计师的专业素质应包括以下 4 个方面：

1. 专门学识

注册会计师从事审计工作必须具备会计、审计及其他相关专业的知识。这种知识通常应该通过普通教育，经过学习和正式考试获取。很多国家都要求注册会计师具备大专以上的学历或者具备其他专业资格才能申请注册会计师考试。

例如，根据《中华人民共和国注册会计师法》（以下简称《注册会计师法》）及《注册会计师全国统一考试办法》的规定，具有下列条件之一的中国公民，可报名参加考试：(1) 高等专科以上学历；(2) 会计或者相关专业（指审计、统计、经济）中级以上专业技术职称。

2. 实践经验

在审计实务中，被审计单位的具体情况差别较大，内部控制和会计政策也不尽相同，许多问题的解决需要借助注册会计师的专业判断。因此，注册会计师要想圆满完成审计任务，就必须具备相应的实践经验。大多数国家是根据学历的高低规定不同学历所需的工作年限，短则1年，长则5年，一般为2~3年。如我国规定必须具备在会计师事务所工作2年的实践经验才能申请注册，没有学历区分；美国从不要求工作经验到两年工作经验不等，有的要求必须是事务所的工作经验，某些州还承认政府工作经验或内部审计工作经验。

3. 专业培训

由于审计理论的不断更新、审计环境和审计方法的不断发展和完善，注册会计师必须接受后续教育，不断地更新知识，才能保证其专业素质的同步提高。通常，各国注册会计师后续教育准则都对从业人员的专业培训作出了具体规定。如我国规定执业会员接受后续教育的时间3年内累计不得少于180个学时，其中每年不得少于40个学时。

4. 业务能力

在审计过程中，无论对内部控制的测试和评价、审计程序的安排，还是审计证据的取得、审计意见的形成，都需要注册会计师必须具备一定的分析、判断能力。此外，注册会计师还应具有相当的公关能力，以便与被审计单位充分地沟通。

（二）注册会计师的资格考试和注册登记

1. 资格考试

注册会计师资格考试是世界各国对注册会计师业务水平进行鉴定、控制所采取的一种普遍做法。但由于各国注册会计师职业管理控制体系的不同，在对注册会计师职业资格考试的课程设置和要求方面也形成了不同的模式。英国和日本采用的是全面测试模式，其特点是从基础课开始考核考生所需掌握的各门课程的知识；我国、美国、加拿大则采用重点测试模式，即只选择4~6门主干课程进行考试。

英国在长期的会计职业发展过程中，形成了6大会计职业团体，即英格兰和威尔士特许会计师协会（ICAEW）、苏格兰特许会计师协会（ICAS）、爱尔兰特许会计师协会（ICAI）、特许注册会计师协会（ACCA）、特许管理会计师协会（CIMA）、特许公共财务及会计协会（CIPEA）。其中只有前4家有权批准其会员从事独立审计业务并颁发执业执照。每个协会均有自己的执业资格考试，其中以ACCA的考试组织尤具代表性。其考试共分三部分14门课程。部分符合规定条件的申请人可以申请一门或几门课程的免试。

我国从1991年开始实施注册会计师全国统一考试，每年举行一次。该考试由中国注册会计师协会（简称中注协）组织实施。2009年财政部发布了新版《注册会计师全国统一考试办法》，对注册会计师考试实施了改革。根据《注册会计师全国统一考试办法》，我国注册会计师考试划分为专业阶段考试和综合阶段考试。考生在通过专业阶段考试的全部科目后，才能参加综合阶段考试。专业阶段考试设会计、审计、财务成本管理、公司战略与风险管理、经济法、税法6个科目；综合阶段考试设职业能力综合测试1个科目。报名人员可以在一次考试中同时报考专业阶段考试6个科目，也可以选择报考部分科目。两个阶段中，专业阶段考试主要是测试考生是否具备注册会计师执业所需要的专业知识，是否掌握基本技能和职业道德要求。

综合阶段考试则主要测试考生是否具备在注册会计师执业环境中运用专业知识，保持职业价值观、职业态度与职业道德，有效解决实务问题的能力。专业阶段考试的单科考试合格成绩5年内有效，对在连续5个年度考试中取得专业阶段考试全部科目考试合格成绩的考生，颁发注册会计师全国统一考试专业阶段考试合格证书。综合阶段考试科目应在取得注册会计师全国统一考试专业阶段考试合格证书后5个年度考试中完成，对取得综合阶段考试科目合格成绩的考生，颁发注册会计师全国统一考试全科考试合格证书。

2. 注册登记

由于注册会计师职业的专业技术性很强，申请人即使通过了注册会计师资格考试，也不能直接获得注册会计师的执业资格，还必须履行一定的注册手续。

例如，美国注册会计师资格是由各州的注册管理机关——州会计事务委员会根据该州的法律授予的。如果某人想要成为注册公共会计师，他必须了解他准备申请注册所在州的要求。

在我国，根据《注册会计师法》的规定，参加注册会计师全国统一考试成绩合格，并从事审计业务工作两年以上的，可以向省、自治区、直辖市注册会计师协会申请注册。省级注册会计师协会负责注册会计师的审批，受理的注册会计师协会应当批准符合法律规定条件的申请人的注册，并报财政部备案。

除有规定的不予注册的情形外，受理申请注册的省级注册会计师协会应当准予注册。不予注册的情形有：①不具有完全民事行为能力的；②因受刑事处罚的；③因在财务、会计、审计、企业管理或者经济管理工作中犯有严重错误受行政处罚、撤职以上处分的；④自行停止执行注册会计师业务满1年的。

小资料

根据《港澳台地区居民和外国籍公民参加中华人民共和国注册会计师统一考试办法》的规定，中国香港、澳门、台湾地区居民及按对等原则确认的外国籍公民具有下列条件之一者，可申请参加考试：（1）具有教育部主管部门认可的境内外高等专科以上学校毕业的学历；（2）已取得境外法律认可的注册会计师资格（或其他相应资格）。这里所指的对等原则，是指外国籍公民所在国允许中国公民参加该国注册会计师（或其他相应资格）考试，中国政府亦允许该国公民参加中国注册会计师统一考试。

四、会计师事务所

（一）会计师事务所的组织形式

综观各国会计师事务所的组织形式，会计师事务所主要有独资、普通合伙、有限责任、有限责任合伙四种组织形式。

1. 独资会计师事务所

独资会计师事务所又称个人会计师事务所，由具有注册会计师执业资格的个人独立开业，承担无限责任。它的优点是，对执业人员的需求不多，容易设立，执业灵活，能够在代理记账、代理纳税等方面很好地满足小型企业对注册会计师服务的需求，虽承担无限责任，但实际发生风险的程度相对较低。缺点是无力承担大型业务，缺乏发展后劲。

2. 普通合伙会计师事务所

普通合伙会计师事务所是由两位或两位以上合伙人组成的合伙组织。合伙人以各自的财产对事务所的债务承担无限连带责任。它的优点是，在风险的牵制和共同利益的驱动下，促使事务所提高执业质量，扩大业务规模，提高控制风险的能力。缺点是，建立一个跨地区、跨国界的大型会计师事务所要经历一个漫长的过程。同时，任何一个合伙人执业中的失误或舞弊行为，都可能给整个会计师事务所带来灭顶之灾，使之一日之间土崩瓦解。

3. 有限责任会计师事务所

有限责任会计师事务所（Limited Liability Companies，LLCs）由注册会计师认购会计师事务所股份，并以其所认购股份对会计师事务所承担有限责任。会计师事务所以其全部资产对其债务承担有限责任。它的优点是，可以通过公司制形式迅速聚集一批注册会计师，组成大型会计师事务所，承办大型业务。缺点是，降低了风险责任对执业行为的高度制约，弱化了注册会计师的个人责任。

4. 有限责任合伙会计师事务所

有限责任合伙会计师事务所（Limited Liability Partnerships，LLPs）有别于普通合伙会计师事务所。在这种组织形式下，无过失的合伙人对于其他合伙人的过失或不当执业行为以自己在事务所的财产为限承担责任，不承担无限责任，除非该合伙人参与了过失或不当执业行为。它的最大特点在于既融入了普通合伙和有限责任会计师事务所的优点，又摒弃了它们的不足。这种组织形式是为顺应经济发展对注册会计师行业的要求，于20世纪90年代初期兴起的，到1995年底，原“六大”国际会计公司在美国的执业机构已完成了向有限责任合伙的转型。有限责任合伙会计师事务所已成为当今注册会计师职业界组织形式发展的一大趋势。

需要特别指出的是我国近年来出现的“特殊的普通合伙制”组织形式。2006年8月27日，全国人民代表大会常务委员会第二十三次会议修订通过《中华人民共和国合伙企业法》（以下简称《合伙企业法》），自2007年6月1日起施行。该《合伙企业法》中提出了“特殊的普通合伙制”这一组织形式，指出“特殊的普通合伙制”为“普通合伙制”的一种特殊形式，适用于“以专业知识和专门技能为客户提供有偿服务的专业服务机构”，主要是指会计师事务所和律师事务所。在“特殊的普通合伙制”企业中，“一个合伙人或者数个合伙人在执业活动中因故意或者重大过失造成合伙企业债务的，应当承担无限责任或者无限连带责任，其他合伙人以其在合伙企业中的财产份额为限承担责任；合伙人在执业活动中非因故意或者重大过失造成的合伙企业债务以及合伙企业的其他债务，由全体合伙人承担无限连带责任。”

“特殊的普通合伙制”是在“普通合伙制”与英美“有限责任合伙制”基础上

的制度创新。英美的“有限责任合伙制”在产生背景、法律规定、责任分担、适用范围等方面不完全等同于我国的“特殊的普通合伙制”，但二者的要义和核心是一致的，即在会计师事务所规模较大、合伙人人数众多且分工细化的条件下，最大限度地保护无过错合伙人，避免因某一或某些合伙人的不当执业行为对其他合伙人的合法权益造成重大损害，从而促进会计师事务所健康稳定发展。

【同步思考 2－1】

2010 年 7 月 21 日，我国财政部、工商总局发布了《关于推动大中型会计师事务所采用特殊普通合伙组织形式的暂行规定》，要求大中型事务所从有限责任制转为特殊普通合伙制。请认真思考：这种转制的必要性体现在哪些方面？

【要点分析】有限责任制组织形式在决策机制、股东限制、质量控制、税收政策等方面均日渐显现出其制度弊端，难以满足大中型会计师事务所加快发展的形势需要。

（1）有限责任制的决策机制不适应注册会计师行业的“人合”特性。在有限责任制下，通常以股权这一资本杠杆机制为基础分配决策权，易于形成拥有大量股权的少数股东主导企业发展的局面。换言之，有限责任制强调“资合”，以资本、股权决定决策权，这种组织形式更适合于以资本为纽带的传统行业。但对于会计师事务所而言，“人”是最核心的资产，“人合”远胜于“资合”，以资本、股权决定决策权与会计师事务所的专业服务特性相悖，不利于会计师事务所的健康发展。

（2）有限责任制对股东人数的限制不利于会计师事务所做大做强。《公司法》规定有限责任公司的股东人数不得超过 50 人，按注册会计师行业的内在规律推算，当一家会计师事务所的专业服务人员在500 人以下时，矛盾尚不突出；但是，一旦会计师事务所的专业服务人员超过 500 人甚至达到数千人时，对股东人数 50 人的高额限制无疑与事务所的发展要求严重脱节。在行业当前实践中，这一限制导致一些事务所往往采取“暗股”等形式绕过对股东人数的法律规定，这一合理但不合法的操作手法存在较大法律风险，不利于事务所的长期稳定和规范发展。在财政部会计司组织的调查问卷中，有 42% 的事务所反映有限责任公司对股东人数的限制，已成为影响其做大做强的主要因素之一。

（3）有限责任制不利于会计师事务所提升质量控制。与“合伙制”相比，“有限责任制”以其股东在会计师事务所中的出资额为限承担执业责任，淡化了股东的风险约束和赔偿责任，导致少数会计师事务所及其注册会计师忽视执业风险，弱化质量控制，片面追求经济效益。调查问卷结果显示，“有限责任制”对会计师事务所股东责任追究失于轻微和宽松，助长了“小马拉大车”、“批发”业务报告、低价恶性竞争等不良现象，是部分会计师事务所审计失败的重要原因。

（4）有限责任制“双重纳税”不利于会计师事务所加大投入加快发展。在有限责任制下，股东既要缴纳个人所得税，又在实质上承担企业所得税，税收负担相对较重。如果改制为“特殊的普通合伙制”组织形式，根据《合伙企业法》第六条的规定，“合伙企业的生产经营所得和其他所得，按照国家有关税收规定，由合伙人分别缴纳所得税”，这就解决了有限责任制下的“双重纳税”问题，可以在一定程度上缓解合伙人（股东）的税收负担，有利于激励合伙人加大事务所发展投入，不断提高会计师事务所的专业服务能力和综合实力。

（二）会计师事务所的内部结构

为了使外部公众对会计师事务所的工作质量有信任感，会计师事务所一般采用多层次控制框架，以保证每一项审计任务的完成且质量均能得到控制。国际上典型会计师事务所的内部结构包括以下各个层次：

（1）合伙人（Partners）或股东。他们是事务所的所有者，他们本人必须是注册会计师，并对事务所各项业务负最后的连带责任。其主要职能是寻找客户、维护和发展客户、审核工作底稿、签发审计报告以及负责事务所的日常管理和人员培训。

（2）经理（Managers）。他们是事务所的高级管理人员，一般也是注册会计师。其主要工作是拟定审计计划、监督审计计划的执行、负责具体的日常管理工作。由于他们不是所有者，故一般不代表事务所与客户签订审计业务约定书或签发审计报告。

（3）督导（Supervisors）。他们是经理的下属人员，其主要工作是草拟审计程序、组织实施现场审计工作、监督审计进度、复核审计工作定稿、处理审计技术问题、分析审计计划执行情况等。

（4）高级审计人员（Seniors）。是指获得注册会计师资格的具体工作人员，他们主要执行现场工作，如执行具体审计计划，分配、指导和检查助理人员工作，汇总工作底稿，编写阶段总结，考核助理人员业务能力等。

（5）助理审计人员（Staff Assistants）。也称练习生（Junioes）。一般指没有获得注册会计师资格的工作人员。他们大多刚刚从学校毕业，需要通过工作来积累经验。一般在高级审计人员的指导下从事具体审计工作。

新雇员通常从担任助理人员开始，在每一级别工作两到三年，最终达到合伙人的地位。除此之外，有些事务所还配备一定数量的专家，如计算机专家、税务专家或律师等，以配合现代审计业务扩展的需要。

我国会计师事务所的内部结构与国际惯例有所不同，大致分为两种：所长负责制和董事会领导下的主任会计师负责制。所长负责制即所长对本所工作负责，副所长协助所长工作；事务所根据需要设置若干个业务部门，分别负责不同工作；设立主任注册会计师负责业务承接、人员安排、督促检查和报告初审等日常工作。在实行董事会领导下的主任会计师负责制的事务所，董事会为事务所最高权力机构，主任注册会计师负责日常业务，在机构设置上又因事务所规模、业务特点的不同而有所不同。无论哪种类型的事务所，其内部工作人员的分工大体一致，即实行主任注册会计师（或所长、总经理）、部门经理、项目经理（或业务经理）三级管理制度。其中，主任注册会计师全面负责事务所工作，处理和决定所有重大事项；部门经理负责处理和决定本部门审计和咨询业务的接洽、质量管理、人员安排、指导和复核及其他主要事项；项目经理负责委派本项目小组的具体工作、检查助理人员的工作底稿及工时记录、拟定各种审计方案和计划、就审计或咨询工作中的问题与客户进行协调等。随着我国会计师事务所组织形式的改变，事务所的内部结构也有向国际惯例靠拢的趋势。

（三）会计师事务所的设立条件

根据《注册会计师法》的规定，我国会计师事务所分为合伙会计师事务所和有限责任会计师事务所两种形式。

1. 设立合伙会计师事务所的条件

申请设立合伙会计师事务所，应当具备下列条件：① 有2名以上的合伙人；②有书面合伙协议；③有会计师事务所的名称；④有固定的办公场所。

2. 设立有限责任会计师事务所的条件

申请设立有限责任会计师事务所，应当具备以下条件：① 有5名以上的股东；②有一定数量的专职从业人员；③有不少于人民币30万元的注册资本；④有股东共同制定的章程；⑤有会计师事务所的名称；⑥有固定的办公场所。

3. 成为会计师事务所合伙人或者股东的条件

会计师事务所的合伙人或者股东，应当具备下列条件：①持有注册会计师证书；②在会计师事务所执业；③成为合伙人或者股东前3年内没有因为执业行为受到行政处罚；④有取得注册会计师证书后最近连续5年在会计师事务所从事法定审计业务的经历，其中在境内会计师事务所的经历不少于3年；⑤成为合伙人或者股东1年内没有因采取隐瞒或提供虚假材料、欺骗、贿赂等不正当手段申请设立会计师事务所而被省级财政部门作出不予受理、不予批准或者撤销会计师事务所的规定。

五、注册会计师协会

注册会计师协会是注册会计师的行业自律组织，在加强职业培训、职业监管和国际合作等方面具有重要的作用。一般来说，多数国家的注册会计师协会承担如下工作：建立准则和规则；科研与出版；组织注册会计师考试；后续教育等。下面重点对中国注册会计师协会做一介绍。

（一）中国注册会计师协会的职责

中国注册会计师协会于1988年11月成立。根据《注册会计师法》，中国注册会计师协会是注册会计师行业的全国组织，接受财政部、民政部的监督和指导。省、自治区、直辖市注册会计师协会是注册会计师行业的地方组织。

中国注册会计师协会的宗旨是服务、监督、管理、协调，即以诚信建设为主线，服务本会会员，监督会员执业质量、职业道德，依法实施注册会计师行业管理，协调行业内、外部关系，维护社会公众利益和会员合法权益，促进行业科学发展。

中国注册会计师协会依法履行以下职责：

（1）审批和管理本会会员，指导地方注册会计师协会办理注册会计师注册；

（2）拟订注册会计师执业准则、规则，监督，检查实施情况；

（3）组织对注册会计师的任职资格、注册会计师和会计师事务所的执业情况进行年度检查；

(4) 制定行业自律管理规范，对会员违反相关法律法规和行业管理规范的行为予以惩戒；

(5) 组织实施注册会计师全国统一考试；

(6) 组织、推动会员培训和行业人才建设工作；

(7) 组织业务交流，开展理论研究，提供技术支持；

(8) 开展注册会计师行业宣传；

(9) 协调行业内、外部关系，支持会员依法执业，维护会员合法权益；

(10) 代表中国注册会计行业开展国际交往活动；

(11) 指导地方注册会计师协会工作；

(12) 承担法律、行政法规规定和国家机关委托或授权的其他有关工作。

小资料

中国注册会计师协会的会员分为个人会员和团体会员。会员入会均须履行申请和登记手续。

(1) 个人会员。凡参加注册会计师全国统一考试全科合格并经申请、批准和依照原规定考核取得本会会员资格者，为中国注册会计师协会的个人会员。个人会员分为执业会员和非执业会员；其中，依法取得中国注册会计师执业证书的，为执业会员。

(2) 团体会员。依法批准设立的会计师事务所，为中国注册会计师协会的团体会员、会员拒不履行义务的，以及不再具备会员资格的，理事会可劝其退会或予以除名。

(二) 中国注册会计师协会权力机构和常设办事机构

1. 会员代表大会

中国注册会计师协会最高权力机构为全国会员代表大会。全国会员代表大会每五年举行一次，必要时，由理事会决定延期或提前举行。延期召开全国会员代表大会的期限不得超过一年。

全国会员代表大会代表采取选举、协商和特邀的办法产生，其产生办法，由上一届理事会决定。全国会员代表大会的职权是：①制定、修改本会章程；②选举本会理事；③讨论决定本会工作方针和任务；④审议、批准本会理事会的工作报告；⑤制定、修改会费管理办法；⑥审议理事会提请全国会员代表大会审议的其他事项。

2. 理事会与常务理事会

全国会员代表大会选举理事若干人组成理事会。每届理事会任期五年，理事可以连选连任。理事会会议每年举行一次，必要时，可以提前或推迟召开。理事会对全国会员代表大会负责。其职权是：提议召开全国会员代表大会；选举本会常务理事会成员；选举本会领导成员；聘任本会常设执行机构领导成员；增补或更换本会理事；审议本会常设执行机构职能部门的设置；审议、批准本会常设执行机构的年度工作报告；审议、批准本会的年度会费收支报告；审议、批准下一届全国会员代表大会代表产生办法；审议、批准下一届理事会理事产生办法；批准授予本会名誉会员和资深会员称号；其他应由理事会办理的事项。

理事会选举会长一人、副会长若干人、常务理事若干人。会长、副会长、常务理事的任期与理事相同。理事会可聘请名誉会长若干人。如果理事、常务理事工作发生变动，或者因其他情况需要更换或增补的，经理事会批准，予以更换或增补。常务理事会于理事会闭会期间行使理事会职权。会长代表召集、主持理事会和常务理事会会议，并监督、检查其决议的贯彻实施。副会长协助会长工作。

3. 常设执行机构

中国注册会计师协会设秘书处，为协会常设执行机构。秘书处负责具体落实会员代表大会、理事会、常务理事会的各项决议、决定，承担协会的日常工作。

协会设秘书长1人、副秘书长若干人。秘书长和副秘书长由财政部推荐，理事会表决通过。秘书长为协会的法定代表人。秘书长主持秘书处日常工作，副秘书长协助秘书长工作。秘书处各职能部门的设置，由秘书长提出方案，经理事会审议后，报财政部批准。

4. 专门委员会与专业委员会

理事会设若干专门委员会。专门委员会是理事会履行职责的专门工作机构，对理事会负责。

理事会设若干专业委员会。专业委员会负责处理行业发展中的专业技术问题，对理事会负责。

各专门委员会、专业委员会的设置、调整、具体职责和运作规则，以及委员的聘任和解聘，由秘书长提出方案，理事会批准。

小资料

在中国审计准则体系持续全面趋同的过程中，中国审计准则委员会发挥了重要的作用。审计准则委员会是中国注册会计师协会理事会下设的专门委员会。中注协秘书处为常设执行机构，负责办理审计准则委员会的日常事务。审计准则委员会主要职责如下：（1）审议审计准则拟订计划；（2）审议审计准则征求意见稿；（3）审议批准审计准则拟订稿。

继2006年2月我国建立起一套既适应市场经济发展要求，又顺应国际趋同大势的审计准则体系以来，中国审计准则委员会密切关注国内外审计业务发展形势，在国际审计与鉴证准则理事会开展国际审计准则明晰项目、对国际审计准则作出了重大修订的背景下，中国审计准则委员会经过不懈的努力，吸收借鉴了国际审计准则的最新成果，于2010年10月31日在北京举行审计准则委员会会议，会议审议原则通过了中国注册会计师协会修订的38项审计准则，经进一步修改完善后由财政部正式发布，并于2012年1月1日起施行。新审计准则实现了与国际审计准则的持续全面趋同，是注册会计师行业实施国际趋同战略取得的又一项重大成果，为加快推进行业国际化发展提供了重要的技术支撑。

（三）地方注册会计师协会

各省、自治区、直辖市注册会计师协会是中国注册会计师协会的地方组织，其章程由当地会员代表大会依法制定，并报中国注册会计师协会和当地政府主管行政机关备案。

小资料

关于美国的注册会计师行业自律组织

1. 美国注册会计师协会

美国注册会计师协会（AICPA）是美国注册会计师行业最早出现的行业组织，其历史可以追溯到1886年，迄今已走过了100多年的发展历程。1886年12月，美国公共会计师协会（AAPA）成立。1887年8月，纽约州的法律正式承认美国公共会计师协会。1896年，纽约立法机构通过了《管理公共会计师职业的法案》，第一次提出"注册会计师"（CPA）称谓。之后的几十年时间，AAPA与其后出现的其他会计师职业组织不断合并，于1957年改为现名。

AICPA的主要工作包括：参与制定会计准则和指南，制定审计准则和职业道德规范，组织全国注册会计师考试，组织同业互查，开展后续教育，对违反行规者实施惩戒等等。AICPA的监管对象包括所有个人会员所从事的各种业务，并于70年代之后将会计师事务所作为团体会员纳入了监管范围。在证券市场审计业务领域，AICPA自70年代以后，通过设立公众监督委员会、会计师事务所部证券业务处及开展同业互查工作，对证券市场审计业务的监管发挥着重要作用。

2. 州注册会计师协会

美国各州也都拥有自己的注册会计师职业组织——州注册会计师协会。与AICPA功能类似，各州注册会计师协会是州注册会计师的自律组织，对会员进行自律监管和服务。州协会的基本职能包括：推动制定有关本州的注册会计师行业的相关法规；与AICPA合作，负责本州会计师事务所的同业互查；开展后续教育和培训；实施行业惩罚和纪律措施等。州注册会计师协会有一个独到之处在于，它们十分重视为占会员近半数的非执业会员的服务，这类会员有很大比例在公司、政府部门担任职务，许多州协会都设有CFO培训中心，为非执业会员提供最新的知识培训。

与美国联邦体制相对应，州注册会计师协会依照本州协会的章程，独立行使职能，并不是AICPA的分会，与AICPA之间不存在上下级隶属关系。AICPA对各州协会的工作给予一定的指导，并相互合作、协助。在美国，注册会计师往往自愿加入两个以上的注册会计师协会，其中之一是AICPA，另一个则是执业所在州的注册会计师协会。

六、内部审计

（一）内部审计的定义

2013 年中国内部审计协会发布的《内部审计基本准则》中，对内部审计作出了如下定义："内部审计，是一种独立、客观的确认和咨询活动，它通过运用系统、规范的方法，审查和评价组织的业务活动、内部控制和风险管理的适当性和有效性，以促进组织完善治理、增加价值和实现目标。"

该定义反映了国际、国内内部审计理念和实务的最新发展变化，拓展了内部审计的职能范围，突出了内部审计的价值增值功能；明确了内部审计在提升组织治理水平，促进价值增值以及实现组织目标中的重要作用，强调内部审计机构和人员应当全面关注组织风险，以风险为基础组织实施内部审计业务。

（二）内部审计机构和人员

内部审计在本单位中发挥作用如何，很大程度上取决于内部审计的机构设置和人员队伍情况。

1. 内部审计机构

（1）内部审计机构的设置。实践证明，机构设置主要取决于本单位的内在需要。内部审计机构的设置存在多种模式。以企业为例，现实中的内部审计机构主要有以下五种模式：①设在董事会或董事会下设审计委员会的内部审计机构；②设在监事会的内部审计机构；③隶属于总经理的内部审计机构，这是主要的一种形式；④与纪检、监察合署的内部审计机构；⑤隶属于财会部门的内部审计机构。前四种模式都有其存在的合理性，各有利弊，目前不宜不加区分地统一规范。第四种模式突出了内部审计的监督性质，从某种程度上制约了内部审计作用的发挥。第五种模式则是把审计者与被审计者（财会部门）合并在一起，成了财会部门的内部监督，失去了审计的基本职能，是不可取的。

（2）内部审计机构的职责。企业内部审计机构应当按照董事会、高级管理层主要负责人的要求，主要履行下列职责：①对企业发展战略规划和年度经营计划等执行情况进行审计；②对企业财务收支及有关经营活动进行审计；③对企业内部控制及风险管理情况进行评审；④对企业内部管理的领导干部履行经济责任情况进行审计；⑤有关规定和企业董事会、高级管理层主要负责人要求办理的其他事项。国家机关、事业单位、社会团体以及其他单位的内部审计机构，应当按照单位主要负责人的要求，主要履行下列职责：①对单位职责履行情况和事业发展规划、年度工作计划的执行情况进行审计；②对本单位财政财务收支情况进行审计；③对单位内部控制情况进行评审；④对单位内部管理的领导干部履行经济责任情况进行审计；⑤有关规定和单位主要负责人要求办理的其他事项。

（3）内部审计机构的权限。内部审计机构履行职责时享有下列权限：①要求被审计对象及时提供财政财务收支计划、预算执行情况、决算、财务会计报告、工作计划、工作总结、业务档案及其他有关资料（包括电子数据，下同）和必要的电子计算机技术文档；②参加或者列席本单位及所属单位召开的重大投资、资产处置、财政财务收支预算、决算及其他与经济活动有关的会议等；③检查财务、会计及经济活动的资料、文件和与审计事项有关的计算机管理信息系统及相关电子数据；④对被审计对象的业务活动进行现场观察、调查和记录；⑤对审计事项中的有关问题，向有关单位和个人开展调查和询问，取得相关证明材料；⑥对审计发现的违反国家规定或者单位内部规定的行为予以制止，提出处理违法违规行为的意见和改善管理、完善治理的建议。单位权力机构或者主要负责人在其管理权限范围内，可以授予内部审计机构封存有关资料资产、对违反国家规定或者单位内部规定的行为进行处理、通报审计结果等权限。内部审计机构和内部审计人员对审计中发现的本单位负责人存在的严重违法违规问题、本单位未予以处理的严重违法违规问题，以及国家有关政策、规定需要完善的问题，有权向审计机关和其他有关部门反映。

2. 内部审计人员

提高内部审计人员的素质对于保证内部审计工作的质量，充分发挥内部审计的作用至关重要。

国际内部审计师协会制定的《内部审计实务标准》中指出，内部审计人员应具备下列6个基本条件：

（1）遵守职业道德规范；

（2）具备执行内部审计职责的知识和技能；

（3）懂得人际关系和沟通；

（4）接受后续教育；

（5）在执行职责时保持应有的职业谨慎；

（6）通过考试成为一名注册内部审计师。

中国内部审计协会发布的《第1101号——内部审计基本准则》中规定：内部审计人员应当保持独立性和客观性，不得负责被审计单位的业务活动、内部控制和风险管理的决策与执行；内部审计人员应当遵守职业道德，在实施内部审计业务时保持应有的职业谨慎；内部审计人员应当具备相应的专业胜任能力，并通过后续教育加以保持和提高；内部审计人员应当履行保密义务，对于实施内部审计业务中所获取的信息保密。

小资料

我国的内部审计准则体系

2013年8月，中国内部审计协会以公告形式发布了新修订的《中国内部审计准则》，于2014年1月1日起施行。新准则的发布，标志着我国内部审计准则体系进一步完善和成熟，并逐步与国际惯例接轨。

修订后的准则体系由内部审计基本准则、内部审计人员职业道德规范、20

个具体准则和5个实务指南构成。新准则将具体准则分为作业类、业务类和管理类，在分类的基础上，对准则体系采用四位数编码进行编号。内部审计基本准则和内部审计人员职业道德规范为第一层次，编码为1 000；具体准则为第二层次，编码为2000；实务指南为第三层次，编码是3 000。新的编号方式借鉴了国际内部审计准则的经验，体现了准则体系的系统性和准则之间的逻辑关系，也为准则未来发展预留了空间。

（三）内部审计程序

内部审计程序通常包括准备阶段、实施阶段、终结阶段三个环节。在有些情况下，为了进一步跟踪审计结果的落实情况，还要开展后续审计。内部审计机构应根据管理层确定的职责范围和委托的工作任务对审计项目按必要的程序开展内部审计工作。

值得注意的是，虽然内部审计应遵循一定的程序，但内部审计人员的工作过程却不是一个机械的过程。审计人员应充分运用自己的专业技能和职业判断，完成审计工作。

1. 审计准备阶段

审计准备阶段也就是内部审计的规划阶段。这一阶段从确定审计项目开始，到制定出审计实施方案，向被审计者发出审计通知书为止。审计的规划阶段是内部审计工作的基础，直接影响审计工作的质量和效果，在内部审计程序中占有重要的地位。

规划阶段的主要任务有：选择审计项目；编制项目审计方案；制订审计实施方案等。由于审计项目所要达到的目标不同，被审计对象的情况复杂性及内部审计机构对被审计对象的了解程度不同，每一项审计项目的规划阶段的侧重点也应有所不同，内部审计机构应根据审计项目的具体情况作出适当安排。

（1）选择审计项目。内部审计机构负责人应对本单位进行持续的风险评估，在此基础上选择审计项目，并注意内部审计工作应与本单位的目标保持一致。这个过程涉及两方面的工作：一是确认被审计事项；二是确定相关风险因素并评估其重要程度。内部审计机构应检查整个组织，评估各种事项的相关风险因素，并按照重要程度排出顺序，对风险较大者优先加以审核。常见的风险因素包括：职工的道德水平及管理目标形成的压力；管理人员的能力、胜任程度和正直程度；资产的规模、流动性或营业额；财务及经济状况；竞争的情况；经营活动的复杂性或不稳定性；客户、供应商及政府法规的影响；信息化程度；业务的地域分散化程度；内部控制的健全性及有效性；机构、经营、技术或经济的变化；等等。除了以风险评估为基础外，内部审计机构选择被审计对象，还要考虑其他有关方面提出的要求。当内部审计机构所在单位的董事会和高层管理人员根据掌握的信息，认为机构的某些项目、部门或制度有可能存在重大问题，应引起内部审计机构的重视时，内部审计机构在安排审计项目时应优先考虑这些可能存在重大问题的审计对象。还有一种情况是审计对象主动提出要求接受审计。内部审计是一种服务行为，目的是增加本单位的价值和改善经营，本单位各部门的管理人员最为了解自身运作可能存在的问题。当被审计对象请求内部审计部门评估或协助评估风险管理、控制和治理过程时，内部审计机构对于这些要求应给予充分考虑。

（2）委派审计人员，编制项目审计方案。在审计项目确定后，应根据项目需要委派审计人员组成审计组，指定审计组长和主审人员，必要时，可聘请专业技术人员参加审计组的工作。在具体实施审计项目前，审计项目负责人应按照内部审计准则的要求，制定项目审计方案，对审计项目具体实施的全过程作出综合安排。编制项目审计方案的过程在整个审计项目中占有重要的地位。

（3）制定审计实施方案，向被审计者发出审计通知书。审计实施方案是针对某一审计项目进行的详细安排。通过审计实施方案可以具体安排各项审计作业，并用以检查和控制审计项目的进度和质量，对整个项目起指导和控制的作用。审计项目负责人应根据项目审计方案制定审计实施方案。内部审计机构应向被审计单位发出审计通知书，正式通知被审计单位做好准备，提供有关文件、会计凭证、账册和报表等资料，并为审计组提供必要的工作条件。需要指出的是，审计项目负责人可以根据被审计单位的经营规模、业务复杂程度及审计工作的复杂程度确定审计规划阶段工作的繁简程度，合并或省略某些步骤或采用以前审计工作的成果，或者参照权威内部审计机构的操作指南。审计项目的规划阶段的各个步骤也并非截然分开，审计人员应依靠自己的专业技能交叉考虑，做好审计项目的准备工作。

2. 审计实施阶段

审计实施阶段就是审计人员获取、审查和评估资料的阶段。审计组进入被审计单位后，应与被审计单位负责人和财会人员进行座谈，说明项目审计方案的安排，并征求意见，争取配合与协助审计实施。这个阶段可划分为几个步骤，即调查和内部控制测试，扩大测试和审计结果。在每个步骤中，审计人员都应进行收集、分析、评价和记录信息的工作，并编写审计工作底稿，说明审计结果。审计人员应获取充分的信息来达到审计目的。

（1）调查和内部控制测试。在实施阶段的初期，审计人员应调查内部控制的建立情况，初步评价内部控制的健全性，确认内部控制风险，确定内部控制是否可以来，进行符合性测试，对内部控制作出评估，据以制定进一步审计的策略。

（2）扩大测试和审计结果。扩大测试是在调查和初步测试的基础上，运用扩展性的检查、观察、复核和定量分析等方法来检查、分析和评价被审计事项的相关证据的可靠性、完整性和证明力。内部审计人员应运用职业判断决定对哪些事项进行扩大测试。扩大测试是初步测试的递进和延伸。事实上，初步测试和扩大测试可以看作一个循环的过程，其目的都在于取得对被审计单位内部控制制度的完整、有效的信息，并得出审计结果。在初步测试和扩大测试中都要用到审计抽样及定量分析方法。审计结果是内部审计人员基于掌握的信息运用自己的职业能力而对被审计对象的特定部分所作出的判断，也是审计人员出具审计报告的基础。它既有可能在调查和初步测试阶段产生，也可能在扩大测试中形成，甚至在审计的规划阶段就已经存在，在审计报告形成后还有可能出现新的审计结果。审计结果与调查、测试、评估是一个循环的过程，难以严格划分其界限。审计结果的形式是与被审计事项有关的说明。最终的审计报告中应包括那些用来帮助理解内部审计师的结论或建议的内容，预防对这些结论或建议可能产生的误解。不太重要的审计结果，可以以口头或其他非正式的形式向被审计对象通报。审计结果应包含以下基本要素：①事实：内部审计师所发现的现状及其证据。②评判标准：内部审计师作出评价或确认时所依据的准则、措施或期望达到的水平。③原因：为什么实际存在的事实会与期望的水平存在差异。④影响：差异的存在可能给被审计单位带来的风险。审计结果还可以包括其他一些说明性的材料。审计结果是形成审计建议的基础。

【同步案例 2－4】

某造船厂的内部审计师在工作底稿中记录了以下审计结果：

事实：造船厂的出厂产品，质量多次出现严重问题，并曾经遭受客户的投诉和法律指控，直接影响了企业的商业信誉及销售利益。

评判标准：依据造船厂生产控制标准：包括采购部件的质量标准、组织内部的控制程序标准、质量监督奖惩标准等。

原因：由于产品配置了外购的柴油机调速器而出现漏油的问题，导致了各种风险。

影响：（1）企业信誉受到严重威胁的风险；（2）产品销售利益将会导致严重下跌的风险；（3）企业面临的法律赔偿和法律纠纷的风险等。

在以上审计结果的基础上，内部审计人员形成了如下审计建议，提出了解决船舶漏油问题可能的方法：（1）让企业质量检查机构在采购柴油机调速器业务发生之前进行样品质量检验；（2）负责生产的采购部门经理应严格核准采购订单，并检查各种批准手续的健全程度，承担采购部件的商品质量责任，必须在质量核准机构的授权批准以后方可进行采购。（3）建议每次采购活动都由生产计划部门、生产监督机构、采购部门和技术部门等机构经理在请购单上审核签字，并定期执行检查制度。

3. 审计终结阶段

审计组在审计实施阶段完成以后，向内部审计机构提出审计报告，并将审计资料进行整理归档。

（1）编制内部审计报告。审计报告是说明审计目的、范围和结果的经签署的书面文件。审计报告中包括审计结果、审计意见和审计建议。内部审计人员在完成了审计实施阶段的各项工作后，对其工作底稿进行整理，汇总工作结果，形成审计意见，就审计结果向有关方面发表书面或口头审计意见。审计报告是内部审计人员工作的最终成果，也是审计项目程序的重要组成部分。只有通过审计报告向管理层传达了审计工作成果的信息，才能促使组织采取行动纠正存在的缺陷，增加组织价值。

（2）审计报告的审核。一般情况下，内部审计报告完成后应进行检查。内部审计机构的负责人或其他被指定人员在审计报告发出前负有审核和批准的责任。

(3) 审计报告的报送。内部审计报告应报送给负责被审计单位的适当管理层。发送内部审计报告的目的应是使能够对审计意见给予应有注意的管理部门了解审计意见。也就是说，发送的对象所处的职位能够针对审计报告的建议采取纠正措施或促使别人采取纠正措施。

4. 后续审计

与外部审计师出具审计报告就基本完成审计工作不同，内部审计师在审计报告发出后，仍然要为报告中所涉及的审计结果和审计建议进行跟踪，这就是后续审计。

根据中国内部审计协会发布的《第 2 107 号内部审计具体准则——后续审计》，后续审计是指内部审计机构为跟踪检查被审计单位针对审计发现的问题所采取的纠正措施及其改进效果，而进行的审查和评价活动。

对审计中发现的问题采取纠正措施，是被审计单位管理层的责任。评价被审计单位管理层所采取的纠正措施是否及时、合理、有效，是内部审计人员的责任。内部审计机构可以在规定期限内，或者与被审计单位约定的期限内实施后续审计。

审计项目负责人应当编制后续审计方案，对后续审计作出安排。编制后续审计方案时应当考虑下列因素：

(1) 审计意见和审计建议的重要性；

(2) 纠正措施的复杂性；

(3) 落实纠正措施所需要的时间和成本；

(4) 纠正措施失败可能产生的影响；

(5) 被审计单位的业务安排和时间要求。

内部审计人员应当根据后续审计的实施过程和结果编制后续审计报告。

(四) 现代内部审计的发展趋势

近年来，内部审计的发展和其作用的发挥在世界各国产生了广泛的影响，得到了产业界、政府部门和学术界的充分肯定。国际内部审计师协会的一份研究报告表明，内部审计的未来呈现下列十大发展趋势。

1. 审计的模式从控制导向审计向风险导向审计转变

在过去数十年中，控制导向审计是内部审计人员普遍使用的审计方法。它使审计人员容易将审计重点偏向于单位的内部控制系统，而忽视了单位本身的目标。在未检查本单位的目标和所处风险前直接评估控制程序，其结果意义不大，因为审计人员无法判断哪些是最重要的控制，哪些控制对于风险而言是最重要的，以及缺少哪些控制。这一审计模式已经带来许多问题，多余的控制阻碍了组织程序的正常运作，沟通变得更加困难。由于控制的改变滞后于经营环境的迅猛变化，使对过去的、与本单位目前所面临的风险无关的控制的审计变得缺乏意义。

没有风险就没有控制，控制只为管理风险而存在。不分析风险而想有效地评价控制是不可能的。美国的 COSO 报告、加拿大的 COCO 报告、英国的 Cadbury 报告及南非的 King 报告，都将风险评估引入了内部控制并将其列为控制的核心。以风险评估为基础的风险导向审计使审计人员开始关心组织所面临的风险，使审计人员必须根据风险评估的思路开展对内部控制的评估，使审计报告将目前的控制与策略计划和风险评估连接起来。

2. 从着眼于风险到着眼于经营环境

经营环境是风险的根源，控制系统就是针对它设计的。风险的来源——对单位产生威胁的危险和创造潜在收益的机遇，必须成为风险分析的焦点。这些条件、情况、危险和机遇就是可能影响单位经营的环境。

经营环境包括一组相关内容：

（1）一般环境：国际的，经济的，法规的，政治的，环保的，知识的，科技的，社会的；

（2）社会环境：社会的，私人的，非营利性的，公共的，以及宗教的；

（3）行业环境：各类不同的私人行业，公共行业，中介行业，以及这些行业的产品，流程，资源和其他市场要素；

（4）组织环境：权力、规模、文化、历史、地理、社会学等子环境；

（5）内部审计应用环境：经营，财务报告，遵循性，信息系统，质量，环保，安全。

3. 从检查过去到着眼未来

内部审计人员一般通过对过去事实的检查和评价，提出改进以后工作绩效的建议。虽然过去的业务和记录可以用以预测未来，内部审计评价和建议也可以以对未来具有参考价值和建设性意义为导向，但是，在急剧变化的过程中，仅仅以史为鉴是不够的，只有着眼于未来才能改进控制和提高绩效。内部审计人员必须成为未来情况的预期者——即直接预测环境风险，判断组织是否采取了适当的预防和应对措施，是否具有足够的适应变化的能力，提出相应的改进建议。这对现有内部审计的开展方式提出了挑战，并对内部审计人员的胜任能力提出了更高的要求。

4. 内部审计的职能从评价扩展到预测、咨询和保证

评价一直是内部审计的基本职能，是内部审计履行其职责和发挥作用的重要手段。这是以经验为基础的。在工业经济时代，影响企业经营的外部环境因素和内部因素基本上是稳定的，或虽有变化，但变化具有连续性的特征，从而基本可以从过去推断未来。但在知识经济正在到来的今天，经营管理的上述背景正在或已经发生变化；影响企业经营的环境不仅日益复杂，而且越来越不稳定，其变化更加迅速和彻底；多样化的顾客需求和频繁变化的市场要求企业活动的内容与方式及时调整。在这样的背景中，未来的变化和现状截然不同，二者之间没有任何继承性。批评过去没有任何价值，管理层面对着未来的挑战，因此“评价”一词应停止使用，而代以零起点的预测、咨询和保证，内部审计必须更多地参与面向未来的规划与决策工作，对未来风险发生的可能性时时关注。

5. 内部审计人员从关注当前事项向多角度思考问题转变

在审计过程中，内部审计人员对每一审计事项的现状进行了解，独立地分析，

提出审计发现和审计建议。将注意力集中于当前事项是有用的，它能使审计人员从审计的视角，对本单位的各个部分逐一地理解和思考。但是，这些项目之间互相割裂，缺乏全局观和整体感，而且审计人员站在局外人的立场所提出的建议可能脱离实际。相比而言，多角度的关注更有意义，即在同一时间，同一地点，假设自己作为部门经理和员工，对此事项会作何反应，有哪些要求和顾虑。只有全面考虑局限性和所受影响，内审人员才能提出切实可行的建议，促进自身作用的发挥和组织价值的增加。许多审计组织越来越多地从审计、会计以外的其他领域招聘人才，或者将审计人员与其他部门的人员进行岗位轮换，以保证审计人员可以涉及多学科和多领域，从而多角度地思考问题。

6. 内部审计从单纯强调独立向更加注重价值转变

一般认为，独立性是内部审计工作的必要条件，内部审计的独立性是指内部审计人员独立于他们所审查的活动之外，即内审人员不能承担经营责任。要做到这一点，内部审计人员必须置身于从设计、执行到记录的全部管理职能之外，不能参与组织的业务经营活动。但果真如此的话，内部审计就无法深刻全面地理解本单位的生产经营和内部关系，无法提出切合需要的建议。虽然内审职能的独立是一个有用的属性，但如果独立妨碍了参与，马上就会有反效果。而判断内部审计是否成功最重要的标准是其服务给本单位提供的价值。因此，如果对独立性的强调损害了内部审计价值的增加，应当优先考虑后者。

7. 要求审计人员掌握的知识从审计知识扩展为经营知识

内审人员一直把控制当作是金钥匙和切入点，认为通过对控制进行测试，可以了解所有的业务并提出建议，因而审计人员不需要关于生产经营的具体知识，只要具备一些基本了解并掌握审计工具就足够了，这是典型的控制导向审计的思维模式。事实上这种做法已经不再适用。内部审计应帮助实现本单位目标，目标及风险是内部审计的出发点和归宿。对经营活动的深刻了解是对症下药的前提，因而内审人员需要具备与本企业和部门经营管理有关的程序、技术、产品和服务等方面的知识。

8. 内部审计的种类从经营审计扩展到战略审计

内部审计从财务审计发展到经营审计已经经历了很长时间，然而一些单位至今还没有实现这一转变。但是新的变化已经发生，即对组织战略——那些关系到组织未来的关键的长远计划、优先安排、投资和决策等进行审计。对单位来说，这些重要事项关系到其生死存亡，需要进行有效的控制。如果没有正确的战略方针，经营的改善只能使企业在错误的道路上越走越远。因此对组织战略的审计是内部审计最应该关注的根本环节，也是内部审计发展的方向。战略决策和战略管理是管理职能中最重要和最高的层次，内部审计要提升自身地位和价值，应参与到高层次的管理活动中来。

9. 内部审计日益受到重视，被审计单位从过去被迫接受审计转变为主动邀请审计

长期以来，内部审计是以“警察”的形象出现，其身份是监督者，对被审计部

门的业务和管理进行评价和发表意见，因此是企事业单位中不受欢迎的人。哪些项目将纳入年度审计计划取决于内部审计人员的判断，不管被审计部门是否愿意，他们都必须接受审计并予以配合。这种情况正在发生变化。内部审计以其对本单位全面深入的了解、客观而开放的视角以及可以影响高层的特殊地位，能够促进被审计部门经营和管理的改善，赢得他们的信任和尊重。

10. 审计的主要方式从说服转变为协商

内部审计报告是审计的主要产品。长期以来衡量审计报告是否成功的标准是其是否有说服力。一份有说服力的审计报告意味着内部审计人员的观点将被接受。由于审计报告中所提问题是否受到重视，所提建议能否付诸实施，直接取决于管理当局的兴趣和信心，因而审计人员往往通过增强事实的准确性、清晰性和建议的可行性，采用图表、照片、幻灯片等多种手段，来争取管理当局的重视和支持。这种做法已经受到了质疑，因为被动接受审计人员观点的被审计部门缺乏足够的选择空间和推动力。协商取代说服正在成为传递审计信息和寻求问题解决办法的方式，它注重获取对本单位最佳的结果，既考虑管理者的经营目标，又考虑内部审计人员对动态环境、风险和现有控制的预期。这种方式使得管理者与内部审计的合作更加广泛，在决策中发挥更为积极主动的作用。

【同步案例 2－5】

意大利邮政局进行的内部审计革新

意大利邮政局是在全意大利提供综合产品、通讯、物流及金融服务的金融和邮政服务机构。整个机构在全国设有 14 000 家邮局，组织十分庞大。因此，积极开展有效、统一的内部审计，对其是一项挑战。

3 年前，卡罗琳·迪米爱开始担任意大利邮政局内部审计主管一职，她直接向首席执行官报告工作。在这之前，她曾在一家美国公司担任首席审计官若干年。她灵活多变的管理风格将西方的管理技巧与意大利式的创新与适应力巧妙地融合在了一起。

上任之初，迪米爱就奉命改革内部审计职能，将其从传统的审查员角色转换为一个能运用现代审计方法，不断改进公司内部方法与流程的角色。

在实施革新项目之前，内部审计不论是在本质上还是具体工作上都只具有审查性，毫无计划性可言。现在审计的核心职能被分成 4 部分：（1）金融服务；（2）邮政服务；（3）公司流程，比如采购或人力资源；（4）信息技术审计，在非信息技术活动中运用整合服务的方法。上述每个部门都由一名合规审计主管和一名经营审计主管带领。结构比例大致为金融服务占 50%，邮政服务占 40%，其他流程占 10%。“公司流程的审计也是一项新业务”，迪米爱说，“之前，内部审计只针对核心的金融及邮政业务。另外，内审部门还要帮助公司尽快适应金融及银行业新出台的各种规章要求。”

意大利邮政局的审计部门共有约600名审计师，大多数位于总部之外，在意大利境内的分支机构、邮局和其他较分散的运作部门开展工作。为了提供高质量的服务，审计人员被主要分成四个队伍。

第一个队伍，主要着眼于与不断变化的核心业务流程的风险及内控分析相关的内审标准和程序。

第二个队伍的职能是筹划与汇报。“我们拥有14 000家邮局、140家分支机构，因此我们必须根据风险评估技能、有效的轮流审计所覆盖范围及统计性风险评估等因素制定详细的审计计划。”迪米爱说。

第三个队伍关注的是有关涉外贪污行为法案的道德规范管理政策。这支队伍的成员主要为意大利邮政局旗下从事有关道德规范和舞弊行为的合规性项目的人员。

第四支队伍主要从事审计培训和职业发展。他们不断引进新的审计管理技巧、沟通技巧及技术领域内的新事物，而这些对于过去一直被当作审查员和调查员培训的内审人员来说是很重要的策略化专业发展内容。

“这四支队伍都是新成立的，他们是推动审计革新项目的基础。他们都充满了活力。”迪米爱说。

“革新项目很重要的一个组成部分就是引进一个叫做经营审计的新组织审计小组”，迪米爱说，“经营审计师作为咨询顾问，就与一系列业务目标有关的内部控制系统内各流程的充分性进行分析。这些业务目标包括：客户满意度、盈利能力、安全性、信息等。从大体上说，因为经营审计本身是一项比较高级的顾问工作，所以我们从公司外部另聘审计师来完成此项工作。”

从最终结果来看，在公司上下，内部审计师所扮演的角色变化很大，从过去的调查员形象转变为能够为公司提供各种流程改进和风险管理意见的专业人士形象。通过迪米爱倡导的审计风格及沟通方式，意大利邮政局的员工们认识到，对于公司流程他们还有很多知识需要学习，而审计人员能够很好地帮助他们弥补知识上的不足。这在过去三年中发生了彻底的改变。

七、政府审计

（一）政府审计的定义

政府审计，也称国家审计，是指由国家审计机关代表国家所实施的审计。

根据《中华人民共和国审计法实施条例》（以下简称《审计法实施条例》）第二条：审计是审计机关依法独立检查被审计单位的会计凭证、会计账簿、会计报表以及其他与财政收支、财务收支有关的资料和资产，监督财政收支、财务收支真实、合法和效益的行为。

按审计的内容分类，可分为财政收支审计、财务收支审计和经济效益审计三类。财政收支审计是指国家审计机关对本级财政预算执行情况和下级政府财政预算的执行情况和决算，以及预算外资金的管理和使用情况的真实性、合法性进行的审计监督。财务收支审计是对金融机构、企事业单位的财务收支及有关的经济活动的真实性、合法性所进行的审计监督。经济效益审计，是对财政、财务收支及其有关经济活动的效益进行监督的行为。审计机关对列入审计监督范围的所有单位和项目，都可以进行经济效益审计，其中以审计公共财政资金使用效益最为典型。

（二）政府审计机构和人员

1. 政府审计机构

（1）政府审计机构的设置。我国 1982 年《宪法》第九十一条第一款规定：“国务院设立审计机关，对国务院各部门和地方各级政府的财政收支，对国家的财政金融机构和企业事业组织的财务收支，进行审计监督。”该条第二款规定：“审计机关在国务院总理领导下依照法律规定独立行使审计监督权，不受其他行政机关、社会团体和个人的干涉。”据此，国务院于 1983 年 9 月 15 日正式成立了中华人民共和国审计署。《宪法》第一百零九条规定：“县级以上的地方各级人民政府设立审计机关。”据此，县级以上的地方各级人民政府于 1983 年起设立了审计机关。地方审计机关实行双重领导体制，在本级政府行政首长（正职）和上一级审计机关的领导下开展审计工作，对本级政府和上一级审计机关负责并报告工作，审计业务以上级审计机关领导为主。审计机关依法独立行使审计监督权，不受其他行政机关、社会团体和个人的干涉。法律规定由本级政府正职首长领导审计机关，这对于审计机关依法独立行使审计监督权、排除工作干扰非常重要。

小资料

国外审计体制简介

目前，世界上大多数国家（地区）都建立了适合自己国情的国家审计制度。从目前情况看，各国的国家审计大体可划分为几种模式。

（1）审计机关隶属于立法部门，直接对议会负责并报告工作，完全独立于政府，主要审计政府财政。这种模式在西欧、北美等发达国家和许多发展中国家十分普遍，是目前世界审计制度的主流。英美两国比较典型，是国会名副其实的“牧羊犬”。美国除了国会设有审计机构外，在联邦政府各部门还另设有监察长办公室，相当于政府部门的内部审计，主要负责审查所在部门的业务活动、经济效果以及本部门官员行为的合法性。

（2）审计机关属于司法系列。即审计机关除具有审计职能外，还拥有一定的司法权限，显示了国家对法治的强化。西欧和南美一些国家采用这种模式。法国、意大利、巴西是典型的代表，它们设立审计法院，享有最高法院的某些特权，可以对违法或造成损失的事件进行审理并予以处罚。审计人员多为法官，审计的主要对象是国家财政。同时，负责管理财政部派出的公共会计。

（3）审计机关不隶属于任何权力部门。以德国为典型代表，设立了联邦审计院，独立于立法、司法和行政部门之外，直接对法律负责。这种模式从形式上看是独立于三权之外，实际上它更偏重服务于立法部门。

(4) 审计机关在体制上隶属于国家行政系列，是国家行政机构的一部分，对政府负责并报告工作。但从发展趋势看，它也越来越多地在为立法部门服务。目前，实行这种模式的主要有沙特、中国等国家。

(5) 审计和监察职能合一。如韩国、蒙古等。韩国设立了独立于政府的审计监查院，受总统直接领导，具有独立的法律地位。

(6) 主计审计长模式。如印度等国，设立了独立的主计审计公署，负责财政决算编制、国家财政审计。

在上下级审计机关领导体制方面，各国也有较大区别。印度、葡萄牙等少数国家只设一级审计机关，地方不设相应的审计机关，对地方的审计工作由其派出机构负责。在分级设立审计机关的国家，最高审计机关与地方审计机关的关系也不尽相同。美国、英国、日本等国家最高审计机关与地方审计机关之间一般没有领导与被领导的关系，也没有业务指导关系，两者完全平等。韩国审计监查院与地方自治团体监查机关之间是业务指导与合作关系。法国的审计法院可以接受对地方审计法庭判决不服的上诉，并作出终审判决。菲律宾的最高审计机关对地方审计机关实行垂直管理。

(2) 政府审计机构的职责。根据《中华人民共和国审计法》（以下简称《审计法》）和《审计法实施条例》的规定，审计机关的职责如下：①审计署和地方审计机关直接进行下列审计：本级财政预算执行情况和其他财政收支；下级人民政府预算的执行情况和决算以及预算外资金的管理和使用情况；与本级人民政府财政部门直接发生预算缴款、拨款关系的国家机关、军队、政党、社会团体、国有企业和事业单位的财务收支；国有金融机构的资产、负债、损益；国有资产占控股地位或者主导地位的企业；国家建设项目（包括基本建设项目和技术改造项目）预算的执行情况和决算，以及与国家建设项目直接有关的建设、设计、施工、采购等单位的财务收支；政府部门管理的和社会团体受政府委托管理的社会保障基金、社会捐赠资金、环境保护资金及其他有关基金、资金的财务收支；国际组织和外国政府援助、贷款项目的财务收支；法律、行政法规规定应当由审计机关进行的其他审计事项。②中央银行的财务收支只能由审计署进行审计，地方审计机关不能审计。③各级审计机关分别在本级政府行政首长的领导下，对本级预算执行情况进行审计后，向本级人民政府和上一级审计机关提出审计结果报告。④受本级人民政府的委托，向本级人大常委会提出本级预算执行和其他财政收支的审计工作报告。⑤审计机关对与国家财政收支有关的特定事项，可以向有关地方、部门、单位进行专项审计调查，并向本级人民政府和上一级审计机关报告审计调查结果。⑥审计机关受干部管理部门的委托，对党政领导干部和国有企业领导干部进行任期经济责任审计，审计结果作为干部升降、任免等的依据之一。⑦指导、监督内部审计。⑧监督社会审计（会计师事务所）的审计业务质量。

(3) 政府审计机构的权限。《审计法》和《审计法实施条例》及有关法规赋予审计机关的审计监督权限比较广泛，主要包括：①要求报送资料权，即有权要求被审计单位按照审计机关的规定提供预算或者财务收支计划、预算执行情况、决算、财务会计报告，运用电子计算机储存、处理的财政收支、财务收支电子数据和必要的电子计算机技术文档，在金融机构开立账户的情况，社会审计机构出具的审计报告，以及其他与财政收支或者财务收支有关的资料；②检查权，即有权检查被审计单位的会计凭证、会计账簿、财务会计报告和运用电子计算机管理财政收支、财务收支电子数据的系统，以及其他与财政收支、财务收支有关的资料和资产；③调查取证权，即有权就审计事项的有关问题向有关单位和个人进行调查，并取得有关证明材料；经县级以上人民政府审计机关负责人批准，有权查询被审计单位在金融机构的账户；有证据证明被审计单位以个人名义存储公款的，经县级以上人民政府审计机关主要负责人批准，有权查询被审计单位以个人名义在金融机构的存款；④行政强制措施权，即对被审计单位正在进行的违反国家规定的财政财务收支行为，有权予以制止或通知暂停拨付款项、责令暂停使用款项；对被审计单位转移、隐匿、篡改、毁弃会计凭证、会计账簿、财务会计报告以及其他与财政收支或者财务收支有关的资料，或者转移、隐匿所持有的违反国家规定取得的资产的行为，经县级以上人民政府审计机关负责人批准，有权封存有关资料和违反国家规定取得的资产；⑤提请协助权，即有权提请公安、监察、财政、税务、海关、价格、工商行政管理等机关予以协助；⑥移送权，即需要给予有关责任人员行政处分或者纪律处分的，有权移送纪检监察机关；需要追究有关责任人员刑事责任的，有权移送司法机关；有权建议有关主管部门纠正被审计单位执行的违法规定；有权向有关立法机关、政府及有关部门提出修改完善有关法律法规、政策措施和加强与改进宏观调控的建议；⑦处理处罚权，即对被审计单位违反国家规定的财政财务收支行为，有权依法予以处理处罚；⑧通报或公布审计结果权，即审计机关可以向政府有关部门通报或者向社会公布审计结果。

2. 政府审计人员

《中华人民共和国国家审计准则》规定了政府审计人员执行审计业务时应具备的资格条件和职业要求。

审计人员执行审计业务，应当具备下列职业要求：（1）遵守法律法规和国家审计准则；（2）恪守审计职业道德；（3）保持应有的审计独立性；（4）具备必需的职业胜任能力；（5）其他职业要求。

审计人员应当恪守严格依法、正直坦诚、客观公正、勤勉尽责、保守秘密的基本审计职业道德。严格依法就是审计人员应当严格依照法定的审计职责、权限和程序进行审计监督，规范审计行为。正直坦诚就是审计人员应当坚持原则，不屈从于外部压力；不歪曲事实，不隐瞒审计发现的问题；廉洁自律，不利用职权谋取私利；维护国家利益和公共利益。客观公正就是审计人员应当保持客观公正的立场和态度，以适当、充分的审计证据支持审计结论，实事求是地作出审计评价和处理审计发现的问题。勤勉尽责就是审计人员应当爱岗敬业，勤勉高效，严谨细致，认真履行审计职责，保证审计工作质量。保守秘密就是审计人员应当保守其在执行审计业务中知悉的国家秘密、商业秘密；对于执行审计业务取得的资料、形成的审计记录和掌握的相关情况，未经批准不得对外提供和披露，不得用于与审计工作无关的目的。

审计人员执行审计业务时，应当保持应有的审计独立性，遇有可能损害审计独立性情形的，应当向审计机关报告；审计人员不得参加影响审计独立性的活动，不得参与被审计单位的管理活动；审计机关应当建立审计人员交流等制度，避免审计人员因执行审计业务长期与同一被审计单位接触可能对审计独立性造成的损害。

小资料

2010年9月1日，《中华人民共和国国家审计准则》（以下简称《审计准则》）经审计署审计长会议通过后予以公布，自2011年1月1日起施行。审计署称，《审计准则》是“继审计法和审计法实施条例修订后，我国审计法制建设的又一件大事”。

新的《审计准则》包括总则、审计机关和审计人员、审计计划、审计实施、审计报告、审计质量控制和责任、附则，共七章。《审计准则》是审计机关和审计人员履行法定审计职责的行为规范，是执行审计业务的职业标准，是评价审计质量的基本尺度，适用于审计机关开展的各项审计业务。

（三）政府审计程序

政府审计程序通常包括制定审计项目计划、审计准备、审计实施和审计终结四个环节。

（1）制定审计项目计划。审计机关应根据国家形势和审计工作实际，对一定时期的审计工作目标任务、内容重点、保证措施等进行事前安排，作出审计项目计划。

（2）审计准备。根据审计项目计划确定的审计事项组成审计组，并应当在实施审计前，向被审计单位送达审计通知书。上级审计机关对统一组织的审计项目应当编制审计工作方案，每个审计组实施审计前应当进行审前调查，编制具体的审计实施方案。

（3）审计实施。审计人员通过审查会计凭证、会计账簿、财务会计报告，查阅与审计事项有关的文件、资料，检查现金、实物、有价证券，向有关单位和个人调查等方式进行审计，取得证明材料，并按规定编写审计日记，编制审计工作底稿。

（4）审计终结。审计组对审计事项实施审计后，应当向审计机关提出审计组的审计报告。审计组的审计报告报送审计机关前，应当征求被审计对象的意见。

审计机关对审计组的审计报告进行审议，提出审计机关的审计报告；对违反国家规定的财政收支、财务收支行为，依法应当给予处理、处罚的，在法定职权范围内作出审计决定或者向有关主管机关提出处理、处罚的意见。

【同步案例 2－6】

2013 年第 16 号审计结果公告：10 个省 1139 个节能减排项目审计结果①

（二○一三年五月十七日公告）

根据《中华人民共和国审计法》的有关规定，2012 年 5 月至 9 月，审计署对山西、内蒙古、辽宁、吉林、江苏、浙江、河南、广东、广西、宁夏 10 个省（自治区，以下简称 10 个省）2010 年至 2011 年中央和省级财政投入的节能减排专项资金及 1139 个节能减排项目进行了审计。现将审计结果公告如下：

一、节能减排工作取得积极成效

从审计情况看，相关地方政府高度重视节能减排工作，加大资金投入力度，规范项目实施，取得较好成效。

（一）地方各级政府认真履行节能减排责任，强化目标考核。在完成“十一五”节能减排目标任务的基础上，10 个省继续把节能减排作为加快转变经济发展方式的抓手，强化目标责任考核，注重法规制度建设，印发了“十二五”节能减排工作规划和综合性工作方案，将节能减排指标分解落实到各地市和区县政府；出台了 40 多项规章制度，有效地保障了节能减排工作规范有序开展。

（二）中央财政资金引导带动省级资金投入增加，示范效果明显。中央和 10 个省级财政两年共投入节能减排资金 848.04 亿元（中央财政 696.71 亿元，省级财政 151.33 亿元），其中 2011 年比 2010 年投入增长 9.74%。审计重点抽查的 846 家单位（企业）实施的 1139 个节能减排项目，中央和省级财政投入 233.25 亿元，带动了企业自有和银行贷款等资金投入 409.5 亿元（占总投入的 63.7%）。

（三）财政资金支持的节能减排项目顺利实施，节能减排效果逐步显现。两年间，中央和 10 个省级财政共支持能源节约利用、可再生能源、资源综合利用、农村环境保护、主要污染物减排等方面项目 20301 个，涉及 17111 家单位（企业）。据 10 个省有关部门提供数据显示，上述项目形成节能能力 5 099.61 万吨标准煤、减排化学需氧量 124.34 万吨、减排二氧化硫 25.43 万吨、减排氮氧化物 2.12 万吨、形成节水能力 5.75 亿吨、综合利用废弃物 2.97 亿吨。

二、审计发现的主要问题及整改情况

审计结果表明，10 个省节能减排专项资金总体管理比较规范，使用效益较好，节能减排工程项目进展顺利。但审计也发现在 1139 个节能减排项目中，有 42 家单位（企业）实施的 44 个项目未达到预期节能减排效果，涉及专项资金 15.87 亿元，分别占抽审项目数的 3.86% 和审计资金量的 6.8%；35 家主管部门和项目实施单位违规管理使用专项资金 2.7 亿元，占审计资金量的 1.16%。具体情况是：

（一）部分已完工节能减排项目因设计目标不符合实际、项目实施过程中监督管理不到位等原因达不到预期的节能减排效果，涉及专项资金 15.87 亿元。

---

① 资料来源：审计署网站。

审计指出上述问题后，辽宁、宁夏等省区地方政府责成有关部门积极整改，促使金太阳示范工程等项目投入运行并达到预期效果。截至2013年3月底，21家单位（企业）采取措施，促成22个已完工项目发挥效益，涉及资金6.88亿元。

（二）少数企业和项目实施单位通过提供虚假信息、编造虚假资料等方式违规申请并获得1.41亿元专项资金，违规将1.29亿元专项资金用于日常办公、企业经营等非节能减排方面支出。

审计指出上述问题后，山西、河南等省有关财政部门按照审计要求，已收回13家单位（企业）违规获得的资金6 975.1万元；广东、吉林等省地方政府积极督促有关单位（企业）整改，截至2013年3月底，15家单位（企业）将未按规定用途使用的资金1.29亿元归还原资金渠道。

此外，审计还发现，部分节能减排专项资金未按预算要求拨付到位，部分项目建设进度缓慢、未按计划完工。审计指出问题后，有关部门加快了资金拨付和项目实施进度。对于审计发现的8起违法犯罪案件线索，移送有关部门处理后，已有3起案件的3名责任人员得到查处，其他问题正在进一步查处中。

任务回顾

本任务主要阐述了注册会计师的业务范围，注册会计师在执行审计业务时应遵守的执业准则和职业道德守则，注册会计师的资格取得和注册，会计师事务所的组织形式和设立条件，我国注册会计师协会的职责以及专门（业）委员会的职责，我国审计准则的国际趋同，我国内部审计业务程序，我国政府审计业务程序。

（1）注册会计师的业务范围日趋多元化，既包括鉴证业务，也包括相关咨询服务业务。鉴证业务包括历史财务信息审计、历史财务信息审阅和其他鉴证业务，相关咨询服务业务包括管理咨询业务、会计服务业务、税务服务业务、信息系统相关的其他服务、执行商定程序业务等。

（2）注册会计师执业准则体系受注册会计师职业道德守则统驭，包括注册会计师业务准则和会计师事务所质量控制准则。注册会计师业务准则又包括鉴证业务准则和相关服务准则两个部分，会计师事务所质量控制准则用以规范会计师事务所在执行各类业务时应当遵守的质量控制政策和程序。

（3）注册会计师资格考试是世界各国对注册会计师业务水平进行鉴定、控制所采取的一种普遍做法。我国注册会计师考试划分为专业阶段考试和综合阶段考试。根据《注册会计师法》的规定，参加注册会计师全国统一考试成绩合格，并从事审计业务工作两年以上的，可以向省、自治区、直辖市注册会计师协会申请注册。

（4）会计师事务所主要有独资、普通合伙、有限责任、有限责任合伙四种组织形式。我国“特殊的普通合伙制”是在“普通合伙制”与英美“有限责任合伙制”基础上的制度创新，与英美的“有限责任合伙制”在产生背景、法律规定、责任分担、适用范围等方面不完全等同，但二者的要义和核心是一致的，即在会计师事务所规模较大、合伙人人数众多且分工细化的条件下，最大限度地保护无过错合伙人，避免因某一或某些合伙人的不当执业行为对其他合伙人的合法权益造成重大损害，从而促进会计师事务所健康稳定发展。设立会计师事务所需要符合法定的条件。

（5）中国注册会计师协会是注册会计师行业的全国组织，接受财政部、民政部的监督和指导，其宗旨是服务、监督、管理、协调。中国注册会计师协会最高权力机构为全国会员代表大会，全国会员代表大会选举理事若干人组成理事会。理事会设若干专门委员会，专门委员会是理事会履行职责的专门工作机构，对理事会负责；理事会设若干专业委员会。专业委员会负责处理行业发展中的专业技术问题，对理事会负责。在中国审计准则体系持续全面趋同的过程中，中国审计准则委员会发挥了重要的作用。

（6）内部审计是一种独立、客观的确认和咨询活动，它通过运用系统、规范的方法，审查和评价组织的业务活动、内部控制和风险管理的适当性和有效性，以促进组织完善治理、增加价值和实现目标。内部审计程序通常包括准备阶段、实施阶段、终结阶段三个环节。在有些情况下，为了进一步跟踪审计结果的落实情况，还要开展后续审计。

（7）政府审计也称国家审计，是指由国家审计机关代表国家所实施的审计，审计机关依法独立检查被审计单位的会计凭证、会计账簿、会计报表以及其他与财政收支、财务收支有关的资料和资产，监督财政收支、财务收支真实、合法和效益的行为。政府审计程序通常包括制定审计项目计划、审计准备、审计实施和审计终结四个环节。

思考与案例分析题

1. 思考题

（1）鉴证业务与相关咨询服务业务的主要区别是什么？

（2）现代注册会计师执业领域拓展的原因是什么？目前有哪些注册会计师新业务？

（3）合理保证和有限保证有什么区别？

（4）会计师事务所应根据审计准则开展审计工作，以使各审计项目的审计工作遵照质量控制准则进行。这种说法是否正确？为什么？

（5）注册会计师为何要在鉴证业务中保持独立性？在哪些情况下，注册会计师的独立性受到影响应该采取回避态度？

（6）据你了解，我国注册会计师执行审计业务在保持独立性方面时常面临着哪些内在和外在的压力？

（7）你认为会计师事务所的组织形式对审计质量控制是否存在影响？为什么？

（8）你如何看待我国当前的注册会计师行业监管体制？

（9）你如何看待我国当前的政府审计体制？

（10）与外部审计相比，内部审计有哪些显著的特征？

2. 案例分析题

（1）安达信公司成立于1913年，由美国芝加哥大学教授阿瑟·安达信先生创建，自成立以来，一直以其稳健诚信的形象被公认为同行业中的“最佳精英”。20世纪70年代初，安达信在伊利诺伊州查理斯市成立全球培训中心。1972年开始在亚洲开拓业务，开设香港和新加坡分公司。1973年，向公众发布首份由国际专业会计师行编制的年报。1979年，成为全球最大的会计专业服务公司，合伙人多达1 000多人。20世纪90年代以后，与普华永道、毕马威、安永、德勤一道成为全球最大的五大会计师事务所。1987年以来，安达信不仅主营业务收入增长很快，而且不断拓展新的业务领域，在保持传统的审计和税务咨询业务的基础上，安达信还将其公司重新定位，开拓出企业财务、电子商务、人力资源服务、法律服务、风险咨询等业务。到2001年，安达信在全球84个国家和地区拥有4 700名合伙人、85 000名员工，业务收入高达93亿美元。

从安然公司成立时起，安达信就开始担任安然公司的外部审计工作。20世纪90年代中期，安达信与安然签署了一项补充协议，安达信包揽安然的内部审计工作。不仅如此，安然公司的咨询业务也全部由安达信负责。接着，由安达信的前合伙人主持安然公司财务部门的工作，安然公司的许多高级管理人员也有不少是来自安达信。从此，安达信与安然公司结成牢不可破的关系。

在安然事件中，人们指责、质疑安达信始于2001年11月下旬，安然公司在强大的舆论压力下承认自1997年以来通过非法手段虚报利润达5.86亿美元，在与关联公司的内部交易中不断隐藏债务和损失，管理层从中非法获益。这一消息传出，立刻引起美国资本市场的巨大动荡，媒体和公众将讨伐的目光对准负责对安然公司提供审计和咨询服务的安达信公司。人们纷纷指责其没有尽到应有的职责，并对其独立性表示怀疑。

美国公众和媒体指责、怀疑安达信在安然事件中的不当做法主要有：

①安达信明知安然公司存在财务作假的情况而没有予以披露。安然公司长时间虚构盈利（从1997年到2001年虚构利润5.86亿美元），以及隐藏数亿美元的债务，作为十多年来一直为安然公司提供审计和咨询服务、在会计行业声誉卓著的安达信不可能不知道内情；

②安达信承接的安然公司的业务存在利益冲突。为了增加收入，安达信不仅接管了安然多家公司的会计工作，包括在1994年至1998年受聘为安然内部审计师，并全面负责安然的咨询工作；同时，安达信又承担安然的审计工作。2001年，安然向安达信支付的费用达5 200万美元，其中2 500万是审计费用，2 700万是顾问费用，这种做法被指存在利益冲突。

③安然公司财务主管人员与安达信存在利害关系。安然公司数名掌管财务的高层来自安达信，如安然的会计主任加入公司前为安达信高级经理。安然的财务总监大学毕业后曾在安达信任审计经理。这种情况有损审计师的独立性。

④销毁文件，妨碍司法调查。安达信的一名合伙人在得知美国证监会将对安然

公司展开调查后，下令销毁为数不少的有关安然的文件和电子邮件，这种行为被指有违职业操守，并涉嫌妨碍司法调查。

虽然媒体纷纷指责、怀疑安达信涉嫌上述违规行为，但安达信几次发表声明，予以否认。在安然公司承认 1997～2001 年间虚报利润 5.86 亿美元时，安达信发表声明，称安然公司未向安达信提供有关财务资料；在有报道说因为安然公司向安达信支付了咨询费用，因而安达信忽略了安然公司潜在的利益冲突时，安达信的首席执行官贝拉尔迪诺对此予以坚决否认，并说安达信为安然公司所做的工作在任何情况下都是恰当的，安然公司的董事会和股东对安达信的工作是了解的；在有媒体指责安达信销毁与安然有关的财务资料时，安达信首席执行官召开记者招待会，称销毁安然公司文件的行为仅仅是会计师的个人行为，并不能代表整个公司的行为，他的这种行为也与安达信公司的价值观和职业道德相背离；在人们指出安然公司的倒闭主要是由于长期财务作假所致时，安达信表示，安然的破产是商业经营的失败，并不是因为财务问题。尽管如此，后来美国国会和政府部门的调查结果表明，安达信的确存在违规行为。

经过长时间的调查，2002 年 3 月 14 日，美国司法部副部长汤普森向美国休斯顿联邦地区法院对安达信公司提出"妨碍司法"的犯罪指控，原因是安达信公司故意销毁大量的有关安然公司的文件。

2002 年 10 月 16 日，美国休斯敦联邦地区法院对安达信妨碍司法调查作出判决，罚款 50 万美元，并禁止它在 5 年内从事业务。此次裁决使安达信成为美国历史上第一家被判"有罪"的大型会计公司。

要求：

①请结合上述案例，分析注册会计师执业准则体系对于审计行业的意义。

②请结合上述案例，分析会计师事务所建立质量控制体系的必要性。

③请结合上述案例，分析注册会计师为什么应当遵循职业道德准则。

（2）柳林 2005 年 7 月毕业于北京一所著名大学的会计系，毕业之前，柳林曾经去过一些公司和几家会计师事务所面试，其中有 5 家单位愿意为其提供工作机会。在仔细衡量了这些机会之后，柳林最终接受了某国际会计师事务所审计部的提供的工作职位。

柳林开始工作的前几个星期是在事务所培训中心渡过的。2005 年 10 月上旬，她回到事务所之后，被分配去从事某公司的审计任务。这是一家很大的上市公司，它的中期财务报表于 6 月 30 日结束。在这项业务中，柳林的直接项目主管是陈昊，陈昊作为一名项目经理已有很多年的从业经验了。在柳林去公司开始审计工作的第一天，陈昊就告诉她，她的任务不仅包括协助审计应收账款，还要对现金账户的审计负责。柳林对她的第一个审计项目感到很兴奋，并且为能和陈昊这样有经验的老师一起工作感到特别高兴。在这家事务所中，陈昊作为项目部经理，一直以要求非常严格而著称，他特别要求柳林按照计划与规定的程序来完成任务，但同时他也是一个非常公正、知识渊博并且和客户关系很融洽的项目经理。

陈昊有一次与柳林共进工作午餐时，问她有没有报名参加当年的 CPA 资格考试。经过短暂的停顿，柳林回答说她没有报名，计划工作两年以后再参加考试。陈昊说这样做不错，并借给她一套 CPA 考试复习指南的参考书籍。事实上，柳林已在毕业时回到她的家乡报名并参加了当年 CPA 的考试。因为她担心考得不好，可能通不过，所以她决定不告诉她的同事，避免在以后的职业生涯里，因承认不是第一次就全部通过而感到难为情。

在接近年末几个月里，柳林继续从事该项目的审计工作。她在计划时间内协助完成了指定项目的审计，工作底稿也做得非常好。陈昊对柳林的工作十分满意。12 月上旬，当这一项目快要结束的时候，柳林收到邮寄来的 CPA 考试成绩。令她吃惊的是，考试的五门课程她全通过了。她立即打电话告诉陈昊这一好消息，但当她感到陈昊反应很冷淡时，她十分失望。这时，柳林回忆起早先她告诉过陈昊，她没有参加当年的考试。她马上向陈昊道歉，并解释了为什么她未透露她已参加了当年的考试。陈昊显得还是有些不高兴，柳林决定放下这一话题，以后再当面和陈昊解释这件事。

随后的一个星期，陈昊从星期一到星期三都到另外一个客户那里去了，而柳林和其他职员则继续在客户那里以完成最后的审计工作。星期五的早晨柳林接到事务所主管人事的合伙人赵先生的电话，他让柳林当天下午晚些时候去他的办公室见他。柳林猜想赵先生可能会祝贺她通过了 CPA 的考试，而且，还有可能增加她的实习工资。但那天下午柳林走进赵先生的办公室时，赵先生告诉她，过去几天他已和陈昊谈过几次话，并且和事务所其他 3 个审计合伙人讨论了有关柳林的情况。赵先生解释说，陈昊对于柳林在考 CPA 这件事上对他撒谎觉得非常忧虑。陈昊已经告诉合伙人，他不想让柳林参加到他未来任何的业务中，因为他认为柳林不值得信赖。陈昊还建议将柳林从事务所解雇，因为她的行为已表明她不够诚实，不符合注册会计师应有的职业道德。然后，赵先生通知柳林，其他审计合伙人也同意陈昊的意见。最后，赵先生通知柳林，他们会给她 60 天的时间去另找一份工作，并将档案退回原来学校，以便可以重新找工作。而且，他们也不会向学校透露该事的详细原因。最后，柳林伤心地离开了这一著名的国际会计师事务所。

要求：

①请分析：陈昊对于柳林在注册会计师考试这一事上不够诚实所采取的措施，是否有些过分？假如你处在陈昊的位置上，你将如何处理这件事呢？假如你是处在柳林的位置上，你该怎么处理这件事呢？

②陈昊显然是怀疑柳林的个人诚实品质。一个人在缺乏诚实品质的情况下，你认为他能履行其职业角色的责任吗？为什么？

（3）某公司内部审计部门经理王林现在一筹莫展，桌子上醒目的文件是人力资源总监送来的关于公司工资信息泄密情况通报，王林翻来覆去看了几遍，几次抓成一团，又几次摊开，眉宇一直未能展开。

半月前，公司薪酬委员会主席提请审计部做一份审计调查，了解公司中层人员薪资政策及其调整情况，供薪酬委员会讨论公司薪酬政策参考，同时指示，对薪资调整流程实施专项审计。

由于公司实行薪酬保密制度，审计部门从未做过薪酬福利方面的审计，原来人力资源审计仅限于人力资源招募、录用、晋升、考核和培训方面审计，薪酬发放都不列入审计范围，人员晋升流程中涉及晋升后薪资调整文件也不向审计部门提供。因此接到这个任务，王林立即想到了授权，审计通知书由董事长亲自授权签发，总经理也专门找了人力资源总监面谈。王林派出了审计部最强的两员干将，并专门就此项审计单独签署了保密协议，明确要求对薪酬等敏感信息保密。审计见面会和结束沟通会议上，人力资源总监一直没有好脸色，尤其在结束沟通会议上对审计发现很是反感，将很多问题推脱为出于保密要求。现在审计报告和调查报告初稿已出，在人力资源部征求意见多日，人力资源部没有按期回复，却整来一份泄密情况通报。通报指出：公司一直实行薪酬保密制度，对工资信息实行不公开、不询问、不讨论的"三不"政策多年，员工对于薪酬从未有过攀比。人力资源部怀疑最近进行的审计泄露了薪酬机密。公司在这几天收到数份加薪申请，加薪申请人将自己的薪酬与多个自认为同岗、同档次应该同酬的员工进行了详细比较，所提数据相当准确，这可是从未有过的事情。人力资源部正在安抚加薪申请人，对其提供的其他员工薪酬信息不予承认，并要求其提供信息源，相关员工讳莫如深。通报还指出某加薪申请人入职时就是审计师赵震推荐的。

让王林更头痛的是，通报提到的那位审计师赵震向他提出了离职申请，原因也来自于这次审计。

赵震在审计中发现，公司薪资调整制度就是会哭的孩子有奶吃，审计部门的员工普遍低于公司其他部门，而且审计部每年加薪申请均被调减为按最低增资额调整，而其他部门还出现申请少，批得多的情况，而那些人往往是审计出问题被处罚的人，审计处罚后获得了更多的补偿。赵震心灰意冷，将此审计发现也写入了审计报告，却被王林在初稿中就删掉了。王林深知赵震的为人，他从来不会透露审计中的任何信息，但这次审计对他的冲击会否让他失了方寸？况且他口头提出不满，并要离职。

要求：

①结合本案例，分析内部审计的职能。

②结合本案例分析：如果赵震透露了他在审计过程中了解到的信息，他是否有违内部审计人员职业道德？

③结合本案例分析内部审计过程中应注意的事项。

④结合所学知识，分析本案例中存在的问题以及导致上述问题的根源。

专业技能训练

1. 实训目的

理解注册会计师职业道德原则要求，并判断注册会计师的行为是否有违职业道德。

2. 实训资料

ABC公司拟公开发行股票，委托长程会计师事务所审计其2008年度、2009年度和2010年度的会计报表。双方于2010年底签订审计业务约定书。

假定长程会计师事务所及其审计小组成员与ABC公司存在以下情况：

（1）长程会计师事务所与ABC公司签订的审计业务约定书约定：审计费用为1 500 000元，ABC公司在长程会计师事务所提交审计报告时支付50%的审计费用，剩余50%视股票能否上市决定是否支付。

（2）长程会计师事务所的合伙人甲注册会计师目前担任ABC公司的独立董事。

（3）审计小组成员乙注册会计师自2009年以来一直协助ABC公司编制会计报表。

（4）审计小组成员丙注册会计师的妻子自2007年度起一直担任ABC公司的统计员。

（5）长程会计师事务所的丁注册会计师精通税法，他有许多朋友都自己编制所得税申报单，他向他们提议在向税务局申报以前，他先为他们进行复核，如果通过他的复核能够为他们找到合法的避税机会，省下来税款的三分之一作为他所在事务所的收入，如果他找不到，则他不收取费用。

（6）长程会计师事务所计划拓展其国有企业财务报表审计业务。事务所合伙人戊计划与其他老朋友、老同学联系，请他们帮忙推荐更多国有企业财务报表审计业务，他打算付给每个介绍人10 000元的介绍费。

3. 实训要求

（1）请分别针对上述各种具体情况，判断长程会计师事务所或相关注册会计师是否有违职业道德原则，并简要说明理由。

（2）请为长程会计师事务所设计必要的质量控制程序。

教学设计与实践

1. 教学重点

（1）注册会计师的业务范围；

（2）注册会计师执业准则体系和职业道德守则；

（3）会计师事务所的组织形式。

2. 教学难点

（1）鉴证业务的不同类型及其区别；

（2）注册会计师职业道德概念框架；

（3）内部审计业务程序；

（4）政府审计业务程序。

3. 建议教学课时

理论教学2学时，实践教学2学时。

4. 教学实践

（1）请制作本任务的授课教案；

（2）选取部分内容进行1小节课程的试讲。

项目二

掌握应用理念与工具

任务三　掌握审计目标与审计流程

任务内容

- 审计目标与审计责任
- 审计具体目标
- 审计过程与审计目标的实现

任务目标

- 了解审计总目标的演进过程；
- 熟悉我国注册会计师审计的总目标；
- 理解被审计单位和注册会计师在财务报表审计中的责任划分；
- 掌握被审计单位管理层对财务报表认定的内容；
- 理解被审计单位管理层对财务报表认定与审计具体目标的关系；
- 理解与业务相关的审计目标和与余额相关的审计目标之间的区别；
- 熟悉审计的基本过程。

适用的准则和规范

- 《中国注册会计师审计准则第 1101 号——注册会计师的总体目标和审计工作的基本要求》
- 《中国注册会计师审计准则第 1111 号——就审计业务约定条款达成一致意见》
- 《中国注册会计师审计准则第 1201 号——计划审计工作》
- 《中国注册会计师审计准则第 1211 号——通过了解被审计单位及其环境识别和评估重大错报风险》
- 《中国注册会计师审计准则第 1501 号——对财务报表形成审计意见和出具审计报告》

导入案例

美国道提斯食品公司审计案①

由于面临业绩压力，道提斯食品公司分部的总经理威廉·那斯温特通过在财务报表中虚增存货、降低销售成本的方法，使财务报表能够达到其预期的利润，他也可因此得到上司的奖励。这是一个老调重弹的手法，但是，由于注册会计师惧怕冰库的恶劣环境，在实施存货盘点程序时徒有形式，走过场，未能根据审计目标获取充分适当的审计证据，致使其诈骗得逞。

1. 道提斯食品公司情况简介与问题症结

70年代末，威廉·那斯温特担任了美国道提斯食品公司的销售员。该公司是上市公司，其总部设在美国弗吉尼亚的普茨茅斯。这位雄心勃勃的年轻销售员，以其努力工作及奉献精神，给他的上司留下深刻印象。不久，他被提拔为格雷温斯分部的总经理，并加薪近一倍。格雷温斯分部是一个贮货中心，专门负责批发冰冻食品给东海岸的零售商。

那斯温特很快发现，经营大规模批发比一般零售更复杂，因而压力更大。他升任后不久，该分部便因业绩不佳受到总部批评。之后，那斯温特又因未能实现目标利润而倍受指责。事实上，他认为，这些目标利润是相当不切实际的。最后，他决定另外想办法来解决这些问题。为此，他在上报总部的月度业绩报告中虚增存货，并通过提高月末存货余额来降低公司产品销售成本，从而提高了毛利。

事隔多年，那斯温特声称他从未打算一直沿用上述做法。相反，他这一招只是作为缓兵之计。“我心里始终认为，我的部门终有一天能获取足够的利润以填补虚增的存货部分”，然而事与愿违，格雷温斯分部的实际经营业绩一直不尽如人意。年复一年，那斯温特欲罢不能，被迫不断造假，通过增加越来越多的虚假存货金额，来达到目标利润。最后，他不得不向公司一位行政官员承认：几年来他一直在向公司总部提供虚假的存货报告。那斯温特当即被解雇。不久，道提斯公司聘请普华会计师事务所来确定格雷温斯分部会计记录中的存货误差程度及其对公司财务报表的影响。普华会计师事务所调查显示，道提斯公司1980年的合并净收益由于那斯温特的造假虚增了15%，而1981年虚增更大，达到了39%。

那斯温特虚增该分部存货的方法相当简单。1980年，他在该分部年度实有存货报告书中，混入三页虚假的存货项目登记表。另外，那斯温特还更改了很多存货项目的计算单位。例如，某产品应为15盒，而他却在存货登记表上改为

① 摘编自：李若山、麦震海：“美国道提斯食品有限公司的审计案例”，《注册会计师通讯》，1997年第4期。

15箱。1981年，道提斯公司引进了存货电算化系统后，使那斯温特造假更为简单，他只需往该分部存货日记账上输入一笔虚构存货即可。

2. 格特曼会计师事务所的审计经过

在1980年与1981年间，道提斯食品公司均由格特曼会计师事务所审计。汤姆斯·韦森是该事务所的审计部经理，并于1981年提升为合伙人，他担任了审计道提斯公司的签约人。道提斯公司审计业务的主管是法莱克·波拉。在道提斯公司主管部门向美国证券交易委员会（SEC）披露那斯温特舞弊行为后，政府机构便着手调查1980年及1981年格特曼会计师事务所对道提斯公司的审计情况。SEC批评了韦森及波拉在审计工作中的失职行为。尤其是对他们没有严格地审核该公司的存货账户深表不满。基于以下原因，SEC始终认为，应把道提斯公司的存货项目视为高风险账户。因此，韦森及波拉在那两年对该公司的存货审计时，应采取不同于常规程序的详查方法。这是因为，第一，存货在道提斯公司资产负债表中是最大的主干科目，其金额约占总资产的40%；第二，韦森和波拉都清楚地知道，道提斯公司（特别是格雷温斯分部）的存货内部控制度存在很多薄弱环节，而这些薄弱环节会使利用存货舞弊的可能性增加。最后，SEC指出，在1980年和1981年期间，格雷温斯分部的存货余额大量增加，使得该分部的存货周转率大大低于正常水平。

另外，SEC也批评韦森和波拉在1980年和1981年期间对格雷温斯分部存货的审计中，没有对他们本人及下属所发现的问题作深入调查。在1980年的存货实地盘点完成后，那斯温特向韦森和波拉交来三张虚假的存货登记表，并声明是审计人员在盘点时忽略掉的。韦森和波拉粗略地核对之后，便把表上所有金额归入了格雷温斯分部的存货余额中。在1981年，该分部存货实地盘点完成后，负责该业务的高级审计人员发现存货登记表上的数目与计算机打印出来的年末存货余额不符。他通知了韦森并给那斯温特写了一份备忘录，要求他作出解释。但那斯温特根本没有答复，而韦森本人也没有继续追查此事。波拉在复核审计人员的工作底稿时，对这一备忘录没有留意，因此也没有进一步调查登记表与计算机所列示的存货金额之间为什么存在巨额差异。

那斯温特在向SEC提供证词时，对格特曼会计师事务所审计人员的工作态度并不欣赏。他证实自己经常要为存货短缺和转移存货编造各种各样的借口，而审计人员显然从不证实这些借口的真伪。他还证实了审计人员在格雷温斯分部的冷库里清点存货时马马虎虎，“审计人员们都不愿待在冷库里。那里的确太冷了。”

3. 审计案件的处理

由于韦森和波拉在道提斯案中的失职行为，SEC责成他俩必须在今后的工作中，修完几门专业课程，并且要求他俩在以后出具审计报告时，应受同级别的注册会计师的监督，以确定其是否运用了恰当的审计程序。因为是韦森及波拉个人没有执行格特曼会计师事务所的质量控制标准才引发此案，所以SEC没有制裁格特曼事务所。1983 年，道提斯公司解聘了格特曼会计师事务所，转而聘请普华会计师事务所。为逃避惩罚，那斯温特签署了一份保证书。在保证书中，他既没有承认也未否认 SEC 的指控，但他承诺以后不会触犯联邦证券的法规。据报道，他后来受雇于道提斯公司的竞争对手。

案例思考

道提斯食品公司审计失败案例带给我们哪些启示？你认为注册会计师应当如何根据设定的审计目标实施必要的审计程序？在实施审计程序的过程中，为了合理保证审计目标的实现，注册会计师应当注意哪些问题？

任务结构

一、审计目标与审计责任

（一）注册会计师审计的总体目标

1. 财务报表的编制

财务报表，是指依据某一财务报告编制基础对被审计单位历史财务信息作出的结构性表述，包括相关附注，旨在反映某一时点的经济资源或义务或者某一时期经济资源或义务的变化。相关附注通常包括重要会计政策概要和其他解释性信息。财务报表通常是指整套财务报表，有时也指单一财务报表。

财务报告编制基础分为通用目的编制基础和特殊目的编制基础。通用目的编制基础，是指旨在满足广大财务报表使用者共同的财务信息需求的财务报告编制基础，主要是指会计准则和会计制度；特殊目的编制基础，是指旨在满足财务报表特定使用者对财务信息需求的财务报告编制基础，包括计税核算基础、监管机构的报告要求和合同的约定等。

适用的财务报告编制基础，是指法律法规要求采用的财务报告编制基础；或者管理层和治理层（如适用）在编制财务报表时，就被审计单位性质和财务报表目标而言，采用的可接受的财务报告编制基础。

小资料

适用的财务报告编制基础的规定也决定了整套财务报表的构成。就许多财务报告编制基础而言，财务报表旨在提供有关被审计单位财务状况、经营成果和现金流量的信息。对这些财务报告编制基础，整套财务报表通常包括资产负债表、利润表、现金流量表、所有者权益（或股东权益）变动表和相关附注。对另外一些财务表编制基础，单一财务报表和相关附注也可能构成整套财务报表。例如，国际公共部门会计准则理事会发布的《国际公共部门会计准则——基于现金基础会计的财务报告》指出，如果一个公共部门实体依据该准则编制财务报表，则主要的财务报表是现金收支情况表。

2. 财务报表审计的总体目标

审计的目的是提高财务报表预期使用者对财务报表的信赖程度。这一目的可以通过注册会计师对财务报表是否在所有重大方面按照适用的财务报表编制基础编制发表审计意见得以实现。就大多数通用目的财务报告编制基础而言，注册会计师针对财务报表是否在所有重大方面按照财务报告编制基础编制并实现公允反映发表审计意见。注册会计师按照审计准则和相关职业道德要求执行审计工作，能够形成这样的意见。

因此，在执行财务报表审计工作时，注册会计师的总体目标是：

（1）对财务报表整体是否不存在由于舞弊或错误导致的重大错报获取合理保证，使得注册会计师能够对财务报表是否在所有重大方面按照适用的财务报告编制基础编制发表审计意见；

（2）按照审计准则的规定，根据审计结果对财务报表出具审计报告，并与管理层和治理层沟通。

在任何情况下，如果不能获取合理保证，并且在审计报告中发表保留意见也不足以实现向财务报表预期使用者报告的目的，注册会计师应当按照审计准则的规定出具无法表示意见的审计报告，或者在法律法规允许的情况下终止审计业务或解除业务约定。

小资料

审计总目标的演进过程

审计目标既反映了社会环境对审计的要求，也反映了审计作用于社会环境的实质内容。审计目标受到审计环境的影响并随着审计环境的变化而变化，经历了一个不断演进的过程。对于审计目标的发展演变，许多专家学者根据不同的目的要求作出了不同的划分。一般认为，审计总目标的演进大致可以分为以下3个阶段：

（一）以查错揭弊为主的审计目标阶段（审计产生之初~20世纪30年代）

在此阶段，企业主要通过审计来了解管理层履行其职责的情况。因此，查错揭弊被公认为是审计的首要目标，即审计的总目标是通过对被审计单位一定时期内会计记录的逐笔审查或一定程度的抽查，判定有无技术错误和舞弊行为。由于这一阶段的经济业务较为简单，注册会计师通过对账项的详细审查，基本上可以满足审计目标的需求。

随着经济的发展，人们逐渐认识到，注册会计师不可能也无法承担起揭露所有的欺诈舞弊和差错的责任，公司管理部门也有责任采取措施预防欺诈、舞弊和差错的发生，当时的法官认为注册会计师仅是门卫而不是侦探，但对重大的舞弊和差错仍然有责任予以揭露，否则就没有履行其职责，没有达到审计目标。

（二）以验证财务报表的真实公允为主的审计目标阶段（20世纪30～80年代）

促使这一阶段审计目标转换的原因首先是社会环境的变化。随着以美国为代表的资本主义经济的迅速发展，特别是股份公司的大量涌现，使经济生活出现了两个新变化。一是管理人员的责任范围由原来的只对股东和债权人负责扩大到要向利害关系人提供财务信息，财务信息也就显得日益重要；二是企业的筹资逐渐由银行转向证券市场，使企业风险承担者由银行变为广大的股东，而股东对会计信息的关注转向反映企业盈利能力的信息。上述两个变化形成了强化审计责任的氛围。引起审计目标转换的第二个原因是审计能力的有限性。对注册会计师来说，由于企业规模的扩大和经济业务的日益复杂，要进行像以前那样的查错揭弊所需的详细审计已极为困难，社会也支付不起详细审计所需的审计费用，受审计能力限制，审计职业界为了避免审计风险，也极力把查错揭弊的责任推向企业管理部门，强调审计仅仅是对财务报表发表一个意见，不可能去揭露贪污盗窃和其他舞弊。同时，由于内部控制理论的发展，使审计职业界开始认为，欺诈舞弊可通过建立完善的内部控制制度来予以控制，注册会计师可以在抽查的基础上，对财务报表的公允性发表一个意见，这不仅可以提高审计效率，而且可保证审计质量。因此，审计不再以查错揭弊为主要目标，而是着重对财务报表的真实性和公允性发表意见，以帮助报表使用者作出相应的决策。

（三）验证财务报表的真实公允与查错揭弊并重的审计目标阶段（20世纪80年代～现在）

这一阶段的开始以美国注册会计师协会的第53、54号《审计准则说明书》的发布为标志。促使查错揭弊成为与验证财务报表的真实公允并重的审计目标的原因之一是20世纪60年代以后，企业管理人员欺诈舞弊案的增加及针对注册会计师的诉讼爆炸。以前，社会公众倾向于认为防止雇员舞弊是企业管理部门的职责，但现在管理人员也参与舞弊，这对社会造成的危害是巨大的。因此，社会对独立的注册会计师应承担查错揭弊的责任的呼声就越来越强烈。而审计职业界由于受到审计能力的限制，尚找不出一种能把所有重大舞弊和差错都揭露出来的方法，因而出于审计风险的考虑，要求尽量降低其查错揭弊的责任。尽管如此，社会环境的强烈要求和审计自身生存的需要，使得审计职业界不得不对此重新考虑，与其被动接受，不如积极寻求降低审计风险的方法。明确查错揭弊是审计目标，会使注册会计师意识到这种责任的存在，从而在审计过程中设法降低审计风险。原因之二是法院判决几乎一直倾向于社会公众的需求。例如英国PW事务所1991年秋涉嫌BCCI舞弊案，受到了BCCI的股东、存款户及职工的财务索赔。也就是说，不管审计职业界愿意不愿意承受，社会都要求审计职业界实际承担起查错揭弊的责任，审计职业界为了维护其生存和发展，也应顺应这个要求。原因之三是审计职业界认为，虽然无法揭露所有的差错和舞弊，但通过设计适当的程序可以合理地保证财务报表不受重大欺诈的影响。1985年，美国成立了由前任证券交易委员会的James C. Treadway任主席的委员会，这个委员会于1987年提交的最终研究报告对注册会计师提出了两项建议：一是关于揭露编制欺诈性财务报表的责任；二是有关提高注册会计师的揭露欺诈行为的能力。这份报告还要求注册会计师：①在每项审计中采取积极的步骤评价这种欺诈性报告的潜在可能性；②设计测试程序，对这种揭露提供合理的保证。根据Treadway报告建议以及审计职业界对审计风险的认识，AICPA审计准则委员会于1988年发布了9个新的审计准则公告，其中第53、54号分别取代了以前的第16、17号审计准则公告，分别阐述了注册会计师揭露客户舞弊和差错的责任及揭露非法行为的责任，将揭露舞弊和非法行为作为审计的主要目标。因此，美国第53至61号审计准则说明书的发布，表明审计职业界充分认识到了社会公众的需求以及由此引起的审计责任，注册会计师开始承担在常规审计程序中发现、揭露可能对财务报表信息有重大影响的舞弊和非法行为。

SAS第53号尽管有上述进步，但仍无法有效缩小审计期望差。1993年3月美国公共监督委员会（POB）在题为“站在公众利益的立场上”的报告中，明确指出社会公众最关注和期望的是注册会计师能够揭露管理舞弊并承担审计责任，而注册会计师却不能满足要求且存在较大差距。美国于1995年通过的《私人有价证券诉讼改革法案》，明确规定了注册会计师应承担识别和揭露某些舞弊行为的责任。这促使AICPA在1997年2月颁布了SAS第82号“财务报表审计中对舞弊的关注”，以取代第53号。在之后第82号施行的5年多时间里，又不断发生一些世界著名公司特大财务欺诈及审计失败案件，令美国政府及公众极度不满，强烈要求审计行业自我检讨，切实改进审计舞弊的效果。在此恶劣环境和紧急情况下，AICPA及时认真作了大量调研和征求意见工作，对舞弊审计准则又进行进一步修订，于2002年10月发布其标题未作丝毫改动的新准则SAS第99号“财务报表审计中对舞弊的关注”，以取代第82号。与第82号相比，第99号针对切实提高审计舞弊的效果，作出了一系列富有成效的改进。

3. 审计目标的导向作用

财务报表审计的总体目标对注册会计师的审计工作发挥着导向作用，它界定了注册会计师的责任范围，直接影响注册会计师计划和实施审计程序的性质、时间和范围，决定了注册会计师如何发表审计意见。例如，既然财务报表审计目标是对财务报表整体发表审计意见，注册会计师就可以只关注与审计有关的内部控制，而不对内部控制本身发表鉴证意见。同样，注册会计师关注被审计单位的违反法规行为，是因为这些行为影响到财务报表，而不是对被审计单位是否存在违反法规行为提供鉴证。

【同步思考3－1】

财务报表使用者为什么希望注册会计师对财务报表发表审计意见?

【分析思路】主要原因包括:

(1) 利益冲突。财务报表使用者往往有着各自的利益，且这种利益与被审计单位管理层的利益大不相同。出于对自身利益的关心，财务报表使用者常常担心管理层提供带有偏见、不公正甚至欺诈性的财务报表。为此，他们往往向外部注册会计师寻求鉴证服务。

(2) 财务信息的重要性。财务报表是财务报表使用者进行经济决策的重要信息来源，在有些情况下，还是唯一的信息来源。在进行投资、贷款和其他经济决策时，财务报表使用者期望财务报表中的信息相关、可靠，并且期待注册会计师确定被审计单位是否按会计准则编制财务报表。

(3) 复杂性。由于会计业务的处理及财务报表的编制日趋复杂，财务报表使用者因缺乏会计知识而难以对财务报表的质量作出评估，所以他们要求注册会计师对财务报表的质量进行鉴证。

(4) 间接性。绝大多数财务报表使用者都不参与被审计单位的经营，这种限制导致财务报表使用者不可能接触到编制财务报表所依据的会计记录和会计账簿，即使使用者可以接触，但往往由于时间和成本的限制，而无法对其进行审查。在这种情况下，使用者有两种选择：一是相信这些会计信息的质量；二是依赖第三者的鉴证。显然，使用者喜欢选择第二种方式。

(二) 审计工作前提

法律法规可能规定了管理层和治理层（如适用）与财务报表相关的责任。尽管不同的国家或地区对这些责任的范围或表述方式的规定可能不尽相同，但注册会计师按照审计准则的规定执行审计工作的前提是相同的，即管理层和治理层（如适用）已认可并理解其应当承担的责任。

1. 管理层和治理层的概念

管理层是指对被审计单位经营活动的执行负有经营管理责任的人员。在某些被审计单位，管理层包括部分或全部的治理层成员，如治理层中负有经营管理责任的人员，或参与日常经营管理的业主（以下简称业主兼经理）。

治理层是指对被审计单位战略方向以及管理层履行经营管理责任负有监督责任的人员或组织。治理层的责任包括监督财务报告过程。在某些被审计单位，治理层可能包括管理层，如治理层中负有经营管理责任的人员，或业主兼经理。

企业的所有权与经营权分离后，管理层负责企业的日常经营管理并承担受托责任。管理层通过编制财务报表反映受托责任的履行情况。为了借助公司内部之间的权力平衡和制约关系保证财务信息的质量，现代公司治理结构往往要求治理层对管理层编制财务报表的过程实施有效的监督。

在治理层的监督下，管理层作为会计工作的行为人，对编制财务报表负有直接责任。《中华人民共和国会计法》第二十一条规定，财务会计报告应当由单位负责人和主管会计工作的负责人、会计机构负责人（会计主管人员）签名并盖章；设置总会计师的单位，还须由总会计师签名并盖章。单位负责人应当保证财务会计报告真实、完整。《中华人民共和国公司法》第一百七十一条规定，公司应当向雇用的会计师事务所提供真实、完整的会计凭证、会计账簿、财务会计报告及其他会计资料，不得拒绝、隐匿、谎报。

2. 审计工作前提

财务报表是由被审计单位管理层在治理层的监督下编制的。管理层和治理层（如适用）认可与财务报表相关的责任，是注册会计师执行审计工作的前提，构成注册会计师按照审计准则的规定执行审计工作的基础。与管理层和治理层责任相关的执行审计工作的前提（以下简称执行审计工作的前提），是指管理层和治理层（如适用）认可并理解其应当承担下列责任，这些责任构成注册会计师按照审计准则的规定执行审计工作的基础；

（1）按照适用的财务报告编制基础编制财务报表，并使其实现公允反映（如适用）；

（2）设计、执行和维护必要的内部控制，以使财务报表不存在由于舞弊或错误导致的重大错报；

（3）向注册会计师提供必要的工作条件，包括允许注册会计师接触与编制财务报表相关的所有信息（如记录、文件和其他事项），向注册会计师提供审计所需的其他信息，允许注册会计师在获取审计证据时不受限制地接触其认为必要的内部人员和其他相关人员。

3. 注册会计师的责任

按照审计准则的规定对财务报表发表审计意见是注册会计师的责任。为履行这一职责，注册会计师应当遵守相关职业道德要求，按照审计准则的规定计划和实施审计工作，获取充分、适当的审计证据，并根据获取的审计证据得出合理的审计结论，发表恰当的审计意见。注册会计师通过签署审计报告确认其责任。

财务报表审计不能减轻被审计单位管理层和治理层的责任。财务报表编制和财务报表审计是财务信息生成链条上的不同环节，两者各司其职。法律法规要求管理层和治理层对编制财务报表承担责任，有利于从源头上保证财务信息质量。同时，在某些方面，注册会计师与管理层和治理层之间可能存在信息不对称。管理层和治理层作为内部人员，对企业的情况更为了解，更能作出适合企业特点的会计处理决策和判断，因此，管理层和治理层理应对编制财务报表承担完全责任。尽管在审计过程中，注册会计师可能向管理层和治理层提出调整建议，甚至在不违反独立性的前提下为管理层编制财务报表提供协助，但管理层仍然对编制财务报表承担责任，并通过签署财务报表确认这一责任。

如果财务报表存在重大错报，而注册会计师通过审计没有能够发现，也不能因为财务报表已经注册会计师审计这一事实而减轻管理层和治理层对财务报表的责任。

小资料

审计准则与审计目标的实现

审计准则作为一个整体，为注册会计师执行审计工作以实现总体目标提供了标准。审计准则规范了注册会计师的一般责任以及在具体方面履行这些责任时的进一步考虑。每项审计准则都明确了规范的内容、适用的范围和生效的日期。除非在准则中另有说明，注册会计师可以在规定的生效日期之前执行这些准则。在执行审计工作时，除遵守审计准则外，注册会计师可能还需要遵守法律法规的规定。审计准则并不超越规范财务报表审计的法律法规。如果法律法规与审计准则之间存在差异，仅按照相关法律法规的规定执行审计工作，将不会被视为自动地遵守了审计准则。

注册会计师也可能同时按照中国注册会计师审计准则和某一国家或地区的审计准则执行审计工作。在这种情况下，除遵守与审计工作相关的每项中国注册会计师审计准则外，注册会计师可能有必要实施额外的审计程序，以遵守该国家或地区的相关准则。

每项审计准则均包含一个或多个目标，这些目标将审计准则的要求与注册会计师的总体目标联系起来。每项审计准则规定目标的作用在于，使注册会计师关注每项审计准则预期实现的结果。这些目标足够具体，可以帮助注册会计师：(1) 理解所需完成的工作，以及在必要时为完成这些工作使用的恰当手段；(2) 确定在审计业务的具体情况下是否需要完成更多的工作以实现目标。

注册会计师需要将每项审计准则规定的目标与审计准则的总体目标联系起来进行理解。审计准则的要求，旨在使注册会计师能够实现审计准则规定的目标，进而实现注册会计师的总体目标。因此，注册会计师恰当执行审计准则的要求，预期会为其实现目标提供充分的基础。然而，由于各项审计业务的具体情况存在很大差异，并且审计准则不可能预想到所有的情况，注册会计师有责任确定必要的审计程序，以满足准则的要求和实现目标。针对某项业务的具体情况，可能存在一些特定事项，需要注册会计师实施审计准则要求之外的审计程序，以满足审计准则规定的目标。

在注册会计师的总体目标下，注册会计师需要运用审计准则规定的目标以评价是否已获取充分、适当的审计证据。如果根据评价的结果认为没有获取充分、适当的审计证据，那么注册会计师可以采取下列一项或多项措施以满足审计准则的要求：

(1) 评价通过遵守其他审计准则是否已经获取或将会获取进一步的相关审计证据；

(2) 在执行一项或多项审计准则的要求时，扩大审计工作的范围；

(3) 实施注册会计师根据具体情况认为必要的其他程序。

如果上述措施在具体情况下均不可行或无法实施，注册会计师将无法获取充分、适当的审计证据。在这种情况下，审计准则要求注册会计师确定对审计报告或完成该项业务的能力的影响。

二、审计具体目标

（一）认定

1. 认定的含义

认定，是指管理层在财务报表中作出的明确或隐含的表达，注册会计师将其用于考虑可能发生的不同类型的潜在错报。

认定与审计目标密切相关，注册会计师的基本职责就是确定被审计单位管理层对其财务报表的认定是否恰当。注册会计师了解了认定，就很容易确定每个项目的具体审计目标。通过考虑可能发生的不同类型的潜在错报，注册会计师运用认定评估风险，并据此设计审计程序以应对评估的风险。

当管理层声明财务报表已按照适用的财务报告编制基础进行编制，在所有重大方面作出公允反映时，就意味着管理层对财务报表各组成要素的确认、计量、列报以及相关的披露作出了认定。管理层在财务报表上的认定有些是明确表达的，有些则是隐含表达的。

例如，管理层在资产负债表中列报存货及其金额，意味着作出下列明确的认定：（1）记录的存货是存在的；（2）存货以恰当的金额包括在财务报表中，与之相关的计价或分摊调整已恰当记录。同时，管理层也作出下列隐含的认定：（1）所有应当记录的存货均已记录；（2）记录的存货都由被审计单位拥有。

管理层对财务报表各组成要素均作出了认定，注册会计师的审计工作就是要确定管理层的认定是否恰当。

2. 与所审计期间各类交易和事项相关的认定

注册会计师对所审计期间的各类交易和事项运用的认定通常分为下列类别：

（1）发生：记录的交易或事项已发生，且与被审计单位有关。

（2）完整性：所有应当记录的交易和事项均已记录。

（3）准确性：与交易和事项有关的金额及其他数据已恰当记录。

（4）截止：交易和事项已记录于正确的会计期间。

（5）分类：交易和事项已记录于恰当的账户。

3. 与期末账户余额相关的认定

注册会计师对期末账户余额运用的认定通常分为下列类别：

（1）存在：记录的资产、负债和所有者权益是存在的。

（2）权利和义务：记录的资产由被审计单位拥有或控制，记录的负债是被审计单位应当履行的偿还义务。

（3）完整性：所有应当记录的资产、负债和所有者权益均已记录。

（4）计价和分摊：资产、负债和所有者权益以恰当的金额包括在财务报表中，与之相关的计价或分摊调整已恰当记录。

4. 与列报和披露相关的认定

各类交易和账户余额的认定正确只是为列报正确打下了必要的基础，财务报表还可能因被审计单位误解有关列报的规定或舞弊等而产生错报。另外，还可能因被审计单位没有遵守一些专门的披露要求而导致财务报表错报。因此，即使注册会计师审计了各类交易和账户余额的认定，实现了各类交易和账户余额的具体审计目标，也不意味着获取了足以对财务报表发表审计意见的充分、适当的审计证据。因此，注册会计师还应当对各类交易、账户余额及相关事项在财务报表中列报的正确性实施审计。

基于此，注册会计师对列报和披露运用的认定通常分为下列类别：

（1）发生以及权利和义务：披露的交易、事项和其他情况已发生，且与被审计单位有关。

（2）完整性：所有应当包括在财务报表中的披露均已包括。

（3）分类和可理解性：财务信息已被恰当地列报和描述，且披露内容表述清楚。

（4）准确性和计价：财务信息和其他信息已公允披露，且金额恰当。

需要说明的是：注册会计师可以按照上述分类运用认定，也可按其他方式表述认定，但应涵盖上述所有方面。例如，注册会计师可以选择将有关交易和事项的认定与有关账户余额的认定综合运用。又如，当发生和完整性认定包含了对交易是否记录于正确会计期间的恰当考虑时，就可能不存在与交易和事项截止相关的单独认定。

（二）审计具体目标

注册会计师了解了认定，就很容易确定每个项目的具体审计目标，并以此作为评估重大错报风险以及设计和实施进一步审计程序的基础。

在注册会计师按照业务循环法实施审计时，既要对构成期末余额的各类业务实施审计测试，也要对账户余额本身执行审计测试。例如，图 3－1 列示了影响应收账款余额的账户余额和业务，以此说明上述概念。从图中可以看出，这里假定应收账款期初余额为 9 600 万美元，该余额为上年审定数，因而可视为是可靠的。如果注册会计师能够完全确认赊销收入、收到现金、销售退回和折让、坏账冲销这 4 类业务中的每一类都是正确反映的，那么他就能够确认应收账款期末余额 16 600 万美元是正确的。但是，注册会计师对每一类业务的正确性都取得完全的保证是不现实的，因而也就无法对应收账款的期末余额取得完全的保证。在这种情况下，可以通过对应收账款的期末余额进行审计来提高总体保证水平。注册会计师在实践中已经发现，通常实施审计最有效的方法是对各类业务和相关账户的期末余额两个方面取得综合性的保证。

应收账款			（单位：百万美元）
期初余额	96		
赊销收入	660	590	收到现金
		0	销售退回和折让
		0	坏账冲销
期末余额	166		

图 3－1 影响应收账款余额的账户余额和业务

任何一类业务都必须在满足几项审计目标以后，注册会计师才能认为这类业务的总体是公允反映的，这些审计目标称为“与各类交易和事项相关的审计目标”。同样，每一类账户余额也必须满足几项审计目标，这些审计目标称为“与期末账户余额相关的审计目标”。

如前所述，各类交易和账户余额的认定正确只是为列报正确打下了必要的基础，注册会计师在实现了各类交易和账户余额的具体审计目标的基础上，还应当对各类交易、账户余额及相关事项在财务报表中列报的正确性实施审计，以达到“与列报和披露相关的审计目标”。

1. 与所审计期间各类交易和事项相关的审计目标

（1）发生：由发生认定推导的审计目标是确认已记录的交易是真实的。例如，如果没有发生销售交易，但在销售日记账中记录了一笔销售，则违反了该目标。发生认定所要解决的问题是管理层是否把那些不曾发生的项目列入财务报表，它主要与财务报表组成要素的高估有关。

（2）完整性：由完整性认定推导的审计目标是确认已发生的交易确实已经记录。例如，如果发生了销售交易，但没有在销售明细账和总账中记录，则违反了该目标。发生和完整性两者强调的是相反的关注点。发生目标针对潜在的高估，而完整性目标则针对漏记交易（低估）。

（3）准确性：由准确性认定推导出的审计目标是确认已记录的交易是按正确金额反映的。例如，如果在销售交易中，发出商品的数量与账单上的数量不符，或是开账单时使用了错误的销售价格，或是账单中的乘积或加总有误，或是在销售明细账中记录了错误的金额，则违反了该目标。准确性与发生、完整性之间存在区别。例如，若已记录的销售交易是不应当记录的（如发出的商品是寄销商品），则即使发票金额是准确计算的，仍违反了发生目标。再如，若已入账的销售交易是对正确发出商品的记录，但金额计算错误，则违反了准确性目标，但没有违反发生目标。在完整性与准确性之间也存在同样的关系。

（4）截止：由截止认定推导出的审计目标是确认接近于资产负债表日的交易记录于恰当的期间。例如，如果本期交易推到下期，或下期交易提到本期，均违反了截止目标。

（5）分类：由分类认定推导出的审计目标是确认被审计单位记录的交易经过适当分类。例如，如果将现销记录为赊销，将出售经营性固定资产所得的收入记录为营业收入，则导致交易分类的错误，违反了分类的目标。

2. 与期末账户余额相关的审计目标

（1）存在：由存在认定推导的审计目标是确认记录的金额确实存在。例如，如果不存在某顾客的应收账款，在应收账款明细表中却列入了对该顾客的应收账款，则违反了存在目标。

（2）权利和义务：由权利和义务认定推导的审计目标是确认资产归属于被审计单位，负债属于被审计单位的义务。例如，将他人寄售商品列入被审计单位的存货中，违反了权利目标；将不属于被审计单位的债务记入账内，违反了义务目标。

（3）完整性：由完整性认定推导的审计目标是确认已存在的金额均已记录。例如，如果存在某顾客的应收账款，在应收账款明细表中却没有列入，则违反了完整性目标。

（4）计价和分摊：资产、负债和所有者权益以恰当的金额包括在财务报表中，与之相关的计价或分摊调整已恰当记录。例如，如果运用错误的方法导致固定资产计提折旧不足，则违反了该目标。

3. 与列报和披露相关的审计目标

（1）发生以及权利和义务：将没有发生的交易、事项，或与被审计单位无关的交易和事项包括在财务报表中，则违反该目标。例如，复核董事会会议记录中是否记载了固定资产抵押等事项，询问管理层固定资产是否被抵押，即是对列报的权利认定的运用。如果被审计单位拥有被抵押的固定资产，则需要将其在财务报表中列报，并说明与之相关的权利受到限制。

（2）完整性：如果应当披露的事项没有包括在财务报表中，则违反了该目标。例如，检查关联方和关联交易，以验证其在财务报表中是否得到充分披露，即是对列报的完整性认定的运用。

（3）分类和可理解性：财务信息已被恰当地列报和描述，且披露内容表述清楚。例如，检查存货的主要类别是否已披露，是否将一年内到期的长期负债列为流动负债，即是对列报的分类和可理解性认定的运用。

（4）准确性和计价：财务信息和其他信息已公允披露，且金额恰当。例如，检查财务报表附注是否分别对原材料在产品和产成品等存货成本核算方法做了恰当说明，即是对列报的准确性和计价认定的运用。

（三）认定、审计具体目标和审计程序之间的关系

通过上面的介绍可知，认定是确定具体审计目标的基础，注册会计师通常将认定转化为能够通过审计程序予以实现的审计目标。针对财务报表每一项目所表现出的各项认定，注册会计师相应地确定一项或多项审计目标，然后通过执行一系列审计程序获取充分、适当的审计证据以实现审计目标。认定、审计目标和审计程序之间的关系举例如表 3－1 所示。

表 3－1　　认定、审计具体目标和审计程序之间的关系举例

认定	审计具体目标	审计程序
存在	资产负债表列示的存货存在	实施存货监盘程序
完整性	销售收入包括了所有已发货的交易	检查发货单和销售发票的编号以及销售明细账
准确性	应收账款反映的销售业务是否基于正确的价格和数量，计算是否正确	比较价格清单与发票上的价格，发货单与销售订购单上的数量是否一致，重新计算发票上的金额
截止	采购业务记录在恰当的期间	比较上一年度最后几天和下一年度最初几天的发货单日期与记账日期
权利和义务	资产负债表中的固定资产确实为公司拥有	查阅所有权证书、购货合同、结算单和保险单
计价和分摊	以净值记录应收账款	检查应收账款账龄分析表、评估计提的坏账准备是否充足

【同步案例 3－1】

ABC 会计师事务所接受甲公司的委托，对其年度会计报表进行审计。注册会计师根据各类交易、账户余额和列报的相关认定确定审计目标，并根据审计目标设计审计程序。

以下是注册会计师列出的销售交易的审计目标：

①所记录的销售交易已经发生，且与被审计单位有关；

②所有应当记录的销售交易均已记录；

③与销售交易有关的金额及其他数据已恰当记录；

④销售交易已记录于恰当的账户；

⑤销售交易已记录于恰当的账户。

请问：

(1) 上述各项审计目标，各自是根据哪一类与销售交易相关的认定推论得出的？

(2) 财务报表审计的总体目标和具体审计目标之间是什么关系？被审计单位管理层认定与具体审计目标之间是什么关系？

答案提示：

(1) 分别是①发生；②完整性；③准确性；④分类；⑤截止。

(2) 具体审计目标是审计总体目标的进一步具体化。具体审计目标的确定必须根据审计总体目标，结合被审计单位管理层认定来确定。注册会计师的基本职责就在于确定被审计单位管理层对其财务报表的认定是否有理由。

三、审计过程与审计目标的实现

风险导向审计模式要求注册会计师在审计过程中，以重大错报风险的识别、评估和应对作为工作主线。相应地，审计过程大致可分为以下几个阶段。

（一）接受业务委托

会计师事务所应当按照执业准则的规定，谨慎决策是否接受或保持某客户关系和具体审计业务。在接受新客户的业务前，或决定是否保持现有业务或考虑接受现有客户的新业务时，会计师事务所应当执行有关客户接受与保持的程序，以获取如下信息：

（1）考虑客户的诚信，没有信息表明客户缺乏诚信；

（2）具有执行业务必要的素质、专业胜任能力、时间和资源；

（3）能够遵守相关职业道德要求。

会计师事务所执行客户接受与保持的程序的目的，旨在识别和评估会计师事务所面临的风险。例如，如果注册会计师发现潜在客户正面临财务困难，或者发现现有客户曾作出虚假陈述，那么可以认为接受或保持该客户的风险非常高，甚至是不可接受的。会计师事务所除考虑客户的风险外，还需要考虑自身执行业务的能力，如当工作需要时能否获得合适的具有相应资格的员工；能否获得专业化协助；是否存在任何利益冲突；能否对客户保持独立性等。

注册会计师需要作出的最重要的决策之一就是接受和保持客户。一项低质量的决策会导致不能准确确定计酬的时间或未被支付的费用，增加项目合伙人和员工的额外压力，使会计师事务所声誉遭受损失，或者涉及潜在的诉讼。

一旦决定接受业务委托，注册会计师应当与客户就审计约定条款达成一致意见。对于连续审计，注册会计师应当根据具体情况确定是否需要修改业务约定条款，以及是否需要提醒客户注意现有的业务约定书。

审计业务约定书的详细内容，将在任务六中予以介绍。

（二）计划审计工作

计划审计工作十分重要。如果没有恰当的审计计划，不仅无法获取充分、适当的审计证据，影响审计目标的实现，而且还会浪费有限的审计资源，影响审计工作的效率。因此，对于任何一项审计业务，注册会计师在执行具体审计程序之前，都必须根据具体情况制定科学、合理的计划，使审计业务以有效的方式得到执行。一般来说，计划审计工作主要包括：在本期审计业务开始时开展的初步业务活动；制定总体审计策略；制定具体审计计划等。需要指出的是，计划审计工作不是审计业务的一个孤立阶段，而是一个持续的、不断修正的过程，贯穿于整个审计过程的始终。

计划审计工作的详细内容，将在任务六中予以介绍。

（三）评估重大错报风险

审计准则规定，注册会计师必须实施风险评估程序，以此作为评估财务报表层次和认定层次重大错报风险的基础。风险评估程序是指注册会计师为了解被审计单位及其环境，以识别和评估财务报表层次和认定层次的重大错报风险（无论该错报是由于舞弊还是错误导致）而实施的审计程序。风险评估程序是必要程序，了解被审计单位及其环境为注册会计师在许多关键环节作出职业判断提供了重要基础。了解被审计单位及其环境实际上是一个连续和动态地收集、更新与分析信息的过程，贯穿于整个审计过程的始终。一般来说，实施风险评估程序的主要工作包括：了解被审计单位及其环境；识别和评估财务报表层次以及各类交易、账户余额和披露认定层次的重大错报风险，包括确定需要特别考虑的重大错报风险（即特别风险）以及仅通过实施实质性程序无法应对的重大错报风险等。

风险评估程序的详细内容，将在任务七中予以介绍。同时，任务九至任务十二将介绍各业务循环内部控制的了解。

（四）应对重大错报风险

注册会计师实施风险评估程序本身并不足以为发表审计意见提供充分、适当的审计证据，还应当实施进一步审计程序，包括实施控制测试（必要时或决定测试时）和实质性程序。因此，注册会计师在评估财务报表重大错报风险后，应当运用职业判断，针对评估的财务报表层次重大错报风险确定总体应对措施，并针对评估的认定层次重大错报风险设计和实施进一步审计程序，以将审计风险降至可接受的低水平。

有关应对重大错报风险的内容，将在任务八中予以介绍。同时，本教材任务九至任务十二介绍对各业务循环的控制测试和实质性程序。

（五）完成审计工作和编制审计报告

注册会计师在完成进一步审计程序后，还应当按照有关审计准则的规定做好审计完成阶段的工作，并根据所获取的各种证据，合理运用专业判断，形成适当的审计意见。

任务十三、任务十四将对完成审计工作和编制审计报告展开讨论。

【同步思考 3－2】

注册会计师审计存在哪些固有的限制？

【要点分析】注册会计师据以得出结论和形成审计意见的大多数审计证据是说服性而非结论性的，因此，注册会计师不能对财务报表不存在由于舞弊或错误导致的重大错报获取绝对保证。审计的固有限制源于财务报告的性质、审计程序的性质和在合理的时间内以合理的成本完成审计的需要。

（1）财务报告的性质。管理层编制财务报表，需要根据被审计单位的事实和情况运用适用的财务报告编制基础，在这一过程中需要作出判断。此外，许多财务报表项目涉及主观决策、评估或一定程度的不确定性，并且可能存在一系列可接受的解释或判断。因此，某些财务报表项目的金额本身就存在一定的变动幅度，这种变动幅度不能通过实施追加的审计程序来消除。例如，某些会计估计通常如此。

（2）审计程序的性质。注册会计师获取审计证据的能力受到实务和法律上的限制。例如：①管理层或其他人员可能有意或无意地不提供与财务报表编制相关的或注册会计师要求的全部信息。因此，即使实施了旨在保证获取所有相关信息的审计程序，注册会计师也不能保证信息的完整性。②舞弊可能涉及精心策划和蓄意实施以进行隐瞒。因此，用以收集审计证据的审计程序可能对于发现舞弊是无效的。例如，舞弊导致的错报涉及串通伪造文件，使得注册会计师误以为有效的证据实际上是无效的，注册会计师没有接受文件真伪鉴定方面的培训，不应被期望成为鉴定文件真伪的专家。③审计不是对涉嫌违法行为的官方调查。因此，注册会计师没有被授予特定的法律权力（如搜查权），而这种权力对调查是必要的。

（3）在合理的时间内以合理的成本完成审计需要。审计中的困难、时间或成本等事项本身，不能作为注册会计师省略不可替代的审计程序或满足于说服力不足的审计证据的正当理由。制定适当的审计计划有助于保证执行审计工作需要的充分的时间和资源。尽管如此，信息的相关性及其价值会随着时间的推移而降低，所以需在信息的可靠性和成本之间进行权衡。正是因为认识到这一点，财务报表使用者的期望是，注册会计师在合理的时间内以合理的成本对财务报表形成审计意见。

任务回顾

本任务主要讲述了审计总目标的演进过程，我国注册会计师审计的总体目标，被审计单位和注册会计师在财务报表审计中的责任划分，被审计单位管理层对财务报表认定的内容，被审计单位管理层对财务报表认定与审计具体目标的关系，与业务相关的审计目标和与余额相关的审计目标之间的区别，审计的基本过程。

1. 审计总目标受到审计环境的影响并随着审计环境的变化而变化，经历了一个不断演进的过程。一般认为，审计总目标的演进大致可以分为以下 3 个阶段：以查错揭弊为主的审计目标阶段；以验证财务报表的真实公允为主的审计目标阶段；验证财务报表的真实公允与查错揭弊并重的审计目标阶段。

2. 在执行财务报表审计工作时，注册会计师的总体目标是：①对财务报表整体是否不存在由于舞弊或错误导致的重大错报获取合理保证，使得注册会计师能够对财务报表是否在所有重大方面按照适用的财务报告编制基础编制发表审计意见；②按照审计准则的规定，根据审计结果对财务报表出具审计报告，并与管理层和治理层沟通。

3. 在财务报表审计中，被审计单位管理层和治理层的责任包括：①按照适用的财务报告编制基础编制财务报表，并使其实现公允反映；②设计、执行和维护必要的内部控制，以使财务报表不存在由于舞弊或错误导致的重大错报；③向注册会计师提供必要的工作条件，包括允许注册会计师接触与编制财务报表相关的所有信息（如记录、文件和其他事项），向注册会计师提供审计所需的其他信息，允许注册会计师在获取审计证据时不受限制地接触其认为必要的内部人员和其他相关人员。注册会计师的责任是按照审计准则的规定对财务报表发表审计意见。为履行这一职责，注册会计师应当遵守相关职业道德要求，按照审计准则的规定计划和实施审计工作，获取充分、适当的审计证据，并根据获取的审计证据得出合理的审计结论，发表恰当的审计意见。

4. 被审计单位管理层认定是指管理层在财务报表中作出的明确或隐含的表达，其中，与各类交易和事项相关的认定包括：发生，完整性，准确性，截止，分类；与期末账户余额相关的认定包括：存在，权利和义务，完整性，计价和分摊；与列报和披露相关的认定包括：发生以及权利和义务；完整性；分类和可理解性；准确性和计价。

5. 被审计单位管理层认定是确定具体审计目标的基础，注册会计师通常将认定转化为能够通过审计程序予以实现的审计目标。针对财务报表每一项目所表现出的各项认定，注册会计师相应地确定一项或多项审计目标，然后通过执行一系列审计程序获取充分、适当的审计证据以实现审计目标。

6. 任何一类业务都必须在满足几项审计目标以后，注册会计师才能认为这类业务的总体是公允反映的，这些审计目标称为“与各类交易和事项相关的审计目标”，包括：发生，完整性，准确性，截止，分类。同样，每一类账户余额也必须满足几项审计目标，这些审计目标称为“与期末账户余额相关的审计目标”，包括：存在，权利和义务，完整性，计价和分摊。

7. 风险导向审计模式要求注册会计师在审计过程中，以重大错报风险的识别、评估和应对作为工作主线。相应地，审计过程大致可分为以下几个阶段：接受业务委托；计划审计工作；评估重大错报风险；应对重大错报风险；完成审计工作和编制审计报告。

思考与案例分析题

1. 思考题

（1）什么是审计的总体目标？它与审计的具体目标有何关系？

（2）审计总目标是如何演变的？

（3）如何区分被审计单位和注册会计师在报表审计中的责任？区分二者有何重要意义？

（4）被审计单位管理层对财务报表的认定有哪几类？其具体内容是什么？

（5）某建筑公司将接受的日常修理服务记入了错误的日期，违反了哪个与交易相关的审计目标？如果已将该项服务资本化为固定资产而不是费用化，则违反了哪个与交易相关的审计目标？

（6）存在或发生认定与完整性认定的区别在哪里？

（7）审计的具体目标可以如何划分？具体内容是什么？

（8）试简要说明被审计单位管理层认定与审计目标的关系。

（9）财务报表审计的基本过程分成哪几步？每一步骤的基本工作内容是什么？

2. 案例分析题

（1）美国联区金融集团是一家从事金融服务的企业，公司有可公开交易的债券上市，美国证券交易委员会要求它定期提供财务报表。经过 7 年的发展，联区金融集团租赁公司的雇员已超过 4 万名，在全国各地设有 10 个分支机构，未收回的应收租赁款接近4亿美元，占合并总资产的35%。

1981年底，联区金融集团租赁公司进攻型市场策略的弊端开始显现出来，债务拖欠率日渐升高，该公司不得不采用多种非法手段，来掩饰其财务状况已经恶化的事实。美国证券交易委员会指控联区金融集团租赁公司在其定期报送的财务报表中，始终没有对应收租赁款计提充足的坏账准备金。1981年以前，坏账准备金率为1.5%，1981年调增至2%，1982年调增至3%。尽管这种估计坏账损失的会计方法是被美国证券交易委员会认可的，但该联邦机构一再重申，联区金融集团租赁公司的管理当局应该早就知晓，他们所选用的固定比率百分比实在太小了。事实上，截至1982年9月，该公司应收账款中拖欠期超过90天的金额已高达20%以上。对坏账准备金缺乏应有的控制所引起的一个直接后果是，财务报表中该账户的金额被严重低估，相应地导致资产净额被严重高估。

美国证券交易委员会对塔奇·罗丝会计师事务所在联区金融集团租赁公司1981年度审计中的表现极为不满。联邦机构指责该年度的审计“没有进行充分的计划和监督”。美国证券交易委员会宣称，事务所在编制联区金融集团租赁公司1981年度的审计计划及设计审计程序时，没有充分考虑存在于该公司的大量审计风险因素。事实上，美国证券交易委员会发现，1981年度的审计计划“大部分是以前年度审计计划的延续”。该审计计划的主要缺陷如下：

①塔奇·罗丝会计师事务所没有对超期应收租赁款账户的内部会计控制加以测试。由于审计计划没有测试公司的会计控制制度能否准确地确定应收租赁款的超期时间，因此审计人员无法判断从客户那里获取的账龄汇总表是否准确。

②塔奇·罗丝会计师事务所的审计计划只要求测试一小部分（8%）未收回的应收租赁款。由于把大部分注意力集中在金额超过5万美元、拖欠期达120天的超期应收租赁款上，塔奇·罗丝会计师事务所忽略了相当部分无法收回的应收租赁款。

③尽管审计计划要求对客户坏账核销政策进行复核，但并没有要求外勤审计人员去确定该政策是否被实际执行。事实上，该公司并没有遵循其坏账核销政策。联区金融集团租赁公司可以随时将大量无法收回的租赁款冲销坏账准备，而事先却根本没有对这些应收租赁款计提坏账准备金。据美国证券交易委员会称，某些无法收回的应收租赁款挂账多达几年。

④塔奇·罗丝会计师事务所无视联区金融集团租赁公司审计的复杂性以及非同寻常的高风险性，在所分派的执行1981年度审计聘约的审计人员中，大多数人对客户以及租赁行业的情况非常陌生。事实上，该公司的会计主管后来作证说，塔奇·罗丝会计师事务所第一次分派了一些对租赁行业少有涉猎，或缺乏经验甚至一无所知的审计人员来执行审计。

最后，美国证券交易委员会决定对该事务所进行惩罚，并批评了塔奇·罗丝会计师事务所负责监督指导联区金融集团租赁公司1980~1982年度审计工作的合伙人。

要求：

①请结合案例分析，对于上述的应收租赁款情况，注册会计师应当设定哪些具体审计目标？

②对于设定的审计目标，注册会计师应实施哪些审计程序，检查哪些业务资料？

③结合本案例，谈谈你对审计计划和审计目标二者之间关系的认识。

（2）诚峰会计事务所的注册会计师张永在执行 ABC 公司财务报表审计时，发现了表中列出的以下事项：

财务报表审计时分别发现的事项	被审计单位违反的认定
本期交易推迟至下期记账，或者将下期应当记录的交易提前到本期记录	
期末少计提累计折旧错误	
在销售明细账中记录了并没有发生的一笔销售业务	
不存在某顾客，在应收账款明细表中却列入了对该顾客的应收账款	
财务报表附注没有分别对原材料、在产品和产成品等存货成本核算方法做恰当的说明	
将不属于被审计单位的债务记入账内	
将出售某经营性固定资产（并非企业的日常交易事项）所得的收入记录为主营业务收入	
没有将一年内到期的长期负债列为一年内到期的非流动负债	
发生了一项销售交易，但没有在销售明细账和总账中记录	
在销售交易中有如下情况：①发出商品的数量与账单上的数量不符；②开具账单时运用了错误的销售价格；③账单中的乘积或加总有误；④在销售明细账中记录了错误的金额	
存在对某客户的应收账款，在应收账款明细表中却没有列入对该客户的应收账款	
关联交易类型、金额没有在财务报表附注中作恰当披露	
关联方和关联交易，没有在财务报表中充分披露	
将现销记录为赊销	

要求：请分别针对每一事项指明被审计单位违反了哪一项认定。请先写出认定的大类，再写出认定的名称，例如：“与各类交易和事项相关的认定：发生”。

专业技能训练

1. 实训目的

理解被审计单位管理层的认定、审计具体目标与审计程序之间的关系。

2. 实训资料

注册会计师通常依据各类交易、账户余额和列报的相关认定确定审计目标，根据审计目标设计审计程序。以下给出了采购交易的审计目标，并列举了部分实质性程序。

(1) 审计目标

a. 所记录的采购交易已发生，且与被审计单位有关。

b. 所有应记录的采购交易均已记录。

c. 与采购交易有关的金额及其他数据已恰当记录。

d. 采购交易已记录于恰当的账户。

e. 采购交易已记录于正确的会计期间。

(2) 审计程序

f. 将采购明细账中记录的交易同购货发票、验收单和其他证明文件比较。

g. 根据购货发票反映的内容，比较会计科目表上的分类。

h. 从购货发票追查至采购明细账。

i. 从验收单追查至采购明细账。

j. 将验收单和购货发票上日期与采购明细账中的日期进行比较。

k. 检查购货发票、验收单、订货单和请购单的合理性和真实性。

l. 追查存货的采购至存货永续盘存记录。

3. 实训要求

(1) 请根据题目中给出的审计目标，指出对应的相关认定；

(2) 请针对每一审计目标，选择相应的审计程序（一项审计程序可能对应一项或多项审计目标，每一审计目标可能选择一项或多项审计程序）。

请将财务报表相关认定及选择的审计程序字母序号填入下列表格中。

相关认定	审计目标（已知）	实质性程序
	所记录的采购交易已发生，且与被审计单位有关	
	所有应记录的采购交易和事项均已记录	
	与采购交易有关的金额及其他数据已恰当记录	
	采购交易已记录于恰当的账户	
	采购交易已记录于正确的会计期间	

教学设计与实践

1. 教学重点

(1) 注册会计师审计的总体目标；

(2) 被审计单位管理层的认定；

(3) 财务报表审计的具体目标。

2. 教学难点

（1）注册会计师审计的总体目标；

（2）财务报表审计的具体目标；

（3）审计过程。

3. 建议教学课时

理论教学 2 学时，实践教学 2 学时。

4. 教学实践

（1）请制作本任务的授课教案；

（2）选取部分内容进行 1 小节课程的试讲。

任务四　掌握审计证据的收集和审计工作底稿的编制

任务内容

- 审计证据
- 审计工作底稿

任务目标

- 了解审计证据的含义和特征
- 掌握审计证据的分类
- 掌握审计证据决策的内容
- 掌握常用的审计程序及其分类
- 了解审计工作底稿的定义和作用
- 了解审计工作底稿的分类
- 熟悉审计工作底稿的基本要素
- 掌握审计工作底稿的编制要求
- 理解审计工作底稿的勾稽关系
- 了解审计工作底稿复核的作用和基本要求
- 了解审计工作底稿的归档与管理的有关规定

适用的准则和规范

- 《中国注册会计师审计准则第 1301 号——审计证据》
- 《中国注册会计师审计准则第 1311 号——存货监盘》
- 《中国注册会计师审计准则第 1312 号——函证》
- 《中国注册会计师审计准则第 1313 号——分析程序》

- 《中国注册会计师审计准则第 1314 号——审计抽样》
- 《质量控制准则第 5101 号——会计师事务所对执行财务报表审计和审阅、其他鉴证和相关服务业务实施的质量控制》
- 《中国注册会计师审计准则第 1131 号——审计工作底稿》

导入案例

德勤对科龙公司审计案例

2006 年 7 月 16 日，中国证监会对广东科龙电器股份有限公司及其责任人的证券违法违规行为作出行政处罚与市场永久性禁入决定。这是新的《证券市场禁入规定》自 2006 年 7 月 10 日施行以来，证监会作出的第一个市场禁入处罚。

顾雏军收购科龙后，主要采用以下舞弊手段达到夸大业绩的目的：

(1) 利用会计政策，调节减值准备，实现“扭亏”。通过虚构主营业务收入、少计坏账准备、少计诉讼赔偿金等手段编造虚假财务报告。经查实，科龙在 2002 年至 2004 年的年报中，共虚增利润 3.87 亿元，其中 2002 年 1.20 亿元，2003 年 1.18 亿元，2004 年 1.49 亿元。

(2) 虚增收入和收益。通过使用不正当的收入确认方法，虚构收入，虚增利润，粉饰财务报表。经查实，科龙 2002 年年报中共虚增收入 4.03 亿元，虚增利润 1.20 亿元。其具体手法主要是通过对未出库销售的存货开具销售发票或销售出库单并确认收入，以虚增年报中的主营业务收入和利润。2003 年和 2004 年，在顾雏军和格林柯尔的操纵下，科龙年报又分别虚增收入 3.05 亿元和 5.13 亿元，虚增利润 8 935 万元和 1.2 亿元。根据德勤会计师事务所的报告，科龙电器 2004 年第四季度有高达 4.27 亿元的销售收入没有得到验证，其中向一家不知名的新客户的销售金额就高达 2.97 亿元，而且到 2005 年 4 月 28 日审计工作结束时仍然没有收回。

(3) 利用关联交易转移资金。经查实，科龙电器 2002 年至 2004 年未披露与格林柯尔公司共同投资、关联采购等关联交易事项，2000 年至 2001 年未按规定披露重大关联交易，2003 年和 2004 年年报也均未披露适用关联方巨额资产的事项。

2002 年之前，科龙的审计机构是安达信，2001 年，ST 科龙全年净亏损约 15 亿元，当时的安达信“由于无法执行满意的审计程序以获取合理的保证来确定所有重大交易均以被正确记录并充分披露”为由，给出具了拒绝表示意见的审计报告。2002 年，安达信因安然事件颠覆后，其在我国内地和香港的业务并入普华永道，普华永道对格林柯尔和科龙这两个“烫手山芋”采取了请辞之举。之后，德勤走马上任，审计了科龙 2002 年至 2004 年的年报。在对 ST 科龙 2002 年的年报进行审计时，德勤认为“未能从公司管理层获得合理的声明及可信赖的证据作为其审计的基础，报表的上年数与本年数也不具有可比性”，所以出具了“保留意见”的审计报告。此前安达信曾给出过拒绝表示意见的审计报告，在2001年年末科龙整体资产价值不确定的情况下，德勤2002年给出“保留意见”的审计报告显得有些牵强。在此基础上，2003年德勤对科龙的年报出具了无保留意见审计报告。2004年出具了保留意见的审计报告。尽管在2004年年报披露之后德勤也宣布辞去科龙的审计业务，但它此前为科龙2003年年报出具的无保留意见审计报告，为2002年和2004年年报出具保留意见的审计报告并没有撤回，也没有要求公司进行财务报告重述。既然科龙被证实有重大错报事实，德勤显然难以免责。

据媒体透露，证监会基本完成了对德勤的调查，德勤对科龙审计过程中存在的主要问题包括：审计程序不充分、不适当，未发现科龙现金流量表重大差错等。

一是在执行审计程序方面，德勤的确出现了严重纰漏，对科龙电器的审计并没有尽职。证监会委托毕马威所做的调查显示：2001年10月1日至2005年7月31日期间，科龙电器及其29家主要附属公司与格林柯尔系公司或疑似格林柯尔系公司之间进行的不正常重大现金流出总额约为40.71亿元，不正常重大现金流入总额约为34.79亿元，共计75.5亿元，而这些在德勤3年的审计报告中均未反映。《中华人民共和国注册会计师法》规定，注册会计师执行审计业务，必须按照职业准则、规则确定的工作程序出具报告。注册会计师出具无保留意见审计报告的条件之一，即需认为会计报表公允地反映了企业的现金流量。根据《独立审计具体准则第7号——审计报告》第18条规定，意味着德勤认为科龙2002、2003、2004年度的现金流量表是公允的。

二是德勤对科龙电器各期存货及主营业务成本进行审计时，直接按照科龙电器期末存货盘点数量和各期平均单位成本确定存货期末余额，并推算出科龙电器各期主营业务成本。在未对产成品进行有效测试和充分抽样盘点的情况下，德勤通过上述审计程序对存货和主营业务成本进行审计并予以确认，其审计方法和审计程序均不合理。

三是德勤在存货抽样盘点过程中缺乏必要的职业谨慎，确定的抽样盘点范围不合适，审计程序不充分。德勤在年报审计过程中实施抽样盘点程序时，未能确定充分有效的抽样盘点范围，导致其未能发现科龙电器通过压库方式确认虚假销售收入的问题。存货监盘也是一项重要的审计程序，如果进行账实相符核查，科龙虚增的主营业务利润其实并不难发现。

四是科龙销售收入确认问题，体现出德勤未能恰当地解释和应用会计准则，同时这也说明德勤未能收集充分适当的审计证据。收入的确认应该以货物的风险和报酬是否转移为标准，一般来说仅以“出库开票”确认收入明显不符合会计准则。如果一项销售行为不符合收入确认原则，就不应该确认为收入。未曾实现的销售确认为当期收入必然导致利润虚增。对较敏感的"销售退回"业务，德勤也没有实施必要的审计程序，致使科龙通过关联交易利用销售退回大做文章，转移资产，虚增利润，这也是德勤所不能回避的错误。

五是德勤审计科龙电器分公司时，没有对各年末未进行现场审计的分公司执行其他必要审计程序，无法有效确认其主营业务收入实现的真实性及应收账款等资产的真实性。科龙有很多子、分公司，组织结构相当复杂。按照审计准则，会计师事务所应根据审计风险，及审计重要性水平来确认每年对哪些分公司进行现场审计。

案例思考

正确的审计程序和充分、适当的审计证据在注册会计师审计工作中起什么作用？德勤对科龙的审计失败案例带给我们怎样的启示？

任务结构

一、审计证据

（一）审计证据的含义

审计证据，是指注册会计师为了得出审计结论、形成审计意见而使用的所有信息。审计证据包括构成财务报表基础的会计记录所含有的信息和其他信息。证据是一个适用性较广的概念，不仅注册会计师执行审计工作需要证据，科学家和律师也需要证据。在科学实验中，科学家获取证据，以得出关于某项理论的结论；在法律案件中，法官需要根据严密确凿的证据，以提出审判结论；注册会计师必须在每项审计工作中获取充分、适当的审计证据，以满足发表审计意见的要求。

1. 会计记录中含有的信息

依据会计记录编制财务报表是被审计单位管理层的责任，注册会计师应当测试会计记录以获取审计证据。会计记录主要包括原始凭证、记账凭证、总分类账和明细分类账、未在记账凭证中反映的对财务报表的其他调整，以及支持成本分配、计算、调节和披露的手工计算表和电子数据表。上述会计记录是编制财务报表的基础，构成注册会计师执行财务报表审计业务所需获取的审计证据的重要部分。这些会计记录通常是电子数据，因而要求注册会计师对内部控制予以充分关注，以获取这些记录的真实性、准确性和完整性。进一步说，电子形式的会计记录可能只能在特定时间获取，如果不存在备份文件，特定期间之后有可能无法再获取这些记录。会计记录取决于相关交易的性质，它既包括被审计单位内部生成的手工或电子形式的凭证，也包括从与被审计单位进行交易的其他企业收到的凭证。除此之外，会计记录还可能包括：

（1）销售发运单和发票、顾客对账单以及顾客的汇款通知单；

（2）附有验货单的订购单、购货发票和对账单；

（3）考勤卡和其他工时记录、工薪单、个别支付记录和人事档案；

（4）支票存根、电子转移支付记录（EFTs）、银行存款单和银行对账单；

（5）合同记录，例如，租赁合同和分期付款销售协议；

（6）记账凭证；

（7）分类账账户调节表。

将这些会计记录作为审计证据时，其来源和被审计单位内部控制的相关强度（对内部生成的证据而言）都会影响注册会计师对这些原始凭证的信赖程度。

2. 其他信息

会计记录中含有的信息本身并不足以提供充分的审计证据作为对财务报表发表审计意见的基础，注册会计师还应当获取用作审计证据的其他信息。可用作审计证据的其他信息包括注册会计师从被审计单位内部或外部获取的会计记录以外的信息，如被审计单位会议记录、内部控制手册、询证函的回函、分析师的报告、与竞争者的比较数据等；通过询问、观察和检查等审计程序获取的信息，如通过检查存货获取存货存在的证据等；以及自身编制或获取的可以通过合理推断得出结论的信息，如注册会计师编制的各种计算表、分析表等。

财务报表依据的会计记录中包含的信息和其他信息共同构成了审计证据，两者缺一不可。如果没有前者，审计工作将无法进行；如果没有后者，可能无法识别重大错报风险。只有将两者结合在一起，才能将审计风险降至可接受的低水平，为注册会计师发表审计意见提供合理基础。

必要审计证据的性质与范围取决于注册会计师对何种证据与实现审计目标相关作出的职业判断。这种判断受到重要性评估水平、与特定认定相关的审计风险、总体规模以及影响账户余额的各类经常性或非经常性交易的影响。

注册会计师要获取不同来源和不同性质的审计证据，不过，审计证据很少是绝对的，从性质上来看反而是说服性的，并能佐证会计记录中所记录信息的合理性。因此，在确定报表公允表达时，注册会计师最终评价的正是这种累计的审计证据。注册会计师将不同来源和不同性质的审计证据综合起来考虑，这样能够反映出结果的一致性，从而佐证会计记录中记录的信息。如果审计证据不一致，而且这种不一致可能是重大的，注册会计师应当扩大审计程序的范围，直到不一致得到解决，并针对账户余额或各类交易获得必要保证。

（二）审计证据的种类

审计实务中，审计证据的种类繁多，其外在形式、取得方式、取得途径、证明力的强弱等均有所不同。对审计证据进行合理、科学的分类，有利于有效收集、恰当使用和评价审计证据。

1. 审计证据按形态分类

（1）实物证据。实物证据是指审计人员通过实际观察、实地盘点等方法确定某些实物资产的存在性的证据。最好的实物证据是审计人员进行的实物资产检查。其典型的形式是各类实物盘点表。实物证据适用的资产有库存现金、有价证券、存货、固定资产等。实物证据只能证明实物资产的存在性，但不能证明资产的所有权和资产计价的正确性。

【同步案例4-1】

在实地观察一家半导体制造公司的存货时，一位审计师清点了令人怀疑的价值几十万美元的半导体，然后向客户询问另一面墙上看上去外表相同的半导体没有包含在清点范围的原因。客户解释那些半导体是次品，已不能出售。对审计师来说，质量有问题的半导体在外表上与那些包括在清查总数中的半导体是没有区别的。随后，审计师去向专业人员请教。

（2）书面证据。书面证据是指审计人员获取的各种以文件为记录形式的证据。书面证据是审计证据的主要组成部分，包括各种凭证、账簿、管理制度等。书面证据可以进一步分为三类：从被审计单位取得的书面证据、从被审计单位以外的其他单位和个人取得的书面证据、审计人员自行编制的书面证据。书面证据是适用范围最广的审计证据，具有较强的证明力。

（3）口头证据。口头证据是指被审计单位的有关人士对于审计人员提出的问题所做的口头答复所形成的证据。口头证据证明力较弱，但可以提供重要线索。

（4）环境证据。环境证据是指对被审计单位产生影响的各种情况。环境证据包括：被审计单位面临的外部环境；被审计单位的内部状况；企业的内部控制状况；企业管理人员的素质；各种管理条件和管理水平等。环境证据有利于了解被审计单位的状况，它的证明力较弱。

不同内容的审计证据具有不同的外在表现形态，其获取方法和在审计工作中所发挥的作用也不一样，其具体区别如表4-1所示：

表4-1　审计证据按形态不同的分类及比较

类别	实物证据	书面证据	口头证据	环境证据
概念	通过实际观察或清点所取得的用以确认某些实物资产是否存在的证据	注册会计师所获取的各种书面文件形式的证据	被审计单位职员或其他有关人员对注册会计师提问作口头答复所形成的证据	对被审计单位产生影响的各种环境事实
内容	盘点固定资产和库存现金等	外部证据和内部证据	询问存货计价方法等	被审单位管理人员的素质等
作用	通常能证明实物资产的存在	审计的基本证据	为注册会计师审计提供线索	帮助注册会计师的职业判断
获取方法	监盘、观察	检查、查询及函证、计算等	询问（面询）	观察、询问

2. 审计证据按来源分类

（1）外部证据。外部证据是指产生于被审计单位外部的审计证据。外部证据可进一步分为以下几类：①未经过被审计单位的外部证据。未经过被审计单位的外部证据是指由被审计单位以外的组织机构或人士编制，并由其直接转交给审计人员的审计证据。例如，应收账款询证函回函，被审计单位的律师或其他独立专家出具的关于被审计单位或有负债、或有资产所有权等的证明函件。②经过被审计单位的外部证据。经过被审计单位的外部证据是由被审计单位以外的机构或人士编制，但为被审计单位持有并提交给审计人员的审计证据。例如，银行对账单、购货发票、应收票据、有关的契约合同等。

（2）内部证据。内部证据是指产生于被审计单位内部的审计证据。例如：各类会计凭证、会计账簿、被审计单位编制的各种试算平衡表和汇总表；管理当局声明书；重要的计划，重要的合同等。

（3）亲历证据。亲历证据是指审计人员亲眼目睹或亲自在被审计单位执行某些活动而取得或编制的审计证据。例如，审计人员亲自参与盘点或监督盘点编制的盘点表；审计人员重新计算的被审计单位的成本；审计人员观察取得的关于被审计单位内部控制执行情况的证据。

审计证据的来源不同，其获取方法、获取成本、获取的难易程度以及证明力的强弱都存在差异，具体如表 4－2 所示。

表 4－2　审计证据按来源不同的分类及比较

	亲历证据	外部证据	内部证据
获取方法	观察、计算	来自第三方的证实或文件	被审计单位的会计系统等
可靠性	高度可靠	中到高度可靠	不太可靠
可获得性	容易获得	不太容易获得	容易获得
及时性	可及时获得	不一定能及时获得	可及时获得
成本	高	较高	低

【同步案例 4－2】

下面是某注册会计师在审计过程中所收集的书面证据：①销售发票；②明细账；③银行对账单；④应收票据；⑤有限责任公司章程；⑥采购合同；⑦董事会会议记录；⑧应收账款询证函回函；⑨管理层声明书；⑩货运提单复印件。

请将上述书面审计证据按其来源划分为外部证据和内部证据。

答案提示：

外部证据有③④⑥⑧⑩；内部证据有①②⑤⑦⑨。

3. 审计证据的其他分类

根据获取的证据对审计结论的支持程度，可以将审计证据分为直接证据和间接证据。根据证据所提供的逻辑证明，可以将其划分为正面证据和反面证据。注册会计师决定是否需要对现有的证据进行完善，或者在综合和评价审计证据时，需要考虑证据的证明力的大小。按照证据的证明力可以划分为充分证明力、部分证明力和无证明力三种类型。

（三）审计证据的特征

充分性和适当性是审计证据的两个基本特征。注册会计师应当获取充分、适当的审计证据，以得出合理的审计结论，作为形成审计意见的基础。因此，注册会计师应当保持职业怀疑态度，运用职业判断，评价审计证据的充分性和适当性。

1. 审计证据的充分性

审计证据的充分性是对审计证据数量的衡量，主要与注册会计师确定的样本量有关。例如，对某个审计项目实施某一选定的审计程序，从 200 个样本项目中获得的证据要比从 100 个样本项目中获得的证据更充分。获取的审计证据应当充分，足以将与每个重要认定相关的审计风险限制在可接受的水平。注册会计师需要获取的审计证据的数量受其对重大错报风险评估的影响（评估的重大错报风险越高，需要的审计证据可能越多），并受审计证据质量的影响（审计证据质量越高，需要的审计证据可能越少）。然而，注册会计师仅靠获取更多的审计证据可能无法弥补其质量上的缺陷。

恰当的审计意见必须建立在有足够数量的审计证据的基础之上，但是这并不是说审计证据的数量越多越好。为了使注册会计师进行有效率、有效益的审计，注册会计师通常把需要足够数量审计证据的范围降低到最低限度。因此，每一项审计项目对审计证据的需要量，以及取得这些审计证据的途径和方法，应当根据该项目的具体情况来定。

在某些情况下，由于时间、空间或成本的限制，注册会计师不能获取最为理想的审计证据，这时可以考虑通过其他的途径或用其他的审计证据来替代。注册会计师只有通过不同的渠道和方法取得他认为足够的审计证据时，才能据以发表审计意见。

2. 审计证据的适当性

审计证据的适当性，是对审计证据质量的衡量，即审计证据在支持审计意见所依据的结论方面具有的相关性和可靠性。相关性和可靠性是审计证据适当性的核心内容，只有相关且可靠的审计证据才是高质量的。

（1）审计证据的相关性。相关性，是指用作审计证据的信息与审计程序的目的和所考虑的相关认定之间的逻辑联系。用作审计证据的信息的相关性可能受测试方向的影响。例如，如果某审计程序的目的是测试应付账款的计价高估，则测试已记录的应付账款可能是相关的审计程序。如果某审计程序的目的是测试应付账款的计价低估，则测试已记录的应付账款不是相关的审计程序，相关的审计程序可能是测试期后支出、未支付发票、供应商结算单以及发票未到的收货报告单等。

在确定审计证据的相关性时，注册会计师应考虑：

①特定的审计程序可能只为某些认定提供相关的审计证据，而与其他认定无关。例如，检查期后应收账款收回的记录和文件可以提供有关存在和计价的审计证据，但未必提供与截止测试相关的审计证据。

②针对同一认定可以从不同来源获取审计证据或获取不同性质的审计证据。例

如，注册会计师可以分析应收账款的账龄和应收账款的期后回收情况，以获取与坏账准备计价有关的审计证据。

③有关某一特定认定（如存货的存在认定）的审计证据，不能替代与其他认定（如该存货的计价认定）相关的审计证据。例如，有关存货实物存在的审计证据并不能够替代存货计价相关的审计证据。

（2）审计证据的可靠性。审计证据的可靠性是指证据的可信程度。例如，注册会计师亲自检查存货所获得的证据，就比被审计单位管理层提供给注册会计师的存货数据更可靠。

审计证据的可靠性受其来源和性质的影响，并取决于获取审计证据的具体环境。注册会计师在判断审计证据的可靠性时，通常会考虑下列原则：

①从外部独立来源获取的审计证据比从其他来源获取的审计证据更可靠。从外部独立来源获取的审计证据未经被审计单位有关职员之手，从而减少了伪造、更改凭证或业务记录的可能性，因而其证明力最强。此类证据如银行询证函回函、应收账款询证函回函、保险公司等机构出具的证明等。相反，从其他来源获取的审计证据，由于证据提供者与被审计单位存在经济或行政关系等原因，其可靠性应受到质疑。此类证据如被审计单位内部的会计记录、会议记录等。

②内部控制有效时内部生成的审计证据比内部控制薄弱时内部生成的审计证据更可靠。如果被审计单位有着健全的内部控制且在日常管理中得到一贯的执行，会计记录的可信赖程度将会增加。如果被审计单位的内部控制薄弱，甚至不存在任何内部控制，被审计单位内部凭证记录的可靠性就大为降低。例如，如果与销售业务相关的内部控制有效，注册会计师就能从销售发票和发货单中取得比内部控制不健全时更加可靠的审计证据。

③直接获取的审计证据比间接获取或推论得出的审计证据更可靠。例如，注册会计师观察某项内部控制的运行得到的证据比询问被审计单位某项内部控制的运行得到的证据更可靠。间接获取的证据有被涂改及伪造的可能性，降低了可信赖程度；推论得出的审计证据，其主观性较强，人为因素较多可信赖程度也受到影响。

④以文件、记录形式（无论是纸质、电子或其他介质）存在的审计证据比口头形式的审计证据更可靠。例如，会议的同步书面记录比对讨论事项事后的口头表述更可靠。口头证据本身并不足以证明事实的真相，仅仅提供了一些重要线索，为进一步调查确认所用。如注册会计师在对应收账款进行账龄分析后，可以向应收账款负责人询问逾期应收账款收回的可能性。如果该负责人的意见与注册会计师自行估计的坏账损失基本一致，则这一口头证据就可成为证实注册会计师对有关坏账损失判断的重要证据。但在一般情况下，口头证据往往需要得到其他相应证据的支持。

⑤从原件获取的审计证据比从传真件或复印件获取的审计证据更可靠。注册会计师可审查原件是否有被涂改或伪造的迹象，排除伪证，提高证据的可信赖程度。

而传真件或复印件容易是篡改或伪造的结果，可靠性较低。注册会计师在按照上述原则评价审计证据的可靠性时，还应当注意可能出现的重要例外情况。例如，审计证据虽然是从独立的外部来源获得，但如果该证据是由不知情者或不具备资格者提供，审计证据也可能是不可靠的。同样，如果注册会计师不具备评价证据的专业能力，那么即使是直接获取的证据，也可能不可靠。

表4－3简要列示了审计证据可靠性的常见判断标准。

表4－3　　审计证据可靠性的判断标准

具有较强证明力	具有较弱证明力
客观	主观
书面证据	口头证据
公开的信息或专家的意见	内部证据
直接获得	间接获得
内部控制良好	内部控制薄弱
独立于被审计单位	来源于被审计单位
有佐证证据支持	无佐证证据支持
及时	滞后

（3）充分性和适当性之间的关系。充分性和适当性是审计证据的两个重要特征，两者缺一不可，只有充分且适当的审计证据才是有证明力的。注册会计师需要获取的审计证据的数量也受审计证据质量的影响。审计证据质量越高，需要的审计证据数量可能越少。也就是说，审计证据的适当性会影响审计证据的充分性。例如，被审计单位内部控制健全时生成的审计证据更可靠，注册会计师只需获取适量的审计证据，就可以为发表审计意见提供合理的基础。

需要注意的是，尽管审计证据的充分性和适当性相关，但如果审计证据的质量存在缺陷，那么注册会计师仅靠获取更多的审计证据可能无法弥补其质量上的缺陷。例如，注册会计师应当获取与销售收入完整性相关的证据，实际获取到的却是有关销售收入真实性的证据，审计证据与完整性目标不相关，即使获取的证据再多，也证明不了收入的完整性。同样的，如果注册会计师获取的证据不可靠，那么证据数量再多也难以起到证明作用。

【同步思考4－1】

既然充分性和可靠性是审计证据的两大特征，而审计证据的数量又受审计证据质量的影响，那么注册会计师在审计工作中是否应当尽一切可能搜集更为可靠的审计证据，而舍弃那些可靠性稍差的证据？

分析提示：注册会计师选择用何种审计程序收集何种审计证据时，考虑的因素除了审计证据的质量外，还包括审计证据的可获得性、审计证据的取得成本、审计目标对审计证据的要求等。在某些情况下，由于时间、空间或成本的限制，注册会计师不能获取最为理想的审计证据，这时可以考虑通过其他的途径或用其他的审计证据来替代。

（四）获取审计证据的审计程序

1. 审计程序的作用

注册会计师面临的主要决策之一，就是通过实施审计程序，获取充分、适当的审计证据，以满足对财务报表发表意见的要求。受到成本的约束，注册会计师不可能检查和评价所有可能获取的证据，因此对审计证据充分性、适当性的判断是非常重要的。注册会计师利用审计程序获取审计证据涉及以下四个方面的决策：（1）选用何种审计程序；（2）对选定的审计程序，应当选取多大的样本规模；（3）应当从总体中选取哪些项目；（4）何时执行这些程序。

审计程序是指注册会计师在审计过程中的某个时间，对将要获取的某类审计证据如何进行收集的详细指令。在设计审计程序时，注册会计师通常使用规范的措辞或术语，以使审计人员能够准确理解和执行。例如，注册会计师为了验证 Y 公司应收账款 2008 年 12 月 31 日的存在，取得 Y 公司编制的应收账款明细账，对应收账款进行函证。

注册会计师在选定了审计程序后，确定的样本规模可能在所测试的总体范围内随机变化。假定应收账款明细账合计有 500 家客户，注册会计师对应收账款明细账中 300 家客户进行函证。

在确定样本规模之后，注册会计师应当确定测试总体中的哪个或哪些项目。例如，注册会计师对应收账款明细账中余额较大的前 200 家客户进行函证，其余客户按一定规律抽取函证。抽取方法是从第 10 家客户开始，每隔 20 家抽取一家，与选取的大额客户重复的顺序递延。

注册会计师执行函证程序的时间可选择在资产负债表日（2008 年 12 月 31 日）后任意时间，但通常受审计完成时间、审计证据的有效性和审计项目组人力充足性的影响。

2. 审计程序的种类

在审计过程中，注册会计师可根据需要单独或综合运用以下审计程序，以获取充分、适当的审计证据。

（1）检查。检查是指注册会计师对被审计单位内部或外部生成的，以纸质、电子或其他介质形式存在的记录和文件进行审查，或对资产进行实物审查。检查记录或文件可以提供可靠程度不同的审计证据，审计证据的可靠性取决于记录或文件的性质和来源，而在检查内部记录或文件时，其可靠性则取决于生成该记录或文件的内部控制的有效性。将检查用作控制测试的一个例子，是检查记录以获取关于授权的审计证据。某些文件是表明一项资产存在的直接审计证据，如构成金融工具的股票或债券，但检查此类文件并不一定能提供有关所有权或计价的审计证据。此外，检查已执行的合同可以提供与被审计单位运用会计政策（如收入确认）相关的审计证据。检查有形资产可为其存在提供可靠的审计证据，但不一定能够为权利和义务或计价等认定提供可靠的审计证据。对个别存货项目进行的检查，可与存货监盘一同实施。

（2）观察。观察是指注册会计师察看相关人员正在从事的活动或实施的程序。例如，注册会计师对被审计单位人员执行的存货盘点或控制活动进行观察。观察可以提供执行有关过程或程序的审计证据，但观察所提供的审计证据仅限于观察发生的时点，而且被观察人员的行为可能因被观察而受到影响，这也会使观察提供的审计证据受到限制。

（3）询问。询问是指注册会计师以书面或口头方式，向被审计单位内部或外部的知情人员获取财务信息和非财务信息，并对答复进行评价的过程。作为其他审计程序的补充，询问广泛应用于整个审计过程中。知情人员对询问的答复可为注册会计师提供尚未获悉的信息或佐证证据。另一方面，对询问的答复也可能提供与注册会计师已获取的其他信息存在重大差异的信息，例如，关于被审计单位管理层凌驾于控制之上的可能性的信息。在某些情况下，对询问的答复为注册会计师修改审计程序或实施追加的审计程序提供了基础。尽管对通过询问获取的审计证据予以佐证通常特别重要，但在询问管理层意图时，获取的支持管理层意图的信息可能是有限的。在这种情况下，了解管理层过去所声称意图的实现情况、选择某项特别措施时声称的原因以及实施某项具体措施的能力，可以为佐证通过询问获取的证据提供相关信息。针对某些事项，注册会计师可能认为有必要向管理层和治理层（如适用）获取书面声明，以证实对口头询问的答复。

（4）函证。函证，是指注册会计师直接从第三方（被询证者）获取书面答复以作为审计证据的过程，书面答复可以采用纸质、电子或其他介质等形式。当针对的是与特定账户余额及其项目相关的认定时，函证常常是相关的程序。但是，函证不必仅仅局限于账户余额。例如，注册会计师可能要求对被审计单位与第三方之间的协议和交易条款进行函证。注册会计师可能在询证函中询问协议是否作过修改，如果作过修改，要求被询证者提供相关的详细信息。此外，函证程序还可以用于获取不存在某些情况的审计证据，如不存在可能影响被审计单位收入确认的“背后协议”。

【同步思考 4－2】

哪些情况下可以使用函证程序？

分析提示：①银行存款、借款及与金融机构往来的其他重要信息；②应收账款；③其他内容，包括：存放于外单位的存货、对外投资、各种债务、或有事项等等。

（5）重新计算。重新计算是指注册会计师以人工方式或使用计算机辅助审计技术，对记录或文件中的数据计算的准确性进行核对。重新计算通常包括计算销售发票和存货的总金额，加总日记账和明细账，检查折旧费用和预付费用的计算，检查应纳税额的计算等。注册会计师在进行审计时，往往需要对被审计单位的凭证、账簿和报表中的数字进行计算，以验证其是否正确。注册会计师的计算并不一定按照被审计单位原先的计算形式和顺序进行。在计算过程中，注册会计师不仅要注意计算结果是否正确，而且还要对某些其他可能的差错（如计算结果的过账和转账有误等）予以关注。一般而言，计算不仅包括对被审计单位的凭证、账簿和报表中有关数字的验算，而且还包括对会计资料中有关项目的加总或其他运算。其中，加总又分为横向加总（即横向数字的加总）和纵向加总（即纵向数字的加总）。在财务报表审计中，注册会计师往往需要大量地运用加总技术来获取必要的审计证据。

（6）重新执行。重新执行是指注册会计师独立执行原本作为被审计单位内部控制组成部分的程序或控制。例如，注册会计师利用被审计单位的银行存款日记账和银行对账单，重新编制银行存款余额调节表，并与被审计单位编制的银行存款余额调节表进行比较。

（7）分析程序。

①分析程序的含义。分析程序，是指注册会计师通过分析不同财务数据之间以及财务数据与非财务数据之间的内在关系，对财务信息作出评价。分析程序还包括在必要时对识别出的、与其他相关信息不一致或与预期值差异重大的波动或关系进行调查。例如，注册会计师可以对被审计单位的财务报表和其他会计资料中的重要比率及其变动趋势进行分析程序，以发现其异常变动项目。对于异常变动项目，注册会计师应重新考虑其所采用的审计方法是否合适；必要时，应追加适当的审计程序，以获取相应的审计证据。

②分析程序的应用。一般而言，在整个审计过程中，注册会计师都将运用分析程序。在设计和实施实质性分析程序时，无论单独使用或与细节测试结合使用，注册会计师都应当：a. 考虑针对所涉及认定评估的重大错报风险和实施的细节测试（如有），确定特定实质性分析程序对于这些认定的适用性；b. 考虑可获得信息的来源、可比性、性质和相关性以及与信息编制相关的控制，评价在对已记录的金额或比率作出预期时使用数据的可靠性；c. 对已记录的金额或比率作出预期，并评价预期值是否足够精确以识别重大错报，即一项错报单独或连同其他错报可能导致财务报表产生重大错报；d. 确定已记录金额与预期值之间可接受的，且无须按《中国注册会计师执业准则第 1313 号——分析程序》第七条的要求作进一步调查的差异额。在临近审计结束时，注册会计师应当设计和实施分析程序，帮助其对财务报表形成总体结论，以确定财务报表是否与其对被审计单位的了解一致。不同阶段运用分析程序的方法和步骤有所不同。但完整的分析程序一般包括以下几个步骤：选择适当的数据关系，对数据关系进行分析，识别异常的数据关系或波动，调查异常数据关系或波动，得出结论。分析程序的步骤如图 4 - 1 所示：

③分析程序的方法。注册会计师实时分析程序时可以使用不同的方法，包括从简单的比较到使用高级统计技术的复杂分析。在实务中，可使用的方法主要有下列几种：趋势分析法、比率分析法、合理性测试法、回归分析法等。

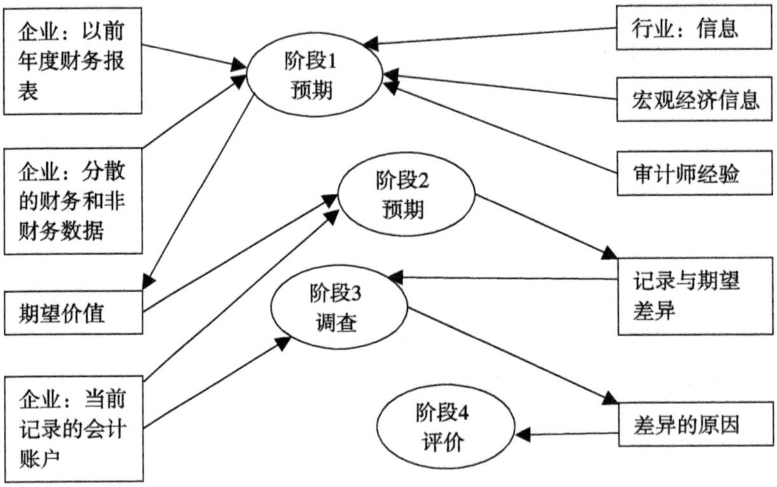

图 4－1 分析程序的步骤

小资料

以下是注册会计师实施分析程序时常用的比率。

项目	具体比率
流动性	①流动比率＝流动资产/流动负债 ②速动比率＝（流动资产－流动负债）/流动负债 ③现金比率＝现金/流动负债 ④已获利息倍数＝息税前利润/利息费用 ⑤固定支出保障倍数＝（税前利润＋固定支出）/固定支出 ⑥经营活动现金流量与固定支出比率＝经营活动净现金流量/固定支出 ⑦利息与长期负债比率＝利息费用/长期负债×100%
资产管理比率	①存货周转率＝主营业务成本/存货平均余额×100% ②应收账款周转率＝主营业务收入净额/应收账款平均余额×100% ③营运资金周转率＝主营业务收入净额/（流动资产－流动负债）×100% ④总资产周转率＝主营业务收入净额/平均资产总额×100%
负债比率	①资产负债率＝负债总额/资产总额×100% ②负债权益比率＝（负债总额/所有者权益总额）×100% ③长期负债与权益比率＝（长期负债/所有者权益总额）×100% ④负债与有形资产净值比率＝负债总额/（所有者权益总额－无形资产）×100% ⑤长期负债与总资产比率＝长期负债/资产总额×100% ⑥资产权益率＝所有者权益总额/资产总额×100%

续表

项目	具体比率
盈利能力比率	①销售毛利率 =（销售收入 - 销售成本）/销售收入 ×100% ②主营业务利润率 = 主营业务利润/主营业务收入净额 ×100% ③总资产回报率 = 息税前利润/资产总额 ×100% ④权益回报率 = 息税前利润/所有者权益总额 ×100%
生产能力比率	①原材料成本占收入比率 = 销售成本中的原材料成本/相应的销售收入 ×100% ②人工成本占收入比例 = 销售成本中的人工成本/相应的销售收入 ×100% ③人均收入 = 收入总额/员工人数 ④人均成本 = 销售成本/生产员工人数 ⑤人均人工成本 = 人工成本/相应的员工人数 ⑥营业费用和管理费用占收入比例 =（营业费用 + 管理费用）/销售收入 ×100%

注册会计师可以针对合并财务报表、组成部分的财务报表以及财务信息的要素，实施分析程序。一般而言，分析程序所能发现的潜在问题见表 4 - 3。

表 4 - 3　　分析程序所能发现的潜在问题

分析程序	潜在问题
1. 比较当年与以前年度的存货水平	存货错报或陈旧过时
2. 比较当年与以前年度应收账款周转率	销售收入错报或坏账准备不足
3. 比较公司毛利率与同业平均水平	销售收入与应收账款错报或销售成本与存货错报
4. 比较生产数量和销售数量	销售收入与存货错报
5. 比较利息费用与债务金额	债务与利息费用错报
6. 比较费用与盈利水平	费用与利润错报

④异常关系调查。注册会计师实施分析程序，如果识别出与其他相关信息不一致的波动或关系，或与预期值差异重大的波动关系，应当采取下列措施调查这些差异：a. 询问管理层，并针对管理层的答复获取适当的审计证据；b. 根据具体情况在必要时实施其他审计程序。

上述审计程序基于审计的不同阶段和目的单独或组合起来，可用作风险评估程序、控制测试和实质性程序。

【同步案例 4 - 3】

审计证据的收集与整理——轿车之谜

1999 年 5 月 24 日，S 市审计局派出一个审计小组对 A 公司进行资产、负债及损益审计，在审计过程中审计人员注意到经常停放在 A 公司办公楼前的一辆特利卡牌轿车没有入账。

针对这一疑问，审计小组在公司上下进行了较广泛的座谈。关于轿车的来源，公司的干部职工有两种说法：一是1998年10月份买的，可A公司近几年连续亏损，且从1998年开始由银行对其资金运营进行监管，其大额开支必须经过银行同意，不可能有那么多资金用于购车；二是抵债收回来的，审计小组不仅看到了一份由甲单位出具的“抵债协议书”，而且得到公司领导和财会人员的一致解释，车刚收回，没来得及入账。后一种说法似乎更有说服力。

为了破解轿车之谜，审计小组兵分两路：一路到市车辆证照登记管理部门查询该车的证照手续办理情况；另一路则直奔甲单位查询有关抵债情况。

到市车辆证照登记管理部门的审计人员，查出购车发票，并从中获知车是武汉某公司出售的初步证据；对甲单位查询的审计人员说服其相关人员承认了与A公司签订虚假抵债协议书的实情。据此，审计小组立即派人前往出售车的武汉某公司查询，了解到购车款是通过S市某银行储蓄所名为“壹贰叁”账户以转账支票方式支付的，金额为138万元。经查询该银行账户，审计小组发现户主正是A公司。显然，车是买的，不是抵债收回的。

谜底被揭穿之后，A公司领导和财会人员不得不说出了购车款的来源：1997年A公司主管部门的负责人授意A公司将历年收取的商品销售收入1 000多万元设立“小金库”，涉嫌经济犯罪。市纪检司法部门对其进行了立案查处，在处理1 000多万元“小金库”时，A公司称其中有138万元是职工集资款，并出示收取和退还职工集资款的有关手续凭证，专案组也就剔除了其中138万元。哪知A公司原收取的职工集资款已汇入账内“长期借款”户，并未纳入“小金库”收入，在用原“小金库”资金退还职工集资款138万元后，其账内仍以职工集资款名义虚列着138万元的债务，直到1998年A公司“调包”成功。就将这138万元转入某银行储蓄所，开设了“壹贰叁”账户，在账外又形成一个新的“小金库”。

要求：在该案例中，审计人员运用哪些审计程序，收集了何种审计证据？通过该案例，你认为在审计证据的收集和整理过程中，审计人员应注意哪些事项？

答案提示：

（1）本案例中，审计人员综合运用多种审计方法，获取了所需的审计证据。采用的审计方法有：观察、询问、检查、分析程序等。所获取的审计证据包括：实物证据、口头证据、书面证据等。

（2）审计证据的整理与分析形成对审计结论强有力的支持。审计人员在审计过程中收集的证据大多为零散的、个别的审计证据，要对整体审计目标作出评价，必须运用分类、比较、计算、小结、综合的方法对审计证据进行整理与分析，最终形成系统的、支持审计意见的审计证据。审计证据的收集与整理、分析是审计取证必不可少的环节，但二者并非相互独立，实际工作中常常交叉进行。

二、审计工作底稿

（一）审计工作底稿概述

1. 审计工作底稿的含义

审计工作底稿，是指注册会计师对制定的审计计划、实施的审计程序、获取的相关审计证据，以及得出的审计结论作出的记录。审计工作底稿是审计证据的载体，是注册会计师在审计过程中形成的审计工作记录和获取的资料。它形成于审计过程，也反映整个审计过程。

2. 审计工作底稿的编制目的

审计工作底稿在计划和执行审计工作中发挥着关键作用。它提供了审计工作实际执行情况的记录，并形成审计报告的基础。审计工作底稿也可用于质量控制复核、监督会计师事务所对审计准则的遵循情况以及第三方的检查等。在会计师事务所因执业质量而涉及诉讼或有关监管机构进行执业质量检查时，审计工作底稿能够提供证据，证明会计师事务所是否按照《中国注册会计师审计准则》（以下简称“审计准则”）的规定执行了审计工作。

因此，注册会计师应当及时编制审计工作底稿，以实现下列目的：

（1）提供充分、适当的记录，作为出具审计报告的基础；

（2）提供证据，证明注册会计师已按照审计准则和相关法律法规的规定计划和执行了审计工作。

除上述目的外，编制审计工作底稿还可以实现下列目的：

（1）有助于项目组计划和执行审计工作；

（2）有助于负责督导的项目组成员按照《中国注册会计师审计准则第 1121 号——对财务报表审计实施的质量控制》的规定，履行指导、监督与复核审计工作的责任；

（3）便于项目组说明其执行审计工作的情况；

（4）保留对未来审计工作持续产生重大影响的事项的记录；

（5）便于会计师事务所按照《质量控制准则第 5101 号——会计师事务所对执行财务报表审计和审阅、其他鉴证和相关服务业务实施的质量控制》的规定，实施质量控制复核与检查；

（6）便于监管机构和注册会计师协会根据相关法律法规或其他相关要求，对会计师事务所实施执业质量检查。

3. 审计工作底稿的编制要求

注册会计师编制的审计工作底稿，应当使未曾接触该项审计工作的有经验的专业人士清楚地了解：

（1）按照审计准则和相关法律法规的规定实施的审计程序的性质、时间安排和范围；

（2）实施审计程序的结果和获取的审计证据；

（3）审计中遇到的重大事项和得出的结论，以及在得出结论时作出的重大职业判断。

有经验的专业人士，是指会计师事务所内部或外部的具有审计实务经验，并且对下列方面有合理了解的人士：

（1）审计过程；

（2）审计准则和相关法律法规的规定；

（3）被审计单位所处的经营环境；

（4）与被审计单位所处行业相关的会计和审计问题。

4. 审计工作底稿的性质

（1）审计工作底稿的存在形式。审计工作底稿可以以纸质、电子或其他介质形式存在。随着信息技术的广泛运用，审计工作底稿的形式从传统的纸质形式扩展到电子或其他介质形式。但无论审计工作底稿以哪种形式存在，会计师事务所都应当针对审计工作底稿设计和实施适当的控制，以实现下列目的：①使审计工作底稿清晰地显示其生成、修改及复核的时间和人员；②在审计业务的所有阶段，尤其是在项目组成员共享信息或通过互联网将信息传递给其他人员时，保护信息的完整性和安全性；③防止未经授权改动审计工作底稿；④允许项目组和其他经授权的人员为适当履行职责而接触审计工作底稿。

为便于会计师事务所内部进行质量控制和外部执业质量检查或调查，以电子或其他介质形式存在的审计工作底稿，应与其他纸质形式的审计工作底稿一并归档，并应能通过打印等，转换成纸质形式的审计工作底稿。在实务中，为便于复核，注册会计师可以将以电子或其他介质形式存在的审计工作底稿通过打印等方式，转换成纸质形式的审计工作底稿，并与其他纸质形式的审计工作底稿一并归档，同时，单独保存这些以电子或其他介质形式存在的审计工作底稿。

（2）审计工作底稿通常包括的内容。审计工作底稿通常包括总体审计策略、具体审计计划、分析表、问题备忘录、重大事项概要、询证函回函和声明、核对表、有关重大事项的往来函件（包括电子邮件），注册会计师还可以将被审计单位文件记录的摘要或复印件（如重大的或特定的合同和协议）作为审计工作底稿的一部分。此外，审计工作底稿通常还包括业务约定书、管理建议书、项目组内部或项目组与被审计单位举行的会议记录、与其他人士（如其他注册会计师、律师、专家等）的沟通文件及错报汇总表等。但是，审计工作底稿并不能代替被审计单位的会计记录。

一般情况下，分析表主要是指对被审计单位财务信息执行分析程序的记录。例如，记录对被审计单位本年各月收入与上年度的同期数据进行比较的情况，记录对差异的分析等。

问题备忘录一般是指对某一事项或问题的概要的汇总记录。在问题备忘录中，注册会计师通常记录该事项或问题的基本情况、执行的审计程序或具体审计步骤，以及得出的审计结论。例如，有关存货监盘审计程序或审计过程中发现问题的备忘录。

核对表一般是指会计师事务所内部使用的、为便于核对某些特定审计工作或程序的完成情况的表格。例如，特定项目（如财务报表列报）审计程序核对表、审计工作完成情况核对表等。它通常以列举的方式列出审计过程中注册会计师应当进行的审计工作或程序以及特别需要提醒注意的问题，并在适当情况下索引至其他审计工作底稿，便于注册会计师核对是否已按照审计准则的规定进行审计。

在实务中，会计师事务所通常采取以下方法从整体上提高工作（包括复核工作）效率及工作质量，并进行统一质量管理：①会计师事务所基于审计准则及在实务中的经验等，统一制定某些格式、索引及涵盖内容等方面相对固定的审计工作底稿模板和范例，如核对表、审计计划及业务约定书范例等，某些重要的或不可删减的工作会在这些模板或范例中予以特别标识；②在此基础上，注册会计师再根据各具体业务的特点加以必要的修改，制定适用于具体项目的审计工作底稿。

（3）审计工作底稿通常不包括的内容。审计工作底稿通常不包括已被取代的审计工作底稿的草稿或财务报表的草稿、反映不全面或初步思考的记录、存在印刷错误或其他错误而作废的文本，以及重复的文件记录等。由于这些草稿、错误的文本或重复的文件记录不直接构成审计结论和审计意见的支持性证据，因此，注册会计师通常无须保留这些记录。

（二）审计工作底稿的格式、要素和范围

1. 确定审计工作底稿的格式、要素和范围时考虑的因素

在确定审计工作底稿的格式、要素和范围时，注册会计师应当考虑下列因素：

（1）被审计单位的规模和复杂程度。通常来说，对大型被审计单位进行审计形成的审计工作底稿，通常比对小型被审计单位进行审计形成的审计工作底稿要多；对业务复杂的被审计单位进行审计形成的审计工作底稿，通常比对业务简单的被审计单位进行审计形成的审计工作底稿要多。

（2）拟实施审计程序的性质。通常，不同的审计程序会使得注册会计师获取不同性质的审计证据，由此注册会计师可能会编制不同的审计工作底稿。例如，注册会计师编制的有关函证程序的审计工作底稿（包括询证函及回函、有关不符事项的分析等）和存货监盘程序的审计工作底稿（包括盘点表、注册会计师对存货的测试记录等）在内容、格式及范围方面是不同的。

（3）识别出的重大错报风险。识别和评估的重大错报风险水平的不同可能导致注册会计师实施的审计程序和获取的审计证据不尽相同。例如，如果注册会计师识别出应收账款存在较高的重大错报风险，而其他应收款的重大错报风险较低，则注册会计师可能对应收账款实施较多的审计程序并获取较多的审计证据，因而对测试应收账款的记录会比针对测试其他应收款记录的内容多且范围广。

（4）已获取的审计证据的重要程度。注册会计师通过执行多项审计程序可能会获取不同的审计证据，有些审计证据的相关性和可靠性较高，有些质量则较差，注册会计师可能区分不同的审计证据进行有选择性地记录，因此，审计证据的重要程度也会影响审计工作底稿的格式、要素和范围。

（5）识别出的例外事项的性质和范围。有时注册会计师在执行审计程序时会发现例外事项，由此可能导致审计工作底稿在格式、范围和范围方面的不同。例如，某个函证的回函表明存在不符事项，如果在实施恰当的追查后发现该例外事项并未

构成错报，注册会计师可能只在审计工作底稿中解释发生该例外事项的原因及影响；反之，如果该例外事项构成错报，注册会计师可能需要执行额外的审计程序并获取更多的审计证据，由此编制的审计工作底稿在内容和范围方面可能有很大不同。

（6）当从已执行审计工作或获取审计证据的记录中不易确定结论或结论的基础时，记录结论或结论基础的必要性。在某些情况下，特别是在涉及复杂的事项时，注册会计师仅将已执行的审计工作或获取的审计证据记录下来，并不容易使其他有经验的注册会计师通过合理的分析，得出审计结论或结论的基础。此时注册会计师应当考虑是否需要进一步说明并记录得出结论的基础（即得出结论的过程）及该事项的结论。

（7）审计方法和使用的工具。审计方法和使用的工具可能影响审计工作底稿的格式、内容和范围。例如，如果使用计算机辅助审计技术对应收账款的账龄进行重新计算，通常可以针对总体进行测试，而采用人工方式重新计算时，则可能会针对样本进行测试，由此形成的审计工作底稿会在格式、内容和范围方面有所不同。

2. 审计工作底稿的要素

通常，审计工作底稿包括下列全部或部分要素：

（1）审计工作底稿的标题；

（2）审计过程记录；

（3）审计结论；

（4）审计标识及其说明；

（5）索引号及编号；

（6）编制者姓名及编制日期；

（7）复核者姓名及复核日期；

（8）其他应说明事项。

小资料

以下是某注册会计师事务所审计工作底稿的基本格式。

×××审计工作底稿

索引号：　　　　　　　　　　　　　　　　第　　页　　　　共　　页

被审计单位名称	
审计项目名称	
审计事项	
实施审计期间或截止日期	
审计事项摘要	

续表

审计结论及其依据				
	审计人员		编制日期	
复核意见				
	复核人员		复核日期	
被审单位意见				
	经办人员及公章		意见签署日期	

下面分别对以上所述要素中 1－7 项进行说明。

（1）审计工作底稿的标题。每张底稿应当包括被审计单位的名称、审计项目的名称以及资产负债表日或底稿覆盖的会计期间（如果与交易相关）。

（2）审计过程记录。在记录审计过程时，应当特别注意以下几个重点方面：

①具体项目或事项的识别特征。在记录实施审计程序的性质、时间安排和范围时，注册会计师应当记录测试的具体项目或事项的识别特征。记录具体项目或事项的识别特征可以实现多种目的，例如，既能反映项目组履行职责的情况，也便于对例外事项或不符事项进行调查，以及对测试的项目或事项进行复核。识别特征是指被测试的项目或事项表现出的征象或标志。识别特征因审计程序的性质和测试的项目或事项不同而不同。对某一个具体项目或事项而言，其识别特征通常具有唯一性，这种特性可以使其他人员根据识别特征在总体中识别该项目或事项并重新执行该测试。

为帮助理解，以下列举部分审计程序中所测试的样本的识别特征：

如在对被审计单位生成的订购单进行细节测试时，注册会计师可以以订购单的日期或其唯一编号作为测试订购单的识别特征。需要注意的是，在以日期或编号作为识别特征时，注册会计师需要同时考虑被审计单位对订购单编号的方式，例如，若被审计单位按年对订购单依次编号，则识别特征是 XXXX 年的 XX 号；若被审计单位仅以序列号进行编号，则可以直接将该号码作为识别特征。

对于需要选取或复核既定总体内一定金额以上的所有项目的审计程序，注册会计师可以记录实施程序的范围并指明该总体。例如，银行存款日记账中一定金额以上的所有会计分录。

对于需要系统化抽样的审计程序，注册会计师可能会通过记录样本的来源、抽样的起点及抽样间隔来识别已选取的样本。例如，若被审计单位对发运单顺序编号，测试的发运单的识别特征可以是，对4月1日至9月30日的发运记录，从第12345号发运单开始每隔125号系统抽取发运单。

对于需要询问被审计单位中特定人员的审计程序，注册会计师可能会以询问的时间、被询问人的姓名及职位作为识别特征。

对于观察程序，注册会计师可以以观察的对象或观察过程、相关被观察人员及其各自的责任、观察的地点和时间作为识别特征。

②重大事项及相关重大职业判断。注册会计师应当根据具体情况判断某一事项是否属于重大事项。重大事项通常包括：a. 引起特别风险的事项；b. 实施审计程序的结果，该结果表明财务信息可能存在重大错报，或需要修正以前对重大错报风险的评估和针对这些风险拟采取的应对措施；c. 导致注册会计师难以实施必要审计程序的情形；d. 导致出具非标准审计报告的事项。

注册会计师应当记录与管理层、治理层和其他人员对重大事项的讨论，包括所讨论的重大事项的性质以及讨论的时间、地点和参加人员。有关重大事项的记录可能分散在审计工作底稿的不同部分。将这些分散在审计工作底稿中的有关重大事项的记录汇总在重大事项概要中，不仅可以帮助注册会计师集中考虑重大事项对审计工作的影响，还便于审计工作的复核人员全面、快速地了解重大事项，从而提高复核工作的效率。对于大型、复杂的审计项目，重大事项概要的作用尤为重要。因此，注册会计师编制重大事项概要有利于有效地复核和检查审计工作底稿，并评价重大事项的影响。

重大事项概要包括审计过程中识别的重大事项及其如何得到解决，或对其他支持性审计工作底稿的交叉索引。注册会计师在执行审计工作和评价审计结果时运用职业判断的程度，是决定记录重大事项的审计工作底稿的格式、内容和范围的一项重要因素。在审计工作底稿中对重大职业判断进行记录，能够解释注册会计师得出的结论并提高职业判断的质量。这些记录对审计工作底稿的复核人员非常有帮助，同样也有助于执行以后期间审计的人员查阅具有持续重要性的事项（如根据实际结果对以前作出的会计估计进行复核）。

当涉及重大事项和重大职业判断时，注册会计师需要编制与运用职业判断相关的审计工作底稿。例如：a. 如果审计准则要求注册会计师"应当考虑"某些信息或因素，并且这种考虑在特定业务情况下是重要的，记录注册会计师得出结论的理由。b. 记录注册会计师对某些方面主观判断的合理性（如某些重大会计估计的合理性）得出结论的基础。c. 如果注册会计师针对审计过程中识别出的导致其对某些文件记录的真实性产生怀疑的情况实施了进一步调查（如适当利用专家的工作或实施函证程序），记录注册会计师对这些文件记录真实性得出结论的基础。

③针对重大事项如何处理不一致的情况。如果识别出的信息与针对某重大事项得出的最终结论不一致，注册会计师应当记录如何处理不一致的情况。上述情况包括但不限于注册会计师针对该信息执行的审计程序、项目组成员对某事项的职业判

断不同而向专业技术部门的咨询情况，以及项目组成员和被咨询人员不同意见（如项目组与专业技术部门的不同意见）的解决情况。记录如何处理识别出的信息与针对重大事项得出的结论不一致的情况是非常必要的，它有助于注册会计师关注这些不一致，并对此执行必要的审计程序以恰当地解决这些不一致。但是，对如何解决这些不一致的记录要求并不意味着注册会计师需要保留不正确的或被取代的审计工作底稿。例如，某些信息初步显示与针对某重大事项得出的最终结论不一致，注册会计师发现这些信息是错误的或不完整的，并且初步显示的不一致可以通过获取正确或完整的信息得到满意的解决，则注册会计师无须保留这些错误的或不完整的信息。此外，对于职业判断的差异，若初步的判断意见是基于不完整的资料或数据，则注册会计师也无须保留这些初步的判断意见。

（3）审计结论。审计工作的每一部分都应包含与已实施审计程序的结果及其是否实现既定审计目标相关的结论，还应包括审计程序识别出的例外情况和重大事项如何得到解决的结论。注册会计师恰当地记录审计结论非常重要。注册会计师需要根据所实施的审计程序及获取的审计证据得出结论，并以此作为对财务报表发表审计意见的基础。在记录审计结论时需注意，在审计工作底稿中记录的审计程序和审计证据是否足以支持所得出的审计结论。

（4）审计标识及其说明。审计标识被用于与已实施审计程序相关的底稿。每张底稿都应包含对已实施程序的性质和范围所作的解释，以支持每一个标识的含义。审计工作底稿中可使用各种审计标识，但应说明其含义，并保持前后一致。表4－4是注册会计师在审计工作底稿中列明标识并说明其含义的例子，供参考。在实务中，注册会计师也可以依据实际情况运用更多的审计标识。

表4－4　常用审计标识及其含义

∧	纵加核对
<	横加核对
B	与上年结转数核对一致
T	与原始凭证核对一致
G	与总分类账核对一致
S	与明细账核对一致
T/B	与试算平衡表核对一致
C	已发询证函
C\	已收回询证函
PBC	由客户提供的资料
PAJE	建议客户进行账务调整
PRJE	建议客户进行重分类调整
AFS	与前一年度已审报表一致
N/A	不适用

（5）索引号及编号。通常，审计工作底稿需要注明索引号及顺序编号，相关审计工作底稿之间需要保持清晰的勾稽关系。为了汇总及便于交叉索引和复核，每个事务所都会制定特定的审计工作底稿归档流程。因此，每张表或记录都应有一个索引号，例如，A1、D6 等，以说明其在审计工作底稿中的放置位置。工作底稿中每张表所包含的信息都应当与另一张表中的相关信息进行交叉索引，例如，现金盘点表应当与列示所有现金余额的导表进行交叉索引。利用计算机编制工作底稿时，可以采用电子索引和链接。随着审计工作的推进，链接表还可予以自动更新。例如，审计调整表可以链接到试算平衡表，当新的调整分录编制完后，计算机会自动更新试算平衡表，为相关调整分录插入索引号。同样，评估的固有风险或控制风险可以与针对特定风险领域设计的相关审计程序进行交叉索引。在实务中，注册会计师可以按照所记录的审计工作的内容层次进行编号。例如，固定资产汇总表的编号为 C1，按类别列示的固定资产明细表的编号为 C1－1，房屋建筑物的编号为 C1－1－1，机器设备的编号为 C1－1－2，运输工具的编号为 C1－1－3，其他设备的编号为 C1－1－4。相互引用时，需要在审计工作底稿中交叉注明索引号。

以下是不同审计工作底稿之间相互索引的例子，供参考。例如，固定资产的原值、累计折旧及净值的总额应分别与固定资产明细表的数字互相勾稽。以下是从固定资产汇总表工作底稿（见表 4－5）及固定资产明细表工作底稿（见表 4－6）中节选的部分，以做相互索引的示范。

表 4－5　　固定资产汇总表（工作底稿索引号：C1）（节选）

工作底稿索引号	固定资产	20x2 年 12 月 31 日	20x1 年 12 月 31 日
C1－1	原值	x x x G	x x x
C1－1	累计折旧	x x x G	x x x
	净值	x x x T/B Λ	x x x B Λ

表 4－6　　固定资产明细表（工作底稿索引号：C1－1）（节选）

工作底稿索引号	固定资产	期初余额	本期增加	本期减少	期末余额
	原值				
C1－1－1	1. 房屋建筑物	x x x		x x x	x x x S
C1－1－2	2. 机器设备	x x x	x x x		x x x S
C1－1－3	3. 运输工具	x x x			x x x S
C1－1－4	4. 其他设备	x x x			x x x S
	小计	x x x B Λ	x x x Λ	x x x Λ	x x x < C1 Λ
	累计折旧				

续表

工作底稿索引号	固定资产	期初余额	本期增加	本期减少	期末余额
C1 -1 -1	1. 房屋建筑物	x x x		x x x	x x x S
C1 -1 -2	2. 机器设备	x x x	x x x		x x x S
C1 -1 -3	3. 运输工具	x x x			x x x S
C1 -1 -4	4. 其他设备	x x x			x x x S
	小计	x x x B Λ	x x x Λ	x x x Λ	x x x < C1 Λ
	净值	x x x B Λ			x x x < C1 Λ

注：“Λ”纵加核对相符；“ < ”横加核对相符。

（6）编制人员和复核人员及执行日期。

为了明确责任，在各自完成与特定工作底稿相关的任务之后，编制者和复核者都应在工作底稿上签名并注明编制日期和复核日期。在记录已实施审计程序的性质、时间安排和范围时，注册会计师应当记录：①测试的具体项目或事项的识别特征；②审计工作的执行人员及完成审计工作的日期；③审计工作的复核人员及复核的日期和范围。

在需要项目质量控制复核的情况下，还需要注明项目质量控制复核人员及复核的日期。通常，需要在每一张审计工作底稿上注明执行审计工作的人员和复核人员、完成该项审计工作的日期以及完成复核的日期。在实务中，如果若干页的审计工作底稿记录同一性质的具体审计程序或事项，并且编制在同一个索引号中，此时可以仅在审计工作底稿的第一页上记录审计工作的执行人员和复核人员并注明日期。例如，应收账款函证核对表的索引号为 13 -1 -1/21，相对应的询证函回函共有 20 份，每一份应收账款询证函回函索引号以 L3 -1 -2/21、L3 -1 -3/21……L3 -1 -21/21 表示，对于这种情况，就可以仅在应收账款函证核对表上记录审计工作的执行人员和复核人员并注明日期。

（三）审计工作底稿的复核

审计工作底稿由执行审计工作的人员填制后，负责人员必须进行复核。虽然审计工作底稿审计报告的依据，审计人员可据此未审计报告的结论和意见辩护。但是，审计工作底稿如有错误，会导致审计结论和意见不正确、不合理。所以，审计工作小组对于审计工作底稿务必十分重视，进行层层复核，通过对审计工作底稿的复核，考核具体审计工作的质量。

会计师事务所对审计工作底稿的复核，可以分为会计师事务所的主任会计师或主管合伙人、项目负责人和注册会计师三个层次的复核。注册会计师对审计工作底稿的复核属于技术性复核，通常在每一份审计工作底稿完成后进行。复核的内容包括核实每一重要程序、步骤、数字，了解助理人员是否按规定的程序、步骤进行审计，审计的方法是否正确，作出的判断是否正确，结论的表达是否清楚等。项目负责人的复核一般在审计业务接近尾声时实施。复核的内容不仅包括对整个审计人员编制的审计工作底稿进行综合分析，还要对审计人员在审计中是否遵守了国家有关规定进行检查。会计师事务所的主任会计师或主管合伙人应对审计工作底稿进行最终复核。复核的内容主要是检查审计人员是否遵循了会计师事务所的内部管理制度，审计过程中是否存在重大遗漏，审计证据与审计结论是否存在不一致等。

（四）审计工作底稿的归档

《质量控制准则第 5101 号——会计师事务所对执行财务报表审计和审阅、其他鉴证和相关服务业务实施的质量控制》和《中国注册会计师审计准则第 1131 号——审计工作底稿》对审计工作底稿的归档作出了具体规定，涉及归档工作的性质和期限、审计工作底稿保管期限等方面。

1. 审计工作底稿归档工作的性质

在出具审计报告前，注册会计师应完成所有必要的审计程序，取得充分、适当的审计证据并得出适当的审计结论。由此，在审计报告日后将审计工作底稿归整为最终审计档案是一项事务性的工作，不涉及实施新的审计程序或得出新的结论。

如果在归档期间对审计工作底稿作出的变动属于事务性的，注册会计师可以作出变动，主要包括：

（1）删除或废弃被取代的审计工作底稿；

（2）对审计工作底稿进行分类、整理和交叉索引；

（3）对审计档案归整工作的完成核对表签字认可；

（4）记录在审计报告日前获取的、与项目组成员进行讨论并达成一致意见的审计证据。

2. 审计档案的结构

对每项具体审计业务，注册会计师应当将审计工作底稿归整为审计档案。在实务中，审计档案可以分为永久性档案和当期档案。这一分类主要是基于具体实务中对审计档案使用的时间而划分的。

（1）永久性档案。永久性档案是指那些记录内容相对稳定，具有长期使用价值，并对以后审计工作具有重要影响和直接作用的审计档案。例如：被审计单位的组织结构、批准证书、营业执照、章程、重要资产的所有权或使用权的证明文件等。若永久性档案中的某些内容已发生变化，注册会计师应当及时予以更新。为保持资料的完整性以便满足日后查阅历史资料的需要，永久性档案中被替换下的资料一般也需要保留。例如，被审计单位因增加注册资本而变更了营业执照等法律文件，被替换的旧营业执照等文件可以汇总在一起，与其他有效的资料分开，作为单独部分归整在永久性档案中。

（2）当期档案。当期档案是指那些记录内容经常变化，主要供当期和下期审计使用的审计档案。例如，总体审计策略和具体审计计划。目前，一些大型国际会计事务所不再区分永久性档案和当期档案，他们主要是以电子形式使用和保留审计工作底稿，然而，大部分事务所仍然既保留电子版又保留纸质的设计档案。表 4-8 列示了典型的审计档案结构。

表 4－8　审计工作档案的结构

1. 沟通和报告相关工作底稿	（1）审计报告和经审计的财务报表； （2）与主审注册会计师的沟通和报告； （3）与治理层的沟通和报告； （4）与管理层的沟通和报告； （5）管理建议书。
2. 审计完成阶段工作底稿	（1）审计工作完成情况核对表； （2）管理层声明书原件； （3）重大事项概要； （4）错报汇总表； （5）被审计单位财务报表和试算平衡表； （6）有关列报的工作底稿（如现金流量表、关联方和关联交易的披露等）； （7）财务报表所属期间的董事会会议纪要； （8）总结会会议纪要。
3. 审计计划阶段工作底稿	（1）总体审计策略和具体审计计划； （2）对内部审计职能的评价； （3）对外部专家的评价； （4）对服务机构的评价； （5）被审计单位提交资料清单； （6）主审注册会计师的指示； （7）前期审计报告和经审的财务报表； （8）预备会会议纪要。
4. 特定项目审计程序表	（1）舞弊； （2）持续经营； （3）对法律法规的考虑； （4）关联方。
5. 进一步审计程序工作底稿	（1）有关控制测试工作底稿； （2）有关实质性程序工作底稿（包括实质性分析程序和细节测试）。

小资料

以下是某注册会计师事务所的审计档案清单。

××会计师事务所审计档案清单

项　　目	索引号	项　　目	索引号
一、永久性档案清单		投资分析程序工作底稿	D16
（一）审计项目管理	A	固定资产分析程序工作底稿	D17
企业基本情况表	A1	无形资产分析程序工作底稿	D18

续表

项　　目	索引号	项　　目	索引号
利用其他主体的基本情况表	A2	待摊费用、待处理财产损失、长期待摊费用、其他长期资产分析程序工作底稿	D19
审计业务约定书复印件	A3	应付账款分析程序工作底稿	D20
主要会计政策执行情况调查表	A4	借款和利息费用分析程序工作底稿	D21
其他	A5	主营业务收入分析程序工作底稿	D22
（二）被审计单位背景资料	A	营业成本分析程序工作底稿	D23
组织结构	A6	职工工资分析程序工作底稿	D24
各投资方简介	A7	营业费用、管理费用及制造费用分析程序工作底稿	D25
管理层和财务人员（名单、职责）	A8	资产类	
董事会成员清单	A9	货币资金	E
历史发展资料	A10	短期投资	F1
业务介绍	A11	交易性金融资产	F2
关联方资料	A12	应收票据	G
会计核算办法（或会计手册）	A13	应收账款（含坏账准备）	H1
员工福利政策	A14	预付账款	I
其他	A15	应收股利	J
（三）法律事项资料	A	应收利息	K
有关设立、经营的文件的复印件	A16	其他应收款（含坏账准备）	H2
验资报告	A17	应收补贴款	L
历次董事会会议纪要	A18	存货	M
影响财务报表的重要合同、协议等文件的复印件	A19	代理业务资产	N
有关土地、建筑物、厂房和设备等资产文件的复印件	A20	待摊费用	O
分支机构的资料	A21	一年内到期的非流动资产	P1
所投资企业的资料	A22	一年内到期的长期债权投资	P2
其他	A23	衍生工具	Q1
二、当期档案清单		套期工具	Q2
（一）审计计划阶段工作底稿	B1－B9	被套期项目	Q3
总体审计策略	B1	其他流动资产	Q4
具体审计计划	B2	长期股权投资（减值准备）	R1
对内部审计了解与评价	B3	合并价差	R2

续表

项　　目	索引号	项　　目	索引号
对外部专家的评价	B4	长期债权投资	R3
客户提供资料一览表	B5	可供出售金融资产	R4
主审注册会计师的指示	B6	持有至到期投资（含持减值准备）	R5
前期审计报告和经审计的财务报表	B7	投资性房地产	R6
预备会会议纪要	B8	长期应收款	R7
其他	B9	未实现融资收益	R8
（二）风险评估程序工作底稿	B	股权分置流通权	R9
项目组内部讨论记录	B10	固定资产（含固定资产减值准备）	S1
了解被审计单位行业状况	B11	累计折旧	S2
了解被审计单位的法律环境及监管环境	B12	在建工程	S3
了解被审计单位经营的其他外部因素	B13	工程物资	S4
了解被审计单位的性质	B14 - B17	固定资产清理	S5
了解被审计单位对会计政策的选择和运用	B18	融资租赁资产	S6
了解被审计单位的目标、战略及相关经营风险	B19	未担保余值	S7
了解被审计单位财务业绩的衡量和评价	B20	生产性生物资产	S8
了解被审计单位的内部控制	B21	公益性生物资产	S9
内部控制文件	B21 - 1	油气资产（含累计折耗）	S10
业务流程图或相关工作底稿（若控制文件中不含）	B21 - 2	无形资产（含累计摊销、减值准备）	T1
了解被审计单位整体层面的内部控制	B21	开发支出	T2
了解被审计单位控制环境	B21 - 3	商誉	T3
了解被审计单位风险评估过程	B21 - 4	长期待摊费用	U
了解被审计单位的信息系统与沟通	B21 - 5	其他非流动资产/其他长期资产	V
了解被审计单位控制活动	B21 - 6	递延税款借项	W1
了解被审计单位对控制的监督	B21 - 7	递延所得税资产	W2
了解被审计单位业务流程的内部控制	B21	待处理财产损溢	X
了解被审计单位内部控制 - 货币资金	B21 - 8	负债及权益类	
了解被审计单位内部控制 - 销售与收款循环	B21 - 9	短期借款	AA1
了解被审计单位内部控制 - 采购与付款循环	B21 - 10	交易性金融负债	AA2
了解被审计单位内部控制 - 仓储与存货循环	B21 - 11	应付票据	BB

续表

项　　目	索引号	项　　目	索引号
了解被审计单位内部控制－生产循环	B21－12	应付账款	CC
了解被审计单位内部控制－工薪与人事循环	B21－13	预收账款	DD
了解被审计单位内部控制－融资与投资循环	B21－14	应付工资	EE1
了解被审计单位内部控制－工程项目	B21－15	应付职工薪酬	EE2
了解被审计单位内部控制－担保	B21－16	应付福利费	FF
了解被审计单位内部控制－财务报告流程	B21－17	应付股利	GG
业务流程内部控制评价表	B21－18	应付利息	HH
被审计单位可能存在重大错报风险的事项或情况	B22	应付权证	II
评估财务报表层次的重大错报风险	B23	应交税金	JJ1
评估认定层次的重大错报风险	B24	应交税费	JJ2
特别风险应对措施及结果汇总表	B25	递延税款贷项	KK1
其他	B26	递延所得税负债	KK2
（三）沟通相关工作底稿	B	其他应交款	LL
与主审注册会计师的沟通	B27	其他应付款	MM
与治理层的沟通	B28	代理业务负债	NN
与管理层的沟通	B29	预提费用	OO
前后任注册会计师的沟通	B30	预计负债	PP
管理建议书	B31	递延收益	QQ
其他	B32	一年内到期的非流动负债	RR
		衍生工具	SS1
（四）审计完成阶段工作底稿（不含财务报告类工作底稿）	B	套期工具	SS2
管理层声明书原件	B33	被套期项目	SS3
律师声明书（律师询证函复函）	B34	其他流动负债	TT
重大事项概要	B35	长期借款	UU1
重大问题请示报告	B36	长期债券	UU2
财务报表所属期间的董事会会议纪要	B37	应付债券	UU3
总结会会议纪要	B38	长期应付款	UU4
审计工作总结	B39	未确认融资费用	UU5
其他	B40	专项应付款	UU6

续表

项　　目	索引号	项　　目	索引号
		其他非流动负债	UU7
（五）财务报告类工作底稿	B	实收资本（股本）	VV1
资产负债表试算平衡表（年末余额）	B－1	资本公积	WW
资产负债表试算平衡表（年初余额）	B－1′	盈余公积	XX
利润及利润分配表试算平衡表（本年数）	B－2	未分配利润	YY
利润及利润分配表试算平衡表（上年数）	B－2′	外币报表折算差额	ZZ
现金流量审定表	B－3	库存股	WW2
审计差异调整表—审计调整分录汇总表	B－4.1	非控制权益	WW3
审计差异调整表—重分类调整分录汇总表	B－4.2		
审计差异调整表—未调整不符事项汇总表	B－4.3	损益类	
审计差异调整表—现金流量表调整分录汇总表	B－4.4	主营业务收入/营业收入	10
资产减值准备审定表	B－5	主营业务成本/营业成本	20
所有者权益（或股东权益）增减变动审定表	B－6	主营业务税金及附加/营业税费	30
三级复核工作底稿	B－100	其他业务利润/（其他业务收入/其他业务支出）	40
复核记录	B－200	营业费用	50
审计报告	B－300	管理费用	60
上年已审会计报表、已审会计报表	B－400′ B－400	财务费用	70
未审会计报表	B－500	资产减值损失	80
有关列报的工作底稿	B－600	公允价值变动净收益	90
（六）进一步审计程序工作底稿		投资收益/投资净收益	100
1. 控制测试工作底稿	C	补贴收入	200
货币资金	C1	营业外收入	300
销售与收款	C2	营业外支出	400
采购与付款	C3	所得税	500
仓储与存货	C4	以前年度损益调整	600
生产循环	C5		
工薪与人事	C6	（七）现金流量表工作底稿	CF
融资与投资	C7		

续表

项　　目	索引号	项　　目	索引号
工程项目	C8	（八）合并财务报表工作底稿	CW
担保	C9		
2. 分析程序工作底稿	D	（九）特定项目审计工作底稿	
横向趋势分析表（资产负债表）－用作风险评估程序	D1	舞弊	SA
横向趋势分析表（利润及利润分配表）－用作风险评估程序	D2	持续经营	SB
横向趋势分析表（现金流量表）－用作风险评估程序	D3	对法律法规的考虑	SC
纵向趋势分析表（资产负债表）－用作风险评估程序	D4	对环境事项的考虑	SD
纵向趋势分析表（利润表）－用作风险评估程序	D5	比较数据	SE
比率趋势分析表（适用本企业指标对比）－用作风险评估程序	D6	含有已审计财务报表的文件中的其他信息	SF
比率趋势分析表（适用行业或相关企业指标对比）－用作风险评估程序	D7	关联方关系及其交易	SG
横向趋势分析表（资产负债表）－用作总体复核	D8	期初余额	SH
横向趋势分析表（利润及利润分配表）－用作总体复核	D9	或有事项	SI
横向趋势分析表（现金流量表）－用作总体复核	D10	期后事项	SJ
比率趋势分析表－用作总体复核	D11	会计政策、会计估计变更和会计差错更正	SK
货币资金分析程序工作底稿	D12	非货币性交易	SL
应收账款分析程序工作底稿	D13	债务重组	SM
存货采购分析程序工作底稿	D14		
存货分析程序工作底稿	D15	（十）其他工作底稿	OT

3. 审计工作底稿归档的期限

《质量控制准则第5101号——会计师事务所对执行财务报表审计和审阅、其他鉴证和相关服务业务实施的质量控制》要求会计师事务所制定有关及时完成最终业务档案归整工作的政策和程序。审计工作底稿的归档期限为审计报告日后60天内。如果注册会计师未能完成审计业务，审计工作底稿的归档期限为审计业务中止后的60天内。

如果针对客户的同一财务信息执行不同的委托业务，出具两个或多个不同的报告，会计师事务所应当将其视为不同的业务，根据会计师事务所内部制定的政策和程序，在规定的归档期限内分别将审计工作底稿归整为最终审计档案。

毋须多言，工作底稿归档期限的明确，部分原因是媒体大肆宣传法庭听证会期间暴露出来的安然公司注册会计师销毁审计工作底稿，以及注册会计师在完成审计工作并签署审计报告数月之后延迟对审计档案的归档而引起的。审计项目组成员可能转去开展其他审计项目，或可能已离开会计师事务所，未决事项无法及时跟进，因此，延迟归档可能导致审计档案不完整。只有当审计项目组执行后续财务年度的审计（对连续审计业务而言）时，才可能发现上期“已完成归档的审计档案”是不完整的。

4. 审计工作底稿归档后的变动

在完成最终审计档案的归整工作后，注册会计师不应在规定的保存期限届满前删除或废弃任何性质的审计工作底稿。

（1）需要变动审计工作底稿的情形。注册会计师发现有必要修改现有审计工作底稿或增加新的审计工作底稿的情形主要有以下两种：①注册会计师已实施了必要的审计程序，取得了充分、适当的审计证据并得出了恰当的审计结论，但审计工作底稿的记录不够充分。②审计报告日后，发现例外情况要求注册会计师实施新的或追加审计程序，或导致注册会计师得出新的结论。例外情况主要是指审计报告日后发现与已审计财务信息相关，且在审计报告日已经存在的事实，该事实如果被注册会计师在审计报告日前获知，可能影响审计报告。例如，注册会计师在审计报告日后才获知法院在审计报告日前已对被审计单位的诉讼、索赔事项作出最终判决结果。例外情况可能在审计报告日后发现，也可能在财务报表报出日后发现，注册会计师应当按《中国注册会计师审计准则第 1332 号——期后事项》有关“财务报表报出后发现的事实”的相关规定，对例外事项实施新的或追加的审计程序。

（2）变动审计工作底稿时的记录要求。在完成最终审计档案的归整工作后，如果发现有必要修改现有审计工作底稿或增加新的审计工作底稿，无论修改或增加的性质如何，注册会计师均应当记录下列事项：①修改或增加审计工作底稿的理由；②修改或增加审计工作底稿的时间和人员，以及复核的时间和人员。

5. 审计工作底稿的保存期限

会计师事务所应当自审计报告日起，对审计工作底稿至少保存 10 年。如果注册会计师未能完成审计业务，会计师事务所应当自审计业务中止日起，对审计工作底稿至少保存 10 年。值得注意的是，对于连续审计的情况，当期归整的永久性档案可能包括以前年度获取的资料（有可能是 10 年以前）。这些资料虽然是在以前年度获取，但由于其作为本期档案的一部分，并作为支持审计结论的基础，因此，注册会计师对于这些对当期有效的档案，应视为当期取得并保存 10 年。如果这些资料在某一个审计期间被替换，被替换资料应当从被替换的年度起至少保存 10 年。

在完成最终审计档案的归整工作后，注册会计师不应在规定的保存期届满前删除或废弃任何性质的审计工作底稿。

【同步案例 4－4】

审计工作底稿编制中存在的问题

某省注册会计师协会在审计质量年度抽查中发现，会计师事务所业务质量存在问题较多，其中 W 会计师事务所在审计工作底稿中存在的问题较为集中、典型，主要内容如下：

（1）某电影公司审计项目。某电影公司总资产 500 多万元，下属有 18 个放映站，财务管理既有统一核算的放映站，又有实施承包制的放映点，财务收支错综复杂，编制的审计计划中审计范围、目标、重点和步骤只有一句话：审计 1998 年度财务收支是否真实、合法。

（2）某房地产开发公司审计项目。在审计计划中提出“要审查存货、开发成本和负债的真实性”，但在工作底稿中却找不到有关存货盘点和应付账款函证及能够替代的证据记录，连应付账款的账龄情况都无分析记录在案。

（3）某化纤厂审计项目。现金盘点表中反映现金短缺 3 000 多元，被审计单位出纳员、财会负责人均无签字，也无被审单位公章，而审计人员签字处只有一个“王”字。

（4）某酒店审计项目。审计档案中有该项目的审计业务底稿，却无审计业务约定书。

（5）6 个单位的年度会计报表审计项目。6 个单位共计 9 份无保留意见审计报告及其相应的审计记录，签字注册会计师均为李某和赵某，底稿记录时间前后共 7 天。

要求：根据上述情况，分析 W 会计师事务所审计工作底稿中存在哪些问题。

答案提示：

审计工作底稿不完整；审计工作底稿记录不确切；设计工作底稿手续不齐全；审计工作质量没有保证。

任务回顾

本任务主要讲述了审计证据的含义、分类及特征，审计证据的取得程序，审计工作底稿的含义，审计工作底稿的格式、要素及范围，审计工作底稿的复核和归档等内容。

（1）审计证据，是指注册会计师为了得出审计结论、形成审计意见而使用的所有信息。审计证据包括构成财务报表基础的会计记录所含有的信息和其他信息。审计实务中，审计证据的种类繁多，其外在形式、取得方式、取得途径、证明力的强弱等均有所不同。

（2）充分性和适当性是审计证据的两个基本特征。注册会计师应当获取充分、适当的审计证据，以得出合理的审计结论，作为形成审计意见的基础。

（3）注册会计师可以采用检查、观察、询问、函证、重新计算、重新执行、分析程序等具体审计程序来获取审计证据。

（4）审计工作底稿，是指注册会计师对制定的审计计划、实施的审计程序、获取的相关审计证据，以及得出的审计结论作出的记录。审计工作底稿是审计证据的载体，是注册会计师在审计过程中形成的审计工作记录和获取的资料。

（5）通常，审计工作底稿包括下列全部或部分要素：审计工作底稿的标题；审计过程记录；审计结论；审计标识及其说明；索引号及编号；编制者姓名及编制日期；复核者姓名及复核日期；其他应说明事项。

（6）审计工作底稿应及时归档并妥善保管。

思考与案例分析题

1. 思考题

（1）什么是审计证据？审计证据的来源有哪些？

（2）审计证据与法律证据和科学证据相比有何区别与联系？

（3）审计证据如何分类？基本的分类是什么？

（4）如何评价审计证据的充分性？如何评价审计证据的可靠性？

（5）审计证据的获取方法有哪些？其成本有何区别？

（6）在实务中如何充分运用分析性复核方法？

（7）外部函证的重要性体现在哪些方面？

（8）什么是审计工作底稿？为什么要编制审计工作底稿？

（9）为什么要进行审计工作底稿复核？

（10）审计档案的所有权归谁？何种情况下其他人可以调阅审计档案？

2. 案例分析题

（1）注册会计师在对某客户审计过程中，收集到下列四组审计证据：

①销货发票副本与购货发票；

②审计助理人员盘点存货的记录与客户自编的存货盘点表；

③审计人员收回的应收账款函证回函与询问被审计单位应收账款负责人的记录；

④银行存款余额调节表与银行对账单。

要求：请分别说明每组审计证据中哪项证据更为可靠？为什么？

（2）ABC 会计师事务所承接了 D 公司 2×09 年度财务报表审计工作，审计报告日是 2×10 年 3 月 15 日，提交审计报告的时间是 2010 年 3 月 17 日。同时约定下一年审计工作依然由 ABC 会计师事务所承接。ABC 会计师事务所于 2010 年 5 月 24 日完成审计工作底稿归档工作。

根据上述材料，请简要回答下列问题：

①简要回答 ABC 会计师事务所本次审计的审计工作底稿的归档期限是否正确，并说明理由。

②审计工作底稿归档后，出现何种情形可以修改现有审计工作底稿或增加新的审计工作底稿？

③审计工作底稿归档后，如要有必要修改现有审计工作底稿或增加新的审计工作底稿，注册会计师应当记录的事项有哪些？

④简要回答本次审计工作底稿的保存期限。

（3）同兴会计师事务所荣昌通用机械制造有限公司（以下简称荣昌通用公司）2×11年度财务报表时，有一张2×11年11月20日第10号记账凭证及其所附原始凭证引起了审计人员的注意。原始凭证有一张发货票、一张入库验收单和一张转账支票存根。

其中，发货票显示荣昌通用公司于2×11年11月26日从某供销社购买以下物资：

品名	单位	数量	单价（元）	金额（元）
无水乙二氧	千克	654	27.14	17 749.56
二丁酯	千克	1 700	4.34	7 378.00
丙酮	千克	1 888.20	8.65	16 332.93
合计				41 460.49

入库验收单显示上述物资2×11年11月20日全部入库，采购员朱某和验收员金某均已在入库验收单上签字。

审计人员还了解到如下情况：（1）转账支票上的付款金额及收货单位与发货票一致；（2）荣昌通用公司生产的产品主要是消耗性钢材和耐火材料，2×10年以前每年需要的无水乙二氧、二丁酯和丙酮的数量在100千克以内；（3）无水乙二氧、二丁酯和丙酮这三种化工原料为某机电化工公司经政府部门批准独家经营。

要求：面对上述情况，注册会计师是否应当怀疑荣昌通用公司2×11年11月20日第10号记账凭证所记载的经济业务的真实性？注册会计师应当什么措施来验证该笔业务的真实性？

（4）注册会计师在审查长城公司20×6年度财务报表时，按照审计准则的要求，形成了大量的审计工作底稿，其中有代表性的底稿包括管理建议书副本、应收账款函证回函、购货发票复印件和审计调整分录汇总表。这4张审计工作底稿记载的内容分别如下：

①管理建议书副本：长城公司在银行存款、银行借款、交易性金融资产等方面的规章制度存在严重影响财务报表的缺陷。

②购货发票复印件：由于漏记了两种材料采购，长城公司的应付账款账户期末余额低于期末尚未偿还的实际余额，低估的金额接近本账户的可容忍误差。

③应收账款函证回函：长城公司应收账款明细账所记载的内容与该客户记录的金额、日期、商品名称等均一致。

④审计调整分录汇总表：如果被审计单位拒绝调整，财务报表错报总额将远远超过其重要性。

要求：

根据上述信息，逐一确定相应的审计证据类型（包括来源和表现形式），4种证据的可靠性排序及每种证据最适宜证实的两个管理层认定。将你的结论填在下表中。

底稿编号	审计证据的类型	证据可靠性排序	适宜证实的管理层认定
①			
②			
③			
④			

专业技能训练

1. 实训目的

熟悉分析性程序的应用。

2. 实训资料

Y 注册会计师负责对 X 公司 20×8 年度财务报表进行审计。相关资料如下：

资料一：X 公司主要从事 A 产品的生产和销售，无明显产销淡旺季。产品销售采用赊销方式，正常信用期为 20 天。在 A 产品生产成本中，a 原材料成本占重大比重。a 原材料在 20×8 年的年初、年末库存均为零。A 产品的发出计价采用移动加权平均法。

资料二：20×8 年度，X 公司所处行业的统计资料显示，生产 A 产品所需 a 原材料主要依赖进口，汇率因素导致 a 原材料采购成本大幅上涨；替代产品面市使 A 产品的市场需求减少，市场竞争激烈，导致销售价格明显下跌。

资料三：X 公司 20×8 年度未经审计财务报表及相关账户记录反映：

（1）A 产品 20×7 年度和 20×8 年度的销售记录

产品名称	20×8 年度（未审数）			20×7 年度（已审数）		
	数量（吨）	营业收入（万元）	营业成本（万元）	数量（吨）	营业收入（万元）	营业成本（万元）
A 产品	900	50 000	40 000	800	40 000	34 000

（2）A 产品 20×8 年度收发存记录

日期及摘要	入库			出库			库存		
	数量（吨）	单价（万元）	金额（万元）	数量（吨）	单价（万元）	金额（万元）	数量（吨）	单价（万元）	金额（万元）
年初余额							0	0	0
1 月 3 日入库	80	60	4 800				80	60	4 800
1 月 4 日出库				70	60	4 200	10	60	600
2 月 9 日入库	80	55	4 400				90	55.56	5 000
略									

续表

日期及摘要	入库			出库			库存		
	数量（吨）	单价（万元）	金额（万元）	数量（吨）	单价（万元）	金额（万元）	数量（吨）	单价（万元）	金额（万元）
11 月 30 日出库				75	52	3 900	75	52	3 900
12 月 2 日入库	75	48	3 600				150	50	7 500
12 月 9 日出库				150	50	7 500	0	0	0
年末余额							0	0	0

（3）与销售 A 产品相关的应收账款变动记录

日期及摘要	借方（万元）	贷方（万元）	余额（万元）
20×8 年年初余额			3 000
20×8 年 1 月 2 日收款		2 700	300
20×8 年 1 月 4 日赊销	5 000		5 300
略			
20×8 年 11 月 30 日收款		2 500	600
20×8 年 12 月 9 日赊销	9 000		9 600
20×8 年年末余额			9 600
20×9 年年初余额			9 600
20×9 年 1 月 25 日赊销	3 000		12 600
20×9 年 1 月 31 日余额			12 600

要求：根据上述资料，假定不考虑其他条件，运用分析程序识别 X 公司 20×8 年度财务报表是否存在重大错报风险，并列示分析过程和分析结果。

教学设计与实践

1. 教学重点

（1）审计证据的种类

（2）审计证据的特征

（3）获取审计证据的程序

（4）审计工作底稿格式与要素

2. 教学难点

（1）审计证据的充分性与适当性之间的关系

（2）分析性程序的应用

（3）审计工作底稿的分类与归档

3. 建议教学课时

理论教学2学时。

4. 教学实践

（1）请制作本任务的授课教案；

（2）选取部分内容进行1小节课程的试讲。

任务五　理解重要性与审计风险

任务内容

- 重要性
- 审计风险

任务目标

- 理解重要性的定义和特征
- 掌握重要性的确定和应用
- 掌握审计风险的类型及审计风险模型
- 理解审计风险、重要性、审计证据三者之间的关系

适用的准则和规范

- 《中国注册会计师审计准则第1221号——计划和执行审计工作时的重要性》
- 《中国注册会计师审计准则第1251号——评价审计过程中识别出的错报》
- 《中国注册会计师审计准则第1101号——注册会计师的总体目标和审计工作的基本要求》
- 《中国注册会计师审计准则第1231号——针对评估的重大错报风险采取的应对措施》

导入案例

南方保健财务舞弊案

2003年3月18日，美国最大的医疗保健公司——南方保健会计造假丑闻败露。该公司在1997～2002年上半年期间，虚构了24.69亿美元的利润，而其实际利润则为－1 000万美元。这是《萨班斯—奥克斯利法案》颁布后，美国上市公司曝光的第一大舞弊案，备受各界瞩目。为其财务报表进行审计，并连续多年签发“干净”审计报告的安永会计师事务所（以下简称安永），也将自己置于风口浪尖上。

南方保健使用的最主要造假手段是通过“契约调整”这一收入备抵账户进行利润操纵。“契约调整”是营业收入的一个备抵账户，用于估算南方保健向病人

投保的医疗保险机构开出的账单与医疗保险机构预计将实际支付的账款之间的差额，营业收入总额减去“契约调整”的借方余额，在南方保健的收益表上反映为营业收入净额。这一账户的数字需要南方保健高管人员进行估计和判断，具有很大的不确定性。南方保健的高管人员恰恰利用这一点，通过毫无根据地贷记“契约调整”账户，虚增收入，蓄意调节利润。而为了不使虚增的收入露出破绽，南方保健又专门设立了“AP 汇总”这一科目以配合收入的调整。“AP 汇总”作为固定资产和无形资产的次级明细存在，用以记录“契约调整”对应的资产增加额。

在南方保健舞弊案中，舞弊分子对重要性水平的规避很大程度上源于安永在执业过程中的疏忽大意。众所周知，“四大”会计师事务所都有一套令人羡慕的审计流程。一般而言，只要获取被审计当期和前期的报表数据，这套流程便能自动执行设定的分析程序，确定重点审计领域，初步评估报表层次和各个账户的重要性水平，并确定抽样样本量。南方保健的会计人员中不乏曾在安永执业的注册会计师。在他们的指导下，结合会计人员常年对注册会计师的观察和对注册会计师所运用的重要性水平的了解，别有用心的舞弊分子不难了解注册会计师在各个科目上所能容忍的最大误差，甚至可以知晓注册会计师习惯的抽样起点金额，精心设计应对和规避措施。

案例思考

注册会计师确定重要性水平有何意义？重要性与审计风险之间存在什么关系？

任务结构

一、审计重要性

（一）重要性的概念

根据《中国注册会计师审计准则第 1221 号——计划和执行审计工作时的重要性》，重要性取决于在具体环境下对错报金额和性质的判断。在财务报表审计中，如果合理预期错报（包含漏报）单独或汇总起来可能影响财务报表使用者依据财务报表作出的经济决策，则通常认为错报是重大的。重要性水平可视为财务报表中的错报、漏报能否影响财务报表使用者决策的“临界点”，超过该临界点，就会影响使用者的判断或决策，这种错报和漏报就应被看作“重要的”。

小资料

美国财务会计准则委员会第 2 号公告将重要性定义为：会计信息漏报或错报的严重程度，在特定环境下足以改变或影响任何一位理性决策者依赖这些信息所作出的判断。在国际会计师联合会的术语中，重要性被定义为：如果漏报或错报可能影响财务报表使用者的经济决策，那么信息就是重要的。重要性取决于在发生错报或漏报的特定环境下所判断的项目或错误的大小。

重要性概念是基于成本效益原则的要求而产生的。由于现代企业经济活动日益复杂，注册会计师审计所面对的会计信息量也日益庞大，注册会计师既没有必要也不可能去审查全部会计资料，只能在对内部控制和风险评估的基础上采用抽查的方法来确认财务报表的合法性和公允性。因此，在审计过程中，注册会计师在确定审计程序的性质、时间安排和范围以及评价错报的影响时，应当考虑重要性。

财务报告编制基础通常从编制和列报财务报表的角度阐释重要性概念。适用的财务报告编制基础对重要性概念的规定，为注册会计师在审计工作中确定重要性提供了参考依据。财务报告编制基础可能以不同的术语解释重要性，但通常而言，重要性概念可从下列方面进行理解：

1. 重要性的判断与具体环境有关

不同的审计对象面临不同的环境，在不同的环境下，被审计单位的规模、性质、报表使用者对信息的需求都不尽相同，因此，注册会计师确定的重要性也不相同。从被审计单位的规模来看，某一金额的错报对一个规模较小的被审计单位的财务报表来说可能重要，而对另一个规模较大的被审计单位的财务报表来说可能就是不重要的。

2. 对重要性的判断受错报的金额或性质的影响，或受两者共同作用的影响

数额的大小无疑是判断重要性的一个重要因素。同样类型的错报或漏报，金额大的比金额小的更重要。在考虑金额大小的时候，还要注意多项小额错报的额累计影响，一项错报单独看来并不重要，但如果多次出现，积少成多，就可能变得重要了。如果合理预期错报（包括漏报）单独或汇总起来可能影响财务报表使用者依据财务报表作出的经济决策，则通常认为错报是重要的。

在有些情况下，一定金额的错报从数量上看并不重要，但从性质上考虑，则可能是重要的。从性质上考虑错报的重要性要注意以下几点：第一，错报是由于错误还是舞弊造成的，如果是由于舞弊造成的，则性质相对严重。第二，错报是否会引起履行合同义务，如果错报导致了合同义务的履行，则相对重要。第三，错报是否会影响收益趋势，如果错报改变了收益趋势，则相对重要。

3. 判断重要性要从财务报表使用者整体需求的角度出发

判断一项错报是否重要，应视其对财务报表使用者依据财务报表作出经济决策的影响程度而定。如果财务报表中的某项错报足以改变或影响财务报表使用者的相关决策，则该项错报就是重要的，否则就不重要。

在财务报表审计中，注册会计师判断某事项对财务报表使用者是否重大，是在考虑财务报表使用者整体共同的财务信息需求的基础上作出的。由于不同财务报表使用者对财务信息的需求可能差异很大，因此不考虑错报对个别财务报表使用者可能产生的影响。

注册会计师对重要性的确定属于职业判断，受注册会计师对财务报表使用者对财务信息需求的认识的影响。因此，就审计工作而言，注册会计师针对财务报表使用者作出下列假定是合理的：

（1）拥有经营、经济活动和会计方面的适当知识，并有意愿认真研究财务报表中的信息；

（2）理解财务报表是在运用重要性水平的基础上编制、列报和审计的；

（3）认可建立在对估计和判断的应用以及对未来事项的考虑的基础上的会计计量具有固有的不确定性；

（4）依据财务报表中的信息作出合理的经济决策。

对重要性的评估可能需要运用职业判断。重要性的判断是一个复杂的过程，离不开特定的环境。影响重要性的因素很多，不同的审计对象的重要性不同，同一审计对象的重要性在不同会计期间也可能不同。注册会计师不能机械地套用，只能根据被审计单位面临的环境，综合考虑其他因素，充分发挥主观能动性进行专业判断，合理确定重要性水平。不同的注册会计师在确定同一被审计单位财务报表层次和认定层次的重要性水平时，得出的结果也可能不同，这主要是因为对影响重要性的各因素的判断存在差异。

【同步思考 5-1】

影响重要性水平的因素有哪些？

在审计开始时，就必须对重大错报的规模和性质作出一个判断，包括确定财务报表整体的重要性和特定交易类别、账户余额和披露的重要性水平。当错报金额高于整体重要性水平时，就很可能被合理预期将对使用者根据财务报表作出的经济决策产生影响。

注册会计师使用整体重要性水平（将财务报表作为整体）的目的有：（1）决定风险评估程序的性质、时间安排和范围；（2）识别和评估重大错报风险；（3）确定进一步审计程序的性质、时间安排和范围。在整个业务过程中，随着审计工作的进展，注册会计师应当根据所获得的新信息更新重要性。在形成审计结论阶段，要使用整体重要性水平和特定交易类别、账户余额及披露的重要性水平，用来评价已识别的错报对财务报表和审计意见的影响。

小资料

审计重要性与会计信息质量的重要性要求不一样。审计重要性是指被审计单位会计报表中错报或漏报的严重程度，而会计信息质量的重要性要求企业的财务报告在全面反映企业的财务状况和经营成果的同时，对于重要的经济业务，应重点核算；而对不重要的经济业务，则可适当简化或合并反映。

（二）重要性水平的确定

在计划审计工作时，注册会计师应当确定一个合理的重要性水平，以发现在金额上重大的错报。注册会计师在确定计划的重要性水平时，需要考虑对被审计单位及其环境的了解、审计的目标、财务报表各项目的性质及其相互关系、财务报表项目的金额及其波动幅度。

1. 财务报表整体的重要性

由于财务报表审计的目标是注册会计师通过执行审计工作对财务报表发表审计意见，因此，注册会计师应当考虑财务报表整体的重要性。只有这样，才能得出财务报表是否公允反映的结论。注册会计师在制定总体审计策略时，应当确定财务报表整体的重要性。

确定多大错报会影响到财务报表使用者所做决策，是注册会计师运用职业判断的结果。很多注册会计师根据所在会计师事务所的惯例及自己的经验，考虑重要性。

确定重要性需要运用职业判断。通常先选定一个基准，再乘以某一百分比作为财务报表整体的重要性。在选择基准时，需要考虑的因素包括：

（1）财务报表要素（如资产、负债、所有者权益、收入和费用）；

（2）是否存在特定会计主体的财务报表使用者特别关注的项目（如为了评价财务业绩，使用者可能更关注利润、收入或净资产）；

（3）被审计单位的性质、所处的生命周期阶段以及所处行业和经济环境；

（4）被审计单位的所有权结构和融资方式（例如，如果被审计单位仅通过债务而非权益进行融资，财务报表使用者可能更关注资产及资产的索偿权，而非被审计单位的收益）；

（5）基准的相对波动性。

适当的基准取决于被审计单位的具体情况，包括各类报告收益（如税前利润、营业收入、毛利和费用总额），以及所有者权益或净资产。对于以营利为目的的实体，通常以经常性业务的税前利润作为基准。如果经常性业务的税前利润不稳定，选用其他基准可能更加合适，如毛利或营业收入。就选定的基准而言，相关的财务数据通常包括前期财务成果和财务状况、本期最新的财务成果和财务状况、本期的预算和预测结果。当然，本期最新的财务成果和财务状况、本期的预算和预测结果需要根据被审计单位情况的重大变化（如重大的企业并购）和被审计单位所处行业和经济环境情况的相关变化等作出调整。例如，当按照经常性业务的税前利润的一定百分比确定被审计单位财务报表整体的重要性时，如果被审计单位本年度税前利润因情况变化出现意外增加或减少，注册会计师可能认为按照近几年经常性业务的平均税前利润确定财务报表整体的重要性更加合适。

以下表 5-1 举例说明一些实务中较为常用的基准：

表 5-1　　确定重要性水平的常用基准

被审计单位的情况	可能选择的基准
1. 企业的盈利水平保持稳定	经常性业务的税前利润
2. 企业近年来经营状况大幅度波动，盈利和亏损交替发生，或者由正常盈利变为微利或微亏，或者本年度税前利润因情况变化而出现意外增加或减少	过去 3~5 年经常性业务的平均税前利润或亏损（取绝对值），或其他基准，例如营业收入
3. 企业为新设企业，处于开办期，尚未开始经营，目前正在建造厂房及购买机器设备	总资产

续表

被审计单位的情况	可能选择的基准
4. 企业处于新兴行业，目前侧重于抢占市场份额、扩大企业知名度和影响力	营业收入
5. 开放式基金，致力于优化投资组合、提高基金净值、为基金持有人创造投资价值	净资产
6. 国际企业集团设立的研发中心，主要为集团下属各企业提供研发服务，并以成本加成的方式向相关企业收取费用	成本与营业费用总额
7. 公益性质的基金会	捐赠收入或捐赠支出总额

在通常情况下，对于以营利为目的的企业，利润可能是大多数财务报表使用者最为关注的财务指标，因此，注册会计师可能考虑选取经常性业务的税前利润作为基准。但是在某些情况下，例如企业处于微利或微亏状态时，采用经常性业务的税前利润为基准确定重要性可能影响审计的效率和效果。注册会计师可以考虑采用以下方法确定基准：

（1）如果微利或微亏状态是由宏观经济环境的波动或企业自身经营的周期性所导致，可以考虑采用过去3～5年经常性业务的平均税前利润作为基准；

（2）采用财务报表使用者关注的其他财务指标作为基准，如营业收入、总资产等。

注册会计师要注意的是，如果被审计单位的经营规模较上年度没有重大变化，通常使用替代性基准确定的重要性不宜超过上年度的重要性。

注册会计师为被审计单位选择的基准在各年度中通常会保持稳定，但是并非必须保持一贯不变。注册会计师可以根据经济形势、行业状况和被审计单位具体情况的变化对采用的基准作出调整。例如，被审计单位处在新设立阶段时注册会计师可能采用总资产作为基准，被审计单位处在成长期时注册会计师可能采用营业收入作为基准，被审计单位进入经营成熟期后注册会计师可能采用经常性业务的税前利润作为基准。

为选定的基准确定百分比需要运用职业判断。百分比和选定的基准之间存在一定的联系，如经常性业务的税前利润对应的百分比通常比营业收入对应的百分比要高。例如，对以营利为目的的制造行业实体，注册会计师可能认为经常性业务的税前利润的5%是适当的；而对非营利组织，注册会计师可能认为总收入或费用总额的1%是适当的。百分比无论是高一些还是低一些，只要符合具体情况，都是适当的。

在确定百分比时，除了考虑被审计单位是否为上市公司或公众利益实体外，其他因素也会影响注册会计师对百分比的选择，这些因素包括但不限于：

（1）财务报表使用者的范围；

（2）被审计单位是否由集团内部关联方提供融资或是否有大额对外融资（如债券或银行贷款）；

（3）财务报表使用者是否对基准数据特别敏感（如抱有特殊目的的财务报表的

使用者）。

注册会计师在确定重要水平时，不需考虑与具体项目计量相关的固有不确定性。例如，财务报表含有高度不确定性的大额估计，注册会计师并不会因此而确定一个比不含有该估计的财务报表更高或更低的财务报表整体重要性。

2. 特定类别交易、账户余额或披露的重要性水平

根据被审计单位的特定情况，下列因素可能表明存在一个或多个特定类别的交易、账户余额或披露，其发生的错报金额虽然低于财务报表整体的重要性，但合理预期将影响财务报表使用者依据财务报表作出的经济决策：

（1）法律法规或适用的财务报告编制基础是否影响财务报表使用者对特定项目（如关联方交易、管理层和治理层的薪酬）计量或披露的预期；

（2）与被审计单位所处行业相关的关键性披露（如制药企业的研究与开发成本）；

（3）财务报表使用者是否特别关注财务报表中单独披露的业务的特定方面（如新收购的业务）。

在根据被审计单位的特定情况考虑是否存在上述交易、账户余额或披露时，了解治理层和管理层的看法和预期通常是有用的。

3. 实际执行的重要性

实际执行的重要性，是指注册会计师确定的低于财务报表整体重要性的一个或多个金额，旨在将未更正和未发现错报的汇总数超过财务报表整体的重要性的可能性降至适当的低水平。如果适用，实际执行的重要性还指注册会计师确定的低于特定类别的交易、账户余额或披露的重要性水平的一个或多个金额。

仅为发现单项重大的错报而计划审计工作将忽视这样一个事实，即单项非重大错报的汇总数可能导致财务报表出现重大错报，更不用说还没有考虑可能存在的未发现错报。确定财务报表整体的实际执行的重要性（根据定义可能是一个或多个金额），旨在将财务报表中未更正和未发现错报的汇总数超过财务报表整体的重要性的可能性降至适当的低水平。

与确定特定类别的交易、账户余额或披露的重要性水平相关的实际执行的重要性，旨在将这些交易、账户余额或披露中未更正与未发现错报的汇总数超过这些交易、账户余额或披露的重要性水平的可能性降至适当的低水平。

确定实际执行的重要性并非简单机械的计算，需要注册会计师运用职业判断，并考虑下列因素的影响：（1）对被审计单位的了解（这些了解在实施风险评估程序的过程中不断得到更新）；（2）前期审计工作中识别出的错报的性质和范围；（3）根据前期识别出的错报对本期错报作出的预期。

通常而言，实际执行的重要性通常为财务报表整体重要性的50%～75%。

如果存在下列情况，注册会计师可能考虑选择较低的百分比来确定实际执行的重要性：

（1）首次接受委托的审计项目；

（2）连续审计项目，以前年度审计调整较多；

（3）项目总体风险较高，例如处于高风险行业、管理层能力欠缺、面临较大市场竞争压力或业绩压力等；

（4）存在或预期存在值得关注的内部控制缺陷。

如果存在下列情况，注册会计师可能考虑选择较高的百分比来确定实际执行的重要性：

（1）连续审计项目，以前年度审计调整较少；

（2）项目总体风险为低到中等，例如处于非高风险行业、管理层有足够能力、面临较低的业绩压力等；

（3）以前期间的审计经验表明内部控制运行有效。

审计准则要求注册会计师确定低于财务报表整体重要性的一个或多个金额作为实际执行的重要性，注册会计师无须通过将财务报表整体的重要性平均分配或按比例分配至各个报表项目的方法来确定实际执行的重要性，而是根据对报表项目的风险评估结果，确定如何确定一个或多个实际执行的重要性。例如，根据以前期间的审计经验和本期审计计划阶段的风险评估结果，注册会计师认为可以以财务报表整体重要性的75%作为大多数报表项目的实际执行的重要性；与营业收入项目相关的内部控制存在控制缺陷，而且以前年度审计中存在审计调整，因此考虑以财务报表整体重要性的50%作为营业收入项目的实际执行的重要性，从而有针对性地对高风险领域执行更多的审计工作。

计划的重要性与实际执行的重要性之间的关系如图5－1所示。

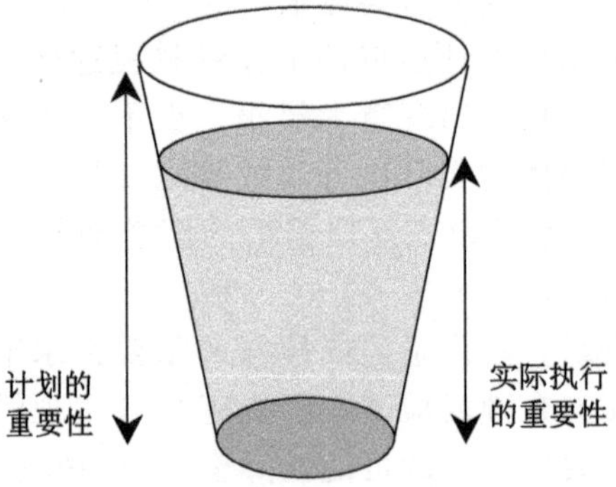

图5－1 实际执行的重要性

4. 审计过程中修改重要性

由于存在下列原因，注册会计师可能需要修改财务报表整体的重要性和特定类别的交易、账户余额或披露的重要性水平（如适用）：（1）审计过程中情况发生重大变化（如决定处置被审计单位的一个重要组成部分）；（2）获取新信息；（3）通过实施进一步审计程序，注册会计师对被审计单位及其经营所了解的情况发生变化。例如，注册会计师在审计过程中发现，实际财务成果与最初确定财务报表整体的重要性时使用的预期本期财务成果相比存在着很大差异，则需要修改重要性。

（三）重要性的运用

1. 在审计中运用实际执行的重要性

实际执行的重要性在审计中的作用主要体现在以下几个方面：

（1）注册会计师在计划审计工作时可以根据实际执行的重要性确定需要对哪些类型的交易、账户余额和披露实施进一步审计程序，即通常选取金额超过实际执行的重要性的财务报表项目，因为这些财务报表项目有可能导致财务报表出现重大错报。但是，这不代表注册会计师可以对所有金额低于实际执行的重要性的财务报表项目不实施进一步审计程序，这主要出于以下考虑：①单个金额低于实际执行的重要性的财务报表项目汇总起来可能金额重大（可能远远超过财务报表整体的重要性），注册会计师需要考虑汇总后的潜在错报风险；②对于存在低估风险的财务报表项目，不能仅仅因为其金额低于实际执行的重要性而不实施进一步审计程序；③对于识别出存在舞弊风险的财务报表项目，不能因为其金额低于实际执行的重要性而不实施进一步审计程序。

（2）运用实际执行的重要性确定进一步审计程序的性质、时间安排和范围。例如，在实施实质性分析程序时，注册会计师确定的已记录金额与预期值之间的可接受差异额通常不超过实际执行的重要性；在运用审计抽样实施细节测试时，注册会计师可以将可容忍错报的金额设定为等于或低于实际执行的重要性。

2. 错报

（1）错报的定义。错报，是指某一财务报表项目的金额、分类、列报或披露，与按照适用的财务报告编制基础应当列示的金额、分类、列报或披露之间存在的差异；或根据注册会计师的判断，为使财务报表在所有重大方面实现公允反映，需要对金额、分类、列报或披露作出的必要调整。错报可能是由于错误或舞弊导致的。错报可能由下列事项导致：①收集或处理用以编制财务报表的数据时出现错误；②遗漏某项金额或披露；③由于疏忽或明显误解有关事实导致作出不正确的会计估计；④注册会计师认为管理层对会计估计作出不合理的判断或对会计政策作出不恰当的选择和运用。

（2）累积识别出的错报。注册会计师可能将低于某一金额的错报界定为明显微小的错报，对这类错报不需要累积，因为注册会计师认为这些错报的汇总数明显不会对财务报表产生重大影响。“明显微小”不等同于“不重大”。明显微小错报的金额的数量级，与按照《中国注册会计师审计准则第1221号——计划和执行审计工作时的重要性》确定的重要性的数量级相比，是完全不同的（明显微小错报的数量级更小）。这些明显微小的错报，无论单独或者汇总起来，无论从规模、性质或其发生的环境来看都是明显微不足道的。如果不确定一个或多个错报是否明显微小，就不能认为这些错报是明显微小的。

注册会计师需要在制定审计策略和审计计划时，确定一个明显微小错报的临界值，低于该临界值的错报视为明显微小的错报，可以不累积。《中国注册会计师审计准则第1251号——评价审计过程中识别的错报》第十六条规定，注册会计师应当在审计工作底稿中记录设定的某一金额，低于该金额的错报视为明显微小。确定该临界值需要注册会计师运用职业判断。在确定明显微小错报的临界值时，注册会计师可能考虑以下因素：

①以前年度审计中识别出的错报（包括已更正和未更正错报）的数量和金额；

②重大错报风险的评估结果；

③被审计单位治理层和管理层对注册会计师与其沟通错报的期望；

④被审计单位的财务指标是否勉强达到监管机构的要求或投资者的期望。

注册会计师对上述因素的考虑，实际上是在确定审计过程中对错报的过滤程度。注册会计师的目标是要确保不累积的错报（即低于临界值的错报）连同累积的未更正错报不会汇总成为重大错报。如果注册会计师预期被审计单位存在数量较多、金额较小的错报，可能考虑采用较低的临界值，以避免大量低于临界值的错报积少成多构成重大错报。如果注册会计师预期被审计单位错报数量较少，则可能采用较高的临界值。

注册会计师可能将明显微小错报的临界值确定为财务报表整体重要性的3%至5%，也可能低一些或高一些，但通常不超过财务报表整体重要性的10%，除非注册会计师认为有必要单独为重分类错报确定一个更高的临界值。如果注册会计师不确定一个或多个错报是否明显微小，就不能认为这些错报是明显微小的。

为了帮助注册会计师评价审计过程中累积的错报的影响以及与管理层和治理层沟通错报事项，将错报区分为事实错报、判断错报和推断错报可能是有用的（如表5－2所示）。

表5－2　　累计识别出的错报的主要情形

序号	识别出的错报	具体情形
①	事实错报	a. 被审计单位收集和处理数据的错误 b. 对事实的疏忽或误用 c. 故意舞弊行为
②	判断错报	a. 管理层和注册会计师对会计估计值的判断差异 b. 管理层和注册会计师对选择和运用会计政策的判断差异，由于注册会计师认为管理层选用会计政策造成错报，管理层却认为选用会计政策适当，导致出现判断差异
③	推断错报	a. 用过测试样本估计出的总体的错报减去在测试中发现的已经识别的具体错报 b. 通过实质性分析程序推断出的估计错报

①事实错报。事实错报是毋庸置疑的错报。这类错报产生于被审计单位收集和处理数据的错误，对事实的忽略或误解，或故意舞弊行为。例如，注册会计师在审计测试中发现购入存货的实际价值为15 000元，但账面记录的金额却为10 000元。因此，存货和应付账款分别被低估了50 000元，这里被低估的5 000元就是已识别

的对事实的具体错报。

②判断错报。由于注册会计师认为管理层对会计估计作出不合理的判断或不恰当地选择和运用会计政策而导致的差异。这类错报产生于两种情况：一是管理层和注册会计师对会计估计值的判断差异，例如，由于包含在财务报表中的管理层作出的估计值超出了注册会计师确定的一个合理范围，导致出现判断差异；二是管理层和注册会计师对选择和运用会计政策的判断差异，由于注册会计师认为管理层选用会计政策造成错报，管理层却认为选用会计政策适当，导致出现判断差异。

③推断错报。注册会计师对总体存在的错报作出的最佳估计数，涉及根据在审计样本中识别出的错报来推断总体的错报。推断错报通常是指通过测试样本估计出的总体的错报减去在测试中发现的已经识别的具体错报。例如，应收账款年末余额为2 000万元，注册会计师测试样本发现样本金额有100万元的高估，高估部分为样本账面金额的20%，据此注册会计师推断总体的错报金额为400万元（即2 000×20%），那么上述100万元就是已识别的具体错报，其余300万元即推断误差。

（3）对审计过程识别出的错报的考虑

错报可能不会孤立发生，一项错报的发生还可能表明存在其他错报。例如，注册会计师识别出由于内部控制失效而导致的错报，或被审计单位广泛运用不恰当的假设或评估方法而导致的错报，均可能表明还存在其他错报。

抽样风险和非抽样风险可能导致某些错报未被发现。审计过程中累积错报的汇总数接近按照《中国注册会计师审计准则第1221号——计划和执行审计工作时的重要性》的规定确定的重要性，则表明存在比可接受的低风险水平更大的风险，即可能未被发现的错报连同审计过程中累积错报的汇总数，可能超过重要性。

注册会计师可能要求管理层检查某类交易、账户余额或披露，以使管理层了解注册会计师识别出的错报的产生原因，并要求管理层采取措施以确定这些交易、账户余额或披露实际发生错报的金额，以及对财务报表作出适当的调整。例如，在从审计样本中识别出的错报推断总体错报时，注册会计师可能提出这些要求。

二、审计风险

（一）审计风险的含义

审计风险，是指当财务报表存在重大错报时，注册会计师发表不恰当审计意见的可能性。审计风险并不包含下面这种情况，即财务报表不含有重大错报，而注册会计师错误地发表了财务报表含有重大错报的审计意见。可见，合理保证与审计风险互为补数，即合理保证与审计风险之和等于100%。如果注册会计师将审计风险降低至可接受的低水平，则对财务报表不存在重大错报获取了合理保证。

审计风险是一个与审计过程相关的技术术语，并不是指注册会计师执行业务的法律后果，如因诉讼、负面宣传或其他与财务报表审计相关的事项而导致损失的可能性。

审计风险不同于企业的经营风险，但二者具有很密切的联系。

经营风险是指可能对被审计单位实现目标和实施战略的能力造成不利影响的重要情况、事项、作为或不作为而导致的风险，或由于制定不恰当的目标和战略而导致的风险。不同的企业可能面临不同的经营风险，这取决于企业经营的性质、所处的行业、外部的监管环境、企业的规模和复杂程度等。管理层有责任识别和应对这些风险。

审计风险和经营风险之所以具有很密切的联系，是因为经营风险和财务报表发生重大错报的风险密切相关。许多经营风险最终都会有财务后果，因而影响到财务报表，进而对财务报表审计产生影响。例如，宏观经济形势不景气可能对商业银行贷款损失准备产生重大影响；化工企业面临的环境风险可能意味着需要确认预计负债；技术升级风险可能导致企业原有的生产设备和存货发生减值，甚至影响持续经营假设的适用性。更为严重的是，在经营风险引起经营失败时，可能促使被审计单位管理层通过财务报表舞弊对此加以掩盖。尽管被审计单位在实施战略以实现其目标的过程可能面临各种经营风险，但并非所有经营风险都与财务报表相关，注册会计师应当重点关注可能影响财务报表的经营风险。

小资料

审计风险与一般风险相比，除了具有客观性、普遍性、或然性、必然性、可变性等特点外，还具有如下特征。

①时效性。就某项具体业务而言，审计风险只存在于一定的时间区段之内，一旦超出该时间区段，风险也就自动解除了。

②可控性。虽然审计风险客观而普遍的存在，但不是说审计风险无法控制。无论哪种主体的审计风险，通过审计师的主观努力都可能会得到控制。

③非零性。审计风险客观存在，无论审计师如何努力，会计报表的整体审计风险绝不会控制到零的程度，也就是说审计风险不可能全部消除。

④复杂性。审计风险可能产生于审计主体，也可能产生于被审计单位或审计报告的使用者。审计环境在不断地变化，被审计单位的造假动机、造假手段都在不断变化，审计风险的因素极其复杂。

（二）审计风险的构成要素及相互关系

审计风险取决于重大错报风险和检查风险。注册会计师应当实施审计程序，评估重大错报风险，并根据评估结果设计和实施进一步审计程序，以控制检查风险。

1. 重大错报风险

重大错报风险是指财务报表在审计前存在重大错报的可能性。重大错报风险与被审计单位的风险相关，且独立于财务报表审计而存在。在设计审计程序以确定财务报表整体是否存在重大错报时，注册会计师应当从财务报表层次和各类交易、账户余额和披露认定层次方面考虑重大错报风险。《中国注册会计师审计准则第1211号——通过了解被审计单位及其环境识别和评估重大错报风险》对注册会计师如何评估财务报表层次和认定层次的重大错报风险提出了详细的要求。

（1）两个层次的重大错报风险。财务报表层次重大错报风险与财务报表整体存在广泛联系，可能影响多项认定。此类风险通常与控制环境有关，但也可能与其他因素有关，如经济萧条。此类风险难以界定到某类交易、账户余额和披露的具体认定中；相反，此类风险增大了不同认定发生重大错报的可能性。

注册会计师同时考虑各类交易、账户余额和披露认定层次的重大错报风险，考虑的结果直接有助于注册会计师确定认定层次上实施的进一步审计程序的性质、时间安排和范围。注册会计师在各类交易、账户余额和披露认定层次获取审计证据，以便能够在审计工作完成时，以可接受的低审计风险水平对财务报表整体发表审计意见。《中国注册会计师审计准则第1231号——针对评估的重大错报风险采取的应对措施》对注册会计师如何应对评估的两个层次重大错报风险，提出了详细的要求。

（2）固有风险和控制风险。认定层次的重大错报风险又可以进一步细分为固有风险和控制风险。

固有风险是指在考虑相关的内部控制之前，某类交易、账户余额或披露的某一认定容易发生错报（该错报单独或连同其他错报可能是重大的）的可能性。某些类别的交易、账户余额和披露及其认定，固有风险较高。例如，复杂的计算比简单计算更可能出错；受重大计量不确定性影响的会计估计发生错报的可能性较大。产生经营风险的外部因素也可能影响固有风险，例如，技术进步可能导致某项产品陈旧，进而导致存货易于发生高估错报（计价认定）。被审计单位及其环境中的某些因素还可能与多个甚至所有类别的交易、账户余额和披露有关，进而影响多个认定的固有风险。这些因素包括维持经营的流动资金匮乏、被审计单位处于夕阳行业等。

控制风险是指某类交易、账户余额或披露的某一认定发生错报，该错报单独或连同其他错报是重大的，但没有被内部控制及时防止或发现并纠正的可能性。控制风险取决于与财务报表编制有关的内部控制的设计和运行的有效性。由于控制的固有局限性，某种程度的控制风险始终存在。

需要特别说明的是，由于固有风险和控制风险不可分割地交织在一起，有时无法单独进行评估，本教材通常不再单独提到固有风险和控制风险，而只是将这两者合并称为“重大错报风险”。但这并不意味着，注册会计师不可以单独对固有风险和控制风险进行评估。相反，注册会计师既可以对两者进行单独评估，也可以对两者进行合并评估。具体采用的评估方法取决于会计师事务所偏好的审计技术和方法及实务上的考虑。图5-2列示了风险评估的总体流程。

2. 检查风险

检查风险是指如果存在某一错报，该错报单独或连同其他错报可能是重大的，注册会计师为将审计风险降至可接受的低水平而实施程序后没有发现这种错报的风险。检查风险取决于审计程序设计的合理性和执行的有效性。由于注册会计师通常并不对所有的交易、账户余额和披露进行检查，以及其他原因，检查风险不可能降低为零。其他原因包括注册会计师可能选择了不恰当的审计程序、审计过程执行不当，或者错误解读了审计结论。这些因素可以通过适当计划、在项目组成员之间进

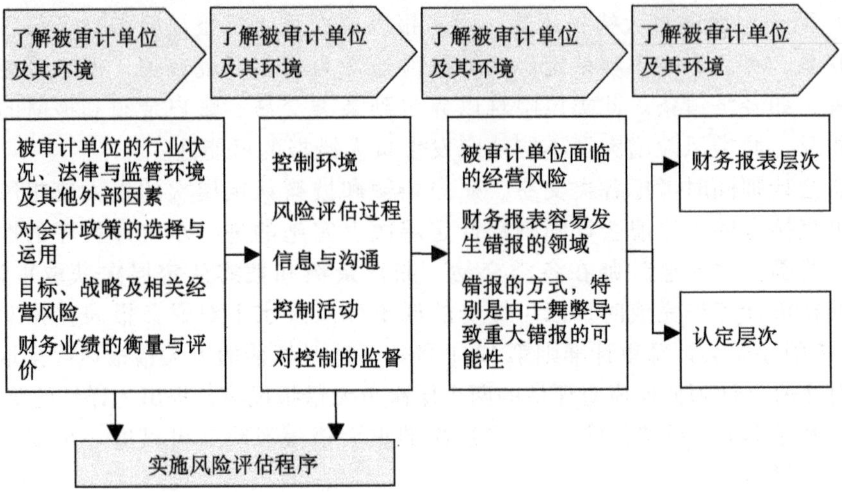

图 5－2 风险评估总流程

行恰当的职责分配、保持职业怀疑态度以及监督、指导和复核项目组成员执行的审计工作得以解决。

3. 检查风险与重大错报风险的反向关系

在既定的审计风险水平下，可接受的检查风险水平与认定层次重大错报风险的评估结果呈反向关系。评估的重大错报风险越高，可接受的检查风险越低；评估的重大错报风险越低，可接受的检查风险就越高。这两种风险的关系可以用图 5－3 表示。

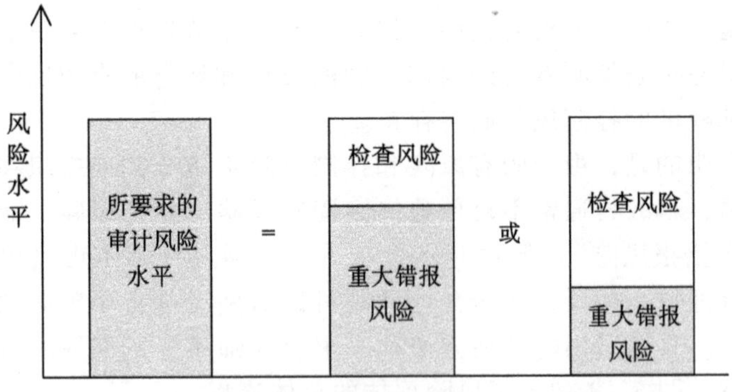

图 5－3 检查风险与重大错报风险的反向关系

检查风险与重大错报风险的反向关系用数学模型表示如下：

审计风险 = 重大错报风险 × 检查风险

这个模型也就是审计风险模型。假设针对某一认定，注册会计师将可接受的审计风险水平设定为 5%，注册会计师实施风险评估程序后将重大错报风险评估为 25%，则根据这一模型，可接受的检查风险为 20%。当然，实务中，注册会计师不一定用绝对数量表达这些风险水平，而是选用“高”、“中”、“低”等文字进行定性描述。

注册会计师应当合理设计审计程序的性质、时间安排和范围，并有效执行审计程序，以控制检查风险。上例中，注册会计师根据确定的可接受检查风险（20%），设计审计程序的性质、时间安排和范围。审计计划在很大程度上围绕确定审计程序的性质、时间安排和范围而展开。

【同步思考 5－2】

注册会计师如何才能提高风险识别和防范的能力？

4. 审计的固有限制

注册会计师不可能将审计风险降至零，因此不能对财务报表不存在由于舞弊或错误导致的重大错报获取绝对保证。这是由于审计存在固有限制，导致注册会计师据以得出结论和形成审计意见的大多数审计证据是说服性而非结论性的。审计的固有限制源于：（1）财务报告的性质；（2）审计程序的性质；（3）在合理的时间内以合理的成本完成审计的需要。

（1）财务报告的性质。管理层编制财务报表，需要根据被审计单位的事实和情况运用适用的财务报告编制基础的规定，在这一过程中需要作出判断。此外，许多财务报表项目涉及主观决策、评估或一定程度的不确定性，并且可能存在一系列可接受的解释或判断。因此，某些财务报表项目的金额本身就存在一定的变动幅度，这种变动幅度不能通过实施追加的审计程序来消除。例如，某些会计估计通常如此。即便如此，审计准则要求注册会计师特别考虑在适用的财务报告编制基础下会计估计是否合理，相关披露是否充分，会计实务的质量是否良好（包括管理层判断是否可能存在偏向）。

（2）审计程序的性质。注册会计师获取审计证据的能力受到实务和法律上的限制。例如：①管理层或其他人员可能有意或无意地不提供与财务报表编制相关的或注册会计师要求的全部信息。因此，即使实施了旨在保证获取所有相关信息的审计程序，注册会计师也不能保证信息的完整性；②舞弊可能涉及精心策划和蓄意实施以进行隐瞒。因此，用以收集审计证据的审计程序可能对于发现舞弊是无效的。例如，舞弊导致的错报涉及串通伪造文件，使得注册会计师误以为有效的证据实际上是无效的。注册会计师没有接受文件真伪鉴定方面的培训，不应被期望成为鉴定文件真伪的专家；③审计不是对涉嫌违法行为的官方调查。因此，注册会计师没有被授予特定的法律权力（如搜查权），而这种权力对调查是必要的。

（3）财务报告的及时性和成本效益的权衡。审计中的困难、时间或成本等事项本身，不能作为注册会计师省略不可替代的审计程序或满足于说服力不足的审计证据的正当理由。制定适当的审计计划有助于保证执行审计工作需要的充分的时间和资源。尽管如此，信息的相关性及其价值会随着时间的推移而降低，所以需在信息的可靠性和成本之间进行权衡。这在某些财务报告编制基础中得到认可。要求注册会计师处理所有可能存在的信息是不切实际的，基于信息存在错误或舞弊除非能够提供反证的假设而竭尽可能地追查每一个事项也是不切实际的。正是因为认识到这一点，财务报表使用者的期望是，注册会计师在合理的时间内以合理的成本对财务报表形成审计意见。为了在合理的时间内以合理的成本对财务报表形成审计意见，注册会计师有必要：①计划审计工作，以使审计工作以有效的方式得到执行；②将审计资源投向最可能存在重大错报风险的领域，并相应地在其他领域减少审计资源；③运用测试和其他方法检查总体中存在的错报。

由于审计的固有限制，即使按照审计准则的定适当地计划和执行审计工作，也不可避免地存在财务报表的某些重大错报可能未被发现风险。相应地，完成审计工作后发现由于舞弊或错误导致的财务报表重大错报，其本身并不表明注册会计师没有按照审计准则的规定执行审计工作。尽管如此，审计的固有限制并不能作为注册会计师满足于说服力不足的审计证据的理由。注册会计师是否按照审计准则的规定执行了审计工作，取决于注册会计师在具体情况下实施的审计程序，由此获取的审计证据的充分性和适当性，以及根据总体目标和对审计证据的评价结果而出具审计报告的恰当性。

（三）审计风险与重要性和审计证据之间的关系

1. 审计风险与重要性之间的关系

审计风险与重要性之间存在反向关系。重要性水平越高，审计风险越低；重要性水平越低，审计风险越高。注册会计师在确定审计程序的性质、时间安排和范围时应考虑这种反向关系。例如：在确定审计程序后，如果注册会计师决定接受更低的重要性水平，审计风险将增加。注册会计师应当选用下列方法将审计风险降至可接受的低水平：

（1）如有可能，通过扩大控制测试范围或实施追加的控制测试，以降低评估的重大错报风险，并支持降低后的重大错报风险水平；

（2）通过修改计划实施的实质性程序的性质、时间安排和范围，降低检查风险。

理解审计风险与重要性之间的这种关系要注意以下几点：

（1）重要性水平是注册会计师从财务报表使用者的角度进行判断的结果。重要性与审计风险之间的这种关系也是建立在这个基础之上的。

（2）重要性与审计风险之间的这种关系是从定量的角度来说的。重要性水平的高低指的是金额的大小，没有涉及定性的考虑。

（3）重要性与审计风险之间的这种关系只有在假定同一被审计单位的情况下才成立。对于不同被审计单位的不同重要性水平，无法据此直接判断审计风险的相对大小。

（4）重要性与审计风险之间的这种关系只有在客观、准确地确定重要性水平的前提下和假定注册会计师付出同样努力的情况下才会成立。

在上述背景下，10 000 元的重要性水平要高于 5 000 元的重要性水平，相应的 10 000 元重要性水平下的审计风险要小于 5 000 元重要性水平下的审计风险。因为，如果重要性水平是 10 000 元，则意味着低于 10 000 元的错报不会影响到财务报表使用者的决策，此时注册会计师需要通过执行有关审计程序合理保证能发现高于

10 000 元的错报；如果重要性水平是 5 000 元，则金额在 5 000 元以上的错报就会影响财务报表使用者的决策。面对同一个被审计单位，如果重要性水平是 5 000 元，相对于重要性水平为 10 000 元的情况来说，就意味着注册会计师不但要通过执行有关审计程序合理保证能发现金额在 10 000 元以上的错报，还要通过执行有关审计程序合理保证能发现金额在 5 000 ~ 10 000 元之间的错报。很显然，如果审计师付出同样的努力，重要性水平为 5 000 元时审计不出这样的重大错报的可能性，即审计风险，要比重要性水平为 10 000 元时更高。因此，重要性水平越低，审计风险越高，就越要求注册会计师收集更多更有效的审计证据，以将审计风险降至可接受的低水平。所以，重要性水平和审计证据之间也就存在反向变动关系。

由于重要性与审计风险的这种关系只有在客观、准确地确定重要性的前提下才会成立，所以，注册会计师不能通过不合理地人为调高重要性水平来降低审计风险。因为重要性是依据重要性概念中所述的判断标准客观确定的，而不是由主观期望的审计风险水平决定的。由于重要性和审计风险存在上述反向关系，而且这种关系对注册会计师将要执行的审计程序的性质、时间安排和范围有直接影响，因此，注册会计师应当综合考虑各种因素，合理确定重要性水平。

注册会计师应当关注财务报表的重大错报，但没有责任发现对财务报表整体不产生重大影响的错报。注册会计师应当考虑已识别但未更正的单个或累计的错报是否对财务报表整体产生重大影响。

2. 审计风险与审计证据之间的关系

评估的重大错报风险与所需收集的审计证据的数量存在正向关系。一般而言，评估的重大错报风险越高，需要收集的审计证据就越多；评估的重大错报风险越低，所需审计证据越小。此外，评估的重大错报风险与注册会计师可以接受的检查风险不同。可以接受的检查风险水平与审计证据之间存在反向关系。一般而言，对于同一个审计客户，可以接受的检查风险水平越高，所需收集的审计证据越少；可以接受的检查风险水平越低，所需收集的审计证据越多。审计证据与审计风险之间的关系可以用图 5－4 来表示。

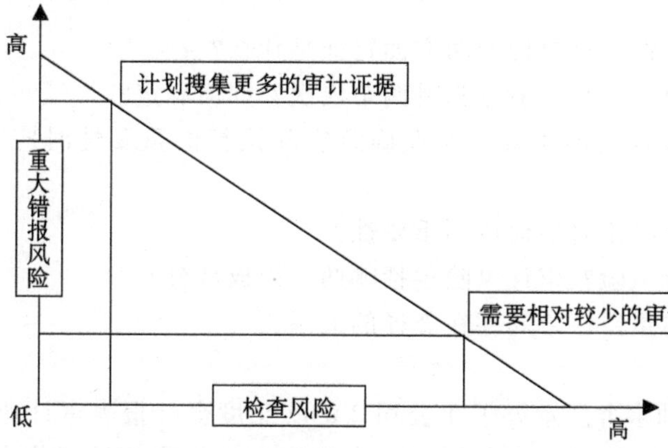

图 5－4　审计证据与审计风险之间的关系

因此，为了获取合理保证，注册会计师应获取充分、适当的审计证据，以将重大错报风险降至可接受的低水平，从而能够得出合理的结论，作为形成审计意见的基础。

任务回顾

本任务主要讲述了重要性的概念、重要性水平的确定、重要性的运用、审计风险的含义、审计风险模型以及审计风险与重要性之间的关系等内容。

（1）根据《中国注册会计师审计准则第 1221 号——计划和执行审计工作时的重要性》，重要性取决于在具体环境下对错报金额和性质的判断。重要性水平可视为财务报表中的错报、漏报能否影响财务报表使用者决策的“临界点”。

（2）在计划审计工作时，注册会计师应当确定一个合理的重要性水平，以发现在金额上重大的错报。重要性水平包括财务报表层次的重要性水平和认定层次的重要性水平。实际执行的重要性，是指注册会计师确定的低于财务报表整体重要性的一个或多个金额，旨在将未更正和未发现错报的汇总数超过财务报表整体的重要性的可能性降至适当的低水平。实际执行的重要性水平往往低于计划的重要性水平。

（3）审计风险，是指当财务报表存在重大错报时，注册会计师发表不恰当审计意见的可能性。审计风险取决于重大错报风险和检查风险。重大错报风险是指财务报表在审计前存在重大错报的可能性。检查风险是指如果存在某一错报，该错报单独或连同其他错报可能是重大的，注册会计师为将审计风险降至可接受的低水平而实施程序后没有发现这种错报的风险。在既定的审计风险水平下，可接受的检查风险水平与认定层次重大错报风险的评估结果呈反向关系。

（4）审计风险与重要性之间存在反向关系。重要性水平越高，审计风险越低；重要性水平越低，审计风险越高。评估的重大错报风险与所需收集的审计证据的数量存在正向关系。一般而言，评估的重大错报风险越高，需要收集的审计证据就越多；评估的重大错报风险越低，所需审计证据越小。

思考与案例分析题

1. 思考题

（1）什么是重要性？重要性的两方面特征是什么？

（2）审计的重要性水平一般分为哪两个层次？如何确定？

（3）什么是实际执行的重要性？在确定实际执行的重要性时应考虑的因素有哪些？

（4）在评价审计结果时如何运用重要性？

（5）什么是审计风险？审计风险包括哪两个组成部分？

（6）审计风险与重要性之间存在怎样的关系？

2. 案例分析题

（1）ABC 会计师事务所承办了 T 公司 2×09 年度会计报表审计业务。2×10 年 8 月，T 公司之股东 U 公司以 T 公司 2×09 年度会计报表审计工作存在重大过失，导致其发生重大投资损失为由，向法院提起诉讼，要求 ABC 会计师事务所承担民事赔偿责任。

要求：ABC 会计师事务所拟运用审计重要性概念应诉，其聘请的律师在准备应诉材料时，提出了以下问题，请代为回答：①何谓审计重要性？②注册会计师运用审计重要性概念的目的是什么？③你认为注册会计师犯的是普通过失还是重大过失？④审计重要性概念在区分普通过失和重大过失中有何重要作用？

（2）注册会计师对 ABC 股份有限公司 2×09 年度会计报表进行审计，其未经审计的有关会计报表项目金额如下表所示：

单位：人民币元

总资产	净资产	主营业务收入	净利润
9 500 000	3 100 000	20 000 000	20

如果以资产总额、净资产、主营业务收入和净利润作为判断基础，采用固定比率法，并假定资产总额、净资产、主营业务收入和净利润的固定百分比数值分别为 0.5%、1%、0.5%、10%。请代为计算确定 ABC 股份有限公司 2×09 年度会计报表层次的重要性水平。

（3）某注册会计师在评价被审计单位的审计风险时，分别假定了 ABCD 四种情况：

审计风险评价

风险类别	情况 A	情况 B	情况 C	情况 D
可接受的审计风险	1%	2%	3%	4%
重大错报风险	60%	50%	80%	70%

请计算回答以下问题：

①上述四种情况下，可接受的检查风险水平分别是多少？

②哪种情况下注册会计师需要获取最多的审计证据？

③说明审计风险与重要性水平之间的关系？

专业技能训练

1. 实训目的

掌握重要性水平的确定

2. 实训资料

据了解，江宁电器有限公司首先按照净资产的 0.5%、营业收入的 0.5%、利润总额的 1% 和最小值原则确定其财务报表层次的重要性水平，下面是该公司的资产负债表（左边一列是本年金额，右边一列是上年金额）和利润表（本年金额）的部分信息。

资产负债表部分信息 单位：元

递延所得税资产			未分配利润	156 800.00	187 800.00
其他非流动资产			所有者权益合计	4 384 800.00	4 287 800.00
非流动资产合计	4 499 000.00	45 000.00			
资产合计	7 483 800.00	7 377 800.00	负债和所有者权益合计	7 483 800.00	7 377 800.00

利润表部分信息 单位：元

一、营业收入	3 750 000.00	
减：营业成本	2 250 000.00	
营业税金及附加	6 000.00	
销售费用	210 000.00	
管理费用	324 000.00	
财务费用	124 500.00	
资产减值损失		
加：公允价值变动损益（损失“-”填列）		
投资收益（损失“-”填列）	154 500.00	
其中：对联营企业和合营企业的投资收益		
二、营业利润（亏损“-”填列）	990 000.00	
加：营业外收入	150 000.00	
减：营业外支出	60 000.00	
其中：非流动资产处置损失		
三、利润总额（亏损“-”填列）	1 080 000.00	
减：所得税费用	306 900.00	
四、净利润（净亏损“-”填列）	773 100.00	

要求：请代注册会计师初步确定江宁电器有限公司财务报表层次的重要性水平。

教学设计与实践

1. 教学重点

（1）重要性的含义

（2）重要性水平的确定

（3）审计风险的含义

（4）审计风险构成要素及相互关系

2. 教学难点

（1）对重要性概念的理解

（2）重要性的运用

（3）审计风险与重要性之间的关系

3. 建议教学课时

理论教学2学时。

4. 教学实践

（1）请制作本任务的授课教案；

（2）选取部分内容进行1小节课程的试讲。

第 2 单元　实操单元

项目三

审计计划阶段的工作

任务六　掌握审计计划的编制

任务内容

- 初步业务活动
- 审计业务约定书
- 总体审计策略和具体审计计划

任务目标

- 了解初步业务活动的时间、目的、内容；
- 了解审计业务约定书的内容、作用；
- 掌握审计业务约定条款的变更；
- 掌握审计计划的编制；
- 理解总体审计策略和具体审计计划的关系；
- 掌握审计计划的变更。

适用的准则和规范

- 《中国注册会计师审计准则第 1111 号——就审计业务约定条款达成一致意见》
- 《中国注册会计师审计准则第 1201 号——计划审计工作》
- 《中国注册会计师审计准则第 1121 号—— 对财务报表审计实施的质量控制》
- 《质量控制准则第 5101 号——会计师事务所对执行财务报表审计和审阅、其他鉴证和相关服务业务实施的质量控制》

导入案例

龙兴公司自开业以来，由于切入市场准确，规模不断扩大，为筹措资金，公司决定向银行借款。但银行希望其出具经审计后的财务报表，以作为是否对其贷款的决定。于是，龙兴公司决定聘请宝信会计师事务所进行审计，龙兴公司以前从未进行过审计。

审计开始就不太顺利，李丽注册会计师刚到龙兴公司就发现，该公司会计账册不齐，账务混乱，而且账也未轧平。于是李丽花费了一个星期的时间帮助公司整理账簿等，但公司会计人员却向财务经理抱怨，认为注册会计师李丽太苛刻，妨碍其正常工作。

第二周，当李丽向会计人员索要客户有关资料以便对应收账款进行询证时，会计人员以这些资料系公司机密为由加以拒绝。接着，李丽又要求公司在年末这一天停止生产，以便对公司存货进行盘点。但龙兴公司又以生产任务忙为由，也加以拒绝。

李丽无奈之下，只能向事务所的合伙人汇报。事务所合伙人立即与龙兴公司总经理进行接洽，告知无法进行询证或盘点，将迫使注册会计师无法对财务报表发表意见。总经理闻言之后，非常生气，他说，我宁愿向朋友借钱，也不要你们的审计报告。不但命令注册会计师马上离开龙兴公司，而且拒绝支付前两周的审计费用。事务所合伙人也很生气，他严肃地告诉总经理，除非付清所有的审计费用，否则，前期由李丽代编的会计账册将不予归还。

案例思考

会计师事务所的做法是否妥当？在接受审计业务之前，会计师事务所应完成哪些工作？

任务结构

一、初步业务活动

（一）初步业务活动的目的

注册会计师需要开展初步业务活动，以实现以下三个主要目的：（1）具备执行业务所需的独立性和能力；（2）不存在因管理层诚信问题而可能影响注册会计师保持该项业务的意愿的事项；（3）与被审计单位之间不存在对业务约定条款的误解。

（二）初步业务活动的内容

注册会计师在本期审计业务开始时应当开展下列初步业务活动：（1）针对保持客户关系和具体审计业务实施相应的质量控制程序；（2）评价遵守相关职业道德要求的情况；（3）就审计业务约定条款达成一致意见。

针对保持客户关系和具体审计业务实施质量控制程序，并且根据实施相应程序的结果作出适当的决策是注册会计师控制审计风险的重要环节。《中国注册会计师审计准则第1121号——对财务报表审计实施的质量控制》及《质量控制准则第5101号——会计师事务所对执行财务报表审计和审阅、其他鉴证和相关服务业务实施的质量控制》含有与客户关系和具体业务的接受与保持相关的要求，注册会计师应当按照其规定开展初步业务活动。

评价遵守相关职业道德要求的情况也是一项非常重要的初步业务活动。质量控制准则含有包括独立性在内的有关职业道德要求，注册会计师应当按照其规定执行。虽然保持客户关系及具体审计业务和评价职业道德的工作贯穿审计业务的全过程，但是这两项活动需要安排在其他审计工作之前，以确保注册会计师已具备执行业务所需要的独立性和专业胜任能力，且不存在因管理层诚信问题而影响注册会计师保持该项业务意愿等情况。在连续审计的业务中，这些初步业务活动通常是在上期审计工作结束后不久或将要结束时就已经开始了。在作出接受或保持客户关系及具体审计业务的决策后，注册会计师应当按照《中国注册会计师审计准则第1111号——就审计业务约定条款达成一致意见》的规定，在审计业务开始前，与被审计单位就审计业务约定条款达成一致意见，签订或修改审计业务约定书，以避免双方对审计业务的理解产生分歧。

二、审计业务约定书

审计业务约定书是指会计师事务所与被审计单位签订的，用以记录和确认审计业务的委托与受托关系、审计目标和范围、双方的责任以及报告的格式等事项的书面协议。会计师事务所承接任何审计业务，都应与被审计单位签订审计业务约定书。

（一）审计业务约定书的作用

注册会计师应当在审计业务开始前，与被审计单位就审计业务约定条款达成一致意见，并签订审计业务约定书，以避免双方对审计业务的理解产生分歧。

签署审计业务约定书的目的是为了明确约定双方的责任和义务，促使双方遵守约定事项并加强合作，以保护会计师事务所与委托人的利益。在注册会计师的审计实践中，审计业务约定书的作用如表6－1所示。

表6－1　　审计业务约定书作用

	作　用
审计业务约定书	（1）审计业务约定书可以增进会计师事务所与被审计单位之间的了解，尤其是被审计单位了解注册会计师的审计责任及需要提供的合作
	（2）审计业务约定书可作为被审计单位鉴定审计业务完成情况，以及会计师事务所检查被审计单位约定义务履行情况的依据
	（3）如果出现法律诉讼，审计业务约定书是确定会计师事务所和被审计单位双方应负责任的重要证据。

（二）审计业务约定书签订前的工作

会计师事务所在签订审计业务约定书之前，应指派注册会计师对被审计单位基本情况进行了解，并就审计业务约定相关条款，特别是委托目的、审计范围、审计收费、被审计单位应提供的资料和信息以及必要工作条件与协助等，进行充分沟通，并达成一致意见。签订审计业务约定书之前的工作如表6－2所示。

表6－2　　签订审计业务约定书前的工作

签约前的工作	具体要求
明确审计业务的性质、范围	双方就审计业务的性质、范围达成一致意见
初步了解被审计单位的基本情况	业务性质、经营规模和组织结构；经营情况和经营风险；以前年度接受审计的情况；财务会计机构及工作组织；其他与签订审计业务约定书相关的事项
会计师事务所评价专业胜任能力	执行审计的能力；能否保持独立性，保持应有关注的能力。如果会计师事务所不具备专业胜任能力，应当拒绝接受委托
商定审计收费	可采取计件收费和计时收费两种基本方式
明确被审计单位应协助的工作	在注册会计师实施现场审计之前，被审计单位应将所有相关的会计资料和其他文件准备齐全；在审计过程中，被审计单位财务人员及相关人员应对注册会计师的询问给予解释，并在适当情况下为注册会计师提供必要的工作条例和协助

【同步思考6－1】

X公司系ABC会计师事务所的常年审计客户，由于其业务的性质和经营规模发生重大变化，ABC会计师事务所正在考虑是否继续接受委托以及审计收费等问题。

请思考：

（1）在重新签订审计业务约定书前，ABC会计师事务所应当主要从哪些方面考虑是否接受委托？

（2）在重新商定审计收费时，ABC会计师事务所应当主要考虑哪些因素以反映提供审计服务的价值？

（三）审计业务约定书的基本内容

审计业务约定书的具体内容和格式可能因被审计单位的不同而不同，应当包括的主要内容如表6－3所示：

表6－3　　审计业务约定书内容

	内　容
审计业务约定书	（1）财务报表审计的目标与范围
	（2）注册会计师的责任
	（3）管理层的责任
	（4）指出用于编制财务报表所适用的财务报告编制基础
	（5）提及注册会计师拟出具的审计报告的预期形式和内容，以及对在特定情况下出具的审计报告可能不同于预期形式和内容的说明

（四）审计业务约定书的特殊考虑

如果情况需要，注册会计师应当考虑在审计业务约定书中列明如表6－4所示内容。

表6－4　审计业务约定书的特殊考虑内容

	特殊考虑内容
审计业务约定书	（1）详细说明审计工作的范围，包括提及适用的法律法规、审计准则，以及注册会计师协会发布的职业道德守则和其他公告
	（2）对审计业务结果的其他沟通形式
	（3）说明由于审计和内部控制的固有限制，即使审计工作按照审计准则的规定得到恰当的计划和执行，仍不可避免地存在某些重大错报未被发现的风险
	（4）计划和执行审计工作的安排，包括审计项目组的构成
	（5）管理层确认将提供书面声明
	（6）管理层同意向注册会计师及时提供财务报表草稿和其他所有附带信息，以使注册会计师能够按照预定的时间表完成审计工作
	（7）管理层同意告知注册会计师在审计报告日至财务报表报出日之间注意到的可能影响财务报表的事实
	（8）收费的计算基础和收费安排
	（9）管理层确认收到审计业务约定书并同意其中的条款
	（10）在某些方面对利用其他注册会计师和专家工作的安排
	（11）对审计涉及的内部审计人员和被审计单位其他员工工作的安排
	（12）在首次审计的情况下，与前任注册会计师（如存在）沟通的安排
	（13）说明对注册会计师责任可能存在的限制
	（14）注册会计师与被审计单位之间需要达成进一步协议的事项
	（15）向其他机构或人员提供审计工作底稿的义务

（五）审计业务约定条款的变更

在完成审计业务前，如果被审计单位或委托人要求将审计业务变更为保证程度较低的业务，注册会计师应当确定是否存在合理理由予以变更。

下列原因可能导致被审计单位要求变更业务：（1）环境变化对审计服务的需求产生影响；（2）对原来要求的审计业务的性质存在误解；（3）无论是管理层施加的还是其他情况引起的审计范围受到限制。上述第（1）和第（2）项通常被认为是变更业务的合理理由，但如果有迹象表明该变更要求与错误的、不完整的或者不能令人满意的信息有关，注册会计师不应认为该变更是合理的。

如果没有合理的理由，注册会计师不应同意变更业务。如果注册会计师不同意变更审计业务约定条款，而管理层又不允许继续执行原审计业务，注册会计师应当：（1）在适用的法律法规允许的情况下，解除审计业务约定；（2）确定是否有约定义务或其他义务向治理层、所有者或监管机构等报告该事项。

审计业务约定书示例如下所示：

审计业务约定书

甲方：

乙方：

兹由甲方委托乙方对2014年度财务报表进行审计，经双方协商，达成以下约定：

一、审计的目标和范围

1. 乙方接受甲方委托，对甲方按照企业会计准则编制的2014年12月31日的资产负债表，2014年度的利润表、所有者权益（或股东权益）变动表和现金流量表以及财务报表附注（以下统称财务报表）进行审计。

2. 乙方通过执行审计工作，对财务报表的下列方面发表审计意见：(1) 财务报表是否在所有重大方面按照企业会计准则的规定编制；(2) 财务报表是否在所有重大方面公允反映了甲方2014年12月31日的财务状况以及2014年度的经营成果和现金流量。

二、甲方的责任

1. 根据《中华人民共和国会计法》及《企业财务会计报告条例》，甲方及甲方负责人有责任保证会计资料的真实性和完整性。因此，甲方管理层有责任妥善保存和提供会计记录（包括但不限于会计凭证、会计账簿及其他会计资料），这些记录必须真实、完整地反映甲方的财务状况、经营成果和现金流量。

2. 按照企业会计准则的规定编制和公允列报财务报表是甲方管理层的责任，这种责任包括：(1) 按照企业会计准则的规定编制财务报表，并使其实现公允反映；(2) 设计、执行和维护必要的内部控制，以使财务报表不存在由于舞弊或错误导致的重大错报。

3. 及时为乙方的审计工作提供与审计有关的所有记录、文件和所需的其他信息（在2015年　　月　　日之前提供审计所需的全部资料，如果在审计过程中需要补充资料，亦应及时提供），并保证所提供资料的真实性和完整性。

4. 确保乙方不受限制地接触其认为必要的甲方内部人员和其他相关人员。

5. 甲方管理层对其作出的与审计有关的声明予以书面确认。

6. 为乙方派出的有关工作人员提供必要的工作条件和协助，乙方将于外勤工作开始前提供主要事项清单。

7. 按照本约定书的约定及时足额支付审计费用以及乙方人员在审计期间的交通、食宿和其他相关费用。

8. 乙方的审计不能减轻甲方及甲方管理层的责任。

三、乙方的责任

1. 乙方的责任是在执行审计工作的基础上对甲方财务报表发表审计意见。乙方根据中国注册会计师审计准则（以下简称审计准则）的规定执行审计工作。审计准则要求注册会计师遵守中国注册会计师职业道德守则，计划和执行审计工作以对财务报表是否不存在重大错报获取合理保证。

2. 审计工作涉及实施审计程序，以获取有关财务报表金额和披露的审计证据。选择的审计程序取决于乙方的判断，包括对由于舞弊或错误导致的财务报表重大错报风险的评估。在进行风险评估时，乙方考虑与财务报表编制和公允列报相关的内部控制，以设计恰当的审计程序，但目的并非对内部控制的有效性发表意见。审计工作还包括评价管理层选用会计政策的恰当性和作出会计估计的合理性，以及评价财务报表的总体列报。

3. 由于审计和内部控制的固有限制，即使按照审计准则的规定适当地计划和执行审计工作，仍不可避免地存在财务报表的某些重大错报可能未被乙方发现的风险。

4. 在审计过程中，乙方若发现甲方存在乙方认为值得关注的内部控制缺陷，应以书面形式向甲方治理层或管理层通报。但乙方通报的各种事项，并不代表已全面说明所有可能存在的缺陷或已提出所有可行的改进建议。甲方在实施乙方提出的改进建议前应全面评估其影响。未经乙方书面许可，甲方不得向任何第三方提供乙方出具的沟通文件。

5. 按照约定时间完成审计工作，出具审计报告。乙方应于 2015 年　　月　　日前出具审计报告。

6. 除下列情况外，乙方应当对执行业务过程中知悉的甲方信息予以保密：(1) 法律法规允许披露，并取得甲方的授权；(2) 根据法律法规的要求，为法律诉讼、仲裁准备文件或提供证据，以及向监管机构报告发现的违法行为；(3) 在法律法规允许的情况下，在法律诉讼、仲裁中维护自己的合法权益；(4) 接受注册会计师协会或监管机构的执业质量检查，答复其询问和调查；(5) 法律法规、执业准则和职业道德规范规定的其他情形。

四、审计收费

1. 本次审计服务的收费是以乙方各级别工作人员在本次工作中所耗费的时间为基础计算的。乙方预计本次审计服务的费用总额为人民币　　　万元。

2. 甲方应于本约定书签署之日起　　日内支付　%的审计费用，其余款项于 [审计报告草稿完成日] 结清。

3. 如果由于无法预见的原因，致使乙方从事本约定书所涉及的审计服务实际时间较本约定书签订时预计的时间有明显增加或减少时，甲乙双方应通过协商，相应调整本部分第 1 段所述的审计费用。

4. 如果由于无法预见的原因，致使乙方人员抵达甲方的工作现场后，本约定书所涉及的审计服务中止，甲方不得要求退还预付的审计费用；如上述情况发生于乙方人员完成现场审计工作，并离开甲方的工作现场之后，甲方应另行向乙方支付人民币××元的补偿费，该补偿费应于甲方收到乙方的收款通知之日起××日内支付。

5. 与本次审计有关的其他费用（包括交通费、食宿费等）由甲方承担。

五、审计报告和审计报告的使用

1. 乙方按照中国注册会计师审计准则规定的格式和类型出具审计报告。

2. 乙方向甲方致送审计报告一式 份。

3. 甲方在提交或对外公布乙方出具的审计报告及其后附的已审计财务报表时，不得对其进行修改。当甲方认为有必要修改会计数据、报表附注和所作的说明时，应当事先通知乙方，乙方将考虑有关的修改对审计报告的影响，必要时，将重新出具审计报告。

六、本约定书的有效期间

本约定书自签署之日起生效，并在双方履行完毕本约定书约定的所有义务后终止。但其中第三项第 6 段、第四、五、七、八、九、十项并不因本约定书终止而失效。

七、约定事项的变更

如果出现不可预见的情况，影响审计工作如期完成，或需要提前出具审计报告，甲、乙双方均可要求变更约定事项，但应及时通知对方，并由双方协商解决。

八、终止条款

1. 如果根据乙方的职业道德及其他有关专业职责、适用的法律法规或其他任何法定的要求，乙方认为已不适宜继续为甲方提供本约定书约定的审计服务，乙方可以采取向甲方提出合理通知的方式终止履行本约定书。

2. 在本约定书终止的情况下，乙方有权就其于终止之日前对约定的审计服务项目所做的工作收取合理的费用。

九、违约责任

甲、乙双方按照《中华人民共和国合同法》的规定承担违约责任。

十、适用法律和争议解决

本约定书的所有方面均应适用中华人民共和国法律进行解释并受其约束。本约定书履行地为乙方出具审计报告所在地，因本约定书引起的或与本约定书有关的任何纠纷或争议（包括关于本约定书条款的存在、效力或终止，或无效之后果），双方协商确定采取以下第 种方式予以解决：

（1）向有管辖权的人民法院提起诉讼；

（2）提交 仲裁委员会仲裁。

十一、双方对其他有关事项的约定

本约定书一式两份，甲、乙双方各执一份，具有同等法律效力。

甲方：XXX 有限公司（盖章）
授权代表：（签名并盖章）
2015 年 X 月 X 日

乙方：XXX 会计师事务所（盖章）
授权代表：（签名并盖章）
2015 年 X 月 X 日

三、审计计划

审计计划分为总体审计策略和具体审计计划两个层次。注册会计师应当针对总体审计策略中所识别的不同事项，制定具体审计计划，并考虑通过有效利用审计资源以实现审计目标。值得注意的是，虽然制定总体审计策略的过程通常在具体审计计划之前，但是两项计划具有内在紧密联系，对其中一项的决定可能会影响甚至改变对另外一项的决定。例如，注册会计师在了解被审计单位及其环境的过程中，注意到被审计单位对主要业务的处理依赖复杂的自动化信息系统，因此计算机信息系统的可靠性及有效性对其经营、管理、决策以及编制可靠的财务报告具有重大影响。对此，注册会计师可能会在具体审计计划中制定相应的审计程序，并相应调整总体审计策略的内容。

审计计划的编制流程如图 6－1 所示：

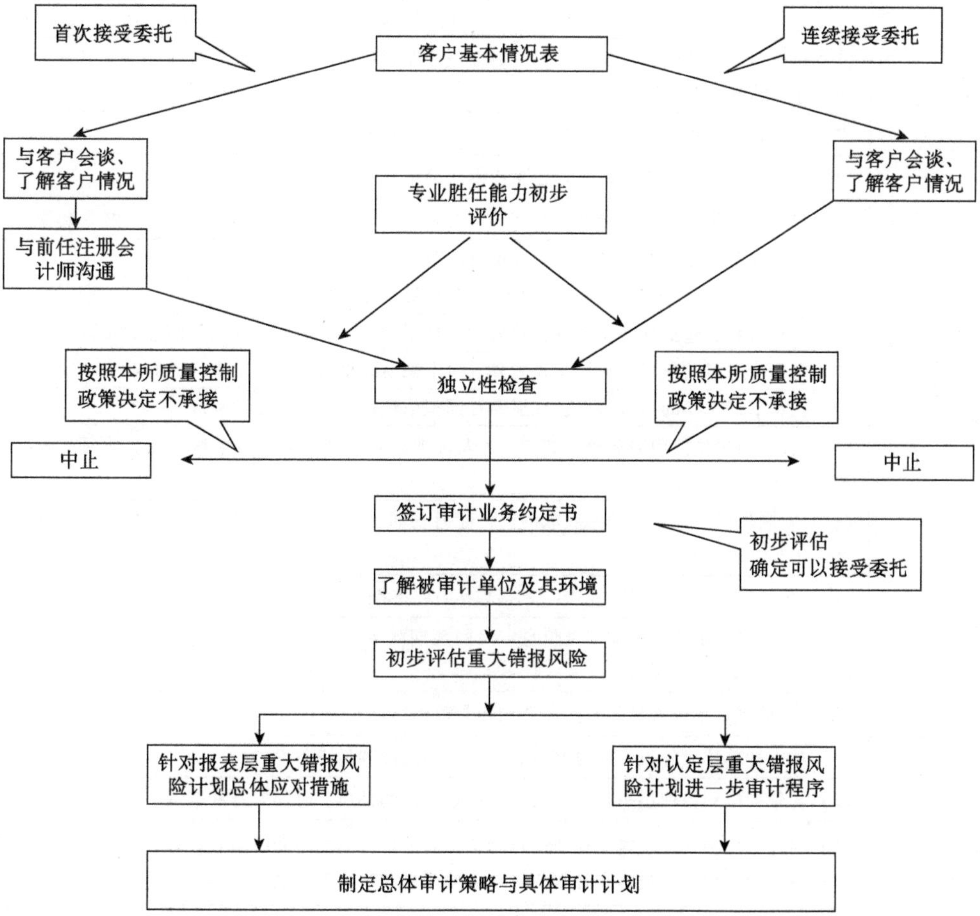

图 6－1　审计计划编制流程

（一）总体审计策略

注册会计师应当为审计工作制定总体审计策略。总体审计策略用以确定审计范围、时间、安排和方向，并指导具体审计计划的制定。

在制定总体审计策略时，注册会计师应当考虑如下事项：

（1）明确审计业务的特征，以界定审计范围；

（2）明确审计业务的报告目标，以计划审计的时间安排和所需沟通的性质；

（3）根据职业判断，考虑用以指导项目组工作方向的重要因素；

（4）考虑初步业务活动的结果，并考虑项目合伙人对被审计单位执行其他业务时获得的经验是否与审计业务相关（如适用）；

（5）确定执行业务所需资源的性质、时间安排和范围。

具体内容如表6－5所示：

表6－5　　制定总体审计策略的考虑事项

	总体审计策略
确定审计范围考虑的事项	（1）编制拟审计的财务信息所依据的财务报告编制基础，包括是否要将财务信息调整至按照其他财务报表编制基础编制
	（2）特定行业的报告要求，如某些行业监管机构要求提交的报告
	（3）预期审计工作涵盖的范围，包括应涵盖的组成部分的数量及所在地点
	（4）母公司和集团组成部分之间存在的控制关系的性质，以确定如何编制合并财务报表
	（5）由组成部分注册会计师审计组成部分的范围
	（6）拟审计的经营分部的性质，包括是否需要具备专门知识
	（7）外币折算，包括外币交易的会计处理、外币财务报表的折算和相关信息的披露
	（8）除为合并目的执行的审计工作之外，对个别财务报表进行法定审计的需求
	（9）内部审计工作的可获得性及注册会计师拟信赖内部审计工作的程度
	（10）被审计单位使用服务机构的情况，及注册会计师如何取得有关服务机构内部控制设计和运行有效性的证据
	（11）对利用以前审计工作中获取的审计证据（如获取的与风险评估程序和控制测试相关的审计证据）的预期
	（12）信息技术对审计程序的影响，包括数据的可获得性和对使用计算机辅助审计技术的预期
	（13）协调审计工作与中期财务信息审阅的预期涵盖范围和时间安排，以及中期审阅所获取的信息对审计工作的影响
	（14）与被审计单位人员的时间协调和相关数据的可获得性
为计划报告目标、时间安排和所需沟通需要考虑的事项	（1）被审计单位对外报告的时间表，包括中间阶段和最终阶段
	（2）与管理层和治理层举行会谈，讨论审计工作的性质、时间安排和范围
	（3）与管理层和治理层讨论注册会计师拟出具的报告的类型和时间安排以及沟通的其他事项（口头或书面沟通），包括审计报告、管理建议书和向治理层通报的其他事项
	（4）与管理层讨论预期就整个审计业务中审计工作的进展进行的沟通
	（5）与组成部分注册会计师沟通拟出具的报告的类型和时间安排，以及与组成部分审计相关的其他事项
	（6）项目组成员之间沟通的预期性质和时间安排，包括项目组会议的性质和时间安排，以及复核已执行工作的时间安排
	（7）预期是否需要和第三方进行其他沟通，包括与审计相关的法定或约定的报告责任

续表

	总体审计策略
确定审计方向需要考虑的事项	（1）重要性方面
	（2）重大错报风险较高的审计领域
	（3）评估的财务报表层次的重大错报风险对指导、监督及复核的影响
	（4）项目组人员的选择（在必要时包括项目质量控制复核人员）和工作分工，包括向重大错报风险较高的审计领域分派具备适当经验的人员
	（5）项目预算，包括考虑为重大错报风险可能较高的审计领域分配适当的工作时间
	（6）如何向项目组成员强调收集和评价审计证据过程中保持职业怀疑的必要条件
	（7）以往审计中对内部控制运行有效性进行评价的结果包括所识别的控制缺陷的性质及应对措施
	（8）管理层重视设计和实施健全的内部控制的相关证据，包括这些内部控制得以适当记录的证据
	（9）业务交易量规模，以基于审计效率的考虑确定是否依赖内部控制
	（10）对内部控制重要性的重视程度
	（11）影响被审计单位经营的重大发展变化，包括信息技术和业务流程的变化，关键管理人员变化，以及收购、兼并和分立
	（12）重大的行业发展情况，如行业法规变化和新的报告规定
	（13）会计准则及会计制度的变化
	（14）其他重大变化，如影响被审计单位的法律环境的变化
确定审计资源考虑的事项	（1）向具体审计领域调配的资源，包括向高风险领域分派有适当经验的项目组成员，就复杂的问题利用专家工作等
	（2）向具体审计领域分配资源的多少，包括分派到重要地点进行存货监盘的项目组成员的人数，在集团审计中复核组成部分注册会计师工作的范围，向高风险领域分配的审计时间预算等
	（3）何时调配这些资源，包括是在期中审计阶段还是在关键的截止日期调配资源等
	（4）如何管理、指导、监督这些资源，包括预期何时召开项目组预备会和总结会，预期项目合伙人和经理如何进行复核，是否需要实施项目质量控制复核等

根据《中国注册会计师审计准则第 1201 号——计划审计工作》指南提供的总体审计策略示例如表 6 - 6 所示。

表 6 - 6　　总体审计策略

被审计单位：＿＿＿＿＿＿	索引号：＿＿＿＿＿＿
项目：总体审计策略	财务报表截止日/期间：＿＿＿＿＿＿
编制：＿＿＿＿＿＿	复核：＿＿＿＿＿＿
日期：＿＿＿＿＿＿	日期：＿＿＿＿＿＿

续表

一、审计范围

适用的会计准则和相关会计制度	
适用的审计准则	
与财务报告相关的行业特别规定	
需审计的集团内组成部分的数量及所在地点	
需要阅读的含有已审计财务报表的文件中的其他信息	
制定审计策略需考虑的其他事项	

二、审计业务时间安排

（一）对外报告时间安排：____________

（二）执行审计时间安排

执行审计时间安排	时　间

（三）沟通的时间安排

所　需　沟　通	时　间
与管理层及治理层的会议	
项目组预备会	
项目组总结会	
与专家或有关人士的沟通	
与前任注册会计师沟通	
……	

三、影响审计业务的重要因素

（一）重要性

确定的重要性水平	索引号

续表

（二）可能存在较高重大错报风险的领域

可能存在较高重大错报风险的领域	索引号

（三）重要的组成部分和账户余额

填写说明：

1. 记录所审计的集团内重要的组成部分；

2. 记录重要的账户余额，包括本身具有重要性的账户余额（如存货），以及评估出存在重大错报风险的账户余额。

重要的组成部分和账户余额	索引号
1. 重要的组成部分	
……	
2. 重要的账户余额	
……	

四、人员安排

（一）项目组主要成员的责任

职位	姓名	主要职责

注：在分配职责时可以根据被审计单位的不同情况按会计科目划分，或按交易类别划分。

（二）与项目质量控制复核人员的沟通（如适用）

复核的范围：________________

沟通内容	负责沟通的项目组成员	计划沟通时间
风险评估、对审计计划的讨论		
对财务报表的复核		
……		

续表

五、对专家或有关人士工作的利用（如适用）

注：如果项目组计划利用专家或有关人士的工作，需要记录其工作的范围和涉及的主要会计科目等。另外，项目组还应按照相关审计准则的要求对专家或有关人士的能力、客观性及其工作等进行考虑及评估。

（一）对内部审计工作的利用

主要报表项目	拟利用的内部审计工作	索引号
存　货	内部审计部门对各仓库的存货每半年至少盘点一次；在中期审计时；项目组已经对内部审计部门盘点步骤进行观察，其结果满意，因此项目组将审阅其年底的盘点结果，并缩小存货监盘的范围	
……		

（二）对其他注册会计师工作的利用

其他注册会计师名称	利用其工作范围及程度	索引号

（三）对专家工作的利用

主要报表项目	专家名称	主要职责及工作范围	利用专家工作的原因	索引号

（四）对被审单位使用服务机构的考虑

主要报表项目	服务机构名称	服务机构提供的相关服务及其CPA出具的审计报告意见及日期	索引号

（二）具体审计计划

注册会计师应当为审计工作制定具体审计计划。具体审计计划比总体审计策略更加详细，其内容包括为获取充分、适当的审计证据以将审计风险降至可接受的低水平，项目组成员拟实施的审计程序的性质、时间安排和范围。可以说，为获取充分、适当的审计证据，而确定审计程序的性质、时间安排和范围的决策是具体审计计划的核心。具体审计计划应当包括风险评估程序、计划实施的进一步审计程序和其他审计程序。

1. 风险评估程序

具体审计计划应当包括按照《中国注册会计师审计准则第1211号——通过了解被审计单位及其环境识别和评估重大错报风险》的规定，为了充分识别和评估财务报表重大错报风险，注册会计师计划实施的风险评估程序的性质、时间安排和范围。

2. 计划实施的进一步审计程序

具体审计计划应当包括按照《中国注册会计师审计准则第1231号——针对评估的重大错报风险采取的应对措施》的规定，针对评估的认定层次的重大错报风险，注册会计师计划实施的进一步审计程序的性质、时间安排和范围。进一步审计程序包括控制测试和实质性程序。

需要强调的是，随着审计工作的推进，对审计程序的计划会一步步深入，并贯穿于整个审计过程。例如，计划风险评估程序通常在审计开始阶段进行，计划进一步审计程序则需要依据风险评估程序的结果进行。因此，为达到制定具体审计计划的要求，注册会计师需要完成风险评估程序，识别和评估重大错报风险，并针对评估的认定层次的重大错报风险，计划实施进一步审计程序的性质、时间安排和范围。

3. 计划其他审计程序

具体审计计划应当包括根据审计准则的规定，注册会计师针对审计业务需要实施的其他审计程序。计划的其他审计程序可以包括上述进一步程序的计划中没有涵盖的、根据其他审计准则的要求注册会计师应当执行的既定程序。

小资料

在审计计划阶段，除了按照《中国注册会计师审计准则第1211号——通过了解被审计单位及其环境识别和评估重大错报风险》进行计划工作，注册会计师还需要兼顾其他准则中规定的、针对特定项目在审计计划阶段应执行的程序及记录要求。例如，《中国注册会计师审计准则第1141号——财务报表审计中与舞弊相关的责任》、《中国注册会计师审计准则第1324号——持续经营》、《中国注册会计师审计准则第1142号——财务报表审计中对法律法规的考虑》及《中国注册会计师审计准则第1323号——关联方》等准则中对注册会计师针对这些特定项目在审计计划阶段应当执行的程序及其记录作出了规定。当然，由于被审计单位所处行业、环境各不相同，特别项目可能也有所不同，例如，有些企业可能涉及环境事项、电子商务等，在实务中注册会计师应根据被审计单位的具体情况确定特定项目并执行相应的审计程序。

具体审计计划示例如表6－7所示。

表 6－7 具体审计计划

被审计单位：________	索引号：________
项目：具体审计计划	财务报表截止日/期间：________
编制：________	复核：________
日期：________	日期：________

目 录

1. 风险评估程序

1.1 一般风险评估程序

1.2 针对特定项目的程序

2. 了解被审单位及其环境（不包括内控）

2.1 行业状况、法律环境与监管环境以及其他外部因素

2.2 被审单位的性质

2.3 会计政策的选择和运用

2.4 目标、战略及相关经营风险

2.5 财务业绩的衡量和评价

3. 了解内控

3.1 控制环境

3.2 被审单位的风险评估过程

3.3 信息系统与沟通

3.4 控制活动

3.5 对控制的监督

4. 对风险评估及审计计划的讨论

5. 评估的重大错报风险

5.1 评估的财务报表层次的重大错报风险

5.2 评估的认定层次的重大错报风险

6. 计划的进一步审计程序

7. 其他程序

（三）审计过程中对计划的更改

计划审计工作并非审计业务的一个孤立阶段，而是一个持续的、不断修正的过程，贯穿于整个审计业务的始终。由于未预期事项、条件的变化或在实施审计程序中获取的审计证据等原因，在审计过程中，注册会计师应当在必要时对总体审计策略和具体审计计划作出更新和修改。

审计过程可以分为不同阶段，通常前面阶段的工作结果会对后面阶段的工作计划产生一定的影响，而后面阶段的工作过程中又可能发现需要对已制定的相关计划进行相应的更新和修改。通常来讲，这些更新和修改可能涉及比较重要的事项。例如，对重要性水平的修改，对某类交易、账户余额和披露的重大错报风险的评估和进一步审计程序（包括总体方案和拟实施的具体审计程序）的更新和修改等。一旦计划被更新和修改，审计工作也就应当进行相应的修正。

例如，如果在制定审计计划时，注册会计师基于对材料采购交易的相关控制的

设计和执行获取的审计证据，认为相关控制设计合理并得以执行，因此未将其评价为高风险领域并且计划执行控制测试。但是在执行控制测试时获得的审计证据与审计计划阶段获得的审计证据相矛盾，注册会计师认为该类交易的控制没有得到有效执行，此时，注册会计师可能需要修正对该类交易的风险评估，并基于修正的评估风险修改计划的审计方案，如采用实质性方案。

如果注册会计师在审计过程中对总体审计策略或具体审计计划作出重大修改，应当在审计工作底稿中记录作出的重大修改及其理由。

任务回顾

本任务主要讲述了初步业务活动、审计业务约定书以及审计计划的内容。凡事预则立、不预则废，审计工作也不例外。计划审计工作对于注册会计师顺利完成审计工作和控制审计风险具有非常重要的意义。合理的审计计划有助于注册会计师关注重点审计领域、及时发现和解决潜在问题及恰当地组织和管理审计工作，以使审计工作更加有效。同时，充分的审计计划可以帮助注册会计师对项目组成员进行恰当分工和指导监督，并复核其工作，还有助于协调其他注册会计师和专家的工作。在计划审计工作时，注册会计师需要进行初步业务活动、制定总体审计策略和具体审计计划。

（1）初步业务活动：在接受审计业务委托之前，注册会计师要了解被审计单位的基本情况，开展初步的业务活动，初步业务活动是控制及降低审计风险的第一道也是非常重要的屏障。此部分包括初步业务活动的时间、目的、内容。

（2）审计业务约定书：在接受审计业务委托之前，会计师事务所应与被审计单位就审计业务约定的相关条款进行充分沟通，并达成一致意见，签订审计业务约定书。此部分包括审计业务约定书的作用、内容，制定审计业务约定书的特殊考虑；审计业务约定书条款的变更等。

（3）审计计划：计划审计工作对于注册会计师顺利完成审计工作和控制审计风险具有非常重要的意义，审计计划包括两个层次，总体审计策略和具体审计计划；此部分重点掌握总体审计计划制定的目的、内容，制定总体审计计划需要考虑的事项，制定具体审计计划的目的、内容，对审计计划的认识等。

思考与案例分析题

1. 思考题

（1）初步业务活动的时间、目的、内容？

（2）什么是审计业务约定书？审计业务约定书的主要内容有哪些？

（3）审计业务约定书的合理变更的原因？

（4）审计计划有何作用？

（5）审计计划过程需要做哪些工作？

（6）制定总体审计策略时应考虑哪些主要事项？

(7) 如何确定审计范围？审计范围如何影响总体审计策略？

(8) 在制定审计总体策略时，应考虑重要性的哪些方面？

(9) 如何在总体审计策略中考虑资源的规划和调配？

(10) 总体审计策略和具体审计计划的关系如何？

2. 案例分析题

诚信会计师事务所接受晨风公司的委托，审计晨风公司的2014年度的财务报表。诚信会计师事务所已在前期调查中取得了该企业的相关重要资料。副主任会计师吕小军为项目合伙人，注册会计师王越是该项目的项目经理，张莉、黄菊、周华、史新为项目组成员。现需要对所获取的信息进行分析比较，以助于拟定审计总体工作计划。

对这一阶段的工作予以规范的相关审计准则主要有《中国注册会计师审计准则第1201号——计划审计工作》和《中国注册会计师审计准则第1313号——分析程序》。《中国注册会计师审计准则第1313号——分析程序》，对分析程序的定义是“指注册会计师通过研究不同财务数据之间以及财务数据与非财务数据之间的内在关系，对财务信息作出评价”。在计划审计工作阶段，注册会计师应当运用分析程序，进一步了解被审计单位的业务情况，识别潜在的风险领域。

在实务工作中，诚信事务所的质量标准部要求审计小组严格依据准则的要求来指导这一阶段的分析及计划工作。

王越在取得相关数据的基础上，安排助理人员张莉、黄菊对晨风企业的财务报表项目进行趋势分析性测试。具体分析过程如下：

(1) 审阅财务报表，进行初步直观的总体分析。

助理人员张莉把今年的主要数据，与上年的相关数据进行对比，从总体上进行分析，编制32张趋势分析表，如下所示。

趋势分析表（1）

被审计单位名称：晨风公司　财务报表期间：截至2014年12月31日止　工作底稿索引号：Z2-5-1

编制人及复核人员签字：

编制人：张莉	日期：2015年1月26日
复核人：王越	日期：2015年1月31日
项目质量控制复核人：李明	日期：2015年2月1日

财务报表项目	2013年	2014年	2014年比2013年		说明（说明栏仅分析增减比例超过10%以上的项目）
	已审数	未审数	增长金额	增长%	
	①	②	③=②-①	④=③/①	
营业收入	76 038	56 798	-19 240	-25.3	2014年度未审财务报表项目与2013年度已审财务报表项目的比较分析： 1. 营业收入、营业成本同比分别减少了25.3%、27.1%，致使营
营业成本	59 684	43 524	-16 160	-27.1	
营业利润	15 370	12 318	-3 052	-19.9	
利润总额	620	-2 034	-2 654	-428.1	

续表

财务报表项目	2013年	2014年	2014年比2013年		说明（说明栏仅分析增减比例超过10%以上的项目）
	已审数	未审数	增长金额	增长%	
	①	②	③=②-①	④=③/①	
净利润	554	-2 034	-2 588	-467.1	业利润也减少了19.9%，说明本年度晨风企业产品销售情况不良，审计时应关注影响销售的因素，如何影响本年度的利润情况。 2. 利润总额、净利润同比分别减少了428.1%、467.1%，说明除由于本年销售的影响外，还要关注其他业务利润、费用、营业外支出对本年利润的影响。 3. 存货同比减少了16.6%，营业成本减少27.1%。 4. 速动资产同比增加18.7%，与应收账款增加基本同步，合理。 5. 在建工程同比减少43.1%，审计时要关注在建工程的减少对利润的影响。
存货	46 068	38 412	-7 656	-16.6	
应收账款	43 694	50 976	7 282	16.7	
速动资产	45 322	53 814	8 492	18.7	
流动资产	104 250	110 046	5 796	5.6	
流动负债	100 176	103 958	3 782	3.8	
固定资产	90 708	93 622	2 914	3.2	
在建工程	3 644	2 072	-1 572	-43.1	
资产总额	165 674	170 734	5 060	3.1	
负债总额	126 702	132 552	5 850	4.6	
实收资本	26 842	28 106	1 264	4.7	
净资产额	38 972	38 182	-790	-2.0	

趋势分析表（2）

被审计单位名称：晨风公司　财务报表期间：截至2014年12月31日止　工作底稿索引号：Z2-5-2

编制人及复核人员签字：

编制人：张莉	日期：2015年1月26日
复核人：王越	日期：2015年1月31日
项目质量控制复核人：李明	日期：2015年2月1日

财务报表项目	2013年		2014年		增减数（百分点）	说　明
	已审数	所占比重%	未审数	所占比重%		
	①	②	③	④	⑤=④-②	
流动资产	104 250	62.9	110 046	64.4	1.5	2014年度未审财务报表项目与2013年度已审财务报表项目的比较分析：资产、负债和权益各项目前后各期变动不大，无重大异常变动。
长期类投资	1 108	0.7	1 108	0.7	0	
固定资产净额	55 714	33.6	54 716	32.1	-1.5	
在建工程	3 644	2.2	2 072	1.2	-1.0	
无形资产	0		222	0.1	0.1	
待处理财产净损失	0		0			
资产合计	165 674	100	170 734	100		
流动负债	100 176	79.1	103 958	78.4	-0.7	
长期负债	26 526	20.9	28 594	21.6	0.7	
负债合计	126 702	100	132 552	100		
实收资本	26 842	68.9	28 106	73.6	4.7	
其他权益	12 130	31.1	10 076	26.4	-4.7	
权益合计	38 972	100	38 182	100		

（说明栏仅分析增减比例超过10个百分点以上的项目）

（2）根据确定的指标和要求，完成选定的有关数据的计算。

王越认为有必要再对一些重要指标进行比较，以确认这些指标的变动是否合理，与在预备调查中所掌握的企业经营状况的变化相一致。王越安排审计人员黄菊对公司报表的主要经济指标进行计算，与上年度相应数据进行对比，并考虑其变化内容是否在审计人员的预期之内，并得出分析结论。黄菊现编制重要指标比率分析表，如下所示。

重要比率指标趋势分析表

被审计单位名称：晨风公司　财务报表期间：截至2014年12月31日止　工作底稿索引号：Z2－5－3

编制人及复核人员签字：

编制人：张莉	日期：2015年1月26日
复核人：王越	日期：2015年1月31日
项目质量控制复核人：李明	日期：2015年2月1日

比率指标	计算公式	2013年 ①	2014年 ②	增减数（%） ③＝〔②－①〕/①	说　明
偿债能力比率					2014年度未审计报表项目与2013年度已审财务报表项目的比较分析： 1. 应收账款周转率降低了35.8%，有两方面的原因：销售收入同比有较大幅度减少，平均应收账款余额有较大增加。审计时要关注销售收入和应账账款变动对企业经营的影响。 2. 利息保障倍数降低了44.1%，经分析，主要是盈亏逆转所致，要关注影响亏损的因素。 3. 存货和总资产的周转率均有大幅度下降，审计时要关注影响存货、应收账款变动对企业经营的影响。 4. 各个获利能力比率大幅度降低，是由各影响项目综合影响的结果。
1. 流动比率	流动资产/流动负债	1.04	1.06	1.9	
2. 速动比率	速动资产/流动负债	0.52	0.62	19.2	
财务杠杆比率					
1. 负债比率	负债总额/资产总额	0.76	0.78	2.6	
2. 资本对负债比率	资本额/负债总额	0.2119	0.2120	0.05	
3. 利息保障倍数	（税前利润＋利息支出）/利息支出	1.11	0.62	－44.1	
经营效率比率					
1. 存货周转率	销售成本/平均存货	1.30	1.03	－20.8	
2. 应收账款周转率	销售成本/平均应收账款	1.87	1.2	－35.8	
3. 总资产周转率	营业收入/平均资产	0.47	0.34	－27.7	
获利能力比率					
1. 营业利润率	利润总额/营业收入	0.008	－0.036	－550	
2. 净资产报酬率	净利润/平均净资产	0.014	－0.053	－478.6	
3. 总资产报酬率	净利润/平均总资产	0.003	－0.012	－500	

注：①速动资产＝流动资产－存货－预付货款

②平均存货、平均应收账款、平均净资产按年初与年末的平均数计算

（3）根据审阅及计算结果进行分析判断，确定重要性账户，完成分析程序备忘录。

王越在复核张莉、黄菊编制的趋势分析程序工作底稿的基础上，对以上各表分析中得出主要结论进行汇总，形成了分析程序汇总表，如下所示。

分析程序情况汇总表

被审计单位名称：晨风公司　　财务报表期间：截至2014年12月31日止　　工作底稿索引号 Z2-5-5

编制人及复核人员签字：

编制人：张莉	日期：2015年1月26日
复核人：王越	日期：2015年1月31日
项目质量控制复核人：李明	日期：2015年2月1日

测试项目	重要事项说明
趋势分析表1	1. 营业收入、营业成本同比减少了25.3%、27%，致使营业利润也减少了19.9%，说明本年度企业产品销售情况不良，审计时应关注影响销售的因素，如何影响本年度的利润情况。 2. 利润总额、净利润同比分别减少了428%、467%，说明除由于本年销售的影响外，还要关注其他业务利润、费用、营业外支出对本年利润的影响。 3. 在建工程同比减少43.1%，审计时要关注在建工程的减少对利润的影响。
趋势分析表2	无重大异常变动
重要比率指标趋势分析表	1. 利息保障系数降低是盈亏发生逆转造成的，审计时要关注影响晨风企业由盈利转向亏损的原因。 2. 存货、应收账款和总资产的周转率均有大幅度下降，审计时要关注影响存货、应收账款变动对企业经营的影响。 3. 获利能力比率大幅度下降，是各个影响项目综合影响所致，审计时应注意其与其他影响项目之间的关系。

项目经理对测试结果进行综合分析后初步确定的审计重点领域：

1. 营业收入、营业成本项目。
2. 影响利润的其他业务利润、费用、营业外支出项目。
3. 应收账款项目。
4. 存货项目。
5. 在建工程项目。

（4）考虑分析性结果对审计总体工作计划的影响，并在此基础上形成审计总体工作计划。

王越通过以上分析，初步确定了审计重点，并结合对晨风企业基本情况和内控制度的了解，编制审计总体工作计划。

总体审计策略

被审计单位：晨风公司	索引号：
项目：总体审计策略	财务报表截止日/期间：2014年12月31日
编制：王越	复核：王小军
日期：2015年1月27日	日期：2015年1月29日

续表

一、审计范围

适用的会计准则和相关会计制度	《企业会计准则》
适用的审计准则	《中国注册会计师执业准则》
与财务报告相关的行业特别规定	
需审计的集团内组成部分的数量及所在地点	
需要阅读的含有已审计财务报表的文件中的其他信息	
制定审计策略需考虑的其他事项	

二、审计业务时间安排

（一）对外报告时间安排：2015 年 2 月 25 日

（二）执行审计时间安排

执行审计时间安排	时　　间
监盘	2014 年 12 月 31 日
控制测试	2015 年 2 月 2 日 ~2 月 5 日
实质性程序	2015 年 2 月 6 日 ~2 月 22 日

（三）沟通的时间安排

所　需　沟　通	时　　间
与管理层的会议	2015 年 2 月 1 日，2 月 8 日，2 月 19 日
项目组会议	2015 年 1 月 31 日预备会，2 月 25 日总结会
与专家的沟通	2015 年 2 月 15 日与有关工程技术专家沟通
与前任注册会计师沟通	2015 年 2 月 1 日与前任注册会计师沟通

三、影响审计业务的重要因素

（一）重要性

确定的重要性水平	索引号
按照《中国注册会计师审计准则第 1221 号——计划和执行审计工作时的重要性》确定。 采用总收入法： 按前三年平均营业收入 76 176 ×0.5% =380.88（万元） 按 2004 年营业收入 56 798 ×0.5% =283.99（万元） 综合晨风企业的审计风险，晨风企业报表总体重要性水平可初步评价为 250 万元。	

（二）可能存在较高重大错报风险的领域

可能存在较高重大错报风险的领域	索引号

续表

（三）重要的组成部分和账户余额

填写说明：

1. 记录所审计的集团内重要的组成部分；

2. 记录重要的账户余额，包括本身具有重要性的账户余额（如存货），以及评估出存在重大错报风险的账户余额。

重要的组成部分和账户余额	索引号
1. 重要的组成部分	
……	
2. 重要的账户余额	
……	

四、人员安排

（一）项目组主要成员的责任

职位	姓名	主要职责
项目合伙人	吕小军	协调项目的实施
项目经理	王越	负责项目总体策略与计划的编制，负责项目的具体实施
项目组成员	张莉、黄菊、周华、史新	进行具体审计工作。张莉负责资产和负债项目的审计，黄菊负责所有者权益与收入项目的审计，周华负责费用与利润项目的审计，史新负责审计的其他具体工作

注：在分配职责时可以根据被审计单位的不同情况按会计科目划分，或按交易类别划分。

（二）与项目质量控制复核人员的沟通（如适用）

复核的范围：审计计划，审计工作底稿，审计风险评估情况，财务报表

沟通内容	负责沟通的项目组成员	计划沟通时间
风险评估、对审计计划的讨论	王越	2015 年 2 月 1 日
对财务报表的复核	王越	2015 年 2 月 20 日
对审计工作底稿的复核	王越	2015 年 2 月 22 日

五、对专家或有关人士工作的利用（如适用）

注：如果项目组计划利用专家或有关人士的工作，需要记录其工作的范围和涉及的主要会计科目等。另外，项目组还应按照相关审计准则的要求对专家或有关人士的能力、客观性及其工作等进行考虑及评估。

（一）对内部审计工作的利用

主要报表项目	拟利用的内部审计工作	索引号
存　货	内部审计部门对各仓库的存货每半年至少盘点一次；在中期审计时；项目组已经对内部审计部门盘点步骤进行观察，其结果满意，因此项目组将审阅其年底的盘点结果，并缩小存货监盘的范围	Z8－9－1

续表

主要报表项目	拟利用的内部审计工作	索引号
内部控制制度测试	内部审计部门对被审计单位内部控制制度的有效性、合理性与健全性定期进行测试与评价，项目组在控制测试过程中，可利用相关工作定稿，参考测试与评价结论。	Z8 -9 -2

（二）对其他注册会计师工作的利用

其他注册会计师名称	利用其工作范围及程度	索引号

（三）对专家工作的利用

主要报表项目	专家名称	主要职责及工作范围	利用专家工作的原因	索引号
在建工程	杨红海	测定在建工程的发生额	在建工程技术性强	Z8 -10 -1
应付债券	高硕	涉及应付债券方面的法律法规和合同的法律意见	需要此方面的法律意见	Z8 -1 -2

（四）对被审单位使用服务机构的考虑

主要报表项目	服务机构名称	服务机构提供的相关服务及其CPA出具的审计报告意见及日期	索引号

要求：

（1）分析在确定总体审计策略时运用分析程序通常使用哪些指标？

（2）在确定重点审计领域时，应关注哪些指标？并进行分析。

（3）补充总体审计策略未完成部分。

专业技能训练

1. 实训目的

熟悉接受审计业务委托前应做的工作。

2. 实训资料

美联股份有限公司是纺织行业的上市公司，2001 年发行社会公众股并上市交易，受政府优惠政策支持，业绩相当不错，上市当年的每股收益 0.433 元，但在 2002 年企业业绩出现下滑趋势，每股收益为 0.2 元。公司目前在准备 2005 年度审计，并打算聘请宝信会计师事务所进行年度审计。宝信会计师事务所在接受该公司委托前通过公开渠道了解到下列信息：

（1）2003 年、2004 年两年的业绩相当不理想，每股收益分别为 0.155 元和 0.1 元；

（2）2005 年未经审计的中期报表每股收益为 0.09 元；

（3）2005 年 12 月 5 日公布了其进行资产重组的消息；

（4）2003 年、2004 年从事该公司年度报表审计的事务所是大胜会计师事务所；

（5）公司在 2005 年 2 月 26 日宣布组建电子商务网络公司，并处于控股地位。

3. 实训要求

（1）你作为该项目的负责人，在接受委托前你会如何处理？

（2）如果接受委托，你在编制审计计划时采用何种手段防范因上述信息可能带来的风险。

教学设计与实践

1. 教学重点

（1）初步业务活动的时间、内容；

（2）审计业务约定书的内容；

（3）总体审计策略和具体审计计划的内容；

（4）审计计划的变更。

2. 教学难点

（1）审计业务约定书的变更；

（2）总体审计策略的制定；

（3）具体审计计划的制定。

3. 建议教学课时

理论教学 2 学时。

4. 教学实践

（1）请制作本任务的授课教案；

（2）选取部分内容进行 1 小节课程的试讲。

任务七　掌握风险评估的内容和方法

任务内容

- 风险评估程序
- 内部控制概述
- 评估重大错报风险

任务目标

- 掌握风险评估程序
- 掌握了解被审计单位及其环境的内容
- 理解重大错报风险评估程序

适用的准则和规范

- 《中国注册会计师审计准则第 1211 号——通过了解被审计单位及其环境识别和评估重大错报风险》

导入案例

银广夏舞弊案

广夏（银川）实业股份有限公司（简称 ST 银广夏）1994 年 6 月上市，曾因骄人的业绩和诱人的前景被称为“中国第一蓝筹股”。2001 年 8 月，《财经》杂志发表《银广夏陷阱》一文，曝光了其虚构财务报表事件。专家意见认为，天津广夏出口德国诚信贸易公司的为“不可能的产量，不可能的价格，不可能的产品”。天津银广夏以其萃取设备的产能，即使通宵达旦运作，也生产不出所宣称的数量；天津银广夏萃取产品出口价格高到近乎荒谬；对德出口合同中的某些产品，根本不可能用二氧化碳超临界萃取设备提取。

银广夏审计失败的原因很多，其中一个重要的原因是注册会计师对银广夏公司的经营性质、经营状况、公司的治理和管理现状了解不够，没有评估和控制审计风险。例如对于银广夏 2000 年度主营业务收入大幅增长的同时生产用电的电费反而降低的情况没有发现和报告等。

如果中天勤会计师事务所及注册会计师能以风险导向理论为指导，通过对银广夏经营环境、生产能力和经营状况进行了解和评估，就可以发现银广夏的虚假业务和虚构事项。

案例思考

如何了解被审计单位及其环境，以便评估财务报表面临的重大错报风险？

任务结构

一、风险评估程序

现代审计是以风险为导向的审计，即审计的实施以评估风险为切入点，将对审计风险的识别、评估和应对贯穿于整个审计过程，以使审计风险降至可接受的水平。

（一）风险评估程序的概念

为了解被审计单位及其环境而实施的程序称为“风险评估程序”。注册会计师了解被审计单位及其环境，依据实施这些程序所获取的信息，评估重大错报风险。

（二）风险评估程序

注册会计师为了识别和评估财务报表重大错报风险，需要实施一定的程序来了解被审计单位及其环境，这些程序通常包括：询问、分析性程序、观察和检查，如图 7－1 所示。

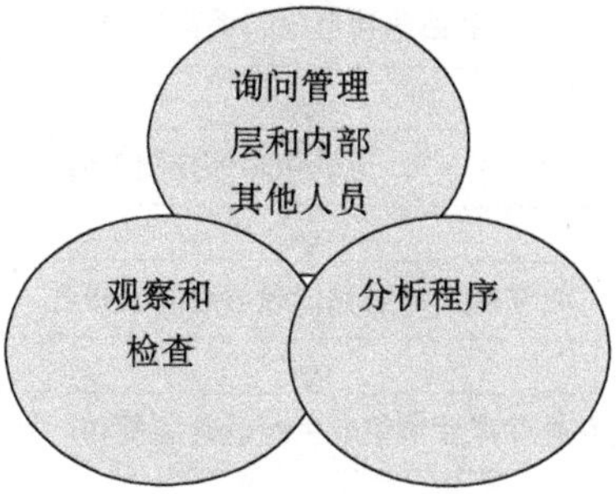

图 7－1　风险评估程序

1. 询问被审计单位管理层和内部其他相关人员

询问被审计单位管理层和内部其他相关人员是注册会计师了解被审计单位及其环境的一个重要信息来源。注册会计师可以考虑向管理层和财务负责人询问的事项包括：管理层所关注的主要问题；被审计单位最近的财务状况、经营成果和现金流量；可能影响财务报告的交易和事项，或者目前发生的重大会计处理问题；被审计单位发生的其他重要变化等。

除了询问管理层和对财务报告负有责任的人员外，注册会计师还应当考虑询问内部注册会计师、采购人员、生产人员、销售人员等其他人员，并考虑询问不同级别的员工，以获取对识别重大错报风险有用的信息。

2. 分析程序

分析程序是指注册会计师通过研究不同财务数据之间以及财务数据与非财务数据之间的内在关系，对财务信息进行评价。分析程序还包括调查识别出的、与其他相关信息不一致或与预期数据严重偏离的波动和关系。

注册会计师实施分析程序有助于识别异常的交易或事项，以及对财务报表和审计产生影响的金额、比率和趋势。

在实施分析程序时，注册会计师应当预期可能存在的合理关系，并与被审计单位记录的金额、依据记录金额计算的比率或趋势相比较。如果发现异常或未预期到的关系，注册会计师应当在识别重大错报风险时考虑这些比较结果。

如果使用了高度汇总的数据，实施分析程序的结果仅可能初步显示财务报表存在重大错报风险，注册会计师应当将分析结果连同识别重大错报风险时获取的其他信息一并考虑。例如，被审计单位存在很多产品系列，各个产品系列的毛利率存在一定差异。对总体毛利率实施分析程序的结果仅可能初步显示销售成本存在重大错报风险，这时注册会计师需要实施更为详细的分析程序，如对每一产品系列进行毛利率分析，或者将总体毛利率分析的结果连同其他信息一并考虑。

3. 观察和检查

观察和检查程序可以印证对管理层和其他相关人员的询问结果，并可提供有关被审计单位及其环境的信息，注册会计师应当实施下列观察和检查程序，如图 7－2 所示：

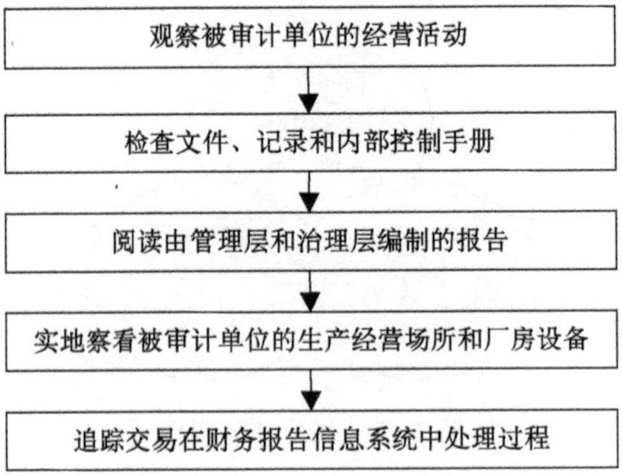

图 7－2　观察和检查程序

（1）观察被审计单位的经营活动。例如，观察被审计单位人员正在从事的生产活动和内部控制活动，增加注册会计师对被审计单位人员如何进行生产经营活动及实施内部控制的了解。

（2）检查文件、记录和内部控制手册。例如：检查被审计单位的经营计划、策略、章程，与其他单位签订的合同、协议，各业务流程操作指引和内部控制手册等，了解被审计单位组织结构和内部控制制度的建立健全情况。

（3）阅读由管理层和治理层编制的报告。例如，阅读被审计单位年度和中期财务报告，股东大会、董事会会议、高级管理层会议的会议记录或纪要，管理层的讨论和分析资料，对重要经营环节和外部因素的评价，被审计单位内部管理报告以及其他特殊目的的报告（如新投资项目的可行性分析报告）等，了解自上一期审计结束至本期审计期间被审计单位发生的重大事项。

（4）实地察看被审计单位的生产经营场所和厂房设备。通过现场访问和实地察看被审计单位的生产经营场所和厂房设备，可以帮助注册会计师了解被审计单位的性质及其经营活动。在实地察看被审计单位的厂房和办公场所的过程中，注册会计师有机会与被审计单位管理层和担任不同职责的员工进行交流，可以增强注册会计师对被审计单位的经营活动及其重大影响因素的了解。

（5）追踪交易在财务报告信息系统中处理过程（穿行测试）。这是注册会计师了解被审计单位业务流程及其相关控制时经常使用的审计程序。通过追踪某笔或某几笔交易在业务流程中如何生成、记录、处理和报告，以及相关控制如何执行，注册会计师可以确定被审计单位的交易流程和相关控制是否与之前通过其他程序所获得的了解一致，并确定相关控制是否得到执行。

4. 其他审计程序和信息来源

（1）其他审计程序。除了采用上述程序从被审计单位内部获取信息以外，如果根据职业判断认为从被审计单位外部获取的信息有助于识别重大错报风险，注册会计师应当实施其他审计程序以获取这些信息。例如，询问被审计单位聘请的外部法律顾问、专业评估师、投资顾问和财务顾问等。阅读外部信息也可能有助于注册会计师了解被审计单位及其环境。外部信息包括证券分析师、银行、评级机构出具的有关被审计单位及其所处行业的经济或市场环境等状况的报告、贸易与经济方面的报纸期刊、法规或金融出版物以及政府部门或民间组织发布的行业报告和统计数据等。

（2）其他信息来源。注册会计师应当考虑在客户接受或保持过程中获取的信息是否与识别重大错报风险相关。通常，对新的审计业务，注册会计师应在业务承接阶段对被审计单位及其环境有一个初步的了解，以确定是否承接该业务。而对连续审计业务，也应在每年的续约过程中对上年审计作总体评价，并更新对被审计单位的了解和风险评估结果，以确定是否续约。注册会计师还应当考虑向被审计单位提供其他服务（如执行中期财务报表审阅业务）所获得的经验是否有助于识别重大错报风险。此外，注册会计师还应当考虑在承接客户或续约过程中获取的信息，以及向被审计单位提供其他服务所获得的经验是否有助于识别重大错报风险。对于连续审计业务，如果拟利用在以前期间获取的信息，注册会计师应当确定被审计单位及其环境是否已发生变化，以及该变化是否可能影响以前期间获取的信息在本期审计中的相关性。

根据审计准则的要求，注册会计师应当从六个方面了解被审计单位及其环境。需要说明的是，注册会计师无须在了解每个方面时都实施以上所有的审计程序。例如，在了解内部控制时通常不用分析程序。但是，对被审计单位及其环境获取了解的整个过程中，注册会计师通常会实施上述所有的审计程序。

【同步思考 7－1】

注册会计师实施的询问、分析程序、观察和检查、重新执行的审计程序中，哪些属于风险评估程序？并结合后面控制测试一节，讨论穿行测试和重新执行的区别？（注：重新执行是注册会计师执行进一步审计程序时实施的一项控制测试程序。）

二、了解被审计单位及其环境

审计过程的起点就是获得对被审计单位及其环境的了解，包括对其内部控制的了解。对被审计单位及其环境的了解需单独或者综合运用风险评估程序，是一个连续动态收集、更新、分析信息的过程。

通过对被审计单位及其环境的了解，为识别和评估财务报表重大错报风险、设计和实施进一步审计程序，以将审计风险降至可接受的低水平提供了重要的判断基础。如果了解被审计单位及其环境获得的信息足以识别和评估财务报表重大错报风险，设计和实施进一步审计程序，那么了解的程度就是恰当的。

注册会计师对被审计单位及其环境的了解应包括以下几个方面：(1) 行业、法律与监管环境以及其他外部因素；(2) 被审计单位的性质；(3) 对会计政策的选择和运用；(4) 被审计单位的目标、战略和相关经营风险；(5) 被审计单位财务业绩的衡量和评价；(6) 被审计单位的内部控制，如图 7－3 所示。

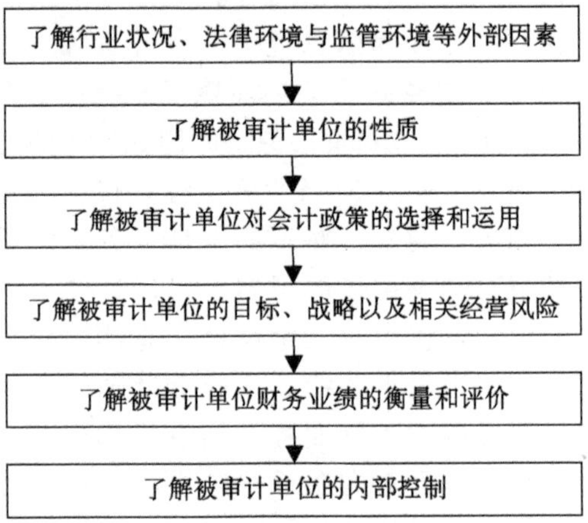

图 7－3　了解被审计单位及其环境

(一) 了解行业状况、法律环境与监管环境以及其他外部因素

1. 行业状况

多数企业的行业状况，都会与本行业总体发展趋势密切相关，行业整体的繁荣发展，会给企业的发展带来更多的机遇；相反，则会给企业经营带来更多的困难和风险。因此，了解行业状况有助于注册会计师识别与客户所处行业有关的重大错报风险。注册会计师一般从以下五个方面了解客户的行业状况：所在行业的市场供应与竞争；生产经营的季节性和周期性；产品生产技术的变化；能源供应与成本；行业的关键指标和统计数据。

2. 法律环境与监管环境

任何一个企业都必须依法经营，如果违反了法律就要承担一定的法律责任，很多法律要求可能对客户的经营活动产生重大影响，甚至会影响到企业能否持续经营。通过对被审计单位法律与监管环境的了解有助于注册会计师识别与客户相关的法律与监管环境方面的重大错报风险。一般应了解以下五个方面：适用的会计准则、会计制度和行业惯例；对经营活动产生重大影响的法律法规及监管活动；对开展业务产生重大影响的政府政策，包括货币、财政、税收和贸易政策；与客户所处行业和所从事经营活动相关的环保要求。例如，被审计单位是高能耗企业，那么就应更多地了解政府政策或环保要求对开展业务产生重大的影响。

3. 其他外部因素

除此之外，注册会计师还应当了解：宏观经济的景气度、利率和资金供求状况、通货膨胀水平及币值变动、国际经济环境和汇率变动等。

（二）了解被审计单位的性质

了解被审计单位的性质有助于注册会计师理解预期在财务报表中反映的各类交易、账户余额和披露。注册会计师应当主要从以下方面了解被审计单位的性质，如图 7－4 所示：

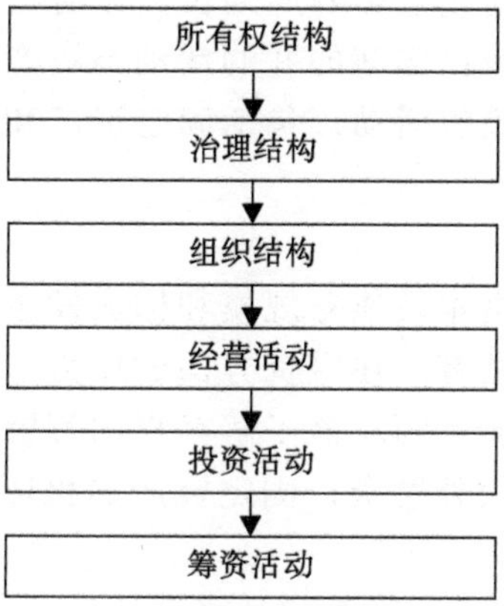

图 7－4　了解被审计单位的性质

1. 所有权结构

现代企业复杂的所有权关系为企业之间进行非公平基础的关联方交易提供了基础，关联方交易往往成为企业提供虚假信息、粉饰财务状况的工具。因此，注册会计师应对了解被审计单位的所有权结构以及所有者与其他人员或单位之间的关系，考虑关联方关系是否已经得到了识别。

2. 治理结构

公司的治理结构是一套明确公司内部不同权利主体，包括股东、董事、经理之间权力和利益、责任关系的制度安排。良好的治理结构可以对客户的经营活动实施有效的监督，从而降低财务报表发生重大错报的风险。注册会计师应当了解客户的治理机构，例如，董事会的构成、是否设有独立董事、是否设有审计委员会及监事会，它们是否正常、有效地运作；注册会计师应当考虑治理层是否独立于管理层，管理层有无直接或间接地干涉或影响治理层的判断决策。

3. 组织结构

复杂的组织结构有可能导致某些特定的重大错报风险。注册会计师应对了解客户的组织结构，考虑复杂组织机构可能导致的重大错报风险，包括财务报表合并、商誉摊销和减值、长期股权投资核算以及特殊目的实体核算等问题。

4. 经营活动

企业财务报表是对企业经营活动的综合财务反映，很多审计失败案例是由于注册会计师对客户经营活动的不熟悉所致，了解客户经营活动有助于注册会计师识别预期会在财务报表中反映的主要交易类别、重要账户余额和列报。注册会计师要了解的客户经营活动包括：主营业务的性质；业务的开展情况，联营、合营与外包情况；从事电子商务的情况；地区与行业分布；生产设施、仓库的地理位置及办公地点；关键客户；重要供应商；劳动用工情况；研究与开发活动及其支出。

5. 投资活动

投资活动主要包括企业购建长期资产、股权投资、债券投资及其处置活动，多数投资活动涉及的金额大，对企业影响周期长。注册会计师应当了解客户的投资活动，主要包括：近期拟实施或已实施的并购活动与资产处置情况；证券投资、委托贷款的发生与处置、资本性投资活动，包括固定资产和无形资产投资，以及近期或计划发生的变动。

6. 筹资活动

筹资活动是指导致企业资本及债务规模和构成发生变化的活动。了解客户的筹资活动有助于注册会计师评估客户在融资方面的压力，并进一步考虑客户在可预见未来的持续经营能力。注册会计师应该了解客户的筹资活动主要包括：债务结构和相关条款，包括担保情况和表外融资；固定资产的租赁；关联方融资；衍生金融工具的运用。

（三）了解被审计单位对会计政策的选择和运用

注册会计师应当了解被审计单位对会计政策的选择和运用，是否符合适用的会计准则和相关会计制度，是否符合被审计单位的具体情况。在进行了解时，注册会计师重点关注的事项主要包括：重要项目的会计政策和行业惯例、重大和异常交易的会计处理方法、在新领域和缺乏权威性标准或共识的领域采用重要会计政策产生的影响、会计政策的变更、被审计单位何时采用以及如何采用新颁布的会计准则和相关会计制度等等。

在了解被审计单位对会计政策的选择和运用时，注册会计师可以实施的风险评估程序包括：查阅以前年度的审计工作底稿，询问被审计单位管理层和员工，查阅被审计单位的财务资料和内部报告（如会计工作手册和操作指引）等。注册会计师还可结合对被审计单位及其环境其他方面的了解，考虑被审计单位选用的会计政策是否符合其具体情况。

需要强调的是，注册会计师应当关注被审计单位本期会计政策的选用与前期相比发生的重大变化，包括对本期新发生的交易或事项选用的会计政策，对前期不重大而本期重大的交易或事项选用的会计政策，重要会计政策的变更以及新会计准则发布施行的影响等。

（四）了解被审计单位的目标、战略以及相关经营风险

目标是企业要实现的预定目的；战略就是被审计单位在分析外部环境和内部条件的现状及其变化趋势的基础上，为了干涉预定经营目标所采取的整体性、全局性、长远性的谋划及其相应的对策，是发展的行动纲领；经营风险源于对客户实现目标和战略产生不利影响的重大情况、事项、环境和行动，或源于不恰当的目标和战略。

多数经营风险最终都会产生财务后果，从而影响财务报表。因此，注册会计师

应对了解客户的目标和战略，以及可能导致财务报表发生重大错报。当然，并非对所有的经营风险都要考虑，注册会计师没有责任识别或评估对财务报表没有影响的经营风险。

此外，注册会计师还应当考虑被审计单位的目标和战略是否与其各项内部和外部因素相适应。例如，被审计单位的外部因素发生变化，对目标和战略是否作了相应调整；目标和战略是否与企业利益相关者，包括股东、客户、债权人、管理层、员工以及政府相关部门等的要求和预期相符合；是否与被审计单位的经营和财务运作系统相适应。如果不是的话，可能显示被审计单位存在经营风险和潜在的财务报表重大错报风险。

（五）了解被审计单位财务业绩的衡量和评价

注册会计师了解被审计单位财务业绩的衡量与评价，是为了考虑管理层是否面临实现某些关键财务业绩指标的压力。这些压力既可能源于需要达到市场分析师或股东的预期，也可能产生于达到获得股票期权或管理层和员工奖金的目标。受压力影响的人员可能是高级管理人员（包括董事会），也可能是可以操纵财务报表的其他经理人员，如子公司或分支机构管理层可能为达到奖金目标操纵财务报表。

（六）了解被审计单位的内部控制

注册会计师应当了解与审计相关的内部控制以识别潜在错报的类型，考虑导致重大错报风险的因素，这部分内容将在下一节予以详细介绍。

被审计单位及其环境的各个方面可能会互相影响。例如，被审计单位的行业状况、法律环境与监管环境以及其他外部因素可能影响到被审计单位的目标、战略以及相关经营风险，而被审计单位的性质、目标、战略以及相关经营风险可能影响到被审计单位对会计政策的选择和运用，以及内部控制的设计和执行。因此，注册会计师在对被审计单位及其环境的各个方面进行了解和评估时，应当考虑各因素之间的相互关系。

注册会计师针对上述六个方面，实施的审计程序（也就是风险评估程序）的性质、时间和范围取决于审计业务的具体情况，如被审计单位的规模和复杂程度，以及注册会计师的相关审计经验，包括以前对被审计单位提供审计和相关服务的经验和对类似行业、类似企业的审计经验。此外，识别被审计单位及其环境在上述各方面与以前期间相比发生的重大变化，对于充分了解被审计单位及其环境、识别和评估重大错报风险尤为重要。

【同步案例 7-1】

安然事件的反思——有人了解其业务吗？

安然公司——全美最大的能源公司的破产，是美国历史上最大的公司破产案件。尽管不久前它还以750亿美元的市值在《财富》500强中名列第7，但它却很快就倒下了。其陨落始于2001年10月，当时安然公司宣布了一项令人震惊的消息，其季度亏损达到6.18亿美元，据说与神秘、隐蔽的内部人关联方关系有关。随后，2001年11月初，公司高层被迫承认他们曾于1997年虚报近6亿美元的利润，为此，他们必须重编过去4年的已审财务报表。2001年年底，安然公司破产。

在安然公司倒塌以后，许多人都想知道为什么如此严重的财务丑闻在这样漫长的时间里没有被发现。很多人指出了安然难以置信的复杂的业务结构和它们相互关联、模糊不清的财务状况。“我们这里所看到的是最复杂的财务报告的例子。”来自密歇根州的国会议员John Dingell说道。一些人甚至声称，即使是掌管该公司的人也从来不了解他们的业务框架，因为它太复杂了。

安然公司业务和财务报表的复杂性以及不确定性也明显地愚弄了他们的审计师。安然的审计师正面临着一场猛烈攻击和集体诉讼。在2001年12月国会听证会上，为安然公司进行审计的事务所CEO承认，事务所的职业判断被证明出现了差错，当关联实体应该合并时，他们错误地允许了安然公司使它们保持独立。

从安然事件中，我们可能需要吸取一些沉痛的教训。审计师必须加强的工作之一就是深入了解客户的业务和行业状况。否则的话，就几乎不可能识别影响客户财务报表的重大经营风险。

【同步思考7-2】

请讨论：注册会计师是否有义务识别所有的经营风险？

三、了解内部控制

（一）内部控制概述

1. 内部控制思想的演进和概念的发展

内部控制思想在世界各国都有悠久的历史，其演进经历了一个渐进的过程。总的来说，大致上可以将其发展演变分为以下几个阶段，如图7-5所示：

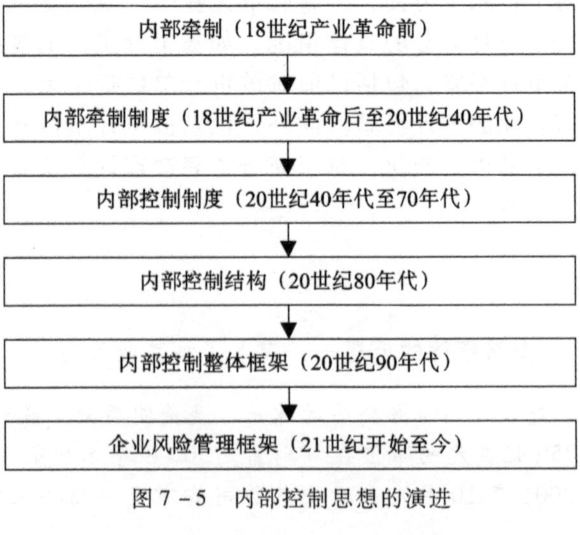

图7-5 内部控制思想的演进

(1) 内部牵制（18世纪产业革命前）。内部控制的萌芽即内部牵制。当人类社会活动发展到需要管理的时候，控制和监督的因素便应运而生。

根据史料记载，在我国，内部牵制制度到西周时期已基本形成，其思想最早见于《周礼》一书。朱熹在评述《周礼·理其财之所出》一文中指出："虑夫掌财用财之吏，渗漏乾后，或者容奸而肆欺……于是一毫财务之出入，数人之耳目通焉。"意为考虑到掌握和使用财务的官吏可能进行贪污盗窃，弄虚作假，因而规定每笔财赋的出入要经几个人的耳目，达到互相牵制的目的。对此，M. 查特菲尔德教授曾给予高度评价："在内部管理、财政预算以及审计程序方面，古代世界几乎没有别的国家可以和中国周代相比。"

除此之外，西汉的上计制度，宋太祖时期的"职差分离"、"主库吏三年一易"制度，都是内部牵制的表现。在国外，远在公元前3600年前的美索不达米亚文化时代，就存在着极简单的内部牵制的会计实践。古埃及在法老统治时期，就设有监督官负责对全国各级机构和官吏是否忠实地履行受托事项以及财政收支记录是否准确无误加以间接管理和监督。在公元600年左右，古埃及在记录官、出纳官和监督官之间就建立了比较完善的内部牵制制度。古罗马帝国宫廷库房采取"双人记账制"、"对账制度"。15世纪末，借贷复式记账法在意大利出现。自此，对管理钱、财、物的不同岗位进行分离，并利用其勾稽关系进行交互核对，直到19世纪末期，一直被认为是保证所有钱物和账目正确无误的理想牵制方法。

(2) 内部牵制制度（18世纪产业革命后至20世纪40年代）。随着资本主义经济的发展，公司等经济组织步入经济舞台，尤其是在19世纪中叶至20世纪初叶，产业革命相继在英美等国家完成，企业间竞争的加剧，导致急需加强企业内部管理。同时，为了保护投资者和债权人的利益，各级管理人员开始进行全面企业管理的探索。

"科学管理之父"泰罗在其代表著作《科学管理原理》（1911年）中，率先提出科学管理的基本原则，其中包括把管理的计划职能同执行职能分开，变原来的经验工作方法为科学工作方法，在管理控制上实行例外原则等原理。"管理理论之父"法约尔也在其著作《工业管理与一般管理》（1916年）中，提出了工作分工、职权、纪律、统一指挥、统一领导、等级链、秩序、公平等14条管理原则。在泰罗等管理理论的指导下，以职务分离、账户核对为主要内容的内部牵制，逐渐演变成由组织结构、职务分离、业务程序、处理手续等因素构成的控制系统，即"内部牵制制度"。至此，内部牵制走向成熟。

"内部控制"一词最早见诸文字，是作为审计术语出现在审计文献中。1936年，美国注册会计师协会在其发布的《注册会计师对财务报表的审查》文告中，首次正式使用"内部控制"这一专门术语，并对其进行了如下定义："内部稽核与控制制度是指为保证公司现金和其他资产的安全，检查账簿记录的准确性而采取的各种措施和方法"，并指出："注册会计师在制定审计程序时，应考虑的一个重要因素是审查企业的内部牵制和控制，企业的会计制度和内部控制越好，财务报表需要测试的范围则越小。”

1938 年，美国发生了著名的麦克森—罗宾斯案件，尽管 Price & Water house 会计公司已按一般公认审计程序对麦克森—罗宾斯公司进行了审计，但仍未能发现其欺诈行为。事后检讨时，注册会计师发现，原有的审计程序缺少了对内部控制和会计处理程序的审查步骤。于是，从开展审计业务的实际需要出发，注册会计师开始把内部控制从企业管理活动中抽象出来，进行专门的研究与评价。它促成了 1939 年 10 月美国会计师协会审计程序委员会在其发布的《审计程序公告第一号》中，首次增加了对内部控制审查的内容。1940 年 10 月，美国证券交易委员会正式要求注册会计师在签署的审计报告中增加以上类似的内容。

（3）内部控制制度（20 世纪 40 年代至 70 年代）。以 20 世纪 40 年代为分水岭，内部控制经历了实践塑造和理论完善两大历程。第二次世界大战以后，资本主义经济发展中出现了许多新的变化，如科学技术和生产自动化迅速发展，企业规模继续扩大，巨型公司不断出现，市场竞争异常激烈，许多复杂产品和大型工程需要大量高素质人员在分工协作、检查验收和评价督促等良好的环境下才能完成，所有这些都促使内部控制从对单项经济活动进行独立控制为主向对全部经济活动进行系统控制为主发展，进而形成包括组织结构、岗位责任、人员条件、业务程序、处理手续、检查标准和内部审计在内的严密的控制系统。至此，内部控制完成了其主体内容的塑造过程，但其各项构成要素和控制措施只是散见于企业各项管理制度、惯例和实务中，尚未得到很好的理论总结。

值得注意的是，虽然内部控制作为企业管理活动中不可分割的组成部分，理应属于管理范畴，但内部控制理论是在审计理论中提出并得到深化的。1947 年，美国会计师协会的审计程序委员会颁发了《审计准则暂行公告》。在“现场工作准则”第二条中规定：“有必要研究和评价现行内部控制，以作为信赖内部控制和确定其后审计测试范围的基础。”这促使注册会计师更加注重内部控制，并使内部控制的审查成为一项法定的审计步骤，同时使社会各界广泛认识到企业内部控制的重要性。

1949 年，美国会计师协会的审计程序委员会发表了一份题为《内部控制、协调系统诸要素及其对管理部门和注册会计师的必要性》的专题报告，对内部控制作出了如下权威定义：“内部控制是企业所制定的旨在保护资产、保证会计资料可靠性和准确性，提高经营效率，推动管理部门所制定的各项政策得以贯彻执行的组织计划和相互配套的各种方法及措施。”此定义中不仅包括与会计和财务部门直接有关的控制，还包括预算控制、成本控制、定期报告、统计分析、人员培训及内部审计等，以及其他领域的一些活动。上述内部控制定义及其解释的发布，是对内部控制概念的重大贡献。虽然从判断委托人的会计和经营是否良好的角度考虑，该定义非常合适，但该报告所定义的内部控制内容如此广泛，以致注册会计师认为包括了他们不可能承担的职责。为了摆脱这种两难境地，该委员会于 1958 年 10 月对内部控制定义重新进行表述，将内部控制划分为会计控制和管理控制，并在其 1963 年发布的《审计程序说明第 33 号》中指出：“注册会计师应主要检查会计控制，会计控制一般对财务记录产生直接的重要的影响，注册会计师必须对它作出评价，管理控制通常只是对财务记录产生间接的影响，因此注册会计师可以不对其作出评价”，从而大大缩小了注册会计师的责任范围。

《反国外贿赂法》（FCPA）被认为是内部控制发展史的又一个里程碑。20 世纪 70 年代，随着水门事件的调查，越来越多的贿赂案件被曝光。在美国证监会（SEC）的自愿披露程序下，200 多家公司揭示了不道德交易，发现有问题的国外付款在几年间竟达到 2 亿美元。国会对此作出反应，于 1977 年以全票通过了《反国外贿赂法》，首先旨在制止美国公司与外国交易的不道德行为；另外，调查发现许多不道德的交易被公司高层所隐瞒，记录被篡改，一些既定的程序被回避，这些都说明公司的内部控制有缺陷。因此，该法案的另一个目的在于促使企业保持充分的内部会计控制。

（4）内部控制结构（20 世纪 80 年代）。20 世纪 80 年代，许多金融机构破产，其中有许多原因，例如宽松的管制环境、波动的利率、过度的投机、不良的管理以及舞弊。在随后的调查中发现，在大多数案例中注册会计师不能发现公司舞弊的情况。1985 年 6 月，美国正式成立“虚假财务报告研究全国委员会”（由于该委员会的首任主席是 J. S. Treadway，故又称 Treadway Committee），这个委员会旨在考察财务报告舞弊在多大程度上削弱了财务报告的完整性，注册会计师在发现舞弊中的责任，并确定可能导致舞弊行为发生的公司结构，以防止和揭露虚假财务报告，研究出现虚假财务报告的原因。在这一背景下，内部控制的研究更加受到重视。Treadway 委员会在 1987 年发表了一个报告，它不仅考虑了注册会计师的责任，还考虑了其他方面，例如公司高层的作风、内部会计制度和内部审计的作用、审计委员会、监管机构等。对于内部控制，该委员会发现，在所调查的舞弊财务报告中，50% 是由于内部控制的失效，报告中还提到现有发表的公告以及研究关于内部控制的解释和概念有许多不同，其结果是导致管理层、内部注册会计师和注册会计师对内部控制充分性的不同看法。因此，该委员会督促各职业团体一起合作发展关于内部控制的统一概念。

1988 年 4 月，美国注册会计师协会（AICPA）发布了《审计准则公告第 55 号》（SAS No. 55），该公告首次以“内部控制结构”代替“内部控制”，指出：“企业的内部控制结构包括为合理保证企业特定目标的实现而建立的各种政策和程序。”内部控制结构具体包括三个要素，它们是：控制环境、会计制度、控制程序。与以前的内部控制定义相比，内部控制结构将内部控制环境纳入内部控制的范畴，而且不再区分会计控制和管理控制。

（5）内部控制整体框架（20 世纪 90 年代）。1992 年，美国“虚假财务报告研究全国委员会”下属的由美国会计学会、注册会计师协会、国际内部审计师协会、财务经理协会和管理会计学会等组织参与的发起组织委员会（Committee of Sponsoring Organization，简称 COSO）发布了报告《内部控制——整体框架》，并于 1994 年对其进行了增补，将内部控制定义为：“内部控制是由企业董事会、管理层和其他员工实施的，为经营的效率效果、财务报告的可靠性、法律法规的遵循性等目标的达成而提供合理保证的过程。”该报告还指出，内部控制包括五个相互联系的要素，即控制环境、风险评估、控制活动、信息与沟通、监控。1995 年 12 月，美国注册会计师协会发布《审计准则公告第 78 号》（SAS No. 78），全面接受 COSO 报告的内容，并从 1997 年 1 月起取代 1988 年发布的《审计准则公告第 55 号》（SAS No. 55）。

COSO 报告发布后，在全球范围产生了广泛的影响，许多国家予以回应或予以承认。当今世界另外几个主流内部控制报告，如加拿大的 COCO 报告、英国的 Cadbury 报告、国际内部审计师协会（IIA）的 SAC、信息系统审计与控制协会的（ISACA）的 COBIT，以及巴塞尔银行监督委员会 1998 年发布的《银行组织内部控制系统框架》都与 COSO 框架紧密相关。我国有关部门制定的内部控制标准，包括证监会发布的《证券公司内部控制指引（2003)》、中国人民银行发布的《商业银行内部控制指引（2002)》、中国内部审计协会发布的《内部审计准则——内部控制(2003)》等，其核心内容也与 COSO 报告一脉相承。

（6）企业风险管理框架（21 世纪开始至今）。2001 年年底以来，美国安然、世通、施乐、默克制药等一批大公司会计丑闻接连曝光，诚信危机震撼着美国及国际社会，使人们对美国式自由市场经济制度产生质疑，也暴露了美国现行法律的诸多不足。为了提高民众对美国金融市场、政府经济政策的信心，2002 年 7 月 30 日，美国总统布什签署了《萨班斯—奥克斯利法案》（以下简称《法案》）。这是一项旨在加强会计监督、强化信息披露、完善公司治理、防止内幕交易的法案。它规定对违反本法案和渎职以及做假账的企业主管将实行严厉的制裁，对上市公司实行更为严厉的监督，是自 20 世纪 30 年代美国企业法规基本框架建立以来最大的一次改革，使美国的公司治理迈入新里程。

2002 年，美国 Treadway 委员会下属的发起组织委员会（COSO）在内部控制框架概念的基础上，提出了企业风险管理（Enterprise Risk Management，ERM）的概念，使内部控制的研究发展到一个新的阶段。2003 年 7 月，美国 COSO 委员会颁布了企业风险管理框架的讨论稿，并于 2004 年 4 月颁布了正式稿。新的企业风险管理框架是在 1992 年的研究成果——《内部控制——整体框架》的基础上，结合《萨班斯—奥克斯利法案》在报告方面的要求，进行扩展研究得到的。

根据该报告，“企业风险管理是一个由企业的董事会、管理层和其他员工共同参与的，应用于企业战略制定和企业内部各个层次与部门的，用于识别可能对企业造成潜在影响的事项并在其风险偏好范围内管理风险的，为企业目标的实现提供合理保证的过程，”这是一个广义的风险管理定义，适用于各种类型的组织、行业和部门。企业风险管理包括内部环境、目标设定、事项识别、风险评估、风险应对、控制活动、信息与沟通、监控等八个相互关联的构成要素，它们来源于管理层经营企业的方式，并与管理过程整合在一起。

从上面的介绍可以看出，内部控制理论和实践的发展经历了一个漫长的历程，并逐步趋于成熟。在我国，财政部、审计署、证监会、银监会以及保监会等五部委坚持立足我国国情、借鉴国际惯例，确立了我国企业建立和实施内部控制的基础框架，并取得了重大突破。《企业内部控制基本规范》和相关的应用指引、评价指引和审计指引等也已发布。《企业内部控制基本规范》中指出，内部控制是由企业董事会、监事会、经理层和全体员工实施的、旨在实现控制目标的过程。内部控制的目标是合理保证企业经营管理合法合规、资产安全、财务报告及相关信息真实完整，提高经营效率和效果，促进企业实现发展战略。本章随后的介绍主要依据《企业内部控制基本规范》及相关配套指引来展开。

2. 管理层和注册会计师对内部控制的不同关注

内部控制由一系列政策和程序组成。一方面，这些政策和程序为被审计单位管理层实现企业目标提供了合理保证；另一方面，对内部控制的了解，尤其是对与财务报告可靠性相关的内部控制的了解，对注册会计师开展审计工作至关重要。因此，内部控制受到了来自上述两方面的共同关注。但由于管理层和注册会计师各自扮演的角色不同，因此，他们对内部控制的关注重点也有所不同。

设计和实施内部控制是被审计单位的责任。管理层在设计有效的内部控制时，通常考虑以下三个目标：经营的效率和效果、财务报告的可靠性、遵守现行法律和法规。

审计的目标是对财务报表是否不存在重大错报发表审计意见。为了实现这一目标，注册会计师需要了解和评价的内部控制只是与财务报表审计相关的内部控制，并非被审计单位所有的内部控制。具体包括：

（1）为实现财务报告可靠性目标设计和实施的控制。与审计相关的控制包括被审计单位为实现财务报告可靠性目标设计和实施的控制。注册会计师应当运用职业判断，考虑一项控制单独或连同其他控制是否与评估重大错报风险以及针对评估的风险设计和实施进一步审计程序有关。

（2）其他与审计相关的控制。如果在设计和实施进一步审计程序时拟利用被审计单位内部生成的信息，注册会计师应当考虑用以保证该信息完整性和准确性的控制可能与审计相关。注册会计师以前的经验以及在了解被审计单位及其环境过程中获得的信息，可以帮助其识别与审计相关的控制。

如果用以保证经营效率、效果的控制以及对法律法规遵守的控制与实施审计程序时评价或使用的数据相关，注册会计师应当考虑这些控制可能与审计相关。例如，对于某些非财务数据（如生产统计数据）的控制，如果注册会计师在实施分析程序时使用这些数据，这些控制就可能与审计相关。又如，某些法规（如税法）对财务报表存在直接和重大的影响（影响应交税金和所得税费用），为了遵守这些法规，被审计单位可能设计和执行相应的控制，这些控制也与审计相关。

被审计单位通常有一些与审计无关的控制，注册会计师无需对其加以考虑。例如，被审计单位可能依靠某一复杂的自动控制系统提高经营活动的效率和效果（如航空公司用于维护航班时间表的自动控制系统），但这些控制通常与审计无关。

3. 内部控制的人工和自动化成分

（1）内部控制的人工和自动化特征及其影响。大多数被审计单位出于编制财务报告和实现经营目标的需要使用信息技术。然而，即使信息技术得到广泛使用，人工因素仍然会存于这些系统之中。不同的被审计单位采用的控制系统中人工控制和自动化控制的比例是不同的。在一些小型的生产经营不太复杂的被审计单位，可能以人工控制为主；而在另外一些被审计单位，可能以自动化控制为主。也就是说，内部控制可能既包括人工成分又包括自动化成分，在风险评估以及设计和实施进一步审计程序时，注册会计师应当考虑内部控制的人工和自动化特征及其影响。

内部控制采用人工系统还是自动化系统，将影响交易生成、记录、处理和报告的方式。在以人工为主的系统中，内部控制一般包括批准和复核业务活动，编制调节表并对调节项目进行跟踪。当采用信息技术系统生成、记录、处理和报告交易时，交易的记录形式（如订购单、发票、装运单及相关的会计记录）可能是电子文档而不是纸质文件。信息技术系统中的控制可能既有自动控制（如嵌入计算机程序的控制）又有人工控制。人工控制可能独立于信息技术系统，利用信息技术系统生成的信息，也可能用于监督信息技术系统和自动控制的有效运行或者处理例外事项。被审计单位的性质和经营的复杂程度会对采用人工控制和自动控制的成分产生影响。

（2）信息技术的适用范围及相关内部控制风险。信息技术通常在下列方面提高被审计单位内部控制的效率和效果：①在处理大量的交易或数据时，一贯运用事先确定的业务规则，并进行复杂运算；②提高信息的及时性、可获得性及准确性；③有助于对信息的深入分析；④加强对被审计单位政策和程序执行情况的监督；⑤降低控制被规避的风险；⑥通过对操作系统、应用程序系统和数据库系统实施安全控制，提高不相容职务分离的有效性。

但是，信息技术也可能对内部控制产生特定风险。注册会计师应当从下列方面了解信息技术对内部控制产生的特定风险：①系统或程序未能正确处理数据，或处理了不正确的数据，或两种情况同时并存；②在未得到授权情况下访问数据，可能导致数据的毁损或对数据不恰当的修改，包括记录未经授权或不存在的交易，或不正确地记录了交易；③信息技术人员可能获得超越其履行职责以外的数据访问权限，破坏了系统应有的职责分工；④未经授权改变主文档的数据；⑤未经授权改变系统或程序；⑥未能对系统或程序作出必要的修改；⑦不恰当的人为干预；⑧数据丢失的风险或不能访问所需要的数据。

（3）人工控制的适用范围及相关内部控制风险。内部控制的人工成分在处理下列需要主观判断或酌情处理的情形时可能更为适当：①存在大额、异常或偶发的交易；②存在难以定义、防范或预见的错误；③为应对情况的变化，需要对现有的自动化控制进行调整；④监督自动化控制的有效性。

但是，由于人工控制由人执行，受人为因素的影响，也产生了特定风险，注册会计师应当从下列方面了解人工控制产生的特定风险：①人工控制可能更容易被规避、忽视或凌驾；②人工控制可能不具有一贯性；③人工控制可能更容易产生简单错误或失误。相对于自动控制，人工控制的可靠性较差。为此，注册会计师应当考虑人工控制在下列情形中可能是不适当的：一是存在大量或重复发生的交易；二是事先可预见的错误能够通过自动化控制得以防范或发现；三是控制活动可得到适当设计和自动化处理。

内部控制风险的程度和性质受被审计单位信息系统的性质和特征的影响。因此，在了解内部控制时，注册会计师应当考虑被审计单位是否通过建立有效的控制，以恰当应对由于使用信息技术系统或人工系统而产生的风险。

4. 内部控制的局限性

任何事物都不可能尽善尽美，内部控制也一样，它存在着固有的、不可避免的局限，主要表现在以下五个方面。如图 7－6 所示：

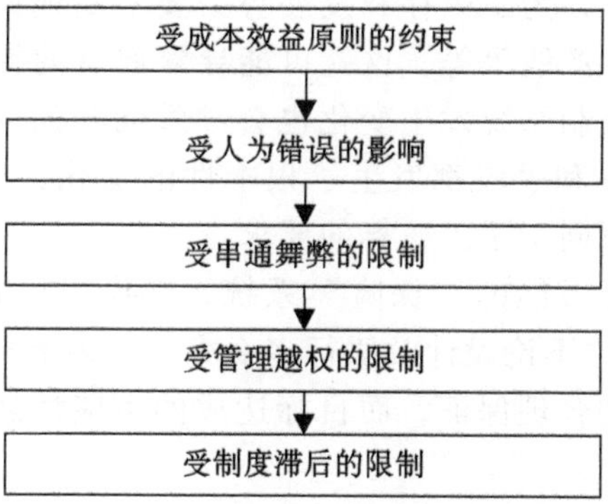

图 7－6　内部控制的局限性

（1）受成本效益原则的约束。内部控制是依据一定的程序进行的，而这些控制程序需要付出一定的成本，如设计控制环节、设置岗位、配备人员、保证各控制环节的运行等都必须付出代价，发生成本。控制的环节越多，设置的岗位就会增加，需要配备更多的人员，内部控制的运行成本必然升高。但是，控制过于简单又不能收到应有的效果，经营管理过程中出现漏洞、发生舞弊的可能性就会增大，会给企业带来较大的损失。因此，在设计内部控制时，企业必然会比较控制的相关成本与效益。如果实施某项控制的成本超过没有此项控制企业可能遭受的损失，就没有必要设置该项控制。但在实践中内部控制的成本与效益却难以估计，需要个人主观判断。主观判断的失误可能会使必要的控制未能实施而造成更大的损失，也可能会使某些控制成本超过预期收益而导致控制程序得不偿失。

（2）受人为错误的影响。内部控制是由人来执行的，执行人员的实际操作水平直接关系到内部控制的作用能否有效发挥。我们不能期望这些执行人员在行使控制职能时始终准确无误。现实情况可能是执行人员的素质不适应岗位要求，粗心大意、精力分散，对内部控制的程序或措施发生误解、误判。在这些人为因素的影响下，即使是设计完美的内部控制也可能失效。

（3）受串通舞弊的限制。不相容职务的分离是内部控制的一条重要原则，它可以避免一个人单独从事和隐瞒不合规的行为，但两个或两个以上的人员或部门合伙就可以避开此类控制，如出纳与会计串谋、财产保管人员与财产核对人员合伙造假、审计部门与会计部门联合舞弊等等。

（4）受管理越权的限制。内部控制作为经营管理的一个组成部分，理所当然地要按照管理人员的意图运行。任何控制程序都不能发现和防止负责监督控制的管理人员滥用职权或不正当地使用权力。特别是高层管理人员，他们处于企业的核心管理层和决策层，权力较大，如果他们滥用职权必然会导致一些控制程序失效。许多重大舞弊和财务信息失真案件就是由于高层管理人员的越权干预而发生的。

（5）受制度滞后的限制。内部控制一般都是针对常规事项来设置的，具有相对的稳定性，因此可能会对不经常发生的或未能预料的例外事项不具有控制力。企业处在经常变化的环境之中，为了生存和发展势必要不断地调整经营战略，或并购其他企业，或增设分部、生产线等等，这就可能导致原有的控制程序对新增的经济业务失去作用。企业内部控制系统发生变化也会导致同样的问题，如企业实现会计电算化后，会计核算的方法和手段都发生了根本性的变化，这就对内部控制的岗位、环节、程序等都提出了不同于手工核算的要求。

总之，内部控制不是万能的“保险”系统，其作用只能是“合理保证”。正如COSO报告中所指出的：“不论设计及执行多么完善，内部控制都只能为管理层及董事会提供达成企业目标的合理保证，而目标达成的可能性还受到内部控制的先天条件的限制。”

（二）内部控制的要素

《企业内部控制基本规范》中指出，企业建立与实施有效的内部控制，应当包括下列要素：（1）内部环境；（2）风险评估；（3）控制活动；（4）信息与沟通；（5）内部监督。从图7－7可以看出，内部环境是其他四个要素的保护伞，如果没有一个有效的内部环境，其他四个要素不论其质量如何，都不可能形成有效的内部控制。另外，上述每一类要素中又包括许多控制。本章以下部分重点讨论这些内容。

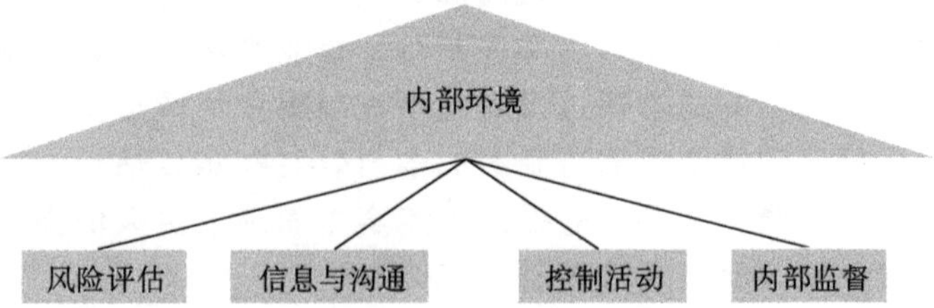

图7－7　内部控制的五项构成要素

1. 内部环境。内部环境是企业实施内部控制的基础，一般包括组织架构、人力资源、发展战略、社会责任和企业文化等。内部环境设定了被审计单位的内部控制基调，影响员工对内部控制的认识和态度。良好的内部环境是实施有效内部控制的基础。内部环境的构成要素包括：

（1）组织架构

组织架构是指企业按照国家有关法律法规、股东（大）会决议、企业章程，结合本企业实际，明确董事会、监事会、经理层和企业内部各层级机构设置、职责权限、人员编制、工作程序和相关要求的制度安排。对于任何一个现代企业，建立和完善组织架构都具有十分重要的现实和长远意义。首先，建立和完善组织架构可以促进企业建立现代企业制度。其次，建立和完善组织架构可以有效防范和化解各种舞弊风险。第三，建立和完善组织架构可以为强化企业内部控制建设提供重要支撑。关于组织架构的本质，可从治理结构和内部机构两个层面理解。

治理结构即企业治理层面的组织架构。它是企业成为可以与外部主体发生各项经济关系的法人所必备的组织基础，具体是指企业根据相关的法律法规，设置不同层次、不同功能的法律实体及其相关的法人治理结构，从而使得企业能够在法律许可的框架下拥有特定权利、履行相应义务，以保障各利益相关方的基本权益。治理结构涉及股东（大）会、董事会、监事会和经理层。企业应当根据国家有关法律法规的规定，按照决策机构、执行机构和监督机构相互独立、权责明确、相互制衡的原则，明确董事会、监事会和经理层的职责权限、任职条件、议事规则和工作程序等。具体到内部控制的运行，董事会负责内部控制的建立健全和有效实施；监事会对董事会建立与实施内部控制进行监督；经理层负责组织领导企业内部控制的日常运行。企业还应当成立专门机构或者指定适当的机构具体负责组织协调内部控制的建立实施及日常工作。企业应当在董事会下设立审计委员会。审计委员会负责审查企业内部控制，监督内部控制的有效实施和内部控制自我评价情况，协调内部控制审计及其他相关事宜等。

内部机构则是企业内部机构层面的组织架构。它是指企业根据业务发展需要，分别设置不同层次的管理人员及其由各专业人员组成的管理团队，针对各项业务功能行使决策、计划、执行、监督、评价的权力并承担相应的义务，从而为业务顺利开展进而实现企业发展战略提供组织机构的支撑平台。只有切合企业经营业务特点和内部控制要求的内部机构，才能为实现企业发展目标发挥积极促进作用。具体而言：一是，企业应当按照科学、精简、高效、透明、制衡的原则，综合考虑企业性质、发展战略、文化理念和管理要求等因素，合理设置内部职能机构，明确各机构的职责权限，避免职能交叉、缺失或权责过于集中，形成各司其职、各负其责、相互制约、相互协调的工作机制。二是，企业应当对各机构的职能进行科学合理的分解，确定具体岗位的名称、职责和工作要求等，明确各个岗位的权限和相互关系。在内部机构设计过程中，应当体现不相容岗位相分离原则，努力识别出不相容职务，并根据相关的风险评估结果设立内部牵制机制，特别是在涉及重大或高风险业务处理程序时，必须考虑建立各层级、各部门、各岗位之间的分离和牵制，对因机构人员较少且业务简单而无法分离处理某些不相容职务时，企业应当制定切实可行的替代控制措施。三是，企业应当制定组织结构图、业务流程图、岗（职）位说明书和权限指引等内部管理制度或相关文件，使员工了解和掌握组织架构设计及权责分配情况，正确履行职责。

（2）发展战略。发展战略是企业在对现实状况和未来趋势进行综合分析和科学预测的基础上，制定并实施的中长期发展目标与战略规划。企业制定和实施发展战略，具有十分重要的意义：第一，发展战略可以为企业找准市场定位；第二，发展战略是企业执行层行动的指南；第三，发展战略为内部控制设定了最高目标。发展战略可以分为发展目标和战略规划两个层次。其中，发展目标是企业发展战略的核心和基本内容，是在最重要的经营领域对企业使命的具体化，表明企业在未来一段时期内所要努力的方向和所要达到的水平。战略规划是为了实现发展目标而制定的具体规划，表明企业在每个发展阶段的具体目标、工作任务和实施路径。

（3）人力资源。人力资源对企业发展的重要作用，至少有以下三个方面：第一，良好的人力资源管理制度和机制是增强企业活力的源泉。第二，良好的人力资源管理制度和机制是提升企业核心竞争力的重要基础。第三，良好的人力资源管理制度和机制是实现发展战略的根本动力。要保证内部控制的有效运行，人的作用同样至关重要，因此，建立和实施良好的人力资源制度和运行机制有助于形成良好的内部环境。

企业人力资源政策与实务的核心是建立一套科学的人力资源制度和机制，不断优化人力资源结构，实现人力资源的合理配置和布局，切实做到人尽其才，充分发挥人力资源的作用，强化激励机制，增强人才活力，合理引进和开发人才，用好和盘活现有人才，强化人力资源风险管理，全面提升管理团队、专业技术人才和全体员工的创造力，切实做到使每位员工都投身于企业可持续发展之中。企业应当制定和实施有利于企业可持续发展的人力资源政策。人力资源政策应当包括下列内容：员工的聘用、培训、辞退与辞职；员工的薪酬、考核、晋升与奖惩；关键岗位员工的强制休假制度和定期岗位轮换制度；掌握国家秘密或重要商业秘密的员工离岗的限制性规定；有关人力资源管理的其他政策。此外，企业还应当注重将职业道德修养和专业胜任能力作为选拔和聘用员工的重要标准，切实加强员工培训和继续教育，不断提升员工素质。

（4）社会责任。社会责任，是指企业在经营发展过程中应当履行的社会职责和义务。企业积极履行社会责任具有十分重要的意义：第一，企业创造利润或财富与履行社会责任是统一的有机整体；第二，企业履行社会责任是提升发展质量的重要标志，也是实现可持续长远发展的根本所在；第三，企业履行社会责任，是打造和提升企业形象的重要举措。企业履行的社会责任及主要采取的措施包括：安全生产、产品质量、环境保护与资源节约、促进就业、保护员工合法权益、重视产学研用结合、支持慈善事业等。

（5）企业文化。企业文化是指企业在生产经营实践中逐步形成的、为整体团队所认同并遵守的价值观、经营理念和企业精神，以及在此基础上形成的行为规范的总称。著名经济学家于光远先生站在战略高度精辟指出，“国家富强在于经济，经济繁荣在于企业，企业兴旺在于管理，管理优劣在于文化”。可见，企业文化对于企业发展壮大的关键作用。正是由于企业文化在促进企业发展战略实现过程中的灵魂和支柱作用，企业尤其应当加强企业文化建设，为内部控制的建立和完善奠定重要的基础。

《企业内部控制基本规范》明确指出，“企业应当加强文化建设，培育积极向上的价值观和社会责任感，倡导诚实守信、爱岗敬业、开拓创新和团队协作情神，树立现代管理理念，强化风险意识。董事、监事、经理及其他高级管理人员应当在企业文化建设中发挥主导作用。企业员工应当遵守员工行为守则，认真履行岗位职责。”在打造优秀的企业文化的过程中，应当着力关注的几点包括：第一，要注重塑造企业核心价值观。第二，要重点打造以主业为核心的品牌。第三，要充分体现以人为本的理念。第四，要强化企业文化建设中的领导责任。

【同步案例 7－2】

对“亚细亚”内控失败的分析之——关于内部环境①

郑州亚细亚集团（简称“郑亚集团”）曾取得过几个“全国第一”，以其在经营和管理上的创新创造了一个平凡而奇特的“亚细亚现象”。然而，1998 年 8 月 15 日，郑亚商场悄然关门！面对这残酷的事实，人们众说纷纭。有关专家认为，导致亚细亚倒闭的原因是多方面的，而其内部控制的极端薄弱是促成其倒闭的主要原因之一。

首先，我们来了解一下郑亚集团的内部环境：

（1）经营者品行、操守、价值观

有一些例子很能说明问题：南阳亚细亚商场借到贷款两千万元，股东高某某却要了 600 万元，调拨到成都给其一位朋友做房地产生意，结果全亏，以两栋楼房抵债。抵债手续尚未办妥，高某某却对欠债人说，你不要向南阳还债了，你把两栋楼房给我，南阳的钱由我还。最终，南阳亚细亚分文未得。

上述事实只是郑亚集团暴露出来的冰山一角，但已能说明郑亚集团经营者的品行与操守状况。

（2）董事会

郑亚集团公司的注册日期是 1993 年 10 月，但直到 1995 年 6 月才最后确立。在近两年的时间里，集团公司决策层一直处于不断演变的状态之中，没有按章程规范化运作，董事会从未召集董事们就重大决策进行过表决，凡事都由总经理王某某一人拍板。1995 年初，亚细亚的主要股东中原不动产公司董事长易人，新任董事长认为前任批准的股权转让造成公司资产流失，不予承认，表示股权纠纷问题不解决就不参加董事会。从此，郑亚集团最高决策机构、监督机构陷于瘫痪。比如，冠名权

① 吴水澎、陈汉文、邵贤弟：“论改进我国企业内部控制——由‘亚细亚’失败引发的思考”，《会计研究》，2000 年第 9 期。

属于无形资产，其转让照理应该经董事会讨论通过，但实际上是王某某一个人说了算，只要他签字同意，别人就可建个“亚细亚”，如许昌、安阳、洛阳、商丘的亚细亚都是他签字同意的。在郑亚集团，总经理成了国王，董事会如同虚设。

（3）人事政策与员工素质

郑亚集团实际表现出来的人事政策可以归纳为四条：以貌取人、随意用人、任人唯亲、排斥异己。在这样的人事政策下，员工素质状况可想而知。

（4）企业产权关系及组织结构

郑亚商场是由河南省建行租赁公司和中原不动产公司共同出资200万元设立的股份制企业，其中，租赁公司102万元，占51%的股份，中原不动产公司98万元，占49%的股份。由于郑亚商场计划在1992年改组成股份有限公司，面向社会公众发行股票。按照有关规定，上市公司的股东必须在5家以上才具备上市资格。由于种种原因，改建的郑州亚细亚股份有限公司上市未获成功。1993年9月，经河南省体改委批准，仅仅有过渡意义的郑州亚细亚股份有限公司正式更名为郑州亚细亚集团股份有限公司。于是，亚细亚上市未能做成，但虚拟的股权转让已被河南省体改委等政府职能部门认定，即河南建行租赁公司51%的股权转让给海南大昌实业发展公司18%，转让给广西北海巨龙房地产公司10%；中原不动产公司49%的股权转让给海南三联企业发展公司18%，转让给海南汇通信托投资公司18%。由于股权受让方未按协议及时把购股资金兑付，从此埋下了一个巨大的资金隐患。特别是后来中原不动产公司新任董事长认为前任批准的股权转让造成公司资产流失，不予承认。郑亚集团产权关系混乱局面就此形成。

上述四个方面较清楚地说明了郑亚集团的内部环境情况。其内部环境若此，其最终结局亦在意料之内。

2. 风险评估

任何经济组织在经营活动中都会面临各种各样的风险，风险对其生存和竞争能力产生影响。很多风险并不为经济组织所控制，但管理层应当确定可以承受的风险水平，识别、评估这些风险并采取一定的应对措施。具体来说，企业风险评估过程大致包括风险识别、风险分析和风险应对等三个步骤。此外，还应当理解管理层的风险评估与注册会计师的风险评估的区别与联系。

（1）风险识别。企业开展风险评估，应当准确识别与实现控制目标相关的内部风险和外部风险，确定相应的风险承受度。风险承受度是企业能够承担的风险限度，包括整体风险承受能力和业务层面的可接受风险水平。

企业识别内部风险，应当关注下列因素：董事、监事、经理及其他高级管理人员的职业操守、员工专业胜任能力等人力资源因素；组织机构、经营方式、资产管理、业务流程等管理因素；研究开发、技术投入、信息技术运用等自主创新因素；财务状况、经营成果、现金流量等财务因素；营运安全、员工健康、环境保护等安全环保因素；其他有关内部风险因素。

企业识别外部风险、应当关注下列因素：经济形势、产业政策、融资环境、市场竞争、资源供给等经济因素；法律法规、监管要求等法律因素；安全稳定、文化传统、社会信用、教育水平、消费者行为等社会因素；技术进步、工艺改进等科学技术因素；自然灾害，环境状况等自然环境因素；其他有关外部风险因素。

（2）风险分析。企业应当采用定性与定量相结合的方法，按照风险发生的可能性及其影响程度等，对识别的风险进行分析和排序，确定关注重点和优先控制的风险。企业进行风险分析，应当充分吸收专业人员，组成风险分析团队，按照严格规范的程序开展工作，确保风险分析结果的准确性。

（3）风险应对。企业应当根据风险分析的结果，结合风险承受度，权衡风险与收益，确定风险应对策略。企业应当合理分析、准确掌握董事、经理及其他高级管理人员、关键岗位员工的风险偏好，采取适当的控制措施，避免因个人风险偏好给企业经营带来重大损失。

企业应当综合运用风险规避、风险降低、风险分担和风险承受等风险应对策略，实现对风险的有效控制。风险规避是企业对超出风险承受度的风险，通过放弃或者停止与该风险相关的业务活动以避免和减轻损失的策略。风险降低是企业在权衡成本效益之后，准备采取适当的控制措施降低风险或者减轻损失，将风险控制在风险承受度之内的策略。风险分担是企业准备借助他人力量，采取业务分包、购买保险等方式和适当的控制措施，将风险控制在风险承受度之内的策略。风险承受是企业对风险承受度之内的风险，在权衡成本效益之后，不准备采取控制措施降低风险或者减轻损失的策略。

（4）管理层的风险评估与注册会计师的风险评估的区别与联系。管理层的风险评价与第八章讨论的注册会计师的风险评价有所不同，但又紧密相关。管理层的风险评价是作为制定和执行内部控制的组成部分，旨在减少错误和舞弊。注册会计师评价风险的目的则在于确定审计所需要的证据。如果管理层能有效地评价风险并采取相应措施，则注册会计师应搜集的审计证据一般要比管理层没有识别和应对重要风险时所搜集的证据少。注册会计师一般通过调查管理层如何识别与财务报告相关的风险、评价风险的重要性及发生的可能性，以及为规避风险而采取的措施等方面了解其风险评估过程。

【同步案例 7－3】

对“亚细亚”内控失败的分析之二——关于风险意识①

郑亚集团如何进行环境控制和风险评估呢？原郑亚集团总经理王某某，对以往的经营失误总结了六大教训，其中有四条涉及对风险的认识和把握问题。

第一是“对市场认识不足，对形势认识不足”。“在我们前进的过程中，不但遇到了国内商业同行的压力，而且国外零售业的大举进入也给我们造成了很大的冲击，

① 同前。

导致我们认为较先进的经营模式一下子就被冲得体无完肤。"

第二是"过于自信、乐观、想当然，其结果是骄兵必败"。

第三是"面对零售业艰难的状况，我们的应变能力差，整个经营进入死胡同，最后到了山穷水尽的地步。"

第四是"抗风险能力差，一遇事阵脚就乱了。"

这几个教训说明，在郑亚集团管理层的思想中缺乏风险概念，没有设置风险管理机制，因此抗险能力极低。

3. 控制活动

控制活动是指有助于确保管理层的指令得以执行的政策和程序。企业应当结合风险评估结果，通过手工控制与自动控制、预防性控制与发现性控制相结合的方法，运用相应的控制措施，将风险控制在可承受度之内。控制措施一般包括：不相容职务分离控制、授权审批控制、会计系统控制、财产保护控制、预算控制、运营分析控制和绩效考评控制等，如图 7－8 所示。

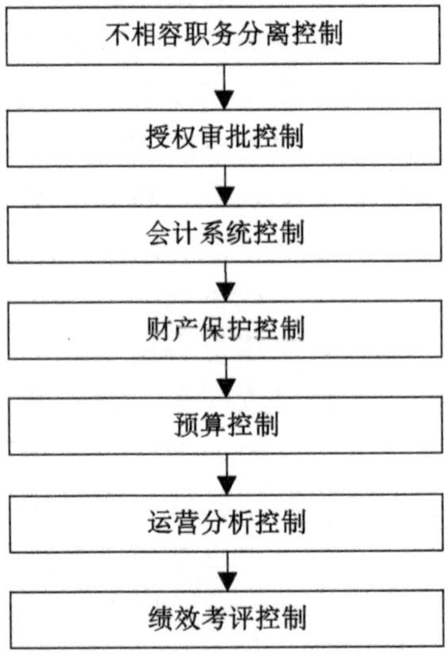

图 7－8　控制措施

（1）不相容职务分离控制。不相容职务分离控制要求企业全面系统地分析、梳理业务流程中所涉及的不相容职务，实施相应的分离措施，形成各司其职、各负其责、相互制约的工作机制。

（2）授权审批控制。授权审批控制要求企业根据常规授权和特别授权的规定，明确各岗位办理业务和事项的权限范围、审批程序和相应责任。企业应当编制常规授权的权限指引，规范特别授权的范围、权限、程序和责任，严格控制特别授权。常规授权是指企业在日常经营管理活动中按照既定的职责和程序进行的授权。特别授权是指企业在特殊情况、特定条件下进行的授权。企业各级管理人员应当在授权范围内行使职权和承担责任。企业对于重大的业务和事项，应当实行集体决策审批或者联签制度，任何个人不得单独进行决策或者擅自改变集体决策。

（3）会计系统控制。会计系统控制要求企业严格执行国家统一的会计准则制度，加强会计基础工作，明确会计凭证、会计账簿和财务会计报告的处理程序，保证会计资料真实完整。企业应当依法设置会计机构，配备会计从业人员。从事会计工作的人员，必须取得会计从业资格证书。会计机构负责人应当具备会计师以上专业技术职务资格。

（4）财产保护控制。财产保护控制要求企业建立财产日常管理制度和定期清查制度，采取财产记录、实物保管、定期盘点、账实核对等措施，确保财产安全。企业应当严格限制未经授权的人员接触和处置财产。

（5）预算控制。预算控制要求企业实施全面预算管理制度，明确各责任单位在预算管理中的职责权限，规范预算的编制、审定、下达和执行程序，强化预算约束。

（6）运营分析控制。运营分析控制要求企业建立运营情况分析制度，经理层应当综合运用生产、购销、投资、筹资、财务等方面的信息，通过因素分析、对比分析、趋势分析等方法，定期开展运营情况分析，发现存在的问题，及时查明原因并加以改进。

（7）绩效考评控制。绩效考评控制要求企业建立和实施绩效考评制度，科学设置考核指标体系，对企业内部各责任单位和全体员工的业绩进行定期考核和客观评价，将考评结果作为确定员工薪酬以及职务晋升、评优、降级、调岗、辞退等的依据。

企业应当根据内部控制目标，结合风险应对策略，综合运用控制措施，对各种业务和事项实施有效控制。此外，企业应当建立重大风险预警机制和突发事件应急处理机制，明确风险预警标准，对可能发生的重大风险或突发事件，制定应急预案、明确责任人员、规范处置程序，确保突发事件得到及时妥善处理。

【同步案例 7－4】

对“亚细亚”内控失败的分析之三——关于控制活动①

根据了解，郑亚集团运作中几乎不存在控制活动，或者即使存在所谓的政策和程序，也是名存实亡，未实际发生作用。

且看一组数据：亚细亚一年一度的场庆花费都超过 70 万元；集团某股东从郑亚商场借出 800 万元，连借条也没有，后来归还 300 万元，剩余 500 万元商场账面和收据显示是“工程款”；集团另一个股东 1993 年借走商场 57 万元，也无人催要；1997 年，郑亚商场管理费用就高达 18.6 亿元。

郑亚集团的控制活动若此，何以确保管理层的指令得以实现？

4. 信息与沟通

相关信息必须以某种形式和在一定时限内被识别、获得和传达沟通，以促使员

① 同前。

工采取一定的措施或行动履行自己的职责。信息与沟通连接了内部控制体系整体框架的其他要素，是有效实施内部控制的保障，直接影响着企业内部控制的贯彻执行、企业经营目标及整体战略目标的实现。信息与沟通要素具体应当包括内、外部信息的获取，有效的沟通，信息技术的应用以及反舞弊机制等内容。

（1）内、外部信息的获取。信息系统生成含有与经营、财务和合规性有关信息的报告，从而使管理运作和控制企业成为可能。信息系统不仅处理内部生成的数据，也处理有关外部事件、活动和条件状况的信息，这些信息对有资料依据的企业的决策和外部报告都是必需的。企业可以通过财务会计资料、经营管理资料、调研报告、专项信息、内部刊物以及办公网络等渠道，获取内部信息。企业可以通过行业协会组织、社会中介机构、业务往来单位、市场调查、来信来访、网络媒体以及有关监管部门等渠道，获取外部信息。

（2）有效的沟通。有效的沟通也必须广泛地进行，自上而下、自下而上地贯穿整个企业。所有人员都要从高级管理层获得明确的信息：必须认真对待控制责任。他们必须了解各自在内部控制体系中担任的角色，以及个人参与的控制活动与他人工作是如何相互关联的。他们必须有自下而上传递重要信息的渠道和方法。同时，也需要与外部各方建立有效的沟通。企业应当将内部控制相关信息在企业内部各管理级次、责任单位、业务环节之间，以及企业与外部投资者、债权人、客户、供应商、中介机构和监管部门等有关方面之间进行沟通和反馈，信息沟通过程中发现的问题，应当及时报告并加以解决。重要信息应当及时传递给董事会、监事会和经理层。

（3）信息技术的应用。企业应当利用信息技术促进信息的集成与共享，充分发挥信息技术在信息与沟通中的作用。企业应当加强对信息系统开发与维护、访问与变更、数据输入与输出、文件储存与保管、网络安全等方面的控制，保证信息系统安全稳定运行。

（4）反舞弊机制。企业应当建立反舞弊机制，坚持惩防并举、重在预防的原则，明确反舞弊工作的重点领域、关键环节和有关机构在反舞弊工作中的职责权限，规范舞弊案件的举报、调查、处理、报告和补救程序。企业至少应当将下列情形作为反舞弊工作的重点：未经授权或者采取其他不法方式侵占、挪用企业资产，牟取不当利益；在财务会计报告和信息披露等方面存在的虚假记载、误导性陈述或者重大遗漏等；董事、监事、经理及其他高级管理人员滥用职权；相关机构或人员串通舞弊。

【同步案例7－5】

对“亚细亚”内控失败的分析之四——关于信息与沟通①

在郑亚集团内部，信息沟通系统几乎不存在。据称，集团内部一不需要成本信

① 同前。

息，二不计算投资回收期及投资回报率，三不收集市场方面的信息。会计信息系统由管理层随意控制（例如，郑亚商场初期的年利润最高不到1 200万元，却虚报为1 500万元甚至更多），资金被大量挪用，却不知去向何方。

在郑亚集团，信息系统已经不再是一个管理和控制的工具，而是上层管理人员的话筒，信息随其意愿而变。

5. 内部监督

管理层的重要职责之一就是建立和维护控制并保证其持续有效运行，内部监督可以实现这一目标。它是指被审计单位评价内部控制在一段时间内运行有效性的过程，该过程包括及时评价控制的设计和运行，以及根据情况的变化采取必要的纠正措施。例如，管理层对是否定期编制银行存款余额调节表进行复核，内部注册会计师评价销售人员是否遵守公司关于销售合同条款的政策，法律部门定期监控公司的道德规范和商务行为准则是否得以遵循等。内部监督对控制的持续有效运行十分重要。例如，假如没有对银行存款余额调节表是否得到及时和准确的编制进行监督，该项控制可能无法得到持续的执行。

（1）内部控制缺陷认定。企业应当制定内部控制缺陷认定标准，对监督过程中发现的内部控制缺陷，应当分析缺陷的性质和产生的原因，提出整改方案，采取适当的形式及时向董事会、监事会或者经理层报告。内部控制缺陷包括设计缺陷和运行缺陷。企业应当跟踪内部控制缺陷整改情况，并就内部监督中发现的重大缺陷，追究相关责任单位或者责任人的责任。

（2）内部监督的形式。内部监督分为日常监督和专项监督。日常监督是指企业对建立与实施内部控制的情况进行常规、持续的监督检查；专项监督是指在企业发展战略、组织结构、经营活动、业务流程，关键岗位员工等发生较大调整或变化的情况下，对内部控制的某一或者某些方面进行有针对性的监督检查。例如，管理层在履行其日常管理活动时，取得内部控制持续发挥功能的信息。当业务报告、财务报告与他们获取的信息有较大差异时，会对有重大差异的报告提出疑问，并作必要的追踪调查和处理。企业应当结合内部监督情况，定期对内部控制的有效性进行自我评价，出具内部控制自我评价报告。内部控制自我评价的方式、范围、程序和频率，由企业根据经营业务调整、经营环境变化、业务发展状况，实际风险水平等自行确定。

（3）内部监督的信息来源。被审计单位可能使用内部注册会计师或具有类似职能的人员对内部控制的设计和执行进行专门的评价，以找出内部控制的优点和不足，并提出改进建议。被审计单位也可能利用与外部有关各方沟通或交流所获取的信息监督相关的控制活动。在某些情况下，外部信息可能显示内部控制存在的问题和需要改进之处。例如，客户通过付款来表示其同意发票金额，或者认为发票金额有误而不付款。监管机构（如银行监管机构）可能会对影响内部控制运行的问题与被审计单位沟通。管理层可能也会考虑与外部注册会计师就内部控制问题进行沟通，通过与外部信息的沟通，可以发现内部控制存在的问题，以便采取纠正措施。

值得注意的是，上述用于监督活动的很多信息都由被审计单位的信息系统产生，这些信息可能会存在错报，从而导致管理层从监督活动中得出错误的结论。因此，注册会计师应当了解与被审计单位监督活动相关的信息来源，以及管理层认为信息具有可靠性的依据。如果拟利用被审计单位监督活动使用的信息（包括内部审计报告），注册会计师应当考虑该信息是否具有可靠的基础，是否足以实现审计目标。

【同步案例7-6】

对“亚细亚”内控失败的分析之五——关于内部监督①

在亚细亚，自开业以来，没有进行过一次全面彻底的审计。偶尔的局部的内部审计中曾发现几笔几百万元资金被转移出去的事，后来也不了了之。

任何事情都是总经理说了算，属下当然包括内部注册会计师在内，全无发言权，可见内部监督极度缺乏是既成事实。

（三）内部控制的了解和评价

注册会计师应当了解与审计相关的内部控制以识别潜在错报的类型，考虑导致重大错报风险的因素，以及设计和实施进一步审计程序的性质、时间和范围。需要注意的是，除非存在某些可以使控制得到一贯运行的自动化控制，注册会计师对控制的了解并不能够代替对控制运行有效性的测试（即控制测试）。

注册会计师在了解内部控制时，应当评价控制的设计，并确定其是否得到执行。评价控制的设计是指考虑一项控制单独或连同其他控制是否能够有效防止或发现并纠正重大错报。控制得到执行是指某项控制存在且被审计单位正在使用。设计不当的控制可能表明内部控制存在重大缺陷，注册会计师在确定是否考虑控制得到执行时，应当首先考虑控制的设计。如果控制设计不当，不需要再考虑控制是否得到执行。

1. 在被审计单位整体层面了解和评价内部控制

内部控制对被审计单位的影响可能体现在普遍的整体层面，也可能体现在具体的业务流程层面，因此，注册会计师对内部控制的了解和评价也相应地分为两个层次：在被审计单位整体层面的了解和评价以及在业务流程层面的了解和评价。

在实际工作中，注册会计师应当根据被审计单位的具体情况和职业判断，在整体层面了解和评价对被审计单位有普遍影响的内部控制，并评估财务报表重大错报风险。

注册会计师应当将对被审计单位整体层面的内部控制各要素的了解要点和实施的风险评估程序及其结果等形成审计工作记录，并对影响注册会计师对整体层面内部控制有效性进行判断的因素加以详细记录。另外，财务报表层次的重大错报风险很可能源于薄弱的控制环境，因此，注册会计师在评估财务报表层次的重大错报风

---

① 同前。

险时，应当将被审计单位整体层面的内部控制状况和了解到的被审计单位及其环境其他方面的情况结合起来考虑。

在整体层面对被审计单位内部控制的了解和评价，通常由项目组中对被审计单位情况比较了解且较有经验的成员负责，同时需要项目组其他成员的参与和配合。对于连续审计，注册会计师可以重点关注整体层面的内部控制的变化情况，包括由于被审计单位及其环境的变化而导致内部控制发生的变化以及采取的对策。注册会计师还需要特别考虑因舞弊而导致重大错报的可能性及其影响。

被审计单位整体层面的内部控制是否有效将直接影响重要业务流程层面控制的有效性，进而影响注册会计师拟实施的进一步审计程序的性质、时间和范围。接下来就详细说明在重要业务流程层面对内部控制的了解和评价。

2. 在业务流程层面了解和评价内部控制

由于内部控制的各个要素，尤其是信息系统和控制活动更多地体现在业务流程层面，因此，注册会计师应当从被审计单位重要业务流程层面了解内部控制，并据此评估认定层次的重大错报风险，进而针对评估的风险设计和实施进一步审计程序。

注册会计师在业务流程层面了解和评估内部控制的一般步骤如图 7－8 所示：

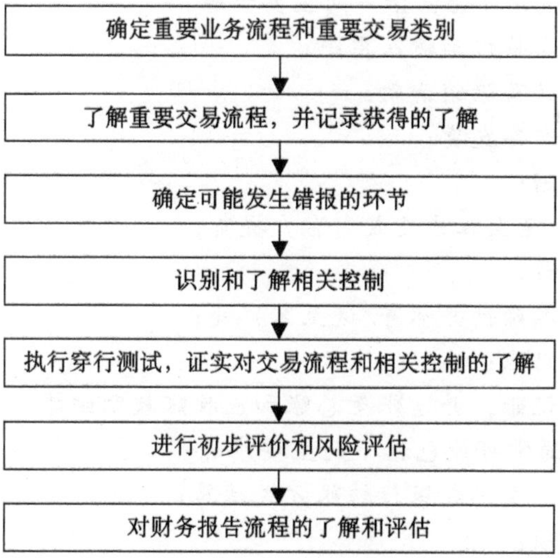

图 7－8 了解和评估内部控制的一般步骤

（1）确定重要业务流程和重要交易类别。为了使注册会计师更有效地了解和评估重要业务流程及相关控制，在实务中可以将被审计单位的整个经营活动划分为几个重要的业务循环。例如，通常对制造业企业可以划分为销售与收款循环、采购与付款循环、存货与仓储循环、筹资与投资循环等。当然，被审计单位经营活动的性质不同，所划分的业务循环也不同。例如，对于银行，就没有存货与仓储循环，而有发放贷款循环、吸收存款循环。

重要交易类别是指可能对被审计单位财务报表产生重大影响的各类交易。重要交易类别应与相关账户及其认定相联系，例如，对于一般制造业企业，销售收入和应收账款通常是重大账户，销售和收款都是重要交易类别。除了一般所理解的交易以外，对财务报表具有重大影响的事项和情况也应包括在内，例如，计提资产减值准备等。

（2）了解重要交易流程，并记录获得的了解。在确定重要的业务流程和交易类别后，注册会计师便可着手了解每一类重要交易在信息技术或人工系统中生成、记录、处理及在财务报表中报告的程序，即重要交易流程。这是确定在哪个环节或哪些环节可能发生错报的基础。下面以销售和收款业务流程为例加以说明。

【同步案例 7－8】

销售和收款循环中的重要交易流程

销售和收款循环在制造企业通常属于重要业务流程，销售收入、应收账款等一般也被确定为存在较高重大错报风险的重大账户，销售和收款通常都是重要交易类别。对某些企业来说，销售退回的处理可能也是重要的交易类别。

销售的交易流程通常可能包括下列主要步骤：

（1）客户下订单及将订单输入系统；

（2）核准信用状况及赊销条款；

（3）填写订单并准备发货；

（4）编制货运单据；

（5）订单运送/递送至客户处或由客户提货；

（6）开具销售发票；

（7）复核发票的准确性并邮寄/送至客户处；

（8）生成销售日记账；

（9）汇总销售日记账，并过账至总账和应收账款明细账。

收款的交易流程通常可能包括下列主要步骤：

（1）对方以现金、支票或银行转账方式结算；

（2）记录所收款项；

（3）将收款存入银行；

（4）更新应收账款账户。

销售退回的交易流程通常可能包括下列主要步骤：

（1）处理销售退回的请求；

（2）批准请求；

（3）收到退货；

（4）编制贷项通知单，即销售方同意贷记购买方应收账款的凭证；

（5）记录销售退回；

（6）更新应收账款账户。

注册会计师应当对上述销售、收款和销售退回的交易流程进行了解。例如，注册会计师可能询问销售部门的人员，了解订单处理和开票的流程；也可能询问仓库人员，了解发货的流程；还可能询问会计部门的人员，了解有关账务处理的流程。询问对象包括具体业务人员和主管人员。注册会计师可能考虑流程在各部门之间如何衔接，如单据的流转和核对，以及各部门人员的职责分工等。在了解的过程中，注册会计师可以通过文字叙述、流程图等方式记录上述交易流程。

（3）确定可能发生错报的环节。注册会计师需要确认和了解被审计单位应在哪些环节设置控制，以防止或发现并纠正各重要业务流程可能发生的错报。注册会计师所关注的控制，是那些能通过防止错报的发生，或者通过发现和纠正已有错报，从而确保每个流程中业务活动具体过程（从交易的发生到记录于账目）能够顺利运转的人工或自动化控制程序。

尽管不同的被审计单位为确保会计信息的可靠性而对业务流程设计和实施不同的控制，但设计控制的目的都是为了实现完整性、存在或发生、计价和分摊、截止、分类等控制目标，而这些控制目标又与财务报表重大账户的相关认定相联系。对于每个重要交易流程，注册会计师都会考虑这些控制目标，并通过设计一系列关于控制目标是否实现的问题，来确认某项业务流程中需要加以控制的环节。仍然以上面提到的销售与收款循环为例，注册会计师应当结合对上述销售、收款和销售退回的交易流程的了解，确定错报可能在什么环节发生。表7－1列示的是销售、收款以及销售退回的交易流程中针对“错报在什么环节发生”所设计的部分问题。

表7－1　　“错报在什么环节发生”的问题示例表

“错报在什么环节发生”的问题示例	有关重大账户的认定（账户：销售收入/应收账款）
怎样确保所有的销售均已入账？	完整性
怎样确保贷项通知单为销售退回开具/记录？	完整性
怎样确保发货在正确的期间予以记录？	完整性/截止
怎样确保发票和发货单据在发货时开具？	完整性
怎样确保销售（包括销售折扣）正确过入销售账簿和客户往来账？	完整性
怎样避免记录虚假或重复的销售？	存在/发生
怎样确保将货物发运给正确的客户？	存在/发生
怎样确保不在发货前开具和记录发票？	存在/发生
怎样确保发货单据只在发货时开具？	存在/发生
怎样确保发票正确反映发货数量？	准确性/计价
怎样确保发票反映正确的价格、折扣和税款？	准确性/计价
怎样确保在销售货物或提供服务时及时开具发票？	完整性/截止
怎样确保收款来自与产品销售对应的客户？	存在/发生

续表

“错报在什么环节发生”的问题示例	有关重大账户的认定 （账户：销售收入/应收账款）
怎样确保款项在收到时予以记录？	完整性、存在/发生
怎样确保现金收款/转账在正确的期间入账？	完整性/截止
怎样确保收款的编码正确？	完整性
怎样确保现金收款不重复入账？	存在/发生
怎样确保外币收款正确计价？	准确性/计价
怎样确保不记录没有实际收到的现金收入？	存在/发生
怎样确保将客户往来账的累计发生数正确过入总账？	完整性
怎样确保将所有的贷记通知单均记录于贷记通知单登记簿和客户往来账？	完整性
怎样确保贷记通知单上销售退回数量的正确性？	准确性/计价
怎样确保贷记通知单上销售退回价格的正确性？	准确性/计价

注：当然，上述问题不一定适用于所有被审计单位，某些被审计单位的业务流程可能存在其他容易发生错报的环节。注册会计师应根据被审计单位有关交易流程的具体情况设计这些问题。

（4）识别和了解相关控制。注册会计师通过对被审计单位的了解，包括在被审计单位整体层面对内部控制各要素的了解，以及在上述程序中对重要业务流程的了解，可以确定是否有必要进一步了解在业务流程层面的控制。在某些情况下，注册会计师之前的了解可能表明被审计单位在业务流程层面针对某些重要交易流程所设计的控制是无效的，或者注册会计师并不打算依赖控制，这时注册会计师没有必要进一步了解在业务流程层面的控制。需要注意的是，如果认为仅通过实质性程序无法将认定层次的检查风险降至可接受的水平，或者针对特别风险，注册会计师应当了解和评估相关的控制活动。

如果注册会计师计划对业务流程层面的有关控制进行进一步的了解和评价，那么针对业务流程中容易发生错报的环节，注册会计师应当确定：①被审计单位是否建立了有效的控制，防止或发现并纠正这些错报；②被审计单位是否遗漏了必要的控制；③是否识别了可以最有效测试的控制。

控制包括被审计单位使用并依赖的、用以在交易流程中防止错报的发生或在发生错报后发现与纠正错报的所有政策和程序。有效的控制应与错报发生的环节相关，并能降低错报风险。通常将业务流程中的控制划分为预防性控制和检查性控制。预防性控制通常用于正常业务流程的每一项交易中，以防止错报的发生。它可能是人工的，也可能是自动化的。建立检查性控制的目的则是发现流程中可能发生的错报（尽管有预防性控制还是会发生的错报）。它可以由人工执行也可以由信息系统自动执行。检查性控制通常并不适用于业务流程中的所有交易，而适用于一般业务流程以外的已经处理或部分处理的某类交易，可能一年只运行几次，如每月将应收账款明细账与总账比较；也可能每周运行，甚至一天运行几次。

值得注意的是，表 7 - 1 中列示的某些“错报在什么环节发生”的问题可能涉及几项控制。例如，“怎样确保所有的销售均已入账”这一控制目标可能涉及“总账和明细账根据发货自动更新”、“每月将销售货物的开票数和发运数调节一致”以及“分不同产品/服务和客户对销售进行复核”等多项控制。其中，第一项为预防性控制，后两项为检查性控制。注册会计师应重点考虑某项控制活动单独或连同其他控制活动，是否能够以及如何防止或发现并纠正各类交易、账户余额、列报存在的重大错报。例如，“分不同产品/服务和客户对销售进行复核”这一控制的主要目的可能并不是查出未开票的发货，注册会计师应将该项控制与“每月将销售货物的开票数和发运数调节一致”等控制结合起来考虑。

另一方面，某些控制可能涉及多项控制目标。例如，“每月与客户对账”这一控制能够涉及“怎样确保销售（包括销售折扣）正确过入销售账簿和客户往来账”、“怎样避免记录虚假或重复的销售”、“怎样确保将货物发运给正确的客户”以及“怎样确保收款来自与产品销售对应的客户”等多项控制目标。因此，在实务中，为提高审计效率，注册会计师应当考虑了解和识别能针对多项控制目标的控制。

类似地，注册会计师还可以通过询问、观察等审计程序，了解和识别涉及“错报在什么环节发生”的相关控制，并对其结果形成审计工作记录，包括记录控制由谁执行以及如何执行。

（5）执行穿行测试，证实对交易流程和相关控制的了解。注册会计师通常会每年执行穿行测试，以了解各类重要交易在业务流程中发生、处理和记录的过程。执行穿行测试可以使注册会计师确认对业务流程的了解；确认对重要交易的了解是完整的，即在交易流程中所有与财务报表认定相关的可能发生错报的环节都已识别；确认所获取的有关流程中的预防性控制和检查性控制信息的准确性；评估控制设计的有效性；确认控制是否得到执行；确认之前所作的书面记录的准确性。即使不打算信赖控制，注册会计师仍需要执行穿行测试以确认以前对业务流程及可能发生错报环节的了解的准确性和完整性。

对于重要的业务流程，不管是人工控制还是自动化控制，注册会计师都要对整个流程执行穿行测试，涵盖交易从发生到记账的过程。当某重要业务流程有显著变化时，注册会计师应当根据变化的性质，及其对相关账户发生重大错报的影响程度，考虑是否需要对变化前后的业务都执行穿行测试。

例如，注册会计师针对销售交易，追踪从订单处理→核准信用状况及赊销条款→填写订单并准备发货→编制货运单据→订单运送/递送至客户或由客户提货→开具销售发票→复核发票的准确性并邮寄/送至客户→生成销售日记账→汇总销售日记账，并过账至总账和应收账款明细账等交易的整个流程，考虑之前对相关控制的了解是否正确和完整，并确定相关控制是否得到执行。

在执行穿行测试时，注册会计师应当询问执行交易流程和控制的相关人员，并根据需要检查有关单据和文件，询问其对已发现的错报的处理。

（6）进行初步评价和风险评估。注册会计师在识别和了解控制后，根据执行上述程序和获取的审计证据，需要评价控制设计的合理性并确定其是否得到执行。由于对控制的了解和评价是在穿行测试完成后，但又在测试控制运行有效性之前进行的，因此，上述评价结论只是初步结论，仍可能随控制测试后实施实质性程序的结果而发生变化。

在对控制进行初步评价及风险评估后，注册会计师需要利用实施上述程序获得的信息，回答以下问题：

①控制本身的设计是否合理。注册会计师需要根据上述的考虑因素判断，如果识别的控制设计合理，该控制在重要业务流程中单独或连同其他控制能否有效地实现特定控制目标。

②控制是否得到执行。如果设计合理的控制没有得到执行，该控制也不会发挥应有的作用。因此，注册会计师需要获取审计证据，评价这类控制是否确实存在，且正在被使用。

③是否更多地信赖控制并拟实施控制测试。如果认为被审计单位控制设计合理并得到执行，能够有效防止或发现并纠正重大错报，那么，注册会计师可以进行控制测试，进一步获取控制运行有效性的证据，从而减少拟实施的实质性程序。有关对控制运行有效性实施的测试（即控制测试），以及如何针对认定层次评估的重大错报风险确定进一步审计程序的性质、时间和范围，可参见第九章中的相关内容。

（7）对财务报告流程的了解和评估。在实务工作中，注册会计师除了需要在重要业务流程层面了解重大交易生成、处理和记录的流程，并评估在可能发生错报的环节控制的设计和是否得到执行，还需要进一步了解有关信息从具体交易的业务流程过入总账、财务报表以及相关列报的流程，即财务报告流程及其控制。

财务报告流程包括：①将业务数据汇总记入总账的程序，即如何将重要业务流程的信息与总账和财务报告系统相连接；②在总账中生成、记录和处理会计分录的程序；③记录对财务报表常规和非常规调整的程序，如合并调整、重分类等；④草拟财务报表和相关披露的程序。因此，财务报告流程可能包括若干个子流程。例如，编制试算平衡表，汇总、编制、复核和过入会计分录；草拟财务报表和相关披露；编制管理层对财务报表的内部分析等。被审计单位的财务报告流程也应包括相关的控制程序，以确保按照适用的会计准则和相关会计制度的规定收集、记录、处理、汇总所需要的信息，并在财务报告中予以充分披露。例如，关联方交易、分部报告等。

了解和评估财务报告流程的控制采取的步骤与重要业务流程类似，也包括了解流程（包括上述的子流程，并考虑各个子流程之间如何链接），确定可能发生错报的环节，识别和了解用于防止或发现并纠正错报的控制，执行穿行测试，对控制的设计及是否得到执行进行评估等，这里不再赘述。

四、重大错报风险评估

评估重大错报风险是风险评估阶段的最后一个步骤。

（一）评估财务报表层次和认定层次的重大错报风险

1. 评估重大错报风险时考虑的因素

表 7－2 风险评估时考虑的部分风险因素

1. 已识别的风险是什么？	
财务报表层次	1. 源于薄弱的被审计单位层次内部控制或信息技术一般控制 2. 特别风险 3. 与管理层凌驾和舞弊相关的风险因素 4. 管理层愿意接受的风险，例如小企业因缺乏职责分享导致的风险
认定层次	1. 与完整性、准确性、存在或计价相关的特定风险： （1）收入、费用和其他交易 （2）账户余额 （3）财务报表披露 2. 可能产生多重错报的风险
相关内容控制程序	1. 特别风险 2. 用于预防、发现或减轻已识别风险的恰当设计并执行的内部控制程序 3. 仅通过执行控制测试应对的风险
2. 错报（金额影响）可能发生的规模有多大？	
财务报表层次	什么事项可能导致财务报表重大错报？考虑管理层凌驾、舞弊、未预期事件和以往经验
认定层次	考虑： （1）交易、账户余额或披露的固有性质 （2）日常和例外事件 （3）以往经验
3. 事件（风险）发生的可能性多大？	
财务报表层次	考虑： （1）来自高层的基调 （2）管理层风险管理的方法 （3）采用的政策和程序设计 （4）以往经验
认定层次	考虑： （1）相关的内部控制活动 （2）以往经验
相关内部控制程序	识别对于降低事件发生可能性非常关键的管理层风险应对要素

2. 评估重大错报风险的审计程序

在识别和评估重大错报风险时，注册会计师应当实施如图 7－9 所示的审计程序：

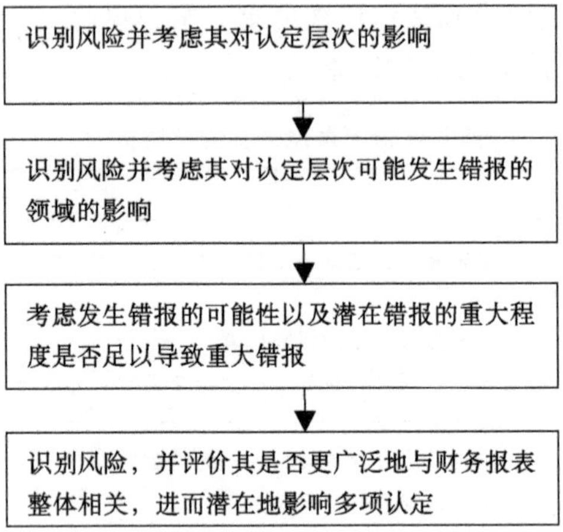

图 7－9 识别和评估重大错报风险审计程序

（1）识别风险并考虑其对认定层次的影响。注册会计师应当运用各项程序，在了解被审计单位及其环境的整个过程中识别风险，并将识别的风险与各类交易、账户余额和披露相联系。例如，被审计单位因相关环境法规的实施需要更新设备，可能面临原有设备闲置或贬值的风险；宏观经济的低迷可能预示应收账款的回收存在问题；竞争者开发的新产品上市，可能导致被审计单位的主要产品在短期内过时，预示将出现存货跌价和长期资产的减值。

（2）识别风险并考虑其对认定层次可能发生错报的领域的影响。注册会计师应当将识别的风险与认定层次可能发生错报的领域相联系。例如，销售困难使产品的市场价格下降，可能会导致年末存货成本高于其可变现净值而需要计提存货跌价准备，这显示存货的计价认定可能会发生错报。

（3）考虑发生错报的可能性（包括发生多项错报的可能性）以及潜在错报的重大程度是否足以导致重大错报。风险是否重大是指风险造成后果的严重程度。例如，在上例中，除考虑产品市场价格下降因素外，注册会计师还应当考虑产品市场价格下降的幅度、该产品在被审计单位产品中的比重等，以确定识别的风险对财务报表的影响是否重大。注册会计师还需要考虑上述识别的风险是否会导致财务报表发生重大错报。在某些情况下，尽管识别的风险重大，但仍不至于导致财务报表发生重大错报。例如，期末财务报表中存货的余额较低，尽管识别的风险重大，但不至于导致存货的计价认定发生重大错报风险。

（4）识别风险，并评价其是否更广泛地与财务报表整体相关，进而潜在地影响多项认定。注册会计师应当确定，识别的重大错报风险是与特定的某类交易、账户余额、列报的认定相关，还是与财务报表整体广泛相关，进而影响多项认定。某些重大错报风险可能与特定的各类交易、账户余额、列报的认定相关。例如，被审计单位存在复杂的联营或合资，这一事项表明长期股权投资账户的认定可能存在重大错报风险。某些重大错报风险则可能与财务报表整体广泛相关，进而影响多项认定。

例如，在经济不稳定的国家和地区开展业务、资产的流动性出现问题、重要客户流失、融资能力受到限制等，可能导致注册会计师对被审计单位的持续经营能力产生重大疑虑。

注册会计师应当利用实施风险评估程序获取的信息，包括在评价内部控制设计和确定其是否得到执行时获取的审计证据，作为支持风险评估结果的审计证据。注册会计师应当根据风险评估结果，确定实施进一步审计程序的性质、时间安排和范围。

3. 识别两个层次的重大错报风险

在对重大错报风险进行识别和评估后，注册会计师应当确定，识别的重大错报风险是与特定的某类交易、账户余额和披露的认定相关，还是与财务报表整体广泛相关，进而影响多项认定。

注册会计师应当考虑对识别的各类交易、账户余额和披露认定层次的重大错报风险予以汇总和评估，以确定进一步审计程序的性质、时间安排和范围。表7－3给出了评估认定层次重大错报风险汇总示例。

表7－3　评估认定层次的重大错报风险汇总表

重大账户	认定	识别的重大错报风险	风险评估结果
列示重大账户。例如，应收账款	列示相关的认定。例如，存在、完整性、计价或分摊等	汇总实施审计程序识别出的与该重大账户的某项认定相关的重大的错报风险	评估该项认定的重大错报风险水平（应考虑控制设计是否合理、是否得到执行）

（二）需要特别考虑的重大错报风险

1. 特别风险的含义

特别风险，是指注册会计师识别和评估的、根据判断认为需要特别考虑的重大错报风险。

2. 确定特别风险时应考虑的事项

在确定哪些风险是特别风险时，注册会计师应当在考虑识别出的控制对相关风险的抵销效果前，根据风险的性质、潜在错报的重要程度（包括该风险是否可能导致多项错报）和发生的可能性，判断风险是否属于特别风险。

在确定风险的性质时，注册会计师应当考虑下列事项：

（1）风险是否属于舞弊风险；

（2）风险是否与近期经济环境、会计处理方法和其他方面的重大变化有关；

（3）交易的复杂程度；

（4）风险是否涉及重大的关联方交易；

(5) 财务信息计量的主观程度，特别是计量结果涉及广泛的计量不确定性；

(6) 风险是否涉及异常或超出正常经营过程的重大交易。

一般来说，日常的、不复杂的、经正规处理的交易不太可能产生特别风险。特别风险通常与重大的非常规交易和判断事项有关。

其中，非常规交易是指由于金额或性质异常而不经常发生的交易。例如，企业购并、债务重组、重大或有事项等。由于在非常规交易中，管理层通常更多地介入会计处理，数据收集和处理涉及更多的人工成分，并且通常涉及复杂的计算或会计处理方法，而且，非常规交易的性质可能使被审计单位难以对由此产生的特别风险实施有效控制，因此，与重大非常规交易相关的特别风险可能导致更高的重大错报风险。

判断事项通常包括作出的会计估计，如资产减值准备金额的估计、需要运用复杂估值技术确定的公允价值计量等。由于对涉及会计估计、收入确认等方面的会计原则存在不同的理解，并且判断事项所要求的判断可能是主观和复杂的，或需要对未来事项作出假设，因此，与重大判断事项相关的特别风险也可能导致更高的重大错报风险。

3. 考虑与特别风险相关的控制

了解与特别风险相关的控制，有助于注册会计师制定有效的审计方案予以应对。对特别风险，注册会计师应当评价相关控制的设计情况，并确定其是否已经得到执行。由于与重大非常规交易或判断事项相关的风险很少受到日常控制的约束，注册会计师应当了解被审计单位是否针对该特别风险设计和实施了控制。例如，作出会计估计所依据的假设是否由管理层或专家进行复核，是否建立作出会计估计的正规程序，重大会计估计结果是否由治理层批准等。

如果管理层未能实施控制以恰当应对特别风险，注册会计师应当认为内部控制存在重大缺陷，并考虑其对风险评估的影响。在此情况下，注册会计师应当考虑就此类事项与治理层沟通。

此外，如果计划测试旨在减轻特别风险的控制运行的有效性，注册会计师不应依赖以前审计获取的关于内部控制运行有效性的审计证据。注册会计师应当专门针对识别的风险实施实质性程序，由于实质性分析程序单独并不足以应对特别风险，注册会计师应当实施细节测试，或将实质性分析程序与细节测试结合运用。

（三）仅通过实质性程序无法应对的重大错报风险

如果认为仅通过实质性程序获取的审计证据无法将认定层次的重大错报风险降至可接受的低水平，注册会计师应当评价被审计单位针对这些风险设计的控制，并确定其执行情况。

在被审计单位对日常交易采用高度自动化处理的情况下，审计证据可能仅以电子形式存在，其充分性和适当性通常取决于自动化信息系统相关控制的有效性，注册会计师应当考虑仅通过实施实质性程序不能获取充分、适当审计证据的可能性。例如，某企业通过高度自动化的系统确定采购品种和数量，生成采购订单，并通过系统中设定的收货确认和付款条件进行付款。除了系统中的相关信息以外，该企业没有其他有关订单和收货的记录。在这种情况下，如果认为仅通过实施实质性程序不能获取充分、适当的审计证据，注册会计师应当考虑依赖的相关控制的有效性，并对其进行了解、评估和测试。

在实务中，注册会计师可以用表 7 – 4 汇总识别的重大错报风险。

表 7 – 4　　识别的重大错报风险汇总

识别的重大错报风险	对财务报表的影响	相关的交易类别、账户余额和披露认定	是否与财务报表整体广泛相关	是否属于特别风险	是否属于仅通过实质性程序无法应对的重大错报风险
记录识别的重大错报风险	描述对财务报表的影响和导致财务报表发生重大错报的可能性	列示相关的各类交易、账户余额、列报及其认定	考虑是否属于财务报表层次的重大错报风险	考虑是否属于特别风险	考虑是否属于仅通过实质性程序无法应对的重大错报风险

（四）对风险评估的修正

注册会计师对认定层次重大错报风险的评估应以获取的审计证据为基础，并可能随着不断获取审计证据而作出相应的变化。例如，在实施控制测试后，注册会计师可能发现预期运行有效的内部控制在被审计期间并未得到有效运行。又如，在实施实质性程序后，注册会计师可能发现错报的金额和频率比在风险评估时预计的金额和频率要高。因此，如果通过实施进一步审计程序获取的审计证据与初始评估获取的审计证据相矛盾，注册会计师应当修正风险评估结果，并相应修改原计划实施的进一步审计程序。

【同步案例 7 – 8】

重大错报风险的识别和评估

W 公司主要从事小型电子消费品的生产和销售，产品销售以 W 公司仓库为交货地点。W 公司日常交易采用自动化信息系统（以下简称系统）和手工控制相结合的方式进行。系统自 20×6 年以来没有发生变化。W 公司产品主要销售给国内各主要城市的电子消费品经销商。A 和 B 注册会计师负责审计 W 公司 20×7 年度财务报表。

资料一：A 和 B 注册会计师在审计工作底稿中记录了所了解的 W 公司及其环境的情况，部分内容摘录如下：

（1）在 20×6 年度实现销售收入增长 10% 的基础上，W 公司董事会确定的 20×7 年销售收入增长目标为 20%。W 公司管理层实行年薪制，总体薪酬水平根据上述目标的完成情况上下浮动。W 公司所处行业 20 ×7 年的平均销售增长率是 12%。

(2) W 公司财务总监已为 W 公司工作超过 6 年，于 20 ×7 年 9 月劳动合同到期后被 W 公司的竞争对手高薪聘请。由于工作压力大，W 公司会计部门人员流动频繁，除会计主管服务期超过 4 年外，其余人员的平均服务期少于 2 年。

(3) W 公司的产品面临快速更新换代的压力，市场竞争激烈。为巩固市场占有率，W 公司于 20 ×7 年 4 月将主要产品（C 产品）的销售价格下调了 8% 至 10%。另外，W 公司在 20 ×7 年 8 月推出了 D 产品（C 产品的改良型号），市场表现良好，计划在 20 ×8 年全面扩大产量，并在 20 ×8 年 1 月停止 C 产品的生产。为了加快资金流转，W 公司于 20 ×8 年 1 月针对 C 产品开始实施新一轮的降价促销，平均降价幅度达到 10%。

(4) W 公司销售的产品均由经客户认可的外部运输公司实施运输，运输由 W 公司承担，但运输途中风险仍由客户自行承担。由于受能源价格上涨影响，20 ×7 年的运输单价比上年平均上升了 15%，但运输商同意将运费结算周期从原来的 30 天延长至 60 天。

(5) 20 ×7 年度 W 公司主要原料的价格与上年基本持平，供应商也没有大的变化，但由于技术要求发生变化，D 产品所耗高档金属材料比 C 产品略有上升，使得 D 产品的原材料成本比 C 产品上升了 3%。

(6) 除了于 20 ×6 年 12 月借入的 2 年期、年利率 6% 的银行借款 5 000 万元外，W 公司没有其他借款。上述长期借款专门用于扩建现有的一条生产线，以满足 D 产品的生产需要。该生产线总投资 6 500 万元，20 ×6 年 12 月开工，20 ×7 年 7 月完工投入使用。(假设不考虑利息收入)

资料二：A 和 B 注册会计师在审计工作底稿中记录了所获取的 W 公司财务数据，部分内容摘录如下表：

项目 \ 产品 \ 年份	20 ×7		20 ×6	
	C 产品	D 产品	C 产品	D 产品
成品	2 000	1 800	2 500	0
存货跌价准备	0		0	
主营业务收入	18 500	8 000	20 000	0
主营业务成本	17 000	5 600	16 800	0
销售费用 – 运输费	1 200		1 150	
利息支出	300		25	
减：利息资本化	250		25	
净利息支出	50		0	

针对资料一（1）至（6）项，结合资料二，假定不考虑其他条件，请逐项指出资料一所列事项是否可能表明存在重大错报风险。如果认为存在，请简要说明理由，并分别说明该风险是属于财务报表层次还是认定层次。如果认为属于认定层次，请指出相关事项与何种交易或账户的何种认定相关。

参考答案：

事项序号	是否可能表明存在重大错报风险（是/否）	理由	重大错报风险属于财务报表层次还是认定层次（财务报表层次/认定层次）	交易或账户名称和认定
（1）	是	W公司管理层为了达到治理层确定的高于行业平均增长率8%的销售增长率，且管理层的薪酬与销售增长目标挂钩，所以有可能会虚增收入	认定层次	①营业收入/发生 ②应收账款/存在
（2）	是	W公司关键人员的变动，以及由于会计人员频繁变动，缺乏具有胜任能力的会计人员，均可能存在重大错报风险	财务报表层次	
（3）	是	C产品在20×7年的毛利率为8.1%〔(185 000 - 17 000) ÷ 18 500 ×100%〕，但是在20×8年1月将价格下调了10%后，C产品的可变现净值将小于其成本，很有可能存在高估存货成本的风险	认定层次	①存货/计价和分摊 ②资产减值损失/完整性
（4）	是	①20×7年的产品总销量大于20×6年，并且运输单价平均上升了15%，但是运输费只上升了4.3%〔(1 200 - 1 150) ÷ 1 150 × 100%〕，可能存在低估2007年运输费用的风险 ②20×7年运输费用没有较大的变化，可能表明销售量变化不大，高估销售收入	认定层次	①销售费用/完整性 ②应付账款/完整性 ③营业收入/发生 ④应收账款/存在
（5）	否			
（6）	是	工程7月份已经完工，但是资本化了10个月〔250 ÷ (300 ÷ 12)〕的利息，很有可能高估了固定资产的成本、低估了20×7年的财务费用	认定层次	①固定资产/计价和分摊 ②财务费用/完整性

【同步思考 7－3】

注册会计师识别出的重大错报风险是否均与特定的交易、账户余额、列报的认定相对应？

任务回顾

本任务主要讲述了风险评估程序，了解被审计单位及其环境，了解内部控制，重大错报风险评估。

（1）风险评估程序。注册会计师为了识别和评估财务报表重大错报风险，需要实施一定的程序来了解被审计单位及其环境，这些程序通常包括：询问、分析性程序、观察和检查。

（2）了解被审计单位及其环境。审计过程的起点就是获得对被审计单位及其环境的了解，包括对其内部控制的了解。对被审计单位及其环境的了解需单独或者综合运用风险评估程序，是一个连续动态收集、更新、分析信息的过程。注册会计师对被审计单位及其环境的了解应包括以下几个方面：行业状况、法律环境与监管环境以及其他外部因素；被审计单位的性质；会计政策的选择和运用；被审计单位的目标、战略和相关经营风险；被审计单位财务业绩的衡量和评价；被审计单位的内部控制。

（3）了解内部控制。内部控制是由企业董事会、监事会、经理层和全体员工实施的、旨在实现控制目标的过程。内部控制的目标是合理保证企业经营管理合法合规、资产安全、财务报告及相关信息真实完整，提高经营效率和效果，促进企业实现发展战略。企业建立与实施有效的内部控制，应当包括下列要素：①内部环境；②风险评估；③控制活动；④信息与沟通；⑤内部监督。内部控制的了解和评价一般包括被审计单位整体层面和业务流程层面两个方面。

（4）重大错报风险评估。在了解被审计单位及其环境的过程中，通过各种风险评估程序获取的风险因素和抵销风险的信息，将全部用于对财务报表层次和认定层次的重大错报风险评估。在对重大错报风险进行识别和评估后，注册会计师应当确定，识别的重大错报风险是与特定的某类交易、账户余额和披露的认定相关，还是与财务报表整体广泛相关，进而影响多项认定。注册会计师应当考虑对识别的各类交易、账户余额和披露认定层次的重大错报风险予以汇总和评估，以确定进一步审计程序的性质、时间安排和范围。

思考与案例分析题

1. 思考题

（1）应当从哪些方面了解被审计单位及其环境？

（2）了解内部控制的目的与控制测试的目的有什么区别？

（3）怎样初步评价内部控制？

（4）常见的风险评估程序有哪些？在财务报表审计的不同阶段，如何综合运用这些程序？

（5）如何理解现代风险导向审计的特点？

（6）评估内部控制在风险评估中的作用有哪些？

（7）如何理解风险评估结果和财务报表可能存在的重大错报风险的逻辑关系？

2. 案例分析题

ABC会计师事务所正在准备接受甲公司的委托审计其2009年的财务报表。甲公司以前年度是由M事务所审计的，并对2008年的财务报表出具了带强调事项段的保留意见。在接受委托之前，主管此项业务的ABC会计师事务所合伙人A注册会计师经甲公司的允许与M事务所进行了沟通，了解到甲公司的一些信息。以下为A注册会计师了解的部分信息：

（1）甲公司是一家广告公司，拥有多领域市场，在广告行业内属于佼佼者；

（2）日益激烈的市场竞争与国际广告公司的加入使公司变现能力和盈利能力恶化；

（3）公司的管理层最大限度的“挤压利润”，竭尽全力地使报告的收入和每股收益最大化。在2008年度，甲公司的收入被M事务所的注册会计师调减了1 200万元，占原报告收入的30%；

（4）甲公司管理层不愿意接受审计调整；董事会中无审计委员会，内部审计部门形同虚设；

（5）甲公司大多数交易采用计算管理系统进行核算，核算系统内部控制政策和程序比较健全，但对资产的控制很差；最近实现的电算化系统中的固定资产记录并不是很准确。而且，该公司没有内部审计人员，银行账户也没有定期调整；

（6）甲公司2008年财务报表附注中提到了一起由该公司竞争对手所提起的诉讼，称甲公司某项广告存在侵权问题。M会计师事务所在2008年度审计报告中增加了一个强调说明段，表示了对甲公司持续经营能力的怀疑；

（7）甲公司2006～2008年3年的总收益水平持续下降，但是2009年度未经审计的净收入比2008年有大幅上升。

要求：根据所了解的情况，你认为甲公司的重大错报风险水平是高、中还是低？为什么？

专业技能训练

1. 实训目的

熟悉营业收入的实质性程序，并编制审计工作底稿。

2. 实训资料

主要资料详见同步案例7－8。补充资料三：注册会计师A和B在审计工作底稿中记录了所了解的有关销售与收款循环的控制，部分内容摘录如下：

（1）仓库人员在系统中根据经销商部门批准的客户订单生产连续编号的发货单，并在将产品交运输商发运后，将发货单设置为“已执行”状态并提交结算部门。结算部门根据系统中的“已执行”发货单记录、订单及相关客户基础资料，在系统中生成并打印销售发票，系统在月末根据发货单和发票信息自动汇总主营业务收入，并据此过入应收账款和主营业务收入账薄。

（2）每月末，系统自动匹配发货单、订单、发票和入账的主营业务收入，并可以生成一个专门报告反映未匹配项目的清单。系统授权可以生成和阅读该报告的人员是华兴公司销售部经理和总经理。

3. 实训要求

（1）针对资料一（1）至（6）项，结合资料二，假定不考虑其他条件，请逐项指出资料一所列事项是否可能表明存在重大错报风险。如果认为存在，请简要说明理由，并分别说明该风险是属于财务报表层次还是认定层次。如果认为属于认定层次，请指出相关事项与何种交易或账户的何种认定相关。请编制理解被审计单位及其环境的审计工作底稿。

（2）针对注册会计师所了解的有关销售与收款循环的控制，请逐项指出上述控制与何种交易或账户的何种认定相关。假定不考虑其他条件，请逐项判断上述控制在设计上是否存在缺陷。如果存在缺陷，请分别予以指出，并简要说明理由，提出改进建议。同时，请编制了解内部控制的相关工作底稿。

（3）假定不考虑其他条件，请判断华兴公司的销售与收款循环的控制对防止或发现已发现的认定层次重大错报风险是否有效果。如果有效果，请指出控制与识别的认定层次重大错报风险的对应关系，并简要说明理由。

（4）讨论针对识别出来认定层次的重大错报风险，注册会计师应当如何应对。并请编制相关审计工作底稿。

教学设计与实践

1. 教学重点

（1）风险评估程序；

（2）风险评估的内容；

（3）内部控制的定义和内容；

（4）重大错报风险的评估。

2. 教学难点

（1）了解被审计单位及其环境；

（2）内部控制评估；

（3）重大错报风险的评估。

3. 建议教学课时

理论教学 4 学时，实践教学 2 学时。

4. 教学实践

（1）请制作本任务的授课教案；

（2）选取部分内容进行 1 小节课程的试讲。

任务八　风险应对

任务内容

- 风险评估程序、控制测试、实质性程序
- 审计程序
- 针对评估的财务报表层次重大错报风险应采取的总体应对策略，以及针对评估的认定层次重大错报风险的进一步审计程序
- 控制测试和实质性程序

任务目标

- 理解风险评估程序、控制测试、实质性程序之间的关系
- 理解进一步审计程序的含义
- 了解针对评估的财务报表层次重大错报风险应采取的总体应对策略，以及针对评估的认定层次重大错报风险的进一步审计程序
- 掌握控制测试和实质性程序

适用的准则和规范

- 《中国注册会计师审计准则第 1231 号——针对评估的重大错报风险采取的应对措施》

导入案例

申记思和艾大雪是大学同学，大学毕业后，申记思成为一家会计师事事务所的合伙人，艾大雪成为一所大学的审计学教授。他们时常在网上聊天，讨论的话题大都针对审计理论与实务，以下是他们的最近一次聊天记录：

艾大雪：现在有迹象表明你们以后需要将上市公司的财务报表审计和内部控制审计结合在一起。我担心你们可能会过于依赖控制测试而不愿意执行细节测试。假定存在巨大的压力要求完成控制测试以满足新的要求，你们将会选择成本最低的方法并减少实质性程序，从而对审计质量的关注不够，特别是对于财务报表审计而言。

申记思：无论这个要求有没有出台，我们在执行所有的审计业务时都必须了解被审计单位的内部控制。对于现行的财务报表审计来说，只要控制测试评估为低于最大值，我们都会执行控制测试。当然，我们也知道审计准则要求我

们在每次审计中都必须执行实质性程序，关注较大的项目是适当的。对于高风险的被审计单位，我们则全力执行大量的细节测试。

艾大雪：听起来很好，但有些特定情况只能通过细节测试才能发现。我特别注意了一些员工舞弊的问题，我敢肯定被审计单位希望你们能查出问题，但实质性分析程序和年末对大项目的细节测试达不到这一目的，对吧？

申记思：的确是这样，被审计单位还经常告诉我们，希望可以尽可能低的成本让我们对财务报表发表意见。若我们在每一审计过程中都要查找员工舞弊问题，那么成本将会很高，所以被审计单位预防舞弊的最佳方法是采用良好的内部控制。除非我们必须审计被审计单位的内部控制，否则我们并不一定执行应对源自员工舞弊的重大错报风险的控制测试，已有迹象表明存在此类舞弊除外。①

案例思考

结合上述资料，考虑控制测试与细节测试、实质性程序存在怎样的关系？

任务结构

一、重大错报风险应对措施和程序

注册会计师应当针对评估的财务报表层次重大错报风险确定总体应对措施，并针对评估的认定层次重大错报风险设计和实施进一步审计程序，以将审计风险降至可接受的低水平。图 8－1 为风险应对的基本措施和程序，二者存在对应关系。

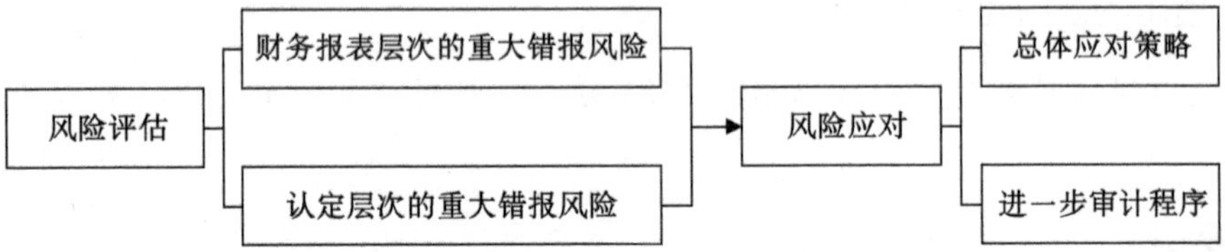

图 8－1 风险评估和风险应对的关系

（一）财务报表层次重大错报风险的总体应对措施

针对评估的财务报表层次重大错报风险确定的总体应对措施，如表 8－1 所示。

表 8－1 针对评估的财务报表层次重大错报风险确定的总体应对措施

总体应对措施	含义
职业态度	向项目组强调在收集和评价审计证据过程中保持职业怀疑态度的必要性
经验与专长	分派更有经验或具有特殊技能的注册会计师，或利用专家的工作

① 张蕊：《审计学》，科学出版社 2011 年版。

续表

总体应对措施	含　义
指导和监督	对于财务报表层次重大错报风险较高的审计项目，审计项目组的高级别成员，如项目合伙人、项目经理等经验较丰富的人员，要对其他成员提供更详细、更经常、更及时的指导和监督并加强项目质量控制复核
审计程序的不可预见性	在选择拟实施的进一步审计程序时，融入更多的不可预见的因素
程序的弹性	对拟实施审计程序的性质、时间安排和范围作出总体修改

1. 增加审计程序不可预见性的方法

（1）增加审计程序不可预见性的思路。注册会计师可以通过增加审计程序提高审计程序的不可预见性，例如：

①对某些以前未测试的低于设定的重要性水平或风险较小的账户余额和认定实施实质性程序。注册会计师可以关注以前未曾关注过的审计领域，尽管这些领域可能重要程度比较低。如果这些领域有可能被用于掩盖舞弊行为，注册会计师就要针对这些领域实施一些具有不可预见性的测试。

②调整实施审计程序的时间，使其超出被审计单位的预期。比如说，如果注册会计师在以前年度的大多数审计工作都围绕着12月或在年底前后进行，那么被审计单位就会了解注册会计师这一审计习惯，因此可能会把一些不适当的会计调整放在年度的9月、10月或11月等，以避免引起注册会计师的注意。因此，注册会计师可以考虑调整实施审计程序时测试项目的时间，从测试12月的项目调整到测试9月、10月或11月的项目。

③采取不同的审计抽样方法，使当年抽取的测试样本与以前有所不同。

④选取不同的地点实施审计程序，或预先不告知被审计单位所选定的测试地点。例如，在存货监盘程序中，注册会计师可以到未事先通知被审计单位的盘点现场进行监盘，使被审计单位没有机会事先清理现场，隐藏一些不想让注册会计师知道的情况。

（2）增加审计程序不可预见性的示例。审计程序的不可预见性示例，如表8－2所示。

表8－2　审计程序的不可预见性示例

审计领域	一些可能适用的具有不可预见性的审计程序
存货	向以前审计过程中接触不多的被审计单位员工询问，例如采购、销售、生产人员等
	在不事先通知被审计单位的情况下，选择一些以前未曾到过的盘点地点进行存货监盘

续表

审计领域	一些可能适用的具有不可预见性的审计程序
销售和应收账款	向以前审计过程中接触不多或未曾接触过的被审计单位员工询问，例如负责处理大客户账户的销售部人员
	改变实施实质性分析程序的对象，例如对收入按细类进行分析
	针对销售和销售退回延长截止测试期间
	实施以前未曾考虑过的审计程序，例如： ①函证确认销售条款或者选定销售额较不重要，以前未曾关注的销售交易，例如对出口销售实施实质性程序 ②实施更细致的分析程序，例如使用计算机辅助审计技术复核销售及客户账户 ③测试以前未曾函证过的账户余额，例如，金额为负或是零的账户，或者余额低于以前设定的重要性水平的账户 ④改变函证日期，即把所函证账户的截止日期提前或者推迟 ⑤对关联公司销售和相关账户余额，除了进行函证外，再实施其他审计程序进行验证
采购和应付账款	如果以前未曾对应付账款余额普遍进行函证，可考虑直接向供应商函证确认余额。如果经常采用函证方式，可考虑改变函证的范围或者时间
	对以前由于低于设定的重要性水平而未曾测试过的采购项目，进行细节测试
	使用计算机辅助审计技术审阅采购和付款账户，以发现一些特殊项目，例如是否有不同的供应商使用相同的银行账户
现金和银行存款	多选几个月的银行存款余额调节表进行测试
	对有大量银行账户的，考虑改变抽样方法
固定资产	对以前由于公共开支设定的重要性水平而未曾测试过年国有资产进行测试，例如考虑实地盘查一些价值较低的固定资产，如汽车和其他设备等
	修改分支机构审计工作范围或者区域（如增加某些较次要分支机构的审计工作量，或实地去分支机构开展审计工作）

2. 程序的弹性

对拟实施审计程序的性质、时间和范围作出总体修改。有效的控制环境可以使注册会计师增强对内部控制和被审计单位内部产生的证据的信赖程度。若控制环境存在缺陷，注册会计师在对拟实施审计程序的性质、时间安排和范围作出总体修改时应当考虑：

（1）修改审计程序的性质，获取更具说服力的审计证据。修改审计程序的性质主要是调整拟实施审计程序的类别和组合，比如原先可能主要限于检查某项资产的账目记录或相关文件，而调整审计程序的性质后可能意味着更加重视实地检查该项资产。

（2）主要依赖实质性程序获取更广泛的审计证据。良好的控制环境是其他控制要素发挥作用的基础。控制环境存在缺陷通常会削弱其他控制要素的作用，导致注册会计师可能无法信赖内部控制，而主要依赖实施实质性程序获取审计证据。

（3）在期末而非期中实施更多的审计程序。

（4）增加拟纳入审计范围的经营地点的数量。

（二）总体应对措施对拟实施进一步审计程序总体方案的影响

财务报表层次重大错报风险难以限于某类交易、账户余额和披露的特点，意味着此类风险可能对财务报表的多项认定产生广泛影响，并相应增加注册会计师对认定层次重大错报风险的评估难度。因此，注册会计师评估的财务报表层次重大错报风险以及采取的总体应对措施，对拟实施进一步审计程序的总体审计方案具有重大影响。

进一步审计程序的总体审计方案，如图 8－2 所示。

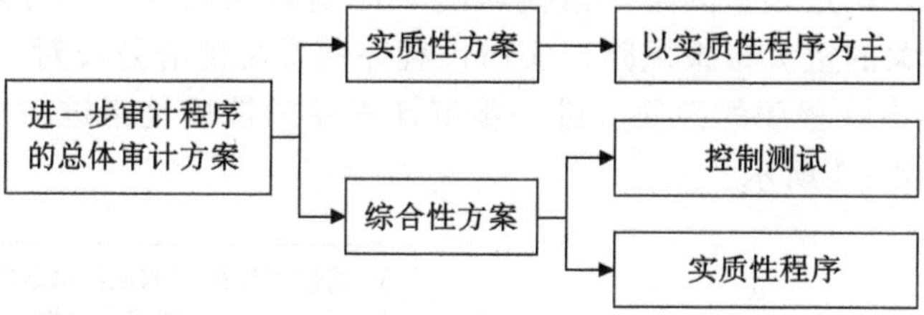

图 8－2　进一步审计程序的总体审计方案

当评估的财务报表层次重大错报风险属于高风险水平（并相应采取更强调审计程序不可预见性以及重视调整审计程序的性质、时间安排和范围等总体应对措施）时，拟实施进一步审计程序的总体方案往往更倾向于实质性方案。

（三）针对认定层次重大错报风险的进一步审计程序

1. 进一步审计程序的含义

进一步审计程序是指注册会计师针对评估的各类交易、账户余额、披露认定层次重大错报风险实施的审计程序，包括控制测试和实质性程序。

注册会计师设计和实施的进一步审计程序的性质、时间安排和范围，应当与评估的认定层次重大错报风险具备明确的对应关系。注册会计师实施的审计程序应具有目的性和针对性，有的放矢地配置审计资源，有利于提高审计效率和效果。

注册会计师应当根据对认定层次重大错报风险的评估结果，恰当选用实质性方案或综合性方案。通常情况下，注册会计师出于成本效益的考虑可以采用综合性方案设计进一步审计程序，即将测试控制运行的有效性与实质性程序结合使用。而在另一些情况下（如注册会计师的风险评估程序未能识别出与认定相关的任何控制，或注册会计师认为控制测试很可能不符合成本效益原则），注册会计师可能认为仅实施实质性程序就是适当的。

小型被审计单位可能不存在能够被注册会计师识别的控制活动，注册会计师实施的进一步审计程序可能主要是实质性程序。但是，注册会计师始终应当意识到在缺乏控制的情况下，仅通过实施实质性程序是否能够获取充分、适当的审计证据。

还需要特别说明的是，注册会计师对重大错报风险的评估毕竟是种主观判断，可能无法充分识别所有的重大错报风险，同时内部控制存在固有局限性（特别是存在管理层凌驾于内部控制之上的可能性），因此，无论选择何种方案，注册会计师都应当对所有重大的各类交易、账户余额、列报设计和实施实质性程序。

2. 进一步审计程序的具体安排

注册会计师需要针对评估的认定层次重大错报风险设计和实施进一步审计程序，包括审计程序的性质、时间和范围。进一步审计程序的性质、时间和范围应当与评估的认定层次重大错报风险具备明确的对应关系，这其中进一步审计程序的性质又是最重要的，因为不同的审计程序应对特定认定错报风险的效力不同，只有首先确保进一步审计程序的性质与特定认定错报风险相关，审计活动才是有效的。例如，对于与收入完整性认定相关的重大错报风险，控制测试通常更能有效应对；对于与收入发生认定相关的重大错报风险，实质性程序通常更能有效应对。

（1）进一步审计程序的性质。进一步审计程序的性质是指进一步审计程序的目的和类型，如图 8－3 所示。

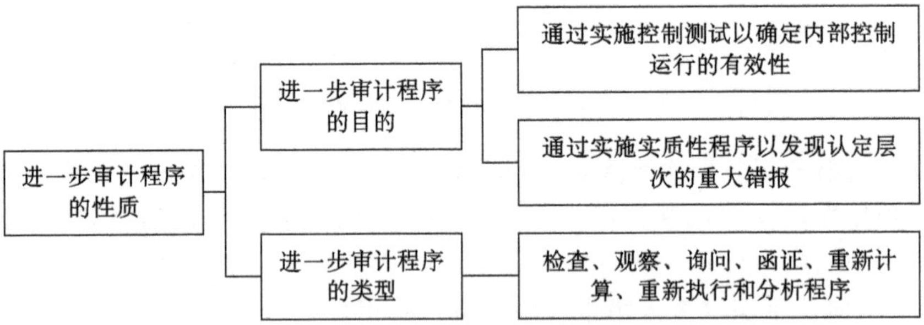

图 8－3 进一步审计程序的性质

在确定进一步审计程序的性质时，注册会计师需要考虑的因素主要包括：

①认定层次重大错报风险的评估结果。这是注册会计师首先需要考虑的因素。评估的认定层次重大错报风险越高，对通过实质性程序获取的审计证据的相关性和可靠性的要求越高，从而可能影响进一步审计程序的类型及其综合运用。例如，当注册会计师判断某类交易协议的完整性存在更高的重大错报风险时，除了检查文件以外，注册会计师还可能决定向第三方询问或函证协议条款的完整性。

②评估的认定层次重大错报风险产生的原因。除了从总体上把握认定层次重大错报风险的评估结果对选择进一步审计程序的影响外，在确定拟实施的审计程序时，注册会计师接下来应当考虑评估的认定层次重大错报风险产生的原因，包括考虑各类交易、账户余额、列报的具体特征以及内部控制。例如，注册会计师可能判断某特定类别的交易即使在不存在相关控制的情况下发生重大错报的风险仍较低，此时注册会计师可能认为仅实施实质性程序就可以获取充分、适当的审计证据。再如，对于经由被审计单位信息系统日常处理和控制的某类交易，如果注册会计师预期此类交易在内部控制运行有效的情况下发生重大错报的风险较低，且拟在控制运行有

效的基础上设计实质性程序，注册会计师就会决定先实施控制测试。

需要说明的是，如果在实施进一步审计程序时拟利用被审计单位信息系统生成的信息，注册会计师应当就信息的准确性和完整性获取审计证据。例如，注册会计师在实施实质性分析程序时，使用了被审计单位生成的非财务信息或预算数据。注册会计师应当获取关于这些信息的准确性和完整性的审计证据。

（2）进一步审计程序的时间。进一步审计程序的时间是指注册会计师何时实施进一步审计程序，或审计证据适用的期间或时点，选择时考虑的问题，如表 8－3 所示。

表 8－3　　进一步审计程序时间的选择问题

层次	时间的选择	权衡的关系
第一个层面	注册会计师选择在何时实施进一步审计程序的问题	如何权衡期中与期末实施审计程序的关系
第二个层面	选择获取什么期间或时点的审计证据的问题	如何权衡期中审计证据与期末审计证据的关系、如何权衡以前审计获取的审计证据和本期审计获取的审计证据的关系

注册会计师可以在期中或期末实施控制测试或实质性程序。在进行选择时，一项基本的考虑因素应当是注册会计师评估的重大错报风险。当重大错报风险较高时，注册会计师应当考虑在期末或接近期末实施实质性程序，或采用不通知的方式，或在管理层不能预见的时间实施审计程序。另外，注册会计师在确定何时实施审计程序时还应当考虑的几项重要因素，如表 8－4 所示。

表 8－4　　何时实施审计程序还应考虑的因素

考虑因素	具体判断
控制环境	良好的控制环境可以抵销在期中实施进一步审计程序的局限性，使注册会计师在确定实施进一步审计程序的时间时有更大的灵活度
何时能得到相关信息	某些控制活动可能仅在期中（或期中以前）发生，而之后可能难以再被观察到。在这种情况下，注册会计师如果希望获取相关信息，则需要考虑能够获取相关信息的时间
错报风险的性质	被审计单位可能为了保证盈利目标的实现，而在会计期末以后伪造销售合同以虚增收入，此时注册会计师需要考虑在期末（即资产负债表日）这个特定时点获取被审计单位截至期末所能提供的所有销售合同及相关资料，以防范被审计单位在资产负债表日后伪造销售合同虚增收入的做法
审计证据适用的期间或时点	注册会计师应当根据需要获取的特定审计证据确定何时实施进一步审计程序。例如，为了获取资产负债表日的存货余额证据，显然不宜在与资产负债表日间隔过长的期中时点或期末以后时点实施存货监盘等相关审计程序

（3）进一步审计程序的范围。进一步审计程序的范围是指实施进一步审计程序的数量，包括抽取的样本量，对某项控制活动的观察次数等。在确定审计程序的范

围时，注册会计师应当考虑的因素如表 8－5 所示。

表 8－5　　确定审计程序范围考虑的因素

考虑因素	具体判断
确定的重要性水平	确定的重要性水平越低，注册会计师实施进一步审计程序的范围越广
评估的重大错报风险	评估的重大错报风险越高，对拟获取审计证据的相关性、可靠性的要求越高，因此注册会计师实施的进一步审计程序的范围也越广
计划获取的保证程度	计划获取的保证程度越高，对测试结果可靠性要求越高，注册会计师实施的进一步审计程序的范围越广

鉴于进一步审计程序的范围往往是通过一定的抽样方法加以确定的，因此，注册会计师需要慎重考虑抽样过程对审计程序范围的影响是否能够有效实现审计目的。注册会计师使用恰当的抽样方法通常可以得出有效结论。但如果出现注册会计师从总体中选择的样本量过小，或者选择的抽样方法对实现特定目标不适当，或者未对发现的例外事项进行恰当的追查等情形，注册会计师依据样本得出的结论可能与对总体实施同样的审计程序得出的结论不同，从而出现不可接受的风险。

【同步思考 8－1】

试讨论总体应对策略和进一步审计程序的区别？以及二者之间的联系？

二、控制测试

（一）控制测试的含义

控制测试，是指用于评价内部控制在防止或发现并纠正认定层次重大错报方面的运行有效性的审计程序。这一概念需要与“了解内部控制”进行区分，具体如表 8－6 所示。

表 8－6　　了解内部控制与控制测试的区分

区分的概念	含义	所需的审计证据
了解内部控制	评价控制的设计	
	确定控制是否得到执行	注册会计师应当确定某项控制是否存在，被审计单位是否正在使用
控制测试	测试控制运行的有效性	控制在所审计期间的不同时点是如何运行的
		控制是否得到一贯执行
		控制由谁执行或以何种方式执行

由表 8－6 可见，控制运行有效性强调的是控制能够在各个不同时点按照既定设计得以一贯执行。因此，在了解控制是否得到执行时，注册会计师只需抽取少量的交易进行检查或观察某几个时点。但在测试控制运行的有效性时，注册会计师需要

抽取足够数量的交易进行检查或对多个不同时点进行观察。

测试控制运行的有效性与确定控制是否得到执行所需获取的审计证据虽然存在差异，但两者也有联系。为评价控制设计和确定控制是否得到执行而实施的某些审计程序并非专为控制测试而设计，但可能提供有关控制运行有效性的审计证据，注册会计师可以考虑在评价控制设计和获取其得到执行的审计证据的同时测试控制运行有效性，以提高审计效率；同时注册会计师应当考虑这些审计证据是否足以实现控制测试的目的。例如：穿行测试是通过追踪交易在财务报告信息系统中的处理过程，来证实注册会计师对控制的了解，以确定控制是否得到了执行，但同时，注册会计师可能获取部分控制运行有效性的审计证据。

（二）控制测试的要求

作为进一步审计程序的类型之一，控制测试并非在任何情况下都需要实施。当存在下列情形之一时，注册会计师应当实施控制测试：

1. 在评估认定层次重大错报风险时，预期控制的运行是有效的

注册会计师通过实施风险评估程序，可能发现某项控制的设计是存在的，也是合理的，同时得到了执行。在这种情况下，出于成本效益的考虑，注册会计师可能预期，如果相关控制在不同时点都得到了一贯执行，与该项控制有关的财务报表认定发生重大错报的可能性就不会很大，也就不需要实施很多的实质性程序。为此，注册会计师可能会认为值得对相关控制在不同时点是否得到了一贯执行进行测试，即实施控制测试。这种测试主要是出于成本效益的考虑，其前提是注册会计师通过了解内部控制以后认为某项控制存在着被信赖和利用的可能。因此，只有认为控制设计合理、能够防止或发现和纠正认定层次的重大错报，注册会计师才有必要对控制运行的有效性实施测试。

2. 仅实施实质性程序不足以提供认定层次充分、适当的审计证据

如果认为仅实施实质性程序获取的审计证据无法将认定层次重大错报风险降至可接受的低水平，注册会计师应当实施相关的控制测试，以获取控制运行有效性的审计证据。

对于某些重大错报风险，注册会计师仅通过实质性程序有时无法应对。例如，在被审计单位对日常交易或与财务报表相关的其他数据（包括信息的生成、记录、处理、报告）采用高度自动化处理的情况下，审计证据可能仅以电子形式存在，此时审计证据是否充分和适当通常取决于自动化信息系统相关控制的有效性。如果信息的生成、记录、处理和报告均通过电子格式进行而没有适当有效的控制，则生成不正确信息或信息被不恰当修改的可能性就会大大增加。在认为仅通过实施实质性程序不能获取充分、适当的审计证据的情况下，注册会计师必须实施控制测试，且这种测试已经不再是单纯出于成本效益的考虑，而是必须获取的一类审计证据。

（三）控制测试的性质

控制测试的性质是指控制测试所使用的审计程序的类型及其组合。

计划从控制测试中获取的保证水平是决定控制测试性质的主要因素之一。注册

会计师应当选择适当类型的审计程序以获取有关控制运行有效性的保证。计划的保证水平越高，对有关控制运行有效性的审计证据的可靠性要求越高。当拟实施的进一步审计程序主要以控制测试为主，尤其是仅实施实质性程序获取的审计证据无法将认定层次重大错报风险降至可接受的低水平时，注册会计师应当获取有关控制运行有效性的更高的保证水平。

控制测试采用的审计程序包括询问、观察、检查、重新执行和穿行测试。

通常，只有当询问、观察和检查程序结合在一起仍无法获得充分的证据时，注册会计师才考虑通过重新执行来证实控制是否有效运行。例如，为了合理保证计价认定的准确性，被审计单位一项控制是由复核人员核对发票上的价格与统一价格单上的价格是否一致。但是，要检查复核人员有没有认真执行核对，仅仅检查复核人员是否在相关文件上签字是不够的，注册会计师还需要自己选取一部分销售发票进行核对，这就是重新执行程序。

注册会计师在确定控制测试的性质时，应当注意以下几个方面：

1. 注册会计师应当根据特定控制的性质选择所需实施审计程序的类型

例如，某些控制可能存在反映控制运行有效性的文件记录，在这种情况下，注册会计师可以检查这些文件记录以获取控制运行有效的审计证据；而某些控制可能不存在文件记录（如一项自动化的控制活动），或文件记录与能否证实控制运行有效性不相关，注册会计师应当考虑实施检查以外的其他审计程序（如询问和观察）或借助计算机辅助审计技术，以获取有关控制运行有效性的审计证据。

2. 在设计控制测试时，注册会计师不仅应当考虑与认定直接相关的控制，还应当考虑这些控制所依赖的与认定间接相关的控制，以获取支持控制运行有效性的审计证据

例如，被审计单位可能针对超出信用额度的例外赊销交易设置报告和审核制度（与认定直接相关的控制）；在测试该项制度的运行有效性时，注册会计师不仅应当考虑审核的有效性，还应当考虑与例外赊销报告中信息准确性有关的控制（与认定间接相关的控制）是否有效运行。

3. 对于自动化应用控制运行有效性的测试应紧密结合信息技术的特点

对于一项自动化的应用控制，由于信息技术处理过程的内在一贯性，注册会计师可以利用该项控制得以执行的审计证据和信息技术一般控制（特别是对系统变动的控制）运行有效性的审计证据，作为支持该项控制在相关期间运行有效性的重要审计证据。

4. 注册会计师可以考虑实施双重目的测试

控制测试的目的是评价控制是否有效运行，细节测试的目的是发现认定层次的重大错报。尽管两者目的不同，但注册会计师可以考虑针对同一交易同时实施控制测试和细节测试，以实现双重目的。例如，注册会计师通过检查某笔交易的发票可以确定其是否经过适当的授权，也可以获取关于该交易的金额、发生时间等细节证据。当然，如果拟实施双重目的的测试，注册会计师应当仔细设计和评价测试程序。

5. 实施实质性程序的结果会对控制测试结果产生影响

如果通过实施实质性程序未发现某项认定存在错报，这本身并不能说明与该认定有关的控制是有效运行的；但如果通过实施实质性程序发现某项认定存在错报，注册会计师应当在评价相关控制的运行有效性时予以考虑。因此注册会计师应当考虑实施实质性程序发现的错报对评价相关控制运行有效性的影响（如降低对相关控制的信赖程度、调整实质性程序的性质、扩大实质性程序的范围等）。如果实施实质性程序发现被审计单位没有识别出的重大错报，通常表明内部控制存在重大缺陷，注册会计师应当就这些缺陷与管理层和治理层进行沟通。

（四）控制测试的时间

控制测试的时间包含两层含义：一是何时实施控制测试；二是测试所针对的控制适用的时点或期间。

注册会计师应当根据控制测试的目的确定控制测试的时间，并确定拟信赖的相关控制的时点或期间。如果仅需要测试控制在特定时点的运行有效性（如对被审计单位期末存货盘点进行控制测试），注册会计师只需要获取该时点的审计证据。如果需要获取控制在某一期间有效运行的审计证据，仅获取与时点相关的审计证据是不充分的。关于控制在多个不同时点的运行有效性的审计证据的简单累加并不能构成控制在某期间的运行有效性的充分、适当的审计证据，注册会计师应当辅以其他控制测试，包括测试被审计单位对控制的监督等，以提供相关控制在所有相关时点都运行有效的审计证据。

在确定控制测试的时间时，还有以下两个问题需要注意：

1. 即使注册会计师已获取有关控制在期中运行有效性的审计证据，仍然需要考虑如何能够将控制在期中运行有效性的审计证据合理延伸至期末

前已述及，注册会计师可能在期中实施进一步审计程序。对于控制测试，注册会计师在期中实施此类程序具有更积极的作用。但需要说明的是，即使注册会计师已获取有关控制在期中运行有效性的审计证据，仍然需要考虑如何能够将控制在期中运行有效性的审计证据合理延伸至期末，一个基本的考虑是针对期中至期末这段剩余期间获取充分、适当的审计证据。因此，如果已获取有关控制在期中运行有效性的审计证据，并拟利用该证据，注册会计师应当实施下列审计程序：①获取这些控制在剩余期间发生重大变化的审计证据；②确定针对剩余期间还需获取的补充审计证据。

上述两项审计程序中，第一项是针对期中已获取审计证据的控制，考察这些控制在剩余期间的变化情况（包括是否发生了变化以及如何变化）；如果这些控制在剩余期间没有发生变化，注册会计师可能决定信赖期中获取的审计证据；如果这些控制在剩余期间发生了变化（如信息系统、业务流程或人事管理等方面发生变动），注册会计师需要了解并测试控制的变化对期中审计证据的影响。

上述两项审计程序中，第二项是针对期中证据以外的、剩余期间的补充证据。在执行该项规定时，注册会计师应当考虑的因素，如表 8－7 所示。

表 8－7　　注册会计师应当考虑的因素

考虑因素	具体判断
评估的认定层次重大错报风险的重要程度	评估的重大错报风险对财务报表的影响越大，注册会计师需要获取的剩余期间的补充证据越多
在期中测试的特定控制，以及自期中测试后发生的重大变动	例如，对自动化运行的控制，注册会计师更可能测试信息系统一般控制的运行有效性，以获取控制在剩余期间运行有效性的审计证据
在期中对有关控制运行有效性获取的审计证据的程度	如果注册会计师在期中对有关控制运行有效性获取的审计证据比较充分，可以考虑适当减少需要获取的剩余期间的补充证据
剩余期间的长度	剩余期间越长，注册会计师需要获取的剩余期间的补充证据越多
在信赖控制的基础上拟缩小实质性程序的范围	注册会计师对相关控制的信赖程度越高，通常在信赖控制的基础上拟减少进一步实质性程序的范围就越大。在这种情况下，注册会计师需要获取的剩余期间的补充证据越多
控制环境	在注册会计师总体上拟信赖控制环境的前提下，控制环境越薄弱（或把握程度越低），注册会计师需要获取的剩余期间的补充证据越多

除了上述的测试剩余期间控制的运行有效性，测试被审计单位对控制的监督也能够作为一项有益的补充证据，以便更有把握地将控制在期中运行有效性的审计证据延伸至期末。如前所述，被审计单位对控制的监督起到的是一种检验相关控制在所有相关时点是否都有效运行的作用，因此，通过测试剩余期间控制的运行有效性或测试被审计单位对控制的监督，注册会计师可以获取补充审计证据。

2. 注册会计师在本期审计时可以适当考虑利用以前审计获取的有关控制运行有效性的审计证据

注册会计师考虑以前审计获取的有关控制运行有效性的审计证据，其意义在于：一方面，内部控制中的诸多要素对于被审计单位往往是相对来说稳定的（相对于具体的交易、账户余额和披露），因此，注册会计师在本期审计时还是可以适当考虑利用以前审计获取的有关控制运行有效性的审计证据；另一方面，内部控制在不同期间可能发生重大变化，注册会计师在利用以前审计获取的有关控制运行有效性的审计证据时需要格外慎重，充分考虑各种因素。

关于如何考虑以前审计获取的有关控制运行有效性的审计证据，基本思路是考虑拟信赖的以前审计中测试的控制在本期是否发生变化，因为考虑与控制变化有关的审计证据有助于注册会计师决定合理调整拟在本期获取的有关控制运行有效性的审计证据。

（1）基本思路：考虑拟信赖的以前审计中测试的控制在本期是否发生变化。如果拟信赖以前审计获取的有关控制运行有效性的审计证据，注册会计师应当通过实施询问并结合观察或检查程序，获取这些控制是否已经发生变化的审计证据。例如，在以前审计中，注册会计师可能确定被审计单位某项自动控制能够发挥预期作用。那么在本期审计中，注册会计师需要获取审计证据以确定是否发生了影响该自动控制持续有效发挥作用的变化。例如，注册会计师可以通过询问管理层或检查日志，确定哪些控制已经发生变化。注册会计师可能面临两种结果：控制在本期发生变化；控制在本期没有发生变化。

（2）当控制在本期发生变化时注册会计师的做法。如果控制在本期发生变化，注册会计师应当考虑以前审计获取的有关控制运行有效性的审计证据是否与本期审计相关。例如，如果系统的变化仅仅使被审计单位从中获取新的报告，这种变化通常不影响以前审计所获取证据的相关性；如果系统的变化引起数据累积或计算发生改变，这种变化可能影响以前审计所获取证据的相关性一。如果拟信赖的控制自上次测试后已发生变化，注册会计师应当在本期审计中测试这些控制的运行有效性。

（3）当控制在本期未发生变化时注册会计师的做法。如果拟信赖的控制自上次测试后未发生变化，且不属于旨在减轻特别风险的控制，注册会计师应当运用职业判断确定是否在本期审计中测试其运行有效性，以及本次测试与上次测试的时间间隔，但每三年至少对控制测试一次。

（4）不得依赖以前审计所获取证据的情形。鉴于特别风险的特殊性，对于旨在减轻特别风险的控制，不论该控制在本期是否发生变化，注册会计师都不应依赖以前审计获取的证据。因此，如果确定评估的认定层次重大错报风险是特别风险，并拟信赖旨在减轻特别风险的控制，注册会计师不应依赖以前审计获取的审计证据，而应在本期审计中测试这些控制的运行有效性。也就是说，如果注册会计师拟信赖针对特别风险的控制，那么，所有关于该控制运行有效性的审计证据必须来自当年的控制测试。

（五）控制测试的范围

控制测试的范围主要是指某项控制活动的测试次数。注册会计师在确定某项控制的测试范围时通常考虑的因素，如表 8－8 所示。

表 8－8　确定控制测试范围时考虑的因素

考虑的因素	具体判断
在整个拟信赖的期间，被审计单位执行控制的频率	控制执行的频率越高，控制测试的范围越大
在所审计期间，注册会计师拟信赖控制运行有效性的时间长度	拟信赖期间越长，控制测试的范围越大
为证实控制能够防止或发现并纠正认定层次重大错报所需获取审计证据的相关性和可靠性	对审计证据的相关性和可靠性要求越高，控制测试的范围越大
通过测试与认定相关的其他控制获取的审计证据的范围	针对同一认定，可能存在不同的控制。当针对其他控制获取审计证据的充分性和适当性较高时，测试该控制的范围可适当缩小
在风险评估时拟信赖控制运行有效性的程度	注册会计师在风险评估时对控制运行有效性的拟信赖程度越高，需要实施控制测试的范围越大
在控制测试中，对样本规模的影响因素及方向	详见“抽样审计”

需要指出的是，由于信息技术处理具有内在一贯性，除非系统发生变动，一项自动化应用控制应当一贯运行。因此，对于一项自动化应用控制，一旦确定被审计单位正在执行该控制，注册会计师通常无需扩大控制测试的范围。

在实务中，注册会计师可以用表 8－9 汇总记录对各个业务循环内部控制运行有效性进行测试的主要内容和结论。

表 8－9　　　　　　　　　　　　控制测试汇总表

被审计单位：＿＿＿＿＿＿＿＿　　索引号：＿＿＿＿＿＿＿＿

项目：＿＿＿＿＿＿＿＿　　财务报表截止日/期间：＿＿＿＿＿＿＿＿

编制：＿＿＿＿＿＿＿＿　　复核：＿＿＿＿＿＿＿＿

日期：＿＿＿＿＿＿＿＿　　日期：＿＿＿＿＿＿＿＿

1. 了解内部控制的初步结论

＿＿＿＿＿＿＿＿＿＿＿＿＿＿＿＿＿＿＿＿＿＿＿＿＿＿＿＿

＿＿＿＿＿＿＿＿＿＿＿＿＿＿＿＿＿＿＿＿＿＿＿＿＿＿＿＿

注：根据了解本循环控制的设计并评估其执行情况所或获取的审计证据，注册会计师对控制的评价结论可能是：（1）控制设计合理，并得到执行；（2）控制设计合理，未得到执行；（3）控制设计无效或缺乏必要的控制。

2. 控制测试结论

控制目标	被审计单位的控制活动	控制活动对实现控制目标是否有效（是/否）	控制活动是否得到执行（是/否）	控制活动是否有效运行（是/否）	控制测试结果是否支持风险评估结论（支持/不支持）

编制说明：（1）本审计工作底稿记录注册会计师测试的控制活动及结论。其中，“控制活动对实现控制目标是否有效”、“控制活动是否得到执行”、“控制活动是否有效运行”各栏，应根据控制测试过程中获取的审计证据分析填写；“控制测试结果是否支持风险评估结论”一栏，应根据了解和测试内部控制中获取的审计证据分析填写。（2）如果注册会计师不拟对与某些控制目标相关的控制活动实施控制测试，则应直接执行实质性程序，对相关交易和账户余额的认定进行测试，以获取足够的保证程度。

3. 相关交易和账户余额的审计方案

（1）对未进行测试的控制目标的汇总。根据计划实施的控制测试，我们未对下列控制目标、相关交易和账户余额及其认定进行测试。

业务循环	主要业务活动	控制目标	相关交易和账户余额及其认定	原因

续表

（2）对未达到控制目标的主要业务活动的汇总。根据控制测试的结果，我们确定下列控制运行无效，在审计过程中不予信赖，拟实施实质性程序获取充分、适当的审计证据。

业务循环	主要业务活动	控制目标	相关交易和账户余额及其认定	原因

注：如果本期执行控制测试的结果表明本循环与相关交易和账户余额及其认定相关的控制不能予以信赖，应重新考虑本期拟信赖的以前审计获取的其他循环控制运行有效性的审计证据是否恰当。

（3）对相关交易和账户余额的审计方案。

根据控制测试的结果，执行下列审计方案：

受影响的交易账户余额	完整性（控制测试结果/需从实质性程序中获取的保证程度）	发生/存在（控制测试结果/需从实质性程序中获取的保证程度）	准确性/计价和分摊（控制测试结果/需从实质性程序中获取的保证程度）	截止（控制测试结果/需从实质性程序中获取的保证程度）	权利和义务（控制测试结果/需从实质性程序中获取的保证程度）	分类（控制测试结果/需从实质性程序中获取的保证程度）	列报（控制测试结果/需从实质性程序中获取的保证程度）

注：如果本期执行控制测试的结果表明本循环与相关交易和账户余额及其认定相关的控制不能予以信赖，应重新考虑本期拟信赖的以前审计获取的其他循环控制运行有效性的审计证据是否恰当。

4. 沟通事项

是否需要就已识别出的内部控制设计、执行以及运行方面的重大缺陷，与适当层次的管理层或治理层进行沟通？

需要与管理层沟通的事项：____________________

____

需要与治理层沟通的事项：____________________

____

【同步思考8－2】

试讨论风险评估程序的类型和控制测试的类型有哪些是相同的？哪些是控制测试独有的？

三、实质性程序

（一）实质性程序的含义

实质性程序，是指注册会计师针对评估的重大错报风险实施的直接用于发现认定层次重大错报的审计程序。实质性程序包括对各类交易、账户余额和披露的细节测试以及实质性分析程序。

由于注册会计师对重大错报风险的评估是一种判断，可能无法充分识别所有的重大错报风险，并且由于内部控制存在固有局限性，无论评估的重大错报风险结果如何，注册会计师都应当针对所有重大的各类交易、账户余额、列报实施实质性程序。此外，如果认为评估的认定层次重大错报风险是特别风险，注册会计师应当专门针对该风险实施实质性程序。

（二）实质性程序的性质

实质性程序的性质，是指实质性程序的类型及其组合。实质性程序的两种基本类型包括细节测试和实质性分析程序。

1. 细节测试

细节测试是对各类交易、账户余额、列报的具体细节进行测试，目的在于直接识别财务报表认定是否存在错报。

细节测试适用于对各类交易、账户余额、披露认定的测试，尤其是对存在或发生、计价认定的测试。注册会计师需要根据不同的认定层次的重大错报风险设计有针对性的细节测试。例如，在针对存在或发生认定设计细节测试时，注册会计师应当选择包含在财务报表金额中的项目，并获取相关审计证据；又如，在针对完整性认定设计细节测试时，注册会计师应当选择有证据表明应包含在财务报表金额中的项目，并调查这些项目是否确实包括在内。

2. 实质性分析程序

实质性分析程序从技术特征上讲仍然是分析程序，主要是通过研究数据间关系评价信息，只是将该技术方法用作实质性程序，即用以识别各类交易、账户余额、列报及相关认定是否存在错报。

对在一段时期内存在可预期关系的大量交易，注册会计师可以考虑实施实质性分析程序。注册会计师在设计实质性分析程序时应当考虑的因素包括：对特定认定使用实质性分析程序的适当性；对已记录的金额或比率作出预期时，所依据的内部或外部数据的可靠性；作出预期的准确程度是否足以在计划的保证水平上识别重大错报；已记录金额与预期值之间可接受的差异额等。

考虑到数据及分析的可靠性，当实施实质性分析程序时，如果使用被审计单位编制的信息，注册会计师应当考虑测试与信息编制相关的控制，以及这些信息是否在本期或前期经过审计。

（三）实质性程序的时间

与控制测试的时间选择类似，实质性程序也面临着对期中审计证据和对以前审计获取的审计证据的考虑。但与控制测试不同的是：在控制测试中，期中实施控制测试并获取期中关于控制运行有效性审计证据的做法更具有一种“常态”，而由于期中实施实质性程序获取的审计证据不能直接作为期末财务报表认定的审计证据，注册会计师仍然需要消耗进一步的审计资源使期中审计证据能够合理延伸至期末，因此，注册会计师在期中实施实质性程序时更需要考虑其成本效益的权衡。另外，在本期控制测试中拟信赖以前审计获取的有关控制运行有效性的审计证据，已经受到了很大的限制；而对于以前审计中通过实质性程序获取的审计证据，现行审计准则采取了更加慎重的态度和更严格的限制。

如果在期中实施了实质性程序，注册会计师应当针对剩余期间实施进一步的实质性程序，或将实质性程序和控制测试结合使用，以将期中测试得出的结论合理延伸至期末。如果拟将期中测试得出的结论延伸至期末，注册会计师应当考虑针对剩余期间仅实施实质性程序是否足够。如果认为实施实质性程序本身不充分，注册会计师还应测试剩余期间相关控制运行的有效性或针对期末实施实质性程序。此外，如果已识别出由于舞弊导致的重大错报风险，为将期中得出的结论延伸至期末而实施的审计程序通常是无效的，注册会计师应当考虑在期末或者接近期末实施实质性程序。

在以前审计中实施实质性程序获取的审计证据，通常对本期只有很弱的证据效力或没有证据效力，不足以应对本期的重大错报风险。只有当以前获取的审计证据及其相关事项未发生重大变动时（例如以前审计通过实质性程序测试过的某项诉讼在本期没有任何实质性进展），以前获取的审计证据才可能用作本期的有效审计证据。但即便如此，如果拟利用以前审计中实施实质性程序获取的审计证据，注册会计师应当在本期实施审计程序，以确定这些审计证据是否具有持续相关性。

（四）实质性程序的范围

在确定实质性程序的范围时，注册会计师应当考虑评估的认定层次重大错报风险和实施控制测试的结果。注册会计师评估的认定层次的重大错报风险越高，需要实施实质性程序的范围越广。如果对控制测试结果不满意，注册会计师应当考虑扩大实质性程序的范围。

在设计细节测试时，注册会计师除了从样本量的角度考虑测试范围外，还要考虑选样方法的有效性等因素。例如，注册会计师有时从总体中选取大额或异常项目进行测试，而不是进行代表性抽样或分层抽样。

实质性分析程序的范围有两层含义：一是对什么层次上的数据进行分析，注册会计师可以选择在高度汇总的财务数据层次进行分析，也可以根据重大错报风险的性质和水平调整分析层次。例如，按照不同产品线、不同季节或月份、不同经营地点或存货存放地点等实施实质性分析程序。二是需要对什么幅度或性质的偏差展开进一步调查。一般来说，可接受的偏差越大，作为实质性分析程序一部分的进一步调查的范围就越小，因此，在设计实质性分析程序时，注册会计师应当确定已记录金额与预期值之间可接受的差异额。

在实务中，注册会计师根据评估的重大错报风险水平和实施控制测试的结果来确定计划实施的实质性程序，如表 8 - 10 所示，风险评估程序、控制测试和实质性程序之间存在对应关系。

表 8－10　　　　　　　　　**计划实施的实质性程序**

项目			财务报表认定					
			存在	完整性	权利和义务	计价和分摊	列报	…（注1）
评估的重大错报风险水平（注2）								
控制测试结果是否支持风险评估结论（注3）								
需从实质性程序获取的保证程度								
计划实施的实质性程序（注4）	索引号	执行人						
1.								
2.								
3.								
4.								
5.								
6.								
7.								
8.								
9.								
10.								
……								

注：1. 对于不同的项目来说，所对应的认定也不同，例如，所对应的认定还可能是发生、准确性、截止、分类等。

2. 结果取自风险评估工作底稿。

3. 结果取自该项目所属业务循环内部控制测试工作底稿。

4. 计划实施的实质性程序与财务报表认定之间的对应关系用“√”表示。

任务回顾

本任务主要讲述了针对财务报表层次重大错报风险的总体应对措施和针对认定层次重大错报风险的进一步审计程序（包括控制测试和实质性程序）。

（1）针对评估的财务报表层次重大错报风险确定的总体应对措施，主要包括职业态度、经验与专长、指导和监督、审计程序的不可预见性、程序的弹性。

（2）拟实施进一步审计程序的总体审计方案包括实质性方案和综合性方案。其中，实质性方案是指注册会计师实施的进一步审计程序以实质性程序为主；综合性方案是指注册会计师在实施进一步审计程序时，将控制测试与实质性程序结合使用。当评估的财务报表层次重大错报风险属于高风险水平（并相应采取更强调审计程序不可预见性以及重视调整审计程序的性质、时间安排和范围等总体应对措施）时，拟实施进一步审计程序的总体方案往往更倾向于实质性方案。

（3）进一步审计程序是指注册会计师针对评估的各类交易、账户余额、披露认定层次重大错报风险实施的审计程序，包括控制测试和实质性程序。注册会计师设计和实施的进一步审计程序的性质、时间安排和范围，应当与评估的认定层次重大错报风险具备明确的对应关系。

①进一步审计程序的性质是指进一步审计程序的目的和类型。其中：进一步审计程序的目的包括通过实施控制测试以确定内部控制运行的有效性，通过实施实质性程序以发现认定层次的重大错报。

②进一步审计程序的时间是指注册会计师何时实施进一步审计程序，或审计证据适用的期间或时点。

③进一步审计程序的范围是指实施进一步审计程序的数量，包括抽取的样本量，对某项控制活动的观察次数等。

（4）控制测试，是指用于评价内部控制在防止或发现并纠正认定层次重大错报方面的运行有效性的审计程序。

①控制测试的要求。作为进一步审计程序的类型之一，控制测试并非在任何情况下都需要实施。当存在下列情形之一时，注册会计师应当实施控制测试：

a. 在评估认定层次重大错报风险时，预期控制的运行是有效的；

b. 仅实施实质性程序不足以提供认定层次充分、适当的审计证据。

②控制测试的性质：控制测试的性质是指控制测试所使用的审计程序的类型及其组合。控制测试采用的审计程序包括询问、观察、检查、重新执行和穿行测试。

③控制测试的时间：控制测试的时间包含两层含义：一是何时实施控制测试；二是测试所针对的控制适用的时点或期间。

④控制测试的范围：控制测试的范围主要是指某项控制活动的测试次数。

（5）实质性程序。实质性程序，是指注册会计师针对评估的重大错报风险实施的直接用于发现认定层次重大错报的审计程序。实质性程序包括对各类交易、账户余额和披露的细节测试以及实质性分析程序。

①实质性程序的性质：是指实质性程序的类型及其组合。

②实质性程序的时间：与控制测试的时间选择类似，实质性程序也面临着对期中审计证据和对以前审计获取的审计证据的考虑。

③实质性程序的范围：在确定实质性程序的范围时，注册会计师应当考虑评估的认定层次重大错报风险和实施控制测试的结果。注册会计师评估的认定层次的重大错报风险越高，需要实施实质性程序的范围越广。如果对控制测试结果不满意，注册会计师应当考虑扩大实质性程序的范围。

思考与案例分析题

1. 思考题

（1）进一步审计程序的总体方案有哪两种？应当如何进行选择？

（2）简述实质性程序的两种基本类型。

（3）注册会计师在哪些情形下，应当实施控制测试？

（4）注册会计师应当从哪些方面获得关于控制运行有效性的证据？

（5）注册会计师在设计实质性程序时应考虑哪些因素？

2. 案例分析题

案例一：

中和天成会计师事务所的注册会计师冯天海和李泽方负责审计奥科公司 2012 年度财务报表。2013 年 1 月，冯天海和李泽方对奥科公司的内部控制进行了初步了解和测试。通过对奥科公司内部控制的了解，冯天海和李泽方注意到下列情况：

（1）奥科公司主要生产和销售机电设备。

（2）奥科公司生产的机电设备全部发往各地办事处和境外销售分公司销售。办事处除自行销售外，还将一部分机电设备寄销在各大城市的五金商城。各月初，办事处将上月的收、发、存的数量汇总后报奥科公司财务部门和销售部门，财务部门作相应财务处理。奥科公司生产的机电设备约有 30% 出口，出口的机电设备先发往境外销售分公司，再分销到世界各地。境外销售分公司历年未经审计，2012 年度也计划不安排审计。

（3）鉴于各年年末均处于机电设备销售旺季，为保证各办事处和境外销售分公司货源，奥科公司本部仓库在各年年末不保留产成品。

通过对奥科公司内部控制的测试，冯天海和李泽方注意到，除下列情况表明存货相关内部控制可能存在缺陷外，其他内部控制均健全、有效：（1）奥科公司以前年度未对存货实施盘点，但有完整的存货会计记录和仓库记录；（2）奥科公司发出机电设备时未全部按顺序记录；（3）奥科公司生产机电设备所需的零星 A 材料（原材料）由中盛公司代管，但奥科公司未对原材料的变动进行会计记录；（4）奥科公司每年 12 月 25 日后发出的存货在仓库的明细账上记录，但未在财务部门的会计账上反映；（5）奥科公司发出材料存在不按既定计价方法核算的现象；（6）奥科公司财务部门的会计记录和仓库明细账均反映了代大鹏公司保管的 B 材料（原材料）。

【要求】冯天海和李泽方通过内部控制测试所注意到的各种情况是否实际构成存货内部控制的缺陷？简要说明理由，并填入表中的相应位置。

情况	是否构成缺陷	简明理由
（1）		
（2）		
（3）		
（4）		
（5）		
（6）		

案例二：

奥科公司主要经营中、小型机电类产品的生产和销售，采用手工会计系统，产品销售以奥科公司仓库为交货地点。注册会计师冯天海负责审计奥科公司2012年度财务报表，于2012年1月5日至1月15日对奥科公司的采购与付款业务循环、销售与收款业务循环的内部控制进行了解、测试与评价。

冯天海计划实施以下程序以了解相关内部控制：（1）询问奥科公司有关人员，并查阅相关内部控制文件；（2）检查内部控制生成的文件和记录。

冯天海拟定的总体审计方案中关于控制测试和评价的部分内容摘录如下：（1）在了解内部控制后，如认为奥科公司内部控制设计合理且得到执行，则对相关内部控制进行测试；（2）选择2012年1月1日至2012年11月20日作为控制测试样本总体的所属期间；（3）在控制测试的基础上，形成对奥科公司2012年度内部控制有效性的最终评价。

【要求】

（1）假定不考虑其他条件，请指出冯天海还可以选择实施哪些审计程序以了解相关内部控制。

（2）假定不考虑其他条件，请指出冯天海拟订的总体审计方案中关于控制测试和评价的内容存在什么缺陷，并提出改进建议。

专业技能训练

1. 实训目的

掌握风险评估和风险应对措施。

2. 实训资料

A注册会计师负责对甲公司2014年度财务报表进行审计。甲公司从事小型机电产品的生产和销售，主要原材料均在国内采购，产品主要自营出口到美国。

资料一：A注册会计师在审计工作底稿中记录了所了解的甲公司情况及其环境，部分内容摘录如下：

（1）甲公司产品以美元定价，人民币对美元汇率由2014年初的7.3∶1升值至2014年6月的6.8∶1，之后基本保持稳定。甲公司产品销售价格自2013年初至2014年9月基本稳定。2014年10月起，受金融危机影响，甲公司的出口订单数量和销售收入均出现较大幅度减少，2014年第4季度与前3个季度相比，主要产品平均销售价格下降了约7%，但甲公司2014年未审财务报表显示其依然完成了65 000万元营业收入和7 300万元毛利的经营目标。

2013年初至2014年8月，甲公司主要原材料采购价格基本稳定。2014年9月至10月，主要原材料价格平均下跌了约5%。

（2）甲公司预计主要原材料价格在2014年底前很可能止跌回升，因此在2014年9月至10月进行大量采购，以满足2015年2月底前的生产需求。但2014年10月之后，相关原材料市场价格实际上继续下跌。

（3）2014 年 7 月，由于发生重大施工安全事故，甲公司于 2014 年 1 月开工建设的 X 生产线被有关部门勒令停建整顿。2014 年末，有关部门同意甲公司重新开工，但受宏观经济影响，X 生产线拟生产产品的市场前景不佳，甲公司董事会决定暂不启动 X 生产线的建设，并于 2014 年末按期向银行归还了 1 年期、年利率为 7% 的 1 000 万元专项借款。

（4）2014 年 12 月，甲公司决定淘汰一批账面价值为 98 万元的旧检验设备，并与受让方签订了不可撤销的转让协议，转让价格为 15 万元。2015 年 1 月，甲公司向受让方移交该批检验设备，并收讫转让款。

（5）甲公司在 2013 年末以每股 12 元购入 100 万股乙公司股票，购入时并没有明确的持有意图。2014 年末，乙公司因期货交易发生巨额亏损而濒临破产，股价出现大幅下跌，由年初的每股 12 元跌至年末的每股 2 元。

（6）根据甲公司与丙银行签订的贷款框架协议，丙银行自 2014 年 1 月至 2015 年 1 月向甲公司提供累计金额不超过 20 000 万元的流动资金贷款额度。2015 年 1 月，丙银行终止与甲公司的贷款协议。甲公司正在寻求维持日常经营活动所需资金来源，但尚未取得实质性进展。

资料二：A 注册会计师在审计工作底稿中记录了所获取的甲公司财务数据，部分内容摘录如下（金额单位：人民币万元）：

项　目	2014 年（未审数）	2013 年（已审数）
营业收入	65 030	55 320
营业成本	57 720	48 180
资产减值损失		
其中：应收账款	220	190
存货	673	657
固定资产	65	54
合计	958	901

项　目	2014 年 12 月 31 日（未审数）	2013 年 12 月 31 日（已审数）
存货账面余额	15 752	6 073
减：存货跌价准备	600	530
存货账面价值	15 152	5 543
可供出售金融资产		
乙公司股票公允价值	200	1 200
可供出售金融资产账面价值	200	1 200

项　　目	2014年年初数（已审数）	本年增加（未审数）	本年减少（未审数）	2014年末数（未审数）
在建工程——X生产线	0	962	0	962
减：在建工程减值准备	0	0	0	0
在建工程账面价值	0	962	0	962
其中：利息资本化	0	70	0	70
固定资产原价				
其中：房屋建筑物	5 370	340	217	5 493
机器设备	8 912	160	73	8 999
小计	14 282	500	290	14 492
减：累计折旧				
其中：房屋建筑物	2 933	170	126	2 977
机器设备	3 465	901	65	4 301
小计	6 398	1 071	191	7 278
减：固定资产减值准备	183	65	70	178
固定资产账面价值	7 701			7 036
资本公积（可供出售金融资产公允价值变动）	0	0	1 000	1 000

资料三：A注册会计师在审计工作底稿中记录了拟实施的实质性程序，部分内容摘录如下：

（1）计算本年重要产品的毛利率，与上年比较，检查是否存在异常，各年之间是否存在较大波动，查明原因。

（2）获取产品销售价格目录，检查售价是否符合价格政策。

（3）抽取本年一定数量的发运凭证，检查存货出库日期、品名、数量等是否与销售发票、销售合同、记账凭证等一致。

（4）抽取本年一定数量的营业收入记账凭证，检查入账日期、品名、数量、单价、金额等是否与销售发票、发运凭证、销售合同等一致。

（5）独立测算主要存货项目的年末可变现净值，将测算结果与甲公司的计算结果进行比较，分析差异原因。

（6）将存货跌价准备本年计提数与资产减值损失相应明细项目的发生额核对是否相符。

（7）获取暂时闲置固定资产的相关证明文件，并观察其实际状况，检查是否已按规定计提折旧。

（8）获取持有待售固定资产的相关证明文件，检查对其预计净残值的调整是否恰当、会计处理是否正确。

（9）查阅资本支出预算、公司相关会议决议等，检查本年增加的在建工程是否全部得到记录。

（10）向相关金融机构函证可供出售金融资产年末数量。

3. 实训要求

（1）针对资料一第（1）项至第（6）项，结合资料二，假定不考虑其他条件，逐项判断资料一所列事项是否可能表明存在重大错报风险。如果认为存在，简要说明理由，分别说明该风险属于财务报表层次还是认定层次。如果认为属于认定层次，指出相关事项主要与哪些账户（仅限于：营业收入、营业成本、资产减值损失、存货、可供出售金融资产、在建工程、固定资产、累计折旧和资本公积）的哪些认定相关。

资料一所列事项序号	是否可能表明存在重大错报风险（是/否）	理由	重大错报风险属于财务报表层次还是认定层次（财务报表层次/认定层次）	账户及相关认定
（1）				
（2）				
（3）				
（4）				
（5）				
（6）				

（2）针对资料一第（1）项至第（6）项，结合资料二，假定不考虑其他条件，逐项判断资料三所列实质性程序对发现根据资料一识别的认定层次重大错报是否直接有效。如果直接有效，指出资料三所列实质性程序与资料一的第几个事项的认定层次重大错报风险直接相关，并简要说明理由。

资料三所列实质性程序序号	资料三所列实质性程序对发现根据资料一识别的认定层次重大错报是否直接有效（是/否）	与资料一的第几个事项的认定层次重大错报风险直接相关	理由
（1）			
（2）			
（3）			
（4）			
（5）			
（6）			
（7）			
（8）			
（9）			
（10）			

教学设计与实践

1. 教学重点

（1）针对财务报表层次重大错报风险的总体应对措施；

（2）针对认定层次重大错报风险的进一步审计程序；

（3）控制测试的性质、时间和范围；

（4）实质性程序的性质、时间和范围。

2. 教学难点

（1）控制测试的性质、时间和范围；

（2）实质性程序的性质、时间和范围。

3. 建议教学课时

理论教学 2 学时。

4. 教学实践

（1）请制作本任务的授课教案；

（2）选取部分内容进行 1 小节课程的试讲。

项目四

审计实施阶段的工作

任务九　销售与收款循环审计

任务内容

- 业务循环与审计方法
- 销售与收款循环概述
- 控制测试和交易的实质性程序
- 主营业务收入审计
- 应收账款审计

任务目标

- 理解分项审计与循环审计的区别；
- 了解销售与收款循环的所涉及的主要业务活动和相关凭证与记录；
- 了解销售与收款活动的内部控制及控制测试；
- 掌握主营业务收入审计的实质性程序，熟悉相关工作底稿；
- 掌握应收账款审计的实质性程序，熟悉相关工作底稿。

适用的准则和规范

- 《中国注册会计师审计准则第 1211 号——通过了解被审计单位及其环境识别和评估重大错报风险》
- 《中国注册会计师审计准则第 1231 号——针对评估的重大错报风险采取的应对措施》
- 《中国注册会计师审计准则第 1313 号——分析程序》
- 《中国注册会计师审计准则第 1314 号——审计抽样》
- 《中国注册会计师审计准则第 1312 号——函证》
- 《企业内部控制应用指引第 9 号——销售业务》

导入案例

琼民源舞弊案例

琼民源全名为“海南民源现代农业发展股份有限公司”，1988 年 7 月在海口注册成立。1992 年 9 月在全国证券交易自动报价（STAQ）系统中募集法人股 3 000 万股，实收资本 3 000 万元；1993 年 4 月 30 日以琼民源 A 股的名义在深圳上市。

1993 年上市之初，琼民源每股收益达 0.68 元，净资产收益率为 35%。但 1994 年公司开始走下坡路，经营业绩不佳，每股收益降至 0.17 元，到了 1995 年每股收益不足 1 厘，年报公布日（1996 年 4 月 30 日）其股价仅为 3.65 元，公司已至亏损边缘，其股票无人问津。而从 1996 年 7 月 1 日起，“琼民源”的股价以 4.45 元起步，在 4 个月内，股价蹿升至 20 元，翻了数倍。“琼民源”成了 1996 年中国股市中的一匹“大黑马”。经过一番精心包装之后，1997 年 1 月 22 日，琼民源公司率先公布 1996 年年报，显示每股收益 0.867 元，净利润比去年同比增长 1 290.68 倍，分红方案为每 10 股转送 9.8 股。年报一经公布，市场震惊，股市波动，琼民源股价创出 26.18 元的历史最高。

1996 年年报显示琼民源利润总额 5.71 亿元，而主营业务收入仅为 1 677 万元，利润 39.1 万元，其他业务利润和营业外收入则分别为 4.41 亿元和 1.01 亿元。利润构成明显与报告声称的“公司主营业务包括房地产开发、移动通信、农业开发三方面”有悖，如此高额利润收入为何不列出处？面对传言与疑问，琼民源于 1997 年 2 月 1 日登出《补充公告》，声明年报的正确性。对“琼民源”年报进行审计的海南中华会计师事务所也公开表示报表的真实性。

纸终究是包不住火的，无论怎样的解释，都随着 1997 年 2 月 28 日琼民源停牌的事实成为泡沫。调查发现，“琼民源”1996 年年报中所称利润总额 5.7 亿中有 5.4 亿是虚构出来的，并虚增了 6.57 亿元资本公积金。而海南中华会计师事务所出具的 1996 年年度审计报告和海南大正会计师事务所出具的资产评估报告，均含有虚假、严重误导性内容，面对琼民源 1996 年年报中利润和资本公积大幅度的增加，两个事务所都没有保持应有的职业谨慎。鉴于“琼民源”原董事长兼总经理马玉和等人制造虚假财务数据的行为涉嫌犯罪，中国证监会旋即将有关材料移交司法机关。

“琼民源”事件作为中国证券史上最为严重的一起证券欺诈案，自从 1997 年 2 月 28 日停牌至今，白驹过隙已有十几年，但就其虚报利润、虚增资本金以及操纵市场等严重违规行为，一直是中国股市“心口永远的痛”。

案例思考：琼民源虚报利润、虚增资本金等违规行为以及两家会计师事务所出具不实报告的行为留给我们怎样的启示？

任务结构

一、业务循环与审计方法

（一）业务循环及其关系

被审计单位的业务活动可以划分为若干业务循环。所谓业务循环，是指处理某类经济业务的工作程序和先后顺序。除了公司的成立和清理以外，各循环是周而复始的：公司成立时要取得资本，通常是现金形式（投资与筹资循环）；对制造业公司来说，现金要用来采购原材料、固定资产等，以便生产存货（采购与付款循环）。为生产存货，现金还用来取得人工（人力资源与工薪循环）。采购与付款循环与人力资源与工薪循环在性质上类似，但其功能上的区别足以将它们分为两个循环；这两个循环的结果合并起来就是存货（生产与存货循环）；随后是售出存货、开列账单和收回货款（销售与收款循环）；由此就产生了现金，可用于支付股利和利息以及开始新的循环（投资与筹资循环）。各循环之间的关系如图 9－1 所示。

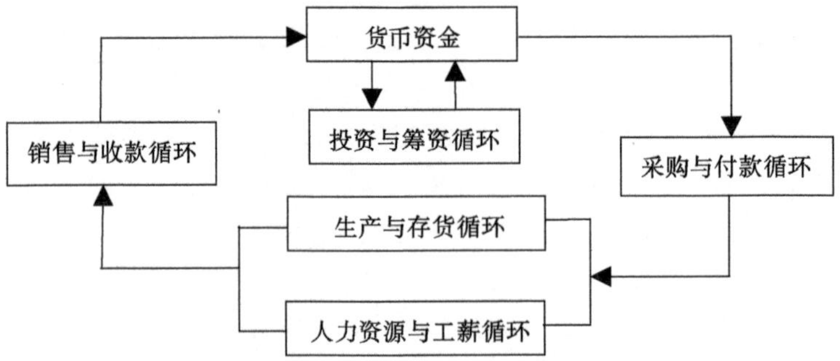

图 9－1　各循环之间的关系

（二）分项审计方法与循环审计方法

财务报表审计的组织方式大致有两种：一是分项审计方法，是指按会计报表项目组织实施审计的方法，这种方法要求对财务报表的每个账户余额单独进行审计；二是循环审计方法，是指按业务循环组织实施审计的方法，这种方法要求将财务报表分成几个循环进行审计，即把紧密联系的交易种类和账户余额归入同一循环中，按业务循环组织实施审计。分项审计法和循环审计法各有优缺点，表 9－1 对两种方法进行了比较。

一般而言，控制测试是在了解被审计单位内部控制、实施风险评估程序基础上进行的，与被审计单位的业务流程关系密切，因此，控制测试通常应采用循环审计法实施。对交易和账户余额的实质性程序，既可采用分项审计法实施，也可采用循环审计法实施。但由于控制测试通常按循环审计法实施，为避免实质性程序与控制测试严重脱节的弊端，提倡采用循环审计法。图 9－2 列示了各业务循环和资产负债表、利润表项目之间的对应关系。

表 9－1　　分项审计方法与循环审计方法的比较

	做法	优点	缺点
分项审计方法	将报表中的每个账户余额都作为一个单独的单元进行测试	与多数被审计单位账户体系设置以及报表格式相吻合，操作方便	将紧密联系的相关账户人为地予以分割，容易造成整个审计工作的脱节和重复 与按业务循环进行的内部控制测试严重脱节，缺乏效率
循环审计方法	将关系密切的一类交易和账户余额归为一块	与按业务循环进行的内部控制测试直接联系，可加深注册会计师对被审计单位经济业务的理解 便于注册会计师的分工，将特定业务循环所涉及的会计报表项目分配给一个或数个注册会计师，不仅可加深注册会计师对被审计单位经济业务的理解，而且使其能够对不同会计报表项目进行交叉复核，以提高审计效率与效果	操作不方便

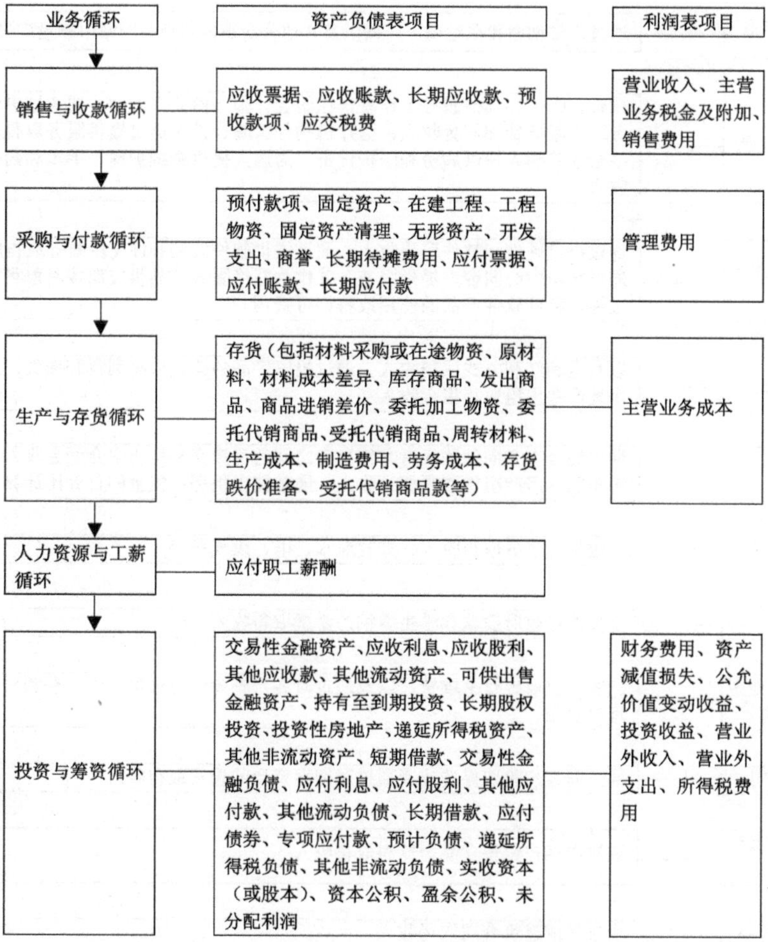

图 9－2　业务循环与主要报表项目对照图

二、销售与收款循环的特点

（一）销售与收款循环的主要流程

企业的收入主要来自于出售商品、提供服务等，由于所处行业不同，企业具体的收入来源有所不同。图 9－3 列示了一些常见的行业的主要收入来源。

行业类型	收入来源
贸易业	通过下列货物购销方式取得收入：通过存储和销售向普通大众零售；作为批发商向零售店供应商品；近期和将来可能更多地采用网上销售或电子商务交易
汽车制造商和经销商	汽车制造商通过向零售分销商供应特定品牌的汽车和零部件取得收入；经销商则通过销售新车或二手车取得收入，如果该汽车销售网点包括汽车加油站和汽车服务设施，还通过为客户加油、为汽车提供服务和销售汽车零部件取得收入
一般制造业	通过采购原材料并将其用于生产流程制造产成品卖给消费者取得收入
广告代理商	通过广告创意和在电视、广播以及其他公众媒体包括在网站中插播广告取得收入
专业服务机构	律师、医生和其他医务工作者、注册会计师、商业咨询师主要通过提供专业服务取得服务费和佣金收入；医疗机构如医院、诊所通过提供服务取得收入，包括给住院病人提供病房和医护设备，为病人提供精细护理、手术和药品等取得收入
IT咨询师	通过提供硬件和软件取得收入；通过提供软件安装和IT支持服务取得服务费；通过呼叫中心向客户提供服务，并作为网络服务产品供应商按月取得收入；通过提供特殊软件产品的使用取得许可费用
投资者	以利息和红利方式取得收入，通过投资产品的购销取得利得和损失，通过投资房地产并出租取得租金收入
房地产中介	通过撮合有意向的购房者和售房者之间的房产交易取得中介佣金收入；通过为房东管理房产租赁取得佣金收入，通常按出租房产租金的百分比计算
公用事业单位	通过提供服务取得收入，如收取水、电、煤气费等
学校	主要通过政府拨款和学生缴纳的学费取得收入
银行和其他金融机构	向客户收取银行手续费，以及通过对客户资金进行谨慎投资，获利后收取相关理财费用
保险公司	通过向客户收取保费或者通过对留存资金的投资取得收入
饭店和快餐连锁店	通过向客户销售食品、饮料取得收入
建筑承包商	通过完成建筑合同取得收入

图 9－3　不同行业类型的主要收入来源

销售与收款活动所涉及的主要业务环节如图 9－4 所示：

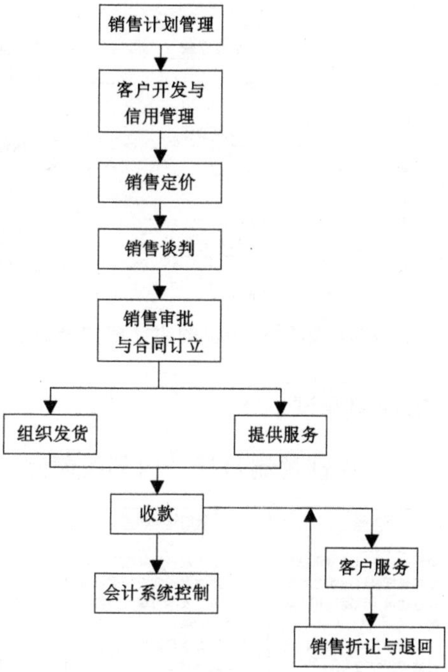

图 9－4　销售与收款循环流程图

（二）销售与收款循环涉及的主要凭证、记录与账户

销售与收款活动所涉及的主要凭证和会计记录如图 9－5 所示。

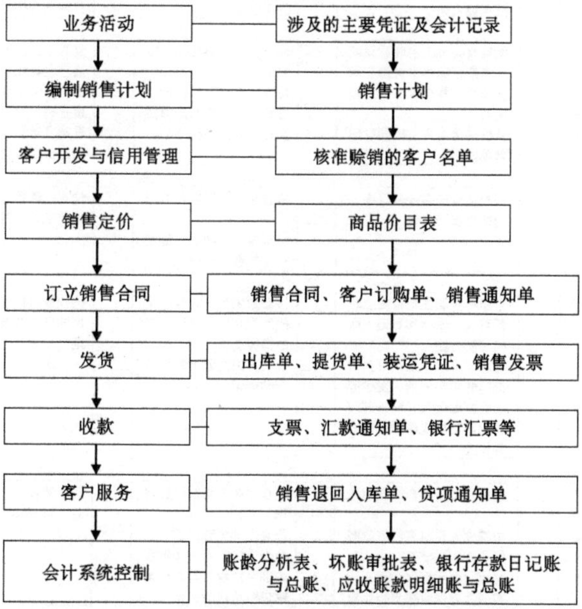

图 9－5　销售与收款循环涉及的主要凭证和会计记录

销售与收款循环主要涉及销售和收款两类交易。这两类交易所涉及的主要账户及其相互关系如图9－6所示。

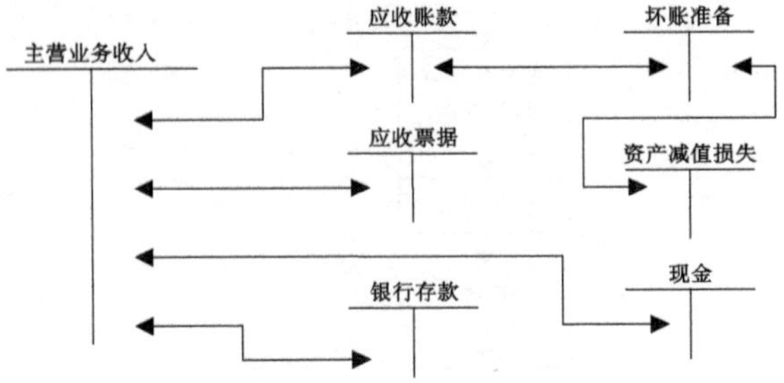

图9－6 销售与收款循环涉及的主要账户及其相互关系

三、销售与收款循环的控制测试

图9－7列示了销售交易的内部控制目标、内部控制测试与审计测试的关系。

内部控制目标	关键内部控制	常用的控制测试	常用的交易实质性程序
登记入账的销售交易确系已经发货给真实的客户（发生）	销售交易是以经过审核的发运凭证及经过批准的客户订购单为依据登记入账的 在发货前，客户的赊购已经被授权批准 每月向客户寄送对账单，对客户提出的意见作专门追查	检查销售发票副联是否附有发运凭证（或提货单）及销售单（或客户订购单） 检查客户的赊购是否经授权批准 观察是否寄发对账单，并检查客户回函档案	复核主营业务收入总账、明细账以及应收账款明细账中的大额或异常项目 追查主营业务收入明细账中的分录至销售单、销售发票副联及发运凭证 将发运凭证与存货永续记录中的发运分录进行核对
所有销售交易均已登记入账（完整性）	发运凭证（或提货单）均经事先编号并已经登记入账 销售发票均经事先编号并已登记入账	检查发运凭证连续编号的完整性 检查销售发票连续编号的完整性	将发运凭证与相关的销售发票和主营业务收入明细账及应收账款明细账中的分录进行核对
登记入账的销售数量确系已发货的数量，已正确开具账单并登记入账（计价和分摊）	销售有经批准的装运凭证和客户订购单支持将装运数量与开具账单的数量相比对 从价格清单主文档获取销售单价	检查销售发票有无支持凭证 检查比对留下的证据 检查价格清单的准确性及是否经恰当批准	复算销售发票上的数据 追查主营业务收入明细账中的分录至销售发票 追查销售发票上的详细信息至发运凭证、经批准的商品价目表和客户订购单
销售交易的分类恰当（分类）	采用适当的会计科目表 内部复核和核查	检查会计科目表是否适当 检查有关凭证上内部复核和核查的标记	检查证明销售交易分类正确的原始证据
销售交易的记录及时（截止）	采用尽量能在销售发生时开具收款账单和登记入账的控制方法 每月末由独立人员对销售部门的销售记录、发运部门的发运记录和财务部门的销售交易入账情况作内部核查	检查尚未开具收款账单的发货和尚未登记入账的销售交易 检查有关凭证上内部核查的标记	比较核对销售交易登记入账的日期与发运凭证的日期
销售交易已正确地记入明细账，并经正确汇总（准确性、计价和分摊）	每月定期给客户寄送对账单 由独立人员对应收账款明细账作内部核查 将应收款明细账余额合计数与其总账余额进行比较	观察对账单是否已经寄出 检查内部核查标记 检查将应收账款明细账余额合计数与其总账余额进行比较的标记	将主营业务收入明细账加总，追查其至总账的过账

图9－7 销售交易的控制目标、关键内部控制和测试关系图

图 9－8 以现金销售交易为例，列示了相关的控制目标、关键内部控制和测试。

内部控制目标	关键内部控制	常用控制测试	常用实质性程序
登记入账的现金收入确实为企业已经实际收到的现金（存在或发生）	现金折扣必须经过适当的审批手续 定期盘点现金并与账面余额核对	观察 检查是否定期盘点，检查盘点记录 检查现金折扣是否经过恰当的审批	盘点库存现金，如与账面数额存在差异，分析差异原因 检查现金收入日记账、总账和应收账款明细账的大额项目与异常项目
收到的现金收入已全部登记入账（完整性）	现金出纳与现金记账的职务分离 每日及时记录现金收入 定期盘点现金并与账面余额核对 定期向客户寄送对账单 现金收入记录的内部复核	观察 检查是否存在未入账的现金收入 检查是否定期盘点，检查盘点记录 检查是否向客户寄送对账单，了解是否定期进行检查复核标记	现金收入的截止测试 盘点库存现金，如与账面数额存在差异，分析差异原因 抽查客户对账单并与账面金额核对
存入银行并记录的现金收入确系实际收到的金额（计价与分摊）	定期取得银行对账单 编制银行存款余额调节表 定期与客户对账	检查银行对账单 检查银行存款余额调节表 观察是否每月寄送对账单	检查调节表中未达账项的真实性以及资产负债表日后的进账情况
现金收入在资产负债表中的披露正确（列报）	现金日记账与总账的登记职责分离	观察	

图 9－8　收款交易的控制目标、关键内部控制和测试关系图

小资料

控制测试并非在任何情况下都需要实施。但当存在下列情形之一时，注册会计师应当实施控制测试：（1）在评估认定层次重大错报风险时，预期控制的运行是有效的；（2）仅实施实质性程序不足以提供认定层次充分、适当的审计证据。

【同步案例 9－1】

注册会计师 A 于 2010 年 12 月对甲公司销售与收款循环的内部控制进行了解和

测试，并在相关工作底稿中对相关事项进行记录，摘录如下：

(1) 甲公司发出商品时，由销售部门填制一式四联的出库单。仓库发出商品后，将第一联出库单留存登记产成品卡片，第二联交销售部门留存，第三联、第四联交会计部门会计人员乙登记产成品总账和明细账。

(2) 会计人员丙负责开具销售发票。在开具销售发票之前，先取得仓库的发货记录和销售商品价目表，然后填写销售发票的数量、单价和金额。

要求：根据上述摘录，请代注册会计师A指出甲公司在销售与收款内部控制方面的缺陷，提出改进建议。

答案提示：

(1) 会计人员乙同时登记产成品总账和明细账，属于不相容职务未进行分离。应建议甲公司由不同的会计人员登记产成品总账和明细账。

(2) 会计人员丙开具销售发票不能只依据发货单和价目表，因为实际销售的数量和结算价格可能会与发货单数量和价目表上的价格不一致。应建议甲公司会计人员丙先核对装运凭证和相应的经批准的销货单，并根据已授权批准的商品价格填写销售发票的价格，根据装运凭证上的数量填写销售发票上的数量，再根据数量和价格计算出金额。

四、销售与收款交易的实质性程序

（一）销售与收款交易的实质性分析程序

通常，注册会计师在对交易和余额实施细节测试前先实施实质性分析程序，具体到销售与收款交易和相关余额，主要包括（见图9－10）：

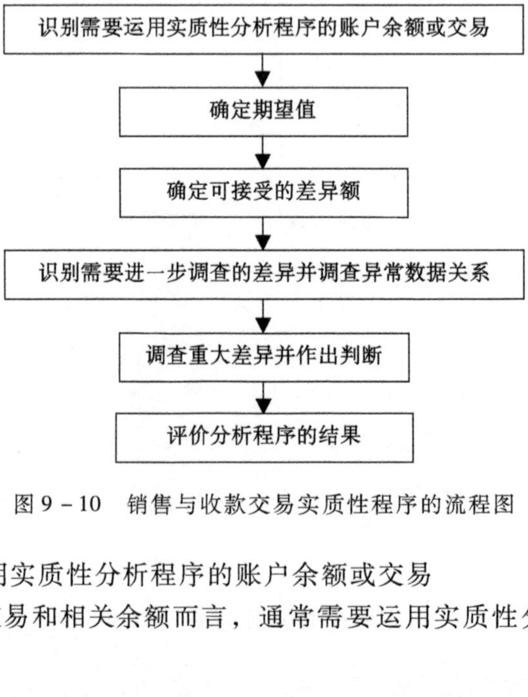

图9－10　销售与收款交易实质性程序的流程图

1. 识别需要运用实质性分析程序的账户余额或交易

就销售与收款交易和相关余额而言，通常需要运用实质性分析程序的是销售交易、收款交易、营业收入项目和应收账款项目。

2. 确定期望值

基于注册会计师对经营活动、市场份额、经济形势和发展历程的了解，与营业额、毛利率和应收账款等的预期相关。

3. 确定可接受的差异额

在确定可接受的差异额时，注册会计师首先应当确定管理层使用的关键业绩指标，并考虑这些指标的适当性和监督过程。

4. 识别需要进一步调查的差异并调查异常数据关系

注册会计师应当计算实际和期望值之间的差异，这涉及一些比率和比较，包括：观察月度（或每周）的销售记录趋势，与往年或预算相比较。任何异常波动都必须与管理层讨论，如果有必要的话还应作进一步的调查；将销售毛利率与以前年度和预算相比较。如果被审计单位各种产品的销售价格是不同的，那么就应当对每种产品或者相近毛利率的产品组进行分类比较。任何重大的差异都需要与管理层沟通；计算应收账款周转率和存货周转率，并与以前年度相比较。未预期的差异可能由很多因素引起，包括未记录销售、虚构销售记录或截止问题；检查异常项目的销售，例如对大额销售以及未从销售记录过入销售总账的销售应予以调查；对临近年末的异常销售记录更应加以特别关注。

5. 调查重大差异并作出判断

注册会计师在分析上述与预期相联系的指标后，如果认为存在未预期的重大差异，就可能需要对营业收入发生额和应收账款余额实施更加详细的细节测试。

6. 评价分析程序的结果

注册会计师应当就收集的审计证据是否能支持其试图证实的审计目标和认定形成结论。

【同步思考9－1】

在某些特殊的行业，如餐饮、娱乐业，几乎不会以销售发票的开具作为支持记录主营业务收入的依据。那么对于这类行业，审计人员可以采用哪些办法来确定主营业务收入数额的恰当性？

【分析思路】对缺乏销售发票作为记账依据的行业，执行实质性分析程序可能是一个有效的办法。为此，审计人员可以考虑的思路包括：

- 考虑行业总体经济状况；
- 比较不同会计期间的收入金额；
- 考虑被审计单位生产的季节性影响因素，从而比较被审计年度内各月销售额的变化；
- 考虑促销方案的影响；
- 考虑激烈竞争的影响；
- 考虑重要客户的统计数据。

（二）销售交易类别的细节测试

销售交易类别的细节测试主要包括以下几个方面（见图 9－11）：

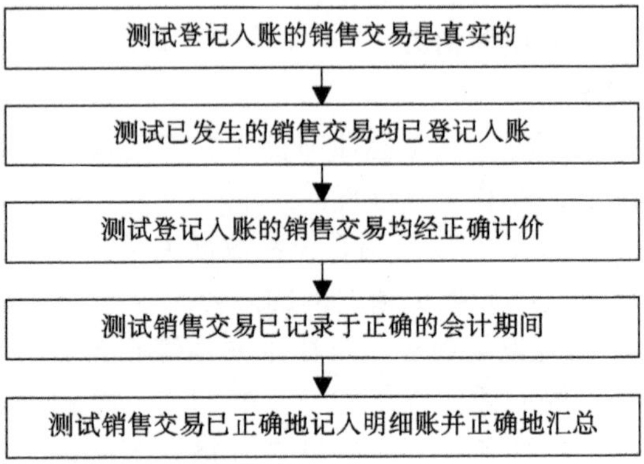

图 9－11 销售交易类别细节测试流程图

1. 测试登记入账的销售交易是真实的

该测试所要实现的审计目标是存在或发生目标。对这一目标，注册会计师一般关心三类可能的错误：未曾发货却已将销售交易登记入账；销售交易重复入账；向虚构的顾客发货，并作为销售交易登记入账。前两类错误可能是有意的，也可能是无意的，而第三类错误肯定是有意的。将不真实的销售登记入账的情况虽然极少，但其后果却很严重，因为这会导致多报资产和收入。大多数著名的审计案例中，均可见销售不实的事实，这是上市公司最热衷采用的操纵利润的手法，表 9－2 仅列示了其中很少的一部分。

表 9－2　　上市公司虚构收入的典型手段

公司	典型作假手法
银广夏	虚构出口收入
黎明股份	虚构销售对象和虚构交易虚增收入
麦科特	通过虚构进口设备融资租赁交易虚增收入
蓝田股份	虚构收入和在建工程
东方电子	虚构销售对象和虚构交易虚增收入
锦州港	虚构收入和在建工程、固定资产、现金
张家界	虚构土地转让
ST 纵横	提前划入政府财政补贴、虚构销售收入

如何以恰当的实质性程序来发现不真实的销售，取决于注册会计师的专业判断。对“存在或发生”这一目标而言，注册会计师通常只在认为内部控制有弱点时，才实施实质性程序。因此，测试的性质取决于潜在的控制弱点的性质：

（1）对未曾发货却将销售交易登记入账错误的审计。注册会计师可以从主营业务收入明细账中抽取若干笔分录，追查有无发运凭证及其他佐证凭证，借以查明有无事实上没有发货却已登记入账的销售交易。如果注册会计师对发运凭证的真实性也有怀疑，就可能有必要再进一步追查存货的永续盘存记录，测试存货余额有无减少；

（2）对销售交易重复入账错误审计。注册会计师可以通过检查企业的销售交易记录清单以确定是否存在重号、缺号；

（3）对向虚构的顾客发货并作为销售交易登记入账错误的审计。一般来说，这类错误通常在负责登记销售的人员同时兼任核准发货职能的情况下发生。注册会计师应当检查主营业务收入明细账中与销售分录相应的销售单，以确定销售是否经过赊销批准手续和发货审批手续。

检查上述三类多报销售错误的可能性的另一有效的方法是追查应收账款明细账中贷方发生额的记录。如果应收账款最终得以收回货款或者收到退货，则记录入账的销售交易一开始通常是真实的，如果贷方发生额是注销坏账，或者直到审计时所欠货款仍未收回，就必须详细追查相应的发运凭证和顾客订货单等，因为这些迹象都说明可能存在虚构的销售交易。

2. 测试已发生的销售交易均已登记入账

该测试所要实现的审计目标是完整性目标。销售交易的审计一般偏重于检查虚报资产与收入的问题，因此，通常无需针对完整性目标进行交易实质性程序。但是，如果内部控制不健全，比如被审计单位没有由发运凭证追查至主营业务收入明细账这一独立内部核查程序，就有必要进行交易实质性程序。因为在这种情况下容易出现漏记销售交易。

从发货部门的档案中选取部分发运凭证，并追查至有关的销售发票副本和主营业务收入明细账，是测试未开票发货的一种有效程序。为使这一程序成为一项有意义的测试，注册会计师必须能够确信全部发运凭证均已归档，这一点可以通过检查发运凭证的顺序编号来查明。

小资料

设计发生目标和完整性目标的细节测试程序时，确定追查凭证的起点即测试的方向很重要。

测试发生目标时，起点是明细账，即从主营业务收入明细账中抽取一个发票号码样本，追查至销售发票存根、发运凭证以及客户订购单（即“逆查”）。

测试完整性目标时，起点应是发运凭证，即从发运凭证中选取样本，追查至销售发票存根和主营业务收入明细账，以确定是否存在遗漏事项（即“顺查”）。

注册会计师如果关心的是发生目标，但弄错了追查的方向（即由发运凭证追查至明细账），就属于严重的审计缺陷。在测试其他目标时，方向一般无关紧要。例如，测试交易业务计价的准确性时，可以由销售发票追查发运凭证，也可以反向追查。

3. 测试登记入账的销售交易均经正确计价

该测试所要实现的审计目标是计价和分摊目标。销售交易的估价准确包括：按订货数量发货、按发货数量准确地开具账单以及将账单上的数额准确地记入会计账簿。对这三个方面，在每次审计中一般都要执行实质性程序，以确保其准确无误。

典型的实质性程序包括复算会计记录中的数据。通常的做法是：以主营业务收入明细账中的会计分录为起点，将所选择的交易业务的合计数与应收账款明细账和销售发票存根进行比较核对。其金额小计和合计数也要进行复算。发票中列出的商品的规格、数量和顾客代号等，则应与发运凭证进行比较核对。另外，往往还审核顾客订货单和销售单中的同类数据。

4. 测试销售交易已记录于正确的会计期间

该测试与截止审计目标有关。企业发货后应尽快开具账单并登记入账，以防止无意漏记销售交易，确保它们记入正确的会计期间。在执行估价实质性的测试的同时，一般要将所选取的提货单或其他发运凭证的日期与相应的销售发票存根、主营业务收入明细账和应收账款明细账的日期作比较。如有重大差异，就可能存在销售截止期限上的错误。

5. 测试销售交易已正确地记入明细账并正确地汇总

该测试与分类审计目标有关。针对过账、汇总目标的测试包括加总主营业务收入明细账、应收账款明细账和过入总账三项，并从其中之一追查其他两项。在多数审计中，通常都要加总主营业务收入明细账，并将加总数和一些具体内容分别追查至主营业务收入总账和应收账款明细账或现金、银行存款日记账，以检查在销售过程中是否存在有意或无意的错报问题。从主营业务收入明细账追查至应收账款明细账，一般与为实现其他审计目标所作的测试一并进行；而将主营业务收入明细账加总，并追查、核对加总数至其总账，则应作为单独的一项测试程序来进行。

针对过账、汇总目标所进行的测试与针对其他目标所进行的测试的区别是加总主营业务收入明细账、应收账款明细账和过入总账三项，并从其中之一追查其他两项。如果加总与比较只限于主营业务收入明细账、应收账款明细账和过入总账这三项，即属于针对过账、汇总目标的测试。而针对其他目标（如估价目标等），其测试除了上述程序外，还包括凭证之间的相互核对和凭证与相关明细账的核对。因此，由销售发票存根追查核对主营业务收入明细账或应收账款明细账，是估价目标的测试程序，而由主营业务收入明细账追查核对应收账款明细账，则是过账、汇总目标的测试程序。

（三）收款交易类别的细节测试

收款交易类别的细节测试与销售交易的细节测试是相似的，都应针对各交易类别的审计目标来组织交易类别的细节测试。与销售交易测试一样，收款交易类别细节测试的范围，在一定程度上取决于关键控制是否存在以及控制测试的结果。由于销售与收款交易同属一个循环，在经济活动中密切相连，因此，收款交易类别的一部分测试可与销售交易类别测试一并执行，但收款交易的特殊性又决定了其另一部分测试仍需单独实施。

【同步思考 9－2】

交易的实质性程序选择何时进行比较合适？

分析提示：由于特定内部控制一般根据循环或交易而设计，交易的实质性程序通常和控制测试一起执行，叫做双重目的测试。交易的实质性程序虽然与关键控制及控制测试没有直接关系，但交易实质性程序的范围在一定程度上取决于关键控制是否存在及控制测试的结果。

五、主营业务收入审计

表 9－3 列示了有关主营业务收入的认定、审计目标和可供选择的审计程序之间的内在关系。

表 9－3　　**主营业务收入实质性程序**

被审计单位：南方工业有限公司	索引号：A6－1
项目：主营业务收入实质性程序表	期间：2014 年度
编制：王胜	复核：张雷
日期：2015－2－16	日期：2015－3－1

一、审计目标与认定对应关系表

审计目标	财务报表认定					
	发生	完整性	准确性	截止	分类	列报
A. 利润表中记录的主营业务收入已发生，且与被审计单位有关	√					
B. 所有应当记录的主营业务收入均已记录		√				
C. 与主营业务收入有关的金额及其他数据已恰当记录			√			
D. 主营业务收入已记录于正确的会计期间				√		
E. 主营业务收入已记录于恰当的账户					√	
F. 主营业务收入已按照企业会计准则的规定在财务报表中作出恰当的列报						√

二、审计目标与审计程序对应关系表

审计目标	可供选择的审计程序	索引号
C	1. 获取或编制主营业务收入明细表：(1) 复核加计是否正确，并与总账数和明细账合计数核对是否相符，结合其他业务收入科目与报表数核对是否相符；(2) 检查以非记账本位币结算的主营业务收入的折算汇率及折算是否正确	A6－3

续表

审计目标	可供选择的审计程序	索引号
ABC	2. 实质性分析程序：（1）将本期的主营业务收入与上期的主营业务收入进行比较，分析产品销售的结构和价格变动是否异常，并分析异常变动的原因；（2）计算本期重要产品的毛利率，与上期比较，检查是否存在异常，各期之间是否存在重大波动，查明原因；（3）比较本期各月各类主营业务收入的波动情况，分析其变动趋势是否正常，是否符合被审计单位季节性、周期性的经营规律，查明异常现象和重大波动的原因；（4）将本期重要产品的毛利率与同行业企业进行对比分析，检查是否存在异常；（5）根据增值税发票申报表或普通发票，估算全年收入，与实际收入金额比较	A6－4 A6－3 A6－5
ABCD	3. 检查主营业务收入的确认条件、方法是否符合企业会计准则，前后期是否一致；关注周期性、偶然性的收入是否符合既定的收入确认原则、方法	略
C	4. 获取产品价格目录，抽查售价是否符合价格政策，并注意销售给关联方或关系密切的重要客户的产品价格是否合理，有无以低价或高价结算的方法，相互之间有无转移利润的现象	略
ABCD	5. 抽取若干张发货单，审查出库日期、品名、数量等是否与发票、销售合同、记账凭证等一致	略
ACD	6. 抽取若干张记账凭证，审查入账日期、品名、数量、单价、金额等是否与发票、发货单、销售合同等一致	A6－7
AC	7. 结合对应收账款的审计，选择主要客户函证本期销售额	略
A	8. 对于出口销售，应当将销售记录与出口报关单、货运提单、销售发票等出口销售单据进行核对，必要时向海关函证	略
D	9. 销售的截止测试：（1）通过测试资产负债表日前后__天且金额大于__的发货单据，将应收账款和收入明细账进行核对；同时，从应收账款和收入明细账选取在资产负债表日前后__天且金额大于__的凭证，与发货单据核对，以确定销售是否存在跨期现象；（2）复核资产负债表日前后销售和发货水平，确定业务活动水平是否异常，并考虑是否有必要追加截止程序；（3）取得资产负债表日后所有的销售退回记录，检查是否存在提前确认收入的情况；（4）结合对资产负债表日应收账款的函证程序，检查有无未取得对方认可的大额销售；（5）调整重大跨期销售	A6－6
A	10. 存在销货退回的，检查手续是否符合规定，结合原始销售凭证检查其会计处理是否正确。结合存货项目审计关注其真实性	略
C	11. 销售折扣与折让：（1）获取或编制折扣与折让明细表，复核加计正确，并与明细账合计数核对相符；（2）取得被审计单位有关折扣与折让的具体规定和其他文件资料，并抽查较大的折扣与折让发生额的授权批准情况，与实际执行情况进行核对，检查其是否经授权批准，是否合法、真实；（3）销售折让与折扣是否及时足额提交对方，有无虚设中介、转移收入等情况；（4）检查折扣与折让的会计处理是否正确	略

续表

审计目标	可供选择的审计程序	索引号
ABCDE	12. 检查有无特殊的销售行为，如委托代销、分期收款销售、商品需要安装和检验的销售、附有退回条件的销售、售后租回、售后回购、以旧换新、出口销售等，选择恰当的审计程序进行审核	略
AC	13. 调查向关联方销售情况，记录其交易品种、价格、数量、金额和比例，并记录占总销售收入的比例。对于合并范围内的销售活动，记录应予合并抵销的金额	略
AC	14. 调查集团内部销售的情况，记录其交易价格、数量和金额，并追查在编制合并财务报表时是否已予以抵销	略
	15. 根据评估的舞弊风险等因素增加的审计程序	略
F	16. 检查主营业务收入是否已按照规定在财务报表中作出恰当列报	略

主营业务收入审计的实质性程序一般包括9个步骤（见图9－12）：

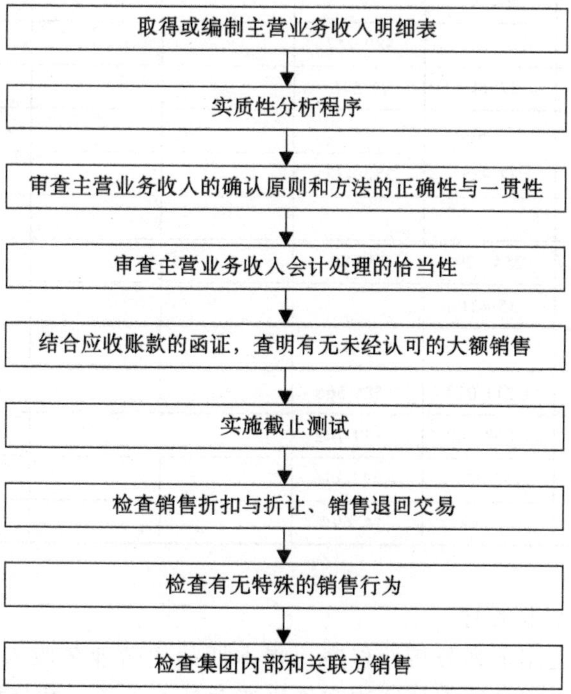

图9－12 主营业务收入审计的实质性程序流程图

1. 取得或编制主营业务收入明细表

注册会计师应从被审计单位取得或自己编制主营业务收入明细表（见表9－4），以确定被审计单位利润表上主营业务收入的数额与其明细表合计数是否相符。在审计时，注册会计师必须将明细表上的数汇总，并与总分类账核对，如果二者不符，应查明原因，并作出相应的调整。如果明细表是从被审计单位取得的，注册会计师还可抽查明细表中的一些项目，验证其正确性。

表 9－4　　　　主营业务收入明细表

被审计单位：南方工业有限公司	索引号：A6－3
项目：主营业务收入明细表	期间：2014 年度
编制：王胜	复核：张雷
日期：2015－2－16	日期：2015－3－1

月份	主营业务收入明细项目						
	合计	HZMC20BK	XJCW1225B	……			
1	6 416 752	231 436					
2	4 248 453		365 418				
3	3 607 171	352 148					
4	6 770 342	56 487					
5	7 349 017		589 742				
6	4 035 256	87 945	77 546				
7	2 608 547	115 462					
8	6 245 085	77 985	352 473				
9	7 903 932						
10	2 838 667	254 129	55 689				
11	5 884 669	35 421					
12	8 251 213		145 698				
合计	66 159 104	1 211 013	1 586 566				
上期数	68 077 968	1 058 742	1 859 742				
变动额	－1 918 864	152 271	－273 176				
变动比例	－2.82%	14.38%	－14.69%				

2. 实施实质性分析程序

注册会计师可运用下列分析性程序：将本期的主营业务收入与上期的主营业务收入进行比较，分析产品销售的结构和价格变动是否异常，并分析异常变动的原因；计算本期重要产品的毛利率，与上期比较，检查是否存在异常，各期之间是否存在重大波动，查明原因；比较本期各月各类主营业务收入的波动情况，分析其变动趋势是否正常，是否符合被审计单位季节性、周期性的经营规律，查明异常现象和重大波动的原因；将本期重要产品的毛利率与同行业企业进行对比分析，检查是否存在异常；根据增值税专用发票申报表或普通发票，估算全年收入，与实际收入金额比较。

3. 审查主营业务收入的确认原则和方法的正确性与一贯性

对主营业务收入的实质性程序，主要应测试被审计单位是否符合销售收入确认的条件。注册会计师应查明被审计单位主营业务收入的确认原则和方法是否符合企业会计准则和会计制度规定的收入实现条件，前后期是否一致，特别关注周期性、偶然性的收入是否符合既定的收入确认原则和方法。

【同步案例 9-2】

销售收入审计案例

注册会计师在审计甲公司的销售收入时，发现甲公司与子公司合作开发的御水豪庭楼盘已开发完毕，且已通过建筑工程核验，甲公司就上述楼盘的部分房屋已与购买业主签订了销售合同，合同约定金额为人民币 16 000 万元，且收到部分售房款计人民币 10 000 万元，但尚未办理完毕业主入住手续。甲公司的账务处理已确认销售收入 10 000 万元，并在其会计报表附注中对此予以披露。为此，注册会计师 A 检查了相应的销售合同、收款凭证及会计处理，认为不能获取其他充分的证据确定该商品房所有权上的主要风险和报酬已转移，因此销售收入不能确认，提请甲公司做相应的调整分录。

在甲公司拒绝接受调整建议时，注册会计师发表了保留意见的审计报告，保留意见为："如贵公司会计报表附注六所述，截至 2014 年 12 月 31 日，贵公司与子公司合作开发的御水豪庭楼盘已开发完毕，且已通过建筑工程核验，贵公司已就上述楼盘的部分房屋与购买业主签订了销售合同，合同约定金额为人民币 16 000 万元，且收到部分售房款计人民币 10 000 万元，但尚未办理完毕业主入住手续，我们未能获取其他充分的证据确定该商品房所有权上的主要风险和报酬已转移，与该事项有关的利润为人民币 4 000 万元。

案例分析：注册会计师充分关注了被审计单位与其子公司合作开发的商品房，由于"尚未办理完毕业主入住手续"即已确认为当期的营业收入，按《企业会计准则》和《企业会计制度》所规定的收入确认条件"商品所有权上的重要风险和报酬确实转移"，未能取得足够的证据，因而表示了保留意见。

小资料

警惕操纵收入确认的十种手段[①]

目前许多企业在收入确认方面存在种种操纵行为，掩盖了企业真实的收入状况，其主要手段有如下十种：

（1）提前开具销售发票，以美化业绩。由于我国发票管理制度的特殊性，

① 吴革："警惕操纵收入确认的十种手段"，《中国财经报·财会世界周刊》，2001 年 10 月 18 日。

在会计和税务实务中，开具销售发票往往是销售实现的一个标志。因此，一些公司往往以开具销售发票和已计税为理由确认营业收入，而不管销售过程是否真正完成。但实际上，开具销售发票仅仅是形式，并不代表销售过程的终结。

(2) 操纵收入的认定时点，创造虚无的销售收入。为掩盖造假行为，企业经常捏造存货记录、发运记录和发票。以生产芭比娃娃出名的美国玩具公司 Mattel Inc. 在 1970 年，就曾以“先开账单货暂代管”的方式提早确认了巨额的销售收入，被诉之法庭赔偿 3 000 万美元。

(3) 不适当的销售分割。如在年底虚开发票，次年再以质量不合格等理由冲回、退货。为增加销售收入，没有在会计期末结账，将下期销售记入本期。

(4) 在存有重大不确定性时确定收入。一般而言，下列情况下不应确认收入：所有权上的风险和报酬没有转移；客户有可能退货；买方有可能拒付货款；交易涉及未解决的问题或还需要进行协调；或借助于第三方签订“卖断收益权”的协议；或顾客还拥有退货或终止合约的选择权。例如，商品销售后如果需要安装和检验，则应在安装和检验后才产生付款义务。因而，应在安装和检验后才能确认为收入。

事实上，即使是知名的、受人尊敬的公司也会发现存在这种会计诡计。1997 年 11 月，美国博士伦公司与证券交易委员会和解了一桩会计舞弊案。这是一起典型的高层对低层提出近乎不可能实现的经营目标而引起的会计舞弊案。由于来自美国本土公司的压力迫使香港的亚太分部虚报了雷朋以及其他一些品牌太阳眼镜的销售收入等。而在美国，隐形眼镜部私下赋予顾客退货权，同时却把这些交易确认为会计收入。

(5) 完工百分比法的不适当运用。由于信息的不对称，在存有重大不确定性的情况下，采用完工百分比法确认收入和相应结转费用，管理层既可以隐瞒未来的不确定性，又可以随心所欲地估计完成合同需要的总成本及各期完工程度，通过夸大在建项目的完成比例来高估收入，以达到操纵收入的目的。

(6) 受托销售。将代销收入列为本企业的销售收入，以虚增收入。

(7) 未认可发运。发运有缺陷的货物或并非对方需要的货物后，以全部价格而不是以销售返回或折扣价格记录来增加收入。

(8) 在仍需提供未来服务时确认收入。在收到款项时马上确认为收入，而不管未来仍需要提供服务，这是常见的操纵收入的手法，特别是收款后马上出具销售发票时，更使这种手法具有隐蔽性和欺骗性。事实上，收到款项有时仅仅是预收货款，应先作为负债，待有关产品或劳务已经提供后，方可确认收入。一些劳务收入的确认，如特许权费收入、会员费收入、服务费收入、广告费收入、安装费收入、软件定制费收入，很容易出现这样的情况。

(9) 递延确认收入。这也是一种非常严重的收入操纵行为，会误导投资者。公司可以在当期收入下降时，通过确认以前年度的收入来高估当期收益，会使人们认为公司仍然处于经营业绩良好状态。但此时公司已开始“走下坡路”。因此，一旦公司宣布停止经营，给投资者的冲击将是非常巨大的，他们没有时间去准备接受这一事实。

(10) 制造收入事项。例如，一家企业利用子公司按市场价销售给第三方，确认该子公司销售收入，再由另一公司从第三方手中购回。这种做法避免了集团内部交易必须抵销的约束，确保了在合并报表中确认收入和利润，达到了操纵收入的目的。

4. 审查主营业务收入会计处理的恰当性

(1) 抽查销售交易的原始凭证（发票、出库单），并追查至相应的记账凭证及明细账，确定销售收入是否真实，销售记录是否完整。

(2) 从主营业务收入明细账中挑选若干样本，并与相应的发票、订单、出库单（或提货单）的内容进行核对，并验算发票金额的正确性。

(3) 抽查部分销售交易，将相应的明细账、销售发票副联、发运凭证、商品价目表、销售单和客户订货单的有关项目进行比较核对。注意销售发票副联上的单价应与经审批的商品价目表是否一致，销售发票副联上的商品规格、数量、单价等是否与发运凭证等一致；发票上金额小计和合计数的计算是否正确。

5. 结合应收账款的函证，查明有无未经认可的大额销售

结合对资产负债表日应收账款的函证程序，查明有无未经认可的大额销售。

6. 实施截止测试

对主营业务收入项目实施截止测试，其目的主要在于确定被审计单位主营业务收入交易的会计记录归属期是否正确；应计入本期或下期的主营业务收入有无被推迟至下期或提前至本期。

为确定被审单位主营业务收入的会计记录归属期是否正确，注册会计师在审计中应注意考察三个日期的一致性：一是发票开具日期或收款日期；二是记账日期；三是发货日期。检查三者是否归属于同一适当会计期间是主营业务收入截止测试的关键所在。

围绕上述三个重要日期，在审计实务中，注册会计师可以考虑选择三条审计路线实施主营业务收入的截止测试。具体内容可见表9-5。

表9-5　　销售截止测试的三条审计路线对比

起点	路线	目的	优点	缺点
账簿记录	从报表日前后若干天的账簿记录查至记账凭证，检查发票存根与发运凭证	证实已入账收入是否在同一期间已开具发票发货，有无多记收入，防止高估主营业务收入	比较直观，容易追查至相关凭证记录，检查跨期收入十分便捷，提高审计效率	缺乏全面性、连贯性，只能查多记，无法查漏记

续表

起点	路线	目的	优点	缺点
销售发票	从报表日前后若干天的发票存根查至发运凭证与账簿记录	确认已开具发票的货物是否已发货并于同一会计期间确认收入，防止低估收入	较全面、连贯，容易发现漏记收入	较费时费力，难以查找相应的发货及账簿记录，不易发现多记收入
发运凭证	从报表日前后若干天的发运凭证查至发票开具情况与账簿记录	确认收入是否已计入适当的会计期间，防止低估收入	优缺点与以上方法二类似，具体操作中还应考虑被审计单位的会计政策才能作出恰如其分的处理	

在实际工作中，注册会计师可以从三个日期中的任一个出发追查至另外两个日期。选择不同审计路线，可以结合其他不同目标的审计程序一并进行。如以记账日期为起点，可以在进行真实性目标测试时同时完成；以发货日期为起点，则可与完整性目标的测试一并进行。注册会计师应当根据被审单位的实际情况，运用职业判断，选择一条或两条有效的审计路线，以提高审计效率。

主营业务收入截止测试的工作底稿见表9－6。

表9－6　　　　主营业务收入截止测试

被审计单位：南方工业有限公司	索引号：A6－6
项目：主营业务收入截止测试	期间：2014年度
编制：王胜	复核：张雷
日期：2015－2－16	日期：2015－3－1

从发货单到明细账

编号	发货单		发票内容					明细账				是否跨期
	日期	号码	日期	客户名称	货物名称	销售额	税额	日期	凭证号	主营业务收入	应交税费	
1	12.23	4998	12.23	东莞胜利冶金机械公司	HNW40	95 000	13 803	12.25	记－102	81 197	13 803	×
…												
	截止日前											
	截止日期：2014年12月31日											
	截止日后											
1	1.5	5842	1.5	广州诚立贸易公司	XTZW900	127 800	18 569	1.8	记－29	109 231	18 569	×
…												

审计说明：

7. 检查销售折扣与折让、销售退回交易

企业在销售交易中，往往会因产品品种不符、质量不符合要求以及结算方面的原因发生销售折扣与折让。尽管引起销售折扣与折让的原因不尽相同，其表现形式也不尽一致，但都是对收入的抵减，直接影响收入的确认和计量。因此，注册会计师应重视销售折扣与折让的审计。销售折扣与折让的实质性程序主要包括：

（1）获取或编制销售折扣与折让明细表，复核加计正确，并与明细账合计数核对相符；

（2）取得被审计单位有关销售折扣与折让的具体规定和其他文件资料，并抽查较大的销售折扣与折让发生额的授权批准情况，与实际执行情况进行核对，检查其是否经授权批准，是否合法、真实；

（3）销售折让与折扣是否及时足额提交对方，有无虚设中介、转移收入、私设账外“小金库”等情况；

（4）检查销售折扣与折让的会计处理是否正确。存在销货退回的，检查相关手续是否符合规定，结合原始销售凭证检查其会计处理是否正确，结合存货项目审计其真实性。

【同步案例 9－3】

审计甲公司2014年度财务报表时，注册会计师A发现甲公司于2014年12月5日向乙公司赊销含税价款为158万元的一批产品，销售发票已开具，并已按规定确认了主营业务收入、结转相应的主营业务成本。会计处理如下：

借：应收账款——乙公司　　158万元
　　贷：主营业务收入　　135.04万元
　　　　应交税金——应交增值税（销项税额）　　22.96万元
借：主营业务成本　　120万元
　　贷：库存商品　　120万元

经查，至2014年12月31日止，该笔业务的货款尚未收回。按照甲公司的会计政策，无需对此笔应收账款计提坏账准备。2015年1月5日，乙公司因质量不合格将所购产品全部退回。2015年3月初，注册会计师A发现甲公司尚未对此笔销货退回业务进行会计处理。

要求：审查上述业务，提出审计处理建议。

答案提示：尽管商品退回于2015年，但因销售发生于2014年，故上述销售退回事项作为“需要调整的日后事项”，应在甲公司2010年度会计报表中反映，即甲公司应将原已确认的主营业务收入和原已结转的主营业务成本冲回（如果甲公司对此笔应收账款计提了坏账准备，还应对资产减值损失等项目作相应调整）。建议的审计调整分录为：

（1）冲回原已确认的应收账款、主营业务收入和应交纳的增值税：

借：主营业务收入　　135.04万元

应交税金——应交增值税（销项税额） 22.96 万元

贷：应收账款——乙公司 158 万元

（2）冲回原已结转的成本：

借：存货 120 万元

贷：主营业务成本 120 万元

如果涉及坏账准备，还应冲减已计提的坏账准备：

借：应收账款（替代坏账准备）

贷：资产减值损失

8. 检查有无特殊的销售行为

如附有销售退回条件的商品销售、委托代销、售后回购、以旧换新、商品需要安装和检验的销售、分期收款销售、出口销售、售后租回等，选择恰当的审计程序进行审核，确定是否符合销售确认的条件。

【同步案例 9－4】

甲公司 2014 年 10 月 20 日销售一批新产品给 A 公司，公司为增值税一般纳税人，税率 17%，已开具增值税专用发票，不含税产品销售金额为 40 万元，该批产品成本为 30 万元，货款已经收到。但在审查销售合同时，双方约定，如果 A 公司不满意，可在三个月内退货，退货概率无法估计。甲公司按正常销售处理：

借：银行存款 468 000

贷：主营业务收入 400 000

应交税金——应交增值税（销项税额） 68 000

借：主营业务成本 300 000

贷：库存商品 300 000

要求：指出甲公司会计处理存在的问题，并提出审计调整建议。

答案提示：按企业会计准则销售确认条件的规定，对于附有销售退回条件的商品，企业如能合理估计退货可能性且确认与退货相关的负债的，通常应在发出商品时确认收入；企业不能合理估计退货可能性的，通常应在售出商品退货期满时确认收入。因此针对兴业公司收入的确定应提出审计调整要求，并编制相应的审计调整分录如下：

借：主营业务收入 400 000

应交税费——应交增值税（销项税额） 68 000

贷：预收账款 468 000

借：发出商品 300 000

贷：主营业务成本 300 000

9. 检查集团内部和关联方销售

（1）调查向关联方销售的情况，记录其交易品种、价格、数量、金额以及占主营业务收入总额的比例。对于合并范围内的销售活动，记录应予合并抵销的金额。

（2）调查集团内部销售的情况，记录其交易价格、数量和金额，并追查在编制合并财务报表时是否已予以抵销。

10. 检查主营业务收入在利润表上的披露是否恰当

注册会计师应当检查主营业务收入在利润表中的列报是否恰当。

六、应收账款审计

应收账款余额包括应收账款账面余额和相应的坏账准备两部分。坏账是指企业无法收回或收回可能性极小的应收款项（包括应收票据、应收账款、预付款项、其他应收款和长期应收款等）。由于发生坏账而产生的损失称为坏账损失。在市场经济的社会信用制度尚未完善时期，企业间交易形成款项部分或全部无法收回的情形司空见惯。因此，企业应当定期或者至少于每年年度终了对应收款项进行全面检查，预计各项应收款项可能发生的坏账，对于没有把握能够收回的应收款项，应当计提坏账准备。正因为如此，坏账准备通常是审计的重点领域，并且，由于坏账准备与应收账款的联系非常紧密，我们把对坏账准备的审计与对应收账款的审计合在一起予以阐述。表9－7列示了有关应收账款的认定、审计目标和可供选择的审计程序之间的内在关系。

表9－7　　应收账款实质性程序

被审计单位：南方工业有限公司	索引号：A2－1
项目：应收账款实质性程序表	财务报表截止日：2014－12－31
编制：王胜	复核：张雷
日期：2015－2－16	日期：2015－3－1

一、审计目标与认定对应关系表

审计目标	财务报表认定				
	存在	完整性	权利和义务	计价和分摊	列报
A. 资产负债表中记录的应收账款是存在的	√				
B. 所有应当记录的应收账款均已记录		√			
C. 记录的应收账款由被审计单位拥有或控制			√		
D. 应收账款以恰当的金额包括在财务报表中，与之相关的计价调整已恰当记录				√	
E. 应收账款已按照企业会计准则的规定在财务报表中作出恰当列报					√

二、审计目标与审计程序对应关系表

审计目标	可供选择的审计程序	索引号
D	1. 获取或编制应收账款明细表：（1）复核加计是否正确，并与总账数和明细账合计数核对是否相符；结合坏账准备科目与报表数核对是否相符；（2）检查非记账本位币应收账款的折算汇率及折算是否正确；（3）分析有贷方余额的项目，查明原因，必要时，作重分类调整；（4）结合其他应收款、预收账款等往来项目的明细余额，调查有无同一客户多处挂账、异常余额或与销售无关的其他款项（如代销账户、关联方账户或雇员账户）。如有，应作出记录，必要时作调整；（5）标识重要的欠款单位，计算其欠款合计数占应收账款余额的比例	A2 -3
ABD	2. 检查涉及应收账款的相关财务指标：（1）复核应收账款借方累计发生额与主营业务收入是否配比，并将当期应收账款借方发生额占销售收入净额的百分比与管理层考核指标比较，如存在差异应查明原因；（2）计算应收账款周转率、应收账款周转天数等指标，并与被审计单位以前年度指标、同行业同期相关指标对比分析，检查是否存在重大异常等	略
D	3. 获取或编制应收账款账龄分析表：（1）测试计算的准确性；（2）将加总数与应收账款总分类账余额相比较，并调查重大调节项目；（3）检查原始凭证，如销售发票、运输记录等，测试账龄核算的准确性；（4）请被审计单位协助，在应收账款明细表上标出至审计时已收回的应收账款金额，对已收回金额较大的款项进行常规检查，如核对收款凭证、银行对账单、销货发票等，并注意凭证发生日期的合理性，分析收款时间是否与合同相关要素一致	略
ACD	4. 对应收账款进行函证：（1）选取函证项目；（2）对函证实施过程进行控制：核对询证函是否由审计师直接收发；被询证者以传真、电子邮件等方式回函的，应要求被询证者寄回询证函原件；如果未能收到积极式函证回函，应当考虑与被询证者联系，要求对方作出回应或再次寄发询证函；（3）编制“应收账款函证结果汇总表”，对函证结果进行评价。核对回函内容与被审计单位账面记录是否一致，如不一致，分析不符事项的原因，检查销售合同、发运单等相关原始单据，分析被审计单位对于回函与账面记录之间差异的解释是否合理，编制“应收账款函证结果调节表”，并检查支持性凭证；如果不符事项构成错报，应重新考虑所实施审计程序的性质、时间和范围；（4）针对未回函的账户实施替代审计程序（如实施期后收款测试、检查运输记录、销售合同等等）	A2 -4 A2 -5
A	5. 对未函证应收账款实施替代程序。抽查有关原始凭据，如销售合同、销售订单、销售发票副本、发运凭证及回款单据等，以验证与其相关的应收账款的真实性	A2 -6
A	6. 抽查有无不属于结算业务的债权：抽查应收账款明细账，并追查至有关原始凭证，A 查证被审计单位有无不属于结算业务的债权。如有，应建议被审计单位作适当调整	略
A	7. 通过检查自资产负债表日至__日止被审计单位授予欠款单位的、金额大于__的减免应收账款凭证以测试其准确性。检查资产负债表日前后销售退回和赊销水平，确定是否存在异常迹象（如与正常水平相比），并考虑是否有必要追加审计程序	略

续表

审计目标	可供选择的审计程序	索引号
D	8. 评价坏账准备计提的适当性：(1) 取得或编制坏账准备计算表，复核加计正确，与坏账准备总账数、明细账合计数核对相符。将应收账款坏账准备本期计提数与资产减值损失相应明细项目的发生额核对，是否相符；(2) 检查应收账款坏账准备计提和核销的批准程序，取得书面报告等证明文件。评价计提坏账准备所依据的资料、假设及方法；复核应收账款坏账准备是否按经股东（大）会或董事会批准的既定方法和比例提取，其计算和会计处理是否正确；(3) 根据账龄分析表中，选取金额大于__的账户，逾期超过__天的账户，以及认为必要的其他账户（如有收款问题记录的账户，收款问题行业集中的账户）。复核并测试所选取账户期后收款情况。针对所选取的账户，与授信部门经理或其他负责人员讨论其可收回性，并复核往来函件或其他相关信息，以支持被审计单位就此作出的声明。针对坏账准备计提不足情况进行调整；(4) 实际发生坏账损失的，检查转销依据是否符合有关规定，会计处理是否正确；(5) 已经确认并转销的坏账重新收回的，检查其会计处理是否正确；(6) 通过比较前期坏账准备计提数和实际发生数，以及检查期后事项，评价应收账款坏账准备计提的合理性	A2 - 7
A	9. 复核应收账款和相关总分类账、明细分类账和现金日记账，调查异常项目。对大额或异常及关联方应收账款，即使回函相符，仍应抽查其原始凭证	略
A	10. 检查应收账款减少有无异常	略
D	11. 检查应收账款中是否存在债务人破产或者死亡，以其破产财产或者遗产清偿后仍无法收回，或者债务人长期未履行偿债义务的情况，如果是，应提请被审计单位处理	略
ABCD	12. 标明应收关联方［包括持股5%以上（含5%）股东］的款项，执行关联方及其交易审计程序，并注明合并报表时应予抵销的金额；对关联企业、有密切关系的主要客户的交易事项作专门核查	略
C	13. 检查银行存款和银行贷款等询证函的回函、会议纪要、借款协议和其他文件，确定应收账款是否已被质押或出售	略
	14. 根据评估的舞弊风险等因素增加的审计程序	略
E	15. 检查应收账款是否已按照企业会计准则的规定在财务报表中作出恰当列报	略

（一）应收账款的一般实质性程序

应收账款的一般实质性程序如图 9－13 所示：

1. 获取或编制应收账款余额明细表，复核加计数额是否正确

应收账款明细表可由注册会计师自己编制，也可以由被审计单位提供。如果由被审计单位提供，则注册会计师应对该表进行独立审查，对明细表中所列的应收账款进行抽查，追查至明细账，并对明细账中的借、贷合计加以验算。具体的审计程序如下（见图 9－14）：

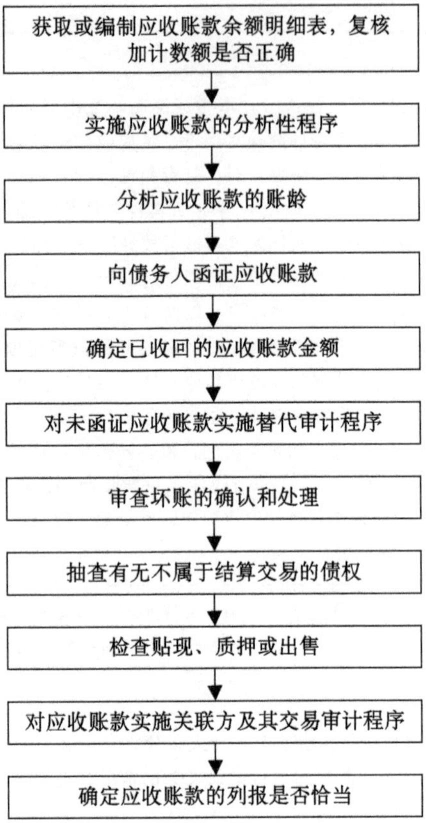

图 9－13　应收账款的一般实质性程序流程图

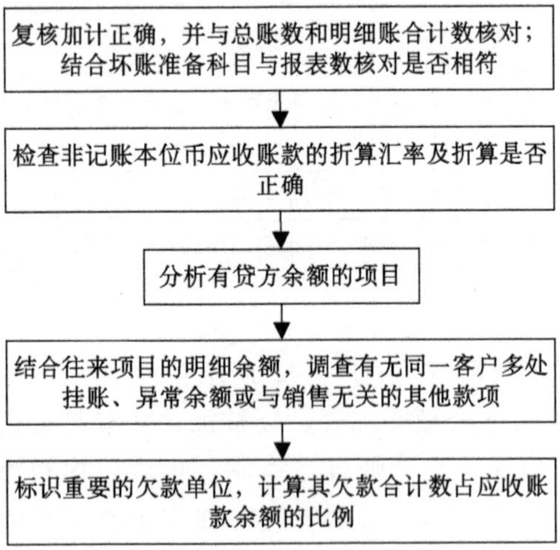

图 9－14　获取或编制应收账款余额明细表的流程图

（1）复核加计正确，并与总账数和明细账合计数核对是否相符；结合坏账准备科目与报表数核对是否相符。应当注意，应收账款报表数反映企业因销售商品、提供劳务等应向购买单位收取的各种款项，减去已计提的相应的坏账准备后的净额。因此，其报表数应同应收账款总账数和明细账数分别减去与应收账款相应的坏账准备总账数和明细账数后的余额核对相符。

（2）检查非记账本位币应收账款的折算汇率及折算是否正确。对于用非记账本位币结算的应收账款，注册会计师应检查被审计单位外币应收账款的增减变动是否采用交易发生日的即期汇率将外币金额折算为记账本位币金额，或者采用按照系统合理的方法确定的、与交易发生日即期汇率近似的汇率折算，选择采用汇率的方法前后各期是否一致；期末外币应收账款余额是否采用期末即期汇率折合为记账本位币金额；折算差额的会计处理是否正确。

（3）分析有贷方余额的项目，查明原因，必要时，建议作重分类调整。

（4）结合其他应收款、预收款项等往来项目的明细余额，调查有无同一客户多处挂账、异常余额或与销售无关的其他款项。如有，应作出记录，必要时提出调整建议。

（5）标识重要的欠款单位，计算其欠款合计数占应收账款余额的比例。

应收账款明细表的工作底稿如表 9－8 所示。

表 9－8　　应收账款明细表

被审计单位：南方工业有限公司	索引号：A2－2
项目：应收账款明细表	财务报表截止日：2014－12－31
编制：王胜	复核：张雷
日期：2015－2－16	日期：2015－3－1

单位名称（项目）	期末余额			账龄				备注
	原币	汇率	折合人民币	1 年以内	1～2 年	2～3 年	3 年以上	
一、关联方								
小计								
二、非关联方								
北京隆茂	1 896 432			1 896 432				
沈阳鑫远	842 330			842 330				
宁波建发	656 321			656 321				
合肥中诚	478 543			478 543				
上海恒辉	432 875				432 875			
	……			……	……	……	……	
小计	14 761 342			10 138 671	3 526 494	690 605	405 572	
合计	14 761 342			10 138 671	3 526 494	690 605	405 572	

审计说明：

2. 实施应收账款的分析性程序

应收账款的分析性程序包括以下四个内容（见图9－15）：

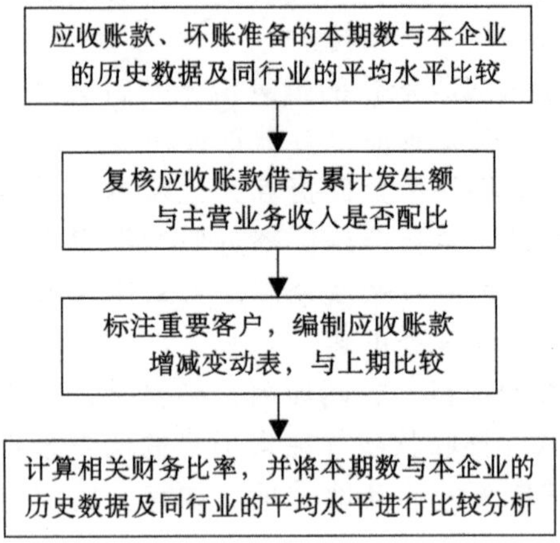

图9－15 应收账款的分析程序实施流程图

在进行分析程序时，主要考虑以下几个方面：

（1）应收账款、坏账准备的本期数与本企业的历史数据及同行业的平均水平进行比较；

（2）复核应收账款借方累计发生额与主营业务收入是否配比，如存在不匹配的情况应查明原因；

（3）在明细表上标注重要客户，并编制对重要客户的应收账款增减变动表，与上期比较分析是否发生变动，必要时，收集客户资料，分析其变动合理性；

（4）计算应收账款周转率、应收账款周转天数、应收账款与流动资产总额比等财务比率，并将本期数与本企业的历史数据及同行业的平均水平进行比较分析，检查是否存在重大异常。

3. 分析应收账款的账龄

（1）获取应收账款账龄分析表。注册会计师可以通过编制或索取应收账款账龄分析表来分析应收账款的账龄，如表9－9所示。应收账款的账龄，是指资产负债表中的应收账款从销售实现、产生应收账款之日起，至资产负债表日止所经历的时间。编制应收账款账龄分析表时，可以考虑选择重要的客户及其余额列示，而将不重要的或余额较小的汇总列示。应收账款账龄分析表的合计数减去已计提的相应坏账准备后的净额，应该等于资产负债表中的应收账款项目余额。

（2）如果应收账款账龄分析表由被审计单位编制，测试其计算的准确性。

（3）将应收账款账龄分析表中的合计数与应收账款总分类账余额相比较，并调查重大调节项目。

（4）检查原始凭证，如销售发票、运输记录等，测试账龄核算的准确性。

4. 向债务人函证应收账款

表 9－9　　应收账款账龄分析表

2014 年 12 月 31 日　　单位：人民币元

单位名称	期末余额	账龄			
		1 年以内	1～2 年	2～3 年	3 年以上
北京隆茂	1 896 432	1 896 432			
上海恒辉	432 875		432 875		
	……	……	……	……	……
合计	14 761 342	10 138 671	3 526 494	690 605	405 572

函证（即外部函证），是指注册会计师直接从第三方（被询证者）获取书面答复作为审计证据的过程，书面答复可以采用纸质、电子或其他介质等形式。注册会计师对应收账款使用函证程序的目标是，设计和实施函证程序，以获取相关、可靠的审计证据，证实应收账款账户余额的真实性、正确性，防止或发现被审计单位及其有关人员在销售交易中发生的错误或舞弊行为。

注册会计师应当考虑被审计单位的经营环境、内部控制的有效性、应收账款账户的性质、被询证者处理询证函的习惯做法及回函的可能性等，以确定应收账款函证的范围、对象、方式和时间等问题。

（1）函证的范围和对象。注册会计师应当对应收账款实施函证程序，除非有充分证据表明应收账款对财务报表不重要，或函证很可能无效。如果注册会计师不对应收账款进行函证，应当在工作底稿中说明理由。如果认为函证很可能是无效的，注册会计师应当实施替代审计程序，获取充分、适当的审计证据。函证的数量、范围是由诸多因素决定的，主要有：应收账款在全部资产中的重要性。若应收账款在全部资产中所占的比重较大，则函证的范围应相应大一些；被审计单位内部控制的强弱。若内部控制制度较健全，则可以相应减少函证量；反之，则应相应扩大函证范围；以前期间的函证结果。若以前期间函证中发现过重大差异，或欠款纠纷较多，则函证范围应相应扩大一些。

一般情况下，注册会计师应选择以下项目作为函证对象：大额或账龄较长的项目；与债务人发生纠纷的项目；重大关联方项目；重大或异常的交易；主要客户（包括关系密切的客户）项目；交易频繁但期末余额较小甚至余额为零的项目；可能产生重大错报或舞弊的非正常的项目。

（2）函证的方式。函证方式分为积极的函证方式和消极的函证方式。注册会计师可采用积极的或消极的函证方式实施函证，也可将两种方式结合使用。

①积极式函证。是指要求被询证者直接向注册会计师回复，表明是否同意询证函所列示的信息，或填列所要求的信息的一种询证方式。在采用积极的函证方式时，只有注册会计师收到回函，才能为财务报表认定提供审计证据。注册会计师没有收到回函，可能是由于被询证者根本不存在，或是由于被询证者没有收到询证函，也可能是由于询证者没有理会询证函，因此，无法证明所函证信息是否正确。

积极式询证函参考格式一：

企业询证函

编号：

北京隆茂科技有限公司：

本公司聘请的众信诚达会计师事务所正在对本公司2014年度财务报表进行审计，按照中国注册会计师审计准则的要求，应当询证本公司与贵公司的往来账项等事项。下列数据出自本公司账簿记录，如与贵公司记录相符，请在本函下端“信息证明无误”处签章证明；如有不符，请在“信息不符”处列明不符金额。回函请直接寄至众信诚达会计师事务所。

回函地址：广州市桂花路188号8楼

邮编：510000　　电话：020－86712211　　传真：020－86712200　　联系人：王胜

1. 本公司与贵公司的往来账项列示如下：

单位：元

截止日期	贵公司欠	欠贵公司	备　注
2014年12月31日	1 896 432		

2. 其他事项。

本函仅为复核账目之用，并非催款结算。若款项在上述日期之后已经付清，仍请及时函复为盼。

（被审计单位盖章）

2015年2月19日

结论：1. 信息证明无误。

（被询证单位盖章）

2015年2月25日

经办人：王诚志

2. 信息不符，请列明不符的详细情况：

（被询证单位盖章）

年　月　日

经办人：

积极式询证函参考格式二：

企业询证函

编号：

______（公司）：

本公司聘请的众信诚达会计师事务所正在对本公司2014年度财务报表进行审计，按照中国注册会计师审计准则的要求，应当询证本公司与贵公司的往来账项等事项。请列示截至2008年×月×日贵公司与本公司往来款项余额。回函请直接寄至众信诚达会计师事务所。

回函地址：广州市桂花路188号8楼

邮编：510000　　电话：020－86712211　　传真：020－86712200　　联系人：王胜

本函仅为复核账目之用，并非催款结算。若款项在上述日期之后已经付清，仍请及时函复为盼。

（被审计单位盖章）

2015年×月×日

1. 本公司与贵公司的往来账项列示如下：

单位：元

截止日期	贵公司欠	欠贵公司	备　注

2. 其他事项。

（被询证单位盖章）
2015 年 × 月 × 日
经办人：

②消极式函证。是指要求被询证者只有在不同意询证函所列示的信息时才直接向注册会计师回复的一种询证方式。在采用消极的函证方式时，如果收到回函，能够为财务报表认定提供说服力强的审计证据。未收到回函可能是因为被询证者已收到询证函且核对无误，也可能是因为被询证者根本就没有收到询证函。因此，消极的函证方式通常不如积极的函证方式提供的审计证据可靠，因而在采用消极的方式函证时，注册会计师通常还需辅之以其他审计程序。当同时存在下列情况时，注册会计师可考虑采用消极的函证方式：重大错报风险评估为低水平；涉及大量余额较小的账户；预期不存在大量的错误；没有理由相信被询证者不认真对待函证。

两种函证方式也可以结合起来使用。当应收账款的余额是由少量的大额应收账款和大量的小额应收账款构成时，注册会计师可以对所有的或抽取的大额应收账款样本采用积极的函证方式，而对抽取的小额应收账款样本采用消极的函证方式。

消极式询证函参考格式：

企业询证函

编号：

______（公司）：

本公司聘请的众信诚达会计师事务所正在对本公司 2014 年度财务报表进行审计，按照中国注册会计师审计准则的要求，应当询证本公司与贵公司的往来账项等事项。下列数据出自本公司账簿记录，如与贵公司记录相符，则无需回复；如有不符，请直接通知会计师事务所，并请在空白处列明贵公司认为是正确的信息。回函请直接寄至众信诚达会计师事务所。

回函地址：广州市桂花路 188 号 8 楼

邮编：510000　　电话：020 - 86712211　　传真：020 - 86712200　　联系人：王胜

1. 本公司与贵公司的往来账项列示如下：

单位：元

截止日期	贵公司欠	欠贵公司	备　注

2. 其他事项。

本函仅为复核账目之用，并非催款结算。若款项在上述日期之后已经付清，仍请及时核对为盼。

（被审计单位盖章）
2015 年 × 月 × 日

众信诚达会计师事务所：

上面的信息不正确，差异如下：

（被询证单位盖章）
2015 年 × 月 × 日
经办人：

（3）函证的时间选择。注册会计师通常在资产负债日后某一天函证资产负债表日的应收账款余额。如果在资产负债表日前对应收账户余额实施函证程序，注册会计师应当针对询证函件指明的截止日期与资产负债表日期间实施进一步的实质性程序，或将实质性程序和控制测试结合使用，以将期中测试得出的结论合理延伸至期末。实质性程序包括测试该期间发生的影响应收账款余额的交易或实施分析程序等。控制测试包括测试销售交易、收款交易及与应收账款冲销有关的内部控制的有效性等。

【同步思考 9－3】

在对应收账款进行函证测试时，注册会计师在什么情况下适合采用积极式函证？又在什么情况下选择消极式函证？

（4）函证的控制。当实施函证程序时，注册会计师应当对询证函保持控制，包括：确定需要确认或填列的信息；选择适当的被询证者；设计询证函，包括正确填列被询证者的姓名和地址，以及被询证者直接向注册会计师回函的地址等信息；发出询证函并予以跟进，必要时再次向被询证者寄发询证函。注册会计师可通过函证结果汇总表的方式对询证函的收回情况加以控制。函证结果汇总表如表 9－10 所示。

表 9－10　　应收账款函证结果汇总表

被审计单位：南方工业有限公司	索引号：A2－5
项目：应收账款函证结果汇总表	财务报表截止日：2014－12－31
编制：王胜	复核：张雷
日期：2015－2－28	日期：2015－3－5

一、应收账款函证情况列表

项目 单位名称	编号	函证方式	函证日期		回函日期	账面金额	回函金额	经调解后是否存在差异	调节表索引号
			第一次	第二次					
北京隆茂	001	积极式	09. 2. 19		3. 2	1 896 432	1 896 432		
沈阳鑫远	002	积极式	09. 2. 19		2. 28	842 330	842 330		
宁波建发	003	积极式	09. 2. 19		未回	656 321			
合肥中诚	004	积极式	09. 2. 19		3. 4	478 543	478 543		
上海恒辉	005	积极式	09. 2. 19		3. 4	432 875	432 875		
……	…								

审计说明：宁波建发机械设备公司应收账款账面余额为 656 321 元，已就此金额进行积极式函证，未回函，需进行替代测试。

【同步案例 9 -5】

外高桥案例①

上海外高桥集团2005年因巨额证券保证金被挪用遭受损失并导致年度亏损，而担任年报审计的普华永道中天会计师事务所（以下简称普华永道）被认为负有不可推卸的责任。为此，外高桥于2006年5月9日向中国国际经济贸易仲裁委员会上海分会提起仲裁，要求普华永道退还全部审计服务费共计人民币170万元，赔偿外高桥的全部经济损失共计人民币2亿元，并承担全部仲裁费用和律师费。据悉，中国国际经济贸易仲裁委员会上海分会已经受理，并启动了仲裁程序。

外高桥于2005年6月发现公司存放在国海证券上海圆明园路营业部证券保证金账户中的2.2亿元资金被挪用，且绝大部分难以追回，外高桥为此已计提特殊坏账准备。但普华永道在对外高桥2003年度和2004年度的各项财务报表进行审计后，分别于2004年4月8日、2005年4月1日出具了无保留意见的审计报告。

据外高桥方面介绍，普华永道在对前述保证金账户资金余额实施函证时，均未直接向证券公司发出询证函，相反却交给外高桥相关人员处理。询证函的发出和收回均控制在外高桥的相关人员手中，为相关人员弄虚作假掩盖挪用资金行为创造了机会。普华永道未对询证函的发出和收回保持有效控制，已表明收回的询证函不可靠，但普华永道仍没有实施其他适当的审计程序予以证实或消除疑虑。外高桥管理层认为，普华永道未保持应有的职业谨慎、未实施有效的审计程序，即出具了无保留意见的审计报告，从而使外高桥蒙受了巨额经济损失。

（5）对不符事项的处理。收回的询证函若有差异，即函证出现了不符事项，注册会计师应当首先提请被审计单位查明原因，并作进一步分析和核实。不符事项的原因可能是由于双方登记入账的时间不同，或是由于一方或双方记账错误，也可能是被审计单位的舞弊行为。

对于双方登记入账的时间不同而导致的回函不符，注册会计师应当根据双方入账时间的不同表现形式，实施进一步审计程序，如表9－11所示。如果不符事项构成错报，注册会计师应当重新考虑所实施审计程序的性质、时间安排和范围。

表 9－11　　购销双方入账时间不同的表现形式和进一步审计程序

双方入账时间不同的表现	应实施的进一步审计程序
询证函发出时，债务人已经付款，而被审计单位尚未收到货款	检查银行存款日记账、收款凭证及银行对账单，查明是否收到该笔金额，以及如何进行会计处理
询证函发出时，被审计单位的货物已经发出并已作销售记录，但货物仍在途中，债务人尚未收到货物	检查销售合同、销售发票、装运凭证等原始凭证的真实性并关注资产负债表日后的回款情况

① 葛荣根："2亿元足以让合作伙伴翻脸"，《上海证券报》，2006年5月11日。

续表

双方入账时间不同的表现	应实施的进一步审计程序
债务人由于某种原因将货物退回，而被审计单位尚未收到	检查销售合同、销售退回相关的增值税发票、入库单，查明退回货物是否已验收入库等
债务人对收到的货物的数量，质量及价格等方面有异议而全部或部分拒付货款	检查销售合同、核对装运凭证、出库单、商品价目表等原始凭证以确认拒付货款的原因

【同步案例9－6】

ABC会计师事务所接受委托，审计Y公司2014年度的会计报表。A审计人员了解和测试了与应收账款相关的内部控制，并将控制风险评估为高水平。A审计人员取得2014年12月31日的应收账款明细账，并于2015年1月15日采用肯定式函证方式对所有重要客户寄发了询证函。审计人员A将与函证结果相关的重要异常情况汇总于下表：

异常情况	函证编号	客户名称	询证函金额（元）	回函日期	回函内容
1	22	甲	300 000	2015年1月22日	购买Y公司300 000元货物属实，但款项已于2014年12月25日用支票支付
2	56	乙	500 000	2015年1月19日	因产品质量不符合要求，根据购货合同，于2014年12月28日将货物退回
3	64	丙	640 000	2015年1月19日	2014年12月10日收到Y公司委托本公司代销的货物价值640 000元，尚未销售
4	82	丁	900 000	2015年1月18日	采用分期付款方式购货900 000元，根据购货合同，已于2014年12月25日首付300 000元
5	134	戊	600 000	因地址错误，被邮局退回	

要求：针对上述各种异常情况，请问审计人员A应分别实施哪些重要审计程序？

答案提示：

（1）审计人员于2015年1月15日函证，并于2011年1月22日收到函证结果，有可能在2015年1月15日起至2015年1月22日之间收到款项，审计人员应对此项收款情况进行检查，如果仍未收到，应向客户再次发函，要求其将有关凭单邮寄过来，以便查找。

（2）审计人员于2015年1月15日函证，并于2015年1月19日收到函证结果，审计人员应当对近期退货进行检查，有可能在2014年12月28日起至2015年1月15日已收到退回的货物，被审计单位未及时冲账，审计人员应提醒其按会计制度的规定及时处理；也有可能在2015年1月15日至2015年1月19日之间收到退回的货物，审计人员应当对此退货及会计处理情况进行检查，如果仍未收到，应向客户再次发函，要求其将有关凭单复印件邮寄过来，以便查找。

（3）在采用委托代销方式下，受托代销方在尚未销售的情况下，委托方不应确认销售收入及应收账款。审计人员应检查代销合同，确定是否属于委托代销方式，如果确实属于委托代销，应要求被审计单位冲销销售收入及应收账款。

（4）在采用分期收款方式下，在合同约定收款期已到，但仍未收到时确认应收账款，审计人员应检查销货合同，并检查 2014 年底和 2015 年是否收到首付的 300 000元，如果未收到，应按 300 000 元确认应收账款，而非 900 000 元。

（5）审计人员应检查地址是否错误，如果属地址错误，应按正确的地址再次发函，如果地址没错，审计人中可以考虑是否可能是一笔虚构的应收账款。

（6）对函证结果的总结和评价。注册会计师对函证结果可进行如下评价：注册会计师应重新考虑，对内部控制的原有评价是否适当，控制测试的结果是否适当，分析程序的结果是否适当，相关的风险评价是否适当等；如果函证结果表明没有审计差异，则注册会计师可以合理地推论，全部应收账款总体是正确的；如果函证结果表明存在审计差异，注册会计师则应当估算应收账款总额中可能出现的累计差错是多少，估算未被选中进行函证的应收账款的累计差错是多少。为取得对应收账款累计差错更加准确的估计，也可以进一步扩大函证范围。

需要指出的是，注册会计师应当将询证函回函作为审计证据，纳入审计工作底稿管理，询证函回函的所有权归属所在会计师事务所。除法院、检察院及其他有关部门依法查阅审计工作底稿、注册会计师协会对执业情况进行检查以及前后任注册会计师沟通等情形外，会计师事务所不得将询证函回函提供给被审计单位作为法律诉讼证据。

（7）管理层不允许寄发询证函时的处理。如果管理层不允许寄发询证函，注册会计师应当：询问管理层不允许寄发询证函的原因，并就其原因的正当性及合理性收集审计证据；评价管理层不允许寄发询证函对评估的相关重大错报风险（包括舞弊风险），以及其他审计程序的性质、时间安排和范围的影响；实施替代程序，以获取相关、可靠的审计证据。

如果认为管理层不允许寄发询证函的原因不合理，或实施替代程序无法获取相关、可靠的审计证据，注册会计师应当按照《中国注册会计师审计准则第 1151 号——与治理层的沟通》的规定，与治理层进行沟通。注册会计师还应当按照《中国注册会计师审计准则第 1502 号——在审计报告中发表非无保留意见》的规定，确定其对审计工作和审计意见的影响。

5. 确定已收回的应收账款金额

请被审计单位协助，在应收账款账龄明细表中标出至审计时已收回的应收账款金额，对已收回金额较大的款项进行常规检查，如核对收款凭证、银行对账单、销货发票等，并注意凭证发生日期的合理性，分析收款时间是否与合同相关要素一致。

6. 对未函证应收账款实施替代审计程序

通常，注册会计师不可能对所有应收账款进行函证，因此，对于未函证应收账款，注册会计师应检查期后收款记录；检查销售合同、销售发票和发货记录等证明交易确实已经发生的证据；检查被审计单位与客户之间的函电记录等，以验证与其相关的应收账款的真实性。

应收账款替代测试的工作底稿如表 9－12 所示。

表 9－12　　应收账款替代测试表

被审计单位：南方工业有限公司	索引号：A2－6
项目：应收账款替代测试表	财务报表截止日：2014－12－31
编制：王胜	复核：张雷
日期：2015－3－1	日期：2015－3－5

一、资产负债表日前借方金额检查

单位名称	期末余额	测试内容				占余额比例	检查内容（用“√”、“×”表示）			
		日期	凭证号	摘要	金额		①	②	③	④
宁波建发	656 321	2014. 10	112	根据 2014 年 135 号合同销售电机 50 015 八台	456 128	70%	√	√	√	√
宁波建发	656 321	2014. 11	214	根据 2014 年 152 号合同销售电机 50 028 三台	200 193	30%	√	√	√	√

二、资产负债表日后的收款检查

单位名称	期末余额	测试内容				占余额比例	检查内容（用“√”、“×”表示）			
		日期	凭证号	摘要	金额		①	②	③	④
宁波建发	656 321	2015. 2	46	收到宁波建发 2014 年 135 号合同货款	456 128	70%	√	√	√	√

检查内容说明：①原始凭证是否齐全；②记账凭证与原始凭证是否相符；
③账务处理是否正确；④是否记录于恰当的会计期间。

审计说明：对宁波建发机械设备公司应收账款余额进行了替代测试，测试额占该公司余额的 100%。根据合同约定，预付款为合同总额的 30%，发货前付至合同总额的 40%，货到工地三个月后付合同总额的 25%，余 5% 保证金一年后支付。

7. 审查坏账的确认和处理

首先，注册会计师应检查有无债务人破产或者死亡的，以及破产或以遗产清偿后仍无法收回的，或者债务人长期未履行清偿义务的应收账款；其次，应检查被审计单位坏账的处理是否经授权批准，有关会计处理是否正确。

8. 抽查有无不属于结算交易的债权

不属于结算交易的债权，不应在应收账款中进行核算。因此，注册会计师应抽查应收账款明细账，并追查有关原始凭证，查证被审计单位有无不属于结算交易的债权。如有，应作记录或建议被审计单位作适当调整。

9. 检查贴现、质押或出售

检查银行存款和银行借款等询证函的回函、会议纪要、借款协议和其他文件，确定应收账款是否已被贴现、质押或出售，应收账款贴现业务属质押还是出售，其会计处理是否正确。

企业以其按照销售商品、提供劳务的销售合同所产生的应收债权向银行等金融机构贴现，在进行会计核算时，应按照“实质重于形式”的原则，充分考虑交易的经济实质。对于有明确的证据表明有关交易事项满足销售确认条件，如与应收债权有关的风险、报酬实质上已经发生转移等，应按照出售应收债权处理，并确认相关损益。否则，应作为以应收债权为质押取得的借款进行会计处理。

10. 对应收账款实施关联方及其交易审计程序

标明应收关联方［包括持股5%以上（含5%）股东］的款项，实施关联方及其交易审计程序，并注明合并财务报表时应予抵销的金额；对关联企业、有密切关系的主要客户的交易事项作专门核查：了解交易事项目的、价格和条件，作比较分析；检查销售合同、销售发票、发运凭证等相关文件资料；检查收款凭证等货款结算单据；向关联方、有密切关系的主要客户或其他注册会计师函询，以确认交易的真实性、合理性。

11. 确定应收账款的列报是否恰当

如果被审计单位为上市公司，则其财务报表附注通常应披露期初、期末余额的账龄分析，期末欠款金额较大的单位账款，以及持有5%以上（含5%）股份的股东单位账款等情况。

（二）坏账准备的实质性程序

坏账准备的实质性程序如图9－16所示：

1. 取得或编制坏账准备明细表并核对

取得或编制坏账准备明细表，复核加计正确，与坏账准备总账数、明细账合计数核对，看是否相符。

2. 实施分析程序

为确定被审计单位计提的坏账准备的合理性，注册会计师可作如下比较分析：

（1）计算坏账准备占应收账款余额的比例，并和以前期间相关比例核对，对重大差异进行检查分析，以发现存在问题的领域。

（2）计算坏账损失占当期主营业务收入的比例，并和以前期间及同行业的相关比例核对，以判断企业是否提取了足够的坏账准备。

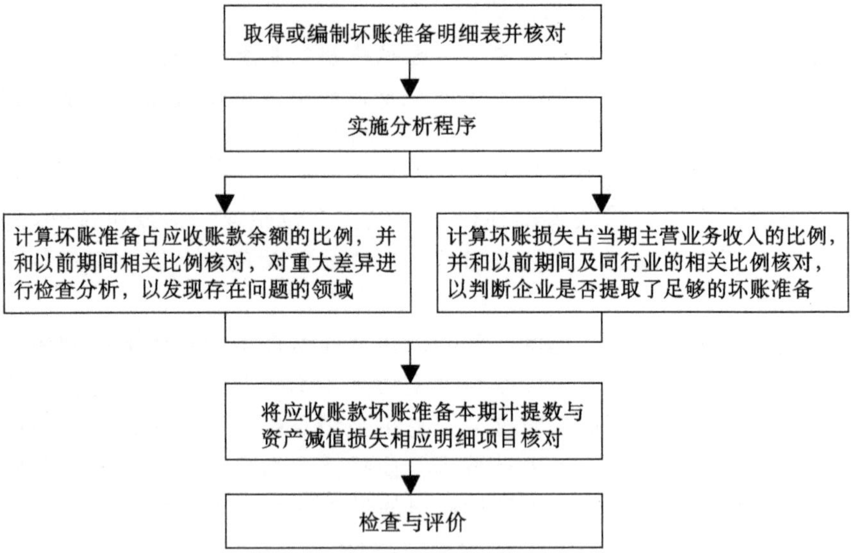

图 9－16　坏账准备的实质性程序流程图

【同步案例 9－7】

甲公司 2014 年年末应收账款总账余额为借方 200 万元，其他应收款总账余额为借方 50 万元，该公司采用应收账款余额百分比法计提坏账准备，计提比例为 1%，计提金额为 2.5 万元。坏账准备的账户记录见表 9－13：

表 9－13　　**坏账准备明细账（简式）**　　单位：万元

日期	凭证字号	摘要	借方	贷方	余额
1/1		上年结转			贷方 5
10/5	转 135	核销坏账	2		贷方 3
15/9	转 220	核销坏账	4		借方 1
31/12	转 258	计提坏账准备		2.5	贷方 1.5

要求：根据上述资料，指出坏账准备计提中存在的问题并进行纠正。

答案提示：

（1）审计测算：

①2014 年 12 月 31 日坏账准备应计提的金额为（按公式计算）：（2 000 000 + 500 000）×1% = 25 000 元

②2014 年 12 月 31 日坏账准备实际计提的金额为（做分录的金额）：25 000 + 10 000（计提前的借方余额）= 35 000 元

③2014 年 12 月 31 日转 258 号正确的会计分录应该是：

借：资产减值损失　　35 000

　　贷：坏账准备　　35 000

（2）审计评价：

①甲公司2014年12月31日少计提坏账准备10 000元；

②对当年费用、利润的影响：虚减费用10 000元，虚增利润10 000元；

③建议调账处理。

3. 将应收账款坏账准备本期计提数与资产减值损失相应明细项目核对

将应收账款坏账准备本期计提数与资产减值损失相应明细项目发生额核对，看是否相符。

4. 检查与评价坏账准备计提和核销

检查应收账款坏账准备计提和核销的批准程序，评价坏账准备所依据的资料、假设及计提方法。注册会计师应审查被审计单位坏账准备计提方法是否正确，前后期是否保持一致；被审计单位坏账准备计提比例的确定方法是否合理，前后期是否一致；坏账准备计提的会计处理是否正确。

企业与关联方之间发生的应收账款与其他的应收账款一样，也应当在期末时分析其可收回性，并预计可能发生的坏账损失，计提相应的坏账准备。企业与关联方之间发生的应收账款一般不能全额计提坏账准备，但如果有确凿证据表明关联方（债务单位）已撤销、破产、资不抵债、现金流量严重不足等，并且不准备对应收账款进行重组或无其他收回方式的，则对预计无法收回的应收关联方的款项也可以全额计提坏账准备。

坏账准备计算表如表9－14所示。

表9－14　　坏账准备计算表

被审计单位：南方工业有限公司	索引号：A2－7
项目：坏账准备计算表	财务报表截止日：2014－12－31
编制：王胜	复核：张雷
日期：2015－2－16	日期：2015－3－5

计算过程					索引号
一、坏账准备本期期末应有金额①＝②＋③				349 131 ①	
1. 期末单项金额重大且有客观证据表明发生了减值的应收款项对应坏账准备应有余额					
单位名称			金额		
单位甲					
单位乙					
合计			－ ②		
2. 期末单项金额非重大以及经单独测试后未减值的单项金额重大的应收款项对应坏账准备应有余额					
项目	账龄	应收款项余额	坏账计提比例	坏账准备应有余额	
	1年以内（含1年）	10 138 671	0.5%	50 693	
	1～2年（含2年）	3 526 494	1.5%	52 897	

续表

	2~3年（含3年）	690 605	15.0%	103 591	
	3年以上	405 572	35.0%	141 950	
	合计	14 761 342		349 131 ③	
二、坏账准备上期审定数 67 616 ④					
三、坏账准备本期转出（核销）金额					
单位名称			金额		
单位丙					
单位丁					
……					
合计			– ⑤		
四、计算坏账准备本期全部应计提金额					
⑥=①-④+⑤				281 515 ⑥	

审计说明：坏账准备计提按账龄进行调整。

5. 审查坏账损失

实际发生坏账损失的，检查转销依据是否符合有关规定，会计处理是否正确。对于被审计单位在被审计期间内发生的坏账损失，注册会计师应检查其原因是否清楚，是否符合有关规定，有无授权批准，有无已作坏账处理后又重新收回的应收账款，相应的会计处理是否正确。对有确凿证据表明确实无法收回的应收账款，如债务单位已撤销、破产、资不抵债、现金流量严重不足等，企业应根据管理权限，经股东大会或董事会，或经理（厂长）办公会或类似机构批准作为坏账损失，冲销提取的坏账准备。

6. 检查转销的坏账重新收回的情况

已经确认并转销的坏账重新收回的，检查其会计处理是否正确。

7. 检查长期挂账应收账款

注册会计师应检查应收账款明细账及相关原始凭证，查找有无资产负债表日后仍未收回的长期挂账应收账款，如有，应提请被审计单位作适当处理。

8. 检查函证结果

对债务人回函中反映的例外事项及存在争议的余额，注册会计师应查明原因并作记录。必要时，应建议被审计单位作相应的调整。

9. 审查坏账准备在财务报表上的列报是否恰当

被审计单位应在财务报表附注中说明坏账准备的计提方法和计提比例，并分别披露应收账款和其他应收款不同账龄的坏账准备余额，对于上市公司而言，除应满足上述要求外，还应在财务报表附注中披露以下事项：本期全额计提坏账准备，或计提坏账准备的比例较大的（计提比例一般超过40%及以上的，下同），应说明计提的比例以及理由；以前期间已全额计提坏账准备，或计提坏账准备的比例较大但在本期又全额或部分收回的，或通过重组等其他方式收回的，应说明其原因、原估计计提比例的理由以及原估计计提比例的合理性；对某些金额较大的应收账款不计提坏账准备或计提坏账准备比例较低（一般为5%或低于5%）的理由；本期实际冲销的应收款项及其理由，其中，实际冲销的关联交易产生的应收账款应单独披露。

小资料

国内外典型销售与收款循环案例概况

被审计的单位		基本事实
国内	原野	在两座大厦一个没有动工、一个刚打地基的情况下，将其承包利润8 500万元作为本年实现的利润入账，并倒算出销售收入2.76亿元，同时倒算出销售成本和销售税金等数字
	银广夏	通过伪造购销合同和出口报关单、虚开增值税专用发票、伪造免税文件和金融票据等手段，虚构主营业务收入，虚构巨额利润7.45亿元，其中1999年为1.78亿元，2000年为5.67亿元
	东方电子	3年来将逾10亿元的炒股收入作为其主营业收入入账，而其主营业务为电力自动化设备制造
	黎明股份	为虚增主营业务收入1.5亿元人民币，从进货、生产、销售各环节造假，被称为“造假手段近乎完美”
	东方锅炉	将1996年度的销售收入1.76亿元和销售利润3 800万元，调整至1997年度。在1997年度又以同样的方法，将该年度的销售收入2.26元和销售利润4 700万元转移到1998年，从而创造连续3年稳定盈利，净资产利润率增长平衡的假象
国外	美国在线	在与时代华纳合并前，通过将“.COM”公司的广告违约金、法律纠纷收入、代理业务收入、认股权证方式收入、循环交易收入等确认为“广告和商业收入”的手法，掩饰其江河日下的广告业务
	南方保健	最主要的造假手段是通过“契约调整”（Contractual Adjustment）这一收入备抵账户进行利润操纵。营业收入总额减去“契约调整”的借方余额，在南方保健的收益表上反映为营业收入净额，而这一账户的数字取决于南方保健高管人员的估计和判断。它是萨班斯—奥克斯利法案颁布后，美国上市公司曝光的又一典型舞弊案例
	美国Informix公司	提前确认收入及记录虚构收入，手法包括：将信用期延长到12个月以上；允许中间商退还未出售的许可证，并获退款和信用等
	山登公司	随意改变收入确认标准，在1995至1997年期间共虚构了15.77亿美元的营业收入、超过5亿美元的利润总额和4.39亿美元的净利润，虚假净利润占对外报告净利润的56%
	马蒂尔公司	采用一种被称之为“持有货单”的销售手法。利用该手法，公司虚增了1 500万美元的销售收入，并由此而虚增了税前利润800万美元。所谓“持有货单”，是指客户未来才会购买，而该公司现在就入了账

任务回顾

本任务主要讲述了分项审计与循环审计的区别，销售与收款循环所涉及的主要业务活动和相关凭证与记录，销售与收款活动的内部控制及控制测试，主营业务收入审计的实质性程序、相关工作底稿，应收账款审计的实质性程序、相关工作底稿。

（1）业务循环，是指处理某类经济业务的工作程序和先后顺序，可以划分为销售与收款循环、采购与付款循环、生产与存货循环、人力资源与工薪循环、投资与筹资循环。

（2）财务报表审计的组织方式大致有两种：一是分项审计方法，是指按会计报表项目组织实施审计的方法，这种方法要求对财务报表的每个账户余额单独进行审计；二是循环审计方法，是指按业务循环组织实施审计的方法，这种方法要求将财务报表分成几个循环进行审计，即把紧密联系的交易种类和账户余额归入同一循环中，按业务循环组织实施审计。

（3）销售与收款循环的主要业务活动：编制销售计划；客户信用管理；销售定价；订立销售合同；发货；收款；客户服务；会计系统控制。

（4）销售与收款交易的内部控制包括：适当的职责分离；正确的授权审批；充分的凭证和记录；按月寄出对账单；内部核查程序。

（5）主营业务收入审计的实质性程序：取得或编制主营业务收入明细表；实质性分析程序；审查主营业务收入的确认原则和方法的正确性与一贯性；审查主营业务收入会计处理的恰当性；结合应收账款的函证，查明有无未经认可的大额销售；实施截止测试；检查销售折扣与折让、销售退回交易；检查有无特殊的销售行为；检查集团内部和关联方销售；检查主营业务收入在利润表上的披露是否恰当。

（6）应收账款的实质性程序：获取或编制应收账款余额明细表，复核加计数额是否正确；实施应收账款的分析性程序；分析应收账款的账龄；向债务人函证应收账款；确定已收回的应收账款金额；对未函证应收账款实施替代审计程序；查坏账的确认和处理；抽查有无不属于结算交易的债权；检查贴现、质押或出售；对应收账款实施关联方及其交易审计程序；确定应收账款的列报是否恰当。

（7）坏账准备的实质性程序：将应收账款坏账准备本期计提数与资产减值损失相应明细项目核对；实施分析程序；取得或编制坏账准备明细表并核对；检查与评价；审查坏账损失；检查转销的坏账重新收回的情况；检查长期挂账应收账款；检查函证结果；审查坏账准备在财务报表上的列报是否恰当。

思考与案例分析题

1. 思考题

（1）内部控制测试可不可以按会计报表项目进行？

（2）确定应收账款函证样本量时应着重考虑哪些因素？

（3）某公司在年终前一周内有相当大量的销售收入业务，造成这种现象的原因有几种可能？如何核查证实？

（4）应收账款函证结果与被审计单位会计记录不一致的原因主要有哪些？注册

会计师应相应实施哪些主要的审计程序？

（5）当被审计单位销售业务内部控制有弱点时，注册会计师为测试登记入账和销售业务的存在性，应采取哪些方法测试？

（6）应收账款为何要函证余额为零的项目？和“对已收回的金额较大的款项进行常规检查”程序是否重复？

（7）简述注册会计师测试被审计单位销货交易所采用的审计程序主要有哪些？可以验证被审计单位什么认定？

（8）实施主营业务收入截止测试的目标？为了防止被审计单位多计收入，如何进行主营业务收入的截止测试？

（9）一般情况下，预付账款不计提坏账准备，是否正确？

2. 案例分析题

（1）A 和 B 注册会计师首次接受委托，负责审计上市公司甲公司 2010 年度财务报表。相关资料如下：

B 注册会计师对主营业务收入的发生认定进行审计，编制了审计工作底稿，部分内容摘录如表 9－15 所示（金额单位：万元）：

表 9－15

记账凭证日期	记账凭证编号	记账凭证金额	发票日期	出库单日期
2010 年 1 月 5 日	转字 10	12	2010 年 1 月 8 日	2010 年 1 月 8 日
2010 年 2 月 20 日	转字 30	－120	2010 年 2 月 20 日	不适用
2010 年 2 月 28 日	转字 45	7	2010 年 2 月 27 日	2010 年 2 月 27 日
2010 年 3 月 20 日	转字 40	8	2010 年 3 月 19 日	2010 年 3 月 19 日
略				
2010 年 11 月 3 日	转字 4	10	2010 年 11 月 2 日	2010 年 11 月 2 日
2010 年 11 月 15 日	转字 28	200	2010 年 11 月 14 日	2010 年 11 月 14 日
2010 年 12 月 10 日	转字 50	250	2010 年 12 月 10 日	2010 年 12 月 10 日
略				

审计说明：

①根据销售合同约定，在客户收到货物、验收合格并签发收货通知后，甲公司取得收取货款的权利。审计中已检查销售合同。

②已检查记账凭证日期、发票日期和出库日期，未发现异常。发票和出库单中的其他信息与记账凭证一致。

③11 月转字 28 号和 12 月转字 50 号记账凭证反映的销售额较高，财务经理解释系调整售价所致。

④2 月转字 30 号记账凭证反映，甲公司在 2009 年度销售并确认收入的一笔交易，于 2010 年 2 月发生销货退回。甲公司未按规定调整 2009 年度财务报表，前任注册会计师于 2010 年 3 月对甲公司 2009 年度财务报表出具了标准审计报告。

要求：针对资料中的审计说明第①至③项，逐项指出 B 注册会计师实施的审计程序中存在的不当之处，并简要说明理由。

（2）长白山公司于 20×1 年上市，主要从事公用设施投资以及实业与科技投资，其控股股东为某市国有资产监督管理委员会（以下简称市国资委）全资持有的下属企业，长白山公司的最终实际控制人为市国资委。20×6 年度审计后的净利润为 300 万元。

西湖会计师事务所首次接受委托，为长白山公司提供 20×6 年度财务报表审计服务，并出具了标准无保留意见的审计报告。

长白山公司对其他应收款按照账龄分析法计提坏账准备的比例如表 9－16 所示：

表 9－16

账龄	计提比例
一年以内（含一年）	5%
一年至二年（含二年）	10%
二年至三年（含三年）	15%
三年至四年（含四年）	20%
四年至五年（含五年）	25%
五年以上	30%

长白山公司其他应收款及坏账准备的会计记录如下表所示：

项目	原值（万元）	账龄	坏账准备计提金额（万元）
甲有限公司	2 500	大部分 4～5 年	360
甲有限公司关联企业	1 000	3 年以上	120
合计	3 500		480

注册会计师对上述往来款项实施了函证程序：注册会计师在审计过程中将询证函交给长白山公司的财务人员，并由其与市国资委有关人员协调取得。在出具审计报告时，注册会计师已取得了询证函回函，回函单位名称为“甲公司”，而非“甲有限公司”。注册会计师将询证函回函作为审计证据归集在审计工作底稿中。

请问：

①长白山公司对其他应收款确定的坏账准备计提比例是否正常？

②你认为注册会计师在长白山公司 20×6 年度审计中实施的函证程序有何不当或不足之处？

③仅就其他应收款而言，你认为注册会计师发表标准无保留意见是否适当？

④有观点认为，函证并不能提供与计价和分摊认定有关的审计证据。你如何看待这个观点？

（3）高山公司是一家大型房地产开发企业，主要开发和销售普通住宅楼及高档公寓。高山公司于 20×6 年度以增资扩股和发行债券的方式募集了大量的项目开发资金，当年开发完工的楼盘多达 11 个，销售数量和销售价格大幅超出了管理层年初制定的计划水平。高山公司 20×6 年度确认的销售收入 282 886 万元较 20×5 年度增长了近两倍。

高山公司制定的房地产收入确认的会计政策为：在房产竣工验收合格且购房者

签收了收房确认书时确认收入。另外，依据房产销售合同的规定，对于已发出收房通知书，购房者逾期一个月仍未收房的，视同购房者已收房并确认收入。

高山公司于 20×6 年 4 月聘请源水会计师事务所审计 20×6 年度财务报表。

注册会计师注意到，在高山公司 20×6 年度确认的房地产销售收入中，未包含以下两项：①龙盘公寓，涉及金额 19 083 万元；②越秀花园，涉及金额 47 418 万元。龙盘公寓和越秀花园地处远离城区的沿海新区。

对于龙盘公寓和越秀花园两项房产，注册会计师实施的审计程序和相关审计发现如下：

①20×6 年 7 月进行期中预审时，检查了所有存货实物（包括开发在产品），并对所有未完工的在建项目予以拍照存档。对于上述两项房产，根据检查有形资产所了解到的工程进度以及与管理层的沟通，注册会计师在《关于高山公司中期存货监盘小结》中作出的结论为："预计龙盘公寓 20×6 年 10 月底全部完工，越秀花园 20×6 年年底前将有 95% 可以入住。"

②在其中预审时，抽查了龙盘公寓和越秀花园的房屋买卖合同，合同条款分别注明"出卖人应当在 20×6 年 10 月 31 日前向买受人交付商品房"及"出卖人应当在 20×6 年 12 月 16 日前向买受人交付商品房"。

③在期末审计时，从高山公司的销售部门获取了所有楼盘的销售台账，审计工作底稿"龙盘公寓项目销售台账"显示该公寓已入住了 64 套，涉及金额 18 288 万元；审计工作底稿"越秀花园销售、结存情况汇总表"显示该花园中 51 套已于 20×6 年年底入住，涉及金额 46 685 万元。

注册会计师为高山公司 20×6 年度财务报表出具了标准无保留意见的审计报告。

要求：

①在注册会计师获取的关于龙盘公寓和越秀花园两处房产的审计证据中，你认为哪些证据不支持注册会计师出具的标准无保留意见的审计报告，为什么？

②注册会计师获取的关于龙盘公寓和越秀花园两项房产的前两项审计证据，是否足以支持注册会计师确认高山公司应在 20×6 年度确认这两项房产的销售收入，为什么？

③注册会计师获取的关于龙盘公寓和越秀花园两项房产的第三项审计证据，是否足以支持注册会计师确认高山公司应在 20×6 年度确认这两项房产的销售收入，为什么？

④注册会计师于资产负债表日对高山公司记录为开发完成的商品房实施了监盘程序，但未对高山公司记录为开发中的商品房实施监盘程序。注册会计师的主要考虑是：开发中的商品房在没有完工前均承包给施工方建设，对于每一房产项目而言，其数量均为 1 个，中期的有形资产检查结果（包括拍照存档）已经满足了证实存货存在性的认定，且开发在产品不像其他存货会移动；同时考虑到两项房产均地处远离城区的沿海新区，期末审计时人力资源又相当紧张。因此如果开发在产品在资产负债表日仍处于在建阶段，则可不再纳入存货监盘范围。

你是否认同注册会计师的上述观点？你认为是否可以在期末审计过程中实施其他审计程序（比如向高山公司获取收房确认书，或向购房者函证收房时点）来替代开发中项目的监盘程序？

⑤如果高山公司与20×6年度资产负债表日后、审计报告日前将龙盘公寓和越秀花园这两项房产确认为20×7年度的销售收入，你认为注册会计师可以实施哪些审计程序以增强相关收入确认时点的审计证据效力？

专业技能训练

1. 实训目的

熟悉营业收入的实质性程序，并编制审计工作底稿。

2. 实训资料

甲公司是A股上市公司，主要经营计算机硬件的开发、集成与销售，主要业务流程为：向客户提供技术建议书—签署销售合同—结合库存情况备货—委托货运公司运货—安装验收—根据安装验收报告开具发票并确认收入。注册会计师于2×11年初对甲公司2×10年度财务报表进行审计。经初步了解，甲公司2×10年度的经营形势、管理及经营机构与2×09年度相比未发生重大变化，且未发生重大重组行为。

甲公司2×10年度未审计利润及2×09年度已审利润如表9－17所示。

表9－17　　2×10年度未审计利润及2×09年度已审利润　　单位：万元

项目	2×10年度	2×09年度
一、营业收入	104 300	58 900
减：营业成本	91 845	53 599
营业税费	560	350
营业费用	2 800	1 610
管理费用	2 380	3 260
财务费用	180	150
资产减值损失	130	130
加：公允价值变动收益	170	170
投资收益	980	16
二、营业利润	7 555	－13
加：营业外收入	100	150
减：营业外支出	260	300
三、利润总额	7 395	－163
减：所得税	800	0
四、净利润	6 595	－163

甲公司2×10年度1～12月份主营业务收入、主营业务成本如表9－18所示。

表 9-18　　2×10 年度 1~12 月份主营业务收入、主营业务成本表　　单位：万元

月份	主营业务收入	主营业务成本
1	7 800	7 566
2	7 600	6 764
3	7 400	6 512
4	7 700	6 768
5	7 800	6 981
6	7 850	6 947
7	7 950	7 115
8	7 700	6 830
9	7 600	6 832
10	7 900	7 111
11	8 100	7 280
12	18 900	15 139
合计	104 300	91 845

注册会计师在实施实质性程序时，抽查到以下销售业务：

（1）销售给 A 公司硬件 936 万元（含税，增值税税率 17%）。销售合同约定：签订合同后支付 100 万元，出具安装验收报告后支付 200 万元，试运行一个月并终验合格后支付 636 万元，交货日期为 2×10 年 11 月 20 日。实际执行情况是：甲公司于 2×10 年 11 月 15 日发货，经双方签字盖章的安装验收报告日期为 2×10 年 12 月 25 日，发票日期为 2×10 年 12 月 25 日。截至 2×10 年 12 月 31 日，甲公司已经收取货款 300 万元，确认 2×10 年度该项销售收入 800 万元。

（2）销售给 B 公司硬件 1 170 万元（含税，增值税税率 17%）。销售合同约定：签订合同后支付 300 万元，出具安装验收报告后支付 870 万元，交货日期为 2×10 年 12 月 26 日。实际执行情况是：甲公司于 2×10 年 11 月 15 日发货，经双方签字盖章的安装验收报告日期为 2×10 年 12 月 29 日，发票日期为 2×10 年 12 月 29 日。截至 2×10 年 12 月 31 日，甲公司已经收取货款 1 170 万元，确认 2×10 年度该项销售收入 1 000 万元。注册会计师审计时，未取得该项销售业务的发货单据，甲公司给出的理由是：供货单位接受甲公司指令直接将货物发运至 B 公司。

（3）销售给再集成商 C 公司硬件 1 750 万元（含税，增值税税率 17%）。销售合同约定：该批货物直接发运至 C 公司的客户 D 公司，安装调试由 C 公司负责；C 公司在签订合同后支付 200 万元，剩余货款 1 555 万元在 C 公司收取 D 公司货款后一次性支付。实际执行情况是：甲公司于 2×10 年 12 月 18 日发货，发票日期为 2×10年 12 月 18 日，无安装验收报告。截至 2×10 年 12 月 31 日，甲公司已经收取货款 200 万元，确认 2×10 年度该项销售收入 1 500 万元。

（4）销售给 F 公司硬件 1 287 万元（含税，增值税税率 17%）。销售合同约定：

签订合同后支付300万元，货物发出后支付987万元，交货日期为2×10年11月28日。实际执行情况是：甲公司于2×10年12月29日向F公司开具发票。截至2×10年12月31日，甲公司已经收取货款300万元，确认2×10年度该项销售收入1 100万元。注册会计师注意到，上述货物尚存放在甲公司仓库，甲公司为此提供了一份F公司2×10年11月28日发出的传真，内容为：由于本公司原因，自贵公司购进的硬件暂存贵公司，货物的所有权即日起转移至本公司。

（5）销售给控股股东G公司硬件3 510万元（含税，增值税税率17%）。发货单、发票、安装验收报告、销售合同核对后无异常，货款已于2×07年12月全部收到。2×10年度，甲公司确认2×10年度该项销售收入3 000万元、销售成本1 800万元。2×10年度，同类硬件主要销售给非关联方，其加权平均毛利率为10%。

（6）销售给H公司硬件2 106万元（含税，增值税税率17%）。发货单、发票、安装验收报告、销售合同核对后无异常。截至2×10年12月31日，甲公司已经收取货款1 000万元，尚有1 106万元货款未收到。2×10年度，甲公司确认该项销售收入1 800万元。注册会计师在对应收H公司1 106万元款项进行函证时，H公司回函表示已经退货。经检查，甲公司已于2×11年5月10日冲减了当月销售收入1 800万元，并冲减相关销售成本。

（7）销售给J公司硬件1 053万元（含税，增值税税率17%）。发货单、发票、安装验收报告、销售合同核对后无异常。截至审计时，货款全部未收到。2×10年度，甲公司确认该项销售收入900万元。注册会计师在对应收J公司1 053万元款项进行函证时，J公司回函予以确认，但在注册会计师进行电话询证时，J公司相关人员表示其从未与甲公司发生业务往来，不存在欠付甲公司债务的情况。

3. 实训要求

（1）为确定重点审计领域，注册会计师拟实施分析程序，如果对利润表进行分析程序，请指出利润表中的重点审计领域，并简要说明理由。

（2）请根据甲公司2×10年度1~12月份主营业务收入、主营业务成本的相关数据，编制相应的分析程序表，并指出主营业务收入和主营业务成本的重点审计领域，并简要说明理由。

（3）注册会计师在了解甲公司销售与收款内部控制后，准备对甲公司销售业务的内部控制进行测试，以验证其能否确保已入账的销售确系已经实现的销售。请列示该项测试的主要程序。

（4）针对注册会计师抽查到的第（1）至第（6）项销售业务，请分别判断甲公司已经确认的销售收入能否确认。请按照能够确认、不能确认、不能全部确认、尚无法形成审计结论四种结论分别回答。如回答不能确认或不能全部确认，请简要说明理由。如回答尚无法形成审计结论，请指出应进一步实施哪些审计程序。

（5）针对注册会计师抽查到的第(7)项销售业务，请指出是否应进一步实施审计程序。如已经证实该项销售系虚构，请指出注册会计师应当采取哪些措施？

（6）请根据注册会计师的抽查情况，编制营业收入审计的工作底稿。

教学设计与实践

1. 教学重点
（1）销售和收款循环的交易实质性程序；
（2）应收账款的实质性程序；
（3）营业收入的实质性程序。
2. 教学难点
（1）销售和收款循环的控制测试；
（2）销售和收款循环的交易实质性程序；
（3）坏账准备的实质性程序。
3. 建议教学课时
理论教学 4 学时，实践教学 2 学时。
4. 教学实践
（1）请制作本任务的授课教案；
（2）选取部分内容进行 1 小节课程的试讲。

任务十 采购与付款循环审计

任务内容

- 采购与付款循环概述
- 控制测试和交易的实质性程序
- 应付账款审计
- 固定资产审计

任务目标

- 了解采购与付款循环的主要业务活动和相关凭证与记录；
- 熟悉采购交易、付款交易的关键内部控制、常见的控制测试程序和交易实质性程序；
- 掌握应付账款的实质性程序；
- 掌握固定资产的实质性程序。

适用的准则和规范

- 《中国注册会计师审计准则第 1211 号——通过了解被审计单位及其环境识别和评估重大错报风险》
- 《中国注册会计师审计准则第 1231 号——针对评估的重大错报风险采取的应

对措施》

- 《中国注册会计师审计准则第 1312 号——函证》
- 《中国注册会计师审计准则第 1313 号——分析程序》
- 《中国注册会计师审计准则第 1314 号——审计抽样》
- 《企业内部控制应用指引第 7 号——采购业务》
- 《企业内部控制应用指引第 7 号——采购业务》解读
- 《企业内部控制应用指引第 8 号——资产管理》
- 《企业内部控制应用指引第 8 号——资产管理》解读

导入案例

存货的“奥秘”

从孩提时代开始，米奇·莫纳斯就喜欢几乎所有的运动，尤其是篮球。但是因天资及身高所限，他没有机会到职业球队打球。然而，莫纳斯确实拥有一个所有顶级球员共有的特征，那就是他有一种无法抑制的求胜欲望。

莫纳斯把他无穷的精力从球场上转移到他的董事长办公室里。他首先设法获得了位于（美）俄亥俄州阳土敦市的一家药店，在随后的十年中他又收购了另外299家药店，从而组建了全国连锁的法尔莫公司。不幸的是，这一切辉煌都是建立在资产造假——未检查出来的存货高估和虚假利润的基础上的，这些舞弊行为最终导致了莫纳斯及其公司的破产。同时也使为其提供审计服务的“五大”事务所损失了数百万美元。下面是这起案件的经过：

自获得第一家药店开始，莫纳斯就梦想着把他的小店发展成一个庞大的药品帝国。其所实施的策略就是他所谓的“强力购买”，即通过提供大比例折扣来销售商品。莫纳斯首先做的就是把实际上并不盈利且未经审计的药店报表拿来，用自己的笔为其加上并不存在的存货和利润。然后凭着自己空谈的天分及一套夸大了的报表，在一年之内骗得了足够的投资用以收购了 8 家药店，奠定了他的小型药品帝国的基础。这个帝国后来发展到了拥有300 家连锁店的规模。一时间，莫纳斯成为金融领域的风云人物，他的公司则在阳土敦市赢得了令人崇拜的地位。

在一次偶然的机会导致这个精心设计的、至少引起 5 亿美元损失的财务舞弊事件浮出水面之时，莫纳斯和他的公司炮制虚假利润已达十年之久。这实在并非一件容易的事。当时法尔莫公司的财务总监认为因公司以低于成本出售商品而招致了严重的损失，但是莫纳斯认为通过“强力购买”，公司完全可以发展得足够大以使得它能顺利地坚持它的销售方式。最终在莫纳斯的强大压力下，这位财务总监卷入了这起舞弊案件。在随后的数年之中，他和他的几位下属保持了两套账簿，一套用以应付注册会计师的审计，一套反映糟糕的现实。

他们先将所有的损失归入一个所谓的"水桶账户"，然后再将该账产的金额通过虚增存货的方式重新分配到公司的数百家成员药店中。他们仿造购货发票、制造增加存货并减少销售成本的虚假记账凭证、确认购货却不同时确认负债、多计或加倍计算存货的数量。财务部门之所以可以隐瞒存货短缺是因为注册会计师只对300家药店中的4家进行存货监盘，而且他们会提前数月通知法尔莫公司他们将检查哪些药店。管理人员随之将那4家药店堆满实物存货，而把那些虚增的部分分配到其余的296家药店。如果不考虑其会计造假，法尔莫公司实际已濒临破产。在最近一次审计中，其现金已紧缺到供应商因其未能及时支付购货款而威胁取消对其供货的地步。

注册会计师们一直未能发现这起舞弊，他们为此付出了昂贵的代价。这项审计失败使会计师事务所在民事诉讼中损失了3亿美元。那位财务总监被判33个月的监禁，莫纳斯本人则被判入狱5年。

案例思考：

注册会计师应如何保持应有的职业谨慎，识别企业的存货舞弊？

任务结构

一、采购与付款循环概述

采购与付款循环是企业从外部购置商品和劳务等并支付款项的经营业务活动，该业务循环通常涉及的资产负债表项目主要包括预付款项、固定资产、在建工程、工程物资、固定资产清理、无形资产、开发支出、商誉、长期待摊费用、应付票据、应付账款和长期应付款。

（一）采购与付款循环的主要业务活动

采购与付款循环涉及企业因购买商品、劳务和固定资产，以及企业在经营活动中为获取收入而发生的直接或间接的支出，具体包括编制需求计划和采购计划、请购、选择供应商、确定采购价格、订立框架协议或采购合同、管理供应过程、验收、退货、付款、会计控制等环节。

1. 编制需求计划和采购计划

采购业务从计划开始，包括需求计划和采购计划。企业实务中，需求部门一般根据生产经营需要向采购部门提出物资的需求计划，采购部门根据该需求计划归类汇总平衡现有库存物资后，统筹安排采购计划，并按规定的权限和程序审批后执行。

2. 请购商品和劳务

经授权的职员通过填制请购单对商品和劳务提出请购要求，可能是由车间或仓库对原材料提出请购，也可能是办公室或车间对修理配件提出请购，还可能是由负责财产和设备管理的部门对保险提出请购。当前，许多公司还根据各种商品和劳务的预设再订货点，使用计算机自动生成请购单。

请购单是证明采购交易的“发生”认定的凭据之一。请购单不便事先编号，为加强控制，每张请购单必须经对这类支出预算负责的主管人员签字批准。

3. 选择供应商

选择供应商，也就是确定采购渠道，它是企业采购业务流程中非常重要的环节。

4. 确定采购价格

如何以最优“性价比”采购到符合需求的物资，是采购部门的永恒主题。企业要健全采购定价机制，采取协议采购、招标采购、动态竞价采购等多种方式，科学合理地确定采购价格。

5. 订立框架协议或采购合同

框架协议，是企业与供应商之间为建立长期物资购销关系而作出的一种约定。采购合同，是指企业根据采购需要、采购方式、采购价格等情况与供应商签订的具有法律约束力的协议，该协议对双方的权利、义务和违约责任等情况作出了明确规定。

6. 管理供应过程

管理供应过程，主要是指企业建立严格的采购合同跟踪制度，科学评价供应商的供货情况，并根据合理选择的运输工具和运输方式，办理运输、投保等事宜，实时掌握物资采购供应过程的情况。

7. 验收商品

企业从供应商处收到商品和劳务是采购与付款循环中的重要一环，因为绝大多数企业此时开始在账户中确认采购和相关的负债。验收部门首先应比较所收商品与订购单上的要求是否相符，如商品的名称、数量、到货时间等，然后再盘点商品并检查商品有无损坏。验收后，验收部门应对已收货的每张订购单编制一式多联、预先编号的验收单，作为验收和检验商品的依据。验收人员将商品送交仓库或其他请购部门时，应取得经过签字的收据，或要求其在验收单的副联上签收，以确立他们对所采购的资产应负的保管责任。验收人员还应将其中的一联验收单送交应付凭单部门。

8. 退货

对于验收过程中发现的异常情况，比如无采购合同或大额超采购合同的物资、超采购预算采购的物资、毁损的物资等，验收机构或人员应当立即向企业有权管理的相关机构报告，相关机构应当查明原因并及时处理。对于不合格物资，采购部门依据检验结果办理让步接收、退货、索赔等事宜。对延迟交货造成生产建设损失的，采购部门要按照合同约定索赔。

9. 付款

在记录采购交易和付款之前，应由应付凭单部门编制预先编号的付款凭单。由被授权人员在凭单上签字批准后，才能照此凭单向供应商支付款项。所有未付凭单的副联应保存在未付凭单档案中，以待日后付款。

10. 会计控制

企业应设置相应的总账、明细账以及日记账等，记录采购与付款循环的有关业务，以发挥会计系统的控制作用。会计控制与多项认定有关，为审计工作提供了大量的资料证据。

上述各个环节之间的关系如图 10－1 所示。

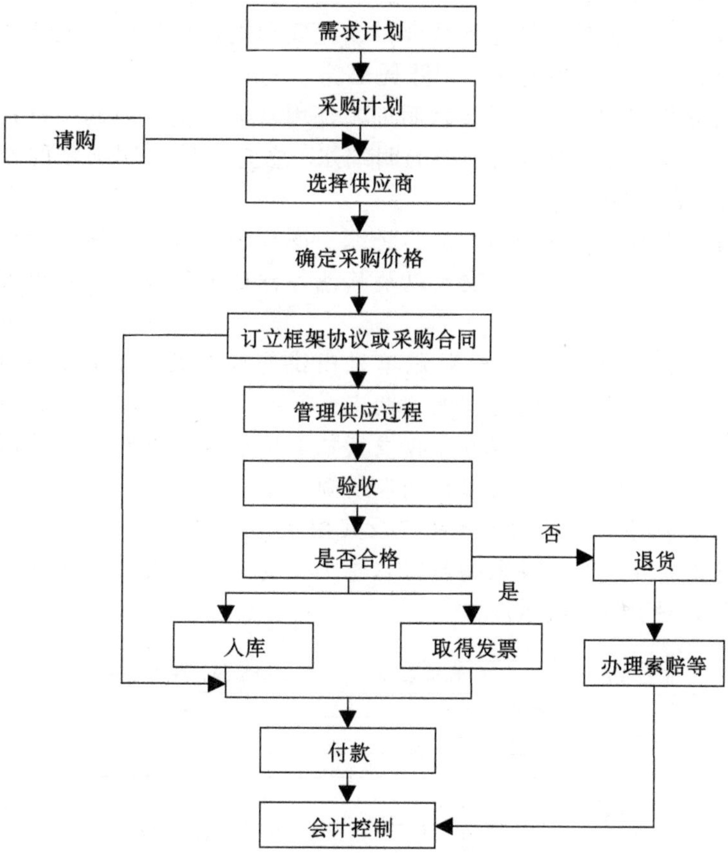

图 10－1　采购与付款主要业务流程图

（二）采购与付款循环涉及的主要凭证与账户

1. 采购与付款循环涉及的主要凭证

（1）请购单。请购单是由产品制造、资产使用等部门的有关人员填写，送交采购部门，申请购买商品、劳务或其他资产的书面凭证。

（2）订购单。订购单，又称采购订单，是由采购部门填写，向另一企业购买订购单上所指定的商品、劳务或其他资产的书面凭证。

（3）验收单。验收单是收到商品、资产时所编制的凭证，列示从供应商处收到的商品、资产的种类和数量等内容。

（4）供应商发票。供应商发票，也称卖方发票，是供应商开具的，交给买方以载明发运的货物或提供的劳务、应付款金额和付款条件等事项的凭证。

（5）付款凭单。付款凭单是采购方企业的应付凭单部门编制的，载明已收到的商品、资产或接受的劳务、应付款金额和付款日期的凭证。付款凭单是采购方企业内部记录和支付负债的授权证明文件。

(6) 转账凭证。转账凭证是指记录转账交易的记账凭证，它是根据有关转账交易的原始凭证编制的。

(7) 付款凭证。付款凭证包括现金付款凭证和银行存款付款凭证，是指用来记录库存现金和银行存款支出交易的记账凭证。

(8) 应付账款明细账。应付账款明细账是用来记录企业因购买材料、商品和接受劳务供应等而应付给供应单位款项的明细账。各应付账款明细账的余额合计数应与应付账款总账的余额相等。

(9) 库存现金日记账和银行存款日记账。库存现金日记账和银行存款日记账是用来记录应收账款的收回或现销收入以及其他各种现金、银行存款收入和支出的日记账。

(10) 供应商对账单。供应商对账单是由供应商按月编制的，标明期初余额、本期购买、本期支付给供应商的款项和期末余额的凭证。供应商对账单是供应商对有关交易的陈述，不考虑买卖双方在收发货物上可能存在的时间差等因素，其期末余额通常应与采购方相应的应付账款期末余额一致。

2. 采购与付款循环涉及的主要账户及其相互关系

采购与付款循环主要涉及采购与付款两类交易。这两类交易所涉及的主要账户及其相互关系如图 10－2 所示。

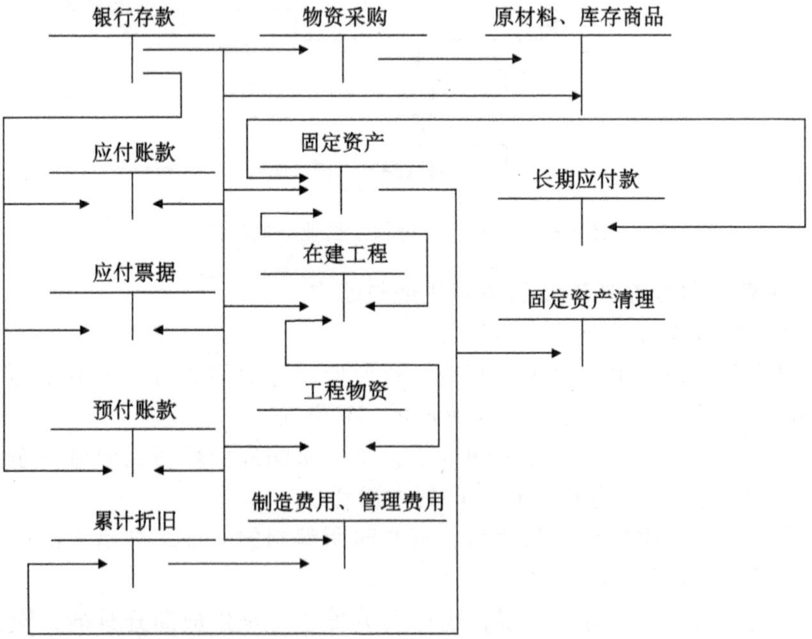

图 10－2 采购与付款循环涉及的主要账户及其相互关系

二、控制测试和交易的实质性程序

在采购与付款循环审计中，验证应付账款、固定资产及有关费用等账户通常十分费时费力，如果注册会计师能够通过控制测试验证与采购与付款循环相关的内部控制是健全有效的，进而减少相关账户余额的细节测试，将大大节省审计时间和成本。因此，在组织良好的审计活动中，通常对采购与付款循环的控制测试给予极大的关注，尤其是对内部控制健全的被审计单位而言。

（一）采购与付款循环的内部控制

采购与付款循环的关键内部控制主要包括以下方面：

1. 职责分离控制

购货业务环节中所需处理的主要业务有请购、采购、验收、保管、付款、记录等，采购与付款业务不相容岗位至少有：请购与审批；询价与确定供应商；采购合同的订立与审批；采购与验收；采购、验收与相关会计记录；付款审批与付款执行。适当的职责分离有助于防止各种有意或无意的错误。

2. 授权审批控制

企业应当对采购与付款业务建立严格的授权批准制度，明确审批人对采购与付款业务的授权批准方式、权限、程序、责任和相关控制措施，规定经办人办理采购与付款业务的职责范围和工作要求。审批人应当根据采购与付款业务授权批准制度的规定，在授权范围内进行审批，不得超越审批权限。经办人应当在职责范围内，按照审批人的批准意见办理采购与付款业务。

3. 请购控制

企业应当建立采购申请制度，依据购置物品或劳务等类型，确定归口管理部门，授予相应的请购权，并确定相关部门或人员的职责权限及相应的请购程序。

4. 订货控制

无论何种需要的请购，采购部门在收到请购单后，在最终发出购货订单之前，都应明确订购多少、向谁订购、何时购货等问题。在订购多少的控制方面，采购部门首先审查每一份请购单请购数量是否在控制限额的范围内，其次是检查使用物品和获得劳务的部门主管是否在请购单上签字同意；在向谁订购的问题上，采购部门应充分了解和掌握供应商的信誉、供货能力等有关情况，比较不同供应商所提供的资料，选择最有利于企业生产和成本最低的供应商，与供应商签订合同；关于何时订货的问题，主要由存货管理部门运用经济批量法和分析最低存货点来进行，当请购单已提出，采购部门应对这些请购单的处理结果及时告知仓储和生产部门。

在上述三个方面的决定作出之后，购货部门应及时填制购货订单，并对其进行控制，主要是预先应对每份订单进行编号；在购货订单向供应商发出前，必须由专人检查该订单是否得到授权人的签字；由专人复查购货订单的编制过程和内容；购货订单的副本应递交给请购、保管与会计部门等。

5. 验收控制

企业应根据规定的验收制度和经批准的订单、合同等采购文件，由独立的验收部门或指定专人对所购物品或劳务等的品种、规格、数量、质量和其他相关内容进行验收，出具验收证明。对验收过程中发现的异常情况，负责验收的部门或人员应当立即向有关部门报告；有关部门应查明原因，及时处理。

6. 付款控制

与付款业务相关的内部控制的内容有：

（1）单位应当按照《现金管理暂行条例》、《支付结算办法》等规定办理采购与付款业务。

（2）单位财会部门在办理付款业务时，应当对采购发票、结算凭证、验收证明等相关凭证的真实性、完整性、合法性及合规性进行严格审核；财会部门应当参与商定对供应商付款的条件。

（3）单位应当建立预付款项和定金的授权批准制度，加强预付款项和定金的管理。

（4）单位应当加强应付账款和应付票据的管理，由专人按照约定的付款日期、折扣条件等管理应付款项；已到期的应付款项须经有关授权人员审批后方可办理结算与支付。

（5）单位应当建立退货管理制度，对退货条件、退货手续、货物出库、退货货款回收等作出明确规定，及时收回退货款。

（6）单位应当定期与供应商核对应付账款、应付票据、预付款项等往来款项。如有不符，应查明原因，及时处理。

7. 内部监督检查

企业应当建立对采购与付款内部控制的监督检查制度，明确监督检查机构或人员的职责权限，定期或不定期地进行检查。对监督检查过程中发现的采购与付款循环内部控制中的薄弱环节，企业应当采取措施，及时加以纠正和完善。

小资料

采购与付款业务循环的不相容职务：

（1）请购（请购部门）与审批（应付凭单部门）（A 申请与 B 审批）。

（2）询价与确定供应商（防止吃回扣）。

（3）采购合同的订立与审批（防止协议外协议）。

（4）采购与验收（假借采购实施贪污）。

（5）采购、验收与相关会计记录（账—实之间相互制约）。

（6）付款审批与付款执行（A 审批与 B 执行）。

（二）采购与付款循环的控制测试

审计人员可以凭借以往与客户交往的经验，并通过运用询问、观察和检查凭证等审计程序来取得对被审计单位采购与付款业务的了解，并将了解的情况用文字叙述、调查表或流程图的方式记录于审计工作底稿中。采购与付款循环的控制测试主要包括以下内容：

1. 关于请购商品或劳务内部控制的测试

审计人员应关注对请购单的提出和核准的控制程序，对其进行控制测试时，应选择若干张请购单，检查摘要、数量及日期和相应文件的完整性，审核核准的证据手续是否完整，有无核准人签字等。

2. 关于订购商品或劳务内部控制的测试

审计人员应注意对订货单的填制和处理的控制，关注订货单是否准确处理和全部有效。进行测试时，应注意审查订货单内容的完整性，审查订货单是否附有请购单或其他授权文件。

3. 关于货物验收内部控制的测试

审计人员应确定购货发票是否与验收单一致，验收部门是否独立行使职责，并编制正确的验收单，询问并观察验收部门在收货时对货物的检查情况，检查按编号顺序处理的验收单的完整性，即验收单的内容填写是否完整，查阅货物质量检验单的内容和处理程序。

4. 关于应付账款内部控制的测试

审计人员应检查购货业务的原始凭证，包括每一张记录负债增加的记账凭证是否均附有订货单、验收单、购货发票，审核这些原始凭证的数量、单价、金额是否一致，原始凭证上的各项手续是否齐全。应注意现金折扣的处理是否由经授权的经办人按规定处理，测试中可抽查部分购货发票，注意有关人员是否在现金折扣期限内按原发票价格支付货款，然后从供货方取得退款支票或现金，有无丧失了本应获得的折扣的问题。审计人员还应根据付款凭证记录的内容，分别追查应付账款和存货明细账与总账是否进行平行登记，金额是否一致。

5. 关于付款业务内部控制的测试

审计人员可通过询问、观察、检查以及重复执行内部控制等措施对资金支出进行测试，其步骤与方法是：检查支票样本，审核付款是否经过批准，支票是否与应付凭单一致，付款后是否注销凭单，支票是否由经过授权批准的人员签发；检查支票登记簿的编号次序，与相应的应付账款明细账以及银行存款日记账核对，审查其金额是否一致；观察编制凭证和签发支票、签发支票与保管支票的职责分配是否符合内部控制原则；检查付款支票样本，确定资金支付是否完整地记录在适当的会计期间。

在对被审计单位的内部控制进行了必要的了解与测试之后，审计人员应当对内部控制作出评价，确定其可信赖程度，明确实质性程序的范围与重点，必要时对实质性程序的内容作出相应的调整。同时，对测试过程中发现的内部控制的薄弱环节，应当在工作底稿中进行记录，并以适当的形式告知被审计单位的管理层。

【同步案例 10－1】

注册会计师 A 对黄海股份有限公司采购与付款循环的内部控制进行了解，发现如下一些情况：

（1）公司的材料采购由采购部门负责，根据自己编制的采购单采购，货物进厂后由隶属于采购部门的验收部门负责验收；

（2）如果货物验收合格，验收部门就在“采购单”上盖“货已验讫”的印章，交给会计部门付款；

（3）验收不合格的货物由验收部门直接退给供货商，验收部门不负责开验收单；

（4）验收后的货物直接堆放在机器旁准备加工。

要求：根据上述情况，针对黄海公司采购与付款循环内部控制提出改进建议。

答案提示：

该公司采购与付款循环内部控制方面应改进的有：

（1）采购部门的采购应根据存储或其他授权部门填制的请购单采购，验收部门应独立于采购、存储部门；

（2）验收部门应在验收完毕后填制一式多联的验收报告单，在报告单上预留空格，注明完全合格或拒收数量及原因；验收单分送采购、存储和会计等部门；应由会计部门编制付款凭单，通过会计部门开票付款；

（3）验收部门应在验收报告单中注明退回数量，并请供应商签名后方可退货；

（4）货物先经存储部门点验和检查后签收存储，再凭完善的发货控制系统，进行领料加工。

（三）交易实质性程序

表 10－1 是针对采购交易的相关审计目标、关键内部控制、常用的控制测试及实质性程序一览表。另外需要说明的是，表 10－1 的目的只在于为注册会计师根据具体审计情况和审计条件设计能够实现审计目标的审计方案提供参考，在审计实务工作中，注册会计师应根据表 10－1 所列示内容的精神实质，充分考虑被审计单位的具体情况和审计质量、审计成本效益原则，将其转换为更实用、高效的审计方案。

表 10－1　　采购交易的相关审计目标、关键内部控制、常用的控制测试及实质性程序一览表

与交易相关的审计目标	关键内部控制	常用的控制测试	常用的交易实质性程序
所记录的采购都确已收到商品或已接受劳务（存在）	请购单、订货单、验收单和卖方发票一应俱全，并附在付款凭单后； 采购经适当级别批准； 注销凭证以防止重复使用； 对卖方发票、验收单、订货单和请购单作内部核查	查验付款凭单后是否附有完整的相关单据； 检查批准采购的标记； 检查注销凭证的标记； 检查内部核查的标记	复核采购明细账、总账及应付账款明细账，注意是否有大额或不正常的金额； 检查卖方发票、验收单、订购单和请购单的合理性和真实性； 追查存货的采购至存货永续盘存记录； 检查取得的固定资产

续表

与交易相关的审计目标	关键内部控制	常用的控制测试	常用的交易实质性程序
已发生的采购交易均已记录（完整性）	订货单均经事先连续编号并将已完成的采购登记入账； 验收单均经事先连续编号并已登记入账； 付款凭单均经事先连续编号并已登记入账	检查订购单连续编号的完整性； 检查验收单连续编号的完整性； 检查付款凭单连续编号的完整性	从验收单追查至采购明细账； 从卖方发票追查至采购明细账
所记录的采购交易估价正确（准确性、计价和分摊）	对计算准确性进行内部查核； 采购价格和折扣的批准	检查内部核查的标记； 检查批准采购价格和折扣的标记	将采购明细账中记录的交易同卖方发票、验收单和其他证明文件比较； 复算包括折扣和运费在内的卖方发票金额的准确性
采购交易被正确记入应付账款和存货等明细账中，并被正确汇总（准确性）	应付账款明细账内容的内部核查	检查内部核查的标记	通过加计采购明细账，追查过入采购总账和应付账款、存货期细账的数额是否准确，来测试过账和汇总的准确性
采购交易的分类正确（分类）	采用适当的会计科目表； 分类的内部核查	检查工作手册和会计科目表； 检查有关凭证上内部核查的标记	参照卖方发票，比较会计科目表上的分类
采购交易按正确的日期记录（截止）	要求收到商品或接受劳务后及时记录采购交易； 内部核查	检查工作手册并观察有无未记录的卖方发票存在； 检查内部核查的标记	将验收单和卖方发票上的日期与采购明细账中的日期进行比较
采购交易被正确记入应付账款和存货等明细账中，并正确汇总（准确性、计价和分摊）	应付账款明细账内容的内部核查	检查内部核查的标记	通过加计采购明细账，追查过入采购总账和应付账款、存货明细账的数额是否正确，用以测试过账和汇总的正确性

三、应付账款审计

（一）应付账款的审计目标

应付账款的审计目标一般包括：（1）确定资产负债表中记录的应付账款是否存在；（2）确定所有应当记录的应付账款是否均已记录；（3）确定资产负债表中记录的应付账款是否为被审计单位应当履行的现时义务；（4）确定应付账款是否以恰当

的金额包括在财务报表中，与之相关的计价调整是否已恰当记录；（5）确定应付账款是否已按照企业会计准则的规定在财务报表中作出恰当的列报。

（二）应付账款的实质性程序

应付账款审计的实质性程序一般包括：

1. 应付账款明细表测试

注册会计师应当获取或编制应付账款明细表，执行以下测试：

（1）复核加计是否正确，并与报表数、总账数和明细账合计数核对是否相符；

（2）检查非记账本位币应付账款的折算汇率及折算是否正确；

（3）分析出现借方余额的项目，查明原因，必要时，做重分类调整；

（4）结合其他应付款、预付款项等往来项目的明细余额，检查有无同时挂账的项目、异常余额或与购货无关的其他款项（如关联方账户或员工账户），如有，应作出记录，必要时作出调整。

2. 实质性分析程序

根据被审计单位实际情况，注册会计师可以选择以下方法对应付账款执行实质性分析程序：

（1）将期末应付账款余额与期初余额进行比较，分析波动原因；

（2）分析长期挂账的应付账款，要求被审计单位作出解释，判断被审计单位是否缺乏偿债能力或利用应付账款隐瞒利润；并注意其是否可能无须支付，对确实无须支付的应付款的会计处理是否正确，依据是否充分；

（3）计算应付账款与存货的比率，应付账款与流动负债的比率，并与以前年度相关比率对比分析，评价应付账款整体的合理性；

（4）分析存货和营业成本等项目的增减变动，判断应付账款增减变动的合理性。

3. 应付账款的函证

注册会计师可以向供应商函证应付账款的余额。在进行函证时，注册会计师应选择较大金额的债权人，以及那些在资产负债表日金额不大、甚至为零，但为企业重要供货人的债权人，作为函证对象。函证最好采用积极函证方式，并具体说明应付金额。同应收账款的函证一样，注册会计师必须对函证的过程进行控制，要求债权人直接回函，并根据回函情况编制与分析函证结果汇总表，对未回函的，应考虑是否再次函证。

如果存在未回函的重大项目，注册会计师应采用替代审计程序。比如，可以检查决算日后应付账款明细账及库存现金和银行存款日记账，核实其是否已支付，同时检查该笔债务的相关凭证资料，核实交易事项的真实性。

一般情况下，并非必须函证应付账款，这是因为函证不能保证查出未记录的应付账款，况且注册会计师能够取得供应商发票等外部凭证来证实应付账款的余额。但如果控制风险较高，某应付账款明细账户金额较大，则应考虑进行应付账款的函证（见表 10-2 所示）。

表 10－2　　**应付款项询证函**

编号：

××公司：

本公司聘请的天和成会计师事务所正在对本公司2012年度财务报表进行审计，按照中国注册会计师审计准则的要求，应当询证本公司与贵公司的往来账项等事项。下列信息出自本公司账簿记录，如与贵公司记录相符，则无需回复；如有不符，请直接回函寄至天和成会计师事务所，并在空白处列明贵公司认为正确的信息。

回函地址：山东省济南市经二路75号华新大厦1023室　邮编：250000
电话：0531－28282882　传真：0531－2828789　联系人：朱栋

1. 本公司与贵公司的往来账项列示如下：

单位：元

截止日期	贵公司欠	欠贵公司	备 注

2. 其他事项

本函仅为复核账目之用，并非催款结算。若款项在上述日期之后已经付清，仍请及时函复为盼。

（被审计单位盖章）
天和成会计师事务所
年　月　日

上面的信息不正确，差异如下：

（公司盖章）
经办人：
年　月　日

小资料

应付账款的函证

一般情况下，函证应付账款并不是一个必要的审计程序，这是因为函证不能保证查出未记录的应付账款，况且注册会计师能够取得采购发票等外部凭证来证实应付账款的余额。但如果控制风险较高，某应付账款明细账户金额较大或被审计单位处于财务困难阶段，则应进行应付账款的函证。

小资料

应收账款函证和应付账款函证的异同点

应收账款函证是指向被审计单位的客户函证，应付账款函证是指向被审计单位的供应商函证。应收账款、应付账款的认定包括存在、完整、权利和义务、计价和分摊四种。

1. 存在

函证足以证实应收账款、应付账款的存在认定的错报。

2. 完整性

常规的函证程序是依据账簿记录实施的，所以难以发现未入账的错误，不适用于完整性认定。注册会计师可以通过实施具有不可预见性的函证程序，例如向被审计单位最近三年内有过往来的所有客户或供应商函证以发现完整性认定的错报。

3. 计价和分摊

函证可以发现被函证项目账面余额的错报。

应收账款的计价和分摊认定包括账面余额和坏账准备两个部分。向被审计单位的客户函证可以发现前一方面存在的错报，不能发现后一方面存在的错报。因此，函证程序只能部分证实应收账款计价和分摊认定的错报。应付账款计价和分摊认定主要与其账面余额相关，所以函证能证实应付账款计价和分摊认定的错报。

4. 权利和义务

向客户或供应商函证有助于但不足以完全证实应收账款及应付账款的权利和义务认定。

【同步案例 10－2】

中信达会计师事务所审计人员对星海公司 2014 年度会计报表进行审计。星海公司总资产为 2 500 万元，应收账款在报表上列示为 1 000 万元，控制风险评价为低水平；应付账款列示为 610 万元，控制风险评价为高水平。

要求：请分析审计人员是否需要对应收、应付账款进行函证？为什么？

答案提示：

审计人员应当对星海公司的应收账款和应付账款实施函证，原因如下：

1. 实施应收账款的函证是应收账款审计非常重要的程序。通过函证能获取十分有说服力的外部证据，来证明应收账款的真实存在性及正确性等情况。尽管被审计单位的应收账款内部控制良好，控制风险较低，可接受的检查风险高，审计人员只能减少函证的数量，但不能省略函证程序。

2. 审计应付账款时，一般情况下不需要函证，但是如果被审计单位控制风险较高，某应付账款金额较大或被审计单位处于经济困难阶段，则应进行应付账款的函证。被审计单位应付账款的控制风险较高，则也应实施函证程序。

4. 查找未入账的应付账款

负债审计的重点是负债是否被低估，因此查找被审计单位是否存在未入账的应付账款是一项很重要的内容。注册会计师可供选择的审计程序包括：

（1）复核截至审计现场工作日的全部未处理的采购发票，并询问是否存在其他未处理的采购发票，确认所有的负债是否记录在正确的会计期间内；

（2）结合存货盘存，检查被审计单位在资产负债表日是否存在有材料入库凭证但未收到采购发票的经济业务，确认相关负债是否计入了正确的会计期间；

（3）检查资产负债表日后收到的采购发票，关注采购发票的日期，确定其入账时间是否正确；

（4）获取被审计单位与其供应商之间的对账单（应从非财务部门获取，如采购部门），并将对账单和被审计单位财务记录之间的差异进行调节（如在途款项、在途货物、付款折扣、未记录的负债等），检查有无未入账的应付账款，确定应付账款金额的准确性；

（5）检查资产负债表日后应付账款明细账贷方发生额的相应凭证，关注其购货发票的日期，确认其入账时间是否合理；

（6）针对已偿付的应付账款，追查至银行对账单、银行付款单据和其他原始凭证，检查其是否在资产负债表日前真实偿付；

（7）针对资产负债表日后付款事项，检查银行对账单及有关付款凭证，询问被审计单位内部或外部的知情人员，确定有无未及时入账的应付账款。检查时，注册会计师还可以通过询问被审计单位的会计和采购人员，查阅资本预算、工作通告单和基建合同等来进行。

如果注册会计师通过这些程序发现某些未入账的应付账款，应将有关情况详细记入工作底稿，然后根据其重要性确定是否需建议被审计单位进行相应的调整。

【同步案例 10－3】

注册会计师 A 在审计正大公司 2014 年度会计报表将近结束时，正大公司财务主管提出不必抽查 2015 年付款记账凭证来证实 2014 年的会计记录，其理由如下：（1）2014 年度的有些发票因收到太迟，不能记入 12 月份的付款记账凭证，公司已经全部用转账分录入账；（2）年后由公司内部审计人员进行了抽查；（3）公司愿意提供无漏记负债业务的说明书。

要求：

1. 注册会计师 A 在执行抽查未入账债务程序时，是否可以因客户已利用转账分录将 2014 年迟收发票入账的事实而改变原定程序？

2. 注册会计师在抽查未入账债务的程序时可否因内部审计人员的工作而取消或减少？

3. 注册会计师抽查未入账债务是否因客户愿意提供无漏记债务说明书而受影响?

4. 除2015年付款记账凭证外，注册会计师还可以从何途径审查是否存在未入账的债务?

答案提示：

1. 尽管委托人对迟收账单以转账方式入账，简化了注册会计师对未入账债务的抽查，也减少了进一步调整的可能性，但这不影响注册会计师抽查2015年付款记账凭证。注册会计师通过实施该项测试，可以查明有关2014年的验收单、卖方发票是否均已包括在转账分录内。这种抽查步骤与委托人自信十分完整、正确的报表仍须审核的理由是相同的。

2. 如果注册会计师已查明内部审计人员具有专业胜任能力和合理的独立性，并且已经抽查了未入账的债务，在和内部审计人员讨论其程序的性质、时间、范围并审阅其工作底稿后，注册会计师可减少本身拟进行的未入账债务抽查工作，但只是减少，绝不能取消该抽查工作。

3. 客户提供的无漏记债务声明书不能作为正当审计程序，仅提供给注册会计师额外的保证，作为一种内部证据，其证明力较弱，故无法减轻注册会计师应作抽查的责任。

4. 注册会计师审查未入账债务，还可以通过如下途径：(1) 结合存货监盘，检查被审计单位在资产负债表日是否存在有材料入库凭证但未收到采购发票的经济业务；(2) 获取被审计单位与其供应商之间的对账单，并将对账单和被审计单位财务记录之间的差异进行调节，检查有无未入账的应付账款，确定应付账款金额的准确性；(3) 询问被审计单位有关会计和采购人员等等。

5. 检查现金折扣的处理

对于带有现金折扣的应付账款，注册会计师应当检查应付账款是否按发票上记载的全部应付金额入账，在实际获得现金折扣时再冲减财务费用。

6. 特殊项目的测试

注册会计师需要关注被审计单位是否存在与应付账款相关的特殊项目，并执行相应的审计程序，包括：

(1) 被审计单位与债权人进行债务重组的，检查不同债务重组方式下会计处理是否正确。

(2) 标明应付关联方［包括持5%以上（含5%）表决权股份的股东］的款项，执行关联方及其交易审计程序，并注明合并报表时应予抵销的金额。

7. 检查列报的恰当性

注册会计师应当检查应付账款在财务报表中的列报是否恰当。

一般来说，“应付账款”项目应根据“应付账款”和“预付账款”科目所属明细科目的期末贷方余额的合计数填列。如果被审计单位为上市公司，则通常在其财务报表附注中应说明有无欠持有5%以上（含5%）表决权股份的股东单位账款；

说明账龄超过3年的大额应付账款未偿还的原因，并在期后事项中反映资产负债表日后是否偿还。

【同步案例10－4】

方宏公司2013年经济效益较好，为了给今后留有余地，调节当年利润，年终以车间修理为名，假造提供劳务单位，虚列劳务费用20万元，作为应付款项处理，做会计分录如下：

借：制造费用——修理费　200 000

　贷：应付账款——X工程公司　200 000

这样使2013年12月的产品成本增加了20万元。若12月份生产的产品全部完工入库，并已销售了60%，则结转的已销产品成本中，自然也就包括了制造费用中虚列的60%费用。结果虚减了利润12万元，相应也偷漏了所得税3万元。

要求：作出调整会计分录。

答案提示：

借：应付账款　200 000

　贷：库存商品　80 000

　　以前年度损益调整　120 000

借：以前年度损益调整　30 000

　贷：应交税费——应交所得税　30 000

借：以前年度损益调整　90 000

　贷：利润分配——未分配利润　90 000

提取盈余公积等略

表10－3列示了有关应付账款的认定、审计目标和可供选择的审计程序之间的内在关系。

表10－3　应付账款的实质性程序

被审计单位：东方工业有限公司	索引号：B11－1
项目：应付账款实质性程序表	财务报表截止日：2014－12－31
编制：李诚红	复核：张颖翔
日期：2015－2－16	日期：2015－3－1

一、审计目标与认定对应关系表

审计目标	财务报表认定				
	存在	完整性	权利和义务	计价和分摊	列报
A. 资产负债表中记录的应付账款是存在的	√				
B. 应当记录的应付账款均已记录		√			

续表

审计目标	财务报表认定				
	存在	完整性	权利和义务	计价和分摊	列报
C. 资产负债表中记录的应付账款是被审计单位应当履行的现时义务			√		
D. 应付账款以恰当的金额包括在财务报表中，与之相关的计价调整已恰当记录				√	
E. 应付账款已按照企业会计准则的规定在财务报表中作出恰当列报					√

二、审计目标与审计程序对应关系表

审计目标	可供选择的审计程序	索引号
D	1. 获取或编制应付账款明细表： （1）复核加计正确，并与报表数、总账数和明细账合计数核对是否相符 （2）检查非记账本位币应付账款的折算汇率及折算是否正确 （3）分析出现借方余额的项目，查明原因，必要时，作重分类调整 （4）结合预付账款等往来项目的明细余额，调查有无同时挂账的项目、异常余额或与购货无关的其他款项（如关联方账户或雇员账户）；如有，应作出记录，必要时作调整	B11 - 3
BD	2. 获取被审计单位与其供应商之间的对账单（应从非财务部门，如采购部门获取），并将对账单和被审计单位财务记录之间的差异进行调节（如在途款项、在途货物、付款折扣、未记录的负债等），查找有无未入账的应付账款，确定应付账款金额的准确性 3. 检查债务形成的相关原始凭证，如供应商发票、验收报告或入库单等，查找有无未及时入账的应付账款，确定应付账款金额的准确性	B11 - 5
AE	4. 检查应付账款长期挂账的原因并作出记录，注意其是否可能无须支付；对确实无须支付的应付款的会计处理是否正确，依据是否充分；关注账龄超过 3 年的大额应付账款在资产负债表日后是否偿还，检查偿还记录及单据，并披露	略
B	5. 针对资产负债表日后付款项目，检查银行对账单及有关付款凭证（如银行划款通知、供应商收据等），询问被审计单位内部或外部的知情人员，查找有无未及时入账的应付账款 6. 复核截止审计现场工作日的全部未处理的供应商发票，并询问是否存在其他未处理的供应商发票，确认所有的负债都记录在正确的会计期间内	B11 - 4
AC	7. 选择应付账款的重要项目（包括零账户）函证其余额和交易条款，对未回函的再次发函或实施替代的检查程序（检查原始凭单，如合同、发票、验收单，核实应付账款的真实性）	B11 - 4

续表

审计目标	可供选择的审计程序	索引号
B	8. 针对已偿付的应付账款，追查至银行对账单、银行付款单据和其他原始凭证，检查其是否在资产负债表日前真实偿付 9. 检查资产负债表日后应付账款明细账贷方发生额的相应凭证，关注其购货发票的日期，确认其入账时间是否合理	B11 -4
BA	10. 结合存货监盘程序，检查被审计单位在资产负债日前后的存货入库资料（验收报告或入库单），检查是否有大额料到单未到的情况，确认相关负债是否计入了正确的会计期间	略
AB	11. 针对异常或大额交易及重大调整事项（如大额的购货折扣或退回，会计处理异常的交易，未经授权的交易，或缺乏支持性凭证的交易等），检查相关原始凭证和会计记录，以分析交易的真实性、合理性	略
D	12. 检查带有现金折扣的应付账款是否按发票上记载的全部应付金额入账，在实际获得现金折扣时再冲减财务费用	略
ABCD	13. 被审计单位与债权人进行债务重组的，检查不同债务重组方式下的会计处理是否正确 14. 检查应付关联款项的真实性、完整性	略
	15. 根据评估的舞弊风险等因素增加的审计程序	略
E	16. 检查应付账款是否已按照企业会计准则的规定在财务报表中作出恰当列报。	略

小资料

应付账款常见的舞弊手段

（1）利用应付账款隐瞒收入。有的被审计单位将营业外收入列入“应付账款”，而不按会计制度规定计入有关收入账户中，以达到认为调节损益、减少当期应交税金的目的。

（2）应付账款长期挂账。出现长期挂账的原因可能有：被审计单位应付账款偿还不及时或故意拖欠、双方之间有业务纠纷、账务处理错误、对方已破产或倒闭。不论出于哪种原因，长期挂账的应付账款都应得到及时处理。

（3）虚列应付账款。有的被审计的单位采用伪造发票、虚开验收单和入库单等手段虚列应付账款，以达到虚增费用、虚减利润、偷税漏税的目的，甚至用“应付账款”记录非法收支活动。

（4）少计应付账款。有的被审计单位为了粉饰财务状况，在期末对已收到购货发票或货到单未到的业务，不作账务处理，少列应付账款。

（5）利用应付账款扩大职工福利，发放钱物。会计分录如下：

①先把销售收入在应付账款中挂账

借：银行存款
　　贷：应付账款（不计收入）
②在发放钱物时。
借：应付账款
　　贷：银行存款（现金）
(6) 用产品或商品抵顶应付账款，隐瞒收入，偷逃税金（增值税）的情况。
借：应付账款
　　贷：库存商品（产成品）

【同步思考 10－1】

企业是如何通过应付账款隐瞒利润的？

分析提示：

隐瞒利润的途径之一是高估营业成本。这就需要高估存货成本，尤其是高估直接材料。高估直接材料是难以被发现的，因为直接材料是已经消耗的材料。

假如企业一年采购了某种材料 100 万元，但是高估了直接材料后当年发生的直接材料费用为 120 万元，很明显说不过去，为了掩饰高估的材料费用，只能高估或虚构材料采购业务。高估或虚构的材料采购业务是不可能付款的，所以虚构的只能是赊购，那就只能虚构应付账款。虚构的应付账款并不需要支付，故只有两种结果：舞弊或长期挂账。舞弊是指实际支付到一个账号，该账号可能是企业管理人员的，这属于贪污；长期挂账容易暴露虚构这一事实，故在一段时间后企业可能从应付账款转移到预付账款（借应付、贷预付），这属于“两面同挂”。

四、固定资产审计

（一）固定资产的审计目标

固定资产的审计目标一般包括：(1) 确定资产负债表中记录的固定资产是否存在；(2) 确定记录的固定资产是否归被审计单位拥有或控制；(3) 确定所有应当记录的固定资产是否均记录；(4) 确定固定资产的计价方法是否恰当；(5) 确定固定资产的折旧政策是否恰当；(6) 确定折旧费用的分摊是否合理、一贯；(7) 确定固定资产减值准备的计提是否充分、完整，方法是否恰当；(8) 确定固定资产、累计折旧和固定资产减值准备的期末余额是否正确；(9) 确定固定资产、累计折旧和固定资产减值准备在财务报表上的列报是否恰当。

（二）固定资产——账面余额的实质性程序

1. 索取或编制固定资产及累计折旧分类汇总表

通过编制该表，检查固定资产的分类是否正确并与总账数和明细账合计数核对相符，结合累计折旧、减值准备科目与报表数核对是否相符。固定资产及累计折旧分类汇总表，是分析固定资产账户余额变动情况的重要依据，其内容包括固定资产的增减变动情况，固定资产折旧的计提情况等，是固定资产审计的重要工作底稿。其格式详见表 10－4。

表 10－4　　固定资产及累计折旧分类汇总表

年　月　日

被审计单位：　　编制人：　　日期：　年　月　日

单位：万元　　复核人：　　日期：　年　月　日

固定资产类别	固定资产原值				累计折旧					
	期初余额	本期增加	本期减少	期末余额	折旧方法	折旧率	期初余额	本期增加	本期减少	期末余额
合计										

2. 对固定资产实施分析程序

根据被审计单位业务的性质，选择以下方法对固定资产实施分析程序：

（1）计算固定资产原值与本期产品产量的比率，并与以前期间比较，分析其变动原因，可能发现闲置固定资产或已减少固定资产未在账户上注销的问题。

（2）计算本期计提折旧额与固定资产总成本的比率，将此比率与上期比较，旨在发现本期折旧额计算上的错误。

（3）计算累计折旧与固定资产总成本的比率，将此比率与上期比较，旨在发现累计折旧核算上的错误。

（4）比较本期各月之间、本期与以前各期之间的修理及维护费用，旨在发现资本性支出和收益性支出区分上可能存在的错误。

（5）比较本期与以前各期固定资产的增加和减少。审计人员应当深入分析其差异，并根据被审计单位以往和今后的生产经营趋势，判断差异产生的原因是否合理。

（6）分析固定资产的构成及其增减变动情况，与在建工程、现金流量表、生产能力等相关信息交叉复核，检查固定资产相关金额的合理性和准确性。

3. 对固定资产进行实地观察

实地观察时，审计人员可以以固定资产明细分类账为起点，进行实地追查，以证明会计记录中所列固定资产确实存在，并了解其目前的使用状况；也可以以实地为起点，追查至固定资产明细分类账，以获取实际存在的固定资产均已入账的证据。审计人员实地观察的重点是本期新增加的重要固定资产。

4. 检查固定资产的所有权

对各类固定资产，审计人员应收集不同的证据以确定其是否确实归被审计单位所有：

（1）外购的机器设备等，审核采购发票、采购合同等予以确定；

（2）房地产类固定资产，可以查阅有关的合同、产权证明、财产税单、抵押借款的还款凭据、保险单等书面文件；

（3）对融资租入的固定资产，应验证有关融资租赁合同，证实其并非经营租赁；

（4）对汽车等运输设备，应验证有关运营证件等。

5. 固定资产增加的审查

固定资产的增加有购置、自建、投资者投入、更新改造等多种途径。审计要点如下：

（1）审查固定资产增加是否列入计划、是否合法，会计处理是否符合规定。

①对于外购固定资产，通过核对采购合同、发票、保险单、发运凭证等资料，抽查入账价值是否正确，授权批准手续是否完备，会计处理是否正确。

②对于在建工程转入的固定资产，应检查竣工决算、验收和移交报告是否完备，与在建工程的相关记录是否相符，借款费用的处理是否恰当。

③对于以投资转入的固定资产，应重点查明固定资产的投入是否有相应的审批手续和合同，是否经过了资产评估；投入的固定资产品名、型号、规格、数量是否与合同规定的一致；投入固定资产是否为企业所需，有无以次充好的现象。

④对于更新改造增加的固定资产，检查通过更新改造而增加的固定资产的原值是否符合资本化条件，是否真实，会计处理是否正确，重新确定的剩余折旧年限是否恰当。

⑤对于企业合并、债务重组和非货币性资产交换增加的固定资产，检查产权过户手续是否齐备，检查固定资产入账价值及确认的损益和负债是否符合规定。

（2）审查固定资产的计价是否符合规定。固定资产计价的正确与否，影响折旧的提取、成本的计算，所以要认真审查。固定资产计价一般以历史成本为标准，但固定资产增加的途径不同，其原始价值计算方法也不同。如投资转入的固定资产可按合同、协议约定的价格入账，捐赠固定资产可按市价入账，盘盈固定资产如有同类固定资产市场价格的按市场价格减去该项资产的新旧程度估计的价值损耗后的余额入账等。审计人员在审核固定资产计价时，应区别固定资产增加的途径，逐项仔细审查。

6. 固定资产减少的审查

企业固定资产的减少，大致有以下去向：出售、报废、毁损、向其他单位投资转出、盘亏等。为了保护固定资产的安全和完整，必须对固定资产的减少进行严格的审查，从而确定固定资产减少的合理性、合法性。固定资产减少审计的主要目的在于查明已减少的固定资产是否已做适当的会计处理。审计重点如下：

（1）审查减少固定资产是否经授权批准。

（2）审查减少固定资产的会计处理是否正确。

（3）结合固定资产清理科目，抽查固定资产账面转销额是否正确。

（4）审查减少固定资产的净损益，验证其正确性与合法性，并与银行存款、营业外收支等有关账户进行核对。

7. 固定资产租赁的审查

租赁一般分为经营性租赁和融资性租赁两种。审查经营性租赁时，应查明：

（1）固定资产租赁是否签订了合同、租约，手续是否完备，合同内容是否符合国家规定，是否经有关管理部门的审批。

（2）租入的固定资产是否确属企业必需，或出租的固定资产是否确属企业多余、闲置不用，双方是否认真履行合约，其中是否存在不正当交易。

（3）租金收取是否签有合同，有无多收、少收现象。

（4）租入固定资产有无久占不用、浪费损坏的现象；租出的固定资产有无长期不收租金、无人过问或变相馈赠、转让等情况。

（5）租入固定资产是否已登记备查簿；对于租赁固定资产的改良工作，在租赁合同中双方是否有约定等。

在融资租赁中，租入固定资产的租金，包括了固定资产的价值和利息，并且这种租赁的结果是固定资产所有权归租入单位，所以企业在租赁期间，对融资租入固定资产应按企业的固定资产一样管理，并计提折旧，进行维修。在审查融资租赁时，除可以参照经营租赁固定资产审查的要点以外，还要注意融资租赁的付款情况，同时还要确定融资租入固定资产的计价是否正确，是否进行了正确的会计处理。

8. 检查固定资产后续支出的核算

固定资产的后续支出主要指的是固定资产的保养、维修和改良支出。固定资产日常保养、维修支出应当直接计入当期费用；固定资产改良支出应计入固定资产价值。审计人员应注意审查被审计单位的费用化后续支出与资本化后续支出的划分标准是否符合规定；抽查固定资产、在建工程及有关期间费用明细账，并与企业原始凭证核对，确定后续支出是否经过适当批准，金额是否正确，会计处理是否恰当。

9. 检查固定资产的抵押、担保情况

结合对银行借款等的检查，了解固定资产是否存在抵押、担保情况。如存在，应取证、记录，并提请被审计单位作必要披露。

10. 检查固定资产是否已在资产负债表上恰当列报

财务报表附注通常应说明固定资产的标准、分类、计价方法和折旧方法，各类固定资产的预计使用年限、预计净残值和折旧率，固定资产的抵押、担保等情况。

【同步案例 10－5】

审计人员 2015 年 2 月 5 日审计珠江股份有限公司 2014 年度财务报表时发现，该公司行政管理部门 2014 年 6 月份购入空调 10 台，每台 3 000 元，当日即投入使用，其会计处理为：

借：管理费用	30 000	
贷：银行存款		30 000

经查，该类空调的年折旧率为24%，购买手续齐备。

要求：(1) 指出上述会计记录存在的问题；(2) 作出审计调整分录；(3) 作出建议被审计单位的会计调整分录。

答案提示：

(1) 该空调机应作为固定资产核算，该企业将购买空调的支出记入管理费用，形成了账外资产，并影响了利润的正确性。

(2) 注册会计师作出的审计调整分录为：

借：固定资产　　30 000

　贷：累计折旧　　3 600 (30 000×24% ×6/12)

　　管理费用　　26 400

(报表项目随之调整)

(3) 建议被审计单位作出的会计调整分录为：

借：固定资产　　30 000

　贷：累计折旧　　3 600 (30 000×12% ×6/12)

　　以前年度损益调整　　26 400

借：以前年度损益调整　　6 600

　贷：应交税费——应交所得税　　6 600

借：以前年度损益调整　　19 800

　贷：利润分配——未分配利润　　19 800

(登记账簿，报表项目亦随之调整)

(三) 固定资产——累计折旧的实质性程序

1. 编制或索取累计折旧分类汇总表

编制或索取累计折旧分类汇总表，复核加计是否正确，并与总账和明细账合计数进行核对。

2. 实施分析程序

(1) 审计人员首先应对本期增加和减少固定资产、使用年限长短不一和折旧方法不同的固定资产做适当调整，然后，用应计提折旧的固定资产乘以本期的折旧率，如果匡算的计算结果和被审计单位的折旧总额相近，且固定资产及累计折旧内部控制较健全时，则可以适当减少累计折旧和折旧费用的其他实质性程序工作量。

(2) 计算本期计提折旧额占固定资产原值的比率并与上期比较，分析本期折旧计提额的合理性和准确性。

(3) 计算累计折旧占固定资产原值的比率，评估固定资产的老化率，并估计因闲置、报废等原因可能发生的固定资产损失。

3. 审查固定资产折旧政策的执行情况

主要应检查折旧范围、折旧方法是否符合企业会计准则规定，如有无扩大或缩小固定资产折旧范围、随意变更折旧方法的问题。

（1）企业应对所有的固定资产计提折旧。但是，已提足折旧仍继续使用的固定资产和单独计价入账的土地除外。已全额计提减值准备的固定资产和提前报废固定资产不再计提折旧；已达到预定可使用状态但尚未办理竣工决算的固定资产，应按估计价值确定成本，计提折旧。

（2）企业可选用的固定资产折旧方法包括年限平均法、工作量法、双倍余额递减法和年数总和法等；除非由于与固定资产有关的经济利益的预期实现方式有重大改变，折旧方法一经选定，不得随便调整。

【同步案例 10－6】

审计人员审查珠江股份有限公司 2013 年度“固定资产”和“累计折旧”项目时发现下列情况：

（1）对所有的空调机按其实际使用的时间（5 月至 9 月）计提折旧。

（2）公司有融资租入的设备 4 台，租赁期为 5 年，未列入计提折旧固定资产范围。

（3）对已提足折旧继续使用的某设备，仍计提折旧。

（4）8 月初购入吊车 2 辆，价值 650 万元，当月已投入使用并同时开始计提折旧。

要求：请指出上述各项中存在的问题，并提出改进建议。

答案提示：

对此应提出以下问题和建议：

（1）作为一种具有特殊性质的固定资产，空调按其性质属于“季节性使用的固定资产”，按照制度规定停用期间应照常计提折旧。

（2）融资租入固定资产应由承租方计提折旧，因此，该企业应将融资租入的 4 台设备列入计提折旧固定资产范围内。

（3）根据企业会计准则规定，已提足折旧继续使用的固定资产，不再计提折旧。该公司对其继续计提，造成多提折旧，应对多提的折旧进行冲回。

（4）根据企业会计准则规定，当月增加的固定资产从下月开始计提折旧。该公司的 650 万元的吊车应从 9 月份开始计提折旧，而不是 8 月份。

4. 固定资产折旧费用计算的审查

审计人员应审阅、复核固定资产折旧计算表，并对照记账凭证、固定资产卡片和固定资产分类表，通过核实月初固定资产原值、分类或个别折旧率，结合固定资产当期增加及减少的情况，复算折旧额的计算是否正确。审查时注意：计提减值准备的固定资产，计提的折旧是否正确；因更新改造而停止使用的固定资产是否停止计提折旧，因大修理停用的固定资产是否照提折旧；固定资产装修费用的处理是否正确；未使用、不需用的和暂时闲置的固定资产是否按规定计提折旧。

5. 固定资产折旧费用分配的审查

将“累计折旧”账户贷方的本期发生额与相应成本费用中的折旧费用明细账户

相核对，以确定所计提折旧金额是否全部摊入本期产品成本费用，折旧费用的分配是否合理，分配方法与上期是否一致。

6. 检查累计折旧的披露是否恰当

【同步案例 10－7】

审计人员在审查大海股份有限公司 2014 年度固定资产折旧时，发现 2013 年末新增已投入生产使用的机床一台，原价为 100 000 元，预计净残值为 10 000 元，预计使用年限为 10 年，使用双倍余额递减法对该项固定资产进行折旧，其余各类固定资产均用直线法折旧，且该公司对这一事项在财务报表附注中未作披露。

要求：根据上述情况，确定这一事项对被审计单位资产负债表和利润表的影响，并提请被审计单位在财务报表附注中做充分披露。

答案提示：

该公司的固定资产折旧方法本期出现不一致，且未充分披露，这是违反现行会计制度的。由此计算的该事项对资产负债表和利润表影响如下：

用双倍余额递减法计算的年折旧额＝100 000×2/10＝20 000（元）

用直线法计算的年折旧额＝（100 000－10 000）×1/10＝9 000（元）

所以，由于折旧方法的改变，使得本年度多提折旧额 11 000 元，资产负债表中的“固定资产”项目减少 11 000 元，利润表中的利润总额减少 11 000 元。

对此，审计人员要求被审计单位在财务报表附注中作这样的披露：“本公司由于对原值为 100 000 元，预计净残值为 10 000 元，预计使用年限为 10 年的机床采用双倍余额递减法进行折旧，与采用直线法相比，使本年度的折旧额增加 11 000 元，利润总额减少 11 000 元，特予以披露。”

（四）固定资产——固定资产减值准备的实质性程序

1. 获取或编制固定资产减值准备明细表，复核加计是否正确，并与总账数和明细账合计数核对是否相符。

2. 检查被审计单位计提固定资产减值准备的依据是否充分，会计处理是是否正确。

3. 实施分析程序，计算本期末固定资产减值准备占期末固定资产原值的比率，并与期初该比率比较，分析固定资产的质量状况。

4. 检查被审计单位处置固定资产时原计提的减值准备是否同时结转，会计处理是否正确。

5. 检查是否存在转回固定资产减值准备的情况。按照企业会计准则规定，固定资产减值损失一经确认，在以后会计期间不得转回。

6. 确定固定资产减值准备的披露是否恰当。

表 10－5 列示了有关固定资产的认定、审计目标和可供选择的审计程序之间的内在关系。

表10－5　固定资产的实质性程序

被审计单位：东方工业有限公司	索引号：B2－1
项目：固定资产实质性程序表	财务报表截止日/期间：2014－12－31
编制：李诚红	复核：张颖翔
日期：2015－2－16	日期：2015－3－1

一、审计目标与认定对应关系表

审计目标	财务报表认定				
	存在	完整性	权利和义务	计价和分摊	列报
A. 资产负债表中记录的固定资产是存在的	√				
B. 应当记录的固定资产均已记录		√			
C. 记录的固定资产由被审计单位拥有或控制			√		
D. 固定资产以恰当的金额包括在财务报表中，与之相关的计价或分摊已恰当记录				√	
E. 固定资产已按照企业会计准则的规定在财务报表中作出恰当列报					√

二、审计目标与审计程序对应关系表

审计目标	可供选择的审计程序	索引号
D	1. 获取或编制固定资产明细表，复核加计是否正确，并与总账数和明细账合计数核对是否相符，结合累计折旧和固定资产减值准备与报表数核对是否相符	B2－3
ABD	2. 实质性分析程序： （1）基于对被审计单位及其环境的了解，进行以下比较，并考虑有关数据间关系的影响，建立有关数据的期望值： ①分类计算本期计提折旧额与固定资产原值的比率，并与上期比较 ②计算固定资产修理及维护费用占固定资产原值的比例，并进行本期各月、本期与以前各期的比较 （2）确定可接受的差异额 （3）将实际情况与期望值相比较，识别需要进一步调查的差异 （4）如果其差额超过可接受的差异额，调查并获取充分的解释和恰当的佐证审计证据（例如，通过检查相关的凭证） （5）评估分析程序的测试结果	略
A	3. 实地检查重要固定资产（如为首次接受委托，应适当扩大检查范围），确定其是否存在，关注是否存在已报废但仍未核销的固定资产	略
C	4. 检查固定资产的所有权或控制权： 对各类固定资产，获取、收集不同的证据以确定其是否归被审计单位所有；对外购的机器设备等固定资产，审核采购发票、采购合同等；对于房地产类固定资产，查阅有关的合同、产权证明、财产税单、抵押借款的还款凭据、保险单等书面文件；对融资租入的固定资产，检查有关融资租赁合同；对汽车等运输设备，检查有关运营证件等；对受留置权限制的固定资产，结合有关负债项目进行检查	略

续表

审计目标	可供选择的审计程序	索引号
ABDC	5. 检查本期固定资产的增加： （1）询问管理层当年固定资产的增加情况，并与获取或编制的固定资产明细表进行核对 （2）检查本年增加固定资产的计价是否正确，手续是否齐备，会计处理是否正确 ①对于外购固定资产，通过核对采购合同、发票、保险单、发运凭证等资料，抽查测试其入账价值是否正确，授权批准手续是否齐备，会计处理是否正确；如果购买的是房屋建筑物，还应检查契税的会计处理是否正确；检查分期付款购买固定资产入账价值及会计处理是否正确 ②对于在建工程转入的固定资产，应检查固定资产确认时点是否符合会计准则的规定，入账价值与在建工程的相关记录是否核对相符，是否与竣工决算、验收和移交报告等一致；对已经达到预定可使用状态，但尚未办理竣工决算手续的固定资产，检查其是否已按估计价值入账，并按规定计提折旧 ③对于投资者投入的固定资产，检查投资者投入的固定资产是否按投资各方确认的价值入账，并检查确认价值是否公允，交接手续是否齐全；涉及国有资产的，是否有评估报告并经国有资产管理部门评审备案或核准确认 ④对于更新改造增加的固定资产，检查通过更新改造而增加的固定资产，增加的原值是否符合资本化条件，是否真实，会计处理是否正确；重新确定的剩余折旧年限是否恰当 ⑤对于融资租入增加的固定资产，获取融资租人固定资产的相关证明文件，检查融资租赁合同的主要内容，并结合长期应付款、未确认融资费用科目检查相关的会计处理是否正确 ⑥对于企业合并、债务重组和非货币性资产交换增加的固定资产，检查产权过户手续是否齐备，检查固定资产入账价值及确认的损益和负债是否符合规定 ⑦如果被审计单位为外商投资企业，检查其采购国产设备退还增值税的会计处理是否正确 ⑧对于通过其他途径增加的固定资产，应检查增加固定资产的原始凭证，核对其计价及会计处理是否正确，法律手续是否齐全 （3）检查固定资产是否存在弃置费用，如果存在弃置费用，检查弃置费用的估计方法和弃置费用现值的计算是否合理，会计处理是否正确	B2－5 B2－9
ABD	6. 检查本期固定资产的减少： （1）结合固定资产清理科目，抽查固定资产账面转销额是否正确 （2）检查出售、盘亏、转让、报废或毁损的固定资产是否经授权批准，会计处理是否正确 （3）检查因修理、更新改造而停止使用的固定资产的会计处理是否正确 （4）检查投资转出固定资产的会计处理是否正确 （5）检查债务重组或非货币性资产交换转出固定资产的会计处理是否正确 （6）检查其他减少固定资产的会计处理是否正确	略
AB	7. 检查固定资产的后续支出： 检查固定资产有关的后续支出是否满足资产确认条件；如不满足，检查该支出是否在该后续支出发生时计入当期损益	略

续表

审计目标	可供选择的审计程序	索引号
ABDC	8. 检查固定资产的租赁： (1) 固定资产的租赁是否签订了合同、租约，手续是否完备，合同内容是否符合国家规定，是否经相关管理部门的审批 (2) 租入的固定资产是否确属企业必需，或出租的固定资产是否确属企业多余、闲置不用的 (3) 租金收取是否签有合同，有无多收、少收现象 (4) 租入固定资产有无久占不用、浪费损坏的现象；租出的固定资产有无长期不收租金、无人过问，是否有变相馈赠、转让等情况 (5) 租入固定资产是否已登记备查簿 (6) 如果被审计单位的固定资产中融资租赁占有相当大的比例，复核新增加的租赁协议，检查租赁是否符合融资租赁的条件，会计处理是否正确（资产的入账价值、折旧、相关负债）。检查以下内容： ①复核租赁的折现率是否合理 ②检查租赁相关税费、保险费、维修费等费用的会计处理是否符合企业会计准则的规定 ③检查融资租人固定资产的折旧方法是否合理 ④检查租赁付款情况 ⑤检查租人固定资产的成新程度 (7) 向出租人函证租赁合同及执行情况 (8) 租入固定资产改良支出的核算是否符合规定	略
D	9. 获取暂时闲置固定资产的相关证明文件，并观察其实际状况，检查是否已按规定计提折旧，相关的会计处理是否正确 10. 获取已提足折旧仍继续使用固定资产的相关证明文件，并作相应记录	略
A	11. 获取持有待售固定资产的相关证明文件，并作相应记录，检查对其预计净残值调整是否正确、会计处理是否正确	略
B	12. 检查固定资产保险情况，复核保险范围是否足够	略
ABD	13. 检查有无与关联方的固定资产购售活动，是否经适当授权，交易价格是否公允。对于合并范围内的购售活动，记录应予合并抵销的金额	略
D	14. 对应计入固定资产价值的借款费用，应根据企业会计准则的规定，结合长短期借款、应付债券或长期应付款的审计，检查借款费用资本化的计算方法和资本化金额，以及会计处理是否正确	略
DE	15. 检查购置固定资产时是否存在与资本性支出有关的财务承诺	略
CE	16. 检查固定资产的抵押、担保情况。结合对银行借款等的检查，了解固定资产是否存在重大的抵押、担保情况。如存在，应取证，并作相应的记录，同时提请被审计单位作恰当披露	略

续表

审计目标	可供选择的审计程序	索引号
D	17. 检查累计折旧： (1) 获取或编制累计折旧分类汇总表，复核加计正确，并与总账数和明细账合计数核对 (2) 检查被审计单位制定的折旧政策和方法是否符合相关会计准则的规定，确定其所采用的折旧方法能否在固定资产预计使用寿命内合理分摊其成本，前后期是否一致，预计使用寿命和预计净残值是否合理 (3) 复核本期折旧费用的计提和分配： ①了解被审计单位的折旧政策是否符合规定，计提折旧范围是否正确，确定的使用寿命、预计净残值和折旧方法是否合理；如采用加速折旧法，是否取得批准文件 ②检查被审计单位折旧政策前后期是否一致 ③复核本期折旧费用的计提是否正确，尤其关注已计提减值准备的固定资产 ④检查折旧费用的分配方法是否合理，是否与上期一致；分配计入各项目的金额占本期全部折旧计提额的比例与上期比较是否有重大差异 ⑤注意固定资产增减变动时，有关折旧的会计处理是否符合规定，查明通过更新改造、接受捐赠或融资租入而增加的固定资产的折旧费用计算是否正确 (5) 将“累计折旧”账户贷方的本期计提折旧额与相应的成本费用中的折旧费用明细账户的借方相比较，检查本期所计提折旧金额是否已全部摊入本期产品成本或费用。若存在差异，应追查原因，并考虑是否应建议作适当调整 (6) 检查累计折旧的减少是否合理、会计处理是否正确 18. 检查固定资产的减值准备： (1) 获取或编制固定资产减值准备明细表，复核加计正确，并与总账数和明细账合计数核对相符 (2) 检查被审计单位计提固定资产减值准备的依据是否充分，会计处理是否正确 (3) 检查资产组的认定是否恰当，计提固定资产减值准备的依据是否充分，会计处理是否正确 (4) 计算本期末固定资产减值准备占期末固定资产原值的比率，并与期初该比率比较，分析固定资产的质量状况 (5) 检查被审计单位处置固定资产时原计提的减值准备是否同时结转，会计处理是否正确 (6) 检查是否存在转回固定资产减值准备的情况，确定减值准备在以后会计期间没有转回	B2 - 8
	19. 根据评估的舞弊风险等因素增加的审计程序	略
E	20. 检查固定资产是否已按照企业会计准则的规定在财务报表中作出恰当列报： (1) 固定资产的确认条件、分类，计量基础和折旧方法 (2) 各类固定资产的使用寿命、预计净残值和折旧率 (3) 各类固定资产的期初和期末原价、累计折旧额及固定资产减值准备累计金额 (4) 当期确认的折旧费用 (5) 对固定资产所有权的限制及其金额和用于担保的固定资产账面价值 (6) 准备处置的固定资产名称、账面价值、公允价值、预计处置费用和预计处置时间等	略

任务回顾

本任务主要讲述了采购与付款循环所涉及的主要业务活动和相关凭证与记录，采购与付款活动的内部控制及控制测试，应付账款和固定资产的实质性程序。

（1）采购与付款循环的主要业务活动：①编制需求计划和采购计划；②请购商品和劳务；③选择供应商；④确定采购价格；⑤订立框架协议或采购合同；⑥管理供应过程；⑦验收商品；⑧退货；⑨付款；⑩会计控制。

（2）采购与付款循环涉及的主要凭证：①请购单；②订购单；③验收单；④供应商发票；⑤付款凭单；⑥转账凭证；⑦付款凭证；⑧应付账款明细账；⑨库存现金日记账和银行存款日记账；⑩供应商对账单。

（3）采购与付款循环的关键内部控制主要包括以下方面：①职责分离控制；②授权审批控制；③请购控制；④订货控制；⑤验收控制；⑥付款的控制；⑦内部监督检查。

（4）采购与付款循环的控制测试主要包括以下内容：①关于请购商品或劳务内部控制的测试；②关于订购商品或劳务内部控制的测试；③关于货物验收内部控制的测试；④关于应付账款内部控制的测试；⑤关于付款业务内部控制的测试。

（5）应付账款的审计目标一般包括：①确定资产负债表中记录的应付账款是否存在；②确定所有应当记录的应付账款是否均已记录；③确定资产负债表中记录的应付账款是否为被审计单位应当履行的现时义务；④确定应付账款是否以恰当的金额包括在财务报表中，与之相关的计价调整是否已恰当记录；⑤确定应付账款是否已按照企业会计准则的规定在财务报表中作出恰当的列报。

（6）注册会计师可以向供应商函证应付账款的余额。在进行函证时，注册会计师应选择较大金额的债权人，以及那些在资产负债表日金额不大，甚至为零，但为企业重要供货人的债权人，作为函证对象。函证最好采用积极函证方式，并具体说明应付金额。同应收账款的函证一样，注册会计师必须对函证的过程进行控制，要求债权人直接回函，并根据回函情况编制与分析函证结果汇总表，对未回函的，应考虑是否再次函证。

（7）应付账款的实质性程序：①应付账款明细表测试；②实质性分析程序；③应付账款的函证；④查找未入账的应付账款；⑤检查现金折扣的处理；⑥特殊项目的测试；⑦检查列报的恰当性。

（8）固定资产的审计目标一般包括：①确定资产负债表中记录的固定资产是否存在；②确定记录的固定资产是否归被审计单位拥有或控制；③确定所有应当记录的固定资产是否均记录；④确定固定资产的计价方法是否恰当；⑤确定固定资产的折旧政策是否恰当；⑥确定折旧费用的分摊是否合理、一贯；⑦确定固定资产减值准备的计提是否充分、完整，方法是否恰当；⑧确定固定资产、累计折旧和固定资产减值准备的期末余额是否正确；⑨确定固定资产、累计折旧和固定资产减值准备在财务报表上的列报是否恰当。

（9）固定资产——账面余额的实质性程序：①索取或编制固定资产及累计折旧分类汇总表；②对固定资产实施分析程序；③对固定资产进行实地观察；④检查固定资产的所有权；⑤固定资产增加的审查；⑥固定资产减少的审查；⑦固定资产租赁的审查；⑧检查固定资产后续支出的核算；⑨检查固定资产的抵押、担保情况；⑩检查固定资产是否已在资产负债表上恰当列报。

（10）固定资产——累计折旧的实质性程序：①编制或索取累计折旧分类汇总表；②实施分析程序；③审查固定资产折旧政策的执行情况；④固定资产折旧费用计算的审查；⑤固定资产折旧费用分配的审查；⑥检查累计折旧的披露是否恰当。

（11）固定资产——固定资产减值准备的实质性程序：①获取或编制固定资产减值准备明细表，复核加计是否正确，并与总账数和明细账合计数核对是否相符。②检查被审计单位计提固定资产减值准备的依据是否充分，会计处理是是否正确。③实施分析程序，计算本期末固定资产减值准备占期末固定资产原值的比率，并与期初该比率比较，分析固定资产的质量状况。④检查被审计单位处置固定资产时原计提的减值准备是否同时结转，会计处理是否正确。⑤检查是否存在转回固定资产减值准备的情况。按照企业会计准则规定，固定资产减值损失一经确认，在以后会计期间不得转回。⑥确定固定资产减值准备的披露是否恰当。

思考与案例分析题

1. 思考题

（1）注册会计师应如何查找未入账的应付账款？

（2）计算固定资产原值与本期产量的比率，并与以前期间相关指标比较时，是否能发现增加但尚未作会计处理的固定资产？

（3）下面是两项查找未入账应付账款的程序：①检查资产负债表日后收到的购货发票，关注购货发票的日期，确认其入账时间是否正确；②检查资产负债表日后应付账款明细账贷方发生额的相应凭证，确认其入账时间是否正确。请问：上述审计程序是否重复，为什么？

（4）验证应付账款时最常用的审计证据是供应商的发票、对账单和对供应商的函证，这三者的证明力有什么不同？

2. 案例分析题

（1）达新会计师事务所首次接受委托，对东诚公司的年度财务报表进行审计。在审计过程中，注册会计师李忠决定函证部分应付账款。表 10－6 为李忠正在考虑的应付账款明细账户。

表 10－6　　**应付账款明细账**　　单位：万元

供货商	年末应付账款	全年购货金额
A	0	200
B	6	12
C	18	22
D	40	440

请问：如果你是李忠，你认为上述四家供货商中哪两家最需要函证？为什么？

（2）审计人员李强在审计蓝星公司固定资产折旧的正确性时，发现该企业 2014 年 4 月 25 日日购入桑塔纳轿车一辆，购车发票金额 23 万元以银行存款转账支付，办妥有关手续后，轿车投入使用。该企业有关账簿记录如表 10－7 至表 10－10 所示。

表 10－7　　**银行存款日记账**

2014 年		凭证字号	摘要	对方科目	结算凭证种类号数	借方	贷方	余额
月	日							
4	24		承前页					3 546 998.60
	25	120	付桑塔纳车款	固定资产	转支		230 000.00	3 316 998.60
	26	125	付桑塔纳车牌照	管理费用	转支		65 000.00	3 251 998.60
				……				

表 10－8　　**固定资产——运输设备（桑塔纳轿车）明细账**

2014 年		凭证号	摘要	借方	贷方	余额
月	日					
4	25	120	购入轿车	230 000.00		230 000.00

表 10－9　　**记账凭证**

2014 年 4 月 30 日　　第 179 号

摘要	会计科目	明细科目	借方	贷方
计提折旧	管理费用 累计折旧	折旧费	4 792.00	 4 792.00
合计			4 792.00	4 792.00

附单据　　张

会计主管：刘江　　会计：黄红　　制证：黄红

表 10－10　　**固定资产折旧计算表**

2014 年 4 月 30 日

固定资产项目	原值	使用年限	年折旧率	月折旧额	备注
桑塔纳轿车	230 000.00	4	25%	4 792.00	

查至2014年末，上述桑塔纳轿车计提折旧累计43 128元（4 792×9）。审计人员经过审查，发现该项固定资产计提折旧年限应为5年，残值率为3%。

请问：根据上述资料，分析指出所存在问题，代审计人员重编固定资产折旧计算表，并编制审计调整分录。

表10－11　固定资产折旧计算表

年　月　　　单位：元

固定资产项目	原值	使用年限	年折旧率	月折旧额	全年应提折旧总额

专业技能训练

1. 实训目的

熟悉应付账款的实质性程序。

2. 实训资料

审计人员李大升对宏泰公司应付账款进行审计，其应付账款明细账资料如表10－12所示：

表10－12　应付账款明细账

供货商	应付账款年末余额	本年度进货总额
A公司	0	100
B公司	3	6
X公司	9	11
Y公司	20	220

3. 实训要求

（1）若审计人员决定对其中两家供货商进行函证，应如何选择？为什么？

（2）假设上述四家公司是甲公司的顾客，表中后两栏分别为应收账款年末余额和本年度销货总额，审计人员李大升应选择哪两家公司进行函证？为什么？

教学设计与实践

1. 教学重点

（1）采购与付款循环的交易实质性程序；

（2）应付账款的实质性程序；

（3）固定资产的实质性程序。

2. 教学难点

（1）采购与付款循环的控制测试；
（2）采购与付款循环的交易实质性程序；
（3）应付账款的实质性程序；
（4）固定资产的实质性程序。
3. 建议教学课时
理论教学 2 学时，实践教学 2 学时。
4. 教学实践
（1）请制作本任务的授课教案；
（2）选取部分内容进行 1 小节课程的试讲。

任务十一　生产与存货循环审计

任务内容

- 生产与存货循环概述
- 控制测试和交易的实质性程序
- 存货审计

任务目标

- 了解生产与存货循环所涉及的主要业务活动和相关凭证与记录；
- 了解存货的内部控制及其测试；
- 掌握存货审计的实质性程序，熟悉相关工作底稿；

适用的准则和规范

- 《中国注册会计师审计准则第 1211 号——通过了解被审计单位及其环境识别和评估重大错报风险》
- 《中国注册会计师审计准则第 1231 号——针对评估的重大错报风险采取的应对措施》
- 《中国注册会计师审计准则第 1313 号——分析程序》
- 《中国注册会计师审计准则第 1314 号——审计抽样》
- 《中国注册会计师审计准则第 1311 号——对存货等特定项目获取审计证据的具体考虑》
- 《企业内部控制应用指引第 8 号——资产管理》
- 《企业内部控制应用指引第 8 号——资产管理》解读

导入案例

华兴公司的存货审计

注册会计师李浩在审计华兴公司2015年财务报表时发现：

1. 2015年12月29日购入货物230万件虽验收入库，也纳入年底存货盘点表中，但由于没有收到购货发票而没有入账。华兴公司2016年1月3日收到购货发票时计入2016年2月的账簿中。

2. 2015年12月30日收到A原材料的购货发票时，及时作了相关会计处理，但后面没有附验收入库单，没有纳入2015年末的存货盘点表中。2016年1月23日该存货收到并验收入库。

3. A仓库中堆放F产品100件，没有悬挂盘点表标签。经了解，该产品已经销售给Y公司。

4. 2015年12月31日货运车厢中存有1000公斤B原材料。据了解该原材料为购入尚未验收入库，没有纳入存货盘点范围内，也没有作相应会计处理。

5. 截至2015年12月31日，华兴公司共计购进在途商品10万件，销售在途商品20万件，均没有纳入盘点范围。

案例思考

存货正确截止的关键是什么？案例所给事项，是否应当将其纳入2015年度存货盘点范围内？注册会计师应当如何处理？

任务结构

一、生产与存货循环审计概述

（一）生产与存货循环的主要业务活动

生产与存货循环同其他业务循环的联系非常密切，因而十分独特。原材料经过采购与付款循环进入生产与存货循环，生产与存货循环又随销售与收款循环中产成品商品的销售环节而结束。生产与存货循环涉及的内容主要是存货的管理及生产成本的计算等。考虑财务报表项目与业务循环的相关程度，该循环所涉及的资产负债表项目主要是存货、应付职工薪酬等；所涉及的利润表项目主要是营业成本、管理费用、所得税费用等项目。其中，存货又包括：材料采购或在途物资、原材料、材料成本差异、库存商品、发出商品、商品进销差价、委托加工物资、委托代销商品、受托代销商品、周转材料、生产成本、制造费用、劳务成本、存货跌价准备等。

生产与存货循环所涉及的主要业务活动包括：计划和安排生产；发出原材料；生产产品；核算产品成本；储存产成品；发出产成品等（如图11－1所示）。上述业务活动通常涉及以下部门：生产计划部门、仓库部门、生产部门、人事部门、销售部门、会计部门等。

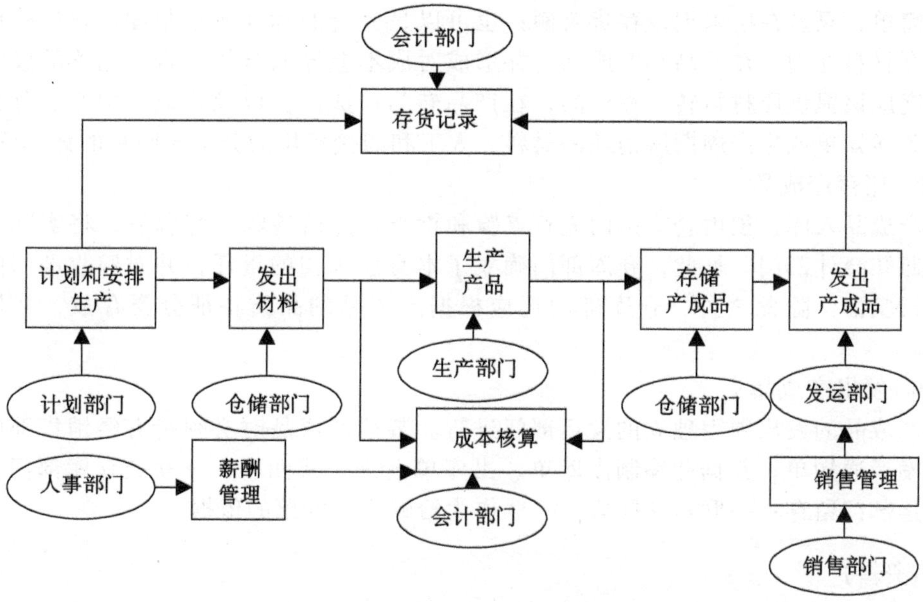

图 11－1　生产与存货循环所涉及的主要业务活动

1. 计划和安排生产

生产计划部门的职责是根据顾客订单或者对销售预测和产品需求的分析来决定生产授权。其涉及的主要活动是签发预先编号的生产通知单，决定授权生产；编制材料需求报告，列示生产所需要的材料和零件及其库存。

2. 发出原材料

仓库部门的责任是根据从生产部门收到的领料单发出原材料。领料单上必须列示所需的材料数量和种类，以及领料部门的名称。领料单通常需一式三联。仓库发料后，将其中一联连同材料交给领料部门，其余两联经仓库登记材料明细账后，送会计部门进行材料收发核算和成本核算。

3. 生产产品

生产部门在收到生产通知单及领取原材料后，便将生产任务分解到每一个生产工人，并将所领取的原材料交给生产工人，据以执行生产任务。生产工人在完成生产任务后，将完成的产品交生产部门查点，然后转交检验员验收并办理入库手续；或是将所完成的产品移交下一个部门，作进一步加工。

4. 核算产品成本

为了正确核算并有效控制产品成本，必须建立健全成本会计制度，将生产控制和成本核算有机结合在一起。一方面，生产过程中的各种记录、生产通知单、领料单、计工单、入库单等文件资料都要汇集到会计部门，由会计部门对其进行检查和核对，了解和控制生产过程中存货的实物流转；另一方面，会计部门要设置相应的会计账户，会同有关部门对生产过程中的成本进行核算和控制。成本会计制度可以非常简单，只是在期末记录存货余额；也可以是完善的标准成本制度，它持续地记录所有材料处理、在产品和产成品，并形成对成本差异的分析报告。完善的成本会计制度应该提供原材料转为在产品，在产品转为产成品，以及按成本中心、分批生产任务通知单或生产周期所消耗的材料、人工和间接费用的分配与归集的详细资料。

5. 储存产成品

产成品入库，须由仓库部门先行点验和检查，然后签收。签收后，将实际入库数量通知会计部门。据此，仓库部门确立了本身应承担的责任，并对验收部门的工作进行验证。除此之外，仓库部门还应根据产成品的品质特征分类存放，并填制标签。

6. 发出产成品

产成品的发出须由独立的发运部门进行。装运产成品时必须持有经销售部门核准的发运通知单，并据此编制出库单。出库单至少一式四联，一联交仓库部门；一联发运部门留存；一联送交顾客；一联作为给顾客开发票的依据。

【小资料】

产成品入库单一般一式四联：一联仓库收货、一联仓库留存、一联生产部门核对、一联递交财务部作为记账的凭证。

经质检经理、生产经理和仓储经理签字确认后，仓库管理员将产成品入库单信息输入存货管理信息系统，存货管理信息系统及时更新产成品明细账并与采购订购单编号核对。

产成品验收单的事先连续编号控制，与存货的完整性认定、营业成本的完整性认定相关。

发运部门独立检查产成品出库单、销售订购单和产成品发运通知单的控制活动，与营业成本的发生的认定相关；完成产成品出库工作后，存货管理信息系统及时更新产成品明细账并与产成品发运通知单编号核对，与营业成本的发生认定、完整性认定和准确性认定均相关。

（二）涉及的主要凭证与会计记录

1. 生产与存货循环所涉及的凭证

（1）生产指令。生产指令又称“生产任务通知单”，是企业下达制造产品等生产任务的书面文件，用以通知供应部门组织材料发放，生产车间组织产品制造，会计部门组织成本计算。

（2）领发料凭证。领发料凭证是企业为控制材料发出所采用的各种凭证，如材料发出汇总表、领料单、限额领料单、领料登记簿、退料单等。

（3）产量和工时记录。产量和工时记录是登记工人或生产班组出勤内完成产品数量、质量和生产这些产品所耗费工时数量的原始记录。产量和工时记录的内容与格式是多种多样的，在不同的生产企业中，甚至在同一企业的不同生产车间中，由于生产类型不同而采用不同格式的产量和工时记录。常见的产量和工时记录主要有工作通知单、工序进程单、工作班产量报告、产量通知单、产量明细表、废品通知单等。

（4）工薪汇总表及工薪费用分配表。工薪汇总表是为了反映企业全部工薪的结算情况，并据以进行工薪结算总分类核算和汇总整个企业工薪费用而编制的，它是企业进行工薪费用分配的依据。工薪费用分配表反映了各生产车间各产品应负担的生产工人工薪及福利费。

（5）材料费用分配表。材料费用分配表是用来汇总反映各生产车间各产品所耗费的材料费用的原始记录。

（6）制造费用分配汇总表。制造费用分配汇总表是用来汇总反映各生产车间各产品所应负担的制造费用的原始记录。

（7）成本计算单。成本计算单是用来归集某一成本计算对象所应承担的生产费用，计算该成本计算对象的总成本和单位成本的记录。

2. 生产与存货循环涉及的主要账户及其对应关系如图 11－2 所示。

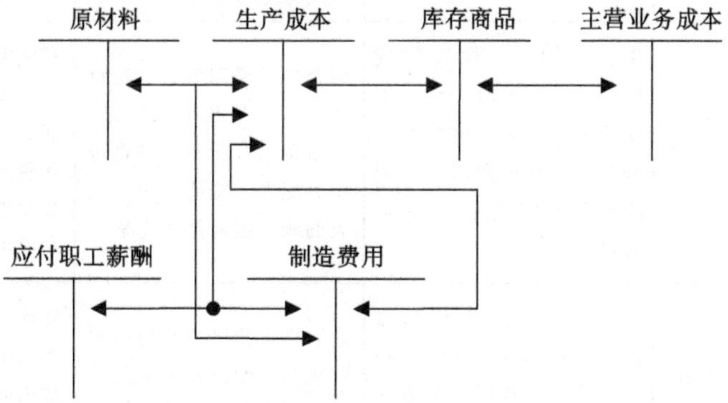

图 11－2　生产与存货循环涉及的主要账户及其对应关系

二、生产与存货循环的内部控制和控制测试

（一）生产与存货循环的内部控制

总体上看，生产与存货循环的内部控制主要包括存货的内部控制和成本会计制度的内部控制两项内容。但一方面，由于生产与存货循环与其他业务循环的内在联系，生产与存货循环中某些审计测试，特别是对存货的审计测试，与其他相关业务循环的审计测试同时进行将更为有效。例如，原材料的取得和记录是作为采购与付款循环审计的一部分进行测试的，而装运产成品和记录营业收入与成本则是作为销售与收款循环审计的一部分进行测试的。另一方面，尽管不同的企业对其存货可能采取不同的内部控制，但从根本上说，均可概括为存货的数量和计价两个关键因素的控制，所以，本节对生产与存货交易的内部控制的讨论，主要集中在成本会计制度。

成本会计制度的内部控制目标、关键内部控制和审计测试的关系，见表 11－1。

表 11 -1 成本会计制度的目标、关键内部控制和测试一览表

内部控制目标	关键内部控制	常用的控制测试	常用的交易实质性程序
生产业务是根据管理层一般或特定的授权进行的（发生）	对以下三个关键点，应履行恰当手续，经过特别审批或一般审批：（1）生产指令的授权批准；（2）领料单的授权批准；（3）工薪的授权批准	检查凭证中是否包括这三个关键点的恰当审批；检查生产指令、领料单、工薪等是否经过授权	
记录的成本为实际发生的而非虚构的（发生）	成本的核算是以经过审核的生产通知单、领发料凭证、产量和工时记录、工薪费用分配表、材料费用分配表、制造费用分配表为依据的	检查有关成本的记账凭证是否附有生产通知单、领发料凭证、产量和工时记录、工薪费用分配表、材料费用分配表、制造费用分配表等，原始凭证的顺序编号是否完整	对成本实施分析程序；将成本明细账与生产通知单、领发料凭证、产量和工时记录、工薪费用分配表、材料费用分配表，制造费用分配表相核对
所有耗费和物化劳动均已反映在成本中（完整性）	生产通知单、领发料凭证、产量和工时记录、工薪费用分配表、材料费用分配表、制造费用分配表均事先编号并已经登记入账	检查生产通知单、领发料凭证、产量和工时记录、工薪费用分配表、材料费用分配表、制造费用分配表的顺序编号是否完整	对成本实施分析程序；将生产通知单、领发科凭证、产量和工时记录、工薪费用分配表、材料费用分配表、制造费用分配表与成本明细账相核对
成本以正确的金额，在恰当的会计期间及时记录于适当的账户（发生、完整性、准确性、计价和分摊）	采用适当的成本核算方法，并且前后各期一致；采用适当的费用分配方法且前后各期一致；采用适当的成本核算流程和账务处理流程；内部核查	选取样本测试各种费用的归集和分配以及成本的计算；测试是否按照规定的成本核算流程和账务处理流程进行核算和账务处理	对成本实施分析程序；抽查成本计算单，检查各种费用的归集和分配以及成本的计算是否正确；对重大在产品项目进行计价测试
对存货实施保护措施，保管人员与记录、批准人员相互独立（存在、完整性）	存货保管人员与记录人员职务相分离	询问和观察存货与记录的接触控制以及相应的批准程序	
账面存货与实际存货定期核对相符（存在、完整性、计价和分摊）	定期进行存货盘点	询问和观察存货盘点程序	对存货实施监盘程序

（二）生产与存货循环的控制测试

1. 注册会计师应当通过控制测试获取支持将被审计单位的控制风险评价为中或低的证据。如果能够获取这些证据，注册会计师就可以接受较高的检查风险，并在很大程度上可以通过实施实质性分析程序获取进一步的审计证据，同时减少对生产与存货交易和营业成本、存货等相关项目的细节测试的依赖。

2. 对于计划和安排生产这项主要业务活动，有些被审计单位内部控制要求，根据经审批的月度生产计划书，由生产计划经理签发预先按顺序编号的生产通知单。对此，注册会计师在实施控制测试时，应抽取生产通知单检查是否与月度生产计划书中内容一致。

3. 对于发出原材料这项业务活动，有些被审计单位对内部控制要求：（1）仓库管理员应把领料单编号、领用数量、规格等信息输入计算机系统，经仓储经理复核并以电子签名方式确认后，系统自动更新材料明细台账；（2）原材料仓库分别于每月、每季和年度终了，对原材料存货进行盘点，会计部门对盘点结果进行复盘。由仓库管理员编写原材料盘点明细表，发现差异及时处理，经仓储经理、财务经理和生产经理复核后调整入账。相应地，注册会计师在实施控制测试时应当：（1）抽取出库单及相关领料单，检查是否正确输入并经适当层次复核；（2）抽取原材料盘点明细表并检查是否经适当层次复核，有关差异是否得到处理。

4. 对于生产产品和核算成本这两项主要业务活动，有些被审计单位内部控制要求：（1）生产成本记账员根据原材料出库单，编制原材料领用凭证，与计算机系统自动生成的生产记录日报表核对材料耗用和流转信息；由会计主管审核无误后，生成记账凭证并过账至生产成本及原材料明细账和总分类账；（2）每月末，由生产车间与仓库核对原材料、半成品。产成品的转出和转入记录，如有差异，仓库管理员应编制差异分析报告，经仓储经理和生产经理签字确认后交会计部门进行调整；（3）每月末，由计算机系统对生产成本中各项组成部分进行归集，按照预设的分摊公式和方法，自动将当月发生的生产成本在完工产品和在产品中按比例分配；同时，将完工产品成本在各个不同产品类别中分配，由此生成产品成本计算表和生产成本分配表；由生产成本记账员编制生产成本结转凭证，经会计主管审核批准后进行账务处理。相应地，注册会计师在实施控制测试时应当：（1）抽取原材料领用凭证，检查是否与生产记录日报表一致，是否经适当审核，如有差异是否及时处理；（2）抽取核对记录，检查差异是否得到处理；（3）抽取生产成本结转凭证检查与支持性文件是否一致并经适当复核。当然，必要时应当考虑利用计算机专家的工作。

5. 对于储存产成品和发出产成品这两项主要业务活动，有些被审计单位内部控制要求：（1）产成品入库时，质量检查员应检查并签发预先按顺序编号的产成品验收单，由生产小组将产成品送交仓库。仓库管理员应检查产成品验收单，并清点产成品数量，填写预先顺序编号的产成品入库单经质检经理、生产经理和仓储经理签字确认后，由仓库管理员将产成品入库单信息输入计算机系统，计算机系统自动更新产成品明细台账并与采购订单编号核对；（2）产成品出库时，由仓库管理员填写预先顺序编号的出库单，并将产成品出库单信息输入计算机系统，经仓储经理复核并以电子签名方式确认后，计算机系统自动更新产成品明细台账并与发运通知单编号核对；（3）产成品装运发出前，由运输经理独立检察出库单、销售订购单和发运通知单，确认从仓库提取的商品附有经批准的销售订购单，并且，所提取商品的内容与销售订购单一致；（4）每月末，生产成本记账员根据计算机系统内状态为“已处理”的订购单数量，编制销售成本结转凭证，结转相应的销售成本，经会计主管审核批准后进行账务处理；（5）产成品仓库分别于每月、每季和年终了，对产成品存货进行盘点，由会计部门对盘点结果进行复盘。仓库管理员应编写产成品存货盘点明细表，发现差异及时处理，经仓储经理、财务经理和生产经理复核后调整入账。相应地，注册会计师在实施控制测试时应当：（1）抽取产成品验收单、产成品入库单并检查输入信息是否准确；（2）抽取发运通知单、出库单并检查是否一致；（3）抽取发运单和相关销售订购单，检查内容是否一致；（4）抽取销售成本结转凭证检查与支持性文件是否一致并适当复核；（5）抽取产成品存货盘点报告并检查是否经适当层次复核，有关差异是否得到处理。

6. 成本会计制度的测试，包括直接材料成本测试、制造费用测试和生产成本在当期完工产品与在产品之间分配的测试三项内容。

（1）直接材料成本控制测试。对采用定额单耗的企业，可选择并获取某一成本报告期若干种具有代表性的产品成本计算单，获取样本的生产指令或产量统计记录及其直接材料单位消耗定额，根据材料明细账或采购业务测试工作底稿中各该直接材料的单位实际成本，计算直接材料的总消耗量和总成本，与该样本成本计算单中的直接材料成本核对。并注意下列事项：生产指令是否经过授权批准；单位消耗定额和材料成本计价方法是否适当，在当年度有何重大变更。

对未采用定额单耗的企业，可获取材料费用分配汇总表、材料发出汇总表（或领料单）、材料明细账（或采购业务测试工作底稿）中各该直接材料的单位成本，作如下检查：成本计算单中直接材料成本与材料费用分配汇总表中该产品负担的直接材料费用是否相符，分配标准是否合理；将抽取的材料发出汇总表或领料单中若干种直接材料的发出总量和各种材料的实际单位成本之积，与材料费用分配汇总表中各该种材料费用进行比较，并注意领料单的签发是否经过授权批准，材料发出汇总表是否经过适当的人员复核，材料单位成本计价方法是否适当，在当年有何重大变更。

对采用标准成本法的企业，获取样本的生产指令或产量统计记录、直接材料单位标准用量、直接材料标准单价及发出材料汇总表或领料单，检查下列事项：根据生产量、直接材料单位标准用量和标准单价计算的标准成本与成本计算单中的直接材料成本核对是否相符；直接材料成本差异的计算与账务处理是否正确，并注意直接材料的标准成本在当年度内有何重大变更。

（2）直接人工成本控制测试。对采用计时工资制的企业，获取样本的实际工时统计记录、职员分类表和职员工薪手册（工资率）及人工费用分配汇总表。作如下检查：成本计算单中直接人工成本与人工费用分配汇总表中该样本的直接人工费用核对是否相符；样本的实际工时统计记录与人工费用分配汇总表中该样本的实际工时核对是否相符；抽取生产部门若干天的工时台账与实际工时统计记录核对是否相符；当没有实际工时统计记录时，则可根据职员分类表及职员工薪手册中的工资率，计算复核人工费用分配汇总表中该样本的直接人工费用是否合理。

对采用计件工资制的企业，获取样本的产量统计报告、个人（小组）产量记录和经批准的单位工薪标准或计件工资制度，检查下列事项：根据样本的统计产量和单位工薪标准计算的人工费用与成本计算单中直接人工成本核对是否相符；抽取若干个直接人工（小组）的产量记录，检查是否被汇总计入产量统计报告。

对采用标准成本法的企业获取样本的生产指令或产量统计报告、工时统计报告和经批准的单位标准工时、标准工时工资率、直接人工的工薪汇总等资料，检查下列事项：根据产量和单位标准工时计算的标准工时总量与标准工时工资率之积同成本计算单中直接人工成本核对是否相符；直接人工成本差异的计算与账务处理是否正确，并注意直接人工的标准成本在当年内有何重大变更。

（3）制造费用控制测试。获取样本的制造费用分配汇总表、按项目分列的制造费用明细账、与制造费用分配标准有关的统计报告及其相关原始记录，作如下检查：制造费用分配汇总表中，样本分担的制造费用与成本计算单中的制造费用核对是否相符；制造费用分配汇总表中的合计数与样本所属成本报告期的制造费用明细账总计数核对是否相符；制造费用分配汇总表选择的分配标准（机器工时数、直接人工工资、直接人工工时数、产量数）与相关的统计报告或原始记录核对是否相符，并对费用分配标准的合理性作出评估；如果企业采用预计费用分配率分配制造费用，则应针对制造费用分配过多或过少的差额，检查其是否作了适当的账务处理；如果企业采用标准成本法，则应检查样本中标准制造费用的确定是否合理，计入成本计算单的数额是否正确，制造费用差异的计算与账务处理是否正确，并注意标准制造费用在当年度内有何重大变更。

（4）生产成本在当期完工产品与在产品之间分配的控制测试。检查成本计算单中在产品数量与生产统计报告或在产品盘存表中的数量是否一致；检查在产品约当产量计算或其他分配标准是否合理；计算复核样本的总成本和单位成本，最终对当年采用的成本会计制度作出评价。

三、存货审计

存货是指企业在日常活动中持有以备出售的产成品或商品、处在生产过程中的在产品、在生产过程或提供劳务过程中耗用的材料和物料等。存货审计涉及的会计科目包括：材料采购或在途物资、原材料、材料成本差异、库存商品、发出商品、商品进销差价、委托加工物资、委托代销商品、受托代销商品、周转材料、生产成本、制造费用、劳务成本、存货跌价准备等。

由于存货对于一般企业来说都是很重要的项目，存货问题又比较复杂，及存货与其他项目关联度较密切，要求注册会计师对存货项目的审计应当予以特别的关注。

（一）存货的审计目标

存货的审计目标一般包括：确定资产负债表中列报的存货是否存在；确定记录的存货是否为被审计单位所拥有或控制；确定存货的增减变动是否均已记录；确定

存货的品质状况，存货跌价准备的计提是否合理；确定与存货相关的计价方法是否恰当；确定存货的期末余额是否正确；确定存货是否已在财务报表中作出恰当列报。

（二）存货的实质性程序

1. 核对各存货项目明细账与总账的余额是否相符

存货审计涉及的会计科目包括：材料采购或在途物资、原材料、材料成本差异、库存商品、发出商品、商品进销差价、委托加工物资、委托代销商品、受托代销商品、周转材料、生产成本、制造费用、劳务成本、存货跌价准备等。审计人员首先要对这些存货项目明细账与总账的余额进行核对，如不相符，应查明原因，并作出记录和进行相应调整。

2. 运用分析性复核程序审查存货总体的合理性

在审计过程中，结合有关项目的审计，应进行必要的分析性复核。其具体内容包括：

（1）分析比较同一产品前后年度的单位生产成本，如有重大波动应查明原因。

（2）分析比较本年度与上年度主营业务成本总额，以及本年度各月份的主营业务成本金额，如有重大波动和异常情况，应查明原因。

（3）进行比率分析，并与本企业的历史数据及行业平均水平进行比较，如下表所示（如表 11 －2 所示）：

表 11 －2　分析性复核内容

财务比率	计算公式	审计中的意义
毛利率	毛利/主营业务收入（各种、各类产品分别计算）	判断企业账面盈利水平及存货的合理性
存货周转率	主营业务成本/存货平均余额	判断是否存在大量的呆滞、积压、毁损的存货
存货周转天数	365/存货周转率	判断是否存在大量的呆滞、积压、毁损的存货
存货与流动资产总额之比率	存货/流动资产	判断是否存在大量的呆滞、积压、毁损的存货

3. 审查存货的数量、质量、完整性及所有权——存货监盘

存货监盘，是指注册会计师现场观察被审计单位存货的盘点，并对已盘点的存货进行适当检查。存货监盘针对的是主要是存货的存在认定、完整性认定以及权利和义务的认定，注册会计师监盘存货的目的在于获取有关存货数量和状况的审计证据，以确证被审计单位记录的所有存货确实存在，已经反映了被审计单位拥有的全部存货，并属于被审计单位的合法财产。存货监盘作为存货审计的一项核心审计程序，通常可同时实现上述多项审计目标。

存货监盘程序主要包括控制测试与实质性程序两种方式。注册会计师需要确定存货监盘程序以控制测试为主还是实质性程序为主，哪种方式更加有效。如果只有少数项目构成了存货的主要部分，注册会计师以实质性程序为主的审计方式获取与

存在认定相关的证据更为有效。在这种情况下，对于单位价值较高的存货项目，应实施100%的实质性程序。而对于其他存货则可视情况进行抽查。但在大多数审计业务中，注册会计师会发现以控制测试为主的审计方式更加有效。如果注册会计师采用以控制测试为主的审计方式，并准备信赖被审计单位存货盘点的控制措施与程序，那么，绝大部分的审计程序将限于询问、观察以及抽查。

存货监盘注意以下几点：

（1）盘点法就是运用度、量、衡等工具，通过点数，逐一确定被清查实物实有数的一种方法。这种方法适应范围较广，大多数财产物资都可采取这种方法。

（2）一般情况下，参加盘点的人员应该独立于存货仓储部门，这是因为考虑企业内部牵制制度的有效性；由于与存货的记录、核算相关的部门主要可以分为财务部门、业务（采购）部门、仓储部门三个部分，财务部门记录存货的金额账，业务（采购）部门记录数量、价格账，仓储部门记录数量账（也有例外或其他情形），因此参与盘点的人员至少应该包括财务人员、业务人员和仓储管理人员；但考虑参加盘点人员的独立性，还应考虑由内部审计人员、外部审计人员或监督人员监督盘点，或者考虑盘点后由这些人员以测试方式进行复盘或抽盘。

（3）为了避免误解并有助于有效地实施存货监盘，注册会计师通常需要与被审计单位就存货监盘等问题达成一致意见，并编制合理的存货监盘计划。因此，注册会计师首先应当充分了解被审计单位存货的特点、盘存制度和存货内部控制的有效性等情况，金额较大或性质特殊的存货要实地察看其存放场所，其次是评估与存货相关的重大错报风险和重要性，并查阅以前年度的存货监盘工作底稿，还要获取、审阅和评价被审计单位预定的盘点程序。根据计划过程所搜集到的信息，有助于注册会计师合理确定参与监盘的地点以及存货监盘的程序。

（4）存货监盘程序。

①观察程序。在被审计单位盘点存货前，注册会计师应当观察盘点现场，确定应纳入盘点范围的存货是否已经适当整理和排列，并附有盘点标识，防止遗漏或重复盘点。在监盘过程中，应当跟随被审计单位安排的存货盘点人员，注意观察被审计单位先制定的存货盘点计划是否得到了贯彻执行，盘点人员是否准确无误地记录了被盘点存货的数量和状况。

②检查程序。注册会计师应当对已盘点的存货进行适当检查，将检查结果与被审计单位盘点记录相核对，形成相应记录。检查的目的既可以是为了确证被审计单位的盘点计划得到适当的执行（控制测试），也可以是为了证实被审计单位的存货实物总额（实质性程序）。如果观察程序能够表明被审计单位的组织管理得当，盘点、监督以及复核程序充分有效，注册会计师可据此减少所需检查的存货项目。检查的范围通常包括每个盘点小组盘点的存货以及难以盘点或隐蔽性较强的存货，并可能避免让被审计单位事先知道将抽取检查哪些存货项目。在检查已盘点的存货时，注册会计师应当从存货盘点记录中选取项目追查至存货实物，以测试盘点记录的准确性；还应当从存货实物中选取项目追查至存货盘点记录，以测试存货盘点记录的

完整性。在实施检查程序时如发现差异，一方面应当查明原因，并及时提请被审计单位更正；另一方面应当考虑错误的潜在范围和重大程度，必要时应扩大检查范围以减少错误的发生。注册会计师还可要求被审计单位就某一特殊领域的存货或特定盘点小组重新进行盘点。

（5）在存货监盘过程中，注册会计师应当特别关注以下情况：

①对未纳入盘点范围的存货，应当查明原因。应当根据取得的所有权不属于被审计单位的存货的有关资料，观察这些存货的实际存放情况确保其未被纳入盘点范围。还应当关注是否存在某些被纳入盘点的存货可能不属于被审计单位的迹象，以避免盘点范围不当。

②盘点存货时最好能保持存货不发生移动，但在某些情况下存货的移动是难以避免的。这种情况下注册会计师应当特别关注存货的移动情况，实施必要的检查程序，确定被审计单位是否已经对此设置了相应的控制程序，没有遗漏或重复盘点。

③注册会计师要观察被审计单位在盘点中是否已经恰当区分所有毁损、陈旧、过时及残次的存货，并亲自记录这些存货的详细情况。以便进一步追查这些存货的处置情况，也能为测试被审计单位存货跌价准备计提的准确性提供证据。

④注册会计师应当进行存货的截止测试。主要是获取盘点日前后存货收发及移动的凭证，检查存货入库、出库的库存记录与会计记录期末截止时间是否正确，即确定存货实物纳入盘点范围的时间与引起借贷双方会计科目变动的时间是否处于同一会计期间。

⑤某些特殊类型的存货通常或者没有标签，或者其数量难以估计，或者其质量难以确定，或者盘点人员无法对其移动实施控制，被审计单位通常使用的盘点方法和控制程序并不完全适用。还有一些存货形态异常，比如，河流中的圆木存货，成堆的煤、焦炭、矿石、原材料或水泥，大桶中的化学物品，大宗的异性钢材（废钢），建设过程中的建筑物等。这种情况采用正常的手段进行盘点比较困难，注册会计师需要运用职业判断，根据存货的实际情况，设计恰当的审计程序，必要的时候应该采取特殊的方法进行盘点，如请工程师运用专门的测量方法；采用一些专门的测量工具进行测量等。

⑥存货监盘结束时的工作。在被审计单位存货盘点结束前，注册会计师应当：a. 再次观察盘点现场，以确定所有应纳入盘点范围的存货是否均已盘点。b. 取得并检查已填用、作废及未使用盘点表单的号码记录，确定其是否连续编号，查明已发放的表单是否均已收回，并与存货盘点的汇总记录进行核对。注册会计师应当根据自己在存货监盘过程中获取的信息对被审计单位最终的存货盘点结果汇总记录进行复核，并评估其是否正确地反映了实际盘点结果。

【同步思考 11－1】

实施存货监盘的目的有哪些？

分析提示：

根据存货监盘的审计目标，注册会计师需要获取存货的存在和状况的充分、适当的审计证据，实施存货监盘可以实现这一目标，即通过实施存货监盘所获取的审计证据主要与存货的存在认定和完整性认定相关。

注册会计师在实施存货监盘中，需要确认被审计单位纳入盘点存货的范围，在这个过程中需要关注存货的所有权，因此，可以获取一部分与存货“权利和义务”认定相关的审计证据。但是存货监盘本身并不足以供注册会计师确定存货的所有权，注册会计师可能需要执行其他实质性审计程序以应对权利和义务认定的相关风险。

4. 审查存货成本——计价测试

（1）计价测试的一般要求。监盘程序主要是对存货的结存数量予以确认。为验证财务报表上存货余额的真实性，还必须对存货的计价进行审计，即确定存货实物数量和永续盘存记录中的数量是否经过正确地计价和汇总。

存货计价测试主要是针对被审计单位所使用的存货单位成本是否正确所做的测试。进行测试时，首先应对存货价格的组成内容予以审核，然后按照所了解的计价方法对所选择的存货样本进行计价测试。测试时，应尽量排除被审计单位已有计算程序和结果的影响，进行独立测试。测试结果出来后，应与被审计单位账面记录对比，编制对比分析表，分析形成差异的原因。如果差异过大，应扩大测试范围，并根据审计结果考虑是否应提出审计调整建议。

若被审计单位期末存货采用成本与可变现净值孰低的方法计价，则在进行计价测试时应充分关注其对存货可变现净值的确定及存货跌价准备的计提。

存货计价审计表如表 11－3 所示。

表 11－3　　　　存货计价审计表

日期	品名及规格	购入			发出			余额		
		数量	单价	金额	数量	单价	金额	数量	单价	金额

1. 计价方法说明：

2. 情况说明及审计结论：

【同步案例 11－1】

光大企业采用月末一次加权平均法计算结转耗用材料成本，本月甲材料月初结存数量 5 200 千克，金额为 7 800 元，本月购入甲材料数量 7 300 千克，金额为 14 600 元。本月基本生产车间耗料 5 000 千克，结转材料成本 10 000 元。假设该企业所得税税率为 25%。

要求：

（1）说明应采用的审计方法；（2）指出上述会计处理存在的问题；（3）作出审计调整分录；（4）作出建议被审计单位的会计调整分录。

答案提示：

（1）应采用的审计方法：审阅甲材料明细账，抽查有关会计凭证，重新计算结转发出材料实际成本。

（2）经重新计算发现：

加权平均单价＝（7 800＋14 600）/（5 200＋7 300）＝1.79（元）

发出材料实际成本＝5 000×1.79＝ 8 950（元）

多转材料实际成本＝10 000－8 950 ＝ 1 050（元）

存在的问题：该企业按进料价格多转耗用材料成本1 050元。

（3）处理意见：多转发出材料实际成本，最终影响的当期发出产品的成本。审计调整分录是：

借：原材料　　1 050

　　贷：主营业务成本　　1 050

借：所得税费用　　262.50

　　贷：应交税费——应交所得税　　262.50

（被审计年度报表项目随之调整）

（4）建议被审计单位作出的会计调整分录为：

借：原材料　　1 050

　　贷：以前年度损益调整　　1 050

借：以前年度损益调整　　262.50

　　贷：应交税费——应交所得税　　262.50

借：以前年度损益调整　　787.50

　　贷：利润分配——未分配利润　　787.50

（登记账簿，年度报表项目亦随之调整）

（2）存货成本的计价测试。广义地看，存货成本的审计也可以被视为存货计价测试的一项内容。存货成本计价测试内容广泛，包括材料（包括原材料、周转材料、材料成本差异等）采购成本的审计；在产品成本的审计；产成品成本——直接材料成本、直接人工成本、制造费用的审计；存货跌价准备的审计等内容。限于本教材的篇幅，仅简单列示其主要审计程序。

①材料采购或在途物资的计价测试。

对大额材料采购或在途物资，追查至相关的购货合同及购货发票，复核采购成本的正确性，并抽查期后入库情况，必要时发函询证，以确定在途材料的实际成本，

②原材料的计价测试。

a. 检查原材料的计价方法前后期是否一致。

b. 自原材料明细表中选取适量品种，检查原材料的入账基础和计价方法是否正

确：以实际成本计价时，将其单位成本与购货发票核对，并确认原材料成本中不包含增值税；以计划成本计价时，将其单位成本与材料成本差异明细账及购货发票核对，同时关注被审计单位计划成本制定的合理性；检查进口原材料的外币折算是否正确，检查相关的关税、增值税及消费税的会计处理是否正确。

c. 检查原材料发出计价的方法是否正确：了解被审计单位原材料发出的计价方法，前后期是否一致，并抽取主要材料复核其计算是否正确；若原材料以计划成本计价，还应检查材料成本差异的发生和结转的金额是否正确。编制本期发出材料汇总表，与相关科目勾稽核对，并复核若干月份发出材料汇总表的正确性。

d. 结合期末市场采购价，分析主要原材料期末结存单价是否合理。

e. 结合原材料的盘点检查，期末有无料到单未到情况，如有，应查明是否已暂估入账，其暂估价是否合理。

③周转材料的计价测试。

a. 检查周转材料的计价方法是否正确，前后期是否一致。

b. 自周转材料明细表中选取适量品种，检查周转材料的入账基础和计价方法是否正确：以实际成本计价时，将其单位成本与购货发票核对；以计划成本计价时，将其单位成本与被审计单位制定的计划成本核对，同时关注被审计单位计划成本制定的合理性。

c. 检查进口周转材料（低值易耗品、包装物）的外币折算是否正确，检查相关的关税、增值税及消费税的会计处理是否正确。

d. 检查周转材料（低值易耗品、包装物）摊销方法是否正确，前后期是否一致（例如，包装物和低值易耗品，应当采用一次转销法或者五五摊销法进行摊销；钢模板、木模板、脚手架和其他周转材料，可以采用一次转销法或者五五摊销法进行摊销）。抽查验证月度发出周转材料（低值易耗品、包装物）汇总表的正确性。

e. 结合周转材料（低值易耗品、包装物）的盘点，检查期末有无料到单未到情况，如有，应查明是否已暂估入账，其暂估价是否合理。

④库存商品的计价测试。

a. 检查库存商品的计价方法是否前后期一致。

b. 自库存商品明细表中选取适量品种，检查库存商品的入账基础和计价方法是否正确。如是自制库存商品，以实际成本计价时，将其单位成本与成本计算单核对；以计划成本计价时，将其单位成本与相关成本差异明细账及成本计算单核对。如是外购库存商品：以实际成本计价时，将其单位成本与购货发票核对；以计划成本计价时，将其单位成本与相关成本差异明细账及购货发票核对。抽查库存商品入库单，核对库存商品的品种、数量与入账记录是否一致；并将入库库存商品的实际成本与相关科目（如生产成本）的结转额核对并作交叉索引。

c. 检查外购库存商品的发出计价是否正确：了解被审计单位对库存商品发出的计价方法，并抽取主要库存商品，检查其计算是否正确；若库存商品以计划成本计价，还应检查产品成本差异的发生和结转金额是否正确。编制本期库存商品发出汇总表，与相关科目勾稽核对，并抽查几个月份库存商品发出汇总表的正确性。

d. 结合库存商品的盘点，检查期末有无库存商品已到而相关单据未到的情况，如有，应查明是否暂估入账，其暂估价是否合理。

⑤材料成本差异的审计。

a. 获取或编制材料成本差异的明细表，复核加计是否正确，并与总账数、明细账合计数核对是否相符。

b. 对本期内各月的材料成本差异率进行分析，并与上期进行比较，检查是否有异常波动，计算方法是否前后期一致，注意是否存在调节成本的现象。

c. 结合以计划成本计价的原材料、包装物等的入账基础测试，比较计划成本与供货商发票或其他实际成本资料，检查材料成本差异的发生额是否正确。

d. 抽查若干月发出材料汇总表，检查材料成本差异是否按月分摊，使用的差异率是否为当月实际差异率，差异的分配是否正确，分配方法前后期是否一致。

e. 确定材料成本差异的披露是否恰当。

⑥在产品成本的计价测试。

a. 审查在产品计价方法的合理性。在产品计价方法较多，主要有不计算在产品成本、按年初固定数计算在产品成本、按耗用的原材料成本计算在产品成本、按约当产量法确定在产品成本、按产成品成本计算在产品成本、按在产品定额成本计算在产品成本和按定额比例计算在产品成本等方法。审计人员应把在产品计算方法的合理性作为首要的内容进行审查，以得出成本计算方法是否合理的结论。

b. 审查在产品计算的准确性。如果企业不计算在产品，要审查是否真正存有在产品；如果企业按年初固定数计算在产品，要审查年初、年末的在产品数量、成本是否发生了较大变化，亦即企业是否按变化了的数额调整了在产品成本的固定数额；如果企业按照原材料成本计算在产品成本，要检查本期投入的人工、其他费用数额是否发生了较大变化，亦即企业是否依托变化了的数额调整了在产品成本；如果企业按约当产量法计算在产品成本，要审查在产品完工程度的计算是否正确、约当产量的计算是否准确，以及费用的分配是否合理；如果企业按完工产品成本计算在产品成本，或按定额成本、定额比例计算在产品成本，则主要审查成本计算是否正确、定额比例系数是否合理等等。

c. 审查在产品成本的计算是否坚持了一贯性原则。企业如果变换了在产品成本的计算方法，则在产品成本、产成品成本、本期损益都会发生变化。因此，应当审查企业是否改变了在产品成本计算方法、是否对变换原因做了合理说明并计算了该变换对本期损益的影响。

⑦直接材料成本的审计。

a. 抽查产品成本计算单，检查直接材料成本的计算是否正确，材料费用的分配标准与计算方法是否合理和适当，是否与材料费用分配汇总表中该产品分摊的直接材料费用相符。

b. 检查直接材料耗用数量的真实性，有无将非生产用材料计入直接材料费用。

c. 分析比较同一产品前后各年度的直接材料成本，如有重大波动应查明原因。

d. 抽查材料发出及领用的原始凭证，检查领料单的签发是否经过授权，材料发出汇总表是否经过适当的人员复核，材料单位成本计价方法是否适当，是否正确及时入账。

e. 对采用定额成本或标准成本的被审计单位，应检查直接材料成本差异的计算、分配与会计处理是否正确，并查明直接材料的定额成本、标准成本在本年度内有无重大变更。

⑧直接人工成本的审计。

a. 抽查产品成本计算单，检查直接人工成本的计算是否正确，人工费用的分配标准与计算方法是否合理和适当，是否与人工费用分配汇总表中该产品分摊的直接人工费用相符。

b. 将本年度直接人工成本与前期进行比较，查明其异常波动的原因。

c. 分析比较本年度各个月份的人工费用发生额，如有异常波动，应查明原因。

d. 结合应付职工薪酬的检查，抽查人工费用会计记录及会计处理是否正确。

e. 对采用标准成本法的被审计单位，应抽查直接人工成本差异的计算、分配与会计处理是否正确。并查明直接人工的标准成本在本年度内有无重大变更。

⑨制造费用的审计。

a. 获取或编制制造费用汇总表，并与明细账、总账核对相符，抽查制造费用中的重大数额项目及例外项目是否合理。

b. 审阅制造费用明细账，检查其核算内容及范围是否正确，并应注意是否存在异常交易事项，重点查明被审计单位有无将不应列入成本费用的支出（如投资支出、被没收的财物、支付的罚款、违约金等）计入制造费用。

c. 必要时，对制造费用实施截止测试，即检查资产负债表日前后若干天的制造费用明细账及其凭证，确定有无跨期入账的情况。

d. 检查制造费用的分配是否合理。重点查明制造费用的分配方法是否符合被审计单位自身的生产技术条件，是否体现受益原则，分配方法一经确定。是否在相当时期内保持稳定，有无随意变更的情况；分配率和分配额的计算是否正确，有无以人为估计数代替分配数的情况。对按预定分配率分配费用的企业，还应查明计划与实际差异是否及时调整。

e. 对于采用标准成本法的被审计单位，应抽查标准制造费用的确定是否合理，计入成本计算单的数额是否正确，制造费用的计算、分配与会计处理是否正确，并查明标准制造费用在本年度内有无重大变动。

【同步案例 11－2】

会计师事务所对大张公司年度财务报表审计，该公司 11 月和 12 月份第一车间制造费用明细账登记的内容如表 11－4、表 11－5 所示：

表 11-4　　**第一车间制造费用明细表**

2014 年 11 月　　单位：元

日期	凭证	摘要	职工薪酬	折旧费	修理费	办公费	水电费	机物料消耗	合计
30	转 3	职工薪酬表转来	11 270						11 270
30	转 4	折旧分配表转来		47 100					47 100
30	转 5	摊提分配表转来			3 600				3 600
X	XX	据各付款凭证				8 360			8 360
30	转 6	动力分配表转来					26 580		26 580
30	转 7	材料分配表转来						4 250	4 250
		合计	11 270	47 100	3 600	8 360	26 580	4 250	101 160
30	转 8	本月转出	11 270	47 100	3 600	8 360	26 580	4 250	101 160

表 11-5　　**第一车间制造费用明细表**

2014 年 12 月　　单位：元

日期	凭证	摘要	职工薪酬	折旧费	修理费	办公费	水电费	机物料消耗	合计
31	转 2	职工薪酬表转来	18 430						18 430
31	转 3	折旧分配表转来		47 100					47 100
31	转 4	摊提分配表转来			600				600
X	XX	据各付款凭证				14 510			14 510
31	转 5	动力分配表转来					21 070		21 070
31	转 6	材料分配表转来						3 390	3 390
		合计	18 430	47 100	600	14 510	21 070	3 390	105 100
31	转 7	本月转出	18 430	47 100	600	14 510	21 070	3 390	105 100

要求：针对 11 月份和 12 月份的制造费用明细表，提出应审查的问题，确定应抽查的会计凭证。

答案提示：

对比两个月的制造费用明细表，应对下述问题提出疑问，并抽查相应的会计凭证：

第一，12 月份职工薪酬比 11 月份增长幅度大，应抽查两个月的转账凭证，以查明工资发放有无确切依据，有无管理当局批准。

第二，12 月份发生的修理费用明显小于正常，应核查 12 月份辅助生产部门修理费用分配情况的记录，以查找原因。

第三，12 月份发生的办公费比 11 月份高出近一倍，应对 12 月份与办公费有关的付款凭证进行详查，看有无违反公司规定及费用支出计划的开支项目。

⑩存货跌价准备的审计。

a. 获取或编制存货跌价准备明细表，复核加计是否正确，并与总账数和明细账合计数核对是否相符。

b. 检查存货跌价准备计提和存货损失转销的批准程序，取得书面报告、销售合同或劳务合同等证明文件。

c. 根据成本与可变现净值孰低的计价方法，评价存货跌价准备所依据的资料、假设及计提方法，考虑是否有确凿证据为基础计算确定存货的可变现净值，检查其合理性及方法是否前后一致。

d. 考虑不同用途存货的可变现净值的确定原则，复核其可变现净值计算正确性。

e. 若被审计单位为建造承包商，对其执行中的建造合同，应检查预计总成本是否超过合同总收入，如果超过，跌价准备计提是否合理，会计处理是否正确。

f. 如果被审计单位出售或核销已经计提跌价准备的存货，应检查相应的跌价准备的会计处理是否正确。已计提跌价准备的存货价值又得以恢复的，检查是否在原已计提的跌价准备的范围内转回，依据是否充分，并记录转回金额。

g. 检查存货跌价准备的计算和会计处理是否正确，本期计提或转销是否与有关损益科目金额核对一致。

h. 抽查计提存货跌价准备的项目，其期后售价是否低于原始成本。

i. 确定存货跌价准备的披露是否恰当。

（3）确定存货在报表上的披露是否恰当。实施了上述审计程序后，应审查“存货”项目在资产负债表上的数额是否根据材料采购或在途物资、原材料、材料成本差异、库存商品、发出商品、商品进销差价、委托加工物资、委托代销商品、受托代销商品、周转材料、生产成本、制造费用、劳务成本、存货跌价准备等账户审定后的期末借贷方余额相抵后的差额正确填列，特别注意存货减值准备的计提是否合理、合法。

表 11－6 列示了有关存货的认定、审计目标和可供选择的程序之间的内在关系。

表 11－6　　**存货实质性程序**

被审计单位：南方工业有限公司	索引号：C1－1
项目：存货实质性程序表	财务报表截止日：2014－12－31
编制：罗军	复核：张颖翔
日期：2015－2－16	日期：2015－3－1

一、审计目标与认定对应关系表

审计目标	财务报表认定				
	存在	完整性	权利和义务	计价和分摊	列报
A. 资产负债表中记录的存货是存在的	√				
B. 应当记录的存货均已记录		√			
C. 记录的存货由被审计单位拥有或控制			√		
D. 存货以恰当的金额包括在财务报表中，与之相关的计价调整已恰当记录				√	
E. 存货已按照企业会计准则的规定在财务报表中作出恰当列报					√

续表

二、审计目标与审计程序对应关系表

审计目标	可供选择的审计程序	索引号
(一) 原材料		
D	1. 获取或编制原材料的明细表，复核加计是否正确，并与总账数、明细账合计数核对是否相符	C1－3
ABD	2. 实质性分析程序（必要时）： (1) 针对已识别需要运用分析程序的有关项目，并基于对被审计单位及其环境的了解，通过进行以下比较，同时考虑有关数据间关系的影响，以建立注册会计师有关数据的期望值 ①比较当年度及以前年度原材料成本占生产成本百分比的变动，并对异常情况作出解释 ②比较原材料的实际用量与预算用量的差异，并分析其合理性 ③核对仓库记录的原材料领用量与生产部门记录的原材料领用量是否相符，并对异常情况作出解释 ④根据标准单耗指标，将原材料收发存情况与投入产出结合比较，以分析本期原材料领用、消耗、结存的合理性 (2) 确定可接受的差异额 (3) 将实际的情况与期望值相比较，识别需要进一步调查的差异 (4) 如果其差额超过可接受的差异额，调查并获取充分的解释和恰当的佐证审计证据（例如，通过检查相关的凭证） (5) 评估分析程序的测试结果	
AB	3. 选取代表性样本，抽查原材料明细账的数量与盘点记录的原材料数量是否一致，以确定原材料明细账的数量的准确性和完整性： (1) 从原材料明细账中选取具有代表性的样本，与盘点报告（记录）数量核对 (2) 从盘点报告（记录）中抽取有代表性的样本，与原材料明细账的数量核对	
BA	4. 截止测试： (1) 原材料入库的截止测试： ①在原材料明细账的借方发生额中选取资产负债表日前后____张、____金额以上的凭证，并与入库记录（如入库单，或购货发票，或运输单据）核对，以确定原材料入库被记录在正确的会计期间 ②在入库记录（如入库单，或购货发票，或运输单据）选取资产负债表日前后____张、____金额以上的凭据，与原材料明细账的借方发生额进行核对，以确定原材料入库被记录在正确的会计期间 (2) 原材料出库截止测试： ①在原材料明细账的贷方发生额中选取资产负债表日前后____张、____金额以上的凭证，并与出库记录（如出库单，或销货发票，或运输单据）核对，以确定原材料出库被记录在正确的会计期间 ②在出库记录（如出库单，或销货发票，或运输单据）中选取资产负债表日前后____张、____金额以上的凭据，与原材料明细账的贷方发生额进行核对，以确定原材料出库被记录在正确的会计期间	C1－4 C1－5 C1－15

续表

审计目标	可供选择的审计程序	索引号
D	5. 原材料计价方法的测试： （1）检查原材料的计价方法前后期是否一致 （2）检查原材料的入账基础和计价方法是否正确，自原材料明细表中选取适量品种 ①以实际成本计价时，将其单位成本与购货发票核对，并确认原材料成本中不包含增值税 ②以计划成本计价时，将其单位成本与材料成本差异明细账及购货发票核对。同时关注被审计单位计划成本制定的合理性 ③检查进口原材料的外币折算是否正确，检查相关的关税、增值税及消费税的会计处理是否正确 （3）检查原材料发出计价的方法是否正确 ①了解被审计单位原材料发出的计价方法，前后期是否一致，并抽取主要材料复核其计算是否正确；若原材料以计划成本计价，还应检查材料成本差异的发生和结转的金额是否正确 ②编制本期发出材料汇总表，与相关科目勾稽核对，并复核____月发出材料汇总表的正确性 ③结合原材料的盘点检查，期末有无料到单未到情况；如有，应查明是否已暂估入账，其暂估价是否合理	C1 - 10
ABCD	6. 对于通过非货币性资产交换、债务重组、企业合并以及接受捐赠等取得的原材料，检查其入账的有关依据是否真实、完备，入账价值和会计处理是否符合相关规定	
ABCD	7. 检查投资者投入的原材料是否按照投资合同或协议约定的价值入账，并检查约定的价值是否公允、交接手续是否齐全	
ABCD	8. 检查与关联方的购销业务是否正常，关注交易价格、交易金额的真实性及合理性，检查对合并范围内购货记录应予合并抵销的数据是否正确	
A	9. 审核有无长期挂账的原材料；如有，应查明原因，必要时作调整	
CE	10. 结合银行借款等科目，了解是否有用于债务担保的原材料，如有，则应取证并作相应的记录，同时提请被审计单位作恰当披露	
	11. 根据评估的舞弊风险等因素增加的审计程序	

（二）生产成本（在产品）

D	12. 获取或编制生产成本的明细表，复核加计是否正确，并与总账数、明细账合计数核对是否相符	

续表

审计目标	可供选择的审计程序	索引号
ABD	13. 实质性分析程序： (1) 针对已识别需要运用分析程序的有关项目，注册会计师基于对被审计单位及其环境的了解，通过进行以下比较，并考虑有关数据间关系的影响，以建立注册会计师有关数据的期望值 ①对生产成本进行分析性复核，检查各月及前后期同一产品的单位成本是否有异常波动，注意是否存在调节成本现象 ②分别比较前后各期及本年度各个月份的生产成本项目，以确定成本项目是否有异常变动以及是否存在调节成本的现象 ③比较当年度及以前年度直接材料、直接人工、制造费用占生产成本的比例，并查明异常情况的原因 ④核对下列相互独立部门的数据，并查明异常情况的原因： • 仓库记录的材料领用量与生产部门记录的材料领用量 • 工资部门记录的人工成本与生产部门记录的工时和工资标准之积 (2) 确定可接受的差异额 (3) 将实际的情况与期望值相比较，识别需要进一步调查的差异 (4) 如果其差额超过可接受的差异额，调查并获取充分的解释和恰当的佐证审计证据（例如，通过检查相关的凭证） (5) 评估分析程序的测试结果	
D	14. 生产成本计价方法的测试： (1) 了解被审计单位的生产工艺流程和成本核算方法，检查成本核算方法与生产工艺流程是否匹配，前后期是否一致并作出记录 (2) 抽查成本计算单，检查直接材料、直接人工及制造费用的计算和分配是否正确，并与有关佐证文件（如领料记录、生产工时记录、材料费用分配汇总表、人工费用分配汇总表等）相核对 ①获取并复核生产成本明细汇总表的正确性，将直接材料与材料耗用汇总表、直接人工与职工薪酬分配表、制造费用总额与制造费用明细表及相关账项的明细表核对，并作交叉索引 ②检查车间在产品盘存资料，与成本核算资料核对；检查车间月末余料是否办理假退料手续 ③获取直接材料、直接人工和制造费用的分配标准和计算方法，评价其是否合理和适当，以确认在产品中所含直接材料、直接人工和制造费用是合理的 (3) 获取完工产品与在产品的生产成本分配标准和计算方法，检查生产成本在完工产品与在产品之间以及完工产品之间的分配是否正确，分配标准和方法是否适当，与前期比较是否存在重大变化，该变化是否合理 (4) 对采用标准成本或定额成本核算的，检查标准成本或定额成本在本期有无重大变动，分析其是否合理；检查本期材料成本差异的计算、分配和会计处理是否正确，库存商品期末余额是否已按实际成本进行调整	C1 – 13 C1 – 14 C1 – 15
A	15. 获取关于现有设备生产能力的资料，检查产量是否与现有生产能力相匹配；若产量超过设计生产能力，应提请被审计单位说明原因，并提供足够的依据及技术资料	

续表

审计目标	可供选择的审计程序	索引号
D	16. 检查废品损失和停工损失的核算是否符合有关规定	
D	17. 对应计入生产成本的借款费用，结合对长短期借款、应付债券或长期应付款的审计，检查借款费用（借款利息、折溢价摊销、汇兑差额、辅助费用）资本化的计算方法和资本化金额以及会计处理是否正确	
	18. 根据评估的舞弊风险等因素增加的审计程序	
（三）制造费用		
D	19. 获取或编制制造费用的明细表，复核加计是否正确，并与总账数、明细账合计数核对是否相符	
ABD	20. 对制造费用进行分析比较： （1）比较当年度和以前年度，以及当年度各月制造费用的增减变动，询问并分析异常波动的原因 （2）分别比较前后各期及本年度各个月份的制造费用项目，以确定成本项目是否有异常变动，以及是否存在调节成本的现象	
ABD	21. 将制造费用明细表中的材料发生额与材料耗用汇总表、人工费用发生额与职工薪酬分配表、折旧发生额与折旧分配表、资产摊销发生额与各项资产摊销分配表及相关账项明细表核对一致，并作交叉索引	
ABCD	22. 选择重要或异常的制造费用项目，检查其原始凭证是否齐全，会计处理是否正确	
D	23. 分析各项制造费用的性质，结合生产成本科目的审计，抽查成本计算单，检查制造费用的分配是否合理、正确，检查制造费用的分配方法前后期是否一致	
D	24. 对采用标准成本核算的，应抽查标准制造费用及分配率的确定是否合理，计入成本计算单的数额是否正确，制造费用差异的计算、分配和会计处理是否正确，并检查标准成本在本期有无重大变动，变动是否合理	
D	25. 检查计入生产成本的制造费用是否已扣除非正常消耗的制造费用（如正常的低生产量、闲置设备等产生的费用）	
AD	26. 检查制造费用中有无资本性支出，必要时作调整	
BA	27. 必要时，对制造费用实施截止测试，检查资产负债表日前后一天内____张、____金额以上的制造费用明细账和凭证，确定有无跨期现象	
ABD	28. 检查季节性停工损失的核算是否符合有关规定	
	29. 根据评估的舞弊风险等因素增加的审计程序	
（四）存货监盘		
ABD	30. 编制存货监盘报告，对存货进行监盘。详见存货监盘程序	C1－6
（五）存货跌价准备		
BD	31. 获取或编制存货跌价准备明细表，复核加计是否正确，并与总账数、明细账合计数核对是否相符	

续表

审计目标	可供选择的审计程序	索引号
D	32. 检查分析存货是否存在减值迹象以判断被审计单位计提存货跌价准备的合理性： （1）将存货余额与现有的订单、资产负债表日后各期的销售额和下一年度的预测销售额进行比较，以评估存货滞销和跌价的可能性 （2）比较当年年度及以前年度存货跌价准备占存货余额的比例，并查明异常情况的原因 （3）结合存货监盘，对存货的外观形态进行检视，以了解其物理形态是否正常；检查期末结存库存商品和在产品针对型号陈旧、产量下降、生产成本或售价波动、技术或市场需求的变化情形，以及期后销售情况考虑是否需进一步计提准备 ①对于残次、冷背、呆滞的存货查看永续盘存记录、销售分析等资料，分析当年实际使用情况，确定是否已合理计提跌价准备 ②将上年度残次、冷背、呆滞存货清单与当年存货清单进行比较，确定是否需补提跌价准备	C1 – 11
D	33. 检查计提存货跌价准备的依据、方法是否前后一致	
D	34. 根据成本与可变现净值孰低的计价方法，评价存货跌价准备所依据的资料、假设及计提方法，考虑是否有确凿证据为基础计算确定存货的可变现净值，检查其合理性	
D	35. 考虑不同存货的可变现净值的确定原则，复核其可变现净值计算正确性（即充足但不过度）： （1）对于用于生产而持有的原材料检查是否以所生产的产成品的估计售价减去至完工时估计将要发生的成本、估计的销售费用和相关税费后的金额作为其可变现净值的确定基础 （2）库存商品和用于出售而持有的原材料等直接用于出售的存货检查是否以该存货的估计售价减去估计的销售费用和相关税费后的金额作为其可变现净值的确定基础 （3）检查为执行销售合同而持有的库存商品等存货，是否以合同价格作为其可变现净值的确定基础；如果被审计单位持有库存商品的数量多于销售合同订购数量，超出部分的库存商品可变现净值是否以一般销售价格为计量基础	
D	36. 抽查计提存货跌价准备的项目，其期后售价是否低于原始成本	
D	37. 检查存货跌价准备的计算和会计处理是否正确，本期计提或转销是否与有关损益科目金额核对一致	
D	38. 对从合并范围内部购入存货计提的跌价准备，关注其在合并时是否已作抵销	
D	39. 检查债务重组、非货币性资产交换和企业合并等涉及存货跌价准备的会计处理是否正确	
	40. 根据评估的舞弊风险等因素增加的审计程序	
（六）存货的列报		
E	41. 检查存货是否已按照企业会计准则的规定在财务报表中作出恰当列报： （1）各类存货的期初和期末账面价值 （2）确定发出存货成本所采用的方法 （3）存货可变现净值的确定依据，存货跌价准备的计提方法，当期计提的存货跌价准备的金额，当期转回的存货跌价准备的金额，以及计提和转回的有关情况 （4）用于担保的存货账面价值	

【小资料】

存货欺诈技巧①

美国注册会计师协会 1994 年 7 月号的“CPA letter（注册会计师通讯）”实务预警第 94－2 号刊载有存货盘点之审核一文，介绍了存货欺诈的一些技巧，值得注册会计师在观察存货盘点时特别注意。

（1）所包括的存货名不符实。例如：纸箱内是空的或堆积的货品中间是中空的；纸箱外表贴的是误导的标签，里头装的是下脚、陈滞料或低价材料；他人寄销的存货，或者存货是租来的，或者是交换进来的项目；经过稀释之后的存货（例如，液体化学品加水等）。

（2）对于注册会计师并未亲自抽点的存货项目，擅自增加或涂改其盘点数量。

（3）利用电脑程序产生不实的存货数量清册或将存货明细表上的单价提高。

（4）将注册会计师亲临观察盘点地点的存货盘点及汇总资料加以操纵。

（5）将不同地点间的在途存货项目重复计算。

（6）某一处所的存货盘点之后，移运至另一处所，使一物计算二次。

（7）存货中包括已列为销货，但等待顾客提领的项目（即已开账单暂时代为保管的销售）。

（8）安排对由其他公司代保管的存货做虚伪的回函确认。

（9）存货中包括已经收到的项目，但其相对的应付账款尚未入账。

（10）高估在产品的完工程度。

（11）将实地盘点存货的金额与总账上的虚假金额进行调节。

（12）在年度终了前某一日期（例如，10 月 31 日）盘点存货，操纵盘点日后至 12 月 31 日之间的存货结转。

任务回顾

本任务主要讲述了生产与存货循环所涉及的主要业务活动和相关凭证与记录，生产与存货活动的内部控制及控制测试，存货审计的实质性程序。

（1）生产与存货循环所涉及的主要业务活动包括：计划和安排生产；发出原材料；生产产品；核算产品成本；储存产成品；发出产成品等（如图 11－1 所示）。上述业务活动通常涉及以下部门：生产计划部门、仓库部门、生产部门、人事部门、销售部门、会计部门等。

（2）生产与存货循环所涉及的凭证：①生产指令；②领发料凭证；③产量和工时记录；④工薪汇总表及工薪费用分配表；⑤材料费用分配表；⑥制造费用分配汇

① 林柄沧：《如何避免审计失败》，中国时代经济出版社 2003 年版。

总表；⑦成本计算单。

（3）生产与存货循环的内部控制主要包括存货的内部控制和成本会计制度的内部控制两项内容。成本会计制度的测试，包括直接材料成本测试、制造费用测试和生产成本在当期完工产品与在产品之间分配的测试三项内容。

（4）存货是指企业在日常活动中持有以备出售的产成品或商品、处在生产过程中的在产品、在生产过程或提供劳务过程中耗用的材料和物料等。存货审计涉及的会计科目包括：材料采购或在途物资、原材料、材料成本差异、库存商品、发出商品、商品进销差价、委托加工物资、委托代销商品、受托代销商品、周转材料、生产成本、制造费用、劳务成本、存货跌价准备等。

（5）存货的审计目标一般包括：确定资产负债表中列报的存货是否存在；确定记录的存货是否为被审计单位所拥有或控制；确定存货的增减变动是否均已记录；确定存货的品质状况，存货跌价准备的计提是否合理；确定与存货相关的计价方法是否恰当；确定存货的期末余额是否正确；确定存货是否已在财务报表中作出恰当列报。

（6）存货的实质性程序：①核对各存货项目明细账与总账的余额是否相符；②运用分析性复核程序审查存货总体的合理性；③审查存货的数量、质量、完整性及所有权——存货监盘；④审查存货成本——计价测试。

思考与案例分析题

1. 思考题

（1）存货的监盘不存在满意的替代程序，是否是指存货监盘绝对不能执行替代程序？

（2）请举例说明存货的截止错误会对会计报表产生什么影响？

（3）注册会计师对被审计单位的受托代销商品是否应列入监盘范围？委托加工物资是否应列入监盘范围？

（4）为什么存货管理或控制程序发生变化会引起存货周转率的变动？

（5）被审计单位的寄销存货金额较大时，注册会计师采用函证方式确认存货数量是否仍可行？

2. 案例分析题

冯天海在审计工作底稿中记录了所了解的有关生产与存货业务循环的控制，部分内容摘录如下：

（1）仓库管理员刘金山将原材料领用申请单编号、领用数量、规格等信息输入存货信息系统，经仓储经理齐天翔复核并以电子签名方式确认后，系统自动更新材料明细台账。

（2）系统每月末根据汇总的产成品销售数量及各产成品的加权平均单位成本自

动计算主营业务成本，自动生成结转主营业务成本的会计分录并过入相应的账簿。

（3）每月末进行存货盘点，仓库管理员王旭涛根据盘点中发现的毁损、陈旧、过时及残次存货编制不良存货明细表，交采购经理张龙海和销售经理李致齐分析该存货的可变现净值，如需要计提存货跌价准备的，由会计主管刘晓莉编制存货价值调整表，并安排相关人员进行账务处理。

要求：针对（1）~（3）项，假定不考虑其他条件，逐项判断上述控制在设计上是否存在缺陷。如果存在缺陷，分别予以指出，并简要说明理由，提出改进建议。

专业技能训练

1. 实训目的

熟悉存货的实质性程序。

2. 实训资料

黄山股份有限公司2013年度的会计报表由北方会计师事务所的注册会计师甲和乙进行审计，并发表了无保留意见审计报告。之后，北方会计师事务所与黄山股份有限公司续签了2014年度会计报表的业务约定。在关于2014年会计报表审计的计划阶段，甲和乙注册会计师已确定了会计报表的重要性水平为400万元，其中存货项目的重要性水平为80万元。2015年4月7日，甲和乙注册会计师在审查黄山股份有限公司2014年度的生产成本等项目前，经控制测试认为公司关于成本项目的内部控制制度可以高度信赖。下表是甲和乙注册会计师收集的该公司上期及本期的有关资料（单位：万元）。

年份	年末存货余额	主营业务成本	主营业务收入	存货周转率	毛利率
2013年	8 111	31 967	40 480	3.94	21%
2014年	7 993	31 892	39 977	3.99	20%

3. 实训要求

假定近两年市场情况平稳，黄山股份公司的生产经营情况平稳，并且甲和乙注册会计师通过对成本项目的实质性测试已合理确认主营业务成本的数额，请指出存货项目、主营业务收入项目可能存在的问题，并说明理由。

教学设计与实践

1. 教学重点

（1）生产与存货循环的交易实质性程序；

（2）存货的实质性程序。

2. 教学难点

（1）生产与存货循环的控制测试；

（2）生产与存货循环的交易实质性程序；

（3）存货的实质性程序。

3. 建议教学课时

理论教学 2 学时，实践教学 2 学时。

4. 教学实践

（1）请制作本任务的授课教案；

（2）选取部分内容进行 1 小节课程的试讲。

任务十二 货币资金的审计

任务内容

- 货币资金的特点以及与各交易循环的关系
- 货币资金的内部控制
- 库存现金的控制测试和实质性程序
- 银行存款的控制测试和实质性程序

任务目标

- 了解货币资金的特点；
- 明确货币资金与各个交易循环的关系；
- 掌握有关货币资金内部控制的内容；
- 理解并掌握库存现金和银行存款审计的内容。

适用的准则和规范

- 《中国注册会计师审计准则第 1211 号——通过了解被审计单位及其环境识别和评估重大错报风险》
- 《中国注册会计师审计准则第 1231 号——针对评估的重大错报风险采取的应对措施》
- 《中国注册会计师审计准则第 1313 号——分析程序》
- 《中国注册会计师审计准则第 1314 号——审计抽样》
- 《中国注册会计师审计准则第 1312 号——函证》
- 《企业内部控制应用指引第 6 号——资金活动》
- 《企业内部控制应用指引第 6 号——资金活动》解读

导入案例

达美内控漏洞案例

诚信会计师事务所自2004年开始接受达美股份有限公司委托，对达美股份有限公司进行年度会计报表审计。达美股份有限公司是一家上市较早的商业类公司，公司主营零售业务，同时兼营一部分房地产开发业务，并与某网站合作开展网上售货业务。公司对零售业务部分采用售价金额核算法，毛利率的计算结转采用分类毛利率法，定期对库存商品进行盘点，有一套相对严密的内部管理制度。公司自上市后业绩一直较为平稳，股价波动不大。项目经理杨福曾多次参与零售企业的审计业务，经验较为丰富，因为零售企业现金流量比较大，对货币资金审计作为重点项目来安排，重要性水平确定的也较低，定为5 000元。并安排经验丰富的刘为负责货币资金的审计实施。

审计人员发现该公司货币资金的内部控制存在一定的漏洞，主要表现在以下几个方面：

(1) 财务部稽核人员对收款台的现金盘点上坚持不够好，未能经常进行不定期盘点。

(2) 通过查看支票登记本发现，领用的票据号码不连续，存在领用支票簿不登记的现象。

(3) 对现金和银行存款的支付基本能坚持审批制度，但在审批的职责划分上不够明确，从抽查的支付凭证来看，经常出现对相同业务的审批有时是财务经理的签字，有时是业务经理的签字，控制不够严格。

在发现了上述问题之后，审计人员确认该公司的内部控制属于中信赖程度，因此，适当地扩大了对达美股份有限公司货币资金进行实质性程序范围。如采取盘存法对现金进行突击性盘点；采取抽查法现金日记账和银行存款日记账；采取审阅法、调节法和函证法对银行存款的真实性和合法性进行审查。

经过审计人员对上述内容进行认真地检查、仔细地核对，针对审计过程中发现的达美股份有限公司“服装柜组发生短款次数频繁”、“私设小金库”、“出租出借银行账号”、“因采购单位支付空头支票而未及时调账”、“短期贷款为入账”、“达美劳动仓储公司明显存在开阳明支票”和“短期投资记账错误”等问题与达美股份有限公司进行了交换，并严肃地提出了限期改正的要求及其纠正错误的建议。

案例思考

根据上述资料，结合达美股份有限公司货币资金内部控制的缺陷，请回答货币资金审计需要关注的问题有哪些？

任务结构

一、货币资金审计概述

（一）货币资金的特点

1. 关乎企业命脉

任何企业进行生产经营活动都必须拥有一定数额的货币资金，持有货币资金是企业生产经营活动的基本条件，关乎企业的生存与发展。只有保持健康的、正的现金流，企业才能够继续生存；如果长期出现不健康的、负的现金流，企业将会陷入财务困境，并导致对企业的持续经营能力产生疑虑。

2. 流动性强

货币资金是企业流动资产的重要组成部分，是企业营运能力的重要保证，是企业资产中流动性最强的一种资产。

3. 业务量大

在企业的日常生产经营活动中，货币资金的收付业务比较频繁，并且往往涉及各个交易循环，业务量大。

4. 控制较为严格

鉴于货币资金对于企业生产经营的重要意义，企业往往制定并实施比较严格的货币资金的内部控制，特别是针对库存现金和银行存款的内部控制是比较完善的。

5. 固有风险高

货币资金作为一种流通手段，是贪污、挪用等舞弊的主要对象，业务量大的特点也导致其发生错误的可能性较高，因而货币资金的固有风险水平较高。尽管有针对货币资金的比较健全的内部控制，但由于人员素质、内部控制的局限性等，货币资金领域仍然经常发生错误或舞弊。

（二）货币资金与交易循环

货币资金的收付涉及企业生产经营的方方面面，因而其与各个交易循环均直接相关。图 12－1 列示了货币资金与各个交易循环中具有代表性的会计科目或财务报表项目的资金往来关系。图 12－2 更加直观地展示了货币资金作为各个交易循环的枢纽，起到了“资金池”的作用。

（三）主要凭证和会计记录

货币资金审计涉及的主要凭证和会计记录有：（1）库存现金盘点表；（2）银行对账单；（3）银行存款余额调节表；（4）有关科目的记账凭证（现金收、付款凭证，银行存款收、付款凭证等）；（5）有关会计账簿（现金日记账、银行存款日记账等）。

（四）货币资金内部控制概述

1. 货币资金内部控制的目标

由于货币资金关乎企业生产经营活动的正常运行，且具有流动性强、业务量大、

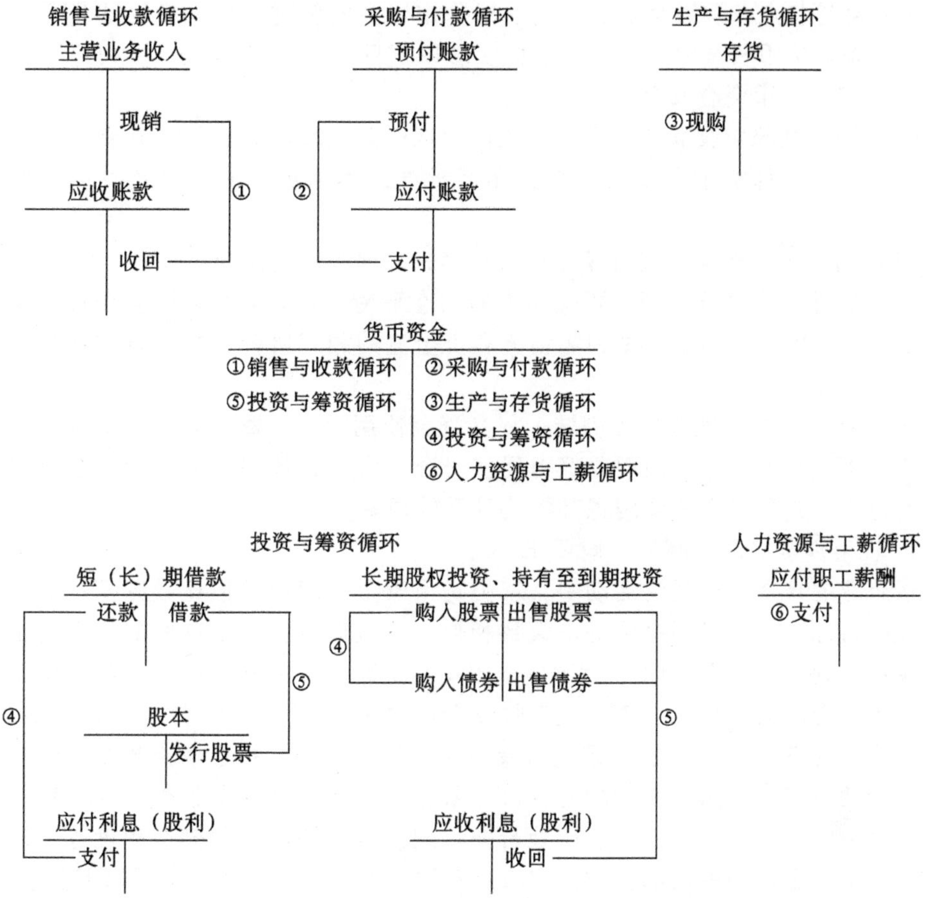

图 12－1 货币资金与各个交易循环的资金往来关系

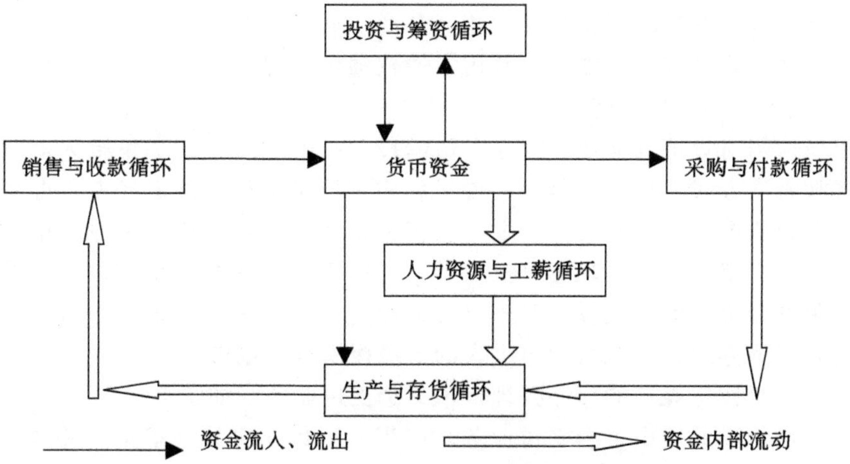

图 12－2 货币资金的“资金池”作用

固有风险高等特点，因而企业必须加强对货币资金的管理，建立良好的货币资金内部控制。企业货币资金内部控制一般应实现以下目标：

（1）确保货币资金安全。

（2）确保全部应收取的货币资金均能收取，并及时正确地予以记录。

（3）确保全部货币资金支出是按照经批准的用途进行的，并及时正确地予以记录。

（4）确保库存现金、银行存款报告正确，并得以恰当保管。

（5）确保生产经营各环节资金供求的动态平衡。企业应当将资金合理安排到采购、生产、销售等各环节，做到实物流和资金流的相互协调、资金收支在数量上及在时间上相互协调。

（6）促进资金合理循环和周转，提高资金使用效率。资金只有在不断流动的过程中才能带来价值增值，因而要努力促使资金正常周转效率，为短期资金寻找适当的投资机会，避免出现资金闲置和沉淀等低效现象。

2. 货币资金内部控制的一般要求

在企业的日常生产经营活动中，三类货币资金之间的转换比较频繁，其相应的内部控制目标、内部控制措施等也大致相似。一般而言，一个良好的货币资金内部控制应该达到以下几点：（1）货币资金收支与记账的岗位分离；（2）货币资金收支要有合理、合法的凭据；（3）全部收支及时准确入账，并且支出要有核准手续；（4）控制现金坐支，当日收入现金应及时送存银行；（5）按月盘点现金，编制银行存款余额调节表，以做到账实相符；（6）加强对货币资金收支业务的内部审计。

尽管由于每个企业的性质、所处行业、规模以及内部控制健全程度等不同，使得其与货币资金相关的内部控制内容有所不同，但通常应当共同遵循以下要求：

（1）岗位分工及授权批准。

①单位应当建立货币资金业务的岗位责任制，明确相关部门和岗位的职责权限，确保办理货币资金业务的不相容岗位相互分离、制约和监督。出纳人员不得兼任稽核、会计档案保管和收入、支出、费用、债权债务账目的登记工作。单位不得由一人办理货币资金业务的全过程。

②单位应当对货币资金业务建立严格的授权批准制度，明确审批人对货币资金业务的授权批准方式、权限、程序、责任和相关控制措施，规定经办人办理货币资金业务的职责范围和工作要求。审批人应当根据货币资金授权批准制度的规定，在授权范围内进行审批，不得超越审批权限。经办人应当在职责范围内，按照审批人的批准意见办理货币资金业务。对于审批人超越授权范围审批的货币资金业务，经办人员有权拒绝办理，并及时向审批人的上级授权部门报告。

③单位应当按照规定的程序办理货币资金支付业务，如图 12－3 所示。

④单位对于重要货币资金支付业务，应当实行集体决策和审批，并建立责任追究制度，防范贪污、侵占、挪用货币资金等行为。

⑤严禁未经授权的机构或人员办理货币资金业务或直接接触货币资金。

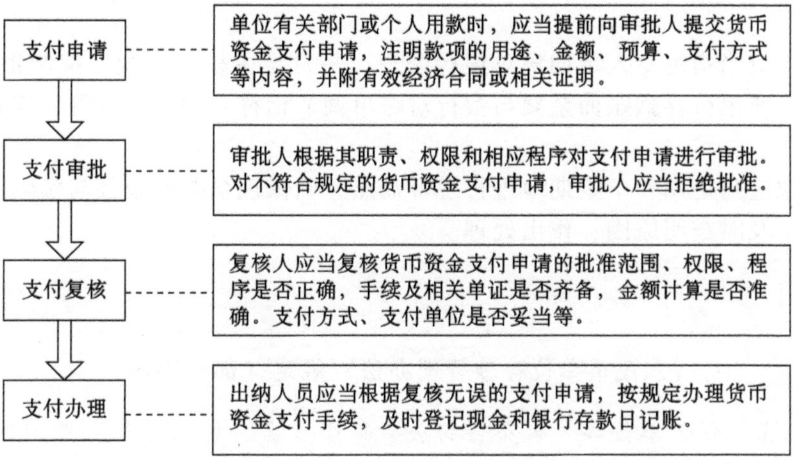

图 12－3　货币资金支付程序

【同步案例 12－1】

某公司出纳员张某兼管销售账目，在月结现金收入日记账和编制汇总记账凭证时，故意把现金收入合计 128 925 元列为 128 295 元，少列 630 元，使现金日记账余额减少 630 元，并将少列的 630 元占为己有。为了取得试算平衡，同时在月结销售收入合计时，把销售收入合计 1 635 810 元，故意列为 1 635 180 元，少列 630 元。注册会计师在审计过程中发现，该公司销售收入的合计数有误，经与原始凭证核对，终于发现该出纳员贪污了现金 630 元。

（2）现金和银行存款的管理。

①单位应当加强现金库存限额的管理，超过库存限额的现金应及时存入银行。

②单位必须根据《现金管理暂行条例》的规定，结合本单位的实际情况，确定本单位现金的开支范围。不属于现金开支范围的业务应当通过银行办理转账结算。

③单位现金收入应当及时存入银行，不得用于直接支付单位自身的支出。因特殊情况需坐支现金的，应事先报经开户银行审查批准。单位借出款项必须执行严格的授权批准程序，严禁擅自挪用、借出货币资金。

④单位取得的货币资金收入必须及时入账，不得私设“小金库”，不得账外设账，严禁收款不入账。

⑤单位应当严格按照《支付结算办法》等国家有关规定，加强银行账户的管理，严格按照规定开立账户，办理存款、取款和结算。单位应当定期检查、清理银行账户的开立及使用情况，发现问题，及时处理。单位应当加强对银行结算凭证的填制、传递及保管等环节的管理与控制。

⑥单位应当严格遵守银行结算纪律，不准签发没有资金保证的票据或远期支票，套取银行信用；不准签发、取得和转让没有真实交易和债权债务的票据，套取银行和他人资金；不准无理拒绝付款，任意占用他人资金；不准违反规定开立和使用银

行账户。

⑦单位应当指定专人定期核对银行账户，每月至少核对一次，编制银行存款余额调节表，使银行存款账面余额与银行对账单调节相符。如调节不符，应查明原因，及时处理。

⑧单位应当定期和不定期地进行现金盘点，确保现金账面余额与实际库存相符。发现不符，及时查明原因，作出处理。

【小资料】

《人民币单位存款管理办法》规定（部分内容）

第八条　任何单位和个人不得将公款以个人名义转为储蓄存款。任何个人不得将私款以单位名义存入金融机构；任何单位不得将个人或其他单位的款项以本单位名义存入金融机构。

第十一条　存款单位支取定期存款只能以转账方式将存款转入其基本账户，不得将定期存款用于结算或从定期存款账户中提取现金。

第十二条　单位定期存款在存期内按存款存入日挂牌公告的定期存款利率计付利息，遇利息调整，不分段计算。

（3）票据及有关印章的管理。

①单位应当加强与货币资金相关的票据的管理，明确各种票据的购买、保管、领用、背书转让、注销等环节的职责权限和程序，并专设登记簿进行记录，防止空白票据的遗失和被盗用。

②单位应当加强银行预留印鉴的管理。财务专用章应由专人保管，个人名章必须由本人或其授权人员保管。严禁一人保管支付款项所需的全部印章。按规定需要有关负责人签字或盖章的经济业务，必须严格履行签字或盖章手续。

（4）监督检查。

①单位应当建立针对货币资金业务的监督检查制度，明确监督检查机构或人员的职责权限，定期和不定期地进行检查。

②货币资金监督检查的内容，如表 12 -1 所示。

表 12 -1　货币资金监督检查的内容

货币资金的监督检查	具体内容
货币资金业务相关岗位及人员的设置情况	重点检查是否存在货币资金业务不相容职务混岗的现象
货币资金授权批准制度的执行情况	重点检查货币资金支出的授权批准手续是否健全，是否存在越权审批行为
支付款项印章的保管情况	重点检查是否存在办理付款业务所需的全部印章交由一人保管的现象
票据的保管情况	重点检查票据的购买、领用、保管手续是否健全，票据保管是否存在漏洞

③对监督检查过程中发现的货币资金内部控制中的薄弱环节，应当及时采取措施，加以纠正和完善。

3. 货币资金内部控制的关键控制点及控制措施

财政部会计司在《企业内部控制应用指引第 6 号——资金活动》解读中指出，企业的资金营运活动大多与货币资金相关，资金营运内部控制的关键控制点主要包括：

（1）审批控制点。把收支审批点作为关键点，是为了控制资金的流入和流出，审批权限的合理划分是资金营运活动业务顺利开展的前提条件。审批活动关键点包括：制定资金的限制接近措施，经办人员进行业务活动时应该得到授权审批，任务未经授权的人员不得办理资金收支业务；使用资金的部门应提出用款申请，记载用途、金额、时间等事项；经办人员在原始凭证上签章；经办部门负责人、主管总经理和财务部门负责人审批并签章。

（2）复核控制点。复核控制点是减少错误和舞弊的重要措施。根据企业内部层级的隶属关系可以划分为纵向复核和横向复核这两种类型。前者是指上级主管对下级活动的复核；后者是指平级或无上下级关系人员的相互核对，如财务系统内部的核对。复核关键点包括：资金营运活动会计主管审查原始凭证反映的收支业务是否真实合法，经审核通过并签字盖章后才能填制记账凭证；凭证上的主管、审核、出纳和制单等印章是否齐全。

（3）收付控制点。资金的收付导致资金流入流出，反映着资金的来龙去脉。该控制点包括：出纳人员按照审核后的原始凭证收付款，并对已完成收付的凭证加盖戳记，并登记日记账；主管会计人员及时准确地记录在相关账簿中，定期与出纳人员的日记账核对。

（4）记账控制点。资金的凭证和账簿是反映企业资金流入流出的信息源，如果记账环节出现管理漏洞，很容易导致整个会计信息处理结果失真。记账控制点包括：出纳人员根据资金收付凭证登记日记账，会计人员根据相关凭证登记有关明细分类账；主管会计登记总分类账。

（5）对账控制点。对账是账簿记录系统的最后一个环节，也是报表生成前一个环节，对保证会计信息的真实性起到重要作用。对账控制点包括：账证核对、账账核对、账表核对、账实核对等。

（6）银行账户管理控制点。企业应当严格按照《支付结算办法》等国家有关规定，加强银行账户的管理，严格按规定开立账户，办理存款、取款和结算。银行账户管理的关键控制点包括银行账户的开立、使用和撤销是否有授权，下属企业或单位是否有账外账。

（7）票据与印章管理控制点。印章是明确责任、表明业务执行及完成情况的标记。印章的保管要贯彻不相容职务分离的原则，严禁将办理资金支付业务的相关印章和票据集中一人保管，印章要与空白票据分管，财务专用章要与企业法人章分管。

企业货币资金内部控制的关键控制点、控制目标与控制措施的对应关系，如表

12－2所示。

表12－2　　风险控制点、控制目标与控制措施的对应关系

风险控制点	控制目标	控制措施
审批	合法性	未经授权不得经办资金收付业务；明确不同级别管理人员的权限
复核	真实性与合法性	会计对相关凭证进行横向复核和纵向复核
收支点	收入入账完整，支出手续完备	出纳根据审核后的相关收付款原始凭证收款和付款，并加盖戳记
记账	真实性	出纳人员根据资金收付凭证登记日记账，会计人员根据相关凭证登记有关明细分类账；主管会计登记总分类账
对账	真实性和财产安全	账证核对、账表核对与账实核对
保管	财产安全与完整	授权专人保管资金；定期、不定期盘点
银行账户管理	防范小金库；加强业务管控	开设、使用与撤销的授权；是否有账外账
票据与印章管理	财产安全	票据统一印制或购买；票据由专人保管；印章与空白票据分管；财务专用章与企业法人章分管

二、库存现金审计

（一）审计目标

库存现金是企业资产中流动性最强的一种资产。尽管其在企业资产总额中比重不大，但企业发生舞弊事件大都与现金有关，因此，注册会计师应该重视库存现金的审计。库存现金的审计目标，如表12－3所示。

表12－3　　库存现金的审计目标

库存现金的审计目标	相应的财务报表认定
确定被审计单位资产负债表的货币资金项目中的库存现金在资产负债表日是否确实存在	存在
确定被审计单位在特定期间内发生的现金收支业务是否均记录完毕，有无遗漏	完整性
确定记录的库存现金是否为被审计单位所拥有或控制	权利和义务
确定库存现金包括在财务报表的货币资金项目中，与之相关的计价调整已恰当记录	计价和分摊
确定库存现金是否已按照企业会计准则的规定在财务报表中作出恰当列报	列报

（二）库存现金内部控制的测试

1. 库存现金内部控制的要求

由于现金是企业流动性最强的资产，加强现金管理对于保护企业资产安全完整、维护社会主义经济秩序具有重要的意义。一般而言，一个良好的现金内部控制应该

达到以下几点：(1) 现金收支与记账的岗位分离；(2) 现金收支要有合理、合法的凭据；(3) 全部收支及时准确入账，并且支出要有核准手续；(4) 控制现金坐支，当日收入现金应及时送存银行；(5) 按月盘点现金，以做到账实相符；(6) 加强对现金收支业务的内部审计。

2. 库存现金的控制测试

库存现金的控制测试，如图 12－4 所示。

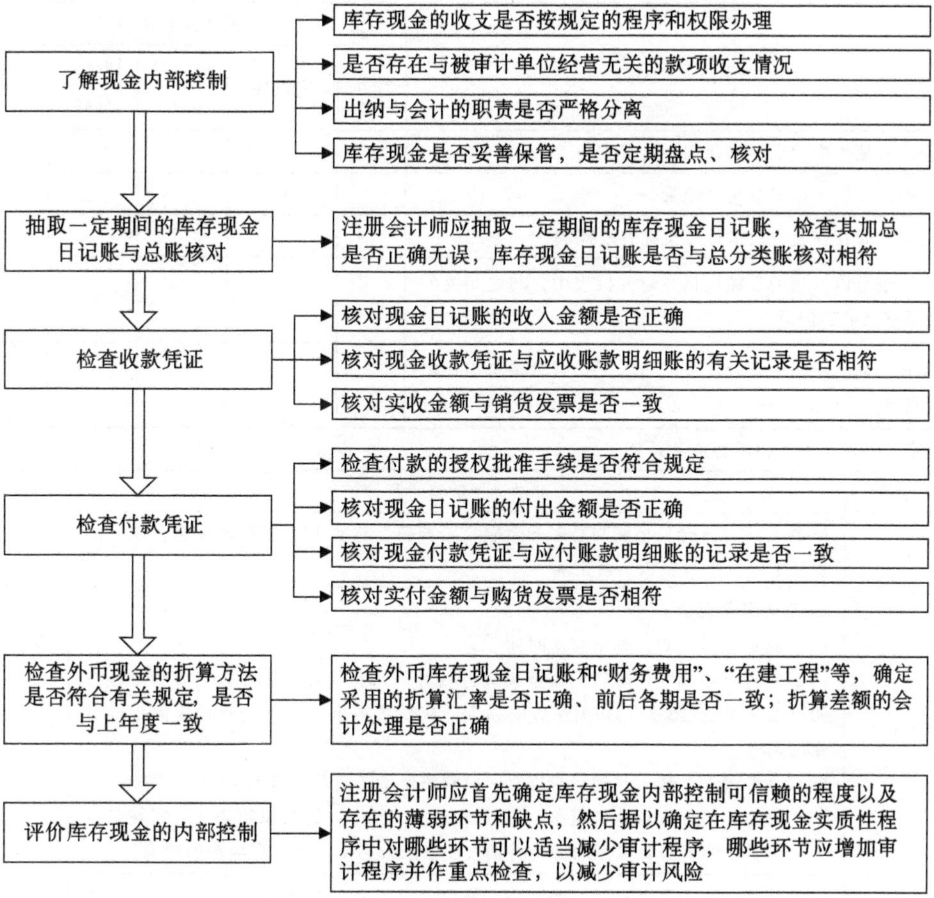

图 12－4　库存现金的控制测试

（三）库存现金的实质性程序

库存现金是财务报表审计的重要项目，因而无论有关库存现金的内部控制是否有效，注册会计师均应对库存现金实施实质性程序，以实现相应审计目标。表 12－4 列示了有关库存现金的认定、审计目标和可供选择的审计程序之间的内在关系。

表 12-4　　　　库存现金的实质性程序

被审计单位：________	索引号：________
项目：库存现金	财务报表截止日/期间：________
编制人：________	复核人：________
日期：________	日期：________

一、审计目标与认定对应关系表

审计目标	财务报表认定				
	存在	完整性	权利和义务	计价和分摊	列报
A. 资产负债表中记录的库存现金是存在的	√				
B. 应当记录的库存现金均已记录		√			
C. 记录的库存现金由被审计单位拥有或控制			√		
D. 库存现金以恰当的金额包括在财务报表中，与之相关的计价调整已恰当记录				√	
E. 库存现金已按照企业会计准则的规定在财务报表中作出恰当列报					√

二、审计目标与审计程序对应关系表

审计目标	可供选择的审计程序	索引号
D	1. 核对库存现金日记账与总账的金额是否相符，检查非记账本位币库存现金的折算汇率及折算金额是否正确	
ABCD	2. 监盘库存现金： （1）制定监盘计划，确定监盘时间 （2）将盘点金额与现金日记账余额进行核对，如有差异，应要求被审计单位查明原因并作适当调整，如无法查明原因，应要求被审计单位按管理权限批准后作出调整 （3）在非资产负债表日进行盘点时，应调整至资产负债表日的金额 （4）若有充抵库存现金的借条、未提现支票、未作报销的原始凭证，需在盘点表中注明，如有必要应作调整（特别关注数家公司混用现金保险箱的情况）	
ABD	3. 抽查大额库存现金收支。检查原始凭证是否齐全、记账凭证与原始凭证是否相符、账务处理是否正确、是否记录于恰当的会计期间等项内容	
	4. 根据评估的舞弊风险等因素增加的其他审计程序	

库存现金审计的实质性程序一般包括 6 个步骤（见图 12-5）：

1. 核对库存现金日记账与总账的余额是否相符，检查非记账本位币库存现金的折算汇率及折算金额是否正确

注册会计师测试现金余额的起点，是核对库存现金日记账与总账的余额是否相符。如果不相符，应查明原因，并作出适当调整。

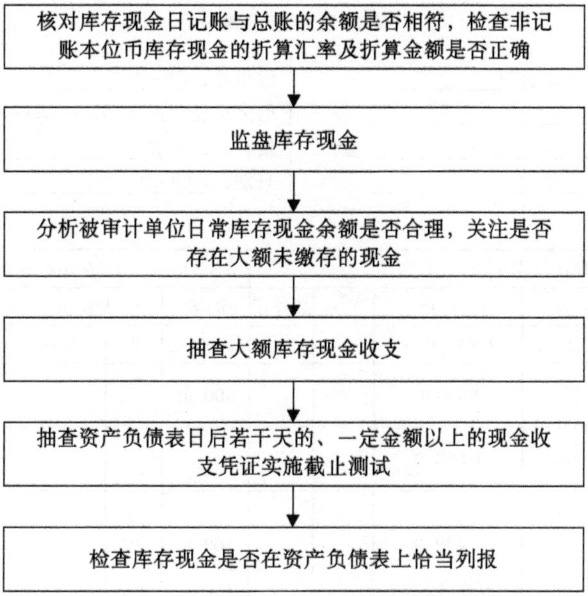

图 12－5　库存现金审计的实质性程序流程图

2. 监盘库存现金

监盘库存现金是证实资产负债表中所列现金是否存在的一项重要程序。企业盘点库存现金，通常包括对已收到但未存入银行的现金、零用金、找换金等的盘点。盘点库存现金的时间和人员应视被审计单位的具体情况而定，但必须有现金出纳员和被审计单位会计主管人员参加，并由注册会计师进行监盘。盘点和监盘库存现金的步骤和方法主要有：

（1）制定监盘计划，确定监盘时间。对库存现金的监盘最好实施突击性的检查，时间最好选择在上午上班前或下午下班时进行，盘点的范围一般包括被审计单位各部门经管的现金。在进行现金盘点前，应由出纳员将现金集中起来存入保险柜。必要时可加以封存，然后由出纳员把已办妥现金收付手续的收付款凭证登入库存现金日记账。如被审计单位库存现金存放部门有两处或两处以上的，应同时进行盘点。

（2）审阅库存现金日记账并同时与现金收付凭证相核对。一方面检查库存现金日记账的记录与凭证的内容和金额是否相符；另一方面了解凭证日期与库存现金日记账日期是否相符或接近。

（3）由出纳员根据库存现金日记账加计累计数额，结出现金结余额。

（4）盘点保险柜的现金实存数，同时由注册会计师编制“库存现金监盘表”（格式参见表 12－5），分币种、面值列示盘点金额。

（5）资产负债表日后进行盘点时，应调整至资产负债表日的金额。

（6）将盘点金额与库存现金日记账余额进行核对，如有差异，应查明原因，并作出记录或适当调整；如无法查明原因，应要求被审计单位按管理权限批准后作出调整。

表 12－5 **库存现金监盘表**①

被审计单位：南方工业有限公司	索引号：G1－4
项目：库存现金监盘表	财务报表截止日/期间：2008－12－31
编制人：王胜	复核人：张雷
日期：2009－2－18	日期：2009－3－1

检查盘点记录					实有库存现金盘点记录						
项目	项次	人民币	美元	某外币	面额	人民币		美元		某外币	
上一日账面库存余额	①	6 947.000			1 000 元	张	金额	张	金额	张	金额
盘点日未记账传票收入金额	②	2 400.0			500 元						
盘点日未记账传票支出金额	③	1 898.0									
盘点日账面应有金额	④＝①＋②－③＝2－3	7 449.0			100 元	70	7 000				
盘点实有库存现金数额	⑤	7 449.0			50 元	8	400				
盘点日应有与实有差异	⑥＝④－⑤				10 元	4	40.0				
差异原因分析：白条抵库(张)					5 元	1	50.0				
					2 元	2	4.00				
					1 元						
					0.5 元						
					0.2 元						
					0.1 元						
					合计		7 449				
追溯调整：报表日至审计日库存现金付出总额		273 472.0									
追溯调整：报表日至审计日库存现金收入总额		272 023									
追溯调整：报表日库存现金应有余额		8 898.0									
追溯调整：报表日账面汇率											
追溯调整：报表日余额折合本位币金额											
本位币合计											

出纳员：戴欢　　会计主管人员：黄兰　　监盘人：王胜　　检查日期：2009－2－18

审计说明：现金盘点在未提前通知的情况下，与 2009 年 2 月 18 日进行，盘点结果账实相符。

① 王敏、李世辉、刘爱明：《注册会计师财务报表审计实务》，中南大学出版社 2010 年版。

（7）若有冲抵库存现金的借条、未提现支票、未作报销的原始凭证，应在“库存现金盘点表”中注明或作出必要地调整。

3. 分析被审计单位日常库存现金余额是否合理，关注是否存在大额未缴存的现金

4. 抽查大额库存现金收支

检查大额现金收支的原始凭证是否齐全、原始凭证内容是否完整、有无授权批准、记账凭证与原始凭证是否相符、账务处理是否正确、是否记录于恰当的会计期间等项内容。

5. 抽查资产负债表日后若干天的、一定金额以上的现金收支凭证实施截止测试

被审计单位资产负债表的货币资金项目中的库存现金数额，应以结账日实有数额为准。因此，注册会计师必须验证现金收支的截止日期，以确定是否存在跨期事项、是否应考虑提出调整建议。

6. 检查库存现金是否在资产负债表上恰当列报

根据有关规定，库存现金在资产负债表的“货币资金”项目中反映，注册会计师应在实施上述审计程序后，确定“库存现金”账户的期末余额是否恰当，进而确定库存现金是否在资产负债表上恰当披露。

【同步思考12－1】

有关库存现金的舞弊主要有哪些类型？如何防止（或发现）这些舞弊？

三、银行存款审计

（一）审计目标

银行存款是指企业存放在银行或其他金融机构的各种款项。按照国家有关规定，凡是独立核算的企业都必须在当地银行开设账户。企业在银行开设账户以后，除按核定的限额保留库存现金外，超过限额的现金必须存入银行；除了在规定的范围内可以用现金直接支付的款项外，在经营过程中所发生的一切货币收支业务，都必须通过银行存款账户进行结算。

银行存款的审计目标如表12－6所示。

表12－6　银行存款的审计目标

银行存款的审计目标	相应的财务报表认定
确定被审计单位资产负债表的货币资金项目中的银行存款在资产负债表日是否确实存在	存在
确定被审计单位在特定期间内发生的银行存款收支业务是否均记录完毕，有无遗漏	完整性
确定记录的银行存款是否为被审计单位所拥有或控制	权利和义务
确定银行存款以恰当的金额包括在财务报表的货币资金项目中，与之相关的计价调整已恰当记录	计价和分摊
确定银行存款是否已按照企业会计准则的规定在财务报表中作出恰当列报	列报

（二）银行存款内部控制测试

1. 银行存款内部控制的要求

一般而言，一个良好的银行存款的内部控制应当达到以下几点：（1）银行存款收支与记账的岗位分离；（2）银行存款收支要有合理、合法的凭据；（3）全部收支及时准确入账，并且支出要有核准手续；（4）按月编制银行存款余额调节表，以做到账实相符；（5）加强对银行存款收支业务的内部审计。

按照我国现金管理的有关规定，超过规定限额以上的现金支出一律使用支票。因此，企业应建立相应的支票申领制度，明确申领范围、申领批准及支票签发、支票报销等。

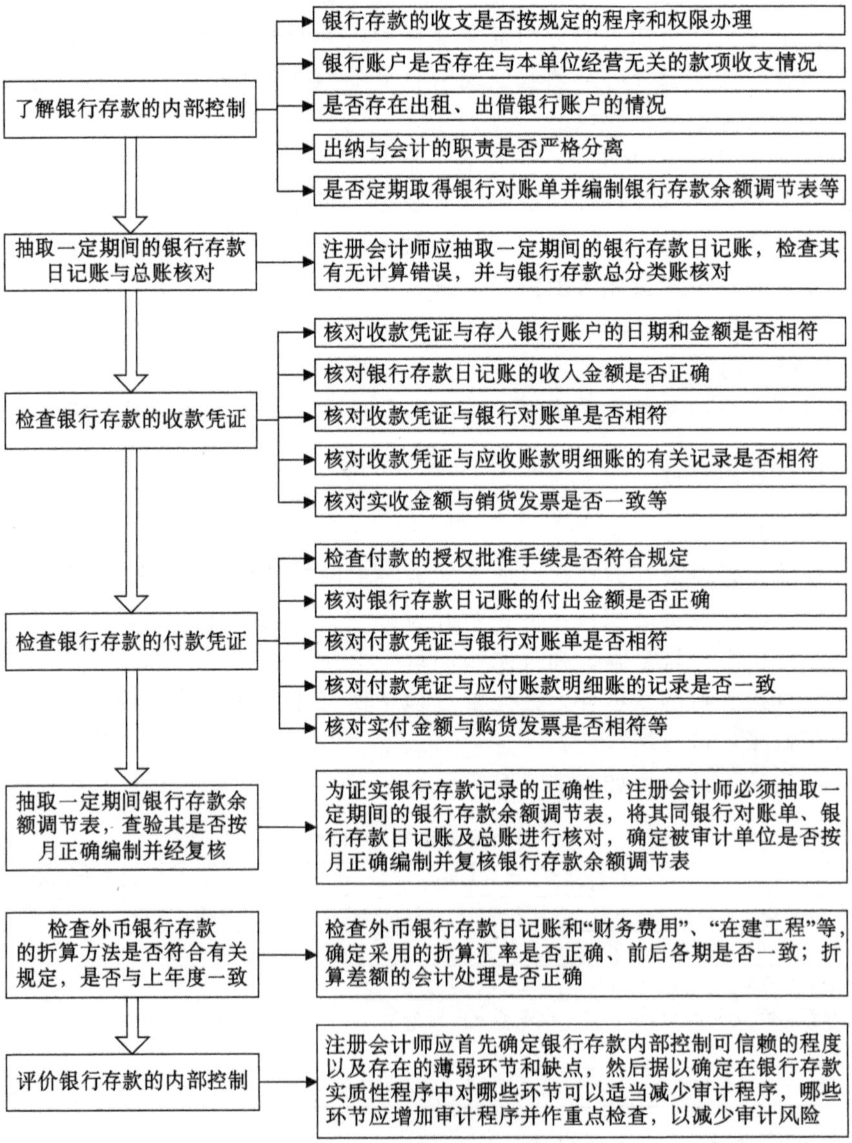

图 12－6 银行存款的控制测试

对于支票报销和现金报销，企业应建立报销制度。报销人员报销时应当有正常的报批手续、适当的付款凭据，有关采购支出还应具有验收手续。会计部门应对报销单据加以审核，出纳员见到加盖核准戳记的支出凭据后方可付款。

付款记录应及时登记入账，相关凭证应按顺序或内容编制会计记录的附件。

2. 银行存款的控制测试

银行存款的控制测试，如图 12 – 6 所示。

（三）银行存款的实质性程序

银行存款是财务报表审计的重要项目，因而无论有关银行存款的内部控制是否有效，注册会计师均应对银行存款实施实质性程序，以实现相应审计目标。表 12 – 7 列示了有关银行存款的认定、审计目标和可供选择的审计程序之间的内在关系。

表 12 – 7　　银行存款的实质性程序

被审计单位：________	索引号：________
项目：银行存款	财务报表截止日/期间：________
编制人：________	复核人：________
日期：________	日期：________

一、审计目标与认定对应关系表

审计目标	财务报表认定				
	存在	完整性	权利和义务	计价和分摊	列报
A. 资产负债表中记录的银行存款是存在的	√				
B. 应当记录的银行存款均已记录		√			
C. 记录的银行存款由被审计单位拥有或控制			√		
D. 银行存款以恰当的金额包括在财务报表中，与之相关的计价调整已恰当记录				√	
E. 银行存款已按照企业会计准则的规定在财务报表中作出恰当列报					√

二、审计目标与审计程序对应关系表

审计目标	可供选择的审计程序	索引号
D	1. 获取或编制银行存款余额明细表： （1）复核加计是否正确，并与总账数和日记账合计数核对是否相符 （2）检查非记账本位币银行存款的折算汇率及折算金额是否正确	
ABD	2. 计算银行存款累计余额应收利息收入，分析比较被审计单位银行存款应收利息收入与实际利息收入的差异是否恰当，评估利息收入的合理性，检查是否存在高息资金拆借，确认银行存款余额是否存在，利息收入是否已经完整记录	

续表

审计目标	可供选择的审计程序	索引号
AC	3. 检查银行存单： 编制银行存单检查表，检查是否与账面记录金额一致，是否被质押或限制使用，存单是否为被审计单位所拥有 (1) 对已质押的定期存款，应检查定期存单，并与相应的质押合同核对，同时关注定期存单对应的质押借款有无入账 (2) 对未质押的定期存款，应检查开户证实书原件 (3) 对审计外勤工作结束日前已提取的定期存款，应核对相应的兑付凭证、银行对账单和定期存款复印件	
ABD	4. 取得并检查银行存款余额调节表： (1) 取得被审计单位的银行存款余额对账单，并与银行询证函回函核对，确认是否一致，抽样核对账面记录的已付票据金额及存款金额是否与对账单记录一致 (2) 获取资产负债表日的银行存款余额调节表，检查调节表中加计数是否正确，调节后银行存款日记账余额与银行对账单余额是否一致 (3) 检查调节事项的性质和范围是否合理： ①检查是否存在跨期收支和跨行转账的调节事项。编制跨行转账业务明细表，检查跨行转账业务是否同时对应转入和转出，未在同一期间完成的转账业务是否反映在银行存款余额调节表的调整事项中 ②检查大额在途存款和未付票据 a. 检查在途存款的日期，查明发生在途存款的具体原因，追查期后银行对账单存款记录日期，确定被审计单位与银行记账时间差异是否合理，确定在资产负债表日是否需审计调整 b. 检查被审计单位的未付票据明细清单，查明被审计单位未及时入账的原因，确定账簿记录时间晚于银行对账单的日期是否合理 c. 检查被审计单位未付票据明细清单中有记录，但截止资产负债表日银行对账单无记录且金额较大的未付票据，获取票据领取人的书面说明。确认资产负债表日是否需要进行调整 d. 检查资产负债表日后银行对账单是否完整地记录了调节事项中银行未付票据金额 (4) 检查是否存在未入账的利息收入和利息支出 (5) 检查是否存在其他跨期收支事项 (6) (当未经授权或授权不清支付货币资金的现象比较突出时) 检查银行存款余额调节表中支付给异常的领款人 (包括没有载明收款人)、签字不全、收款地址不清、金额较大票据的调整事项，确认是否存在舞弊	
AC	5. 函证银行存款余额，编制银行函证结果汇总表，检查银行回函： (1) 向被审计单位在本期存过款的银行发函，包括零账户和账户已结清的银行 (2) 确定被审计单位账面余额与银行函证结果的差异，对不符事项作出适当处理	
C	6. 检查银行存款账户存款人是否为被审计单位，若存款人非被审计单位，应获取该账户户主和被审计单位的书面声明，确认资产负债表日是否需要调整	
CE	7. 关注是否存在质押、冻结等对变现有限制或存在境外的款项。是否已做必要的调整和披露	

续表

审计目标	可供选择的审计程序	索引号
E	8. 对不符合现金及现金等价物条件的银行存款在审计工作底稿中予以列明，以考虑对现金流量表的影响	
ABD	9. 抽查大额银行存款收支的原始凭证，检查原始凭证是否齐全、记账凭证与原始凭证是否相符、账务处理是否正确、是否记录于恰当的会计期间等项内容。检查是否存在非营业目的的大额货币资金转移，并核对相关账户的进账情况；如有与被审计单位生产经营无关的收支事项，应查明原因并作相应的记录	
AB	10. 检查银行存款收支的截止是否正确。选取资产负债表日前后____张、____金额以上的凭证实施截止测试，关注业务内容及对应项目，如有跨期收支事项，应考虑是否进行调整	
	11. 根据评估的舞弊风险等因素增加的其他审计程序	

银行存款审计的实质性程序一般包括 11 个步骤（见图 12－7）：

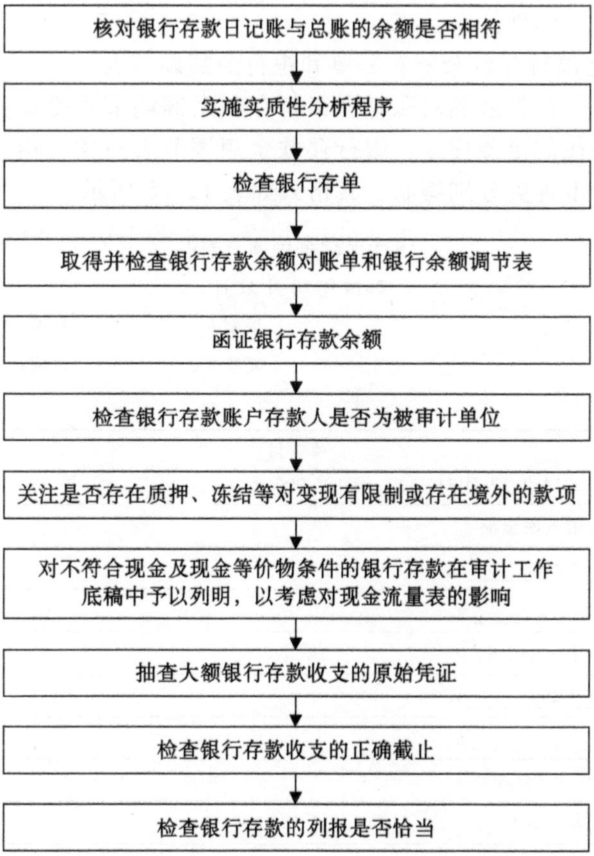

图 12－7　银行存款审计的实质性程序流程图

1. 核对银行存款日记账与总账的余额是否相符

注册会计师测试银行存款余额的起点，是核对银行存款日记账与总账的余额是否相符。如果不相符，应查明原因，并考虑是否应建议作出适当调整。

2. 实施实质性分析程序

计算银行存款累计余额应收利息收入，分析比较被审计单位银行存款应收利息收入与实际利息收入的差异是否恰当，评估利息收入的合理性，检查是否存在高息资金拆借，确认银行存款余额是否存在，利息收入是否已经完整记录。

3. 检查银行存单

编制银行存单检查表，检查是否与账面记录金额一致，是否被质押或限制使用，存单是否为被审计单位所拥有。

（1）对已质押的定期存款，应检查定期存单，并与相应的质押合同核对，同时关注定期存单对应的质押借款有无入账；

（2）对已质押的定期存款，应检查开户证实书原件；

（3）对审计外勤工作结束日前提取的定期存款，应核对相应的兑付凭证、银行对账单和定期存款复印件。

4. 取得并检查银行存款余额对账单和银行余额调节表

取得并检查银行存款余额对账单和银行存款余额调节表是证实资产负债表中所列银行存款是否存在的重要程序。银行存款余额调节表通常应由被审计单位根据不同的银行账户及货币种类分别编制。其格式如表 12 - 8 所示。

表 12 - 8 **银行存款余额调节表**①

2014 年 12 月 31 日

编制人： 日期： 索引号：

复核人： 日期： 页 次：

户别：新欣公司 币别：人民币

项 目
银行对账单余额（2014 年 12 月 31 日） 3 185 000 元
加：企业已收，银行尚未入账金额
其中：1. 2 800 元
2. ______ 元
减：企业已付，银行尚未入账金额
其中：1. 3 200 元
2. ______ 元
调整后银行对账单金额 3 182 600 元
企业银行存款日记账金额（2014 年 12 月 31 日） 3 183 000 元

① 王英姿：《审计原理与实务》，上海财经大学出版社 2012 年版。

续表

加：银行已收，企业尚未入账金额
其中：1. 30 000 元
2. ______ 元
减：银行已付，企业尚未入账金额
其中：1. 1 800 元
2. 29 000 元
3. 1 600 元
调整后企业银行存款日记账金额　3 182 600 元
经办会计人员：（签字）　　　　会计主管：（签字）

【同步案例 12－2】

审计人员在审计新欣公司银行存款时，发现该公司 2014 年 12 月 31 日银行存款日记账账面余额为 3 185 000 元，银行对账单余额为 3 183 000 元。审计人员将银行存款日记账和银行对账单主笔核对后，发现下列情况：

（1）12 月 2 日公司账上开出#134905 转账支票 1 张，金额为 3 200 元，银行对账单上无此记录。

（2）12 月 8 日银行对账单上收到外地汇款 30 000 元，本公司日记账无此记录。

（3）12 月 14 日银行付出 1 800 元，经查系采购员不慎遗失的#134896 空白转账支票，被人冒用。

（4）12 月 16 日银行付出 29 000 元，本公司日记账无此记录。

（5）12 月 21 日银行付出现金 1 600 元，本公司日记账无此记录。

（6）12 月 31 日公司银行存款日记账显示存入银行转账支票一张，计 2 800 元，银行对账单上无此记录。

（1）将被审计单位资产负债表日的银行存款余额对账单，与银行询证函回函核对，确认是否一致，抽样核对账面记录的已付票据金额及存款金额是否与对账单记录一致。

（2）获取资产负债表日的银行存款余额调节表，检查调节表中加计数是否正确，调节后银行存款日记账余额与银行对账单余额是否一致。

（3）检查调节事项的性质和范围是否合理：

①检查是否存在跨期收支和跨行转账的调节事项。编制跨行转账业务明细表，检查跨行转账业务是否同时对应转入和转出，未在同一期间完成的转账业务是否反映在银行存款余额调节表的调整事项中。

②检查大额在途存款和未付票据。检查大额在途存款的日期，查明发生在途存款的具体原因，追查期后银行对账单存款记录日期，确定被审计单位与银行记账时间差异是否合理，确定在资产负债表日是否需审计调整。检查被审计单位的未付票据明细清单，查明被审计单位未及时入账的原因，确定账簿记录时间晚于银行对账

单的日期是否合理。检查被审计单位未付票据明细清单中有记录，但截止资产负债表日银行对账单无记录且金额较大的未付票据，获取票据领取人的书面说明，确认资产负债表日是否需要进行调整。检查资产负债表日后银行对账单是否完整地记录了调节事项中银行未付票据金额。

（4）检查是否存在未入账的利息收入和利息支出；

（5）检查是否存在其他跨期收支事项；

（6）当未经授权或授权不清支付货币资金的现象比较突出时，检查银行存款余额调节表中支付给异常的领款人（包括没有载明收款人）、签字不全、收款地址不清、金额较大票据的调整事项，确认是否存在舞弊。

5. 函证银行存款余额

编制银行函证结果汇总表，检查银行回函。应注意：

（1）向被审计单位在本期存过款的银行发函，包括零账户和账户已结清的银行；

（2）确定被审计单位账面余额与银行函证结果的差异，对不符事项作出适当处理。

银行存款函证是指注册会计师在执行审计业务过程中，需要以被审计单位名义向有关单位发函询证，以验证被审计单位的银行存款是否真实、合法、完整。按照国际惯例，财政部和中国人民银行于1999年1月6日联合印发了《关于做好企业的银行存款、借款及往来款项函证工作的通知》（以下简称《通知》），《通知》对函证工作提出了明确的要求，并规定：各商业银行、政策性银行、非银行金融机构要在收到询证函之日起10个工作日内，根据函证的具体要求，及时回函并可按照国家的有关规定收取询证费用；各有关企业或单位根据函证的具体要求回函。

函证银行存款余额是证实资产负债表所列银行存款是否存在的重要程序。通过向往来银行函证，注册会计师不仅可了解企业资产的存在，还可了解企业账面反映所欠银行债务的情况，并有助于发现企业未入账的银行借款和未披露的或有负债。

注册会计师应向被审计单位在本年存过款（含外埠存款、银行汇票存款、银行本票存款、信用卡存款、信用证保证金存款）的所有银行发函，其中包括企业存款账户已结清的银行，因为有可能存款账户已结清，但仍有银行借款或其他负债存在。并且，虽然注册会计师已直接从某一银行取得了银行对账单和所有已付支票，但仍应向这一银行进行函证。银行询证函的参考格式如下。

银行询证函

编号：________

××（银行）：

本公司聘请的××会计师事务所正在对本公司××年度财务报表进行审计，按照中国注册会计师审计准则的要求，应当询证本公司与贵行相关的信息。下列信息出自本公司记录，如与贵行记录相符，请在本函下端“信息证明无误”处签章证明；如有不符，请在“信息不符”处列明不符项目及具体内容；如存在与本公司有关的未列入本函的其他重要信息，也请在“信息不符”处列出其详细资料。回函请直接寄至××会计师事务所。

回函地址：

邮编：　　　　　电话：　　　　　传真：　　　　　联系人：

截至××年×月×日止，本公司与贵行相关的信息列示如下：

（1）银行存款。

账户名称	银行账号	币种	利率	余额	起止日期	是否被质押或用于担保或存在其他限制	备注

除上述列示的银行存款外，本公司并无在贵行的其他存款。

注：“起止日期”一栏仅适用于定期存款，如为活期或保证金存款，可只填写“活期”或“保证金”字样。

（2）银行借款。

账户名称	币种	余额	借款日期	还款日期	利率	借款条件	抵（质）押品/担保人	备注

除上述列示的银行借款外，本公司并无自贵行的银行借款。

注：此项仅函证截至资产负债表日本公司尚未归还的借款。

（3）截至函证日之前12个月内注销的账户。

账户名称	银行账号	币　种	注销账户日

除上述列示的账户外，本公司并无截至函证日之前12个月内在贵行注销的其他账户。

（4）委托存款。

账户名称	银行账号	借款方	币种	利率	余额	存款起止日期	备注

除上述列示的委托存款外，本公司并无通过贵行办理的其他委托存款。

（5）委托贷款。

账户名称	银行账号	贷款方	币种	利率	余额	贷款起止日期	备注

除上述列示的委托贷款外，本公司并无通过贵行办理的其他委托贷款。

（6）担保。

①本公司为其他单位提供的，以贵行为担保受益人的担保。

被担保人	担保方式	担保金额	担保期限	担保事由	担保合同编号	被担保人与贵行就担保事项往来的内容（贷款）等	备注

除上述列示的担保外，本公司并无其以贵行为担保受益人的担保。

注：如采用抵押或质押方式提供担保的，应在备注中说明抵押或质押物情况。

②贵行向本公司提供的担保。

被担保人	担保方式	担保金额	担保期限	担保事由	担保合同编号	备注

除上述列示的担保外，本公司并无贵行提供的其他担保。

（7）本公司为出票人且由贵行承兑尚未支付的银行承兑汇票。

银行承兑汇票号码	票面金额	出票日	到期日

除上述列示的银行承兑汇票外，本公司并无由贵行承兑而尚未支付的其他银行承兑汇票。

（8）本公司向贵行已贴现而尚未到期的商业汇票。

商业汇票号码	付款人名称	承兑人名称	票面金额	票面利率	出票日	到期日	贴现日	贴现率	贴现净额

除上述列示的商业汇票外，本公司并无向贵行已贴现而尚未到期的其他商业汇票。

(9) 本公司为持票人且由贵行托收的商业汇票。

商业汇票号码	承兑人名称	票面金额	出票日	到期日

除上述列示的商业汇票外，本公司并无由贵行托收的其他商业汇票。

(10) 本公司为申请人，由贵行开具的、未履行完毕的不可撤销信用证。

信用证号码	受益人	信用证金额	到期日	未使用金额

除上述列示的不可撤销信用证外，本公司并无由贵行开具的、未履行完毕的其他不可撤销信用证。

(11) 本公司与贵行之间未履行完毕的外汇买卖合约。

类别	合约号码	买卖币种	未履行的合约买卖金额	汇率	交收日期
贵行卖予本公司					
本公司卖予贵行					

除上述列示的外汇买卖合约外，本公司并无与贵行之间未履行完毕的其他外汇买卖合约。

(12) 本公司存放于贵行的有价证券或其他产权文件。

有价证券或其他产权文件名称	产权文件编号	数量	金额

除上述列示的有价证券或其他产权文件外，本公司并无存放于贵行的其他有价证券或其他产权文件。注：此项不包括本公司存放在贵行保管箱中的有价证券或其他产权文件。

(13) 其他重大事项。

注：此项应填列注册会计师认为重大且应予以函证的其他事项，如信托存款等；如无则应填写“不适用”。

（公司盖章）
年　　月　　日

以下仅供被函证银行使用

结论：（1）信息证明无误。 （银行盖章） 年　　月　　日 经办人：
（2）信息不符，请列明不符项目及具体内容（其他未在本函列出的项目，请列出金额及其详细资料）。 （银行盖章） 年　　月　　日 经办人：

6. 检查银行存款账户存款人是否为被审计单位

若存款人非被审计单位，应获取该账户户主和被审计单位的书面声明，确认资产负债表日是否需要调整。

7. 关注是否存在质押、冻结等对变现有限制或存在境外的款项

如果存在，是否已提请被审计单位作必要的调整和披露。

8. 对不符合现金及现金等价物条件的银行存款在审计工作底稿中予以列明，以考虑对现金流量表的影响

9. 抽查大额银行存款收支的原始凭证

检查原始凭证是否齐全、记账凭证与原始凭证是否相符、账务处理是否正确、是否记录于恰当的会计期间等项内容。检查是否存在非营业目的的大额货币资金转移，并核对相关账户的进账情况；如有与被审计单位生产经营无关的收支事项，应查明原因并作相应的记录。

10. 检查银行存款收支的正确截止

选取资产负债表日前后若干天的银行存款收支凭证实施截止测试，关注业务内容及对应项目，如有跨期收支事项，应考虑是否应提请被审计单位进行调整。

11. 检查银行存款的列报是否恰当

根据有关规定，企业的银行存款在资产负债表的“货币资金”项目中反映，所以，注册会计师应在实施上述审计程序后，确定银行存款账户的期末余额是否恰当，进而确定银行存款是否在资产负债表上恰当披露。

由于其他货币资金的内部控制与库存现金和银行存款的内部控制类似，本章不对其进行专门的阐述，仅列示其实质性程序。表 12－9 列示了有关其他货币资金的认定、审计目标和可供选择的审计程序之间的内在关系。

表 12－9　　其他货币资金的实质性程序

被审计单位：________	索引号：________
项目：其他货币资金	财务报表截止日/期间：________
编制人：________	复核人：________
日期：________	日期：________

一、审计目标与认定对应关系表

审计目标	财务报表认定				
	存在	完整性	权利和义务	计价和分摊	列报
A. 资产负债表中记录的其他货币资金是存在的	√				
B. 应当记录的其他货币资金均已记录		√			
C. 记录的其他货币资金由被审计单位拥有或控制			√		
D. 其他货币资金以恰当的金额包括在财务报表中，与之相关的计价调整已恰当记录				√	
E. 其他货币资金已按照企业会计准则的规定在财务报表中作出恰当列报。					√

二、审计目标与审计程序对应关系表

审计目标	可供选择的审计程序	索引号
D	1. 获取或编制其他货币资金明细表： （1）复核银行汇票存款、银行本票存款、信用卡存款、信用证保证金存款、存出投资款、外埠存款等加计是否正确，并与总账数和日记账明细账合计数核对是否相符 （2）检查非记账本位币及其他货币资金的折算汇率及折算是否正确	
ABD	2. 取得并检查其他货币资金余额调节表： （1）取得被审计单位银行对账单，检查被审计单位提供的银行对账单是否存在涂改或修改的情况，确定银行对账单金额的正确性，并与银行回函结果核对是否一致，抽样核对账面记录的已付款金额及存款金额是否与对账单记录一致 ①应将保证金户对账单与相应的交易进行核对。检查保证金与相关债务的比例和合同约定是否一致。特别关注是否存在有保证金发生，而被审计单位账面无对应的保证事项的情形 ②若信用卡持有人是被审计单位职员，应取得该职员提供的确认书，并应考虑进行调整 （2）获取资产负债表日的其他货币资金存款余额调节表，检查调节表中加计数是否正确，调节后其他货币资金日记账余额与银行对账单余额是否一致 （3）检查调节事项的性质和范围是否合理，如存在重大差异应作审计调整	

续表

审计目标	可供选择的审计程序	索引号
AC	3. 函证银行汇票存款、银行本票存款、信用卡存款、信用证保证金存款、存出投资款、外埠存款等期末余额，编制其他货币资金函证结果汇总表，检查银行回函	
C	4. 检查其他货币资金存款账户存款人是否为被审计单位，若存款人非被审计单位，应获取该账户户主和被审计单位的书面声明，确认资产负债表日是否需要调整	
E	5. 关注是否有质押、冻结等对变现有限制、或存放在境外、或有潜在回收风险的款项	
BA	6. 选取资产负债表日前后____张、____金额以上的凭证，对其他货币资金收支凭证实施截止测试，如有跨期收支事项，应考虑是否进行调整	
ABD	7. 抽查大额其他货币资金收付记录。检查原始凭证是否齐全、记账凭证与原始凭证是否相符、账务处理是否正确、是否记录于恰当的会计期间等项内容	
E	8. 检查货币资金，是否已按照企业会计准则的规定在财务报表中作出恰当列报。附注是否按库存现金、银行存款、其他货币资金分别列示货币资金情况。因质押或冻结等对使用有限制、存放在境外、有潜在回收风险的款项应单独说明	
	9. 根据评估的舞弊风险等因素增加的其他审计程序	

【同步思考 12－2】

A 注册会计师负责嘉禾公司 2009 年度的财务报表的外勤审计工作。在审计货币资金项目时，A 注册会计师发现嘉禾公司在总部和分店均设有出纳部门，为了保证库存现金监盘的顺利进行，A 注册会计师在监盘前一天通知嘉禾公司会计主管人员，让其做好监盘的准备。考虑到出纳日常的工作安排，对总部和分店库存现金的监盘时间分别定在上午十点和下午十四点。监盘时，由于会计主管临时有急事，监盘由其助理人员代为执行。出纳把现金放入保险柜，并将已办妥现金收付手续的交易登入现金日记账，结出现金日记账余额。然后，A 注册会计师当场盘点现金，在与现金日记账核对后填写“库存现金盘点表”，并在签字后形成审计工作底稿。请指出上述库存现金盘点工作中存在哪些不当之处，并提出改进建议。

任务回顾

本任务主要讲述了货币资金的特点、与交易循环的关系和内部控制；库存现金审计和银行存款审计的目标、控制测试和实质性程序。

（1）货币资金是企业流动资产的重要组成部分、流动性最强的一种资产；持有货币资金是企业生产经营活动的基本条件，关乎企业的生存与发展。货币资金具有业务量大、控制较为严格、固有风险高等特点。货币资金的收付涉及企业生产经营的方方面面，因而其与各个交易循环均直接相关。

（2）一般而言，一个良好的货币资金内部控制应该达到以下几点：①货币资金收支与记账的岗位分离；②货币资金收支要有合理、合法的凭据；③全部收支及时准确入账，并且支出要有核准手续；④控制现金坐支，当日收入现金应及时送存银行；⑤按月盘点现金，编制银行存款余额调节表，以做到账实相符；⑥加强对货币资金收支业务的内部审计。

（3）尽管由于每个企业的性质、所处行业、规模以及内部控制健全程度等不同，使得其与货币资金相关的内部控制内容有所不同，但通常应当共同遵循以下要求：

①岗位分工及授权批准

a. 岗位责任制度。

b. 授权批准制度。

c. 按照规定的程序办理货币资金支付业务。

d. 对于重要货币资金支付业务，应当实行集体决策和审批，并建立责任追究制度。

e. 严禁未经授权的机构或人员办理货币资金业务或直接接触货币资金。

②现金和银行存款的管理

③票据及有关印章的管理

a. 明确各种票据的购买、保管、领用、背书转让、注销等环节的职责权限和程序，并专设登记簿进行记录，防止空白票据的遗失和被盗用。

b. 财务专用章应由专人保管，个人名章必须由本人或其授权人员保管。严禁一人保管支付款项所需的全部印章。

④监督检查

（4）库存现金审计目标：

①确定被审计单位资产负债表的货币资金项目中的库存现金在资产负债表日是否确实存在。（存在）

②确定被审计单位在特定期间内发生的现金收支业务是否均记录完毕，有无遗漏。（完整性）

③确定记录的库存现金是否为被审计单位所拥有或控制。（权利和义务）

④确定库存现金包括在财务报表的货币资金项目中，与之相关的计价调整已恰当记录。（计价和分摊）

⑤确定库存现金是否已按照企业会计准则的规定在财务报表中作出恰当列报。（列报）

（5）库存现金的控制测试：

①了解现金内部控制。

②抽取一定期间的库存现金日记账与总账核对。

③检查库存现金的收款凭证。

④检查库存现金的付款凭证。

⑤检查外币现金的折算方法是否符合有关规定，是否与上年度一致。

⑥评价库存现金的内部控制。

（6）库存现金的实质性程序：

①核对库存现金日记账与总账的余额是否相符，检查非记账本位币库存现金的折算汇率及折算金额是否正确。

②监盘库存现金。

③分析被审计单位日常库存现金余额是否合理，关注是否存在大额未缴存的现金。

④抽查大额库存现金收支。

⑤抽查资产负债表日后若干天的、一定金额以上的现金收支凭证实施截止测试。

⑥检查库存现金是否在资产负债表上恰当列报。

（7）银行存款审计目标：

①确定被审计单位资产负债表的货币资金项目中的银行存款在资产负债表日是否确实存在。（存在）

②确定被审计单位在特定期间内发生的银行存款收支业务是否均记录完毕，有无遗漏。（完整性）

③确定记录的银行存款是否为被审计单位所拥有或控制。（权利和义务）

④确定银行存款以恰当的金额包括在财务报表的货币资金项目中，与之相关的计价调整已恰当记录。（计价和分摊）

⑤确定银行存款是否已按照企业会计准则的规定在财务报表中作出恰当列报。（列报）

（8）银行存款的控制测试：

①了解银行存款的内部控制。

②抽取一定期间的银行存款日记账与总账核对。

③检查银行存款收款凭证。

④检查银行存款付款凭证。

⑤抽取一定期间银行存款余额调节表，查验其是否按月正确编制并经复核。

⑥检查外币银行存款的折算方法是否符合有关规定，是否与上年度一致。

⑦评价银行存款的内部控制。

（9）银行存款的实质性程序：

①核对银行存款日记账与总账的余额是否相符。

②实施实质性分析程序。

③检查银行存单。

④取得并检查银行存款余额对账单和银行余额调节表。

⑤函证银行存款余额。

⑥检查银行存款账户存款人是否为被审计单位。

⑦关注是否存在质押、冻结等对变现有限制或存在境外的款项。

⑧对不符合现金及现金等价物条件的银行存款在审计工作底稿中予以列明，以考虑对现金流量表的影响。

⑨抽查大额银行存款收支的原始凭证，检查原始凭证是否齐全、记账凭证与原始凭证是否相符、账务处理是否正确、是否记录于恰当的会计期间等项内容。

⑩检查银行存款收支的正确截止。

⑪检查银行存款的列报是否恰当。

思考与案例分析题

1. 思考题

（1）货币资金有哪些重要的特点？

（2）货币资金与各个交易循环之间是什么关系？

（3）货币资金涉及哪些主要凭证和会计记录？

（4）货币资金内部控制的主要目标包括哪些？

（5）简述货币资金内部控制的一般要求。

（6）简述货币资金内部控制的主要控制点及相应的控制措施。

（7）简述库存现金监盘的主要步骤和方法。

（8）简述银行存款审计中控制测试的主要步骤。

2. 案例分析题

（1）注册会计师对某公司现金内部控制状况进行调查，发现以下情况：

①出纳员负责现金收付、收取、保管和开具银行支票，保管法人代表印鉴，开具销售发票，登记现金和银行存款日记账，不定期盘点现金，每年编制一次银行存款余额调节表（不论收到几张对账单），三天去一次银行存取现金，并收取银行对账单。

②三名会计员分别登记现金、银行存款总账及收入、费用总账和明细账，但不了解银行存款未达账项，也不作任何账务处理。

③副总经理以上领导及批准的特殊人员，可以根据需要到出纳处开取印章齐全的空白支票，供用款之需。

④出差人员可以到出纳处预支差旅费，填写特地印刷的借条，经副总经理以上领导批准后付款，出差人员回来报销后收回借条销毁。

要求：指出上述内部控制存在的问题，并提出相应的改进建议。

（2）注册会计师在对某厂进行审计时，发现：

①审核该厂提供的银行存款余额调节表时，发现未达账项“银行已收企业未收”中1 200万元；“银行已付企业未付”中1 500万元；“企业已收银行未收”中1 300万元；“企业已付银行未付”中1 400万元的发生时间有相当部分账龄在3～5年；

②追查审阅“银行对账单”时，发现银行对账单其中有两份的户名分别为A单位和B单位。经询问该厂有关财务人员，据称为回避银行扣款，而将款项以A、B两单位的名义开立账户记载收支事项；

③审阅不同存款账户明细账时，发现工商银行3890016账户银行存款余额为负数。

问题：如果你是注册会计师，你如何看待上述事项？

专业技能训练

1. 实训目的

通过实训，使学生掌握货币资金审计的基础理论知识，并能够将货币资金的审计理论知识应用于审计实务，熟悉货币资金审计的过程，学会审计工作底稿的编制方法，为今后的审计实践工作打下坚实的基础。

2. 实训资料

某会计师事务所于2014年3月11日对天堃股份有限公司2013年度资产负债表有关货币资金项目进行审计。

（1）期初（2013年1月1日）库存现金余额为15 000元，银行存款余额为4 885 000元，期末（2013年12月31日）库存现金余额为29 200元，银行存款余额为6 470 800元，无其他货币资金。

（2）审计人员于2014年3月11日对库存现金进行了监盘，资料如下：

100元币50张，50元币70张，10元币150张，5元币80张，2元币120张，1元币50张，1角币100张，共计10 700元，库存现金账面余额10 700元。

1月1日~2月28日现金付出总额545 000元，现金收入总额526 500元。

（3）报表日（12月31日）天堃公司银行存款日记账和总账余额均为6 470 800元，12月31日银行对账单余额为6 481 400元，经核对后发现下列未达账项：

①12月25日，公司开出转账支票一张8 500元，持票人未到银行办理转账结算；

②12月30日，委托银行收款10 500元，银行已托收入账，但收账通知尚未到达公司；

③12月31日，银行代付水费8 400元，付款通知尚未到达公司。

3. 实训要求

根据上述资料填制库存现金监盘表（表12－10）、对银行存款余额调节表的检查表（表12－11）。

表12－10 **库存现金监盘表**

被审计单位：________　　索引号：________

项目：________　　财务报表截止日/期间：________

编制人：________　　复核人：________

日期：________　　日期：________

<table>
<tr><td colspan="5">检查盘点记录</td><td colspan="7">实有库存现金盘点记录</td></tr>
<tr><td>项目</td><td>项次</td><td>人民币</td><td>美元</td><td>某外币</td><td>面额</td><td colspan="2">人民币</td><td colspan="2">美元</td><td colspan="2">某外币</td></tr>
<tr><td>上一日账面库存余额</td><td>①</td><td></td><td></td><td></td><td></td><td>张</td><td>金额</td><td>张</td><td>金额</td><td>张</td><td>金额</td></tr>
<tr><td>盘点日未记账传票收入金额</td><td>②</td><td></td><td></td><td></td><td></td><td></td><td></td><td></td><td></td><td></td><td></td></tr>
</table>

续表

盘点日未记账传票支出金额		③										
盘点日账面应有金额		④ = ① + ② - ③				100 元						
盘点实有库存现金数额		⑤				50 元						
盘点日应有与实有差异		⑥ = ④ - ⑤				10 元						
差异原因分析	白条抵库（张）					5 元						
						2 元						
						1 元						
						0.5 元						
						0.1 元						
						合计						
追溯调整	报表日至审计日库存现金付出总额											
	报表日至审计日库存现金收入总额											
	报表日库存现金应有余额											
	报表日账面汇率											
	报表日余额折合本位币金额											
本位币合计												

出纳员：　　会计主管人员：　　监盘人：　　检查日期：

审计说明：

表 12 - 11　　**对银行存款余额调节表的检查**

被审计单位：____________　　索引号：____________

项目：____________　　财务报表截止日/期间：____________

编制人：____________　　复核人：____________

日期：____________　　日期：____________

开户银行：____________　银行账号：____________　币种：____________

项　　目	金额	调节项目说明	是否需要审计调整
银行对账单余额			
加：企业已收，银行尚未入账合计金额			
其中：1.			

续表

项　　目	金额	调节项目说明	是否需要审计调整
2.			
减：企业已付，银行尚未入账合计金额			
其中：1.			
2.			
调整后银行对账单余额			
企业银行存款日记账余额			
加：银行已收，企业尚未入账合计金额			
其中：1.			
2.			
减：银行已付，企业尚未入账合计金额			
其中：1.			
2.			
调整后企业银行存款日记账余额			

经办会计人员（签字）：　　　　　　　　会计主管（签字）：

审计说明：

教学设计与实践

1. 教学重点

（1）货币资金的内部控制；

（2）库存现金的控制测试和实质性程序；

（3）银行存款的控制测试和实质性程序。

2. 教学难点

（1）货币资金的内部控制；

（2）库存现金的监盘；

（3）银行存款的函证。

3. 建议教学课时

理论教学 2 学时。

4. 教学实践

（1）请制作本任务的授课教案；

（2）选取部分内容进行 1 小节课程的试讲。

项目五

审计报告阶段的工作

任务十三　完成审计工作

【任务内容】

- 审计完成阶段的主要内容
- 审计工作的复核
- 书面声明

【任务目标】

- 掌握审计差异调整表和试算平衡表的编制；
- 掌握完成阶段执行分析程序进行总体复核的内容；
- 熟悉对审计结果进行评价的方法；
- 了解审计师与治理层沟通的作用及内容；
- 掌握审计工作底稿复核的要点；
- 理解管理层声明的作用及类型。

【适用的准则和规范】

- 《中国注册会计师审计准则第 1341 号——书面声明》
- 《中国注册会计师审计准则第 1313 号——分析程序》
- 《中国注册会计师审计准则第 1151 号——与治理层的沟通》
- 《中国注册会计师审计准则第 1121 号——对财务报表审计实施的质量控制》
- 《质量控制准则第 5101 号——会计师事务所对执行财务报表审计和审阅、其他鉴证和相关服务业务实施的质量控制》。

导入案例

良好的复核并不只是看一看审计底稿

李明是武汉某事务所的一名高级审计师，他委派助手小刘对一家大型设备制造商ABC公司的应付账款进行审计。对于制造型企业来说，应付账款是一个重要的负债类账户，测试其截止日的账户余额是审计工作的重要一环。测试主要是通过审查被审计单位期后向供应商和其他债权人的付款情况来复核被审计单位的负债记录情况，从而确定其负债是否已恰当记录。

李明在审计过程中发现，小刘花费大量的时间用于打电话联系个人事务，随后在审计业务即将结束前不久，小刘就宣布将要离开事务所。尽管由于私事而分心，但是小刘还是在预定时间内完成了分配给他的工作。鉴于小刘的工作特点，李明决定格外仔细地复核他的审计底稿。李明所复核的每一份明细表都编制恰当，上面有标记并注明了小刘的解释，表明小刘已经对有关数据和凭证进行了广泛的审查，并认为被审计单位报表中的应付账款余额是恰当的。

当李明完成其审计工作后，将审计底稿转交给张清复核。张清是负责该项审计业务的项目经理，对有关设备制造商的知识颇为精通，当然对ABC公司也十分了解。通过复核，包括在审计过程中执行的分析程序，完成了复核过程中追加的分析程序后，她与李明取得了联系，告知他应付账款余额与她的计算结果相悖，并要求他做额外检查。尽管李明曾经检查过小刘所做的审计底稿，但他还是再次对审计底稿涉及的全部凭证进行了审查。结果表明，小刘要么根本没有审查过凭证，要么就是在审查过程中敷衍了事。有一张近100万美元的凭证应于所审会计年度入账，但是在资产负债日的负债余额中却未包括这一余额。可以说，张清的复核意义重大，使该事务所避免了一次尴尬或损失。

这个例子形象地说明了审计工作底稿复核的重要性，而审计工作底稿的复核是审计工作完成阶段的重要内容，在这一章我们将对其进行详细阐述。

案例思考

案例中审计师的离职对完成审计工作带来了哪些影响？委派助手、高级审计师、项目经理对完成审计工作担任的职责有何区别？

任务结构

一、审计完成阶段的主要内容

审计完成阶段是审计的最后一个阶段，在该阶段中，注册会计师会进行更具综合性的审计工作，如审计特殊项目、汇总审计差异、复核审计工作底稿和财务报表，在此基础上，评价审计结果，在与客户沟通以后，获取管理层声明，确定应出具审计报告的意见类型和措辞，进而编制并致送审计报告，完成审计工作。

（一）特殊项目的审计

在终结审计阶段，注册会计师需要对一些特殊项目进行审计，包括考虑被审计单位的持续经营假设的合理性，关注期后事项、或有事项对财务报表的影响等。值得注意的一点是，在审计实务中，对特殊项目的关注往往贯穿于审计的整个过程中，而不仅仅是在终结审计阶段才予以考虑。鉴于特殊项目的审计属于注册会计师审计实务的内容，本书不对其进行详细阐述。

（二）汇总审计差异

在完成控制测试和实质性程序以及特殊项目的审计后，对审计项目组成员在审计中发现的被审计单位的会计处理方法与企业会计准则的不一致，即审计差异，审计项目经理应根据审计重要性原则予以初步确定并汇总，并建议被审计单位进行调整，使经审计的财务报表所载的信息能够公允地翻译被审计单位的财务状况、经营成果和现金流量。对审计差异的"初步确定并汇总"直至形成"经审计的财务报表"的过程，主要是通过编制审计差异调整表和试算平衡表完成的。

1. 编制审计差异调整表

审计差异内容按是否需要调整账户记录可分为核算错误和重分类错误。核算错误是因企业对经济业务进行了不正确的会计核算而引起的错误；重分类错误是因企业未按企业会计准则列报财务报表而引起的错误。

【同步案例 13－1】

资料：在对 Y 公司的审计过程中，A 和 B 两位注册会计师关注到以下事项：

Y 公司原采用余额百分比法计提坏账准备，计提比例为应收款项（包括应收账款和其他应收款）余额的 5%。为更合理地核算坏账，Y 公司董事会决定自 2007 年度起改按账龄分析法计提坏账准备，根据债务单位的账务状况、现金流量等情况，确定对应收款项计提坏账准备的比例分别为：账龄 1 年（含 1 年，以下类推）以内的，按其余额的 6% 计提；账龄 1～2 年的，按其余额的 30% 计提；账龄 2～3 年的，按其余额的 50% 计提；账龄 3 年以上的，按其余额的 80% 计提。Y 公司 2007 年度未审会计报表尚未根据董事会的决定按账龄分析法计提坏账准备，应收账款和其他应收款相应的坏账准备期末余额分别为 1 600 000 元和 520 000 元，应收账款和其他应收款的期末账面余额分别为 32 000 000 元和 10 400 00 元，其明细余额组成如表 13－1、表 13－2 所示。

表 13－1　　应收账款账龄表

账龄 / 客户名称	1 年以内	1～2 年	2～3 年	3 年以上
应收账款－a 公司	20 150 000			
应收账款－b 公司	－2 000 000			
应收账款－c 公司	600 000		25 760	78 000

续表

账龄 客户名称	1 年以内	1～2 年	2～3 年	3 年以上
应收账款－d 公司	10 000 000	2 160 240	932 000	
应收账款－e 公司		54 000		
小计	28 750 000	2 214 240	957 760	78 000

表 13－2　　其他应收款账龄表

账龄 客户名称	1 年以内	1～2 年	2～3 年	3 年以上
其他应收款－f 公司	5 250 000			
其他应收款－g 公司	32 000		324 200	20 000
其他应收款－h 公司	6 000 000	245 800		28 000
其他应收款－i 公司	－1 500 000			
小计	9 782 000	245 800	324 200	48 000

要求：请分别判断 A 和 B 注册会计师是否需提出审计处理建议？若需提出审计调整建议，请直接列示审计调整分录（包括报表重分类分录）。审计调整分录均不考虑对期末结转损益的影响。

解析：

A 和 B 注册会计师应提请 Y 公司作以下报表重分类的调整分录。

借：应收账款——b 公司　　2 000 000

　　贷：预收账款——b 公司　　2 000 000

借：其他应收款——i 公司　　1 500 000

　　贷：其他应付款——i 公司　　1 500 000

Y 公司应按账龄分析法补提应收账款坏账准备金额如下：

补提数＝[（28 750 000＋2 000 000）×6%＋2 214 240×30%＋957 760×50%＋78 000×80%]－1 600 000＝1 450 552（元）

故 A 和 B 注册会计师应提请 Y 公司作以下审计调整分录：

借：资产减值损失——计提的坏账准备　　1 450 552

　　贷：应收账款——坏账准备　　1 450 552

Y 公司应按账龄分析法补提其他应收款坏账准备金额如下：

补提数＝[（9 782 000＋1 500 000）×6%＋245 800×30%＋324 200×50%＋48 000×80%]－520 000＝431 160（元）

故 A 和 B 注册会计师应提请 Y 公司作以下审计调整分录：

借：资产减值损失——计提的坏账准备　　431 160

　　贷：其他应收款——坏账准备　　431 160

账项调整分录汇总表如表 13－3 所示。

表 13-3 **账项调整分录汇总表**

被审计单位：________ 索引号：________
项目：________ 财务报表截止日/期间：________
编制人：________ 复核人：________
日期：________ 日期：________

序号	内容及说明	索引号	调整内容				影响利润表 +（-）	影响资产负债表 +（-）
			借方项目	借方金额	贷方项目	贷方金额		
1	重分类调整坏账准备		资产减值损失	1 450 552	应收账款——坏账准备	1 450 552	-1 450 552	-1 450 552
2	重分类调整坏账准备		资产减值损失	431 160	其他应收账款——坏账准备	431 160	- 431 160	- 431 160

与被审计单位的沟通：
参加人员：
被审计单位：
审计项目组：
被审计单位的意见：
结论：
是否同意上述审计调整：
被审计单位授权代表签字： 日期：

重分类调整分录汇总表如表 13-4 所示。

表 13-4 **重分类调整分录汇总表**

被审计单位：________ 索引号：________
项目：________ 财务报表截止日/期间：________
编制人：________ 复核人：________
日期：________ 日期：________

序号	内容及说明	索引号	调整项目和金额			
			借方项目	借方金额	贷方项目	贷方金额
1	重分类调整		应收账款	2 000 000	预收账款	2 000 000
2	重分类调整		其他应收款	1 500 000	其他应付款	1 500 000

与被审计单位的沟通：
参加人员：
被审计单位：
审计项目组：
被审计单位的意见：
结论：
是否同意上述审计调整：
被审计单位授权代表签字： 日期：

2. 编制试算平衡表

试算平衡表是注册会计师在被审计单位提供未审财务报表的基础上，考虑账项调整分录、重分类调整分录等内容以确定已审数与报表披露数的表格。有关资产负债表和利润表的试算平衡表的参考格式分别见表 13－5 和表 13－6。

需要说明的是，在编制完试算平衡表后，应注意核对相应的勾稽关系。例如，资产负债表试算平衡表左边的“期末未审数”列合计数、“期末审定数”列合计数应分别等于其右边相应各列合计数；资产负债表试算平衡表左边的“账项调整”列中的借方合计数与贷方合计数之差应等于右边的“账项调整”列中的贷方合计数与借方合计数之差；资产负债表试算平衡表左边的“重分类调整”列中的借方合计数与贷方合计数之差应等于右边的“重分类调整”列中的贷方合计数与借方合计数之差。

表 13－5　　　　资产负债表试算平衡表

被审计单位：________　　索引号：________
项目：________　　财务报表截止日/期间：________
编制人：________　　复核人：________
日期：________　　日期：________

项目	期末未审数	账项调整		重分类调整		期末审定数	项目	期末未审数	账项调整		重分类调整		期末审定数
		借方	贷方	借方	贷方				借方	贷方	借方	贷方	
货币资金							短期借款						
交易性金融资产							交易性金融负债						
应收票据							应付票据						
应收账款							应付账款						
预付款项							预收款项						
应收利息							应付职工薪酬						
应收股利							应交税费						
其他应收款							应付利息						
存货							应付股利						
一年内到期的非流动资产							其他应付款						
其他流动资产							一年内到期的非流动负债						

续表

项目	期末未审数	账项调整		重分类调整		期末审定数	项目	期末未审数	账项调整		重分类调整		期末审定数
		借方	贷方	借方	贷方				借方	贷方	借方	贷方	
可供出售金融资产							其他流动负债						
持有至到期投资							长期借款						
长期应收款							应付债券						
长期股权投资							长期应付款						
投资性房地产							专项应付款						
固定资产							预计负债						
在建工程							递延所得税负债						
工程物资							其他非流动负债						
固定资产清理							实收资本（或股本）						
生产性生物资产							资本公积						
油气资产							盈余公积						
无形资产							未分配利润						
开发支出													
商誉													
长期待摊费用													
递延所得税资产													
其他非流动资产													
合计							合计						

表 13－6　　　　利润表试算平衡表

被审计单位：__________　　索引号：__________

项目：__________　　财务报表截止日/期间：__________

编制人：__________　　复核人：__________

日期：__________　　日期：__________

项　　目	审计前金额	调整金额		审定金额
		借方	贷方	
一、营业收入				

续表

项　目	审计前金额	调整金额		审定金额
		借方	贷方	
减：营业成本				
营业税金及附加				
销售费用				
管理费用				
财务费用				
资产减值损失				
加：公允价值变动损益				
投资收益				
二、营业利润				
加：营业外收入				
减：营业外支出				
三、利润总额				
减：所得税费用				
四、净利润				

（三）运用分析程序进行总体复核

在审计结束或临近结束时，注册会计师应当运用分析程序，在已收集的审计证据的基础上，对财务报表整体的合理性作最终把握。这时运用分析程序主要目的在于强调并解释财务报表项目自上个会计期间以来发生的重大变化，以确定经审计调整后的财务报表整体是否与注册会计师对被审计单位及其环境的了解一致、是否具有合理性。

如果在这一阶段识别出以前未识别的重大错报风险，应当重新考虑对全部或部分各类交易、账户余额、列报评估的风险是否恰当，并在此基础上重新评价之前计划的审计程序是否充分，是否有必要追加审计程序。

【同步思考 13－1】

用于总体复核的分析程序与风险评估阶段的分析程序有何区别？

（四）评价审计结果

注册会计师需要评价审计结果，主要是为了确定审计意见的类型以及在整个审计工作中是否遵循了审计准则。为此，注册会计师必须完成两项工作：一是对重要性和审计风险进行最终的评价；二是对被审计单位已审计的财务报表形成审计意见并草拟审计报告。

1. 对重要性和审计风险进行最终的评价

该过程主要是通过两个步骤来完成：一是确定可能的错报金额；二是根据财务

报表层次的重要性水平，确定可能的错报金额的汇总数对整个财务报表的影响程度。需要注意的是，这里的财务报表层次的重要性水平如果在审计过程中已经经过修正，应当按修正后的财务报表层次的重要性水平进行比较。此外这里的可能错报金额一般是指各财务报表项目可能的错报金额汇总数，但也可能包括上一期间的任何未更正可能错报对本期财务报表的影响。

2. 对被审计单位已审计的财务报表形成审计意见并草拟审计报告

为了对财务报表整体发表适当的意见，注册会计师还需要综合考虑在审计过程中所收集到的全部证据，评价审计证据的充分性及其是否支持审计意见。此外，在对审计意见形成最后决定之前，审计机构通常要与被审计单位召开沟通会。在会议上。注册会计师可口头报告本次审计所发现的问题，并说明建议被审计单位作必要调整或表外披露的理由。当然，管理层也可以在会上申辩其立场。最后，通常会对需要被审计单位作出的改变达成协议。如达成了协议，注册会计师一般即可发表无保留意见，否则，则可能不得不发表其他类型的审计意见。

（五）与治理层沟通

治理层，是指对被审计单位战略方向以及管理层履行经营管理责任负有监督责任的人员或组织。治理层的责任包括对财务报告过程的监督。管理层，是指对被审计单位经营活动的执行负有管理责任的人员。

在完成审计工作阶段，审计人员应当就与财务报表审计相关且根据职业判断认为与治理层责任相关的重大事项，以适当的方式及时与治理层沟通。双向的沟通有助于：第一，注册会计师和治理层了解与审计相关的背景事项，并建立建设性的工作关系；在建立这种关系时，注册会计师需要保持独立性和客观性；第二，注册会计师向治理层获取与审计相关的信息，例如，治理层可以帮助注册会计师了解被审计单位及其环境，确定审计证据的适当来源，以及提供有关具体交易或事项的信息；第三，治理层履行其对财务报告过程的监督责任，从而降低财务报表重大错报风险。

1. 选择与治理层沟通的方式

沟通的形式可分为口头或书面沟通、详细或简略沟通、正式或非正式沟通。有效的沟通形式不仅包括正式的声明或书面报告等正式形式，也包括讨论等非正式形式。

审计人员在确定采用何种沟通形式时，除了考虑特定事项的重要性程度外，还应当考虑下列因素：

（1）管理层是否已就该事项与治理层沟通。

（2）被审计单位的规模、经营结构、控制环境和法律结构。

（3）法律法规的规定。

（4）治理层的期望，包括与审计师定期会面或沟通的安排。

（5）审计师与治理层保持联系和对话的数量。

（6）治理层的成员是否发生重大变化。

如果是以口头形式沟通的，注册会计师应当将沟通的事项包括在审计工作底稿中，并记录沟通的时间和对象。

如果沟通的事项是以书面形式沟通的，注册会计师应当保存一份沟通文件的副本，作为审计工作底稿的一部分。

2. 与治理层沟通的内容

（1）注册会计师应当与治理层沟通注册会计师与财务报表审计相关的责任，包括：注册会计师负责对管理层在治理层监督下编制的财务报表形成和发表意见，但对财务报表的审计并不减轻管理层或治理层的责任。

（2）注册会计师应当与治理层沟通计划的审计范围和时间安排的总体情况。沟通的事项可能包括：

①注册会计师拟如何应对由于舞弊或错误导致的特别风险；

②注册会计师对审计相关的内部控制采取的方案；

③在审计中对重要性概念的运用。

需要注意的是，在与治理层沟通计划的审计范围和时间时，审计师应当保持职业谨慎，以防止由于具体审计程序易于被治理层所预见而损害审计工作的有效性。例如，重要性的具体金额就不易与被审计单位治理层沟通。

（3）注册会计师应当与治理层沟通审计工作中发现的下列问题：

①注册会计师对被审计单位会计实务（包括会计政策、会计估计和财务报表披露）重大方面的质量的看法；

②审计工作中遇到的重大困难；

③已与管理层讨论或需要书面沟通的、审计中出现的重大事项，以及注册会计师要求提供的书面声明，除非治理层全部成员参与管理被审计单位；

④审计中出现的、根据职业判断认为对监督财务报告过程重大的其他事项。

（4）审计师独立性。如果被审计单位是上市实体，注册会计师还应当与治理层沟通下列内容：

①就审计项目组成员、会计师事务所其他相关人员以及会计师事务所和网络事务所按照相关职业道德要求保持了独立性作出声明；

②根据职业判断，注册会计师认为会计师事务所、网络事务所与被审计单位之间存在的可能影响独立性的所有关系和其他事项，包括会计师事务所和网络事务所在财务报表涵盖期间为被审计单位和受被审计单位控制的组成部分提供审计、非审计服务的收费总额；这些收费应当分配到适当的业务类型中，以帮助治理层评估这些服务对注册会计师独立性的影响；

③为消除对独立性的不利影响或将其降至可接受的水平，已经采取的相关防范措施。

需要注意的是，注册会计师有责任与治理层沟通准则要求的事项，管理层也有责任与治理层沟通有关治理的事项，但注册会计师的沟通并不减轻管理层的这种责任。同样，管理层与治理层就注册会计师需要沟通的事项进行的沟通，也不减轻注册会计师沟通这些事项的责任。但是，管理层就这些事项进行的沟通可能会影响注册会计师与治理层沟通的形式或时间安排。

审计师与治理层的沟通函的参考格式如下：

与治理层的沟通函

S公司董事会（审计委员会）：

根据《中国注册会计师审计准则第1151号——与治理层的沟通》的规定，在上市公司审计中，注册会计师应当就自身的独立性与治理层进行书面沟通。此外，注册会计师还应当就与财务报表审计相关且根据职业判断认为与治理层责任相关的重大事项，以适当的方式及时与治理层沟通。保持有效的双向沟通关系，有利于注册会计师与治理层履行各自的职责。必须特别强调的是，除法律法规和审计准则另有规定的情形之外，这份书面沟通文件仅供贵公司治理层使用，我们对第三方不承担任何责任，未经我们事先书面同意，沟通文件不得被引用、提及或向其他人披露。

一、独立性问题

现就独立性问题声明如下：

（一）参与贵公司审计工作的审计项目组成员、本会计师事务所其他相关人员以及本会计师事务所按照法律法规和职业道德规范的规定保持了独立性；

（二）根据职业判断，我们认为本会计师事务所与贵公司之间不存在可能影响独立性的关系和事项；

（三）我们已经根据法律法规和职业道德规范的规定采取了必要的防护措施，以防止可能出现的对独立性的威胁。

二、重大事项

以下内容是与我们对贵公司20×7年度财务报表进行审计相关的、按规定应予沟通的重大事项：

（一）对贵公司所采用的会计政策、会计估计和财务报表披露的看法

（二）审计工作中遇到的重大困难

（三）未更正错报

……

我们发现，贵公司……

我们已于20××年×月×日就上述事项与贵公司管理层沟通并提请更正，但至今尚未得到更正。如不更正，将会导致少计费用，从而虚增年度利润的后果。根据该笔业务的性质和重要程度，我们对贵公司20××年度的财务报表将不能出具标准无保留意见的审计报告。现再次提请贵公司予以更正。

……

（四）其他事项

……

××会计师事务所（盖章）

中国注册会计师：（签名并盖章）

二〇××年×月×日

贵公司的意见：

结论：

是否同意上述本所就独立性问题所作的声明以及就上述重大事项所作的说明

贵公司授权代表签字：　　　　　　　　　　　　日期：

二、审计工作的复核

审计机构应当建立完善的审计工作底稿分级复核制度。会计师事务所对审计工作底稿的复核可以分为两个层次：项目组内部复核和独立的项目质量控制复核。

（一）项目组内部复核

项目组内部复核又分为以下两个层次：

1. 审计项目经理的现场复核

审计项目经理对审计工作底稿的全面复核通常在审计现场完成，以便及时发现和解决问题，争取审计工作的主动。由审计项目经理在审计过程进行中对工作底稿的复核属于第一层复核，这层复核主要是评价已完成的审计工作、所获得的证据和工作底稿编制人员形成的结论。

2. 项目合伙人的复核

在完成审计外勤工作时，则需项目合伙人对审计工作底稿实施复核。该复核既是对审计项目经理复核的再监督，也是对重要审计事项的重点把关。

（二）独立的项目质量控制复核

项目质量控制复核是指审计机构挑选不参与该业务的人员，在出具报告前，对项目组作出的重大判断和在准备报告时形成的结论作出客观评价的过程。项目质量控制复核也称独立复核。

对特定业务实施项目质量控制复核，充分体现了分类控制、突出重点的质量控制理念。值得注意的是，项目质量控制复核并不减轻项目负责人的责任，更不能替代项目负责人的责任。

会计师事务所通常采用的项目质量控制复核方法包括：

（1）与项目负责人进行讨论；

（2）复核财务报表或其他业务对象信息及报告，尤其考虑报告是否适当；

（3）选取与项目组作出重大判断及形成结论有关的工作底稿进行复核。

除上述方法外，会计师事务所还可以视情况需要，采用其他适当的复核方法。例如，复核有关处理和解决重大疑难问题或争议事项形成的工作底稿，复核重大事项概要等。

项目质量控制复核与项目组内部复核在内容和目的等方面具有一定的相似性，但存在以下主要区别：

（1）复核主体不同。项目组复核是项目组内部进行的复核（包括项目负责人亲自实施的复核），而项目质量复核则是注册会计师指派不参与该业务的人员，独立的对特定审计业务实施的复核。后者的独立性和客观性明显更高。

（2）复核对象不同。对每项审计业务，项目组都应当实施项目组内部复核，而会计师事务所只对特定审计业务才独立实施项目组质量复核。

（3）复核要求不同。项目组对每项业务实施的复核比较详细具体。会计师事务所针对特定业务实施的项目质量复核应当突出重点，包括客观评价项目组作出的重大判断和在准备审计报告时得出的审计结论。

不同层次审计工作底稿复核的对比情况如表 13 – 7 所示：

表 13 – 7　　不同层次审计工作底稿复核的对比情况

项目	复核内容
审计项目经理现场复核	评价已完成的审计工作、所获得证据和工作底稿编制人员形成的结论
项目合伙人的复核	（1）复查计划确定的重点审计程序是否在适当，是否较好实施，是否实现了审计目标 （2）复查重点审计项目的审计证据是否充分、适当 （3）复查审计范围是否充分 （4）复查对建议调整的不符事项和未调整事项的处理是否适当 （5）复查审计工作底稿中重要的勾稽关系是否正确 （6）检查审计工作中发现的问题及其对财务报表和审计报告的影响，审计项目组对这些问题的处理是否恰当 （7）复核已审财务报表总体是否合理、可信
项目质量控制复核	（1）项目组就具体审计业务对会计师事务所独立性作出的评价 （2）项目组在审计过程中识别出的特别风险以及采取的应对措施，包括项目组对舞弊风险作出的评估及应对措施 （3）作出的判断，尤其是关于重要性和特别风险的判断 （4）项目组是否已就存在的意见分歧、其他疑难问题或争议事项进行适当咨询，以及咨询得出的结论 （5）项目组在审计中识别的已更正和未更正错报的重要程度及处理情况 （6）项目组拟于管理层、治理层以及其他方面沟通的事项 （7）所复核的审计工作底稿是否反映了项目组针对重大判断执行的工作，是否支持的得出的结论 （8）项目组拟出具的审计报告的适当性

在审计实务中，会计师事务所可以参考表 13 – 8 给出的范例确定本所的业务复核内容及记录形式。

表 13－8　　业务复核核对表

被审计单位：＿＿＿＿＿＿　　索引号：＿＿＿＿＿＿

项目：＿＿＿＿＿＿　　财务报表截止日/期间：＿＿＿＿＿＿

编制：＿＿＿＿＿＿　　复核：＿＿＿＿＿＿

日期：＿＿＿＿＿＿　　日期：＿＿＿＿＿＿

一、项目负责经理复核

复　核　事　项	是/否/不适用	备注
1. 是否已复核已完成的审计计划，以及导致对审计计划作出重大修改的事项？		
2. 是否已复核重要的财务报表项目？		
3. 是否已复核特殊交易或事项，包括债务重组、关联方交易、非货币性交易、或有事项、期后事项、持续经营能力等？		
4. 是否已复核重要会计政策、会计估计的变更？		
5. 是否已复核重大事项概要？		
6. 是否已复核建议调整事项？		
7. 是否已复核管理层声明书，股东大会、董事会相关会议纪要，与客户的沟通记录及重要会谈记录，律师询证函复函？		
8. 是否已复核审计总结？		
9. 是否已复核已审计财务报表和拟出具的审计报告？		
10. 实施上述复核后，是否可以确定下列事项：		
（1）审计工作底稿提供了充分、适当的记录，作为审计报告的基础？		
（2）已按照中国注册会计师审计准则的规定执行了审计工作？		
（3）对重大错报风险的评估及采取的应对措施是恰当的，针对存在特别风险的审计领域，设计并实施了针对性的审计程序，且得出了恰当的审计结论？		
（4）作出的重大判断恰当合理？		
（5）提出的建议调整事项恰当，相关调整分录正确？		
（6）未更正错报无论是单独还是汇总起来对财务报表整体均不具有重大影响？		
（7）已审计财务报表的编制符合企业会计准则的规定，在所有重大方面公允反映了被审计单位的财务状况、经营成果和现金流量？		
（8）拟出具的审计报告措辞恰当，已按照中国注册会计师审计准则的规定发表了恰当的审计意见？		

签字：　　　　日期：

二、项目负责合伙人复核

复　核　事　项	是/否/不适用	备注
1. 是否已复核已完成的审计计划，以及导致对审计计划作出重大修改的事项？		
2. 是否已复核重大事项概要？		
3. 是否已复核存在特别风险的审计领域，以及项目组采取的应对措施？		
4. 是否已复核项目组作出的重大判断？		

续表

复　核　事　项	是/否/不适用	备注
5. 是否已复核建议调整事项？ 6. 是否已复核管理层声明书，股东大会、董事会相关会议纪要，与客户的沟通记录及重要会谈记录，律师询证函复函？ 7. 是否已复核审计总结？ 8. 是否已复核已审计财务报表和拟出具的审计报告？ 9. 实施上述复核后，是否可以可以确定下列事项： （1）对项目负责经理实施的复核结果满意？ （2）对重大错报风险的评估及采取的应对措施是恰当的，针对存在特别风险的审计领域，设计并实施了针对性的审计程序，且得出了恰当的审计结论？ （3）项目组作出的重大判断恰当合理？ （4）提出的建议调整事项恰当合理，未更正错报无论是单独还是汇总起来对财务报表整体均不具有重大影响？ （5）已审计财务报表的编制符合企业会计准则的规定，在所有重大方面公允反映了被审计单位的财务状况、经营成果和现金流量？ （6）拟出具的审计报告措辞恰当，已按照中国注册会计师审计准则的规定发表了恰当的审计意见？		

签字：　　　　　　　　　　　　　　　　　　　　　　　　　　　　日期：

三、项目质量控制复核

复核事项 （注：由独立的项目质量控制复核人员进行复核，项目质量控制复核适用于上市公司财务报表审计或会计师事务所规定的其他类型审计业务。）	是/否/不适用	备注
1. 项目质量控制复核之前进行的复核是否均已得到满意的执行？ 2. 是否已复核项目组针对本业务对本所独立性作出的评价，并认为该评价是恰当的？ 3. 是否已复核项目组在审计过程中识别的特别风险以及采取的应对措施，包括项目组对舞弊风险的评估及采取的应对措施，认为项目组作出的判断和应对措施是恰当的？ 4. 是否已复核项目组作出的判断，包括关于重要性和特别风险的判断，认为这些判断恰当合理？ 5. 是否确定项目组已就存在的意见分歧、其他疑难问题或争议事项进行适当咨询，且咨询得出的结论是恰当的？ 6. 是否已复核项目组与管理层和治理层沟通的记录以及拟与其沟通的事项，对沟通情况表示满意？ 7. 是否认为所复核的审计工作底稿反映了项目组针对重大判断执行的工作，能够支持得出的结论？ 8. 是否已复核已审计财务报表和拟出具的审计报告，认为已审计财务报表的编制符合企业会计准则的规定，拟出具的审计报告已按照中国注册会计师审计准则的规定发表了恰当的审计意见？		

签字：　　　　　　　　　　　　　　　　　　　　　　　　　　　　日期：

三、书面声明

（一）书面声明的定义及作用

书面声明，是指管理层向注册会计师提供的书面陈述，用以确认某些事项或支持其他审计证据。书面声明不包括财务报表及其认定，以及支持性账簿和相关记录。

书面声明是注册会计师在财务报表审计中需要获取的必要信息，也是审计证据。如果管理层修改书面声明的内容或不提供注册会计师的书面声明，可能使注册会计师警觉存在重大问题的可能性。而且，在很多情况下，要求管理层提供书面声明而非口头声明，可以促使管理层更加认真地考虑声明涉及的事项，从而提高声明的质量。

尽管书面声明提供必要的审计证据，但其本身并不为所涉及的任何事项提供充分、适当的审计证据。而且，管理层已提供可靠书面声明的事实，并不影响注册会计师就管理层责任履行情况或具体认定获取的其他审计证据的性质和范围。

（二）书面声明的类型

1. 针对管理层责任的书面声明

准则规定，针对管理层责任的书面声明，应该包括两个方面的内容：

①针对财务报表的编制，注册会计师应当要求管理层提供书面声明，确认其根据审计业务约定条款，履行了按照适用的财务报告编制基础编制财务报表并使其实现公允反映（如适用）的责任。

②针对提供的信息和交易的完整性，注册会计师应当要求管理层就下列事项提供书面声明：

a. 按照审计业务约定条款，已向注册会计师提供所有相关信息，并允许注册会计师不受限制地接触所有相关信息以及被审计单位内部人员和其他相关人员。

b. 所有交易均已记录并反映在财务报表中。

2. 其他书面声明

除本准则和其他审计准则要求的书面声明外，如果注册会计师认为有必要获取一项或多项其他书面声明，以支持与财务报表或者一项或多项具体认定相关的其他审计证据，注册会计师应当要求管理层提供这些书面声明。

其他书面声明主要包括两类：

①关于财务报表的额外书面声明。包括的事项可能有：

a. 会计政策的选择和运用是否适当。

b. 是否按照使用的财务报告编制基础对下列事项进行了确认、计量、列报或披露。如负债（包括实际负债和或有负债）；资产的所有权或控制权或其他物权；可能影响财务报表的法律法规及合同；可能影响资产和负债账面价值或分类的计划或意图。

②关于特定认定的书面声明

在获取有关管理层的判断和意图的证据时，或在对判断和意图进行评价时，注册会计师可能考虑下列一项或多项事项：

a. 被审计单位以前对声明的意图的实际实施情况。

b. 被审计单位选取特定措施的理由。

c. 被审计单位实施特定措施的能力。

d. 是否存在审计过程中获取了可能与管理层判断或意图不一致的任何信息。

3. 书面声明的日期和涵盖的期间

书面声明的日期应当尽量接近对财务报表出具审计报告的日期，但不得在审计报告日后。书面声明应当涵盖审计报告针对的所有财务报表和期间。

由于书面声明是必要的审计证据，在管理层签署书面声明前，注册会计师不能发表审计意见，也不能签署审计报告。而且，由于注册会计师关注截至审计报告日发生的、可能需要在财务报表中作出相应调整或披露的事项，书面声明的日期应当尽量接近对财务报表出具审计报告的日期，不得在其之后。

【同步思考 13－2】

甲审计师于2011年1月28日开始对A公司2010年度财务报表进行审计，2月18日完成审计工作，2月22日完成审计报告，并与2月23日将审计报告送交给A公司，则A公司管理层声明书的日期通常应为：（　　）

A. 2011年1月28日　　　　B. 2011年2月28日

C. 2011年2月22日　　　　D. 2011年2月23日

（三）书面声明的形式

书面声明应当以声明书的形式致送注册会计师。如果法律法规要求管理层就其责任作出公开的书面陈述。尽管这种陈述是向财务报表使用者或是相关机构提供的，但注册会计师可能认为这些陈述提供了准则要求的部分或全部声明，则这些陈述所涵盖的相关事项不必包括在声明书中。声明书的参考格式如下。

管理层声明书

××会计师事务所并注册会计师：

本声明书是针对你们审计ABC公司截至2011年12月31日的年度财务报表而提供的。审计的目的是对财务报表发表意见，以确定财务报表是否存在所有重大方面已按照企业会计准则的规定编制，并实现公允反映。

尽我们所知，并在作出了必要的查询和了解后，我们确认：

一、财务报表

1. 我们已履行［插入日期］签署的审计业务约定书中提及的责任，即根据企业会计准则的规定编制财务报表，并对财务报表进行公允反映。

2. 在作出会计估计时使用的重大假设（包括与公允价值计量相关的假设）是合理的。

3. 已按照企业会计准则的规定对关联方关系及其交易作出了恰当的会计处理和

披露。

4. 根据企业会计准则的规定，所有需要调整或披露的资产负债表日后事项都已得到调整或披露。

5. 未更正错报，无论是单独还是汇总起来，对财务报表整体的影响均不重大。未更正错报汇总表附在本声明书后。

二、提供的信息

6. 我们已向你们提供下列工作条件：

（1）允许接触我们注意到的、与财务报表编制相关的所有信息（如记录、文件和其他事项）。

（2）提供你们基于审计目的要求我们提供的其他信息。

（3）允许在获取审计证据时不受限制地接触你们认为必要的本公司内部人员和其他相关人员。

7. 所有交易均已记录并反映在财务报表中。

8. 我们已向你们披露了由于舞弊可能导致的财务报表重大错报风险的评估结果。

9. 我们已向你们披露了我们注意到的、可能影响本公司的与舞弊或舞弊嫌疑相关的所有信息，这些信息涉及本公司的。

（1）管理层；

（2）在内部控制中承担重要职责的员工；

（3）其他人员（在舞弊行为导致财务报表重大错报的情况下）。

10. 我们已向你们披露了从现任和前任员工、分析师、监管机构等方面获知的、影响财务报表的舞弊指控或舞弊嫌疑的所有信息。

11. 我们已向你们披露了所有已知的、在编制财务报表时应当考虑其影响的违反或涉嫌违反法律法规的行为。

12. 我们已向你们披露了我们注意到的关联方的名称和特征、所有关联方关系及其交易。

附：未更正错报汇总表

有限责任公司管理层（盖章）

（签名并盖章）

年　月　日

（四）对书面声明可靠性的疑虑以及管理层不提供要求的书面声明

如果对管理层的胜任能力、诚信、道德价值观或勤勉尽责存在疑虑，或者对管理层在这些方面的承诺或贯彻执行存在疑虑，注册会计师应当确定这些疑虑对书面或口头声明和审计证据总体的可靠性可能产生的影响。

如果书面声明与其他审计证据不一致，注册会计师应当实施审计程序以设法解决这些问题。如果问题仍未解决，注册会计师应当重新考虑对管理层的胜任能力、诚信、道德价值观或勤勉尽责的评估，或者重新考虑对管理层在这些方面的承诺或贯彻执行的评估，并确定书面声明与其他审计证据的不一致对书面或口头声明和审计证据总体的可靠性可能产生的影响。

如果认为书面声明不可靠，注册会计师应当采取适当措施，确定其对审计意见可能产生的影响。

如果管理层不提供要求的一项或多项书面声明，注册会计师应当：

（1）与管理层讨论该事项；

（2）重新评价管理层的诚信，并评价该事项对书面或口头声明和审计证据总体的可靠性可能产生的影响；

（3）采取适当措施，确定该事项对审计意见可能产生的影响。

如果存在下列情形之一，注册会计师应当对财务报表发表无法表示意见：

（1）注册会计师对管理层的诚信产生重大疑虑，以至于认为其按照本准则的要求作出的书面声明不可靠；

（2）管理层不提供本准则要求的书面声明。

【同步思考 13-3】

如何理解管理层声明与注册会计师工作之间的关系？

任务回顾

本任务主要讲述了完成审计工作阶段的重要性及其内容。

（1）审计差异，是指对审计项目组成员在审计中发现的被审计单位的会计处理方法与企业会计准则的不一致。

（2）汇总审计差异，编制试算平衡表，评价审计结果。

（3）治理层，是指对被审计单位战略方向以及管理层履行经营管理责任负有监督责任的人员或组织。与治理层沟通，包括沟通的内容和方式。

（4）对审计工作的复核，包括项目组内部复核和独立的项目质量控制复核。

（5）书面声明，是指管理层向注册会计师提供的书面陈述，用以确认某些事项或支持其他审计证据。书面声明的作用、类型及形式。

思考与案例分析题

一、思考题

1. 完成审计工作阶段包括哪些主要内容？
2. 运用分析程序进行总体复核的目的。
3. 简述注册会计师应当与治理层沟通的作用及内容。
4. 简述项目质量控制复核与项目组内部复核的区别。

二、案例讨论题

资料：X注册会计师在对Y公司主营业务收入实施实质性测试程序时，抽查到以下销售业务：

确认对A公司销售收入计1 000万元（不含税，增值税税率为17%）。相关记录显示：销售给A公司的产品系Y公司生产的半成品，其成本为900万元，Y公司已开具增值税发票且已经收到货款；A公司对其购进的上述半成品进行加工后又以1 287万元的价格（含税，增值税税率为17%）销售给Y公司，A公司已开具增值税发票且已收到货款，Y公司已作存货购进处理。

要求：针对上述资料，请分别判断Y公司已经确认的销售收入应否确认。若回答“不应确认”，请提出审计调整建议（编制审计调整分录时不考虑流转税附加及对所得税和利润分配的影响）。

专业技能训练

1. 实训目的

熟悉审计差异调整分录的记录，并编制审计差异汇总表。

2. 实训资料

A公司2012年12月31日资产负债表和利润表如表13－9、表13－10所示：

表13－9 **A公司资产负债表** 单位：元

项目	行次	年末余额	项目	行次	年末余额
流动资产：	1		流动负债：	47	
货币资金	2	6 500 000.00	短期借款	48	5 000 000.00
交易性金融资产	3		交易性金融负债	49	
应收票据	5	3 600 000.00	应付票据	51	1 600 000.00
应收股利	6		应付账款	52	5 400 000.00
应收利息	7		预收账款	53	3 600 000.00
应收账款	8	6 500 000.00	应付职工薪酬	54	689 300.00
其他应收款	9	450 000.00	其中：应付工资	55	
预付账款	10	2 200 000.00	应付福利费	56	
存货	11	16 250 000.00	应交税费	57	532 680.00
库存材料（产成品）	13		应付利息	59	77 500.00
一年内到期的非流动资产	14		应付股利	60	
其他流动资产	15		其他应付款	61	3 938 703.00
流动资产合计	16	35 500 000.00	一年内到期的非流动负债	62	
非流动资产：	17		其他流动负债	63	
可供出售金融资产	18		流动负债合计	64	20 838 183.00
持有至到期投资	19		非流动负债：	65	
长期应收款	20		长期借款	66	15 000 000.00
长期股权投资	21	4 500 000.00	应付债券	67	

续表

项目	行次	年末余额	项目	行次	年末余额
股权分置流通权	22		长期应付款	68	
投资性房地产	23		专项应付款	69	
固定资产原价	24	42 000 000.00	预计负债	70	
减：累计折旧	25		递延所得税负债	71	
固定资产净值	26		递延税款贷项	72	
减：固定资产减值准备	27		其他非流动负债	73	
固定资产净额	28		其中：特准储备基金	74	
在建工程	29	4 000 000.00	非流动负债合计	75	15 000 000.00
工程物资	30		负债合计	76	35 838 183.00
固定资产清理	31		所有者权益：	77	
无形资产	32	2 500 000.00	实收资本	78	30 000 000.00
长期待摊费用	39	400 000.00		85	
递延所得税资产	40		资本公积	86	
递延税款借项	41		减：库存股	87	
其他非流动资产	42		盈余公积	88	5 275 169.00
其中：特准储备物资	43		一般风险准备	89	
非流动资产总计	44	53 400 000.00	未确认投资损失	90	
			未分配利润	91	
			所有者权益合计	98	53 061 817.00
资产合计	45	88 900 000.00	负债及所有者权益合计	99	88 900 000.00

表 13－10　　　　A公司利润表

项目名称	行次	本年累计数
一、营业收入	1	65 000 000.00
减：营业成本	2	45 500 000.00
销售费用	3	4 875 569.82
营业税金及附加	4	
管理费用	7	8 764 479.28
财务费用	8	1 198 000.00
加：投资收益	9	200 000.00
三、营业利润	10	4 861 950.90
加：营业外收入	13	180 000.00
减：营业外支出	14	300 000.00
加：以前年度损益调整	15	

续表

项目名称	行次	本年累计数
四、利润总额	16	4 741 950.90
减：所得税费用	17	1 185 487.73
五、净利润	18	3 556 463.18

根据企业提供的资料，严格按审计程序进行了审计，并在工作底稿上，记录了调整分录如下：

（1）2008 年 7 月 7 日，银行承兑汇票到期，银行已划款企业未作账务处理。调整账务如下：

借：应付票据　　1 430 000.00 元

　　贷：银行存款　　1 430 000.00 元

（2）应收账款贷方余额重分类转入预收账款 410 285.00 元

借：应收账款　　410 285.00 元

　　贷：预收账款　　410 285.00 元

（3）预收账款借方余额重分类转入应收账款 52 399.00 元

借：应收账款　　52 399.00 元

　　贷：预收账款　　52 399.00 元

（4）应付账款借方余额重分类转入预付账款 1 155 572.00 元

借：预付账款　　1 155 572.00 元

　　贷：应付账款　　1 155 572.00 元

（5）其他应付款借方余额重分类转入其他应收款 4 806 790.00 元

借：其他应收款　　4 806 790.00 元

　　贷：其他应付款　　4 806 790.00 元

（6）其他应收款贷方余额重分类转入其他应付款 3 073 622.00 元

借：其他应收款　　3 073 622.00 元

　　贷：其他应付款　　3 073 622.00 元

（7）低值易耗品应按“五五”摊销法进行摊销

借：管理费用　　70 350.00 元

　　贷：周转材料　　70 350.00 元

（8）存货中有分期收款发出商品 1 871 783.00 元，经查被审计单位实行代理制，当产品发出去后，被审计单位就以发出去时产品的价格入账。被审计单位的分期收款发出商品 1 871 783.00 元是虚挂账，虚增资产、利润：

借：主营业务成本　　1 871 783.00 元

　　贷：发出商品　　1 871 783.00 元

（9）将原转入长期待摊费用中的费用调回

借：管理费用　　868 081.00 元

贷：长期待摊费用 868 081.00 元

（10）预付账款中应在本年摊销的费用进行摊销

借：管理费用 143 253.00 元

贷：预付账款 143 253.00 元

（11）企业投资给 A 公司 3 000 000.00 元占该公司注册资本的 90%，A 公司本年未分配利润为 391 954.31 元，按权益法应调增长期投资的账面值 195 977.16 元。

借：长期投资 195 977.16 元

贷：投资收益 195 977.16 元

（12）企业 2008 年 11 月至 12 月支付的房屋装修费用，5 年分摊，本年应分摊 17 937.00 元

借：管理费用 17 937.00 元

贷：长期待摊费用 17 937.00 元

（13）本年借款利息已预提，企业按季支付利息并记入财务费用重复应冲回

借：应付利息 75 127.00 元

贷：财务费用 75 127.00 元

（14）调增长期借款的利息

借：财务费用 20 196.00 元

贷：长期借款 20 196.00 元

（15）借：长期借款——工行 190 000.00 元

——农信 183 300.00 元

贷：一年到期的非流动负债 373 300.00 元

综合（1）~（15）对企业利润分配的影响为：

利润分配 - 未分配利润 = 195 977.16 - 70 350 - 1 871 783 - 868 081 - 143 253 - 17 937 + 75 127 - 20 196 = -2 720 495.84 元

要求：根据上述资料编制审计差异调整汇总表。

结果如下表 13-11、表 13-12、表 13-13 所示。

表 13-11　A 公司资产类科目审计差异汇总

项目	行次	未审数	重分类数	调整数	审定数
流动资产：	1				
货币资金	2	6 500 000.00		-1 430 000.00	5 070 000.00
交易性金融资产	3				
应收票据	5	3 600 000.00			3 600 000
应收股利	6				
应收利息	7				
应收账款	8	6 500 000.00	410 285.00 52 399.00		6 962 684.00

续表

项目	行次	未审数	重分类数	调整数	审定数
其他应收款	9	450 000.00	4 806 790.00 3 073 622.00		8 330 412.00
预付账款	10	2 200 000.00	1 155 572.00 -143 253.00		3 212 319.00
存货	11	16 250 000.00		-70 350.00 -1 871 783.00	14 307 867.00
库存材料（产成品）	13				
一年内到期的非流动资产	14				
其他流动资产	15				
流动资产合计	16	35 500 000.00			41 483 282.00
非流动资产：	17				
可供出售金融资产	18				
持有至到期投资	19				
长期应收款	20				
长期股权投资	21	4 500 000.00		195 977.16	4 695 977.16
股权分置流通权	22				
投资性房地产	23				
固定资产原价	24	42 000 000.00			42 000 000.00
减：累计折旧	25				
固定资产净额	28				
在建工程	29	4 000 000.00			4 000 000.00
工程物资	30				
固定资产清理	31				
无形资产	32	2 500 000.00			2 500 000.00
长期待摊费用	39	400 000.00		-17 937.00 -868 081.00	-486 018.00
递延所得税资产	40				
递延税款借项	41				
其他非流动资产	42				
非流动资产总计	44	53 400 000.00			52 709 959.00
资产合计		88 900 000.00			94 193 241.16

表 13－12　　A公司负债与所有者权益类科目审计差异汇总

项目	行次	未审数	重分类数	调整数	审定数
流动负债：	47				
短期借款	48	5 000 000.00			5 000 000.00
交易性金融负债	49				
应付票据	51	1 600 000.00		－1 430 000.00	170 000.00
应付账款	52	5 400 000.00	1 155 572.00		6 555 572.00
预收账款	53	3 600 000.00	410 285.00 52 399.00		4 062 684.00
应付职工薪酬	54	689 300.00			689 300.00
其中：应付工资	55				
应付福利费	56				
应交税费	57	532 680.00			532 680.00
应付利息	59	77 500.00		－75 127.00	2 373.00
应付股利	60				
其他应付款	61	3 938 703.00	4 806 790.00 3 073 622.00		11 819 115.00
一年内到期的非流动负债	62			373 300.00	373 300.00
其他流动负债	63				
流动负债合计	64	20 838 183.00			29 205 024.00
非流动负债：	65				
长期借款	66	15 000 000.00	20 196.00 －190 000.00 －183 300.00		14 646 896.00
应付债券	67				
长期应付款	68				
专项应付款	69				
预计负债	70				
递延所得税负债	71				
递延税款贷项	72				
其他非流动负债	73				
非流动负债合计	75	15 000 000.00			14 646 896.00
负债合计	76	35 838 183.00			43 851 920.00
所有者权益：	77				

续表

项目	行次	未审数	重分类数	调整数	审定数
实收资本	78	30 000 000.00			30 000 000.00
资本公积	86				
盈余公积	88	5 275 169.00			5 275 169.00
未分配利润	91	17 786 648.00		-2 720 496.84	15 066 151.16
所有者权益合计	98	53 061 817.00			50 341 321.16
负债及所有者权益合计		88 900 000.00			94 193 241.16

表 13-13　　A 公司利润表审计差异汇总

项目名称	行次	未审数	调整数	审定数
一、营业收入	1	65 000 000.00	65 000 000.00	65 000 000.00
减：营业成本	2	45 500 000.00	47 371 783.00	47 371 783.00
销售费用	3	4 875 569.82	4 875 569.82	4 875 569.82
营业税金及附加	4			
管理费用	7	8 764 479.28	9 864 100.28	9 864 100.28
财务费用	8	1 198 000.00	1 143 069.00	1 143 069.00
加：投资收益	9	200 000.00	395 977.16	395 977.16
三、营业利润	10	4 861 950.90	2 141 455.06	2 141 455.06
加：营业外收入	13	180 000.00	180 000.00	180 000.00
减：营业外支出	14	300 000.00	300 000.00	300 000.00
加：以前年度损益调整	15			
四、利润总额	16	4 741 950.90	2 021 455.06	2 021 455.06
减：所得税费用	17	1 185 487.73	505 363.77	505 363.77
五、净利润	18	3 556 463.18	1 516 091.30	1 516 091.30

教学设计与实践

1. 教学重点

（1）审计差异调整表和试算平衡表的编制；

（2）完成阶段执行分析程序进行总体复核的内容；

（3）掌握审计工作底稿复核的要点。

2. 教学难点

（1）审计差异的汇总与调整；

（2）总体复核的程序；

3. 建议教学课时

理论教学 4 学时，实践教学 2 学时。

4. 教学实践

（1）请制作本任务的授课教案；

（2）选取部分内容进行 1 小节课程的试讲。

任务十四　审计报告的编制

任务内容

- 审计报告的作用
- 审计报告的内容
- 审计报告的格式
- 审计报告的类型
- 审计报告的决策

【任务目标】

- 了解审计报告的作用、分类；
- 掌握标准审计报告和非标准审计报告的范例；
- 掌握不同类型审计报告的出具标准。
- 掌握审计报告的决策

【适用的准则和规范】

- 《中国注册会计师审计准则第 1251 号——评价审计过程中识别出的错报》
- 《中国注册会计师审计准则第 1501 号——对财务报表形成审计意见和出具审计报告》
- 《中国注册会计师审计准则第 1502 号——在审计报告中发表非无保留意见》
- 《中国注册会计师审计准则第 1503 号——在审计报告中增加强调事项段和其他事项段》

导入案例

中国证券史上第一份否定意见审计报告

重庆渝钛白粉股份有限公司（以下简称“渝钛白公司”）是在以吸收合并方式接受重庆化工厂后于 1992 年 9 月 11 日宣告成立的以社会募集方式设立的公众股份有限公司。1993 年 7 月 12 日，“渝钛白”在深圳证券交易所上市交易。从 1996 年开始，公司在经营上开始出现亏损（1996 年亏损 1 318 万元，公司未予分配）。

重庆会计师事务所对渝钛白公司进行了1997年度的财务报表审计，并于1998年3月签发了颇有争议的中国证券史上第一份否定意见审计报告。

报告指出：1997年度应计入财务费用的借款，即应付债券利息8 064万元，贵公司将其资本化计入了钛白粉工程成本；欠付中国银行常青市分行的美元借款利息89.8万美元（折合人民币743万元）贵公司未计提入账，两项共影响利润8 807万元。

我们认为，由于本报告第二段所述事项的重大影响，贵公司1997年12月31日资产负债表，1997年度利润及利润分配表、财务状况变动表未能公允地反映贵公司1997年12月31日的财务状况和1997年度经营成果及资金变动情况。

渝钛白是一个上市公司，1996年已经出现1 000多万元的亏损，而1997年在未调整的情况下，又出现了3 000多万元的亏损，加上这两个会计事项的调整，其亏损额已高达11 943万元，调整之后的股东权益仅为3 290万元，与其原有的注册资本13 000万元相比，仅剩25%左右。这样，其持续经营的能力就值得怀疑。因此，重庆会计师事务所对渝钛白公司1997年的财务报表出具了否定意见审计报告。

案例思考

会计师事务所对财务报表审计后，出具不同审计意见的标准是什么？

任务结构

一、审计报告概述

（一）审计报告的含义

审计报告是指注册会计师根据审计准则的规定，在执行审计工作的基础上，对财务报表发表审计意见的书面文件。

审计报告是注册会计师在完成审计工作后向委托人提交的最终产品，其特征如表14－1所示。

表14－1　审计报告的特征

	特　征
审计报告	（1）注册会计师应当按照审计准则的规定执行审计工作。
	（2）注册会计师在实施审计工作的基础上才能出具审计报告。
	（3）注册会计师通过对财务报表发表意见履行业务约定书约定的责任。
	（4）注册会计师应当以书面形式出具审计报告。

注册会计师应当根据由审计证据得出的结论，清楚表达对财务报表的意见。无论是出具标准审计报告，还是非标准审计报告，注册会计师一旦在审计报告上签名并盖章，就表明对其出具的审计报告负责。

审计报告是注册会计师对财务报表是否在所有重大方面按照财务报告编制基础编制并实现公允反映发表审计意见的书面文件，因此，注册会计师应当将已审计的财务报表附于审计报告之后，以便于财务报表使用者正确理解和使用审计报告，并防止被审计单位替换、更改已审计的财务报表。

（二）审计报告的作用

注册会计师签发的审计报告，主要具有鉴证、保护和证明三方面的作用。

1. 鉴证作用

注册会计师签发的审计报告，不同于政府审计和内部审计的审计报告，是以超然独立的第三者身份，对被审计单位财务报表合法性、公允性发表意见。这种意见具有鉴证作用，得到了政府及其各部门和社会各界的普遍认可。政府有关部门，如财政部门、税务部门等了解、掌握企业的财务状况和经营成果的主要依据是企业提供的财务报表是否合法、公允，主要依据注册会计师的审计报告作出判断。股份制企业的股东，主要依据注册会计师的审计报告来判断被投资企业的财务报表是否公允地反映了财务状况和经营成果，以进行投资决策等。

2. 保护作用

注册会计师通过审计，可以对被审计单位财务报表出具不同类型审计意见的审计报告，以提高或降低财务报表使用者对财务报表的信赖度，能够在一定程度上对被审计单位的财产、债权人和股东的权益及企业利害关系人的利益起到保护作用。如投资者为了减少投资风险，在进行投资之前，需要查阅被投资企业的财务报表和注册会计师的审计报告，了解被投资企业的经营情况和财务状况。投资者根据注册会计师的审计报告作出投资决策，可以降低其投资风险。

3. 证明作用

审计报告是对注册会计师审计任务完成情况及其结果所作的总结，它可以表明审计工作的质量并明确注册会计师的审计责任。因此，审计报告可以对审计工作质量和注册会计师的审计责任起证明作用。通过审计报告，可以证明注册会计师在审计过程中是否实施了必要的审计程序，是否以审计工作底稿为依据发表审计意见，发表的审计意见是否与被审计单位的实际情况相一致，审计工作的质量是否符合要求。通过审计报告，可以证明注册会计师对审计责任的履行情况。

（三）审计报告的分类

审计报告可以按不同的标准划分为不同的类型。

1. 按照使用审计报告的目的可分为公布目的审计报告和非公布目的的审计报告

公布目的的审计报告一般是用于对企业股东、投资者、债权人等非特定利益关系者公布的附送财务报表的审计报告；非公布目的的审计报告一般是用于经营管理、合并或业务转让、融通资金等特定目的而实施审计的审计报告。这类审计报告是分发给特定使用者的，如经营者、合并或业务转让的关系人、提供信用的金融机构等。

2. 按审计报告的格式可分为标准审计报告和非标准审计报告

标准审计报告是指不含有说明段、强调事项段、其他事项段或其他任何修饰性用语的无保留意见的审计报告。其中，无保留意见是指当注册会计师认为财务报表在所有重大方面按照适用的财务报告编制基础编制并实现公允反映时发表的审计意见。包含其他报告责任段，但不含有强调事项段或其他事项段的无保留意见的审计报告也被视为标准审计报告。

非标准审计报告，是指带强调事项段或其他事项段的无保留意见的审计报告和非无保留意见的审计报告。非无保留意见的审计报告包括保留意见的审计报告、否定意见的审计报告和无法表示意见的审计报告。

3. 按审计报告的详略程度可分为简式审计报告和详式审计报告

简式审计报告又称短式审计报告。它是指注册会计师对应公布的财务报表进行审计后所编制的简明扼要的审计报告。简式审计反映的内容是非特定多数的利害关系人共同认为的必要审计事项，它具有记载事项为法令或审计准则所规定的特征，具有标准格式，因而，简式审计报告一般适用于公布目的，具有标准审计报告的特点。

详式审计报告又称长式审计报告。它是指对审计对象所有重要的经济业务和情况都要作详细说明和分析的审计报告。详式审计报告主要用于指出企业经营管理存在的问题和帮助企业改善经营管理，故其内容要较简式审计报告丰富得多、详细得多。详式审计报告一般适用于非公布目的，具有非标准审计报告的特点。

二、审计报告的内容与格式

（一）审计报告的基本内容

审计报告应当包括下列要素：（1）标题。（2）收件人。（3）引言段。（4）管理层对财务报表的责任段。（5）注册会计师的责任段。（6）审计意见段。（7）注册会计师的签名和盖章。（8）会计师事务所的名称、地址和盖章。（9）报告日期。

审计报告的九大要素如表 14 -2 所示。

表 14 -2　　审计报告要素

专业术语	含义	具体要求
标题	审计报告的标题应统一规范为“审计报告”	考虑到这一标题已为社会公众所接受，因此，我国注册会计师出具的审计报告中标题没有包含“独立”两个字，但注册会计师在执行财务报表审计业务时，应当遵守独立性的要求
收件人	是指注册会计师按照业务约定书的要求致送审计报告的对象，一般是指审计业务的委托人	（1）审计报告应当按照审计业务的约定载明收件人的全称 （2）对整套通用目的财务报表出具的审计报告，审计报告的致送对象通常为被审计单位的全体股东或董事会

续表

专业术语	含义	具体要求
引言段	是指审计报告中用于描述已审计财务报表的段落	审计报告的引言段应当包括下列内容： (1) 指出被审计单位的名称 (2) 说明财务报表已经审计 (3) 指出构成整套财务报表的每一财务报表的名称 (4) 提及财务报表附注（包括重要会计政策概要和其他解释性信息）
管理层对财务报表的责任段	用以描述被审计单位中负责编制财务报表的人员的责任的段落	管理层对财务报表的责任段应当说明，编制财务报表是管理层的责任，这种责任包括： (1) 按照适用的财务报告编制基础编制财务报表，并使其实现公允反映 (2) 设计、执行和维护必要的内部控制，以使财务报表不存在由于舞弊或错误导致的重大错报
注册会计师的责任段	是指审计报告中用于描述注册会计师责任的段落	注册会计师的责任段应当说明下列内容： (1) 注册会计师的责任是在执行审计工作的基础上对财务报表发表审计意见 (2) 注册会计师按照中国注册会计师审计准则的规定执行了审计工作。中国注册会计师审计准则要求注册会计师遵守中国注册会计师职业道德守则，计划和执行审计工作以对财务报表是否不存在重大错报获取合理保证 (3) 审计工作涉及实施审计程序，以获取有关财务报表金额和披露的审计证据。选择的审计程序取决于注册会计师的判断，包括对由于舞弊或错误导致的财务报表重大错报风险的评估。在进行风险评估时，注册会计师考虑与财务报表编制和公允列报相关的内部控制，以设计恰当的审计程序，但目的并非对内部控制的有效性发表意见。审计工作还包括评价管理层选用会计政策的恰当性和作出会计估计的合理性，以及评价财务报表的总体列报 (4) 注册会计师相信获取的审计证据是充分、适当的，为其发表审计意见提供了基础 如果结合财务报表审计对内部控制的有效性发表意见，注册会计师应当删除上述第 3 项中“但目的并非对内部控制的有效性发表意见”的措辞
审计意见段	是指审计报告中用于描述注册会计师对会计报表发表意见的段落	应当说明，财务报表是否按照适用的会计准则和相关会计制度的规定编制，是否在所有重大方面公允反映了被审计单位的财务状况、经营成果和现金流量

续表

专业术语	含义	具体要求
注册会计师的签名和盖章	审计报告应当由注册会计师签名并盖章，以明确相关责任	按《财政部关于注册会计师在审计报告上签名盖章有关问题的通知》（财会［2001］1035号）的规定执行
会计师事务所的名称、地址和盖章	审计报告应载明会计师事务所的名称和地址，并加盖会计师事务所公章	注册会计师在审计报告中载明会计师事务所地址时，标明会计师事务所所在的城市即可。在实务中，审计报告通常载于会计师事务所统一印刷的、标有该所详细通讯地址的信笺上，因此，无须在审计报告中注明详细地址
报告日期	是指注册会计师在审计报告上签署的日期，准则将审计报告日期规定为完成审计工作的日期	审计报告日不应早于注册会计师获取充分、适当的审计证据（包括管理层认可对财务报表的责任且已批准财务报表的证据），并在此基础上对财务报表形成审计意见的日期 在确定审计报告日时，注册会计师应当确信已获取下列两方面的审计证据：（1）构成整套财务报表的所有报表（包括相关附注）已编制完成；（2）被审计单位的董事会、管理层或类似机构已经认可其对财务报表负责 在实务中，注册会计师在正式签署审计报告前，通常把审计报告草稿和已审计财务报表草稿一同提交给管理层。如果管理层批准并签署已审计财务报表，注册会计师即可签署审计报告。注册会计师签署审计报告的日期通常与管理层签署已审计财务报表的日期为同一天，或晚于管理层签署已审计财务报表的日期

【小资料】

如果在审计意见段中提及的适用的财务报告编制基础不是企业会计准则，而是国际财务报告准则、国际公共部门会计准则或者其他国家或地区的财务报告准则，注册会计师应当在审计意见段中指明国际财务报告准则或国际公共部门会计准则，或者财务报告准则所属的国家或地区。

在审计意见段中指出适用的财务报告编制基础，旨在告知审计报告使用者注册会计师发表审计意见的背景。注册会计师可以使用诸如下列措辞指明适用的财务报告编制基础：“……按照国际财务报告准则的规定”或者“……按照企业会计准则的规定……”。如果适用的财务报告编制基础包括财务报告准则和法律法规的规定，可以使用诸如下列措辞指明适用的财务报告编制基础：“……按照国际财务报告准则和［X国家公司法］的要求。”

财务报表可能按照两个财务报告编制基础编制，在这种情况下，这两个编制基础都是适用的财务报告编制基础，在对财务报表形成审计意见时，需要分别考虑每个编制基础，并在审计意见中提及这两个编制基础：即一个意见是，财务报表按照其中一个适用的财务报告编制基础（如X国财务报告编制基础）编制；另一个意见是，财务报表按照另一个适用的财务报告编制基础（如国际财务报告准则）编制。这两个意见可以分别表述，也可以在一个句子中表述（例如，财务报表在所有重大方面按照X国财务报告编制基础和国际财务报告准则的规定编制，公允反映了……）。如果财务报表符合其中一个编制基础（如X国财务报告编制基础）而没有符合另一个编制基础（如国际财务报告准则），注册会计师需要对财务报表按照其中一个编制基础（如X国财务报告编制基础）编制发表无保留意见，而对财务报表按照另一个编制基础（如国际财务报告准则）编制发表非无保留意见。

【小资料】

《财政部关于注册会计师在审计报告上签名盖章有关问题的通知》（财会［2001］1035号）明确规定：

"一、会计师事务所应当建立健全全面质量控制政策与程序以及各审计项目的质量控制程序，严格按照有关规定和本通知的要求在审计报告上签名盖章。

二、审计报告应当由两名具备相关业务资格的注册会计师签名盖章并经会计师事务所盖章方为有效。

（一）合伙会计师事务所出具的审计报告，应当由一名对审计项目负最终复核责任的合伙人和一名负责该项目的注册会计师签名盖章。

（二）有限责任会计师事务所出具的审计报告，应当由会计师事务所主任会计师或其授权的副主任会计师和一名负责该项目的注册会计师签名盖章。"

（二）审计报告的格式

对按照企业会计准则编制的财务报表出具的标准审计报告如【例14－1】所示。其背景信息如下：（1）对整套财务报表实施审计；（2）财务报表由被审计单位管理层基于通用目的、按照企业会计准则的规定编制；（3）审计业务约定条款中说明的管理层对财务报表的责任，与《中国注册会计师审计准则第1111号——就审计业务约定条款达成一致意见》的规定一致；（4）除对财务报表实施审计外，注册会计师还承担法律法规要求的其他报告责任，且注册会计师决定在审计报告中履行其他报告责任。

【例14－1】标准审计报告

审计报告

ABC股份有限公司全体股东：

一、对财务报表出具的审计报告

我们审计了后附的ABC股份有限公司（以下简称“ABC公司”）财务报表，包括2015年12月31日的资产负债表，2015年度的利润表、现金流量表和所有者权益变动表以及财务报表附注。

（一）管理层对财务报表的责任

编制和公允列报财务报表是ABC公司管理层的责任，这种责任包括：（1）按照企业会计准则的规定编制财务报表，并使其实现公允反映；（2）设计、执行和维护必要的内部控制，以使财务报表不存在由于舞弊或错误导致的重大错报。

（二）注册会计师的责任

我们的责任是在执行审计工作的基础上对财务报表发表审计意见。我们按照中国注册会计师审计准则的规定执行了审计工作。中国注册会计师审计准则要求我们遵守中国注册会计师职业道德守则，计划和执行审计工作以对财务报表是否不存在重大错报获取合理保证。

审计工作涉及实施审计程序，以获取有关财务报表金额和披露的审计证据选择的审计程序取决于注册会计师的判断，包括对由于舞弊或错误导致的财务报表重大错报风险的评估。在进行风险评估时，注册会计师考虑与财务报表编制和公允列报相关的内部控制，以设计恰当的审计程序，但目的并非对内部控制的有效性发表意见。审计工作还包括评价管理层选用会计政策的恰当性和作出会计估计的合理性，以及评价财务报表的总体列报。

我们相信，我们获取的审计证据是充分、适当的，为发表审计意见提供了基础。

（三）审计意见

我们认为，ABC公司财务报表在所有重大方面按照企业会计准则的规定编制，公允反映了ABC公司2015年12月31日的财务状况以及2015年度的经营成果和现金流量。

二、按照相关法律法规的要求报告的事项（本部分报告的格式和内容，取决于相关法律法规对其他报告责任的规定。）

××会计师事务所　　　　　　　　中国注册会计师：×××
（盖章）　　　　　　　　　　　　（签名并盖章）
中国××市　　　　　　　　　　　中国注册会计师：×××
（签名并盖章）
二〇一六年×月×日

三、审计报告的决策

出具审计报告前，注册会计师应完成一系列工作，审计报告的编制流程如图14－1所示。

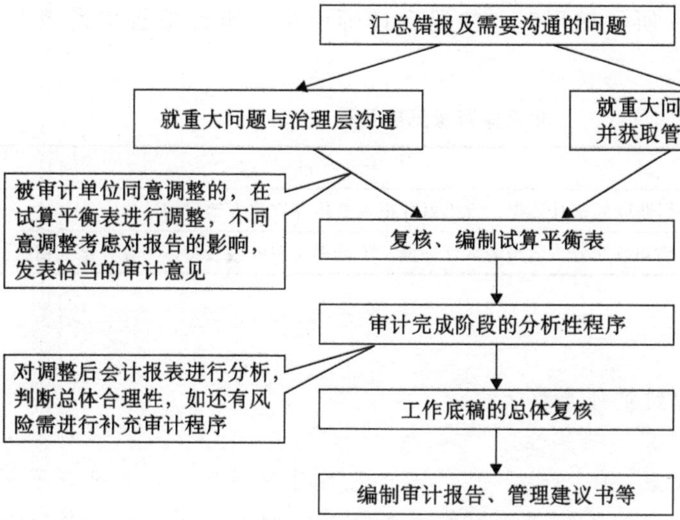

图 14－1　审计报告编制流程

通常将审计报告划分为标准审计报告和非标准审计报告。

（一）标准审计报告

当注册会计师出具的无保留意见的审计报告不附加说明段、强调事项段或任何修饰性用语时，该报告称为标准审计报告。因此，标准审计报告包含的审计报告要素齐全，属于无保留意见，且不附加说明段、强调事项段或任何修饰性用语。

当存在如表 14－3 所示情形时，注册会计师应当在审计报告中发表无保留意见。

表 14－3　　无保留意见出具标准

	标　准
无保留意见	（1）财务报表已经按照适用的会计准则和相关的会计制度的规定编制，在所有重大方面公允反映了被审计单位的财务状况、经营成果和现金流量
	（2）注册会计师已经按照中国注册会计师审计准则的规定计划和实施审计工作，在审计工作中未受到限制

当出具无保留意见的审计报告时，注册会计师应当以“我们认为”作为意见段的开头，并使用“在所有重大方面”、“公允反映”等术语。无保留意见审计报告意味着，注册会计师通过实施审计工作，认为被审计单位财务报表的编制符合合法和公允性的要求，合理保证财务报表不存在重大错报。

标准审计报告的格式如【例 14－1】所示。

（二）非标准审计报告

1. 非无保留意见审计报告

（1）非无保留意见的含义。非无保留意见是指保留意见、否定意见或无法表示意见。

当存在如表 14－4 所示情形时，注册会计师应当在审计报告中发表非无保留意见。

表 14－4　　非无保留意见出具标准

	标　准
非无保留意见	（1）根据获取的审计证据，得出财务报表整体存在重大错报的结论
	（2）无法获取充分、适当的审计证据，不能得出财务报表整体不存在重大错报的结论

【小资料】

财务报表的重大错报可能源于：

1. 选择的会计政策的恰当性

在选择的会计政策的恰当性方面，当出现下列情形时，财务报表可能存在重大错报：①选择的会计政策与适用的财务报告编制基础不一致；②财务报表（包括相关附注）没有按照公允列报的方式反映交易和事项。

财务报告编制基础通常包括对会计处理、披露和会计政策变更的要求。如果被审计单位变更了重大会计政策，且没有遵守这些要求，财务报表可能存在重大错报。

2. 对所选择的会计政策的运用

在对所选择的会计政策的运用方面，当出现下列情形时，财务报表可能存在重大错报：①管理层没有按照适用的财务报告编制基础的要求一贯运用所选择的会计政策，包括管理层未在不同会计期间或对相似的交易和事项一贯运用所选择的会计政策（运用的一致性）；②不当运用所选择的会计政策（如运用中的无意错误）。

3. 财务报表披露的恰当性或充分性

在财务报表披露的恰当性或充分性方面，当出现下列情形时，财务报表可能存在重大错报：①财务报表没有包括适用的财务报告编制基础要求的所有披露；②财务报表的披露没有按照适用的财务报告编制基础列报；③财务报表没有作出必要的披露以实现公允反映。

【小资料】

下列情形可能导致注册会计师无法获取充分、适当的审计证据（也称为审计范围受到限制）：

1. 超出被审计单位控制的情形

超出被审计单位控制的情形例如：①被审计单位的会计记录已被毁坏；②重要组成部分的会计记录已被政府有关机构无限期地查封。

2. 与注册会计师工作的性质或时间安排相关的情形

与注册会计师工作的性质或时间安排相关的情形例如：①被审计单位需要使用权益法对联营企业进行核算，注册会计师无法获取有关联营企业财务信息的充分、适当的审计证据以评价是否恰当运用了权益法；②注册会计师接受审计委托的时间安排，使注册会计师无法实施存货监盘；③注册会计师确定仅实施实质性程序是不充分的，但被审计单位的控制是无效的。

3. 管理层施加限制的情形

管理层对审计范围施加的限制致使注册会计师无法获取充分、适当的审计证据的情形，例如：①管理层阻止注册会计师实施存货监盘；②管理层阻止注册会计师对特定账户余额实施函证。

管理层施加的限制可能对审计产生其他影响，如注册会计师对舞弊风险的评估和对业务保持的考虑。

（2）确定非无保留意见的类型。注册会计师确定恰当的非无保留意见类型，取决于下列事项：①导致非无保留意见的事项的性质，是财务报表存在重大错报，还是在无法获取充分、适当的审计证据的情况下，财务报表可能存在重大错报；②注册会计师就导致非无保留意见的事项对财务报表产生或可能产生影响的广泛性作出的判断。

【小资料】

广泛性是描述错报影响的术语，用以说明错报对财务报表的影响，或者由于无法获取充分、适当的审计证据而未发现的错报（如存在）对财务报表可能产生的影响。根据注册会计师的判断，对财务报表的影响具有广泛性的情形包括：(1) 不限于对财务报表的特定要素、账户或项目产生影响；(2) 虽然仅对财务报表的特定要素、账户或项目产生影响，但这些要素、账户或项目是或可能是财务报表的主要组成部分；(3) 当与披露相关时，产生的影响对财务报表使用者理解财务报表至关重要。

①发表保留意见。当存在下列情形之一时，注册会计师应当发表保留意见：

a. 在获取充分、适当的审计证据后，注册会计师认为错报单独或汇总起来对财务报表影响重大，但不具有广泛性。注册会计师在获取充分、适当的审计证据后，只有当认为财务报表就整体而言是公允的，但还存在对财务报表产生重大影响的错报时，才能发表保留意见。如果注册会计师认为错报对财务报表产生的影响极为严重且具有广泛性，则应发表否定意见，因此，保留意见被视为注册会计师在不能发表无保留意见情况下最不严厉的审计意见。

b. 注册会计师无法获取充分、适当的审计证据以作为形成审计意见的基础，但认为未发现的错报（如存在）对财务报表可能产生的影响重大，但不具有广泛性。注册会计师因审计范围受到限制而发表保留意见还是无法表示意见，取决于无法获取的审计证据对形成审计意见的重要性。注册会计师在判断重要性时，应当考虑有关事项潜在影响的性质和范围以及在财务报表中的重要程度。只有当未发现的错报（如存在）对财务报表可能产生的影响重大但不具有广泛性时，才能发表保留意见。

②发表否定意见。在获取充分、适当的审计证据后，如果认为错报单独或汇总起来对财务报表的影响重大且具有广泛性，注册会计师应当发表否定意见。

③发表无法表示意见。如果无法获取充分、适当的审计证据以作为形成审计意见的基础，但认为未发现的错报（如存在）财务报表可能产生的影响重大且具有广泛性，注册会计师应当发表无法表示意见。

在极其特殊的情况下，可能存在多个不确定事项。即使注册会计师对每个单独的不确定事项获取了充分、适当的审计证据，但由于不确定事项之间可能存在相互影响，以及可能对财务报表产生累积影响，注册会计师不可能对财务报表形成审计意见。在这种情况下，注册会计师应当发表无法表示意见。

注册会计师对导致发表非无保留意见的事项的性质和这些事项对财务报表产生或可能产生影响的广泛性作出的判断，以及注册会计师的判断对审计意见类型的影响如表 14－5 所示。

表 14－5　　非无保留意见出具标准

导致发表非无保留意见的事项的性质	这些事项对财务报表产生或可能产生影响的广泛性	
	重大且不具有广泛性	重大且具有广泛性
财务报表存在重大错报	保留意见	否定意见
无法获取充分、适当的审计证据	保留意见	无法表示意见

（3）非无保留意见的审计报告的格式和内容。

①导致非无保留意见的事项段。

a. 审计报告格式和内容的一致性。如果对财务报表发表非无保留意见，除在审计报告中包含《中国注册会计师审计准则第 1501 号——对财务报表形成审计意见和出具审计报告》规定的审计报告要素外，注册会计师还应当直接在审计意见段之前增加一个段落，并使用恰当的标题，如“导致保留意见的事项”、“导致否定意见的事项”或“导致无法表示意见的事项”，说明导致发表非无保留意见的事项。审计报告格式和内容的一致性有助于提高使用者的理解和识别存在的异常情况。因此，尽管不可能统一非无保留意见的措辞和对导致非无保留意见的事项的说明，但仍有必要保持审计报告格式和内容的一致性。

b. 量化财务影响。如果财务报表中存在与具体金额（包括定量披露）相关的重大错报，注册会计师应当在导致非无保留意见的事项段中说明并量化该错报的财务影响。如果无法量化财务影响，注册会计师应当在导致非无保留意见的事项段中说明这一情况。

c. 存在与叙述性披露相关的重大错报。如果财务报表中存在与叙述性披露相关的重大错报，注册会计师应当在导致非无保留意见的事项段中解释该错报错在何处。

d. 存在与应披露而未披露信息相关的重大错报。如果财务报表中存在与应披露而未披露信息相关的重大错报，注册会计师应当：与治理层讨论未披露信息的情况；在导致非无保留意见的事项段中描述未披露信息的性质；如果可行并且已针对未披露信息获取了充分、适当的审计证据，在导致非无保留意见的事项段中包含对未披露信息的披露，除非法律法规禁止。如果存在下列情形之一，则在导致非无保留意见的事项段中披露遗漏的信息是不可行的：管理层还没有作出这些披露，或管理层已作出但注册会计师不易获取这些披露；根据注册会计师的判断，在审计报告中披露该事项过于庞杂。

e. 无法获取充分、适当的审计证据。如果因无法获取充分、适当的审计证据而导致发表非无保留意见，注册会计师应当在导致非无保留意见的事项段中说明无法获取审计证据的原因。

f. 披露其他事项。即使发表了否定意见或无法表示意见，注册会计师也应当在导致非无保留意见的事项段中说明注意到的、将导致发表非无保留意见的所有其他事项及其影响。这是因为，对注册会计师注意到的其他事项的可能与财务报表使用者的信息需求相关。

②审计意见段。在发表非无保留意见时，注册会计师应当对审计意见段使用恰当的标题，如“保留意见”、“否定意见”或“无法表示意见”。审计意见段的标题能够使财务报表使用者清楚注册会计师发表了非无保留意见，能够表明非无保留意见的类型。

a. 发表保留意见。当由于财务报考存在重大错报而发表保留意见时，注册会计师应当根据适用的财务报告编制基础在审计意见段中说明：注册会计师认为，除了导致保留意见的事项段所述事项产生的影响外，财务报表在所有重大方面按照适用的财务报告编制基础编制，并实现公允反映。当无法获取充分、适当的审计证据而导致发表保留意见时，注会计师应当在审计意见段中使用“除……可能产生的影响外”等措辞。当注册会计师发表保留意见时，在审计意见段中使用“由于上述解释”或“受……影响”等措辞是不恰当的，因为这些措辞不够清晰或没有足够的说服力。

b. 发表否定意见。当发表否定意见时，注册会计师应当根据适用的财务报告编制基础在审计意见段中说明：注册会计师认为，由于导致否定意见的事项段所述事项的重要性，财务报表没有在所有重大方面按照适用的财务报告编制基础编制，未能实现公允反映。

c. 发表无法表示意见。当由于无法获取充分、适当的审计证据而发表无法表示意见时，注册会计师应当在审计意见段中说明：由于导致无法表示意见的事项段所述事项的重要性，注册会计师无法获取充分、适当的审计证据以为发表审计意见提供基础，因此，注册会计师不对这些财务报表发表审计意见。

③非无保留意见对审计报告要素内容的修改。当发表保留意见或否定意见时，注册会计师应当修改对注册会计师责任的描述，以说明：注册会计师相信，注册会计师已获取的审计证据是充分、适当的，为发表非无保留意见提供了基础。

当由于无法获取充分、适当的审计证据而发表无法表示意见时，注册会计师应当修改审计报告的引言段，说明注册会计师接受委托审计财务报表。注册会计师还应当修改对注册会计师责任和审计范围的描述，并仅能作出如下说明："我们的责任是在按照中国注册会计师审计准则的规定执行审计工作的基础上对财务报表发表审计意见。但由于导致无法表示意见的事项段中所述的事项，我们无法获取充分、适当的审计证据以为发表审计意见提供基础。"

由于财务报表存在重大错报而出具保留意见的审计报告格式如【例 14－2】所示。其背景信息如下：a. 对被审计单位管理层按照企业会计准则编制的整套通用目的财务报表实施审计；b. 审计业务约定条款中说明的管理层对财务报表的责任，与《中国注册会计师审计准则第 1111 号——就审计业务约定条款达成一致意见》的规定一致；c. 存货存在错报，该错报对财务报表影响重大但不具有广泛性；d. 除对财务报表实施审计外，注册会计师还承担法律法规要求的其他报告责任，且注册会计师决定在审计报告中履行其他报告责任。

【例 14－2】保留意见审计报告

审计报告

ABC 股份有限公司全体股东：

一、对财务报表出具的审计报告

我们审计了后附的 ABC 股份有限公司（以下简称"ABC 公司"）财务报表，包括 2015 年 12 月 31 日的资产负债表，2015 年度的利润表、现金流量表和所有者权益变动表以及财务报表附注。

（一）管理层对财务报表的责任

编制和公允列报财务报表是 ABC 公司管理层的责任，这种责任包括：（1）按照企业会计准则的规定编制财务报表，并使其实现公允反映；（2）设计、执行和维护必要的内部控制，以使财务报表不存在由于舞弊或错误导致的重大错报。

（二）注册会计师的责任

我们的责任是在执行审计工作的基础上对财务报表发表审计意见。我们按照中国注册会计师审计准则的规定执行了审计工作。中国注册会计师审计准则要求我们遵守职业道德守则，计划和执行审计工作以对财务报表是否不存在重大错报获取合理保证，审计工作涉及实施审计程序，以获取有关财务报表金额和披露的审计证据，选择的审计程序取决于注册会计师的判断，包括对由于舞弊或错误导致的财务报表重大错报风险的评估。在进行风险评估时，注册会计师考虑与财务报表编制和公允列报相关的内部控制，以设计恰当的审计程序，但目的并非对内部控制的有效性发表意见。审计工作还包括评价管理层选用会计政策的恰当性和作出会计估计的合理性，以及评价财务报表的总体列报。

我们相信，我们获取的审计证据是充分、适当的，为发表保留意见提供了基础。

（三）导致保留意见的事项

ABC公司2015年12月31日资产负债表中存货的列示金额为X元。管理层根据成本对存货进行计量，而没有根据成本与可变现净值孰低的原则进行计量，这不符合企业会计准则的规定。公司的会计记录显示，如果管理层以成本与可变现净值孰低来计量存货，存货列示金额将减少X元，相应地，资产减值损失将增加X元，所得税、净利润和所有者权益将分别减少X元、X元和X元。

（四）保留意见

我们认为，除“（三）导致保留意见的事项”段所述事项产生的影响外，ABC公司财务报表在所有重大方面按照企业会计准则的规定编制，公允反映了ABC公司2015年12月31日的财务状况以及2015年度的经营成果和现金流量。

二、按照相关法律法规的要求报告的事项（本部分报告的格式和内容，取决于相关法律法规对其他报告责任的规定。）

XX会计师事务所　　　　　　　　　　中国注册会计师：XXX

（盖章）　　　　　　　　　　　　　　（签名并盖章）

中国XX市　　　　　　　　　　　　　中国注册会计师：XXX

（签名并盖章）

二〇一六年X月X日

【同步案例14-1】

资料一：中大公司未经审计的2014年度财务报表部分项目的年末余额或本年发生额如下：

项目	金额（万元）
资产总额	21 000
股本	7 500
资本公积—股本溢价	4 000
盈余公积	1 000
未分配利润	900
营业收入	18 000
利润总额	300
净利润	200

资料二：审计中大公司2014年度主营业务收入时，为了确定中大公司销售业务是否真实、完整，会计处理是否正确，A和B注册会计师拟从中大公司2014年开具的销售发票的存根中选取若干张，核对销售合同和发运单，并检查会计处理是否符合规定。中大公司2014年共开具连续编号的销售发票4 000张，销售发票号码为第2001号至第6000号，A和B注册会计师计划从中选取10张销售发票样本。随机数表（部分）列示如下：

随机数	(1)	(2)	(3)	(4)	(5)
(1)	0480	5011	1536	2011	1647
(2)	2368	6573	5595	5313	0995
(3)	4130	8360	2527	7265	6393
(4)	2167	3093	6243	1680	7856
(5)	7570	9975	1837	6656	6121
(6)	7921	6907	1008	2751	7756
(7)	9562	2905	6420	9994	8872
(8)	6301	1977	5463	7972	8876
(9)	9759	4342	3661	0281	7453
(10)	5 475	6 857	3 342	3 988	3 060

资料三：在对中大公司的审计过程中，A和B注册会计师注意到以下事项：

(1) A和B注册会计师在审计中大公司2013年度财务报表时，通过实施销售截止测试发现，中大公司2014年1月主营业务收入明细账和主营业务成本明细账上记载的一批甲产品的销售业务，在2013年12月已收妥款项，并符合销售收入确认条件，但在当月未作任何会计处理，而在2014年1月作了如下会计处理：借记“银行存款”1 170万元，贷记“主营业务收入”1 000万元、“应交税费——应交增值税（销项税额）”170万元；同时结转相应的主营业务成本，借记“主营业务成本”870万元，贷记“库存商品——甲产品”870万元。在对2013年度财务报表审计时，A和B注册会计师建议调整中大公司2013年度财务报表。中大公司调整了2013年度财务报表，但未调整2014年度相关账户和财务报表。

(2) 2014年12月28日，中大公司将到期日为2015年4月5日的600万元商业承兑汇票贴现，贴现利息为18万元，贴现银行保留对中大公司的追索权。中大公司作了如下会计处理：借记“银行存款”582万元、“财务费用”18万元，贷记“应收票据”600万元。

(3) 为建造厂房和生产线，中大公司于2014年6月1日分别向F银行借入年利率为5%的专项长期借款900万元，向H银行借入年利率为6%的专项长期借款600万元。该工程预计建造期为1年6个月，采用出包方式，按照工程进度于每月月初支付当月工程进度款。2014年6月至12月，每月月初实际支付的工程进度款分别为800万元、250万元、50万元、50万元、100万元、20万元和100万元。尚未动用的借款资金存入银行，取得的利息收入为3.6万元。中大公司2014年12月31日未经审计的该项在建工程余额为1 417.25万元，其中包括利息费用43.65万元。

(4) 中大公司会计政策规定，对应收账款采用账龄分析法计提坏账准备。根据债务单位的财务状况、现金流量等情况，确定坏账准备计提比例分别为：账龄1年以内的（含1年，以下类推），按其余额的10%计提；账龄1~2年的，按其余额的30%计提；账龄2~3年的，按其余额的50%计提；账龄3年以上的，按其余额的

80%计提。中大公司2014年12月31日未经审计的应收账款账面余额为5 192.9万元，相应的坏账准备余额为636.49万元。应收账款账面余额明细情况如下：（单位：万元）

	1年以内	1～2年	2～3年	3年以上
应收账款—a公司	3 515	50	93.2	
应收账款—b公司	200	1 510	5.4	
应收账款—c公司	60		2.5	
应收账款—d公司	950	-1 200		
应收账款—e公司				6.8
小计	4 725	360	101.1	6.8

（5）中大公司根据企业会计准则的规定，按照"成本与可变现净值孰低"对期末存货进行计价。2014年11月末，中大公司持有的500公斤乙产品的账面成本总额为900万元，由于市场价格下跌，预计可变现净值为800万元，由此计提了存货跌价准备100万元。2014年12月，乙产品的数量未发生增减变动，但中大公司与乙公司于2014年12月5日签订了购销合同，约定于2015年1月以每公斤1.24万元的价格（不含增值税，下同）向Z公司销售乙产品400公斤。2014年12月31日，由于市场价格上升，乙产品的单位可变现净值为每公斤1.85万元。对此，中大公司未作任何会计处理，仍保留100万元的存货跌价准备。

要求：

（1）针对资料二，假定A和B注册会计师以随机数表所列数字的后4位数与销售发票号码一一对应，确定第（2）列第（4）行为起点，选号路线为自上而下、自左而右。请代A和B注册会计师确定选取的10张销售发票样本的发票号码分别为多少？如果上述10笔销售业务的账面价值为100万元，审计后认定的价值为100.03万元，假定中大公司2014年度主营业务收入账面价值为18 000万元，并假定误差与账面价值不成比例关系，请运用差额估计抽样法推断中大公司2014年度主营业务收入的总体实际价值（要求列示计算过程）。

（2）在资料一的基础上，如果不考虑审计重要性水平，针对资料三中事项（1）至事项（6），请分别回答A和B注册会计师是否需要提出审计处理建议？若需提出审计调整建议，请直接列示审计调整分录（审计调整分录均不考虑对中大公司2014年度的企业所得税、期末结转损益及利润分配的影响，下同）。

（3）在资料一的基础上，如果考虑审计重要性水平，假定中大公司分别只存在资料三的5个事项中的1个事项，中大公司拒绝接受A和B注册会计师针对事项（1）至事项（5）提出的审计处理建议（如果有）。在不考虑其他条件的前提下，请指出A和B注册会计师应当针对该6个独立存在的事项分别出具何种意见类型的审计报告。

（4）在资料一的基础上，如果考虑审计重要性水平，假定中大公司存在资料三中的事项（5），并且拒绝接受A和B注册会计师对事项（5）提出的审计处理建议（如果有）。在不考虑其他条件的前提下，请指出A和B注册会计师应当出具何种意见类型的审计报告，并请代为续编以下审计报告。

审计报告

X股份有限公司全体股东：

我们审计了后附的X股份有限公司（以下简称“中大公司”）财务报表，包括2014年12月31日的资产负债表，2014年度的利润表、股东权益变动表和现金流量表以及财务报表附注。

一、管理层对财务报表的责任

编制和公允列报财务报表是中大公司管理层的责任。这种责任包括：（1）按照企业会计准则的规定编制财务报表，并使其实现公允反映；（2）设计、执行和维护必要的内部控制，以使财务报表不存在由于舞弊或错误导致的重大错报。

二、注册会计师的责任

我们的责任是在执行审计工作的基础上对财务报表发表审计意见。我们按照中国注册会计师审计准则的规定执行了审计工作。中国注册会计师审计准则要求我们遵守中国注册会计师职业道德守则，计划和实施审计工作以对财务报表是否不存在重大错报获取合理保证。

审计工作涉及实施审计程序，以获取有关财务报表金额和披露的审计证据。选择的审计程序取决于注册会计师的判断，包括对由于舞弊或错误导致的财务报表重大错报风险的评估。在进行风险评估时，我们考虑与财务报表编制和公允列报相关的内容控制，以设计恰当的审计程序，但目的并非对内部控制的有效性发表意见。审计工作还包括评价管理层选用会计政策的恰当性和作出会计估计的合理性，以及评价财务报表的总体列报。

我们相信，我们获取的审计证据是充分、适当的，为发表审计意见提供了基础。

2. 审计报告的强调事项段

（1）强调事项段的含义。审计报告的强调事项段是指审计报告中含有的一个段落，该段落提及已在财务报表中恰当列报或披露的事项，根据注册会计师的职业判断，该事项对财务报表使用者理解财务报表至关重要。

（2）增加强调事项段的情形。如果认为有必要提醒财务报表使用者关注已在财务报表中列报或披露，且根据职业判断认为对财务报表使用者理解财务报表至关重要的事项，注册会计师在已获取充分、适当的审计证据证明该事项在财务报表中不存在重大错报的条件下，应当在审计报告中增加强调事项段。

注册会计师可能认为需要增加强调事项段的情形举例如表14－6所示：

此外，与财务报表中的列报或披露相比，在强调事项段中包括过多的信息，可能隐含着这些事项未被恰当列报或披露。因此，强调事项段应当仅提及已在财务报表中列报或披露的信息。

表 14－6 审计报告增加强调事项段情形

	增加强调事项段的情形
审计报告	（1）异常诉讼或监管行动的未来结果存在不确定性
	（2）提前应用（在允许的情况下）对财务报表有广泛影响的新会计准则
	（3）存在已经或持续对被审计单位财务状况产生重大影响的特大灾难

（3）在审计报告中增加强调事项段时注册会计师采取的措施。如果在审计报告中增加强调事项段，注册会计师应当采取的措施如表 14－7 所示：

表 14－7 审计报告增加强调事项段注册会计师采取的措施

	注册会计师采取的措施
审计报告增加强调事项段	（1）将强调事项段紧接在审计意见段之后
	（2）使用“强调事项”或其他适当标题
	（3）明确提及被强调事项以及相关披露的位置，以便能够在财务报表中找到对该事项的详细描述
	（4）指出审计意见没有因该强调事项而改变

由于增加强调事项段是为了提醒财务报表使用者关注某些事项，并不影响注册会计师的审计意见，为了使财务报表使用者明确这一点，注册会计师应当在强调事项段中指明，该段内容仅用于提醒财务报表使用者关注，并不影响已发表的审计意见。

【小资料】

具体讲，增加强调事项段不能代替下列情形：

（1）根据审计业务的具体情况，注册会计师需要发表保留意见、否定意见或无法表示意见（参见《中国注册会计师审计准则第 1502 号——在审计报告中发表非无保留意见》）；

（2）适用的财务报告编制基础要求管理层在财务报表中作出的披露。

带强调事项段的保留意见审计报告的格式如【例 14－3】示。其背景信息如下：（1）对被审计单位管理层按照企业会计准则编制的整套通用目的财务报表执行审计；（2）审计业务约定条款中说明的管理层对财务报表的责任，与《中国注册会计师审计准则第 1111 号——就审计业务约定条款达成一致意见》的规定一致；（3）异常的未决诉讼事项存在不确定性；（4）由于违反企业会计准则的规定导致发表保留意见；（5）除对财务报表执行审计外，注册会计师还承担法律法规要求的其他报告责任，且注册会计师决定在审计报告中履行其他报告责任。

【例 14－3】带强调事项段的保留意见的审计报告

审计报告

ABC 股份有限公司全体股东：

一、对财务报表出具的审计报告

我们审计了后附的 ABC 股份有限公司（以下简称“ABC 公司”）财务报表，包括 2015 年 12 月 31 日的资产负债表、2015 年度的利润表、现金流量表和所有者权益变动表以及财务报表附注。

（一）管理层对财务报表的责任

编制和公允列报财务报表是 ABC 公司管理层的责任，这种责任包括：（1）按照企业会计准则的规定编制财务报表，并使其实现公允反映；（2）设计、执行和维护必要的内部控制，以使财务报表不存在由于舞弊或错误导致的重大错报。

（二）注册会计师的责任

我们的责任是在执行审计工作的基础上对财务报表发表审计意见。我们按照中国注册会计师审计准则的规定执行了审计工作。中国注册会计师审计准则要求我们遵守中国注册会计师职业道德守则，计划和执行审计工作以对财务报表是否不存在重大错报获取合理保证。审计工作涉及实施审计程序，以获取有关财务报表金额和披露的审计证据。选择的审计程序取决于注册会计师的判断，包括对由于舞弊或错误导致的财务报表重大错报风险的评估。在进行风险评估时，注册会计师考虑与财务报表编制和公允列报相关的内部控制，以设计恰当的审计程序，但目的并非对内部控制的有效性发表意见。审计工作还包括评价管理层选用会计政策的恰当性和作出会计估计的合理性，以及评价财务报表的总体列报。

我们相信，我们获取的审计证据是充分、适当的，为发表保留意见提供了基础。

（三）导致保留意见的事项

ABC 公司于 2015 年 12 月 31 日资产负债表中反映的交易性金融资产为 X 元，ABC 公司管理层对这些交易性金融资产未按照公允价值进行后续计量，而是按照其历史成本进行计量，这不符合企业会计准则的规定。如果按照公允价值进行后续计量，ABC 公司 2015 年度利润表中公允价值变动损失将增加 X 元，2015 年 12 月 31 日资产负债表中交易性金融资产将减少 X 元，相应地，所得税、净利润和所有者权益将分别减少 X 元、X 元和 X 元。

（四）保留意见

我们认为，除“（三）导致保留意见的事项”段所述事项产生的影响外，ABC 公司财务报表在所有重大方面按照企业会计准则的规定编制，公允反映了 ABC 公司 2015 年 12 月 31 日的财务状况以及 2015 年度的经营成果和现金流量。

（五）强调事项

我们提醒财务报表使用者关注，如财务报表附注 X 所述，截至财务报表批准日，XYZ 公司对 ABC 公司提出的诉讼尚在审理当中，其结果具有不确定性。本段内容不影响已发表的审计意见。

二、按照相关法律法规的要求报告的事项（本部分报告的格式和内容，取决于相关法律法规对其他报告责任的规定。）

XX 会计师事务所　　　　　　　　　　中国注册会计师：X X X
（盖章）　　　　　　　　　　　　　　（签名并盖章）
中国 XX 市　　　　　　　　　　　　中国注册会计师：X X X
（签名并盖章）
二〇一六年 X 月 X 日

3. 审计报告的其他事项段

（1）其他事项段的含义。其他事项段是指审计报告中含有的一个段落，该段落提及未在财务报表中列报或披露的事项，根据注册会计师的职业判断，该事项与财务报表使用者理解审计工作、注册会计师的责任、或审计报告相关。

（2）需要增加其他事项段的情形。对于未在财务报表中列报或披露，但根据职业判断认为与财务报表使用者理解审计工作、注册会计师的责任或审计报告相关且未被法律法规禁止的事项，如果认为有必要沟通，注册会计师应当在审计报告中增加其他事项段，并使用“其他事项”或其他适当标题。注册会计师应当将其他事项段紧接在审计意见段和强调事项段（如有）之后。如果其他事项段的内容与其他报告责任部分相关，这一段落也可以置于审计报告的其他位置。

具体讲，需要在审计报告中增加其他事项段的情形如表 14－8 所示：

表 14－8　　审计报告增加其他事项段情形

	增加其他事项段的情形
审计报告	（1）与使用者理解审计工作相关的情形。 在极其特殊的情况下，即使由于管理层对审计范围施加的限制导致无法获取充分、适当的审计证据，可能产生的影响具有广泛性，注册会计师也不能解除业务约定。在这种情况下，注册会计师可能认为有必要在审计报告中增加其他事项段，解释为何不能解除业务约定。
	（2）对两套以上财务报表出具审计报告的情形。 被审计单位可能按照通用目的编制基础（如 X 国财务报告编制基础）编制一套财务报表，且按照另一个通用目的编制基础（如国际财务报告准则）编制另一套财务报表，并委托注册会计师同时对两套财务报表出具审计报告。如果注册会计师已确定两个财务报告编制基础在各自情形下是可接受的，可以在审计报告中增加其他事项段，说明该被审计单位根据另一个通用目的编制基础（如国际财务报告准则）编制了另一套财务报表以及注册会计师对这些财务报表出具了审计报告。
	（3）限制审计报告分发和使用的情形。 为特定目的编制的财务报表可能按照通用的编制基础编制，因为财务报表预期使用者已确定这种通用目的财务报表能够满足他们对财务信息的需求。由于审计报告旨在提供给特定使用者，注册会计师可能认为在这种情况下需要增加其他事项段，说明审计报告只是提供给财务报表预期使用者，不应被分发给其他机构或人员或者被其他机构或人员使用。

需要注意的是，其他事项段的内容明确反映了未被要求在财务报表中列报或披露的其他事项。其他事项段不包括法律法规或其他职业准则（如中国注册会计师职业道德守则中与信息保密相关的规定）禁止注册会计师提供的信息。其他事项段也不包括要求管理层提供的信息。

此外，其他事项段放置的位置取决于拟沟通信息的性质。当增加其他事项段旨在提醒使用者关注与其理解与财务报表审计相关的事项时，该段落需要紧接在审计意见段和强调事项段之后；当增加其他事项段旨在提醒使用者关注与审计报告中提及的其他报告责任相关的事项时，该段落可以置于“按照相关法律法规的要求报告的事项”的部分内；当其他事项段与注册会计师的责任或使用者理解审计报告相关时，可以单独作为一部分，置于“对财务报表出具的审计报告”和“按照相关法律法规的要求报告的事项”之后。

【小资料】

与治理层的沟通

如果拟在审计报告中增加强调事项段或其他事项段，注册会计师应当就该事项和拟使用的措辞与治理层沟通。

与治理层的沟通能使治理层了解注册会计师拟在审计报告中所强调的特定事项的性质，并在必要时为治理层提供向注册会计师作出进一步澄清的机会。当然，当审计报告中针对某一特定事项增加其他事项段在连续审计业务中重复出现时，注册会计师可能认为没有必要在每次审计业务中重复沟通。

任务回顾

本任务主要讲述了审计报告的含义、作用、分类，审计报告的格式、内容，审计报告的类型及决策。

（1）审计报告的作用、分类：审计报告具有鉴证、保护和证明作用，根据不同的标准可以将审计报告划分为不同的种类，主要有公布目的的审计报告和非公布目的的审计报告、标准审计报告和非标准审计报告、简式审计报告和详式审计报告等。

（2）审计报告的内容和格式：审计报告的内容包括标题、收件人、引言段、管理层对财务报表的责任段、注册会计师的责任段、审计意见段、注册会计师的签名和盖章、会计师事务所的名称、地址和盖章、报告日期。

（3）审计报告的类型：审计报告分为标准审计报告和非标准审计报告，标准审计报告是指注册会计师出具的无保留意见的审计报告，不附加说明段、强调事项段或任何修饰性用语的审计报告；非标准审计报告是指标准审计报告以外的其他审计报告，包括带强调事项段的无保留意见审计报告和非无保留意见审计报告，非无保留意见的审计报告包括保留意见审计报告、否定意见审计报告、无法表示意见审计报告。

思考与案例分析题

1. 思考题

（1）简述审计报告的作用和分类。

（2）简述审计报告的要素。

（3）简述出具标准审计报告的条件。

（4）非标准审计报告有哪几种形式？分别在什么情况下出具？

（5）注册会计师在审计报告意见段后增加强调事项段有哪几种情形？

2. 案例分析题

W 会计师事务所的甲和乙注册会计师接受委派负责对 G 股份有限责任公司（以下简称“G 公司”）2014 年度财务报表进行审计，并确定财务报表层次的重要性水平为 120 万元，2015 年 2 月 8 日完成审计工作，并于当日经管理层正式签署了 2014 年度财务报表，2015 年 2 月 10 日提交审计报告，2015 年 2 月 15 日报送证券交易所。假定不考虑其他相关税费。其他相关资料如下：

资料一：G 公司未经审计的 2014 年度财务报表部分项目的年末余额或本年发生额如下：

项目	金额（万元）
资产总额	21 000
股本	7 500
资本公积——股本溢价	4 000
法定盈余公积	1 000
未分配利润	900
营业收入	18 000
利润总额	5 000
净利润	3 100

资料二：在对 G 公司的审计过程中，甲和乙注册会计师注意到以下事项：

（1）G 公司 2010 年 1 月 1 日售出大型设备一套，协议约定采用分期收款方式，从 2014 年起，分 5 年分期收款，每年 1 000 万元，于每年年末收取，合计 5 000 万元，成本为 3 000 万元（不考虑增值税）。假定销货方在销售成立日应收金额的公允价值为 4 000 万元，银行同期贷款利率为 5%（实际利率也为 5%）。G 公司在 2014 年未确认收入，G 公司的会计处理如下：

借：银行存款　　1 000

　　贷：长期应收款　　1 000

借：分期收款发出商品　　3 000

　　贷：库存商品　　3 000

（2）2014 年 4 月 30 日，因停止生产新产品，G 公司不再需要 X 设备，并决定将X设备与泰山公司的一批甲材料进行交换，换入的甲材料用于生产W产品。G公司用于生产新产品的X设备账面原价为120万元，至2013年末，该设备已提折旧18万元，可收回金额均为96万元，预计使用年限为4年。双方商定设备的公允价值为80万元，换入原材料的发票上注明的售价为60万元，增值税额为10.2万元，G公司收到补价9.8万元。会计资料显示，G公司对此项交易进行了如下账务处理：

借：固定资产清理	96	
固定资产减值准备	6	
累计折旧	18	
贷：固定资产		120
借：原材料	60	
应交税费——应交增值税（进项税额）	10.2	
银行存款	9.8	
营业外支出	16	
贷：固定资产清理		96

（3）2014年2月，G公司着手研究开发一项新技术。研究开发过程中发生咨询费、材料费、工资和福利费等共计800万元。2014年6月，该技术研制成功，G公司向国家有关部门申请专利并于2014年7月1日获得批准。G公司在申请专利过程中发生的注册费、聘请律师费等共计400万元。G公司于2014年7月1日将上述研究开发过程中发生的800万元费用计入研发支出（取得专利权前未摊销）与申请专利过程中发生的相关费用400万元一并转作无形资产（专利权）的入账价值。该专利权按直线法摊销。经注册会计师审计，上述800万元研发支出中，300万元属于研究阶段支出，500万元属于符合无形资产确认条件的开发阶段支出。该专利权自可供使用时起，至不再作为无形资产确认时止为6年。

（4）G公司采用以旧换新方式销售给大华公司产品4台，单位售价为50万元，单位成本为30万元；同时收回4台同类旧商品，每台回收价为5万元（不考虑增值税），款项尚未收到，大华公司的会计处理是：

借：应收账款	234	
贷：主营业务收入		200
应交税费——应交增值税（销项税额）		34
借：主营业务成本	100	
贷：库存商品		100

（5）甲和乙注册会计师在审计时，发现其在12月31日，与华兴公司签订协议销售商品一批，增值税专用发票上注明销售价格为300万元，增值税额为51万元。商品已发出，款项尚未收到。该协议规定，该批商品销售价格的20%属于商品售出后2年内提供修理服务的服务费。该批商品的实际成本为240万元。在2014年12月已符合销售收入确认条件，而未对其进行处理。

（6）2014年1月，G公司为F公司向银行借款4 000万元提供信用担保。2014

年12月，因F公司未能偿还到期债务。银行向法院起诉，要求G公司承担连带责任，支付借款本息4 200万元。G公司经向其他法律专业人士的咨询，认为其败诉的可能性为60%，G公司依此确认了预计负债。作了如下会计处理：

借：营业外支出　　4 200

　贷：预计负债　　4 200

2015年1月20日，法院终审判决银行胜诉，赔偿的金额为4 000万元，并于2015年1月25日执行完毕。考虑到F公司已宣告破产清算，无法向其追偿债务，企业将对该事项的处理计入了2015年的账簿中。

要求：

（1）在资料一的基础上，如果不考虑审计重要性水平，针对资料二中事项（1）至事项（6），请分别回答甲和乙注册会计师是否需要提出审计处理建议？若需提出审计调整建议，请直接列示审计调整分录（审计调整分录均不考虑对G公司2014年度的企业所得税、期末结转损益及利润分配的影响，下同）。

（2）在资料一的基础上，如果考虑审计重要性水平，假定G公司分别只存在资料二的6个事项中的1个事项，G公司拒绝接受甲和乙注册会计师针对事项（1）至事项（6）提出的审计处理建议（如果有）。在不考虑其他条件的前提下，请指出甲和乙注册会计师应当针对该6个独立存在的事项分别出具何种意见类型的审计报告，并说明原因。

（3）在资料一的基础上，如果考虑审计重要性水平，假定G公司同时存在资料二中的事项（5）和事项（6），并且拒绝接受甲和乙注册会计师对事项（5）提出的审计处理建议（如果有），但接受对事项（6）提出的审计处理建议（如果有）。在不考虑其他条件的前提下，请指出甲和乙注册会计师应当出具何种意见类型的审计报告，并请代为续编以下审计报告。

审计报告

G股份有限公司全体股东：

我们审计了后附的G股份有限公司（以下简称“G公司”）财务报表，包括2014年12月31日的资产负债表，2014年度的利润表、股东权益变动表和现金流量表以及财务报表附注。

一、管理层对财务报表的责任

编制和公允列报财务报表是G公司管理层的责任。这种责任包括：（1）按照企业会计准则的规定编制财务报表，并使其实现公允反映；（2）设计、执行和维护必要的内部控制，以使财务报表不存在由于舞弊或错误导致的重大错报。

专业技能训练

1. 实训目的

掌握审计报告的类型。

2. 实训资料

2015 年 5 月 19 日，中国注册会计师协会发布了上市公司 2014 年年报审计情况如下：

（1）年报审计报告总体情况

2015 年 1 月 1 日 ~5 月 4 日，40 家证券资格会计师事务所（以下简称“事务所”）共为 2 667 家上市公司出具了财务报表审计报告。在上述 2 667 份审计报告中，标准审计报告 2 569 份，带强调事项段的无保留意见审计报告 71 份，保留意见审计报告 18 份，无法表示意见的审计报告 9 份。

（2）非标准审计报告情况

在 2 667 份财务报表审计报告中，非标准财务报表审计报告 98 份，占 3.67%，非标报告的数量和比例都较 2013 年度（87 份，比例为 3.43%）有所上升。

上市公司 2014 年度财务报表审计报告意见汇总表

财务报表审计意见类型	沪市主板	深市主板	中小企业板	创业板	合计
（标准）无保留意见	972	453	727	417	2 569
带强调事项段的无保留意见	41	19	6	5	71
保留意见	10	3	5	0	18
否定意见	0	0	0	0	0
无法表示意见	2	5	2	0	9
非标准审计意见小计	53	27	13	5	98
合计	1 025	480	740	422	2 667
非标准审计意见比例	5.17%	5.63%	1.76%	1.18%	3.67%

3. 实训要求

学生自行收集 2012 年、2013 年上市公司年报审计情况，结合案例分析上市公司年度财务报表不同类型审计报告的分布情况。

教学设计与实践

1. 教学重点

（1）审计报告的作用

（2）审计报告的内容、格式

（3）审计报告的类型

（4）审计报告不同类型的出具标准

2. 教学难点

审计报告不同类型的决策

3. 建议教学课时

理论教学 2 学时，实践教学 2 学时。

4. 教学实践

（1）请制作本任务的授课教案；

（2）选取部分内容进行 1 小节课程的试讲。

参考文献

1. 中国注册会计师协会：《审计》，经济科学出版社 2016 年版。

2. 韩晓梅：《审计学——原理与实务》，清华大学出版社、北京交通大学出版社 2010 年版。

3. 阿尔文·A. 阿伦斯、兰德尔·J. 埃尔德、马克·S. 比斯利（谢盛纹，张龙平译）：《审计学——一种整合方法》，中国人民大学出版社 2013 年版。

4. 于延琦、傅铄、李岩、林英士：《财务报表审计工作底稿编制案例》，东北财经大学出版社 2009 年版。

5. 王生根：《审计实务——基于风险导向审计理念》，清华大学出版社 2009 年版。

6. 陈汉文、韩洪灵：《审计理论》，机械工业出版社 2009 年版。

7. 余玉苗：《审计学（第二版）》，清华大学出版社 2008 年版。

8. 朱荣恩：《审计学（第三版）》，高等教育出版社 2008 年版。

9. 张继勋、程悦：《审计学》，清华大学出版社 2008 年版。

10. 李晓慧：《审计学——实务与案例（第三版）》，中国人民大学出版社 2014 年版。

11. 杨昌红、赵凌云：《审计学》，清华大学出版社 2012 年版。

12. 赵晓波、韩东京：《审计学》，西南财经大学出版社 2008 年版。

13. 文森特·M. 奥赖利等（刘霄仑等译）：《蒙哥马利审计学》，中信出版社 2007 年版。

14. W. 罗伯特·克涅科（程悦译）：《审计——增信服务与风险》，中信出版社 2007 年版。

15. 耿建新、宋常：《审计学》，中国人民大学出版社 2014 年版。

16. 王英姿：《审计学原理与实务》，上海财经大学出版社 2012 年版。

17. 刘明辉：《审计与鉴证服务》，高等教育出版社 2007 年版。

18. 里克·海斯等（来明敏等译）：《审计学——基于国际审计准则的视角》，机械工业出版社 2006 年版。

19. 彭华彰：《政府效益审计论》，中国时代经济出版社 2006 年版。

20. 章文波、曹光四：《审计学》，立信会计出版社 2005 年版。

21. 马贤明、郑朝晖：《会计 & 谜局》，大连出版社 2005 年版。

22. 拉里·F. 康里奇（耿建新等译）：《审计学——一项风险分析方法》，中国人民大学出版社 2004 年版。

23. 李雪：《审计理论研究》，中国海洋大学出版社 2004 年版。

24. 林柄沧：《如何避免审计失败》，中国时代经济出版社 2003 年版。

25. 雷·惠廷顿等（萧英达等译）：《审计与其他保证服务》，机械工业出版社 2003 年版。

26. 荆新：《工业企业经营审计》，地震出版社 1988 年版。

27. 中国注册会计师协会：《中国注册会计师审计准则》，2010 年版。

28. 中国注册会计师协会：《质量控制准则第 5101 号——会计师事务所对执行财务报表审计和审阅、其他鉴证和相关服务业务实施的质量控制》，2010 年版。

29. 中国注册会计师协会：《中国注册会计师职业道德守则第 1 号——第 5 号》，2009 年版。

30. 审计署：《中华人民共和国国家审计准则》，2010 年版。

31. 中国内部审计协会：《中国内部审计准则》，2003 年版。

32. 财政部、审计署、中国保险监督管理委员会、中国银行业监督管理委员会、中国证券监督管理委员会：《企业内部控制基本规范》，2008 年版。

33. 财政部、审计署、中国保险监督管理委员会、中国银行业监督管理委员会、中国证券监督管理委员会：《企业内部控制应用指引第 1—5 号》，2010 年版。

34. 财政部会计司："财政部会计司解读《企业内部控制应用指引第 1—5 号》"，2010 年。

35. 财政部会计司："财政部会计司解读《企业内部控制应用指引第 18 号——信息系统》"，2010 年版。

36. 窦鑫丰、吴姬君："刍议会计师事务所审计计划阶段的风险管理"，《财会月刊》，2009 年第 3 期。

37. 孙玉军："我国政府环境审计计划管理研究"，《会计之友》，2008 年第 4 期。

38. 席晨、倪巍洲、孙秀春："审计计划执行过程控制和审计计划调整"，《审计研究》，2006 年第 1 期。

39. 廖义刚："论审计师思维模式与分析程序"，《财会通讯》，2008 年第 6 期。

40. 毛敏、张龙平："审计重要性概念的内涵与本质辨析"，《财会月刊》，2009 年第 7 期。

41. 谢盛纹："重要性概念及其运用：过去与未来"，《会计研究》，2007 年第 2 期。

42. 吴水澎、陈汉文、邵贤弟："论改进我国企业内部控制——由'亚细亚'失败引发的思考"，《会计研究》，2000 年第 9 期。

43. 刘志远、刘洁："信息技术条件下的企业内部控制"，《会计研究》，2001 年第 12 期。

44. 张锦秀："信息技术对内部控制及审计过程的影响"，《中南财经政法大学学报》，2005 年第 3 期。

45. 张蕊："注册会计师的民事责任及其抗辩"，《审计研究》，2003 年第 1 期。

46. 王传凤："关于我国注册会计师法律责任的成因分析"，《工业审计与会计》，2010 年第 3 期。

47. 李哲："政府效益审计要素"，《审计与经济研究》，1998 年第 2 期。

48. "Why Enron Went Bust", Fortune, December 24, 2001.

49. "深圳大剧院、音乐厅 3 年亏损 4 千万　巨额补贴引争议"，《南方日报》，2010 年 11 月。

50. 万玉昆："基层审计视角下《国家审计准则》解读"，2010 年 11 月，http：//www. cjbd. com. cn。

51. 湖北省随州市审计局："一张银行利息通知单'挖'出一个女'巨贪'——原随州市第二棉纺厂厂长、党委书记贪污案案查处纪实"，2009 年 4 月。http：//203. 207. 93. 61：8180/search/search. jsp.

52. 审计署："54 个部门单位 2008 年度预算执行情况和其他财政收支情况审计结果"，2010 年 1 月。http：//203. 207. 93. 61：8180/search/search. jsp.

53. 李若山：《审计案例——国外审计诉讼案例》，辽宁人民出版社 1998 年版。

54. 孙伟龙：《审计学——教程与案例》，浙江大学出版社 2012 年版。

55. 柳洪强、金文兵："虚假审计报告导致重犯被判无罪——法院亡羊补牢　嫌犯、会计双双获刑"，《武汉晚报》，2008 年 2 月。

56. 李寿喜：《审计学原理——面向人性缺陷的治理技术》，经济管理出版社 2012 年版。

57. 阿伦斯、洛布贝克：《审计学·第 1 卷》，中国审计出版社 2001 年版。

58. 高雅青等：《上市公司审计案例分析》，中国时代经济出版社 2003 年版。

59. 刘静：《审计案例与模拟实验》，经济科学出版社 2007 年版。

60. 何秀英：《审计学》，东北财经大学出版社 2012 年版。

61. 葛荣根："2 亿元足以让合作伙伴翻脸"，《上海证券报》，2006 年 5 月 11 日。

62. 蒋武、刘丽华：《审计学》，经济科学出版社 2001 年版。

63. 王宝庆、邢小玲、刘勇：《审计学》，科学出版社 2011 年版。

64. 班景刚、谭先华：《审计学习指导与练习（要点·习题·案例）》，中国财政经济出版社 2012 年版。

65. 孙平：《我国政府效益审计问题研究》，东北林业大学 2006 年博士论文。